U0541658

外国环境法

王树义 等◎著

Foreign
Environmental Law

中国社会科学出版社

图书在版编目(CIP)数据

外国环境法 / 王树义等著 .—北京：中国社会科学出版社，2023.8
ISBN 978-7-5227-2220-7

Ⅰ.①外… Ⅱ.①王… Ⅲ.①环境保护法—研究—世界 Ⅳ.①D912.604

中国国家版本馆 CIP 数据核字(2023)第 129092 号

出 版 人	赵剑英
责任编辑	梁剑琴
责任校对	闫 萃
责任印制	郝美娜

出　　版	中国社会科学出版社
社　　址	北京鼓楼西大街甲 158 号
邮　　编	100720
网　　址	http://www.csspw.cn
发 行 部	010-84083685
门 市 部	010-84029450
经　　销	新华书店及其他书店
印刷装订	北京市十月印刷有限公司
版　　次	2023 年 8 月第 1 版
印　　次	2023 年 8 月第 1 次印刷
开　　本	710×1000　1/16
印　　张	33.5
插　　页	2
字　　数	567 千字
定　　价	178.00 元

凡购买中国社会科学出版社图书，如有质量问题请与本社营销中心联系调换
电话：010-84083683
版权所有　侵权必究

作者（译者）简介
（按撰写章节排序）

赵小波，法学博士，澳大利亚南昆士兰大学（UniSQ）法学院高级讲师。长期从事澳大利亚侵权法、比较环境法、气候变化法、澳大利亚水法等领域的教学与科研。著有 *Developing an Appropriate Contaminated Land Regime in China: Lessons Learned from the US and UK*、《日本土壤污染防治立法研究》等中英文专著。

王彬辉，法学博士，湖南师范大学法学院教授、博士生导师，湖南师范大学环境法研究所所长，主要研究方向为中国环境资源法、流域治理法治保障。主持国家社科基金项目、省部级课题15项，出版专著3部，在《中国法学》《环球法律评论》《现代法学》《法商研究》等核心期刊上发表论文100余篇。

吴春潇，法国阿图瓦大学法学博士，上海财经大学法学院讲师，研究方向为环境法法理、气候变化与全球治理、欧盟及法国生态化转型，参与国家重大及重点课题，参编多部书籍，长期保持与法国课题合作项目。

张扬，兰州大学马克思主义学院法学博士研究生，兰州交通大学经济管理学院讲师。研究方向为民商法、环境法、德国法。合著《甘肃省生态环境保护立法专题研究》，发表《论占有改定》等数篇论文。

吉檀迦利·纳因·吉尔（Gitanjali Nain Gill），英国诺桑比亚大学法学院教授、博士，先后任教于印度德里大学法学院（1993—2010年）和英国诺桑比亚大学法学院（2011年至今）。2006年获联合国训练研究所

（UNITAR）国际和比较环境法奖。研究领域包括与人权相关的环境问题、公益诉讼、可持续发展。在相关学术期刊上发表35篇论文；参与撰写了3部著作；在各类学术会议上发表或报告论文40余篇。

郭武，法学博士，甘肃政法大学教授，研究方向为环境司法、环境政策与法律。出版《环境习惯法现代价值研究》《地球正义宣言——荒野法》等著作（译著）8部，在《新华文摘》《法商研究》等期刊发表（转载）学术论文50余篇。

芭芭拉·波佐（Barbara Pozzo），意大利英苏布里亚大学法学院院长（2015— ），比较法全职教授；意大利比较法研究会主席（2022— ）；联合国教科文组织"多文化社会下性别平等与妇女权利"议题小组主席（2019— ）；意大利英苏布里亚大学、荷兰乌特勒支大学、法国马赛大学与波兰澳博蕾大学联合暑期学校"比较环境法"项目主任（2017— ）；欧洲法律学者联合会成员（2015— ）。

吴宇，法学博士，武汉大学法学院副教授，研究方向为流域管理，固体废物法律与政策、环境司法，出版《论全球环境法的形成与实现》和《中国固体废物的资源化：政策与法律》两本专著，在《法商研究》《现代法学》《法学评论》等期刊上发表20多篇学术论文。

刘明全，日本早稻田大学法学博士，四川省委党校（四川行政学院）法学教研部副教授。研究方向为环境法学、医事法学与民法学。主持国家社科基金项目、司法部项目等课题；在《法学评论》《法商研究》《清华法学》及日本《环境法研究》《比较法学》等中外核心期刊发表论文多篇。

韩承勋，法学博士，天津大学中国绿色发展研究院韩方主任兼高级研究员，研究方向是中韩环境法与政策比较、碳排放制度。主要研究成果包括《中国碳中和2060战略研究》《中国生物安全法研究》《中国长江保护法研究》"The Recent Trend of Environmental Protection Law in China"等。

李玄雨，理学博士，韩国环境研究院首席研究员，研究方向是中韩环境法与政策比较、大气污染管理等。主要研究成果包括《第三次韩国国家生物多样性战略》《中国环境政策手册》《中国碳中和2060战略研究》等。

徐建宇，天津大学法学院博士研究生，天津大学中国绿色发展研究院助理研究员。研究方向为环境与资源保护法学，在《法律适用》《南京工业大学学报》（社会科学版）等期刊发表学术论文数篇。

穆罕默德·贝纳西，博士，摩洛哥拉巴特经济、社会和环境理事会（ESEC）高级环境专家。环境、人类安全与治理中心（CERES）创始主任，领土治理、人类安全和可持续性研究实验室（LAGOS）主任（2015—2018年）。IPCC第一次评估报告（MAR1）《地中海盆地的气候与环境变化——现状与未来风险》（MEDECC，2021年）主要作者之一。代表作包括《粮食安全与气候——气候智能粮食系统：南半球的抗灾能力建设》《从人类安全角度看气候—冲突—移民关系》《风险和不安全时代的社会生态系统——通往生存和复原力的途径》等。

马哈古卜·哈伊巴，博士，摩洛哥卡萨布兰卡哈桑二世大学法律、经济和社会科学学院全职教授。任国家人权协商理事会成员（2002—2011年）及其秘书长（2005—2011年），联合国人权事务委员会成员（2008—2011年/2020年至今），开罗阿拉伯国家联盟环境奖评审团成员和主席，哈桑二世环境奖评审团成员和主席，沙特阿拉伯王国环境管理奖评审团成员，等等。研究领域包括人权、过渡时期司法和环境法。

陈志峰，法学博士，上海财经大学法学院讲师，研究方向为绿色金融法律制度、能源法律与政策、自然资源法理论与制度。在《北方法学》《资源科学》、*Asian Journal of Criminology* 等期刊上发表十余篇学术论文，所撰写的决策咨询专报多次获得中央核心领导批示或国家部委采纳。

刘静，荷兰马斯特里赫特大学法学博士，武汉大学法学院副教授，研究方向为环境司法、环境治理、环境法经济学。出版了 *Environmental Gov-*

ernance of Common Pool Resources：*A Comparison of Fishery and Forestry*、*Compensating Ecological Damage：Comparative and Economic Observations* 两部专著。在《中国法学》《法学评论》《法商研究》、*Ecological Economics*、*International Environmental Agreements* 等国内外高水平期刊发表论文 20 余篇。

刘海鸥，法学博士，湘潭大学法学院教授、博士生导师，研究方向为环境法律史、环境行政执法、环境司法，主持国家社科基金后期资助项目、省部级项目 6 项，出版专著《中国古代环境资源法律探研》，主编（副）《〈行政主管部门移送适用行政拘留环境污染案件暂行办法〉理解与适用》，在《新华文摘》《法学家》《光明日报》等期刊发表论文 50 余篇。

王树义，法学博士，上海政法学院特聘教授、博士生导师。在《中国法学》《中国软科学》《国外社会科学》等杂志发表学术论文百余篇，出版《俄罗斯生态法》《环境法学基础理论》《环境法学重大理论问题论争》等学术著作，主编《环境法学文库》《环境司法文库》等系列丛书，主持各类科研项目数十项，曾任《环境保护法》修改研究、《土壤污染防治法》和《长江保护法》起草研究专家组组长。

张小虎，法学博士，湘潭大学法学院副教授、博士研究生导师，中非经贸法律研究院副院长，南非斯泰伦博斯大学法学院访问学者。主持国家社科基金项目（含重大项目子课题）2 项、教育部人文社科基金项目 1 项、省部级和各类横线项目 6 项，出版《中国对非洲投资的环境法律规制与风险防控》等著（译）作 9 部，在非洲法、比较法领域发表学术论文 70 余篇。

瓦莱丽·福格曼（Valerie Fogleman），法学博士，英国威尔士卡迪夫大学法律与政治学院教授。研究方向为环境责任、环境保险及生物多样性。已出版著作 3 部，发表关于环境法的论文 100 多篇。参与过欧盟委员会关于环境责任指令和其他环境责任报告的撰写。

李华琪，法学博士，河海大学法学院讲师。研究方向为环境司法。出版《环境公益诉权理论及其实践展开》《印度环境司法：国家绿色法庭》等著（译）作；在《中国人口·资源与环境》《法律适用》等期刊发表论文多篇。

邱秋，法学博士，湖北经济学院法学院教授，研究方向为环境法基础理论、水事法律与政策，出版了《自然资源国家所有权制度研究》《农村面源污染防治实证研究》等专著，主编《湖北水资源可持续发展年度报告》，在《法学评论》等期刊发表论文30余篇。

涂罡，法学博士，湖北经济学院法学院讲师，研究方向为环境法治、比较环境法和环境犯罪。出版专著《透明度的法理》，并在《吉首大学学报》（社会科学版）、《中国社会科学报》等期刊报纸上发表学术论文十多篇。

序

  外国环境法是我国环境法学研究的一个重要组成部分。因为，我国的环境法学研究，本身就是在研习外国环境法的基础上逐步发展起来的。学习外国环境法可以帮助我们了解外国环境法制的发展演变过程，弄清外国环境立法的目的、基本法律制度安排及各自的特点，知晓他国环境法治建设的历程及其经验教训，以拓宽我们的研究视野，为完善我国的环境法律制度、加强环境法治建设提供有益的借鉴。

  组织编写一部高质量的外国环境法教材，一直是我的一个心愿。一是因为我本人最早就是专门从事外国环境法，其中主要是苏联环境保护法和俄罗斯生态法研究的；二是因为我国至今还没有一部综合性的外国环境法教材；三是因为环境法学科的师生不断呼吁环境法学界组织编写这样一部教材，以满足广大师生学习、研究外国环境法的需要。曾经几次欲将这一想法付诸实施，然因种种原因未能实现。本次编写计划的顺利实施，得益于各位共同作者的大力支持。在此，对本书的各位共同作者表示衷心的感谢。

  本书较为客观地考察了十五个国家环境法治发展的基本情况，对每一个国家的考察单列一章，共设十五章。主要内容包括各国环境法的产生和发展、环境立法、环境法律体系、环境管理体制、环境司法、环境法律责任等。不过，每一章具体内容的筛选并不完全一致，由各章撰稿人根据自己所掌握的参考资料和研究结果自行决定，不强求完全统一，这样可能更符合各位撰稿人研究的实际情况。

  本书各章内容的安排顺序，是根据各章研究对象国家英文名称的第一个字母在英文字母表中的先后次序排列的。考虑到这是一部研究外国环境法的书，故作了这样的处理。

  本书具有以下几个方面的特点：

其一，研究对象国家众多，分布较广，涉及欧洲、亚洲、北美洲、非洲和大洋洲，国家包括英国、法国、德国、俄罗斯、意大利、荷兰、日本、印度、菲律宾、韩国、美国、加拿大、南非、摩洛哥和澳大利亚等，共计十五个国家，这在其他部门法学的外国法研究中也是比较少见的。

其二，本书的部分撰稿人为外国学者，印度环境法、英国环境法、意大利环境法、摩洛哥环境法和韩国环境法就是由外国学者单独撰写的。他们分别用英文和韩文撰写，然后由中国学者一对一地翻译成汉语。这不能不说是本书的一大显著特点。外国学者对其本国环境法的了解和研究，相对于中国学者的研究而言，更具说服力。

其三，中方撰稿人绝大多数具有在研究对象国家留学或访学的经历，有的已经获得研究对象国家高校的永久教职，有的曾经出版过关于研究对象国家环境法或生态法方面的专著或教材。他们对研究对象国家环境法治情况的观察和分析，较之其他中国学者的观察和研究，应当更为准确。

本书的撰稿分工如下：

第一章 澳大利亚环境法（赵小波，法学博士，澳大利亚南昆士兰大学法学院高级讲师）

第二章 加拿大环境法（王彬辉，法学博士，湖南师范大学法学院教授）

第三章 法国环境法（吴春潇，法学博士，上海财经大学法学院讲师）

第四章 德国环境法（张扬，法学博士研究生，兰州交通大学经济管理学院讲师）

第五章 印度环境法（吉檀迦利·纳因·吉尔，博士，英国诺桑比亚大学法学院教授；郭武，译者，法学博士，甘肃政法大学环境法学院教授）

第六章 意大利环境法（芭芭拉·波佐，意大利英苏布里亚大学法学院全职教授；吴宇，译者，法学博士，武汉大学法学院副教授）

第七章 日本环境法（刘明全，法学博士，四川省委党校（四川行政学院）法学教研部副教授）

第八章 韩国环境法（韩承勋，法学博士，天津大学中国绿色发展研究院韩方主任兼高级研究员；李玄雨，理学博士，韩国环境研究院首席研究员；徐建宇，法学博士研究生，天津大学中国绿色发展研究院助理研

究员）

第九章 摩洛哥环境法（穆罕默德·贝纳西，博士，摩洛哥拉巴特经济、社会和环境理事会高级环境专家；马哈古卜·哈伊巴，博士，摩洛哥卡萨布兰卡哈桑二世大学法律、经济和社会科学学院全职教授；陈志峰，译者，法学博士，上海财经大学法学院讲师）

第十章 荷兰环境法（刘静，法学博士，武汉大学法学院副教授）

第十一章 菲律宾环境法（刘海鸥，法学博士，湘潭大学法学院教授）

第十二章 俄罗斯生态法（王树义，法学博士，上海政法学院特聘教授）

第十三章 南非环境法（张小虎，法学博士，湘潭大学法学院副教授）

第十四章 英国环境法（瓦莱丽·福格曼，法学博士，英国威尔士卡迪夫大学法律与政治学院教授；李华琪，译者，法学博士，河海大学法学院讲师）

第十五章 美国环境法（邱秋，法学博士，湖北经济学院法学院教授；涂罡，法学博士，湖北经济学院法学院讲师）

本书英文目录由河海大学法学院李华琪博士翻译，在此一并感谢。

王树义
2023.8.8 于上海

目　　录

第一章　澳大利亚环境法 …………………………………………（1）
　　一　澳大利亚环境法的形成与发展 ………………………………（2）
　　二　澳大利亚的环境立法 …………………………………………（4）
　　三　澳大利亚环境法的原则 ………………………………………（12）
　　四　澳大利亚环境法的调整模式 …………………………………（18）
　　五　澳大利亚环境法的实施 ………………………………………（25）

第二章　加拿大环境法 ………………………………………………（39）
　　一　加拿大环境法概述 ……………………………………………（39）
　　二　加拿大环境法律体系 …………………………………………（45）
　　三　加拿大环境法的实施机制 ……………………………………（52）

第三章　法国环境法 …………………………………………………（77）
　　一　法国环境法的产生与发展 ……………………………………（77）
　　二　法国环境管理体制 ……………………………………………（85）
　　三　法国《环境宪章》的规范与适用 ……………………………（93）
　　四　法国生态环境损害修复责任 …………………………………（98）

第四章　德国环境法 …………………………………………………（105）
　　一　德国环境法概述 ………………………………………………（105）
　　二　德国环境法的基本原则 ………………………………………（111）
　　三　环境宪法 ………………………………………………………（116）
　　四　环境私法 ………………………………………………………（122）
　　五　环境法的工具 …………………………………………………（128）

第五章　印度环境法 …………………………………………………（134）
　　一　印度宪法与环境保护 …………………………………………（134）
　　二　监管框架与环境保护 …………………………………………（139）

三　印度司法与环境正义 …………………………………………（144）
第六章　意大利环境法 …………………………………………（158）
　　一　从单行法到《环境法典》 …………………………………（158）
　　二　刑法在环境保护中的作用 …………………………………（162）
　　三　意大利《宪法》及其2022年修正案中关于环境保护
　　　　的规定 …………………………………………………………（165）
　　四　中央与大区间立法权限的分配 ……………………………（166）
　　五　意大利法和欧盟法在环境损害民事责任上的
　　　　冲突与协调 ……………………………………………………（172）
　　六　意大利气候变化法的发展 …………………………………（177）
第七章　日本环境法 ……………………………………………（179）
　　一　日本环境法概述 ……………………………………………（179）
　　二　日本环境立法的体系与演变 ………………………………（183）
　　三　日本环境行政的治理体制与治理路径 ……………………（195）
　　四　日本环境纷争的行政处理与司法机制 ……………………（200）
第八章　韩国环境法 ……………………………………………（207）
　　一　韩国环境法概述 ……………………………………………（207）
　　二　韩国环境法的产生和发展 …………………………………（212）
　　三　韩国环境管理体制 …………………………………………（221）
　　四　韩国环境责任及救济制度 …………………………………（241）
第九章　摩洛哥环境法 …………………………………………（250）
　　一　摩洛哥对环境、气候和可持续性挑战的应对：法律和
　　　　政策框架 ………………………………………………………（250）
　　二　环境监测和监管 ……………………………………………（273）
　　三　摩洛哥环境治理 ……………………………………………（274）
第十章　荷兰环境法 ……………………………………………（278）
　　一　荷兰法概述 …………………………………………………（278）
　　二　荷兰环境法立法体系 ………………………………………（280）
　　三　荷兰环境执法 ………………………………………………（285）
　　四　荷兰环境司法 ………………………………………………（291）
第十一章　菲律宾环境法 ………………………………………（304）
　　一　菲律宾环境法概述 …………………………………………（304）

二　菲律宾主要环境立法 …………………………………………（309）
三　菲律宾环境管理机构 …………………………………………（318）
四　菲律宾环境诉讼 ………………………………………………（330）

第十二章　俄罗斯生态法 ………………………………………（345）
一　俄罗斯生态法概述 ……………………………………………（345）
二　俄罗斯生态法的产生和发展 …………………………………（356）
三　俄罗斯公民及其他社会组织的生态权利和义务 ……………（379）
四　俄罗斯的生态法律责任 ………………………………………（388）

第十三章　南非环境法 …………………………………………（396）
一　新南非环境法律体系的全面构建 ……………………………（396）
二　南非的环境立法体系 …………………………………………（398）
三　南非的环境执法体系 …………………………………………（418）
四　南非的环境司法体系 …………………………………………（433）

第十四章　英国环境法 …………………………………………（445）
一　普通法 …………………………………………………………（445）
二　环境立法 ………………………………………………………（451）
三　欧盟立法与英国脱欧 …………………………………………（453）
四　环境主管部门及其权力 ………………………………………（455）
五　环境法原则 ……………………………………………………（458）
六　环境法主要领域概述 …………………………………………（460）

第十五章　美国环境法 …………………………………………（483）
一　美国环境法概述 ………………………………………………（483）
二　美国环境法的理论基础 ………………………………………（489）
三　美国主要联邦环境法 …………………………………………（494）
四　美国联邦环境法的执行 ………………………………………（513）

CONTENTS

Chapter I Environmental Law in Australia .... (1)
  1 Formation and development of environmental law in Australia ...... (2)
  2 Environmental legislation in Australia .... (4)
  3 Principles of environmental law in Australia .... (12)
  4 Adjustment approaches of environmental law in Australia .... (18)
  5 Implementation of environmental law in Australia .... (25)

Chapter II Environmental Law in Canada .... (39)
  1 Overview of environmental law in Canada .... (39)
  2 Environmental legal system in Canada .... (45)
  3 Implementation mechanisms of environmental law in Canada ...... (52)

Chapter III Environmental Law in France .... (77)
  1 Emergence and development of environmental law in France ...... (77)
  2 Environmental management system in France .... (85)
  3 Norms and applicability of the French Environmental Charter ...... (93)
  4 Responsibility for restoration of ecological and environmental
     damage in France .... (98)

Chapter IV Environmental Law in Germany .... (105)
  1 Overview of environmental law in Germany .... (105)
  2 Basic principles of environmental law in Germany .... (111)
  3 Environmental constitution .... (116)
  4 Environmental private law .... (122)
  5 Tools of environmental law .... (128)

Chapter V Environmental Law in India .... (134)
  1 The Indian Constitution and environmental protection .... (134)

2　Regulatory framework and environmental protection ……………（139）
  3　Indian justice and environmental justice ……………………（144）
Chapter VI　Environmental Law in Italy ……………………………（158）
  1　From sectorial law to Environmental Code ……………………（158）
  2　The role of criminal law in environmental protection ……………（162）
  3　The protection of the environment in the Italian Constitution and the Reform of 2022 ……………………………………………（165）
  4　Environmental governance between State and Regions ……………（166）
  5　A concrete but difficult case of dialogue between Italian law and European law: civil liability for environmental harm ………（172）
  6　Development of Climate Change Law in Italy …………………（177）
Chapter VII　Environmental Law in Japan …………………………（179）
  1　Overview of environmental law in Japan ………………………（179）
  2　System and evolution of environmental legislation in Japan ………（183）
  3　Governance system and path of environmental administration in Japan ……………………………………………………………（195）
  4　Administrative resolution and judicial mechanism of environmental disputes in Japan ………………………………（200）
Chapter VIII　Environmental Law in Korea …………………………（207）
  1　Overview of environmental law in Korea ………………………（207）
  2　Emergence and development of environmental law in Korea ………（212）
  3　Environmental management system in Korea ……………………（221）
  4　Environmental responsibility and relief system in Korea …………（241）
Chapter IX　Environmental Law in Morocco ………………………（250）
  1　Morocco's response to environmental, climate and sustainability challenges: legal and policy frameworks ……………………（250）
  2　Environmental monitoring and supervision ………………………（273）
  3　Environmental governance in Morocco …………………………（274）
Chapter X　Environmental Law in the Netherlands ………………（278）
  1　Overview of Dutch law ……………………………………………（278）
  2　Legislative system of environmental law in the Netherlands ………（280）
  3　Environmental enforcement in the Netherlands …………………（285）

 4 Environmental justice in the Netherlands ········· (291)

Chapter XI Environmental Law in the Philippines ········· (304)

 1 Overview of environmental law in the Philippines ········· (304)

 2 Major environmental legislation in the Philippines ········· (309)

 3 Environmental management agency in the Philippines ········· (318)

 4 Environmental litigation in the Philippines ········· (330)

Chapter XII Ecological Law in Russia ········· (345)

 1 Overview of ecological law in Russia ········· (345)

 2 Emergence and development of ecological law in Russia ········· (356)

 3 Ecological rights and duties of Russian citizens and other social

  organizations ········· (379)

 4 Ecological legal responsibility in Russia ········· (388)

Chapter XIII Environmental Law in South Africa ········· (396)

 1 Comprehensive construction of environmental law system in

  New South Africa ········· (396)

 2 Environmental legislation system in South Africa ········· (398)

 3 Environmental enforcement system in South Africa ········· (418)

 4 Environmental justice system in South Africa ········· (433)

Chapter XIV Environmental Law in the United Kingdom ········· (445)

 1 Common law ········· (445)

 2 Environmental legislation ········· (451)

 3 European union legislation and Brexit ········· (453)

 4 Environmental authorities and their powers ········· (455)

 5 Principles of environmental law ········· (458)

 6 Overview of the main areas of environmental law ········· (460)

Chapter XV Environmental Law in the United States ········· (483)

 1 Overview of environmental law in the United States ········· (483)

 2 Theoretical basis of environmental law in the United States ········· (489)

 3 Main federal environmental laws in the United States ········· (494)

 4 Enforcement of federal environmental law in the United States ········· (513)

第一章　澳大利亚环境法

澳大利亚联邦（Commonwealth of Australia）位于南半球中北部、东半球东部，是大洋洲面积最大、南半球面积第二大和全球面积第六大的国家。澳大利亚国土面积约769万平方千米，覆盖了整块澳大利亚大陆、塔斯马尼亚岛及圣诞岛等多个海外岛屿。2019年人口普查数据显示，澳大利亚全国人口约为2522万人，居世界第54位。澳大利亚大部分地区处于半干旱或荒漠地带，淡水资源缺乏但生态环境极为丰富，是全球17个超级生物多样性国家之一。澳大利亚大陆古老的历史、独特的地理位置和极端多变的气候，造就了许多当地独有的物种。

澳大利亚的环境问题十分突出。长期以来，澳大利亚面临着气候变化、土地退化、动植物栖息地破坏以及外来物种入侵等环境威胁。这些环境威胁之间相互作用并产生累积效应，在相当程度上放大了澳大利亚所面临的环境风险。根据近年来澳大利亚联邦政府发布的《澳大利亚国家环境状况报告》[①]，2011年以前，澳大利亚面临的环境压力主要同空气质量、农业生产、商业捕鱼以及海洋石油和天然气勘探等相关。而过去的十多年间，煤矿和页岩气开采、动植物栖息地破坏和退化、外来物种入侵、大堡礁珊瑚白化、海洋垃圾污染所导致的环境问题格外突出。环境问题成为公共辩论、科学研究和公共治理的重要话题。澳大利亚环境问题的复杂性，决定了其环境法治同污染治理、水资源保护、生物多样性保护、能源安全、基础设施建设、人权保护等领域密切相关。

---

① 参见2016年《澳大利亚国家环境状况报告》，报告见https://soe.environment.gov.au/。

一　澳大利亚环境法的形成与发展

澳大利亚现代环境法发展至今大约有 50 年的历史。在澳大利亚早期的立法中，环境污染一般被视为对公共卫生和地方政府职能造成的妨扰，主要受普通法（判例法）的调整。20 世纪六七十年代，澳大利亚环保运动盛行并逐步获得澳大利亚社会主流价值观的同情和支持，环保主义者开始更多地思考如何利用法律工具来应对环境问题。20 世纪 80 年代，澳大利亚国内针对雨林砍伐、荒野保护和水污染控制等议题的政治抗议和游说活动十分活跃。[①] 在环保团体与法院的互动中，法律在应对环境问题方面的不足逐步暴露并引发了改革争议。法律界开始广泛关注环境问题，并以法院为基础不断探索司法解决环境争议的可能性。以普通法价值观为基础的传统法律在解决新的环境问题方面显得力不从心，法官不得不面对一些过去从未在法庭上被探究过的利益和价值观。最终这一问题被推回到立法者手中，并直接导致了现代环境法的诞生。

环境问题的广泛性和复杂性对澳大利亚环境政策和监管框架的制定与完善提出了重大挑战。与许多其他国家一样，澳大利亚的环境法在应对这些挑战方面发挥着核心作用。20 世纪 60 年代末 70 年代初，澳大利亚联邦和各州、领地开始陆续综合性的污染控制立法及其他与环境保护相关的立法。在澳大利亚，法律对"环境"一词并没有统一的界定。同其他法域一样，法律对"环境"一词的定义受到时代的影响，其含义的变化反映出社会价值观的变迁。澳大利亚早期的环境保护立法体现了人类中心主义视角。例如，维多利亚州《1970 年环境保护法》将环境描述为"人类周围的土地、水域、大气、气候、声音、气味、味道等物理因素；动、植物等生物因素和美学社会因素"。新南威尔士州《1979 年环境规划和评估法》指出，环境"包括对人类个体和群体产生影响的周边环境的所有方面"。而塔斯马尼亚州《1994 年环境管理和污染控制法》对"环境"的定义则体现了生态中心主义视角，更加强调人类与自然生态之间的连接，

---

① 世界野生动物基金、荒野学会、绿色和平组织和澳大利亚保护基金等都是澳大利亚十分活跃的环保团体。此外，还有大量小型环保团体以非营利信托或契约的形式积极参与环境保护工作。澳大利亚历史上著名的环保运动包括 20 世纪 60 年代的反垃圾运动；1972 年的反对塔斯马尼亚水坝建设项目运动；20 世纪 70 年代反核团体发起的反对铀矿开采运动和反对核能运动（CANE）；以及广大原住民团体为争取原住民土地权利而进行的长期抗争。

以及各种生态要素之间的关联。该法将环境规定为："地球的组成部分，包括（a）土地、空气和水；（b）任何有机物和无机物以及任何生物体；（c）任何人造或改造的结构和区域，其中包括（a）段或（b）段中提及的自然生态系统中相互作用的组成部分。"①

国际环境法对澳大利亚环境的形成和发展具有十分重要的影响。传统上，由澳大利亚联邦政府负责处理濒危物种、世界遗产、湿地、核相关行为及海洋环境等国际公约所涵摄的主题。迄今为止，澳大利亚参与缔结了40多个与环境或自然资源管理相关的多边、双边和区域环境条约。澳大利亚参与的多边环境协定包括：《联合国气候变化框架公约》及其后续协议，如《京都议定书》和《巴黎协定》等；《生物多样性公约》《联合国海洋法公约》《维也纳公约》《蒙特利尔臭氧议定书》和《持久性有机污染物公约》等。同时，澳大利亚还积极参与了同南极洲管理、渔业和海洋物种管理相关的多边和区域性条约。

为履行条约义务、服从条约监管措施，澳大利亚采取了广泛的国内行动。国际环境法主要通过以下方式对澳大利亚国内环境法产生影响：（1）通过国内环境立法直接履行条约义务；（2）影响环境行政决策；（3）在环境司法过程中以国际环境法为基础对相关法律规定加以解释。1992年里约地球峰会之后缔结的多边环境条约普遍采纳了代际公平原则、整合原则、预防原则和污染者付费原则等反映可持续发展要求的重要目标和原则。这些目标和原则在澳大利亚国内环境立法中得到了不同程度的体现。此外，其他国家——特别是同澳大利亚一样沿袭普通法传统的国家所制定的环境法律、原则和监管工具也为澳大利亚国内法律改革提供了模板或法理学基础，并在立法和司法实践中产生了不同程度的影响。

20世纪中叶，西方环境管理思想的发展对澳大利亚环境法调整模式的转型产生了实质性的影响。大量新的经济学思想和理论受到澳大利亚研究者的重视，其中部分理论成果也被立法者采纳并成为变革环境法调整模式的理论基础。随着协同治理（collaborative governance）、经济理性主义（economic rationalism）等学说被西方国家普遍接纳，国家在协助管理环

---

① 参见塔斯马尼亚州《1994年环境管理和污染控制法》第3条，类似的定义见于新南威尔士州《1997年环境保护措施法》第5条；新南威尔士州《1991年环境保护管理法》第3条；南澳大利亚州《1993年环境保护法》第3条。

方面的角色被逐步淡化，这一现象被称为"远程管理"。① 伴随这一转变，国家在环境管理方面的职能逐渐向某些被称为"代管者"（surrogate regulator）的非政府组织、社会团体、企业等社会组织及公民移转。公众参与被融入公共政策制定、执行、监督、评估以及修订的全过程，并成为表达利益诉求的重要途径。同时，国际环境法的发展和公司全球治理的兴起，促使环境法律责任的规定随之出现新的变化。上述种种影响在澳大利亚环境立法领域均得到了不同程度的回应。

二　澳大利亚的环境立法

澳大利亚是一个实行君主立宪和议会制的联邦国家。② 澳大利亚的法律制度总体上沿袭了英殖民帝国的普通法传统，独立后的澳大利亚保留了君主立宪制。澳大利亚作为英联邦成员至今仍尊英国女王兼任国家元首。澳大利亚总督（Governor-General of Australia）作为英国女王的全权代表在一般情况下代表女王行使国家元首的职务。女王在各州设有州总督作为其代表，依据州政府的建议行事。③

澳大利亚宪法以分权理论为基础，它假定政府的三个部门——立法机构、行政机构和司法机构——在相互制衡的制度下运作，以确保国家治理遵守法治原则。联邦议会（包括参、众两院）、六个州议会，以及两个自治领地议会享有立法权，负责制定法律。议会的具体立法权限受《1900年澳大利亚联邦宪法》的调整。一般而言，涉及联邦事务、国防、税收、外交、移民和贸易等方面的立法权由联邦议会行使，而州和自治领地议会则享有除联邦立法权之外的十分广泛的立法权限。联邦总理及各部会首长

---

① Nikols Rose and Peter Miller, Political Power Beyond the State: Problematics of Government (1992) 43 British Journal of Sociology 173.

② 1770年，英国宣布拥有澳大利亚主权。1788年，伴随首批移民定居新南威尔士州的城市悉尼，澳大利亚正式成为英国的皇家殖民地。其他地区，包括塔斯马尼亚州、南澳大利亚州、维多利亚州、昆士兰州和西澳大利亚州，在其后数十年间陆续成为英国殖民地。1900年，英国议会通过《澳大利亚联邦宪法令》。1901年1月1日，澳大利亚六个英属殖民地组成澳大利亚联邦。1986年，英国女王伊丽莎白二世签署《1986年澳大利亚法》，规定澳大利亚高等法院拥有终审权。该法的生效切断了澳大利亚和英国最后的宪政联系，澳大利亚脱离英国正式成为独立国家。

③ 澳大利亚联邦《1973年皇家头衔法》[Royal Style and Titles Act 1973（Cth）]第二章。英国伊丽莎白二世女王在位期间长期担任英联邦国家元首。2022年9月英国女王去世后，由查尔斯三世国王继任英联邦国家元首。

组成的内阁享有行政权，负责实施法律。联邦高等法院和其他联邦法院、[1] 州法院享有司法权，负责解释法律。[2]

议会立法（通常称为成文法）和判例法（通常称为普通法）是澳大利亚环境法的两个主要法律来源。一般而言，议会立法旨在实施政府政策或改革现行普通法。尽管法官在解释和应用法律以及审查行政决策方面发挥着重要作用，但议会立法已迅速超越普通法规则成为环境法最主要的来源。在澳大利亚，有数百项成文法律因其调整的对象与环境保护活动直接或者间接相关而可以被定性为环境立法。此外，作为法律体系基础的普通法部门，如侵权法、刑法、行政法、财产法、宪法等同环境法的实施高度相关。但是，与公司法等主要以成文法为基础的部门法不同，澳大利亚环境法并不具备统一、连贯的法律和规则体系。

除联邦、州和领地各级议会外，司法系统是澳大利亚环境法的重要来源。普通法中的侵权（torts）、妨扰（nuisance）、侵犯（trespass）、过失（negligence）、公共托管原则（doctrine of public trust）等都具备化解环境纠纷的功能。但总的来讲，澳大利亚大多数环境保护立法均为成文法，普通法所起作用较小。尽管普通法规则作为环境监管的法律来源和实施基础其重要性不断下降，但法院通过解释和适用成文法，借助个案推动环境法发展的做法在环境治理中仍发挥着重要作用。法官能够在个案裁判中平衡利益冲突、在实现公共利益时考虑生态价值的必要性，进而扩充司法先例并发展出一系列适用于环境案件的普通法原则。事实上，预防原则和生态可持续发展等概念在澳大利亚的发展与环境司法的贡献密不可分。[3]

---

[1] 联邦高等法院（High Court of Australia）是澳大利亚联邦最高司法机关，其主要负责审理涉及宪法效力的案件以及联邦内的重大案件。联邦高等法院同时是上诉法院，受理联邦、州以及特区法院的上诉案件。联邦高等法院设在澳大利亚首都堪培拉，配备有一位首席大法官（Chief Justice）和六位大法官（Justice）。联邦法院（Federal Court）设立于1976年，其目的主要在于减轻高等法院的诉讼负担，提高诉讼效率。目前，在澳大利亚各州、首都特区和北领地都设有联邦法院，其管辖权限与联邦高等法院的权限一致。家庭法院（Family Court）设立于1975年，主要负责处理婚姻、家庭、财产等方面的问题。联邦治安法院（Federal Magistrates Court）设立于1999年，其目的在于减轻联邦法院的负担。该法院处理的事务范围与联邦法院一致，其主要负责处理简单的、标的较小的案件。

[2] 澳大利亚各州、领地都有相对独立的司法系统。以新南威尔士州为例，该州设有最高法院（Supreme Court）、中级法院（Intermediate Court）、地方（基层）法院（Local Court）、小额索赔法庭（Small Claim Court）等。

[3] Jacqueline Peel, "Ecologically Sustainable Development: More than Mere Lip Service?" (2008) 12 Australasian Journal of Natural Resources Law and Policy 1.

另外，原住民土地所有权问题同澳大利亚环境法发展密切相关。1992年，澳大利亚联邦高等法院通过 Mabo v. Queensland 一案推翻了澳大利亚被殖民前属于无主土地（terra nullius）的论断，① 首次承认原住民对其传统土地拥有无可否认的所有权。由于该案是澳大利亚原住民通过法律途径取得土地所有权的首个成功案例，因此被视为澳大利亚高等法院迄今作出的最著名的也是最富争议的裁决之一。本案在改变澳大利亚社会对环境保护的态度方面同样具有十分重要的意义。澳大利亚对原住民土地权利的承认，使外界能够深入了解财产法、资源和环境保护法意义上的"环境"与原住民赖以生存的传统土地和水域之间的联系。澳大利亚的原住民传统土地（即受原住民土地权利和原住民所有权约束的地区）占澳大利亚国土面积的30%以上，而这些土地通常位于生物多样性水平较高的地区。因此，在尊重原住民管理其领地的权利的同时，帮助他们照顾和管理好其领地是澳大利亚环境保护中至关重要的一环。②

（一）环境立法权的宪法调整

澳大利亚宪法虽然没有对环境保护问题作出明确的规定，却赋予了联邦议会一系列与环境保护间接相关的宪法性权力，使其能够就环境保护相关事项展开立法。这类宪法性权力主要包括：联邦政府通过履行国际环境条约，管理国际和州际贸易的权力；③ 处理财政和贸易等事务的权力；在海滨和海外领地发生的活动，并获得管理上述区域内相关环境事务的权力。④ 联邦议会可以就上述相关环境事务制定环境法律。此外，其他一些与环境问题关联性更弱的宪法性权力也可以用来支持联邦的环境保护立法。例如，征税权⑤、防卫权⑥、同检疫相关的权力⑦以及同澳大利亚海域渔业相关的权力等。⑧

---

① Mabo v. Queensland (No. 2) (1992) 175 CLR 1.
② 例如，参见 Donna Craig, "Environmental Law and Aboriginal Rights: Legal Frameworks for Joint Management of Australian National Parks" in Jim Birkhead et al. (eds.), Aboriginal Involvement in Parks and Protected Areas (1992) 141.
③ 《澳大利亚联邦宪法》第 51 条（i）。
④ 《澳大利亚联邦宪法》第 51 条（xx）。
⑤ 《澳大利亚联邦宪法》第 51 条（ii）。
⑥ 《澳大利亚联邦宪法》第 51 条（vi）。
⑦ 《澳大利亚联邦宪法》第 51 条（ix）。
⑧ 《澳大利亚联邦宪法》第 51 条（x）。

其中，贸易和商业权的运用为控制与州际贸易、出口工业产品的加工制造相关的环境问题提供了重要的法律基础。例如，在"Murphyores 诉澳大利亚联邦政府"一案中，① 联邦政府通过行使贸易和商业权来限制和阻止某项特定商品出口到国际市场，从而达到保护环境的目的。该案中，澳大利亚联邦政府试图根据《1901 年联邦海关法》拒绝为涉案公司颁发出口许可证，以阻止该公司在昆士兰州弗雷泽岛（Fraser Island）的矿砂采集活动。联邦高等法院在判决中指出，适用该法反映出一个实质问题，即联邦政府直接环境立法权的缺失并不能阻碍宪政性权力在环境保护方面发挥实质的作用。贸易和商业权曾经一度被扩展到矿山开采准入等具体工业领域，并在保护联邦环境方面显示出其巨大的潜力。

在联邦体制下，澳大利亚各州和领地保留了包括环境立法权在内的立法权，但州和领地的立法权受到特定宪法条款的限制。例如，联邦政府对于宪法第 52 条规定的联邦专属区域（包括联邦保护区、机场和国防设施等）和联邦公共服务，第 90 条规定的海关、关税和消费税，② 以及第 92 条规定的联邦内部"自由"贸易享有专属立法权。③ 根据《宪法》第 109 条的规定，当联邦法与州法发生冲突时，联邦法律优先于州法律适用。④

（二）澳大利亚联邦和地方主要环境立法

澳大利亚联邦、州和领地立法机构享有广泛的环境立法权。环境保护立法按其内容可以分为四大类：一是与环境规划和污染防治相关的法律法规，主要包括土地规划、环境影响评价、大气污染、水污染、固体废弃物

---

① Murphyores Inc Pty Ltd. v. Commonwealth (1976) 136 CLR 1.
② 该条禁止各州通过消费税立法提高税收。例如，Hematite Petroleum Pty Ltd. v. Victoria (1983) 151 CLR 599 一案中，维多利亚州政府向巴斯海峡石油生产商征收的"管道运营费"被联邦最高法院驳回。
③ 州际贸易自由可能因环境保护而受到限制。例如，在 Cole v. Whitfield (1988) 78 ALR 42 一案中，惠特菲尔德（Whitfield）及其公司从南澳大利亚进口了一批小龙虾在塔斯马尼亚州进行转售。根据塔斯马尼亚州《1962 年海洋渔业条例》的规定，这些小龙虾因尺寸不足不得销售。渔业检查员对惠特菲尔德提起公诉。惠特菲尔德拒绝认罪，并辩称州际贸易自由受《宪法》第 92 条的保护。联邦最高法院在判决中指出，只要州立法不是保护主义和歧视性的，保护自然资源的合法措施并不违反《宪法》第 92 条的规定。另见 Ackroyd v. McKechnie (1986) 66 ALR 287。该案中，联邦最高法院裁定硫冠凤头鹦鹉的州际运输受到《宪法》第 92 条的保护。
④ 参见"塔斯马尼亚水坝案"[Commonwealth v. Tasmania (1983) 46 ALR 625]。澳大利亚联邦最高法院根据《宪法》第 109 条，裁定塔斯马尼亚州《1982 年戈登河水电开发法》与联邦《1983 年世界遗产保护法》冲突，进而否决了该州的富兰克林水坝项目。

污染、场地污染、危化品管理等相关的规定；二是同生物多样性保护、自然遗产和文化遗产保护相关的规定；三是同自然资源开发、利用和管理相关的规定，包括同取水和水权交易、资源回收、渔业资源、石油矿产资源等相关的规定；四是侵权法、刑法、职业安全、劳动保护、消费者权益保护等相关立法中与环境保护相关的规定。各州和领地的主要环境立法见表1-1。

表1-1　　　澳大利亚联邦与各州、领地主要环境立法

辖区	主要环境立法
联邦	1976年历史沉船法 1978年环境保护核法规法 1981年环境保护法（海上倾倒） 1983年海洋保护法（防止船舶污染） 1989年臭氧保护和人为温室气体管理法 1989年危险废物（进出口管制）法 1991年南极采矿禁令法 1997年澳大利亚自然遗产信托法 1999年环境和生物多样性保护法 2000年可再生能源（电力）法 2006年近海石油和温室气体储存法 2007年水法 2007年国家温室气体和能源报告法 2015年生物安全法
北领地	1976年领地公园和野生动物保护法 1982年环境评估法 1988年渔业法 1990年臭氧保护法 1992年水法 1992年规划法 1998年废物管理和污染控制法 1999年海洋污染法 2011年环境保护（饮料容器和塑料袋）法
昆士兰州	1971年国家发展和公共工程组织法 1992年自然保护法 1992年遗产法 1994年环境保护法 1994年渔业法 1999年植被管理法 2000年水法 2004年海洋公园法 2005年野生河流法 2011年废弃物减少和回收法 2014年环境补偿法 2016年规划法

续表

辖区	主要环境立法
南澳大利亚州	1972年海岸保护法 1972年国家公园和野生动物法 1991年原生植被法 1993年遗产地法 1993年环境保护法 1997年水资源法 2004年自然资源管理法 2007年海洋公园法 2007年渔业管理法 2007年气候变化和温室气体减排法 2016年规划、发展和基础设施法
塔斯马尼亚州	1975年原住民文化遗产法 1987年石油和有毒物质污染水域法 2008年气候变化（国家行动）法 1993年土地使用规划和批准法 1994年环境管理和污染控制法 1995年历史文化遗产法 1995年受威胁物种保护法 1995年海洋生物资源管理法 1995年海洋养殖规划法 1999年水资源管理法 2002年国家公园和保护区管理法 2002年自然保护法 2007年垃圾法 2013年森林管理法 2013年塑料购物袋禁令法
维多利亚州	1958年森林法 1970年环境保护法 1975年国家公园法 1978年环境影响法 1986年石油和有毒物质污染水法 1987年规划和环境法 1988年动植物保障法 1989年水法 1992年自然遗产河流法 1995年渔业法 1995年海岸管理法 2004年可持续森林（木材）法 2006年可再生能源法 2007年能源效率目标法 2017年气候变化法 2017年遗产法

续表

辖区	主要环境立法
西澳大利亚州	1972年原住民遗产法 1984年保护和土地管理法 1986年环境保护法 1990年西澳大利亚遗产法 1994年鱼类资源管理法 2000年林产品法 2003年污染场地法 2003年碳权利法 2005年规划和发展法 2007年废物避免和资源回收法 2016年生物多样性保护法

《1999年环境和生物多样性保护法》（EPBC法）是澳大利亚联邦环境保护核心立法。该法概述了国家环境管理的法律框架，并罗列出九种受该法调整、对国家环境保护具有重要意义的事项：世界遗产；世界自然遗产地；列入《拉姆萨尔公约》具有国际重要性的湿地；受威胁物种和生态群落；受国际协定保护的迁徙物种；核相关的行动；联邦海洋环境；国家自然遗产地、大堡礁海洋公园；以及其他同各州协商后受法律调整的活动。EPBC法由联邦农业、水和环境部（DAWE）负责实施。在联邦层面，DAWE通过采取包括强制性环境审计、侵权通知、民事和刑事诉讼等多种救济措施来执行EPBC法的要求。

即便如此，对环境的监管主要由各州和领地政府负责。各个司法管辖区的主要法律法规都反映了控制和减轻对环境的危害这一共同目标。不同司法管辖区采用了许多类似的措施，如颁发许可证、制定保护政策、对危害环境的行为（环境违法、犯罪）实施处罚等。州或领地各自的环境监管机构负责实施这些控制措施并确保相关的环境保护立法得到执行。

王室（The Crown）是澳大利亚立法中的一个十分独特的概念，它与环境和自然资源保护有着密切的关联。在普通法体系下，王室对殖民地范围内所有的土地和自然资源均享有绝对的所有权，那些尚未转让给私人所有者的土地和资源的所有权仍归王室所有。王室及其在联邦、州和领地管辖范围内的政府代表"出于公共利益"代表澳大利亚社区管理森林、分配水及其他自然资源、控制环境污染、保护生态系统等。[1] 根据普通法理

---

[1] 例如，西澳大利亚州《1978年矿业法》[Mining Act 1978（WA）] 第9（1）（a）规定，任何自然状态下存在于地上或地下的金、银、稀有贵重金属，均属于王室财产。

论，除非有特别的或必要的意思表示，王室不受立法的约束。这意味着，如果没有特别规定，为私人土地所有者设计的环境保护制度在澳大利亚广袤的地域内将无法适用。[①] 因此，澳大利亚绝大多数环境立法中都有约束王室的表述，这意味着政府机构必须遵守环境法。

(三) 环境保护合作联邦制

澳大利亚的合作联邦制政策诞生于环境法中的对抗性方法所带来的政治困境。受联邦高等法院司法裁决的影响，联邦和州逐步意识到合作解决环境问题的重要性。为了缓解联邦和州及领地在环境立法权限方面的紧张关系，减少联邦与地方在诸如世界遗产保护等问题上的冲突，澳大利亚联邦政府和州、领地政府从20世纪90年代中期开始开展了一系列合作并取得重要成果。1992年联邦、州、领地和地方政府之间达成的《政府间环境保护协议》（IGAE《协议》），和1997年10月由澳大利亚政府间委员会（COAG）起草的协议草案[②]对后续联邦层面的环境立法，特别是《1994年国家环境保护委员会法》和《1999年环境和生物多样性保护法》（EPBC法）产生了重要的影响。

IGAE《协议》的签署，是澳大利亚开启环境保护领域合作联邦制（cooperative federalism）进程的重要标志。该协议中，联邦、州、领地和地方政府同意将环境因素纳入各级政府决策，并奉行可持续发展原则。《协议》各方承诺：确保在决策过程中考虑与拟议项目、计划或政策相关的环境问题；确保对严重影响环境的事项进行适当审查；确保所采取的措施具有成本效益，并且与正在解决的环境问题的重要性相称。根据 IGAE《协议》，联邦同意将其参与环境管理的范围限制在四个核心领域：制定与环境保护相关的外交政策和国际协定；确保州的政策和实践不会产生重大的跨辖区的环境影响；在制定国家环境标准和指导方针方面加强同州的

[①] Bropho v. Western Australia［1990］HCA 24. 另见：Gerry Bates, Environmental Law in Australia（LexisNexis Butterworths, 8th ed, 2016）, p. 26.

[②] 1997年11月，澳大利亚的政府间论坛——澳大利亚政府间委员会（COAG）起草了一份协议草案（COAG, Heads of Agreement, November 1997），该草案定义了联邦在环境方面的责任和权益；联邦在草案中承认遵守州环境法的重要性。虽然直至2020年澳大利亚政府间委员会解散 COAG 协议草案也未能上升为立法，但这一协议凝聚了联邦政府和地方政府的环境共识，将澳大利亚联邦和州、领地协调合作预防污染、保护环境推向一个新阶段。参见 Gerry Bates, Environmental law in Australia（8th）, p. 164。

合作；管理联邦土地上的生物和非生物资源。① 《协议》第三节规定了"环境政策的原则"。缔约方同意各级政府的环境政策和规划的制定和实施必须"采用健全的环境措施和程序作为生态可持续发展的基础，将既有利于澳大利亚的人民和环境，也有利于国际社区成员和环境"；"生态多样性和生态完整性的保护应成为一种最基本的考虑"。《协议》还将"风险预防原则""代际公平原则""保护生物多样性和生态完整性原则"和"改善评价、定价和刺激机制的原则"作为制定环境政策和实施项目必须遵循的原则。

此外，联邦在州和领地政府的协作下制定与环境保护相关的国家战略和政策，是环境管理合作联邦制的重要内容。一方面，联邦鼓励州和领地参与制定国家战略，最大限度发挥州和领地的自主权并促进战略的实施；另一方面，联邦承诺在财政上协助各州实施制国家战略。在联邦和州、领地的共同努力下，澳大利亚相继制定了多个国家环境战略和政策，并取得了不同程度的成功。②

三 澳大利亚环境法的原则

与大陆法系国家不同，澳大利亚环境法并没有明确的、具有统领意义的指导原则。如前所述，澳大利亚环境法的产生和发展深受国际环境法的影响，因此国际环境法上一些重要原则在澳大利亚环境法中得到了体现，并内化为各项具体的环境管理措施。在联邦层面，生态可持续发展理念代表了澳大利亚环境法的核心原则。与之并存的是一些下位原则如公众参与原则、预防原则、代际公平原则、生态多样性与生态完整性原则、完善经济激励原则等。③ 本节将重点介绍澳大利亚的"可持续发展原则"——生态可持续发展理念、公众参与原则，以及其他一些重要的环境法原则。

---

① Lee Godden, Environmental Law, 2ed, oxford, 2019, p.117.
② 例如：国家海洋政策；国家森林政策；澳大利亚杂草治理战略；国家生态可持续发展战略；澳大利亚生物多样性保护战略；国家土地保育计划；沿海酸性硫酸盐土壤管理国家战略；澳大利亚本土植被监督与管理框架；澳大利亚植物园适应气候变化国家战略和行动计划；澳大利亚可再生能源目标计划；澳大利亚清洁能源战略；2009—2030澳大利亚国家环境保育系统战略；国家废物管理政策；国家能源效率战略。
③ 参见EPBC法第3A条。

(一) 生态可持续发展理念

1982年《世界自然宪章》的颁布，唤起人们对自然环境保护与经济发展相互关系的关注。受《世界自然宪章》影响，澳大利亚于1983年颁布了《自然保护战略》(National Conservation Strategy)。1987年，布伦特兰委员会提出的可持续发展的概念，进一步为澳大利亚创立与发展本土化的可持续发展概念——"生态可持续发展"理念（ESD）创造了条件。1992年澳大利亚政府委员会（Council of Australian Governments）出台的《国家生态可持续发展战略》（NSED）采纳了这一概念。[①] 这一国家战略的正式推出，标志着澳大利亚在生态可持续发展道路上迈出了实质性一步。根据该战略，澳大利亚"生态可持续发展"的概念被表述为："使用、保护和强化社区资源，在提高当代人和子孙后代整体生活质量的同时，维护人类赖以生存的生态过程。"简言之，生态可持续发展理念推崇在满足当代人需要的发展的同时，又为子孙后代的利益保存良好生态系统。

与此同时，生态可持续发展作为一个法律概念，在各州和地方环境立法中得到了不同程度的表达。例如，昆士兰州《2009年可持续规划法》第8条规定，"生态可持续发展"系指："综合了（以下）因素的平衡：(a) 保护地方、区域、州和更加广泛范围内的生态过程和自然系统；(b) 经济发展；(3) 维护个人和社区的文化、经济、健康和社会方面的福祉。"[②]

生态可持续发展理念的提出，使澳大利亚的环境保护立法步入了一个新的时代。澳大利亚政府和学界均意识到，要有效落实这一理念，必须从根本上改善现有的环境法规范体系和环境管理组织结构体系。具体包括变革对环境问题的调整方式，从以往临时性、改良性的调整方式转变为从源头控制相关环境问题的产生，以长期目标为指导，从整体上推动环境保护规范的运用和发展；以整体化的方法实现对环境问题的法律调整，改变澳大利亚早期普遍采用的切割化的调整方法，更加注重整体性方法的实施，

[①] 有关《国家生态可持续发展战略》的更多信息，参见澳大利亚可持续性、环境、水资源与人口委员会（Department of Sustainability, Environment, Water, Population and Communities）官方网站：http://www.environment.gov.au/about/esd/publications/strategy/index.html。

[②] 参见昆士兰州《2009年可持续规划法》第8条。

在调整环境问题时更加关注社会和经济过程在实现环境保护目标方面的意义；拓展法律调整对象的范围，将环境法的调整范围拓展到生态系统、自然环境要素和社会经济环境的相互关系上来。①

（二）公众参与原则

公众广泛参与被认为是实现可持续发展的关键。《里约宣言》原则10规定："环境问题最好是在全体公民的参与下，在相关级别上加以处理。在国家一级，每个人应有适当的途径获得有关公共机构掌握的环境问题的信息，包括关于在其社区内的危险物质和活动的资料，并应有机会参与各项决策进程。各国应通过广泛提供资料促进和鼓励公众的认知和参与。应让每个人都能有效地使用司法和行政程序，包括补偿和救济措施。"该原则结合了环境民主的三个核心要素，即公众享有获取信息的权利、参与环境决策的权利以及诉诸司法并获得有效救济措施的权利。② 这些权利共同作用，使实质性的环境保障措施能够得到有效的监督和执行。这些权利被广泛纳入国际、区域和双边条约中。例如，《联合国气候变化框架公约》（UNFCCC）第4（1）（i）条规定缔约方有义务提高公众和非政府组织的参与意识；《荒漠化公约》第3（a）（c）条承认缔约方需要与非政府组织、社区组织合作。③

虽然公众参与在澳大利亚并没有被正式表述为一项独立的ESD原则，但所有联邦、州和领地的环境立法都规定公众享有获取信息、参与决策和获得司法救济的权利。④ 根据公众参与原则，政府有义务向公众报告环境状况，报告产生实质性环境影响的活动，并公开相关环境决策的原因。此类信息可从各州或联邦机构办公室、数据库或登记册中获得。其中大部分信息都通过管理机构网站予以公开，以此满足法规要求，获得公众理解和

---

① Lee Godden, Environmental Law, 2ed, Oxford, chapter 2.
② 参见1998年6月25日开放供签署，2001年10月30日生效的《在环境问题上获取信息、公众参与决策和诉诸司法的公约》（又称《奥胡斯公约》）。
③ 参见CBD第14（1）条。
④ 参见 Australian Panel of Experts on Environmental Law（APEEL），Democracy and the Environment（2017）Technical Paper 8, http：//apeel.org.au/papers。另见 Guy Dwyer and Judith Preston, "Striving for Best Practice in Environmental Governance and Justice：Reporting on the Inaugural Environmental Democracy Index for Australia"（2015）32 EPLJ202。

信任。① 例如，联邦环境保护部门——农业、环境与水资源部通过其网站发布《澳大利亚国家环境状况报告》，向公众提供澳大利亚当前的环境状态信息。② 联邦网站还包含环境评估的通知和批准文件。③

信息自由立法是澳大利亚保障公众获取环境信息的默认的法律机制。但是这一机制本身并不完善。该机制的主要弊端在于，对申请人而言速度太慢、成本过高，且容易受到限制政府提供信息等例外情形的影响。④ 此外，仅仅向公众提供有关环境信息并不足以确保公众参与环境决策。公众参与需要借助其他正式机制保障个人和团体参与环境法律和政策的制定，并为法律和政策的实施做出实际贡献。⑤ 近年来，协商、共享决策和协作治理等环境保护领域的公众参与模式在澳大利亚受到广泛关注。其中，最常见的做法是向公众提供"通知和评论"的机会，鼓励公众对新订或修订的政策、计划或法律等提出议案和建议。通知和评论机制一般由法规加以规定，这一机制多见于土地开发使用规划以及污染控制制度中。对于重要的环境保护政策的调整，常见的公众参与形式是举办公共论坛或到地方巡回宣传。由于个体公民和社区团体阅读和评估提案、自行收集或分析数据、准备详细提案的时间和能力通常比较有限，而大型项目的环境影响评价流程往往涉及成百上千页的文档和技术报告，公众参与的质量在很大程度上取决于参与者能否获得足够的资源。因此，完善配套资金或其他资源保障对改善公众参与而言十分重要。

公众参与的另一个要素是确保公众有权将环境问题诉诸司法并获得适当的救济。澳大利亚的许多环境法规，包括 EPBC 法在内，都确认公众有

---

① 有关提供信息的法定要求，参见澳大利亚联邦《1998 年国家环境保护（国家污染物清单）措施》；环境与能源部"国家污染物清单"可在 www.npi.gov.au 查阅。

② 根据 EPBC 法的要求，澳大利亚政府每 5 年应当对澳大利亚环境状况进行一次全面审查，并发布《澳大利亚国家环境状况报告》。《澳大利亚国家环境状况报告》是评估澳大利亚整体环境绩效趋势的重要信息来源。该报告提供与环境和自然遗产的状况、趋势和压力相关的信息。环境状况报告范围覆盖澳大利亚大陆、周边海域和澳大利亚的外部领土。报告的目的在于提供制定政策和行动的战略观点；通过互动对用户行为产生影响；协助评估澳大利亚环境管理者采取的干预措施，通过协作实现科学、传统和地方知识的有机结合。2021 年《澳大利亚国家环境状况报告》由 Terri Janke 博士领衔起草，报告全文参见 https://soe.environment.gov.au。

③ 参见 www.environment.gov.au/epbc/public-notices。

④ Australian Panel of Experts on Environmental Law（APEEL）, The Private Sector, Business Law and Environmental Performance（2017）Technical Paper 7, available at http://apeel.org.au/papers, p.14.

⑤ 《奥胡斯公约》第 6 条、第 7 条和第 8 条。

权对环境主管机构的决定申请司法审查（judicial review）和案情审查（merits review），并在适当情况下获得环境法规定的民事强制措施的保障。[①] EPBC法规定，凡是对环境事务感兴趣的个人或团体均有权针对环境决定寻求司法裁决，或在有限的情况下对根据该法案作出的决定进行审查，对相关个人、公司和政府提起诉讼。即使部分司法管辖区的环境法中没有明确的与司法审查相关的规定，个人或团体也可根据各州或领地的司法审查立法或普通法上的"特权令状"（prerogative writs）提出司法审查申请。不过在此情形下，相关个人或者团体必须证明相关决定对其产生的影响或损害"更加严重"，即超出普通人——与被诉事项缺乏特殊利益关联的公众所受到的影响。当然，即使存在专门的有关司法救济的法律规定，高昂的诉讼成本和潜在的不利后果通常对当事人寻求司法救济构成重要的、实质性的障碍。

（三）其他原则

1. 预防原则

预防原则在澳大利亚环境法中通常被表述为："在存在严重或不可逆转的环境破坏威胁的情况下，不应将缺乏充分的科学确定性作为推迟采取措施防止环境退化的理由。"[②] 预防原则要求：第一，需要仔细评估以避免对环境造成严重或不可逆转的损害；第二，需要对各种选项的风险加权后进行评估。[③] 预防原则本身具有很大的"模糊"性，其并没有定义预防措施或表明应该采取何种预防措施，因此很难将其作为具体的法律标准在个案中适用。长期以来，澳大利亚科学界和法律界都试图解决这个问题，以便赋予该原则更清晰、更实际的意义。

2. 代际公平原则

代际公平原则与可持续发展密不可分。该原则规定，当代人为了子

---

① 例如，EPBC法第473条、第487条规定了司法审查，第206A、221A、243A、263A、473条规定了案情审查。部分州立法还包含了放宽起诉资格的条款，如维多利亚州《1987年规划和环境法》[Planning and Environment Act 1987（Vic）] 第82条；新南威尔士州《1997年环境保护行动法》[Protection of the Environment Operations Act 1997（NSW）] 第252—253节。

② 例如，Protection of the Environment Administration Act 1991（NSW）s 6（2）；Sustainable Planning Act 2009（Qld）s 5（2）；Sustainable Forests（Timber）Act s 5（4）（b）.

③ Protection of the Environment Administration Act 1991（NSW）s 6（2）；Transport Integration Act 2010（Vic）s 19；Environmental Protection Act 1986（WA）s 4A（1）.

孙后代的利益"代管"自然环境。当代人负有将祖先留下的环境财富存量（健康、多样和多产的环境）交给后代的道德和伦理义务。[1] 在澳大利亚，代际公平原则在环境司法中得到广泛运用，[2] 并为近年来出现的年轻人群体诉澳大利亚政府应对气候变化不作为系列案件提供了法律支撑。[3]

3. 环境整体管理原则

如何通过制度安排提供及时、有效的整体方法来解决当今紧迫的环境问题，是澳大利亚政府面临的主要挑战。在国家层面，需要联邦政府通过制定国家政策和战略对具有国家意义的最大环境议题作出协调一致的反应。例如，修订后的《墨累—达令盆地协定》表明，重要资源的管理必须在受影响的沿岸各州和联邦之间以综合协调的方式进行。受此原则指导，其他州也在朝着更加综合的自然资源管理模式迈进。对拟实施的活动进行环境影响评价是落实可持续发展的主要机制。环境影响评价程序通过识别和评估拟建项目可能产生的社会、经济和环境影响——无论是有利的还是不利的——以确保这些因素在决策过程得到充分考量。[4] 澳大利亚环境法中规定了战略环境影响评价和项目环境影响评价。

4. 污染者付费原则（PPP）和生产者责任延伸原则（EPR）

这些原则意味着在资产和服务的估值中应将环境因素包括其中，如污染者付费——由污染者承担遏制、避免或减轻污染和废弃物的成本；使用者应当以商品和服务整个生命周期——包括自然资源和资产的使用以及废物的最终处置的成本为基础支付价格；通过建立包括市场机制在内的激励机制，以最具成本效益的方式实现既定的环境目标。上述原则的确立有助于将控制污染和处理废物的成本内部化，更好地促进资源的可持续利用。

---

[1] 参见 1992 年《政府间环境保护协议》[Inter-Governmental Agreement on the Environment (1992)] 第 3.5.2 条。

[2] 例如，该原则明显影响了法院对 Taralga Landscape Guardians Inc v. Minister for Planning and RES Southern Cross Pty Ltd. [2007] NSWLEC 59 和 Hub Action Group Inc v. Ministry for Planning [2008] NSWLEC 116 两案的裁决。

[3] 参见 2020 年 Sharma 诉环境保护部长一案。Sharma by her litigation representative Sister Marie Brigid Arthur v. Minister for the Environment (No. 2) [2021] FCA 774.

[4] Mandy Elliott, Environmental Impact Assessment in Australia: Theory and Practice (6th ed, 2014).

四 澳大利亚环境法的调整模式

(一) 普通法调整模式

普通法（判例法）作为英美法系环境法的起源，是澳大利亚最早也是最常采用的环境法调整模式。普通法特别是财产法以保护个人的财产权利作为其起点和归宿，虽然其主观愿望和目的是保护个人财产权，但客观上却实现了保护环境要素的效果。因此，对于危害环境的行为，比如造成财产损害或者减损良好的环境观感——普通法的作用方式具有间接性，因此往往只能将其作为财产所有人备选的救济方式之一。[①] 从形式上看，普通法调整模式具有以下特点。首先，普通法主要由司法先例构成，其结构上相对松散，并不具备特定的指向性。其次，普通法调整模式下，对环境要素的保护以财产法律关系中对"物"的保护为前提。普通法所要保护的并不是环境要素本身，而是财产法律关系中的"物"。因此，普通法调整模式适用于环境问题时，必须以承认普通法对"物"之所有者附着于自然资源上的财产权利的限制为前提。从调整形式上看，普通法调整模式主要借助妨扰（nuisance）、过失（negligence）和不法侵害（trespass）等对环境侵权行为实施民事救济。[②]

过去几十年间，西方自由市场环境保护主义思潮对环境法调整模式产生了重要影响。在自由市场环境保护主义者看来，以财产权为基础的普通法调整模式构成了环境法的基础。其基本原理在于，通过界定自然资源产权并借助普通法的责任规范，保障环境破坏主体和受害主体在无须法律强制的情况下自由交易，将环境负外部性成本部分或全部内部化。自由市场环境保护主义的理论基础在于——基于长期利益的考量，私有财产的所有者能够以可持续的方式对其控制下的自然资源实施有效管理。类似的假设构成了某些自然资源管理机制的基础。例如，在渔业资源管理方面，改变了过去普遍采用的限制渔船数量、设置禁渔区或禁渔期等措施，转而借助个体可转让配额（individual transferable quota）防止过度捕捞，保护渔业

[①] Jacqueline D Lipton, Common Law Liability for Environmental Damage (1995) 69 Law Institute Journal 1120.

[②] See Harold Luntz, Torts: Cases and Commentary (6th ed, 2009).

资源。

但是，鉴于市场机制本身存在一些固有的缺陷和不足，在澳大利亚土地和植被管理法制发展进程中，自由市场理论却并未作为通说理论被立法者采纳。[①] 一方面，对于大多数自然资源，普通法并不直接视其为财产性权利。这意味着为了适用自由市场策略，必须依靠法律对自然资源的财产性权利属性加以拟制。另一方面，财产性权利的实现受制于彼此互无关联的个体间的交易，而顺利实现交易的前提在于个体对环境破坏所贡献的比例能得到较好的区分和量化。然而，现实生活中的环境问题往往复杂多变，个人导致的环境损害及其范围往往难以确定。这就造成以产权为基础的私人交易成本过高以至于交易主体无法承受。市场机制的种种不足，促使澳大利亚立法者不得不重新考虑普通法调整模式在应对环境问题中的角色。在新的环境问题不断涌现的现实背景下，这一问题显得格外突出。

即便如此，澳大利亚大量的环境立法仍以普通法调整模式为补充，从一个侧面体现出这一传统的调整模式在处理环境保护问题方面的固有价值。正如 Gerry Bates 教授在其经典著作《澳大利亚环境法》一书中指出，普通法对澳大利亚环境法的意义至少体现在以下五个方面。第一，普通法调整模式可以作为成文法的补充。司法实践中，在相关立法缺位时，普通法能为提起诉讼提供法律基础。[②] 第二，普通法的原则塑造了根本的社会框架结构并为其提供保护。具体到环境法领域，环境政策与法律必须在自由、民主的框架内发挥作用，如对私有财产的保护、对个人权利和自由的捍卫等。第三，普通法的救济功能不容忽视。私人土地所有者可借助普通法保障其财产范围内的环境免遭破坏或妨扰。第四，普通法在解释成文法方面发挥着作用。当成文法未能对其术语作出解释时，法庭可以借助普通法的概念作出阐释。第五，当财产权或者商业利益因他人破坏环境的行为受到损害时，依普通法提起诉讼是实现当事人权利救济的唯一途径。[③]

---

① Peter Kinrade, Towards Ecologically Sustainable Developments: the Role and Shortcomings of Markets in R. Eckersley (ed.), Markets, the State and the Environment: Towards Integration, 1995 (86), 98-9.

② 例如，在美国兴起的气候变化相关诉讼中，正是以普通法为基础对汽车制造行业和发电企业提起诉讼，将其归结为造成全球变暖的重要原因。这一现象得到了澳大利亚环境法研究者的重视。See Lee Godden and Jacqueline Peel, Environmental Law: Scientific, Policy and Regulatory Dimensions (Oxford University Press Australia & New Zealand, 2009) 146.

③ Gerry Bates, Environmental Law in Australia (LexisNexis Butterworths, 8th ed, 2016) 60.

(二)"命令—控制"调整模式

20世纪六七十年代,"命令—控制"模式一度成为受西方工业国家青睐的环境法调整模式。这一时期,大规模的工业污染以及野生动物保护等生态环境方面的问题成为环境立法关注的重点内容。同西方国家类似,这一时期的澳大利亚也通过了一系列联邦立法,以应对工业污染以及工程建设对野生动植物的影响。立法者期望借助联邦立法与州立法,促使工业企业改变其行为模式,并对破坏环境的行为给予更加强烈的威慑。

澳大利亚环境法将"命令—控制"模式定义为:"具备行政强制力的法律和以州为核心的立法行为过程。"[①] 根据这一定义,澳大利亚环境法中"命令—控制"调整模式的主要特征表现为以法律作为影响社会变化的首要工具,以各司法管辖权内行政法或者刑法所确立的强制性规范为补充。常见的"命令—控制"形式是通过设立具有可执行性的环境保护标准来实现特定的环境保护目标。如果行为人违反相关标准,则应当承担相应的民事或刑事责任。"命令—控制"模式主要表现为颁布禁令以禁止和取缔污染排放、发放许可证或者对违法者实施处罚等。例如,澳大利亚所有的州和领地都建立了针对空气、水、土地环境的污染管理制度,并规定了相应的法律机制。其中,许可证制度作为环境管理的支柱被广泛用于开发土地、排放污染、采集本地和濒危野生动物、采集商业数量的水和鱼类,以及清除大量本地植被等活动。在大多数司法管辖区,综合许可证取代了与空气、水和土地污染有关的单独许可证。在昆士兰州,如果环境相关活动(ERA)——如化工制造、污水处理、水泥制造和家禽养殖等工业和农业集约化生产,或者矿藏和石油开采等资源开发——可能破坏或污染环境,则必须获得环保部门的许可。

在实践中,受环境监管部门规模压缩以及预算缩减等因素影响,导致州立法者往往难以彻底掌握环境问题的起因,并缺乏足够的资源开展监测或采取强制措施。这些现实原因成为澳大利亚各级环境监管机构实施"命令—控制"调整模式的最大障碍。除了缺乏必要的信息和资源,难以对一些新出现的环境问题实现有效的管理也是"命令—控制"调整模式失灵的重要原因。"命令—控制"的结构妨碍了人们对理性行政话语权的

---

① Christine Parker, John Braithwaite, "Regulation" in Peter Cane and Mark Tushnet (eds.), The Oxford Handbook of Legal Studies (2003).

信任，进而制约了政府在科学技术、法律政策方面专家的协助下处理复杂环境问题的能力。另外，同传统的工业废渣、废水污染相比，新生环境问题的源头通常难以确定，因此很难透过法律给出适当的解决方案和应对措施。在对非点源污染实施控制时，彻底查明农业活动对环境的影响几乎不可能；同样，借助排放标准体系来规范更小或者移动性的工业污染源并实施处罚的做法，其可行性也受到越来越多的质疑。因此在过去的几十年里，"命令—控制"调整模式对澳大利亚环境法的影响不断弱化并逐步被新的规范性调整模式所取代。

尽管如此，澳大利亚大量的环境立法仍然以"命令—控制"模式为核心。主流意见认为这一模式是灵活有效且具有创新性的法律调整方法——虽然无论是从"命令"的形式上还是有权机关实施"控制"的性质上看，这一调整模式仍带有典型的试验性特征。支持者们认为，"命令—控制"模式在环境法上的运用取得了相当大的成效。例如，在过去的40年中，许多西方国家在水和空气质量改善方面取得了显著的成效。但是在反对者看来，这一模式对环境问题反应滞后且有悖民主管理的基本精神，因此应当谨慎适用。

总之，即便存在各种不足，"命令—控制"调整模式至今仍在澳大利亚的环境治理方面发挥着重要作用。第一，依靠这一模式，环境管理机关能够比较轻松地识别违法行为；第二，这一模式能充分阐明被管理者所负的环境义务；第三，它能为公众参与设立合理的界限并注重提高参与的透明度；第四，它有利于凸显合法的复杂行政规范体系的作用，在此体系下，环境问题能够被剥离出来并由独立的专业人员来应对；第五，这一模式体现了道德约束力，它明确将排污许可的性质界定为特许权（行政机构对行为人的妥协或者权利让渡）而非行为人本身固有的权利。

（三）新兴的规范性调整模式

"命令—控制"调整模式吸引力的减弱以及新的规范性调整模式在澳大利亚的兴起，在一定程度上反映出过去相对"简单"的环境问题已经在环境法上得到解决，而以可持续发展为代表的新的环境问题，逐步成为环境治理的新的挑战。另外，立法者内部要求优先考虑其他综合性更强、成本更低且公众参与度更高的替代措施和法律机制的呼声渐涨。在这一时期澳大利亚环境法研究文献中，出现了"灵活规范""新生代规范"等提法，试图通过新的规范性调整模式来应对面源污染等复杂因素导致的环境问题。[①] 新的调整规范要求在改变过度依赖政府集权控制和实现法律强制模式的同时，尽量克服"命令—控制"调整模式的不足，并且保持政策的前后连贯性。从创设机制上看，新规范性调整模式的形成方式包括吸收式和革新式两种。在部分领域，新的调整模式要求能够对"命令—控制"形成补充，如在环境影响评价机制中引入更多的公众参与方面的规定。在其他一些领域，则要求立法者全面摒弃"命令—控制"模式而全面代之以新的调整方法，如运用市场机制对自然资源进行配置和管理等。下面介绍几种典型的新兴规范性调整模式。

1. 社区参与模式

伴随环境治理结构中参与主体的多元化，强调社区参与成为20世纪90年代澳大利亚环境法调整模式转型的一项重要特征。这一转变深受国际环境法发展的影响——特别是可持续发展概念的引入与深入发展，以及1992年《里约宣言》对公众参与原则的特别强调。在社区参与模式下，原本属于国家的部分环境管理功能被移交给社区成员或者社区代表委员会，以使自然资源的管理能够更加切合社区的需求和价值。社区参与模式的基本指导思想是改善政府职责以确保社区利益得到充分的考虑，以便最终获得更为理想的决策结果。

当然，社区参与模式的引入并不仅仅是良好民主愿望驱使的结果。事实上，政府积极推动社区参与的背后，偶尔也蕴藏着功利化的考虑——政府往往希望社区能够在专业技术人才或其他资源不足的情况下承担起原本属于政府的职能。然而进入操作层面，要切实保障社区参与环境保护决策与立法，还有若干复杂的问题需要回应。例如：应该具体包括哪些参与的主体？参与者能否完全代表社区的意见？参与者是否具备参与复杂环境问题的决策能力？等等。对这些问题的回答，直接决定着社区参与调整模式的发展方向。

2. 以市场为基础的调整模式

以市场为基础的调整模式是澳大利亚环境立法中另一项典型的调整模式。它将原本属于各州的环境管理权移转给市场，借助市场规律调整当事人的行为以实现保护环境的目的。这一模式的基础在于，从经济学的角度

[①] Lee Godden and Jacqueline Peel, Environmental Law: Scientific, Policy and Regulatory Dimensions (Oxford University Press Australia & New Zealand, 2009) 148.

看，环境问题的产生多由于自然资源产权界定缺位或者对环境成本考虑不足所致。因此，借助市场能够以较低的成本实现环境资源的合理配置。市场调整模式的支持者与反对者曾就市场工具是否优于"命令—控制"模式的问题展开过旷日持久的论辩。[1] 20世纪80年代，以世界经济合作与发展组织（OECD）为代表的部分国际组织积极推动将市场化调整手段作为解决环境问题的路径，使这一模式迅速得到OECD成员国政策制定者的支持。

伴随实践经验的积累，人们对市场机制的认识不断深入，该机制本身所存在的问题也不断凸显。第一，在很多情况下，理论计算中引入市场机制所节约的成本比实际节约的成本要高出许多。因为现实生活中，执行必要的监测或采取其他法律措施会产生大量的法律成本。[2] 第二，以市场为基础调整模式无法适用于某些具体的环境问题。例如，就大气污染物和水污染物排放而言，因其易于监测和粗略量化，运用市场工具实施管理能体现较高的效率和成本效益性。然而，对于生物多样性等复杂的环境收益而言，依靠市场工具几乎难以对其实现量化。第三，市场工具的运用还引发了人们对公平正义问题的担忧，因为市场条件下对效率的追求往往以牺牲一部分人的公平为代价。一方面，市场通常无法做到面向全体公众开放，因此对于那些无法参与到市场交易中的主体而言，他们的利益在这一模式下难以得到体现。另一方面，市场机制对后代人生存和发展机会的剥夺，也触发了人们对代际公平的隐忧。很明显，人类的子孙后代不可能直接参与到当代人的经济活动中来，然而后代人在环境与自然资源方面的权益必须得到表达，这一点已经成为澳大利亚社会各界的共识。[3]

到20世纪90年代，以市场为基础的调整模式被纳入澳大利亚《国家生态可持续发展战略》中，随后开始在联邦范围内实施。迄今为止，在水权交易、创建国内和国际的碳交易市场等领域已经启动了一些试验性方案并初见成效。但是从整体上看，这一调整模式在澳大利亚环境法中仍处于观察试验阶段，其长期效果仍有待观察。

3. 以激励和信息公开为基础的调整模式

作为一种新兴的调整模式，以激励和信息为基础的调整模式直到近年

---

[1] Richard B. Steward, Reforming Environmental Law, 1985 37 Stanford Law Review 1333.
[2] Robyn Eckersley, Markets, the State, and the Environment: Towards Integration (Macmillan Education Australia, 1995) 21.
[3] 近年来，澳大利亚年轻人提起的同气候变化相关的环境诉讼便说明了这一点。

才为澳大利亚环境法所确认。这一模式的设立主要是基于下述假设——政府能够借助法律和其他规范对被管理对象的反应作出调节,进而实现环境法立法目的。调节的主要手段是面向市场公开相关信息,或者为特定行为提供激励机制来强化市场的作用。因此,这一模式涵盖了丰富的调整形式,例如:鼓励自我管理和自愿履行的方法;鼓励设立环境管理系统;建立生态标签制度和以激励机制为基础的环境许可制度等。[1] 这一模式同样寻求借助市场力量而非直接的国家强制来释放信号,促使被管理对象改变其环境行为习惯。因此在某些研究中,这一模式也被统归到以市场为基础的调整模式之下。同样,这一模式也积极鼓励包括非政府组织在内的第三方积极参与到环境管理中来,因此同社区参与调整模式具有一定程度的相似性。但是,作为一项相对独立的调整模式,以激励和信息为基础的调整模式也具有其他模式所不具备的特征。

以激励和信息为基础的调整模式的支持者认为,这一模式在极端的"导向型国家"(directing state)和"最小国家"(minimalist state)理念之间,选择了"便利型国家"(facilitating state)这一中间形态。"国家导向主义"模式主要依赖于严格的环境政策;而受"最小国家"理念主导的环境治理则主张放弃严格的政策管制,这一模式下国家干预的程度和性质总是处于持续的变动中。受"便利型国家"理念的影响,国家鼓励个人和商业自治体积极采取自主措施,在必要的情形下借助温和的利益诱导来实现对环境的保护。[2]

同传统的"命令—控制"模式相比,激励和信息为基础的调整模式具有更大的灵活性。在这一新兴的模式下环境法能够得到执行和遵守,首先源于被管理者期待获得政府、企业监管者及社会公众对其守法行为的认同。守法被视为企业风险管理的重要手段。忠实履行环境保护义务能够为企业从管理者手中获得良好的信用记录,并获得相应的回报:有助于节省因违法而支出的罚款,降低经营成本;有助于降低企业财务或者保险方面的风险,进而保障企业供应链的稳定;有助于改善企业的社会形象,减少社区对其经济活动的抵制。正是因为企业的环境守法动机最终有赖于经济

---

[1] Lee Godden and Jacqueline Peel, Environmental Law: Scientific, Policy and Regulatory Dimensions (Oxford University Press Australia & New Zealand, 2009) 151.

[2] Robyn Eckersley, Markets, the State, and the Environment: Towards Integration (Macmillan Education Australia, 1995) 197, 220.

利益方面的权衡，通过提供激励和信息公开等多元化的手段促使企业优化选择环境守法方案，无疑是这一调整模式最显著的优势。此外，对政府和立法机构而言，这一模式也极大丰富了可资利用的法律和政策工具，有助于提高环境管理效率。

当然，这一模式也存在弊端。最重要的一点就是在市场竞争条件下，大企业（如大型跨国企业）对经济激励机制的反应能力与中小企业具有本质上的差别。因此，以法定形式出现的激励机制对二者可能产生截然不同的效果；另外，大企业在占有信息等方面具有中小企业无法比拟的优势，因而公平竞争的问题也成为这一模式无法回避的难题。也有学者担心，将改善现状的愿望寄托在单纯的自愿执行方式上，对环境管理者而言是不明智的。[①]

五　澳大利亚环境法的实施

（一）环境法的实施概述

环境法的实施即环境法律责任实现的过程。在澳大利亚，环境法主要通过行政执法和法院司法予以实施，企业、公民和社会组织在环境法的实施过程中扮演着重要的角色。对任何特定的环境违法行为，有权机关可以在适当条件下通过以下三种方式实现相应的环境法律救济：（1）环境行政救济，即通过发布环境保护令等行政命令实现环境行政责任；（2）环境民事救济，即通过民事强制措施实现环境民事责任；（3）环境刑事救济，即通过刑事起诉实现环境刑事责任。其中，环境民事和刑事法律救济只能通过法院诉讼程序实现。常见的环境民事责任包括对人身伤害或者财产损失做出赔偿，发布禁令以阻止违法行为继续发生危害。常见的环境刑事责任包括罚款、判处徒刑或者社区服务令。许多法院在追究环境违法者刑事责任或提起民事诉讼的过程中，通常也会发布环境恢复和修复令等行政措施。行政命令既可以在预期损害发生时发布，也可以在损害发生后发布以修复或恢复环境。

---

① Neil Gunningham, Robert A Kagan and Dorthy Thornton, Shades of Green: Business, Regulation, and Environment (2003) 47.

(二) 环境行政救济

当发生环境危害事件，或者环境监管机构怀疑可能发生环境危害事件时，环境监管机构可以发出通知或命令，要求当事人停止特定行为或采取积极措施防止危害事件发生。通过发布环境行政命令，环境监管机构可以在无须寻求法院命令的情形下对环境危害和威胁做出快速积极的反应，从而避免威胁或损害升级。实践中，行政命令主要被用来实现以下目标：要求当事人遵守开发许可条件或通过其他方式对不法开发行为加以限制或补救；禁止、限制当事人行为或要求采取特定措施保护自然环境或文化遗产，包括原住民的文化遗产；指导污染清理或预防污染措施；要求当事人对场地污染进行调查和评估；停止对濒危物种、本土植被、水以及其他自然资源造成或可能造成损害的活动；强制私人或公共土地所有者在其土地上开展环境保护或土地管理工作。行政通知或命令将持续有效，直到通知的内容得到遵守，或监管机构确信该命令无须继续。

环境监管机构发布行政命令必须坚持"合法"和"合理"原则。即命令的内容必须在法律赋予该机构的权限范围之内；而且命令必须同特定的违法行为合理相关。同时，环境监管机构有义务说明发出命令或通知的原因，以及当事人为遵守命令而应当采取的措施。内容含糊、不确定或对当事人提出模棱两可要求的行政命令，有可能被司法机关废止或认定为无效。例如，在 Environment Protection Authority v. Sims metal Ltd. (1990) 一案中，[①] 维多利亚州高等法院以通知未指定任何清理措施、被通知方无法知晓应当如何遵守为由，判决环境保护局发出的采取清理措施的通知无效，被通知方无须遵守。除极少数情形外，如当事人收到清除污染的通知需要立即执行，被通知对象通常可以命令缺乏事实依据或命令超出合理必要范围为由提出案情上诉。

1999 年澳大利亚联邦《环境保护和生物多样性保护法》(EPBC) 第 480 节将环境保护部长发布补救命令的权力同违反民事处罚的规定联结起来。如果行为人违反民事处罚规定，则部长可以在自违法行为成立之日起六年内做出补救决定，要求该行为人采取补救措施减轻损害，明确具体行动措施并为该措施提供资金保障。当事人有权要求部长重新考虑命令内

[①] Environment Protection Authority v. Simsmetal Ltd. (1990) 70 LGRA 312.

容，并可以向联邦法院申请撤销该命令。法院也可以发布遵守令，责令违反民事处罚规定的当事人遵守行政处罚令并支付处罚款项。①

其他形式的应对环境损害或威胁的行政命令包括：发送警告信、违反处罚通知（penalty infringement notices）；要求遵守或改善环境保护计划；管理协议；修改、暂停或取消环境许可或其他授权。②

（三）环境司法救济

环境司法救济是在澳大利亚环境法实施的核心手段，具体包括环境民事司法救济和环境刑事司法救济，通过民事诉讼和刑事诉讼程序实现。环境民事诉讼通常由环境法院或法庭负责处理，而刑事诉讼既可以由环境法院或法庭受理，也可以由普通法院受理。尽管刑事或民事诉讼程序可能会在当事人拒绝遵守行政命令之后启动，但环境行政责任的实现并不依赖于法院诉讼程序。另外，除非法律明确禁止，有权机关可以同时追究当事人的环境刑事责任和环境民事责任。例如，有权机关可以在对当事人提起刑事诉讼的同时，通过民事诉讼寻求环境修复。

环境司法救济被广泛用来实现针对个人人身权利和财产权利的损害赔偿，以及政府对公民个人或群体负有的环境保护义务。近年来，澳大利亚的环保非政府组织积极发起与气候变化相关诉讼，以监督联邦政府在减排、人权保护等领域积极履行国际承诺，实现联合国气候变化框架公约下的减排目标。根据伦敦政治经济学院格兰瑟姆研究所和哥伦比亚大学萨宾气候变化中心的记录，澳大利亚是仅次于美国的受理气候变化诉讼第二多的法域，到目前为止已提交200多起案件。③澳大利亚的气候变化诉讼的诉因主要集中在以下几种类型：（1）挑战行政机关对高排放项目——主要是煤矿企业新设或扩建项目——的审批；④（2）因全球变暖、海平面上升导致的私人财产损害；（3）政府怠于履行气候公约相关承诺，相关政

---

① 参见1999年澳大利亚联邦《环境保护和生物多样性保护法》（EPBC法）第480D—480M条。
② Gerry Bates, Environmental Law in Australia (8th ed), 2016, p.776.
③ 参见墨尔本大学资源、能源和环境法中心（University of Melbourne Centre for Resources, Energy and Environmental Law）相关统计。
④ 例如：Gloucester Resources Limited v. Minister for Planning [2019] NSWLEC 7。该案中，新南威尔士州土地和环境法院以违反公共利益和生态可持续发展原则为由，拒绝批准在新南威尔士州新建一处露天煤矿。这是澳大利亚法院首次承认澳大利亚在《巴黎协定》下的义务。

策未能满足减排和适应性管理的要求,对弱势人群(妇女、儿童、残疾人等)的人权造成侵害;①(4)企业未尽减排义务或未向利害关系人披露气候变化风险。②

1. 环境法院和法庭

建立专门的环境法院或者法庭来处理与环境保护相关的争议,是澳大利亚环境实现环境司法救济的一项重要特征。在澳大利亚各个司法管辖区,设有完善的专门环境法院和法庭(见表1-2)。

表1-2 澳大利亚专门环境法院和法庭——机构名称与设立的法律依据

司法辖区	设立年份	法院/法庭名称	设立依据
澳大利亚联邦	1975	联邦行政上诉法院	1975年联邦上诉法庭法 [Administrative Appeals Tribunal Act 1975 (Cth)]
澳大利亚首都地区	2008	民事和行政法院	2008年民事和行政法庭法 [Civil and Administrative Tribunal Act 2008 (ACT)]
新南威尔士州	1979	土地和环境法院	1979年土地和环境法院法 (NSW)
北领地	2014	北领地民事和行政法庭	北领地民事和行政法庭法 [Northern Territory Civil and Administrative Tribunal Act 2014 (NT)]
昆士兰州	2009	昆士兰规划和环境法院	2009年可持续发展法 [Sustainable Planning Act 2009 (Qld)]
南澳大利亚	1993	环境、资源和发展法院	1993年环境、资源和发展法院法 [Environment, Resources and Development Court Act 1993 (SA)]
塔斯马尼亚州	1993	资源管理和规划上诉法院	1993年资源管理和规划上诉法院法 [Resource Management and Planning Tribunal Act 1993 (Tas)]
维多利亚州	1998	维多利亚州民事和行政法院	1998年民事和行政法庭法 [Civil and Administrative Tribunal Act 1998 (Vic)]

---

① 例如:Sharma by her litigation representative Sister Marie Brigid Arthur v. Minister for the Environment [2021] FCA 560。该案由一群澳大利亚高中生提起,以联邦环境部长对青少年负有普通法上的注意义务为由,希望联邦环保部长根据EPBC法驳回州政府对Vickery煤矿的批准。

② 例如:Friends of the Earth Australia v. Australian and New Zealand Banking Group Limited(向澳大利亚国家联络点投诉,2020年1月30日提交)。澳大利亚森林大火受害者和澳大利亚地球之友于2020年1月根据经合组织跨国企业指南向澳新银行提起诉讼。原告认为澳新银行未能就其商业贷款产生的间接温室气体排放做到透明公开,且未能在其运营中进行充分的气候风险评估。另见McVeigh v. Retail Employees Superannuation Pty Ltd. [2019] FCA 14。该案中,一名行业养老基金的成员诉该养老基金涉嫌违背其受托人职责,未能适当地识别、评估和披露与其投资相关的气候变化风险。此案于2020年11月和解,被告承认"气候变化是养老基金面临的重大、直接和当前的财务风险",并同意管理其投资以推动到2050年实现温室气体净零排放。

续表

司法辖区	设立年份	法院/法庭名称	设立依据
西澳大利亚州	2004	西澳大利亚州行政法院	2004年州行政法庭法［The State Administrative Tribunal Act 2004（WA）］

专门的环境法院和法庭的出现，凸显出澳大利亚社会对环境问题复杂性的认识更加充分，对审判长或法庭成员、专家证人和法律专业人士专门知识的需求更加强烈。这些法院和法庭的管辖范围因司法管辖区的不同存在较大差异。例如，新南威尔士州土地和环境法院可审理所有形式的诉讼；澳大利亚联邦行政上诉法院[1]则仅具备审查上诉案件的职能；塔斯马尼亚资源管理和规划上诉法庭[2]则兼具审查上诉案件和处理民事执法申请的功能，但不具备刑事案件管辖权。此外，专门的环境法院和法庭在人员配备等方面也存在差别。例如，新南威尔士州土地与环境法院的工作人员为高等法院法官；而昆士兰规划和环境法院、南澳大利亚环境、资源与发展法院则由地方法院法官负责审理。

新南威尔士州土地与环境法院首席大法官莱恩·J. 普雷斯顿（Brian J. Preston）指出，理论上讲，专业环境法庭具备以下优势：具备通过案情上诉、司法审查、刑事和民事执法等方式处理环境问题的综合管辖权；将律师和非法律专家聚集在一个法院，相互交流创造出协同效应——使之成为"卓越中心"（centre of excellence）；促进具备相关专业知识的法官做出跨学科决策；发展与环境法有关的专业知识、提升公众对环境问题的认识；有助于采用整体方法来解决环境问题；能够开发有助于诉诸司法的创新做法和程序；能够为解决环境问题创造性地提供补救措施和解决方案；有更多机会发展连贯的、前后一致的环境司法判例；能够更好地处理复杂的环境案件；能够提高效率并降低诉讼成本；通过撤销环境案件，能够缓解其他法院的案件积压。[3] 此外，以新南威尔士州土地和环境法院为代

---

[1] 根据《1975年行政上诉法庭法（联邦）》设立。

[2] 根据塔斯马尼亚州《1993年管理和规划上诉法庭法》设立。

[3] Operating an Environment Court: The Experience of the Land and Environment Court of New South Wales' (2008) 25 EPLJ 385. 另见 Preston, "Operating an Environment Court: The Experience of the Land and Environment Court of New South Wales and 12 Benefits of Judicial Specialisation in Environmental Law" (2011), <http://www.lec.lawl222.ink.nsw.gov.au/lec/index.html>. See Preston, "The Land and Environment Court of New South Wales: Moving Towards a Multi-Door Courthouse" (2008) 19 ADRJ 72 and 144.

表，专门的环境法院还可以"多元门径"运作，作为争议解决中心为当事人提供调解、仲裁和中立评价等多元化的纠纷解决机制，作为正式法庭听证和判决的替代方案。①

但是，澳大利亚的专门环境法院也并非没有弊端。首先，专门环境法院和法庭以各司法辖区法定管辖权为基础并受到各辖区法定管辖权的限制，这使得专门环境法院或法庭无法成为解决社会或社区普遍关注问题的场所。其次，此类法院或法庭本身并非调查机构，其工作内容并不包括制定环境或公共卫生标准，因此环保领域的"法官造法"功能明显欠缺。另外，将专门环境法院或法庭的管辖权限制在同资源、环境相关的特定领域，可能导致此类机构无法从整体上对待当事人提交裁判的问题。例如，根据昆士兰州《1989年矿产资源法》（MRA）和《1994年环境保护法》（EPA），昆士兰州法院对采矿活动享有管辖权。在昆士兰 Xstrata 煤矿公司诉地球之友（布里斯班）和环境资源管理部一案中，法院认为，MRA和 EPA 对项目提出建议的管辖权实际上仅限于"采矿活动"或 MRA 授权的活动。② 根据 MRA 第235（3）条之规定，法院无权就取水或调水等活动提出建议——此类活动应当根据《水法》的规定获得授权。由于该纠纷同时涉及对采矿活动和水资源利用的评估，法院最终根据《水法》来审理反对意见，导致司法程序上的重复。与此案类似，在2014年 Hancock Coal Pty Ltd. 诉 Kelly 一案中，③ 法院也遇到同样的问题。该判决指出："作为诉讼的一部分，允许本法院考虑干扰地下水的问题及其后果，但不考虑因抽取或转移地下水而产生的任何方面的问题或后果，这似乎是荒谬的。"因此，管辖权限方面的限制严重制约了专门环境法院对案件做出整体和全面的裁决。这种现象在影响司法判决一致性的同时，也会妨碍有效的司法行政和普遍公共利益的实现。

2. 环境民事司法救济

现代环境法普遍重视以民事救济的方式实现环境法律责任。环境民事责任通常与环境刑事强制措施相结合，可以更加有效地补救和补偿环境违法行为造成的后果。在澳大利亚，几乎所有的环境保护法律机制都包含了

---

① Preston, "Operating an Environment Court: The Experience of the Land and Environment Court of New South Wales" (2008) 25 EPLJ 385 at 391-2。

② Xstrata Coal Queensland Pty Ltd. & Ors v. Friends of the Earth-Brisbane Co-Op Ltd. & Ors and Department of Environment and Resource Management (2012) 33 QLCR 79 [606-607]。

③ Hancock Coal Pty Ltd. v. Kelly [2014] QLC 012。

民事强制措施的内容。民事强制措施可以由环境监管机构实施；在指定的环境监管机构未采取任何行动的情况下，也可以由公众和地方政府实施。在适当的情况下以环境民事救济取代环境刑事诉讼是澳大利亚联邦环境司法的一项重要发展。例如，联邦《2007年国家温室气体与能源报告法》和《2007年联邦水法》完全依赖民事救济措施和民事处罚来实现相关法律责任。

（1）环境民事强制执行令

环境民事强制执行令（enforcement orders）是由法院颁布的要求当事人遵守环境监管计划或采取恢复、补救或修复措施的命令。环境监管机构和任何个人都可以通过民事强制执行令寻求环境司法救济，以纠正或限制环境违法行为。

在昆士兰州，任何人都可以寻求法院的民事强制执行令对环境违法行为造成的后果进行修复或者恢复；或者制止正在发生或可能发生的环境违法行为。[①] 在维多利亚州，维多利亚州民事和行政法庭可应任何人的请求发布环境民事强制执行令，以约束正在发生或者不加约束极有可能发生的违反环境规划、环境许可的行为，促使当事人停止违法使用土地，或将环境恢复到违法行为发生前的状态。[②] 在西澳大利亚，仅环境监管机构有权向法院申请民事强制令，以限制违法开发、环境污染或者违法清除植被等行为。在联邦层面，环保部长针对违反EPBC法的行为向联邦法院申请的"修复令"与上述环境民事强制令具有类似功能。[③] 其他形式的环境民事强制执行令包括（自然）遗产令，以保护具有重要遗产意义的地域或者其他客体。[④] 此外，法院也可以在刑事判决过程中发出恢复、修复环境等为目的的环境民事强制令。

（2）民事罚款

在各个层级的环境立法中均存在一些"民事罚款"规定，作为环境民事救济措施的替代或补充。民事罚款的优势在于，作为民事程序的一部分，证明相关违法行为成立只需满足"盖然性平衡"（balance of probabili-

---

① 例如：Nature Conservation Act 1992（Qld）ss 173A，173D，173F and 173I；Environmental Protection Act 1994（Qld）ss 505 and 507；Sustainable Planning Act 2009（Qld）s 601。在 Wall v. Doyle［2008］QPEC 23一案中，环境民事执行令要求被告恢复被非法清除的本土植被。

② Planning and Environment Act 1987（Vic）ss 114 and 119.

③ Section 480A-480C.

④ 例如，Heritage Act 2004（ACT）ss 69 and 70。

ties) 标准,相较于刑事处罚"超出合理怀疑"的证明标准,这一证明标准要宽松许多。EPBC 法第 481—486D 节包含了民事罚款的规定。① 该法规定,对濒危物种产生重大影响的行为可能被处以民事罚款,而事实上此类行为也有可能被认定为刑事犯罪。② 如果行为人违反民事处罚规定,环保部长可以请求联邦法院命令行为人向联邦支付民事罚款。法院通常会在综合考虑违法行为的性质和相关损失、损害的基础上确定罚款数额。如果该行为人的违法行为同时构成犯罪,且行为人因该行为已经受到刑事处罚,则法院不得对该行为人处以民事罚款。但是,如果对行为人处以民事罚款后再启动刑事诉讼程序则不存在相应的法律限制。

在 Minister for Environment v. Greentree (No. 3)(2004)136 LGERA 89 一案中,联邦法院 Sackville 法官认为,根据 EPBC 法的规定,贸易实践中经常使用的民事罚款的方法是正当的。在本案中,对故意破坏《拉姆萨尔公约》所列湿地的行为处以罚款有其正当性。在确定民事罚款时,法院主要考虑了以下因素:行为人的行为系出于故意;行为人受商业动机驱使;行为人的行为导致了严重的生态破坏。③ 民事处罚条款兼具民事和刑事强制措施的特点——其目的在于威慑,而其后果具有惩罚性。罚款的数额与立法机关(议会)对行为严重程度的界定相关,在这一点上同刑事处罚是一致的。例如,在 2009 年环境、遗产和艺术部长诉 Lamattina 一案中,④ 被告公司清除了红尾黑凤头鹦鹉栖息地内的 170 棵桉树被法院处以 220000 美元的罚款。该种鹦鹉被 EPBC 法列为濒危物种。鉴于被告人违法行为的故意性质、其对违法行为后果的漠视以及该违法行为对濒危物种的严重危害,法院最终认定的罚款数额明显高于原告所建议的数额(110000 美元)。相比之下,在 Minister for the Environment, Heritage and the Arts v. PGP Developments Pty Ltd. [2010] FCA58 一案中,被告人违反审批条件在大堡礁世界遗产区域附近违规建设高尔夫球场潟湖和相关住宅开发项目。考虑到被告人对前期调查的合作、自愿采取的补救措施以及违法行为并未对珊瑚礁造成实际损害等事实,法院同意对被告人仅处以 44000 澳元的罚款。

---

① 参见 Sections 481-486D。类似的规定参见 Water Act 2007 (Cth) ss 146-154; National Greenhouse and Energy Reporting Act 2007 (Cth) (NGERA) ss 29-38。
② 参见 EPBC 法第 18 节。
③ Environment Protection and Biodiversity Conservation Act 1999 (Cth) (EPBC) 481 (3).
④ Minister for Environment, Heritage and the Arts v. Lamattina [2009] FCA 753.

(3) 可强制执行承诺

作为法院对违法行为采取的救济措施的替代方案，环境监管机构可与违法行为人签订可强制执行承诺书。在违法行为已经发生或者预期可能发生的情况下，这种基于可强制执行承诺的行政决定对环境监管机构和被监管对象均有利，可确保环境法律得到遵守。换言之，可强制执行承诺是一种基于结果的环境责任实现方式，而并非简单的惩罚。这种环境责任实现方式不以法院的承担民事责任的判决为前提。在某种程度上，当环境监管机构因违法行为人有意采取污染减轻措施或者类似行动而暂缓对违法行为人提起诉讼时，可强制执行承诺这种责任实现方式便已经发生。

作为一种环境民事责任承担方式，可强制执行承诺在多个联邦或地方环境立法中得到确认。例如，EPBC法、新南威尔士州《1997年环境保护措施法》、维多利亚州《1970年环境保护法》和维多利亚州《2004年可持续森林（木材）法》均引入了可强制执行承诺机制。[①] 事实上，这一机制也被环境监管机构之外的其他机构，如澳大利亚证券与投资委员会和澳大利亚竞争与消费者委员会所采纳，并被证明有效。[②]

EPBC法规定环保部部长可以接受违反民事处罚条款行为人所提交的书面承诺。该行为人承诺在指定期限内支付指定金额，用以开展民事处罚条款所指向的环境保护或保育事项。同联邦立法相比，新南威尔士州的规定更加宽泛。环境监管机构可以接受行为人就监管机构职能范围内的事项作出的书面承诺。该承诺不限于行为人所涉及的环境违法事项，并且可通过土地和环境法院的民事诉讼程序强制执行。而维多利亚州的规定似乎更进一步，其《1970年环境保护法》规定承诺有效期内，监管机构不得对违反规定的行为提起刑事诉讼。[③]

可强制执行承诺有助于释放环境监管资源，避免环境监管机构将有限的行政资源集中在其他强制措施，同时也不会削弱对环境违法行为的监管。监管机构和被监管方均有可能评估罚款金额以及被法院强制执行的后果，这一责任形式有利于提高环境行政监管效率，降低监管成本。

3. 环境刑事司法救济

在澳大利亚，刑事检控的威胁向来被作为实现环境法律责任的重要支

[①] Environment Operations Act 1997 (NSW) Section 253A, Environment Protection Act 1970 (Vic) Sections 67D and 67E; Sustainable Forests (Timber) Act 2004 (Vic) Pt 8A.

[②] Gerry Bates, Environmental Law in Australia (8th ed), 2016, p.780.

[③] Environment Protection Act 1970 (Vic) s 67D (4).

撑。法律通常以专章或者专节明确规定构成环境刑事犯罪的情形。常见的刑事犯罪诉因包括违反特定法律、法规或环境管理措施（如环境许可等），以及违反有权行政机关的合法指示和命令等。

在过去相当长的时间里，澳大利亚法院并没有将环境犯罪视为"真正的"犯罪。正如 Sherras v. De Rutzen［1895］一案判决所指出的，"（环境犯罪）不是真正意义上的犯罪，而（环境刑事处罚）是……为公共利益而施加的惩戒"①。法院对侵犯人身权益案件处以的罚款远高于侵犯境利益的案件也间接说明了这一立场。法院往往将处理环境犯罪案件的重点放在防止犯罪行为再次发生，而并非对违法行为实施惩罚。此外，由于法律规定的和法院实际可用的环境刑事处罚方式十分有限，象征性罚款难以震慑和阻止环境违法行为，环境监管机构针对环境犯罪行为提起刑事诉讼的积极性也因此被削弱。②

近年来，澳大利亚立法机关对环境犯罪特别是环境刑事法律责任的态度有了明显的转变。这种转变主要表现在法律创设了新的罪名，扩大了犯罪人特别是企业犯罪主体的范围，增加了处罚类型并加大了处罚力度。③ 以公司、企业及其主管人员的环境刑事法律责任为例，公司及其负责人对其自身或其雇员、代理人所犯罪行应承担的刑事责任发生了重要的变化，环境刑事处罚从罚款和监禁扩大到包括社区服务令、环境修复和环境改善令，以及罪行公开令（publicising offences）在内的多种不同形式。④

随着立法机关逐步完善刑罚配置，显著提高最高刑并将行为人移交专门的环境法院或法庭审理，环境刑事处罚曾经的弊端逐渐得到克服。如今，澳大利亚刑法对环境犯罪行为的威慑主要体现在以下方面：防止商业

---

① Sherras v. De Rutzen［1895］1 QB 918 at 918.
② 参见 Martin，"Trends in Environmental Prosecution"，National Environmental Law Review，Winter 2005 at 38。
③ 参见 Lipman，"Old Wine in New Bottles: Difficulties in the Application of General Principles of Criminal Law to Environmental Law"; Gunningham et al. (eds.)，Environmental Crime, Proceedings of a Conference, Hobart 1993, Australian Institute of Criminology。另见 Gerry Bates，Environmental Law in Australia (8th ed)，2016，p. 782。
④ 例如，昆士兰州《2005 年水效能标签与标准法》（Water Efficiency Labelling and Standards Act 2005 Act）第 8 章第 2 节第 41 条规定，监管机构在适当情形下有权公开行为人所犯罪行。昆士兰州刑法对公开犯罪人所犯罪行和犯罪记录有严格的限制。作为例外情形，公开行为人的罪行以及犯罪记录成为一项有惩戒意义的措施。参见昆士兰州《1986 年刑法（犯罪人矫正）》［Criminal Law (Rehabilitation of Offenders) Act 1986］，2017 年修订。

性考虑和对环境的肆意索取凌驾于环境守法之上；使预防犯罪的成本低于犯罪成本；阻止可能对环境造成重大损害的活动发生；阻止环境许可证持有人违反许可条件；防止行为人今后再犯类似的罪行。[①]

澳大利亚各司法辖区对环境犯罪的管辖存在若干差异。例如，维多利亚州等将环境刑事犯罪提交给地方法院而不是专门的环境法院审理。南澳大利亚环境、资源与发展法院由地区法院法官组成。法院的地位制约了该法院顶格处理环境犯罪的能力。例如，尽管南澳大利亚州《1993年环境保护法》第79条规定对于造成严重环境损害的环境违法行为法院最高可处以200万美元的罚款，而根据立法，该州环境、资源与发展法院最多只能处以300000澳元的罚款。[②] 相比之下，新南威尔士州土地与环境法院则具有州高等法院的地位，该法院在定罪量刑方面具有更大的决定权。同时，该法院建立了世界上第一个环境犯罪数据库，详细记录了自1998年以来新南威尔士州各法院对环境犯罪的详细处罚信息。

在实践中，澳大利亚的政府机构是实现刑事法律责任的唯一主体。尽管有些环境立法允许公民提起环境刑事诉讼，但这种做法通常以获得法院许可并且以相关环境监管机构拒绝采取措施为前提。[③] 根据环境违法行为的轻重程度，澳大利亚法院将环境罪行分为简易罪行（summary offences）和可公诉罪行（indictable offences）。简易罪行主要是指情节轻微的环境犯罪，由法官依简易程序审理；可公诉罪行通常行情节严重，需由法官和陪审团共同审理。法院在考虑相关罪行严重程度的同时，需兼顾行为造成的影响和损失，并区分故意犯罪和过失犯罪。例如，新南威尔士州《1997年环境保护措施法》规定，一级犯罪可由土地和环境法院依简易程序处理。[④] 昆士兰州《1994年环境保护法》规定，可公诉罪行由州高等

[①] Gerry Bates, Environmental Law in Australia (8th ed), 2016, p.783.
[②] 南澳大利亚州《1993年环境、资源与发展法院法》（Environment, Resources and Development Court Act 1993）第7（4）条。
[③] 《1997年新南威尔士州环境保护措施法》第217（2）、218A节。
[④] 在新南威尔士州，环境犯罪的分类并不以环境损害为依据，而是将其分为三级：第一级犯罪（废物处理、危险材料的溢出或泄漏，或将消耗臭氧层物质释放到大气中）需要行为人具备故意或过失。第二级犯罪系根据《1997年保护环境措施法》和条例规定的严格责任犯罪，以水、空气、土地和噪声污染犯罪为被起诉的对象。第三级犯罪通常适用于未发生环境损害或人类健康风险的低级别（通常为严格责任）犯罪。参见《1997年新南威尔士州环境保护措施法》第114—115节。

法院或地区法院审理，对可公诉罪行最高可以判处两年以上监禁。① 而该法规定的全部其他罪行均由地方治安法院依简易程序处理。② 而维多利亚州《1970年环境保护法》规定，只适用罚款的罪行属于简易罪行，可由法院依简易程序处理。③ 但是，如果行为人因故意或过失造成环境污染或在特定情况下导致环境危害发生，其罪行则属于可公诉罪行。④ 刑事诉讼程序通常在犯罪行为发生之日或者犯罪证据首次引起监管机构、投诉人注意之日起6个月至3年内启动。⑤

在澳大利亚，刑事起诉往往需要耗费大量的人力和物力资源。部分州的环境监管机构相信行为人受到刑事处罚的可能性并不高——相反，通过谈判和使用行政或民事手段来解决环境问题显得更加切实可行。因此在实践中，澳大利亚环境监管机构通常会将刑事起诉作为最后的手段。当环境案件有可能进入公诉程序时，部分监管机构，特别是环境保护部门会公开发布指导文件以表明监管机构对该起诉的态度。

总体而言，依靠刑事强制措施来实施环境法存在诸多弊端。刑事诉讼本质上是反应性的，而不是预期性或预防性的，因此对环境损害的赔偿或救济并非刑事制裁的主要目的。刑事处罚，特别是经由下级法院而非环境法院决定的处罚，可能不足以补偿行为人造成的损害。同时，刑事诉讼的证明标准也比民事诉讼的证明标准要求更为苛刻。刑事证明标准往往需要达到排除合理怀疑的程度，而民事证明标准则是基于盖然性平衡的证明，相比较而言，后者要宽松许多。此外，如果将环境民事救济和刑事救济相分离，可能造成法院对同一违法事实的重复审理，消耗司法资源并增加诉讼成本。因此，当代澳大利亚境法更加注重环境民事责任实现方式的多元化。环境民事救济措施不仅可以在某些情形下替代刑事处罚措施，更多的情况是将其作为刑事处罚措施的一部分，给环境违法行为造成的损害提供更加充分的救济，并震慑未来可能出现的新的环境违法行为。

澳大利亚沿袭了英国普通法系的法律传统，其环境法体系具有以成文

---

① 昆士兰州《1886年审判法》[Justices Act 1886（Qld）]第5条。
② 昆士兰州《1994年环境保护法》第494（2）条。
③ 维多利亚州《1991年刑事处罚法》第109、112（2）条。
④ 维多利亚州《1970年环境保护法》第59（E）条。
⑤ 例如，《1997年新南威尔士州环境保护措施法》第s 216（6）节；昆士兰州《1994年环境保护法》第497条。

法为主体、判例法为补充的特点。澳大利亚的环境法律规范体系基本成形于 20 世纪六七十年代。尽管环境法在澳大利亚形成的时间相对较短,但同其他部门法相比,环境法显示出特别的活力和创新精神。迄今为止,澳大利亚已经形成了较为完善的联邦、州、地方三级环境法体系。作为高度动态发展的法律领域,环境法通过不断地调整法律规则来适应不断进化的环境概念和新的处理环境问题的方法。与此同时,环境法还肩负着协调包括政府、企业、土地所有者、社区、科学家、国际组织和环境团体在内的众多环境问题参与者利益的重任。

澳大利亚的国家治理模式及其立法能力因各级政府机构、权力机关和监管机构之间的交叉重合而变得异常复杂。作为一个联邦制国家,澳大利亚联邦政府与州和领地政府共享国家治理职能,联邦政府在国际层面代表澳大利亚处理与其他国家的关系,并在国家内部治理中也发挥着重要作用。但是,澳大利亚的环境治理主要依赖于各州和领地的立法和执法措施。[1]

在过去的三四十年间,澳大利亚环境法经历了深刻的发展演变,并逐步形成了丰富的调整模式。环境立法权限的宪法调整、生态可持续发展理念的提出和发展,以及西方环境管理思想整体转型,对澳大利亚环境法调整模式的变化产生了重要影响。普通法调整模式、"命令—控制"调整模式和新兴的规范性调整模式成为当今澳大利亚环境法的核心调整模式。澳大利亚环境立法权的宪法调整是推动环境保护立法变革的一项重要因素。澳大利亚的联邦结构在环境保护领域具有相当的灵活性。根据联邦和州之间关系的动态发展,这一结构既可以保证联邦对某些环境问题实现单独的法律调整,同时也能借助联邦政府与州政府间的密切合作实现共同的法律调整。在此过程中,拥有宪法解释权的联邦高等法院做出的裁定,对重新界定联邦与州对环境问题管辖权限具有决定性作用。联邦高等法院对宪法性权力的扩张解释,极大地增强了澳大利亚联邦在环境保护方面的立法权限。

澳大利亚的现代环境管理更加重视通过谈判来解决环境问题,环境决策过程同过去相比也变得更加灵活。确立明确的环境监管目标、注重现实可行的措施方案,以及将刑事法律责任作为最终保障成为其环境监管机制

---

[1] Lee Godden et al., Environmental law, Oxford University Press, 2019, p.32.

的重要特征。伴随企业的环境意识的提升、环保责任和监管的强化、社区团体的凝聚以及公众参与环境规划和自然资源管理机会的增加,越来越多的环境案件进入司法系统。法官、律师以及环境保护非政府组织(eNGO)在推动环境法发展的过程中扮演着越来越重要的角色,而澳大利亚环境法也在多元主体的碰撞和协作中不断走向完善。

第二章 加拿大环境法

一 加拿大环境法概述

(一) 加拿大环境法的定义

加拿大学者认为，环境法是用来保护和恢复或促进环境质量的成文法与判例法体系。主要用来解决污染控制、废物管理、濒危物种保护和其他自然环境问题。但是，"环境"也被扩大界定为包含陆地、水、空气和有机生物体，人类和他们建造的环境，以及这些因素的相互作用。[1] 这个概念说明，环境法是法律规范的总和，而这种法律规范是调整人们在环境保护中产生的社会关系，其目的是维护生态平衡，协调人与自然的关系。

1. 环境法的目的是通过防止自然环境破坏和环境污染来保护人类的生存环境，维护生态平衡，协调人类同自然的关系

加拿大联邦和各省的诸多法律均宣布加拿大环境法的目的在于维护生态平衡，协调人与自然的关系。比如，加拿大联邦《环境保护法》宣布："保护环境是加拿大人福祉的本质所在。"[2] 但是，加拿大环境立法的目的也表明环境保护机制不是独立存在的，应该融入其他经济的、社会的考虑。比如，《加拿大环境评价法》明确指出，"在项目采取行动之前确保环境影响得到细致的考虑"和"鼓励有责任的机构采取行动促进可持续发展和达到或保持健康的经济"。另外，该法还寻求"确保在加拿大或者联邦土地上实施的项目不会产生超出管辖范围的严重环境负面影响"[3]。

---

[1] See Paul Muldoon, Alastair Lucas, Robert Gobson, Peter Pickfield, *An Introduction to Environmental Law and Policy in Canada*, Emond Montgomery Publications Limited, 2009, p.9.

[2] See *Canadian Environmental Protection Act*, 1999, S.C. c33 last amended on 2013-05-21.

[3] See *Canadian Environmental Assessment Act*, 1992, S.C. c37, last amended on 2012-07-06.

加拿大 1985 年《北极水域污染防治法》认为，一方面，立法应该"认识到现在关于北极区域自然资源开发利用的发展和将这些自然资源运送到世界各地的市场对于加拿大国际贸易和商业以至于加拿大经济是非常重要的"；另一方面，立法也应该坚持"保护北极区域水体、冰川和陆地对于维持特殊生态平衡的重要性"[1]。阿尔伯塔省 1992 年《环境保护与改善法》旨在"支持和促进保护、促进和明智地利用环境"，在此宗旨下还包括一些更为细致的目的描述[2]：维持生态系统的统一性、人类健康和社会福祉；运用对环境负责任的方式促进经济发展和繁荣，并且在计划早期阶段将环境保护融入经济决策当中达到可持续发展；阻止和减缓发展和政府政策、计划和决定对环境的负面影响；确保公众对影响环境的决策提出建议的机会；并且鼓励污染者对他们的行为付费。

加拿大环境立法目的说明，事实上，经济和社会发展与环境保护是对立统一的辩证关系。环境和自然资源是经济和社会发展的物质基础，保护环境、维护生态平衡、促进生态系统良性循环，有利于经济和社会发展；同时，经济和社会的发展又为防治污染、保护生态提供了有利的条件。环境保护和经济发展应该是互惠共赢的，应该在发展中落实保护，在保护中促进发展。

2. 环境法调整的社会关系具有特定的范围

环境法是调整人们在保护和改善生活环境与生态环境，合理开发利用作为环境要素的各种自然资源，防治环境污染和其他公害中产生的社会关系。实际上可以把环境法调整的社会关系分为两类：一类是保护和改善生活环境和生态环境而产生的社会关系；另一类是防治环境污染和其他公害而产生的社会关系。

3. 环境法是成文法和判例法体系的结合

加拿大环境法按法的形式来划分是成文法与判例法体系的结合。具体来说，加拿大环境法体系的基本构成应该为：联邦宪法、省宪法、联邦法规、省法规、地方法令、联邦和省的行政管理规章、法院对上述制定法的司法解释和普通法。此外，加拿大国会批准的有关环境保护国际条约也是加拿大环境法的组成部分。

---

[1] See *Arctic Waters Pollution Prevention Act*, R. S. C. 1985, c. A-12.

[2] See *Alberta's Environmental Protection and Enhancement Act*, S. A. 1992, c. E13. 3.

(二) 加拿大联邦和省级立法权限的划分

加拿大属于联邦制国家，由10个省和3个地区组成。宪法是加拿大法律体系中的根本法，更重要的是宪法是国家权力合法性的基石。加拿大宪法由重要的法案、惯例和判例组成，法案部分包括1982年《宪法法案》及其附录中列举的历史上通过的26个有效法案，其中，1867年《宪法法案》和1982年《宪法法案》的贡献是：规定了修宪程序，在自然资源方面赋予省更多的权力，增加了《加拿大权利与自由宪章》。1867年和1982年加拿大联邦《宪法法案》对联邦与省级环境立法权限的划分如下。

1. 省级环境立法权

（1）由省制定法律的特殊领域：对公共土地的管理与出售；市政机构；财产和私法权利；当地的或私人环境问题。

（2）自然资源：1982年资源修正案中做了修改，对不可更新能源和森林资源以及电力能源的管理和收入利用。

（3）财产权利益：授予省政府管辖的公共土地、矿藏等，除非利益属于联邦所有或者联邦政府有权管理它们，如国家公园。

2. 联邦环境立法权

（1）由联邦制定法律的特殊领域：贸易和商业；税收权力；航海；海岸线和渔业；土著民的利益；刑法。

（2）通常权力：联邦政府有权对加拿大"和平、命令和健全的政府机构"制定法律。

（3）条约制定权：联邦政府有权进行国际谈判。

加拿大联邦最高法院认为环境保护不是一个为了宪法目的而做的特殊主题，而是一个由许多独立因素组合的聚集体。从有毒物质排放的许可到刑事犯罪（联邦的立法主题），到地方商业和省级财产的管理（省的立法主题）都落入环境保护的范畴。这就意味着环境保护不能被简单地认为是"国家关注"的问题。结果就是环境保护是一个被分割的宪法主题。环境保护中的许多因素或者是联邦或者是省立法的主题，或者两者都是。这样一来，联邦或省立法对同一事务可能冲突或相互矛盾，如对鱼类有害的污染、海洋污染、对高度有毒物质的管理和对与联邦有关的行为进行的环境评估都属于联邦的宪法授权范围。但是，对因为省内的伐木垃圾造成的水污染和省内有毒废物处置等环境管理都属于省立法的专有权。比如，加拿大不列颠哥伦比亚省2003年的《环境管理法》，其主要内容包括：所有类型污染的释放和处置；有毒废物的处置、掌握和贮存；被污染场址的清除程序和影响空气质量的排放。[①] 当联邦和省级环境法在处理同一个事务发生冲突时，根据首要权力原理，联邦法律优先。一般来说，这种潜在的执行冲突是非常少的，因为政府立法技术能避免执行的冲突。但是，当联邦和省级环境标准在对特定的人或实体适用时有不同规定，并不一定倾向于适用联邦优先原则。受影响的人也不会面临执行两难的问题，他们执行两个法律中更高的标准。

(三) 加拿大环境立法理念的演变

1. 许可式管制立法理念

早期加拿大环境问题不是很明显，环境治理通常不被重视，环境立法将环境制度大多安排在危害发生后再实施治理，即许可式管制立法理念。这种模式只要达到安全值范围就允许将污染物排放到环境中，集中用于空气污染和水污染立法中。这种立法理念导致污染防治与生产、消费脱节，环境保护囿于被动应付，增加了环境执法和环境治理的成本，即"先污染后治理"的模式。其缺点如下：

首先，这种立法是被动的而不是预防性的。就像诉讼一样，它只能等污染发生以后才采取措施，而这对于解决污染来说太晚了，所以只能解决简单问题。

其次，环境容量的确定。对环境可以吸收多少污染物，科学研究如何做，以及这种研究成果的可靠程度和管理者如何运作等问题难以做出准确的推定。

再次，管制范围狭窄。当管制建立在物质控制的基础上时，大量的化学物将逃避管制，包括每年产生大量新的物质，这主要是因为需要化学测试来决定这种化学物的毒性是否达到被管制的程度，而这种测试是昂贵的、耗时的。

除此之外，设定标准决定哪些有毒物质需要优先采取行动也是一个困难。通常的标准是有毒性、持续性和生物累积性。但是，这些标准过于简单，用来鉴定需要管制的对象和对侵害设置门槛容易使判断者具有主观

---

① See *Environmental Management Act* [S BC 2003] Chapter 53.

性。这种模式集中于测试那些剧毒物质，忽视了对于大量的次致命的、慢性的或累积性的有毒物质的管制，但这些物质的危害却是明显的。所以，法院通常在此类案件中引用原因无关性和可预见性作为拒绝责任的理由，尤其在工业领域，不同的污染源排放相同的或不同的污染物成了同一环境事故的原因。

最后，政府管制的依据来源不确定。举例来说，政府管制的成功建立在监测基础上，而这需要大量资金、专业人员和丰富的设备。但如果政府依靠企业自己来监测，很难保证企业如实承担，即使承担了也很难保证企业如实汇报数据。

2. 预防性管制立法理念

20世纪90年代，加拿大环境问题变得细微、潜在，缺乏明显性，而且点源污染广泛而分散。最令人害怕的新环境问题是感受强烈的有毒物——无臭、无味、无色但致命的物质，这些有毒物在婴儿缺陷、过敏症、基因突变等方面有致命的体现。许多污染物是生物合成性的，其本身并没有毒性，但一旦释放到环境中与其他毒物结合就会产生致命的毒物。西方国家通过总结经验和教训，逐步认识到环境治理的重点要放在污染预防上，这样可以较少投入以取得更好的效果。

为了让预防性立法顺利进行，加拿大在法律实践中做了以下工作：首先，降低证据标准。在普通法的侵权案件中，降低证据标准以保护环境价值和公众健康的案件大量存在。法院甚至接受不确定性的科学信息作为优势证据的存在。

其次，将风险存在作为证据。风险—效益分析改变了以前原告必须证明存在的伤害，取而代之的是原告只要显示存在伤害的危险，并且风险对原告造成的耗费超过了被告获得的收益就可以了。但是，问题是在风险评估中计算成本和效益同样是困难的。另外，不可捉摸的耗费、代际的相互影响和累积效应的评估也是难以计算的。尽管如此，风险—效益分析对加拿大环境管理模式还是很有启示的。举例来说，加拿大联邦1985年《渔业法》第35条（1）和第36条（3）降低了证明违法的标准，即只要存在对鱼类栖息地威胁就足以构成起诉的要素。[①] 实际上，《渔业法》某种程度上通过推定的运用放宽了对证明违法行为的标准和证据要求。

[①] See Fisheries Act, R.S.C., 1985, c. F-14, last amended on 2012-06-29, ss 35 (1), 36 (3).

最后，举证责任转移。传统普通法中也有少量的举证责任转移的存在。比如，存在超过一个被告造成了损害，原告不能证明哪一个有过错造成了伤害，每一个被告就要对自己没有造成损害承担举证责任。这种转移责任在环境法中运用的前提在于它要求损害已经发生并且疏忽大意的被告也是存在的。这对于起诉的负担仍然是很高的，尤其是在对准刑事环境违法行为的追诉中，超过合理怀疑的高标准证明仍然是适用的。在侵权法中取代转移责任规则的是严格责任，即任何人都应该注意或控制某物质可能造成的损害，不管它是否有过错，只要造成损害就要承担责任。原告不再要求提供被告有过错的证明，但一旦违法，被告可以进行应注意程度的辩护。艾布拉姆（Abrams）认为，如果诉讼门槛降低了，面对大量的案件被告将被迫寻求另一种替代诉讼的办法。这样将导致寻求更多的预防性方法而不是规制方法来进行环境保护。这是非常重要的一步。在评估替代方法时，经济标准不能决定结果，相反，它是独一无二的非经济问题。[1] 这种强调替代程序的单一技巧将促进法庭进行变革以取代对偶然关系的科学不确定性，从而降低对社会的和环境的成本。

尽管如此，加拿大学者认为预防性管制理念也有失败的地方：

（1）过于依赖解决纠纷的裁决模式。裁决严格依法执行，是"非黑即白"的判断，使当事人很少有机会创新。而裁决中辩诉双方质证和再质证的过程，双方在互相"攻击"中消耗资源，结果导致大量的问题没有经过全面的考虑就被裁决了，效果适得其反。

（2）这种管制方式对新项目的批准加入了细致的评价和听证要求，这是有利于环境保护的。但是，这种程序因为细致的考虑而减慢了新项目的推进。另外，某种程度上这种管制更喜欢将老问题如遗漏的有毒废物处置地点设置等更换新方法解决，这花费了大量的金钱。

3. 解决问题的合作式立法理念

环境问题伴随正常生产、生活活动产生的特点，决定了在环境冲突中有很多利益冲突是合法利益之间的冲突，如享受清洁空气的权利与企业的生产经营权。所以，在环境纠纷解决中更多地应该运用利益衡量的方法，而不是"非黑即白"的判断。政府与污染企业、企业与公众、政府与公众之间就解决环境问题进行谈判和磋商程序一直是加拿大环境法律实施中

---

[1] See D. Paul Emond, *The Greening of Environmental Law*, 36 McGill L. J. 1991, p. 742.

的主题。由此确立的合作式立法理念将功能重新定位于实际环境问题的解决方法,环境立法建立在强调相互依赖、联系、尊重、义务和解决问题的合作式方法的原则上。如果说,许可式管制立法理念是针对市场技术失败问题的阶段;预防性管制理念是期望解决不可逆性环境问题的阶段;解决问题的合作式立法理念则是解决更高的、更复杂的、相互依赖的多方主体的环境问题的方法。但是,这种合作式理念也有欠缺的地方:

首先,与调解有关的问题。调解强调适应和妥协,这样就阻止了政治的和社会机构的大规模的结构性变化。

其次,程序与结果之间关系的表达问题。举例来说,环境纠纷能通过纠纷解决程序来解决吗?能否寻找一个更好的程序代替呢?在某点上,对于"正义"程序能够使"错误"的结果合法化的能力是应该被怀疑的。与解决具体环境问题的程序目标相关的问题是谈判和合作式的作用问题。谈判支持的是妥协,而环境问题越来越多的是与价值和道德准则界定有关——这两样都不易接受妥协——谈判距离环境正义者的价值要求很远。

最后,合作式立法理念预先设定有一群不同于实践司法程序中的执业团体,一般主要依靠律师。而大多数律师却认为调解不是解决问题的有效方法,更糟糕的是,他们认为,调解将会威胁到他们客户的最佳利益。除非律师开始接受解决问题的合作方法,否则环境立法将不会产生我们期望的创造性和革新性方法。因此,加拿大学者认为,环境立法现在应该做的是:第一,认识到诉讼中的谈判、调解和其他创新性方法;第二,建立保证所有人都能有效参与到程序中的权利义务机制;第三,认识合作式方法的局限性。[1]

二 加拿大环境法律体系

(一) 加拿大联邦环境成文法体系

1. 综合性环境基本法

环境基本法是指由国家专门的立法机关制定的,规定环境法的目的、任务、调整对象、环境基本政策、基本原则和基本制度,就环境权、环境保护、对自然资源的合理利用、可持续发展等方面的重大问题进行全面调

---

[1] See D. Paul Emond, *The Greening of Environmental Law*, 36 McGill L. J. 1991, p. 742.

整的综合性环境法律。环境基本法也可以称为环境法的母法，是其他环境法的立法依据。世界上许多国家都制定了环境基本法，如美国的《国家环境政策法》、日本的《环境基本法》、俄罗斯联邦的《环境保护法》等。加拿大的综合性环境基本法是1988年颁布的加拿大联邦《环境保护法》，并于1999年进行了修改。1988年联邦《环境保护法》（CEPA）是加拿大联邦政府在汇集了五部早期环境法规的基础上颁布的综合性环境法律。它取代了此前实施的《环境污染物法》《大气品质法》《水法》《海洋倾废法》和《环境法》，并且包含了《清洁空气法》《清洁水法》中有关营养物的规定，以及环境部门法的某些规定。该法是"联邦环境法律和政策的基石"。该部法律旨在解决与有毒物质相关的多重问题，通过发展更具综合性的方法来处理有毒物质从"摇篮到坟墓"[1]的全部生命循环。"结果，该法与绝大多数的企业关联起来，而且广泛覆盖于加拿大境内的各种行为，这些行为存在潜在的环境影响结果。无论是在加拿大境内或者境外，受规制的物品和企业清单数年来不断增多。"[2] 此外，该部法律先于国际社会应对环境危机的共同努力，因此具有明显的前瞻性。

根据1988年CEPA的规定，在该法公布实施五年以后，需要对其实施状况加以审查回顾。为践行CEPA五年定期修订的要求，也为顺应可持续发展深入人心、国际贸易中绿色保护主义盛行、环境法新领域亟待拓展的新形势，1999年9月加拿大议会通过了新的CEPA，并于2000年3月31日正式生效。新法由原来的七部分扩展为十二部分，对旧法做了许多实质性的修改。1999年加拿大联邦《环境保护法》的更新内容主要包括：(1) 使污染控制成为国家努力的核心，以减少环境中的有毒物质；(2) 设置了在商业活动中的各种物质所造成的对于环境和人类健康的风险的修订程序；(3) 对于有毒物质的管理施加了时间范围；(4) 提供了处理有毒物质、其他污染和废弃物质的多种工具；(5) 确保最有害的物质在任何可测量的数量上得到逐步淘汰或者不释放到环境中；(6) 包含规制车辆、机械、设备排放的规定；(7) 加强法案及其规章的实施；(8) 鼓励更大范围的公民投入决策过程中；(9) 允许与其他政府和土著

---

[1] See *Environmental Canada, From Cradle to Grave: A Management Approach to Chemicals*. http://open library.org/b/OL14466592M/From cradle to grave %2C a management approach to chemicals September, 2021-09-12.

[2] Doelle, M., *Canadian Environmental Protection and Commentary*, Lexis Nexis Butterworths, 2005, p. 1.

居民更有效地合作和建立伙伴关系。

2. 环境保护单行法

环境保护单行法是针对特定的保护对象，如某种环境要素或特定的环境社会关系而进行专门调整的法律。它以宪法和环境基本法为依据，又是宪法和环境保护基本法的具体化。单行法一般比较具体详细，是进行环境管理、处理环境纠纷的直接依据。单行环境法在环境法体系中数量最多，占有重要的地位。加拿大联邦颁布的环境保护单行法也分为防治环境污染单行法和自然资源保护单行法两大类。防治环境污染单行法有《清洁空气法》《清洁水法》《环境质量法》《环境评价法》《原子能安全与控制法》《危险物品运输法》等。自然资源保护单行法有《水法》《植物保护法》《野生动物法》《海洋保护法》《国家公园法》《渔业法》《候鸟迁移法》等。

环境基本法与单行法同为环境法律体系的组成部门，但是两者也有区别：基本法内容较为抽象，而单行法内容则相对具体；单行法是对基本法某一方面的具体化；基本法效力高于单行法，单行法不能违反基本法的原则和立法精神；基本法对环境保护的重要问题进行全面的规定，单行法则针对特定的环境保护对象做出规定。单行法和基本法有时候会出现重复和冲突的情况。为解决这种冲突的局面，法律会通过联合或替代程序来达到统一。如果有冲突，纠纷会通过调解或者必需的情况下由法院来解决。法院运用法令解释的通常原则来决定哪一个法律是主流。在这些案件中法院通常会仔细评价每一个法律中的语言和整个法律所要达到的目标。

3. 环境标准体系

在加拿大，环境标准是用来促进或维持环境质量和人类健康、生物多样性、经济发展和资源生产、可持续性等目标的技术性手段。[1] 环境标准体系的设定被表述为"决定每年有多少污染物允许排入到环境中的程序"[2]。

加拿大环境标准种类如下：（1）环境质量标准。是指在一定时间和空间范围内，对环境质量的要求所做的规定，即在一定时间和空间范围内，对比如空气、水或者土地等环境中有害物质或者因素的容许浓度所做

---

[1] See Benidickson. Jamie, *Environmental Law* (*Third Edition*), Ottawa, Irwin Law, 2008, p. 85.

[2] See D. Macdonald, *The Politics of Pollution*, McClelland & Stewart, Toronto, 1991, p. 159.

的规定。(2) 污染物排放标准。是为了实现环境质量标准目标，结合技术经济条件和环境特点，对排入环境的污染物或者有害因素所做的控制规定。它是控制污染源的重要手段。(3) 设计标准。是为了实现环境质量目标，在产品设计或操作过程中考虑的设计和技术要求。

4. 环境行政法规、规章

环境行政法规是指加拿大内阁为领导和管理国家环境行政工作，根据宪法和法律，按照行政法规规定的程序制定的规范性文件的总称。由于法律关于行政权力的规定常常比较原则、抽象，因而还需要由行政机关进一步具体化。行政法规就是对法律内容具体化的一种主要形式。

行政规章分为部门规章和地方规章。部门规章是指内阁各组成部门以及具有行政管理职能的直属机构根据法律和行政法规、决定、命令，在本部门权限内按照规定程序制定的规范性文件的总称。加拿大每部法律下都有相应的行政法规、规章。比如，1985年《渔业法》下规定的行政法规有《土著民共同捕捞许可证规定》《氯碱水银液体流出物规定》《鱼类健康保护法规》《受污染渔业管理法规》《海洋哺乳动物法规》等。

5. 其他部门法中环境保护规范

其他与环境保护相关的法律，包括刑法典、侵权法、税法、诉讼法、信息获取法等。如1995年加拿大修改了《审计长法》，增加了要求联邦政府相关部门实施可持续发展战略的条款。根据《审计长法》，审计长要指定一位高级官员作为环境与可持续发展专员，协助审计长处理与环境和可持续发展有关的问题。环境与可持续发展专员负责向国会提供对联邦政府保护环境和实施可持续发展战略的建议与意见。再如，为了使加拿大个人或公司拥有的土地内资源及环境能够得到永久性的保护，加拿大从1995年开始实施"加拿大生态礼品项目"。根据《收入所得税法》，对捐助自己拥有土地内的"生态礼品"（指珍稀濒危物种的集中分布区、生态环境敏感区所在的土地、附属建筑物、契约或土地使用权）的单位和个人实施减免收入所得税。

6. 加拿大批准加入的国际性环境条约

包括加拿大参加、批准并对加拿大生效的一般国际条约中的环境保护规范和专门性国际环境保护条约。前者如《联合国海洋法公约》中关于保护海洋环境的国际法律规范；后者如《控制危险废物越境转移及其处置的巴塞尔公约》《保护臭氧层维也纳公约》及其议定书、《气候变化框架公约》及其议定书、《关于持久性有机污染物的斯德哥尔摩公约》等，它们都属于加拿大环境法律体系的组成部分。这些国际环境保护规范，除声明保留的条款外，其效力优于国内法。

(二) 加拿大省级环境成文法体系

1. 环境基本法

加拿大各省也有相应的环境基本法，但是名称各不相同，具体如表2-1所示。

表2-1　　　　　　　　　　加拿大各省份环境基本法

省　份	环境基本法
安大略省	1990年《环境保护法》
阿尔伯塔省	1992年《环境保护与改善法》
不列颠哥伦比亚省	2003年《环境管理法》
萨斯喀彻温省	2002年《环境管理与保护法》
马尼托巴省	1988年《环境法》
魁北克省	1972年《环境质量法》
纽芬兰—拉布拉多省	1995年《环境法》
新斯科舍省	1989年《环境保护法》
新不伦瑞克省	1973年《清洁环境法》
爱德华王子岛省	1998年《环境保护法》
西北地区	1988年《环境保护法》
育空地区	2002年《环境法》
努纳武特地区	2003年《环境保护法》

2. 根据宪法授权制定的省环境单行法

自然资源保护立法权和环境污染防治立法权主要集中在省一级。例如，安大略省制定的环境保护方面的法律法规有1993年《环境权利法》、1990年《环境评价法》、1990年《水资源保护法》、2002年《安全饮用水法》、2002年《可持续水资源和排放系统法》、2006年《清洁水法》、2002年《营养物管理法》、2002年《废水回收处理法》、1990年《杀虫剂法》。

3. 为执行联邦法律而制定的行政法规

根据联邦宪法规定，渔业资源属于联邦制定法律的范围，加拿大联邦于 1985 年颁布《渔业法》，但是该法在各省的执行还要充分考虑各自的实际省情，所以各省也制定相应的行政法规，如阿尔伯塔省 1998 年的《渔业法规》，不列颠哥伦比亚省 1996 年的《运动捕鱼条例》，马尼托巴省 1987 年的《渔业法规》。

4. 环境标准

地方政府不得制定或执行比联邦环境标准更低的标准已经成为许多国家环境立法确认的一项原则。因为国家标准是以全国常见的污染物为主要控制对象，其控制指标的确定是以全国平均水平和要求提出的，不可能包括具有地方特点的污染物，要严格控制这些污染物，必须依靠地方环境标准。加拿大环境标准制定同样也适用此原则。若是省或地方政府要实施自己的环境标准，该标准必须比联邦标准更严格。

（三）加拿大现行法律体系特征

1. 成文法与判例法，英美法系传统和大陆法系传统并存

加拿大拥有两种法律体系和两种相应的法律传统，其环境法律体系中既包括成文法又包括判例法，有英美法系传统和大陆法系传统。加拿大的法律制度主要是在以英国判例法为基础的普通法上发展起来的。在加拿大 10 个省和 3 个地区中，除魁北克省外，其余各省和地区的法律制度均起源于英国的普通法。加拿大联邦及各省均或多或少采用英国民商法方面的重要法规，如 1852—1854 年《普通法民事诉讼法》、1873—1875 年《法院组织法》、1881 年《财产转让法》、1838 年《专利法》及《商标法》等。在程序法和司法制度上也深受英国影响，加拿大诉讼法中的基本概念，如"遵守先例原则""司法独立原则"均来自英国。此外，在法院设置、陪审制、律师制、司法人员培训及教育等方面，也深受英国影响。但是，加拿大法律又有其自身改变和创新的一面，如在国家结构中，加拿大采用与美国相同的联邦制。特别是第二次世界大战后，随着美国在西方世界超级大国地位的确立，美国法律成为现代意义的普通法，加拿大更多地受到美国影响。如在制定和修改劳动法、反托拉斯法、证券法等方面，法律部门都效仿美国的制度。在司法制度上，英国有辩护律师和事务律师之分，而加拿大则无此区别，这与美国相同。

此外，在法学教育、司法实践中，加拿大也趋于美国的模式。魁北克省在加拿大历史发展中具有特殊的地位。1603—1763 年法国移民在加拿

大建立了新法兰西殖民地，并将当时法国的政治、法律制度、庄园制、天主教等也带到这里。1763年法国在"英法七年战争"中失败，被迫将在加拿大的殖民地让给英国，在统治初期，英国对战败后的法国人实行同化政策，同时推行英国的政治制度和法律。然而，由于在情感上难以接受英国法，再加上法国后裔对英国法不熟悉，实际上也难以操作，因此魁北克法裔居民对此强烈抵制并要求恢复原有的以法国民法为基础的法律制度。而当时正值北美13个州出现分离倾向，英国政府担心魁北克有可能倒向这13个州而反对英国。基于此，英国议会于1774年通过了《魁北克法案》，规定在魁北克并行英国刑法和法国民法，并可保留庄园制以及天主教制度，法语和英语同为加拿大官方语言。正是这个法案，使得魁北克省得以保留法语、原社会制度以及以法国民法为基础的法律，这样大陆法系得以延续，加拿大的法律体系最终形成两大法系并存的特点。目前，魁北克的法律，其风格、形式和内容都与法国法表现出相当大的差异性，而与英美法存在同化的趋势。魁北克省拥有两套法律体系，这也体现在魁北克的环境法上。[1]比如，魁北克环境法的权利滥用和相邻关系妨碍的概念创造了保护私人人身和财产不受侵害的权利，它与普通法中侵权相似，但不完全相同，而环境管理犯罪的概念则是建立在英国法基础上的。

2. 加拿大环境法律体系的公众推动性

在加拿大，现代环境法大量制定是在20世纪60年代末和70年代初期。这时期的法律注重控制和减少污染，并且认识到环境破坏是一个严重问题，预防比破坏后恢复更明智和经济。环境立法涉及两个相关联的民主方面：政府的公共福利角色和政策审议中的公众参与。公共福利理念认为在民主社会，政府有责任保障和促进公众的福利。公共福利的范围包括国家安全、公共安全、教育和交通等。环境保护成为公共福利的重要部分，同时也是公众关注的焦点和给予强大压力的领域。公众认为，政府必须在环境保护领域起到重要的作用，环境法就是其应对环境问题的一种重要手段。从某种意义上说，加拿大环境法上所有的进步都有公众的主动参与、公众的创造以及持续不断的公众压力。

此外，加拿大环境法的发展也反映了民众对政府官员行使行政职责的不信任。从20世纪60年代末到现在，加拿大推进强有力环境法的运动一

---

[1] See Paul Muldoon, Alastair Lucas, Robert Gobson, Peter Pickfield, *An Introduction to Environmental Law and Policy in Canada*, Emond Montgomery Publications Limited, 2009, p. 9.

直包括参与权的要求，即告知利害关系公众重要的法律要求，及时和方便地获得信息权，在不可逆转的决定做出之前公众有机会有效参与审议过程，并且能够在政府执行不利的情况下执行环境法律。环境律师在影响公共利益的行为中往往具有适用普通法和成文法中的原则以确保公民参与环境管理决定和制止可能危害环境的拟定项目或使其延期的法律权利。

3. 加拿大环境法律体系的双语性

加拿大是一个移民国家，也是一个多民族国家。加拿大的官方语言是英语和法语，讲英语的人口超过全国人口的1/3，讲法语的人口占全国人口的1/4，来自各国的移民后裔也使用自己本民族的语言。而讲法语的人口主要集中在魁北克省。1969年联邦议会为回应魁北克省提高法语地位的要求，通过《官方语言法》。同时，该法律的内容在1867年《宪法法案》第133条和1982年《加拿大权利与自由宪章》第16—22条中也有体现：英语和法语是加拿大官方语言，在联邦和该省的议会、政府和法院的使用中享有平等的地位；任何社会成员有权要求联邦政府官员使用其中一种语言服务。正因如此，加拿大联邦、地区（通常为市）和一些省法律均为双语文本，即同时拥有英语和法语文本，两种文本具有同等的法律效力，而这种双语法律的制定或修改程序在各地或各机构不尽相同。但是，各个法案在设计、起草及解释上则是大同小异。

三　加拿大环境法的实施机制

（一）加拿大环境行政执法机制

1. 加拿大环境行政执法组织体系

（1）联邦政府环境行政执法组织体系

联邦政府负责执行联邦法律，如《渔业法》《候鸟迁移法》等。联邦政府还负责国际环保项目及资源管理、联邦政府所辖的土地和设施内的环境保护及协调土著民族社区的环保工作。

加拿大联邦政府环境部成立于1971年6月，是加拿大联邦政府的第一大部。主要职责是保护和提高全国自然环境质量，保护全国可更新自然资源和全国范围内的可利用水资源，实施加拿大和美国制定的边境水源法，及时、准确地进行气象预测和预报，协调联邦政府的环境项目和有关政策。环境部在全国五个主要地区设有地区环保办公室，负责贯彻联邦环境部制定的全国性政策法规、原则标准。联邦环境部之上有环保董事会，主要职能是制定全国性的环保方针、政策和目标。

联邦环境评价署独立于环境部，全权负责《加拿大环境评价法》的执行。其主要职责有：执行《加拿大环境评价法》；鼓励公众参与保护环境；推进环境评价学科及实践发展；通过培训提高环境评价质量；为审查小组、仲裁及综合研究提供管理和咨询服务；推进作为可持续发展决策支持重要工具的战略环境评价的应用。加拿大环境评价署不直接参与环境评价，但提供支持服务，如培训、指导、为公共参与提供资助及介绍环境评价过程等。

联邦其他涉及环境保护管理职能的部门如下：

第一，能源部。其职责有：负责制定电力和可替代能源政策；燃料油和气政策；近海岸油和气政策；提高能源使用效率；促进可持续能源发展；建立清洁能源革新基金。

第二，森林、矿藏和土地部。其职责有：负责制定森林管理工作政策；木业供给、资源调查目录和树木改善；害虫和灾害管理政策；森林投资；木业销售；收益和定价；资源道路和桥梁政策；国有土地管理政策；矿藏和采矿政策；地理测绘服务。

第三，自然资源部。其职责有：负责国有土地的分配与授权；森林和区域授权；道路、桥梁和工程；独立的能量产品；矿藏和采矿许可和检查；采矿和煤炭所有权；水产养殖许可和管理；水利用计划和授权；负责与土著咨询和协调——自然资源开发；旅游胜地和高山滑雪发展；钓鱼、打猎、骑马的执照和许可；土地与信息管理；流域恢复；鱼类、野生生物和栖息地管理；干旱管理；大坝和堤坝安全和管理；洪泛平原管理；害虫、疾病和入侵植物和物种管理；公共的边远地区和供商业娱乐的自然场所、文化遗迹维护许可；资源管理遵守；国有土地恢复；森林投资操作；野火管理等。

第四，农业与农业食品部。下属环境保护与可持续发展署和环境评价署等机构。负责制定防止污染、生态和环境保护及生物多样性保存等项目。

（2）省级环境行政执法体系

省级政府负责执行自然资源的管理，包括森林、野生动物、土地利用和授权以及证实所有可能对环境产生影响的行为，比如工厂排放危险废物。因为产品的附随品的释放（如烟和排放废物）通常与公众认为的"污染"相连，所以这也是省级政府的一项义务。

（3）市级政府环境法律执行职责

省辖区域或市的环保联合体主要负责公共交通、污水和垃圾的处理。市环保局则主管工业生产和民用生活给排水、城市垃圾处理及"三废"治理工程等，负责城镇垃圾收集和处理、自来水及污水处理和下水管道管理等，还负责社区环境卫生与安全、禁烟和消防等工作。

2. 加拿大环境行政执法方式

（1）以命令与控制手段为主的环境执法方式

20世纪70年代以前，加拿大环境治理以命令与控制手段为主，主要表现为市场准入与退出规制、产品标准和产品禁令、技术规范、技术标准、排放绩效标准、生产工艺的规制、其他强制性规制等，加拿大联邦《环境保护法》执行与遵守政策和程序中涉及一些环境执行行动，具体包括行政制裁，指中止、限制，或者取消环境部授权，包括批准、执照或者许可。传票，指用来代替"正式的收费"的一项收费文件，通常是针对轻微犯罪和应支付的货币罚款。警告，指提醒当事人没有遵守特定的管理要求并且警告他们如果继续不遵守将导致处罚的升级的文件。现场检查，指证实守法者遵守管理要求的行动。环境调查是指收集与受怀疑的不遵守行为相关的信息和证据，以便对可能的执行反应建立诉讼的行动。这些方式权力特征明显，属于强制性执法方式。

（2）基于市场的环境行政执法模式

自20世纪80年代初以来，加拿大在环境管理领域进行了许多带有革命性意义的环境行政执法方式创新的探索。比如，开征环境税、建立排污权交易制度、建立有利于废物回收的押金制度、实行垃圾等废物处理的市场化运作等，这些基于市场化理念的经济手段不仅在污染排放控制方面成效显著，而且由于其富有弹性，对市场的扭曲程度较低，企业的选择余地大，企业竞争力同时得以提高。加拿大学者布鲁斯·道森对适当认定政府主导的行政命令控制式和基于市场的经济刺激手段的关系进行了这样的阐述：环境保护号召更明智的功能分配，环境政策方面只有政府才能做好，而以民主方式设置标准和确保全面的遵守只有市场才能做到，而且是通过运用竞争性的技术和价格标杆由公司或微型组织形式自由选择以最低费用的形式完成的。① 安大略省在研究税制问题上进一步指出，尽管只是一种通常的程度，管理和税收作为环境保护手段的好处在于：管理倾向于对更适合引起环境问题的个人行为的限制。因为是建立在对那些通过产品或程序造成大量环境损害的行为直接控制的基础上，管理更适合于那些希望消除产品或程序造成环境损害或者以预防形式限制它们影响的情况。相反，税收更适合于那些广泛的个人污染源和降低污染目标的地方，而不是消除产生环境损害的行为。相似地，它也不能适用于完全消除行为或在短期内实质性地降低它。但是可以通过征税弥补因行为造成的环境损害并且为改变行为模式提供长期的刺激手段。②

(3) 基于沟通和信息的环境行政执法模式

近年来，加拿大尤为注重环境治理中经济目标与环境目标和技术目标、政府引导与企业和公众主动参与等的协调，许多沟通性、规劝性、志愿性的新途径、新方式和新手段不断涌现。比如，自愿性协议方式、环境标志和环境管理系统等基于信息的手段。

对于传统执法模式与新模式之间的关系，学者艾伯林（Eberlein）和科沃（Kerwer）认为，新模式与旧模式之间的关系有四种表现形式。它们之间可能相互补充而不趋于统一；可能互相融合；可能相互竞争与冲突；或者一种模式完全主导另外一种，或者完全取代另外一种。③ 约旦（Jordan）等人把这四种作用的方式分别称为：共存、融合、竞争和替代。④ 新治理模式是在对旧模式进行批判的基础上发展起来的，但新模式不是对旧模式的完全替代，传统的"命令—控制"型管理手段仍会继续存在，并将继续起着主导作用。虽然环境行政执法的新手段在不断创新出来并得到运用，但传统"命令—控制"的规制型手段仍然是加拿大政府最喜爱和惯用的手段，也仍然在环境行政执法中起着主导作用。

---

① See G. B. Dozern, *Regulations and Market Approaches: The Essentiol Environmental Partnership*, in. *Gettion it Green: Case Studies in Canadian Environmental Regulation*, Toronto: C. D. Howe Institute, 1990, p. 2.

② See *Report of Ontario Fair Tax Commission: Fair Taxation in a Changing World*, University of Toronto Press, Toronto, 1993, p. 554.

③ See Eberlein, B. and D. Kerwer, *New Governance in the EU: A Theoretical Perspective*, Journal of Common Market Studies 2004, 42 (1), pp. 121-142.

④ See Jordan, A., R. K. W. Wurzel and A. Zito, *New Instruments of Environmental Governance: Patterns and Pathways of Change*, Environmental Politics 12 (2003), pp. 1-26.

(二) 加拿大环境法公众执行机制

1. 加拿大环境法公众执行的权利基础

公众参与环境法律实施的各项实体或程序的法律规定都只是"显像",权力(利)配置才是公众参与环境法律实施的深层推进机制,它掌握着公众参与环境法律实施各项实体或程序法律规定的发展趋势及变化。在权力(利)配置中,公民环境权是公众参与环境法律实施的权利基础。加拿大联邦和多个省份纷纷制定《环境权利法案》,为加拿大公众参与环境法律实施提供了权利来源和发展动力。

(1) 加拿大省级《环境权利法案》的制定

加拿大签署了1987年《布伦特兰报告》,承诺为履行它的全球、本地的环境责任开始新的立法计划,该计划的一个重要方面就是实施环境权利法案。加拿大最早的环境权利法案存在于1977年魁北克省的《环境质量法》中。该法第19条第1款和第2款规定任何人都享有健康环境的权利,并有权保护环境。任何人都有权向高级法院申请禁令阻止干预享有健康环境权的行为。环保主义者视该部魁北克法律为环境法律的实质性进步。

更为综合的《环境权利法案》1987年在安大略省立法机构被新民主党路德·格瑞恩作为个体成员法案提出。该法案赋予所有安大略人享有健康环境的权利,并且认为,政府是现代人和未来世代人所有的公共土地、水和资源的信托管理人。它允许任何人提起诉讼阻止潜在的危害行为,并且赋予法院对已经造成的损害判令赔偿和命令污染者安装污染控制设备。法案也提供环境集团诉讼;减轻起诉人在证明污染者与环境损害之间因果关系的举证责任;促进公众在管理程序中的参与;提供资金资助维护环境权益;并且给予更好的信息获得。环保主义者希望政府能从环境权利法案开始推动环境改革,但遗憾的是,该法最终未获通过。

1989年11月,加拿大西北地区成功通过了第一个综合《环境权利法案》。该法案保证:公众有权获得政府信息;保护揭发雇主破坏环境行为的雇员不受报复;公众有权要求政府对可疑环境问题进行检查;公众有权对污染者提起私人追诉;将污染者的罚金用来支付提起私人追诉的诉讼费用等。

(2) 加拿大联邦《环境权利法案》的演进

加拿大联邦《环境权利法案》目的在于支持与联邦政府环境责任相

关的健康环境的权利。该法案首先强调公民作为权利主体对环境的生态功能和生态价值的享受，这项权利包括一系列子权利：清洁空气权、清洁水权、合适的日照权、环境审美权、安宁权、通风权、户外休闲权等。这是我们通常意义上阐述的公民享有良好环境的实体性权利。同时作为一个权利分支，环境权需要得到有效的程序工具的保障。如果权利持有者不能得到足够的可操作性程序权利来维护其权利，一旦权利受到决策者或者其他权利持有者的实际或者潜在的侵犯，就无法保护自己的环境权。它优先保证透明价值、公众获取信息权利和在决策领域的公众参与以及足够的执行。它赋予加拿大公民的环境结社权；参加就环境保护问题举行的会议、集会、示威、游行、纠察、征集在请愿书上签名、公决权、提出并参加环境影响评价权、协助国家保护环境权、提出环境申诉、申请和建议权；在特定和有限的条件下，在联邦执行欠缺的领域，可以提起司法诉讼的权利。

加拿大联邦《环境权利法案》可以看作联邦政府与加拿大公民之间签订的环境契约。在该法案下，加拿大人相信联邦政府将环境保护作为其首要责任。但是，当这种责任被抛弃时，加拿大公民可以要求政府做出解释。通过授权给加拿大公民，加拿大联邦《环境权利法案》使加拿大公民更好地确信每一个人都拥有获得健康环境的权利。

2. 加拿大环境法公众执行的路径

（1）事前参与

公众环境意识和法律观念是环境法律实施的基本前提条件。如果一个社会没有形成公众拥有良好环境意识和法律观念的氛围，那么执法者就有可能"变相执法"，而公众就会漠视环境法律的存在。但是，在环境意识和法律观念中能够自发形成的只是处于低级认识阶段的环境心理，在环境意识中居于主导地位、起着决定作用的环境思想体系部分只能通过有意识地培养才能形成。因此，要提高公众环境意识和法律观念，除了个人应系统地学习环境科学知识、提高环境知识素养，最关键的是加强整个社会的环境教育和法治教育。

在加拿大，"环境教育"是一个过程，使受教育者在愉快学习和健康成长中获得有关环境的知识和积极参与解决环境问题的态度与技能，使受教育者学会正确判断和处理人类与自然世界关系，培养受教育者整合环境方面的考虑做出明智的决定和采取负责任的行动。环境教育的最终目标是创造有环境素养的公民。① 在加拿大的环境教育体系中，环保非政府组织作为公众参与进行的环境教育对公众环境价值观的形成产生了极大的影响。专门关注环境教育的全国性非政府组织，如加拿大环境教育和沟通（EECOM）网络，可以用来学习可持续未来和绿色街道项目。一些地方性非政府组织专门促进和推动省内的环境教育，如安大略省环境教育协会，阿尔伯塔省环境教育委员会和魁北克省环境教育协会，不列颠哥伦比亚省和大西洋地区塞拉俱乐部等开展了大量的环境教育活动。这些环保非政府组织提供非正规环境教育，主要包括各种博物馆、动物园、水族馆、科学中心等。非政府组织内的人员来自各行各业，为环境教育带来广泛的教学资源，而这些资源是单一学校无法具备的。非政府组织可以为公众提供丰富多彩的课外读物，还可以带领公众去各种工厂等地点参观实习，有助于激发公众的环境学习兴趣并将书本中的知识与实际生活联系起来，最终达到提高公众解决环境问题能力的目标。

此外，加拿大诸多环保基金会开展环保公益活动，以深化公民的环境意识。比如，J. W. 麦康奈尔家庭基金会（J. W. McConnell Family Foundation）1999 年发起绿色街道项目，强调青年参与，可持续发展教育和运用"全校性"方法②进行环境教育。绿色街道项目为全加拿大培训教师课堂计划提供补贴，提供了一份高品质环境教育项目和供应商的审查名单。这个项目旨在鼓励年轻的加拿大人成为环境管理员。活跃在环境教育领域的其他资助者包括斯蒂芬·布朗基金会（Stephen Bronfman Foundation）、安大略百合科植物基金会、兰德洛基金会（Laidlaw Foundation）等。

---

① See *Canadian Environmental Grantmaker*, *Environmental Education in Canada*, Canadian Environmental Grantmakers' Network 2006, p. 2.
② 一般而言，学校通过正式的课程来强化学生的学习，包括在某个专业领域获得技能、知识和竞争力。但是，学生也可以通过学校生活的其他方面来学习知识和经验，如校园感觉像什么，教室是如何构建的和人们做什么。这些内容通常隐藏在课程后面，而"全校性"方法旨在看到那些隐藏在课程后面的内容并且使学校生活的所有方面都成为强化学生学习经验的线索。具体涉及四个关键领域：（1）场地——物质环境。当学校的建筑和校园设计与自然系统和谐，并且体现了这个场所的自然价值和自然遗产，这个学校就成了学生学习和行动的实践场所，在这里就融入了学习的学术性、创造性和实践性。（2）人和参与——组织管理。由学生、老师和社会的其他成员参与的决定和行动的做出，这使参与人拥有归属感和主权感，是学校和多重文化社会智慧的融合。（3）实践——操作实施。学校的政策和系统必须支持环境友好和可持续性实践，这些活动应被广大参与者监督和评估。（4）计划——生动的课程。学生对在学校和更广范围的环境的实际问题采取行动，并且他们为创造可持续学校和社会而学习。

(2) 事中参与

①加拿大环境法公众执行的传统方式

此处以公众参与环境影响评价为例看加拿大公众执行的传统方式。《加拿大环境评价法》为公众提供了参与环境影响评价的机会和途径。加拿大公众参与环境影响评价的途径有以下特点：

第一，公众获取环境影响评价资料具有便利性。加拿大所有建设项目信息均要上传到加拿大环境评价登记处网页。公众可以通过联邦环境评价索引查询本地区建设项目情况。

第二，公众参与环境影响评价的途径具有广泛性。公众可以参加任何与综合研究、仲裁及审查小组①有关的公众集会或听证会；在做出最后决定之前，利用各种机会参与项目审查，包括评价审查报告并提出意见等。

第三，公众参与环境影响评价具有组织保障。加拿大环境评价署作为公众参与的组织者，要为提交评议的事项提供清晰的背景材料；设定清楚、合理的评议时间表；制定有关评议原则（如哪些信息需要共享、如何共享，如何使参与者不同的价值观、利益、知识得到认可与尊重，评议过程中及过程外获得的信息如何处理等）；确保决策时考虑评议结果并及时反馈给参与者。

第四，公众参与环境影响评价具有资金保障。公众可以通过环境评价署的参与者资助计划申请资金，帮助其或其所在组织或团体参与综合研究、仲裁及审查小组。在特定情况下，加拿大环境评价署也可用参与基金支付应邀参与公众协商的人的交通和食宿费用，为公众参与顺利进行提供资金，以全面保障公众参与的现实条件，提高环境影响评价民主化程度。

②加拿大环境法公众执行的晚近发展

实例一：不列颠哥伦比亚省科莫科斯山谷（Comox Valley）的公众监测

科莫科斯山谷位于不列颠哥伦比亚省温哥华岛的东部，属于Comox-Strathcona地区管辖，该山谷居住的总人口近6万人。该地区公众参与环境行政执行过程的特点是由公众进行环境监测。表现有：首先，2001年

---

① 加拿大的环境评价形式有审查（包括等级审查）、综合研究、仲裁和审查小组4种。将近99%需要进行联邦环境评价的项目都要进行审查或综合研究。这两种形式属于自行指导评价，要求责任机构确保在符合《加拿大环境评价法》的情况下实施。仲裁和审查小组属于独立评价，因为仲裁方和审查小组由环境大臣指派，开展评价活动不受政府约束，所以该小组是中立的。

该地区实施米勒德/皮尔西（Millard/Piercy）流域管理计划。该计划涉及合作各方有志愿者、非政府组织和四级政府（市、地区、省和联邦）。该计划目的是为满足所有参与团体和机构对信息的需要而提供报告，而这个计划中大多数数据的收集都是由志愿者进行的。其次，由志愿者进行的水质测试发现下水道的交叉连接对贝尼斯（Baynes）海湾的贝类生存造成威胁。基于市民的这个发现，市政府进行跟踪调查并纠正了这些基础设施问题。最后，环保非政府组织进行流域项目的测绘工作，最初是由志愿者进行，后来该组织雇用了专业技术人员，为地区政府在地址分区和开发许可证问题上提供信息。

实例二：西北地区 Lutsel K'e 社区对传统生态知识的运用

Lutsel K'e 社区主要由奇帕维安族人（Chipewyan，在当地方言中被称为 Denesoline）组成，其最初的领土包括从东南部的哈德逊湾（Hudson's Bay）海岸到西北部的科珀曼河（Coppermine River）分水岭的广阔地带。到 20 世纪 50 年代初被更名为 Lutsel K'e 社区。

在加拿大北部的矿产开发已经引起诸多环境问题，尤其是因为采矿导致土著民族的领土生态改变。在西北地区的奴隶地质省，拟建设的第一个钻石矿对 Lutsel K'e 社区的传统领土造成影响，他们渴望有效处理相关的环境问题。2002 年 Nihat'ni 监测项目启动，试图收集信息反映该社区生活方式的基本方面，以及它们正在发生的变化。Nihat'ni 监测项目将传统生态知识作为其信息的主要形式，在传统生态知识的文化背景下评价监测结果的意义。在从事传统的土地利用活动时，项目参与者收集信息。例如，猎人在驯鹿时观察脂肪沉积、骨髓和胎儿发育。通过向当地年长有经验者请教和比较历史观察得出关于北美驯鹿健康的结论。这个项目综合考虑了社会和生物物理因素，确定的指标有助于对生活质量的整体理解。与其说 Lutsel K'e 项目将传统生态知识作为公众参与的形式或传统科学研究的补充，倒不如说该项目力图用这种方式收集和解释信息在当地是具有决定性意义的。

实例三：纽芬兰省伊斯特波特半岛（Eastport Peninsula）的龙虾渔业管理

近年来，纽芬兰龙虾渔业的重要性迅速提升主要是因为底栖鱼市场瓦解和鳕鱼渔业的关闭。在 Bonavista 海湾的伊斯特波特半岛附近水域东北部海岸是纽芬兰最好的龙虾生存海域。当地渔业大约有 50 辆捕鱼船，它们来自 7 个小型社区①。1994 年这些捕鱼者认识到在十年之前龙虾产量就已经开始下降，而且下降的速度越来越快。1995 年由当地的捕虾者组成了伊斯特波特半岛龙虾保护委员会。该委员会提出龙虾下降严重的问题并且设计管理措施以保护该地区的龙虾资源。该委员会完全支持在该地区存在的绝大多数捕虾船，且这种支持一直延续到今天。1996 年该委员会推出保护并促进本地龙虾渔业的社区项目。在联邦渔业和海洋部的合作下，作为与退出该区域捕虾的渔民协议中的交换条件，渔民们开始实施监控系统以控制他们在传统的捕鱼区域的捕鱼数量。同时，开始实施有助于龙虾数量恢复的项目，即将捕捞到的未达到龙虾尺寸和正在孵化的雌性龙虾放回大海。宣布两个区域［圆岛（Round Island）和鸭岛（Duck Island）］为海洋保护区，禁止在保护区内进行任何捕捞龙虾的行为。

从以上三个实例②我们可以看到，加拿大公众参与环境法律实施早已超越了传统的仅仅回应官方公告并就拟建设的项目提交书面意见的被动角色，变为主动实施法律的一方主体。公众参与环境法律实施的路径选择表现出以下特点：

第一，公众自主实施环境法律，进行与官方对等的执行计划。

加拿大各界普遍认为环境治理就是典型的公共事务，环境治理体系应该是多层面、多领域的，包含着大量不同利益、立场和权限的利益相关者——政府部门、非政府组织、相关企业、大众媒体、周边居民、相关农牧渔民、土著、一般公众等。③比如，实例三中由当地渔民组成的伊斯特波特半岛龙虾保护委员会就是这样的自治主体，它有自己的规章制度、日常办事机构和工作人员，它与任何层级的政府及其部门都是平等对话者，不形成隶属或上下级关系。而这些自治主体与政府具有各自的资源和能力优势，能够实现优势互补。从这个角度来看，自主治理就是一个资源整合的过程，可以使有限的资源发挥最大的社会效益。

第二，公众与政府合作实施环境法律。

在加拿大，"利益相关者"是使用频率很高的词汇。不同的利益、兴

---

① 这七个社区分别是 Burnside, Eastport, Happy Adventure, Salvage, Sandringham, Sandy Cove, St. Chad's。

② See Carol A. Hunsberger, Robert B. Gibson, Susan K. Wismer, *Citizen Involvement in Sustainability-centred Environmental Assessment Follow-up*, Environmental Impact Assessment Review 25, 2005, pp. 609-627.

③ See Garrett Hardin, *The Tragedy of the Commons*, Science, Dec. 1968, 168, p. 1244.

趣和立场通过协商对话机制表达出来，这本身就是利益相关者的正当权利。比如，实例一中的米勒德/皮尔西（Millard/Piercy）流域管理计划涉及合作各方有志愿者、非政府组织和四级政府（市、地区、省和联邦）。加拿大人在实践中意识到，要使利益相关者受到尊重，必须保证信息公开透明并提供充足的政策参与渠道，让他们能够在政策平台上发表意见，表达各自利益与要求。特别是当利益相关者产生利益冲突和分歧时，通过磋商、妥协达成一致。在充分的协商对话中达成共识，能够在执行决策之前将潜在的各种矛盾降到最低，促使各方自愿执行协议，有效破解"上有政策、下有对策"的"执行难"困境。各个行动者之间是一种"多—多"的结构关系，与等级制下的"一—多"的关系不同。"多—多"关系描绘出了合作的密度和相互关联的紧密程度。

第三，公众运用专业手段、传统知识实施环境法律。

在实例一中公众运用科学、专业技术手段进行监测和测绘的努力反映了在科莫科斯山谷环境治理过程中存在强烈的公众用科学实施环境法律的情况。为了提供有意义的环境评估，公民团体需要就他们工作的合法性和工作质量建立可信度。在科莫科斯山谷，通过运用科学的方法、对志愿者进行培训和质量保证、质量控制措施来提高公众参与的可信度，在一定程度上削弱了政府对个人志愿者或公民团体提供数据有可能偏差的怀疑。在实例二中公众运用土著民族的传统知识作为公众参与的形式或传统科学研究的补充，这些行动涉及环境监测、评估和行政管理的不同水平和阶段，较之传统的公众参与环境法律实施路径更深入、更具专业性和更为有效。

我们认为，以上这些新的公众参与环境法律实施的路径实现了理论上要求的"善治"，因为它实现了政府国家与公民社会的一种新型关系，其本质特征在于它是政府与公民对公共事务的合作管理，目的是使公共利益最大化。它是一个上下互动的管理过程，它主要通过合作、协商、伙伴关系、确立和认同共同的目标等方式实现对公共事务的管理，它所拥有的管理机制主要依靠的不是政府的权威而是合作网络的权威，其权力向度是多元的、相互的，而不是单一的和自上而下的。[①]

（3）事后参与

加拿大公众可以作为私人检察官对违法行为采取以下法律手段：

---

① 俞可平主编：《治理与善治》，社会科学文献出版社2000年版，第5—6页。

①提出正式申诉

公众有权向负责该项法律执行的有关政府部门提起正式的申诉。申诉有很多好处：（1）因为环境保护机构缺乏监管资源，申诉可以为展开官方调查提供所需的信息。（2）如果官方已经了解违法行为并且考虑行动，咨询有关的公众将节约双倍的努力。（3）环境法律提供给政府部门多种执行法律的方式，包括控制命令和中止命令。这些方式对于阻止可能发生的损害是非常必要的。申诉可以使政府及早采取这些法律手段。（4）对于申诉，官方执行没有做出反应，公众提出申诉的事实对于其决定提起私人追诉也是很重要的。因为法官多半倾向于根据公众提起过申诉的事实而受理。同时，政府官员根据申诉展开的调查也会对私人追诉提供非常有价值的证据。（5）申诉也可以加强私人追诉者反对检察官干预的理由，因为检察官不能以没有给予调查和采取执行行动的机会而反驳私人追诉。

②要求权力机关撤销或者中止许可

权力机关对许多影响环境的行为都会颁发许可以规范其行为。当出现环境问题时，负有责任的公司没有遵守法律或者许可证规定的条款时，公众有权要求有关权力机关中止或者撤销该许可，或者施加更为严格的条件。

③要求政府对违法行为展开调查

1999年加拿大联邦《环境保护法》第17—21条规定，任何年满18周岁的加拿大公民都有权针对违法行为提出调查申请，要求环境部长对被指控环境违法的行为展开调查。部长必须对指控行为进行调查，并把调查结果反馈给申请者。1993年《安大略省环境权利法案》也规定任何该省的两个居民发现任何违反法律、法规的行为或设备运行的问题，都可以向对此负有责任的行政管理者提出调查申请。如果这些申请递交给环境委员会，他应该将要求转给适当的部长并监督反馈程序。

④提出司法审查

在加拿大，任何直接受到行政决策行为影响的人都可以提起司法审查的申请。当存在有严重的或者应被审查的问题时，基于公共利益提起司法审查也是被允许的。比如，1998年阿尔岗昆野地联盟和Temagami之友诉安大略省自然资源部长案①，原告是两个环保非政府组织：阿尔岗昆野地

---

① See *Algonquin Wildlands League and Friends of Temagami v. Ontario* (Minister of Natural Resources), 1998, O. J. No. 419, Ont. Div. Ct.

联盟和 Temagami 之友，它们申请对安大略省环境资源部部长批准的在 Temagami、Elk 湖森林砍伐许可和森林管理计划以及相关辅助工作报表进行司法审查。该行政许可涉及的 Temagami 港口有超过世界 1/3 的原始东部白松林，大约 100 平方千米。而原始东方白松林属于濒危灭绝的生态系统。在北美的欧洲殖民之前估计有近 6 万平方千米的原始东方白松林，而到 20 世纪 90 年代只有近 240 平方千米存在，即不到 1% 的东方白松林存在。[①] 不仅因为原始松林是稀缺的，而且它们也是野生动物重要的栖息地，如大啄木鸟和松貂，它们更喜欢成熟林。环境评价委员会声明，物种保护需要原始松林，并且下令在安大略省采伐的先决条件是遵循《安大略省森林管理计划手册》中关于保护松貂和大啄木鸟栖息地的规定。原告认为，安大略省自然资源部部长批准的砍伐许可和森林管理计划违背《皇家森林可持续法》，要求法院对该行政行为进行司法审查。法院最后判决认同并宣布该砍伐许可是违法的，给予政府一年的时间来修改该许可，以使其符合《皇家森林可持续法》的规定。可见，加拿大司法审查活动是作为"法院判定由成文法或普通法授予的、由公共机关行使的权力是否合法的过程"[②]。但是，进行司法审查的前提条件是"穷尽救济手段原则"，即申请者必须在采用了其他救济手段尚未解决问题后才能申请司法审查。

⑤向省和联邦的审计官申诉

1995 年加拿大修改《审计长法》，增加要求联邦政府相关部门实施可持续发展战略的条款。根据《审计长法》，审计长要指定一位高级官员作为环境与可持续发展专员，协助审计长处理与环境和可持续发展有关的问题。环境与可持续发展专员负责向国会提供对联邦政府保护环境和实施可持续发展战略的建议和意见。联邦政府和各省都有独立的审计官负责评估公共项目和公共资源是否被恰当地管理。这些审计官一般不会调查个人申请，但是公众提供的信息会加强他们对公共项目的关注。

⑥环境请愿

与审计官的有限作用相比，联邦环境与持续发展委员会执行《审计

[①] See P. A. Quinby, *Affridavit of Peter A. Quinby in the Ontario Court Case*: Algonouin Wildlands League and Friends of Temagami vs. the Ontario Ministry of Natural Resources, Brief Progress and Summary Reports 1999, Forest Landscape Baseline No. 19.

[②] See Monahan, Patrick J. *Constitutional Law*. Toronto: Irwin Law, 1997, p. 122.

长法》中受理和管理有关环境问题的请愿的职责。一些省份也建立了环境委员会来对公众的要求、建议和申诉进行管理。

在联邦程序中,任何加拿大居民包括组织和公司,都可以向渥太华委员会提交处理环境问题的申请。这些申请必须是属于联邦25个部门和机构中至少一个部门的职责范围之内。委员会的责任就是将这些请愿转给相关的联邦部长(们),然后部长必须在规定的期限内直接向请愿者回复。请愿书的主要内容包括:(1)对可能未执行或者未遵守联邦法律的行为进行调查;(2)解释与环境问题有关的联邦政策;(3)对现行的环境法律、法规或者政策进行审查,同时也允许请愿者对现存法律、法规和政策提出改进的建议;(4)采取步骤来完成部长对解决环境问题的委任;并且(5)联邦部门自己运行中保持环境的整体性。

⑦向巡视官申诉

许多省份和地区都有巡视官。巡视官的法律角色就是对政府决策关注和申诉进行反馈。比如,阿尔伯塔省巡视官有权对官员行为进行调查,并且向政府官员、部长、内阁报告结果和提出建议。申诉者有权知道调查的结果。巡视官的权力也是有限的。在阿尔伯塔省,巡视官不能审查任何决定、建议、法规或者政府律师的漏洞。巡视官也禁止调查任何事情,除非其他所有上诉途径都用尽了或者上诉时效已经过期了。

⑧公众运动,抵制和其他手段

旨在促进公众对环境问题的关注的公众运动对于积极的环境改变是很关键的。举例来说,海豹捕杀在加拿大是合法的,因为它是"有关地区的重要收入及食物来源"①,加拿大政府的猎杀报告显示,有97%的被猎杀海豹年龄都不满3岁,其中大部分海豹出生未满3个月或者不足满月就被猎杀了。② 国际人道对待动物协会加拿大分会认为制止加拿大海豹商业屠杀这种残酷行为的唯一途径就是终止海豹产品贸易。为此,该协会在全球范围内展开了终止海豹商业猎杀的环境运动。比如,组织该协会成员以半裸体示威、模拟被剥去皮毛的海豹等方式抗议加拿大海豹捕杀业。在动物保护组织的努力下,2009年5月5日欧洲议会通过有关禁止海豹产品在欧盟市场交易的立法议案,确保以商业为目的捕杀的海豹产品不再出现

---

① See *Fisheries and Aquaculture Management-Seals and Sealing in Canada*, 2013-10-19.
② 章轲:《动物保护组织呼吁中国对海豹产品说不》, http://www.yicai.com/news/2010/11/614855.html, 2021年9月21日访问。

在欧盟市场。这项立法于 2010 年正式生效。

⑨请求其他法律的弥补措施

许多环境法律规定因为环境违法而受损的人可以提起民事诉讼。法律也规定针对污染者提起民事诉讼的独立法律权利或者申请不遵守环境法律禁令的权利。法律还拓展了诉讼资格，允许那些未因违法而直接受损人提起诉讼。可利用的弥补措施包括损害赔偿或者禁止令，宣告或者其他命令包括关于费用分担的命令。

⑩环境刑事私人追诉

在加拿大，与总检察官追诉相平行的是由私人检察官提起的环境刑事私人追诉。加拿大联邦、省和地区法律为由公民个人或者环保组织提起刑事追诉提供了法律依据。如《加拿大刑法典》第 795 条特别规定任何人只要有充分的理由相信某人犯罪都可以起诉到省法院或者治安官。这里可以看出，任何人展开私人刑事追诉实际上是不受限制的，除非在法律中有特别规定。比如，加拿大弗莱彻诉金斯顿市案是涉及城市垃圾填埋场渗漏到鱼类栖息地的案件，经过政府官员调查，执行官员已经进行了行政处罚。但是，加拿大总检察官和塞拉法律辩护基金会的律师代表认为该渗漏行为已经构成刑事犯罪，所以此案由加拿大总检察官提起的公诉和塞拉法律辩护基金会的律师代表提起的私人追诉共同进行。法院最终判决构成犯罪，追究被告刑事责任。[①]

(三) 加拿大环境司法

1. 加拿大法院体制

（1）加拿大法院体制的特征

与传统的联邦制国家不同，加拿大法院体制具有单一制的特征，表现在：

首先，虽然有联邦法院和省法院两套系统，但无论是民法（主要是省级机构制定）还是刑法（全部由联邦部门制定）均可以通过同一法院系统从初审法院到上诉法院得以实施。这表明：联邦法院既可适用联邦法，也可适用省法；同样，省法院也可适用联邦法和省法；加拿大联邦最高法院是整个加拿大的终审上诉法院，省级最高上诉法院是省上诉法院。

[①] See Flethcer v. Kingston, (1998), 28 C. E. L. R. (N.S.) 229 (Ont. Ct. Prov. Div.), var'd (2002) O. J. No. 2324 (Ont. S. C. J.), (QL), ar'd (2004) O. J. No. 1940 (C. A.) (QL).

对下级法院的裁决不服，可逐级向上级法院上诉，最终可上诉到加拿大联邦最高法院。

其次，联邦和省两级政府共同对1867年联邦《宪法》第92条第14款以及第96—100条省法院的设置责任负责。1867年联邦《宪法》第92条第14款分配给各省的立法权是制定有关"省法院的组建、运行和组织"① 的法律；第96条规定联邦政府享有"任命各省高级法院、地区法院和县法院法官"② 的权力。可见，根据1867年联邦《宪法》的规定由各省设立和维持运转省级法院，但其法官须由联邦政府任命。

加拿大法院体制的单一制特征在某种程度上缓解了联邦政府与省政府的政治离心力。同时，因为不强调地区差别地任命法官，有利于统一法官的选任标准，促进法律在全国范围内保持连贯性和统一性，也避免法院审判中地方保护主义现象的发生。

（2）法官的任命受政治、民族、地区均衡因素影响较大

首先，加拿大法官的产生在很大程度上是建立在政治恩惠关系基础之上的，执政党经常以法官职位回报自己的成员。比如，总理马尔罗尼在第一届任期所任命的法官中，有50%基于恩惠关系的考虑。又如特鲁多总理任命伯纳·拉斯肯为加拿大最高法院首席大法官，主要是因为拉斯肯就加拿大司法制度公开表达了与他一致的观点。1985年加拿大律师协会发表报告要求未来的法官任命必须减少政治色彩。首席法官迪克松也认为，法官的任命必须以能力为基础，而不是以党派为基础。为此，加拿大对法官任命程序进行了某些调整。

其次，民族、地区均衡因素也在一定程度上影响法官的任命。为了政治统治的需要，也为了方便案件审理，加拿大有关法律对法官的任命名额在民族之间进行了有意的均衡，主要是保证法裔加拿大人在联邦法院系统中有足够的名额。根据相关法律的规定，加拿大联邦最高法院9名法官中必须有3名法官来自魁北克省；从1985年起联邦法院25个法官席位中魁北克省占8个。同样，法官名额的分配也考虑了地区均衡的因素。如安大略省人口占加拿大总人口的1/3，且主要是英裔，他们要求与魁北克省享有同等的待遇，于是最高法院有2名法官出自安大略省，1949年增加到3名。最高法院其余3名法官中，通常1名来自大西洋沿岸诸省，另2名则

---

① See *Canadian Constitution Act*, 1867, ss 92（14）.
② See *Canadian Constitution Act*, 1867, ss 96.

来自西部省份。在最高法院法官人员构成中，各区域都有自己的代表证明联邦政府在治理国家事务的过程中将地区平衡作为一种重要的政治制度安排。

(3) 加拿大法院体系的结构

联邦最高法院

联邦最高法院是加拿大最高审判机关，创设于1857年，有权审理有关自治领域民事和刑事上诉案。起初，联邦最高法院由首席大法官和5名其他法官组成。1927年增加到6名法官，现在由9名法官组成，其中至少有3名来自魁北克省。目前，最高法院是根据1962年的《最高法院法案》设置。法官由总督根据内阁建议任命，以其品行高尚担任职务，75岁退休。最高法院设在首都渥太华。联邦最高法院受理对所有的省和地区上诉法院所作裁决提起的上诉，以及对联邦上诉法院所作裁决提起的上诉，其裁决是终审裁决。此外，联邦最高法院往往会被要求就宪法解释，以及私法和公法领域可能引起争议的或者复杂的重大问题做出决定，联邦政府也会征询最高法院在重要法律问题上的意见。

联邦法院

根据《联邦法院法案》，联邦法院的管辖权限主要有：听取任何驻扎海外的加拿大军人的诉讼；要求联邦政府各部、各委员会给予公平救济的案件；国籍案件；涉及专利权、版权、商标权、工业设计、发明专利权的案件；管辖以加拿大元首即英国国王为被告的案件；票据案件；航空案件；涉及跨省的工程、行业的案件；立法机构同意提交的省际、联邦一省际的争议；国王或检察长提起的诉讼；对官员、王室侍从人员渎职行为提起的诉讼；海事案件。但联邦法院对受魁北克省民法调整的案件无管辖权。联邦法院设立审判庭和上诉庭，也就是联邦初审法院和联邦上诉法院，上诉庭除了受理不服联邦法院审判庭的上诉案件，还审理要求联邦政府各部、各委员会的法律权限等问题的案件；依据除《联邦所得税法案》《不动产法案》《加拿大国籍法案》以外的联邦法律提出上诉的案件。根据1983年《加拿大税务法院法》议会组建了加拿大税务法院，主要审理依据《收入所得税法》《加拿大养老金计划法》，为征税对财产进行估价方面的案件。在法院性质上，它属于联邦所属的法院。税务法院受理由加拿大税务局诉请的案件，对其裁决也可以上诉到加拿大联邦法院。

省高级法院

1867年加拿大《宪法》第129条明确规定省内的司法行政权，包括省法院的组成、维持和组织由各省自行行使，还包括刑事、民事管辖权及这些法院审理民事案件的诉讼程序。因而各省法院的具体情况不一致，由各省视本省的实际情况而定。但每个省都有两层高级法院系统：具有一般刑事和民事管辖权的审判法院与相应的上诉法院。

省高级法院审判庭（或称为王室法院）通常被认为是加拿大法院系统的基石。这些法院的独立性是继承大英帝国"不成文宪法"的组成部分，而且除非违背加拿大政府的基本法令，否则是不得对这些法院加以废止或予以重大改变的。省高级法院审判庭的管辖权相当宽泛。其刑事管辖权涵盖加拿大《刑法典》第 427 条规定的所有可诉罪行以及在选举中发生的可诉罪行，也审理所有简易判罪案件的上诉案件。在民事管辖权方面，省高级法院审判庭是民事诉讼中最为重要的法院。它可以受理离婚案件、分居案件、监护纠纷案件和因金钱请求额太大不适于小额诉讼法庭受理的所有民事纠纷案件。此外，它还可受理来自青少年犯罪法庭、家事法庭和某些省行政管理委员会、行政法庭的上诉案件。

省上诉法院是省级最高法院，其主要职责是审理对省高级法院审判庭裁决的有关法律问题不服并提起的上诉案件，其裁决对所在省的所有其他法院具有拘束力。各省的上诉法院也受理省政府提交咨询的案件。上诉法院的首席法官同时也是该省的首席法官。

省法院

省法院类似于我国的基层法院。此法院的形式又因省而异，一般是单一的法院加上各种分庭，如青少年庭、家事庭、刑事庭和民事庭。在刑事管辖权方面，省法院可以审理所有的省内犯罪和简易判罪的案件，实现所有的预先审查。此外，省法院还可审理根据《刑法典》第 483 条可予公诉的犯罪行为、一些可公诉的选举中的犯罪行为和依据《青少年犯罪法》可予审理的一些案件。省法院的民事管辖权，包括小额民事索赔请求和婚姻家庭纠纷案件。

领地法院

加拿大的三大地区与其他十个省一样，都是联邦不可分割的一部分。领地法院与省法院一样都是地方法院，其结构与组成大同小异。但领地与省又有些不同，领地没有地方权力，其权力由联邦授予，故领地法院与省法院不同点在于该法院不是由地方自主建立，而是由联邦设立。因而从本质上看，领地法院属于联邦法院的体系，在任命、报酬、任期、任职资格等方面与各联邦法院并无太大的区别。

值得一提的是，加拿大的第三个地区努纳武特地区是1999年新建的，而其所属法院则显得与众不同，是对加拿大法院体系的创新。该法院兼具省高级法院和省法院的审判权，因而同一法官可以审理该地区内的所有案件，而不论案件的大小。同时，由于该地区的地理环境特殊，绝大多数的社区很小，而且远离其首府，所以该法院除了定期在首府开庭，还要根据案件数量不时地到地区内的各社区巡回审案，巡回时间从六个月到两年不等。

2. 法院在环境法执行中的作用

法律的有效实施，不仅要求法律条文在个案中得到正确适用，更需要法律规定在类案中实现统一适用，才能形成对法律的普遍认同、内心信仰和普遍遵守。法律的价值实现重在司法的保障。

（1）加拿大法院具有维护人权的作用

1982年《加拿大权利与自由宪章》颁布后，联邦《宪法》第24条第1款规定："关于受保证的权利与自由的实施（一）如果本宪章所保障的任何人的权利或者自由被侵害或者被否定时，他可以向管辖法院申请，以便获得该法院根据情况认定的适当的和公正的补救。"[1] 可见，宪法赋予加拿大法院包括其最高法院实施《加拿大权利与自由宪章》的权力，法院成为维护人权的重要手段。

（2）加拿大法院通过司法审查发挥权力制衡作用

按加拿大学者的解释，司法审查是指"法院判定由成文法或普通法授予的、由公共机关行使的权力是否合法的过程"[2]。加拿大司法审查包括下列两个方面：①维护联邦制度的司法审查与维护人权和自由的司法审查；②宪法性司法审查和非宪法性司法审查。司法审查不仅对维护宪法的权威发挥重大作用，也是对环境行政执法的有效监督形式。加拿大最高法院通过对一系列案件的处理，突破了传统的有限司法审查模式而逐步向完全司法审查转变，从而发挥了权力制衡作用。标志性的案例是：1985年特鲁多总理同意美国巡航导弹在实验时经过加拿大领域。然而一批和平组织强烈反对这样做，认为其侵犯了《加拿大权利与自由宪章》第7条关于个人安全的规定。为此，案件上诉到最高法院。最高

---

[1] See *Canadian Constitution Act*, 1982, ss 24（1）.
[2] See Partick J. Monahan. *Constitution Law*, Toronto: Irwin Law, 1997, p.122.

法院在最终裁决中拒绝了和平组织的观点。但是该裁决的意义已经远远超过其本身，因为最高法院通过该裁决宣称最高法院有权对内阁决策（包括政府令和枢密院令）进行审查。这一宣称一举突破了传统的有限司法审查范围，标志着加拿大司法机构已经成为三权构架中平等的、强有力的一环。

（3）加拿大法院通过环境案件的审判实施环境法律

司法机关对因环境侵权引起的民事纠纷的审判以及对环境犯罪行为的责任追究，不但能够有效惩治危害环境的行为，保障受害人的基本人权，而且也具有相当程度的震慑作用，通过"杀鸡儆猴"的方式迫使潜在的污染者遵守环境法律。

3. 法院在环境公民诉讼中的公共政策形成功能

法院行使公共政策创制功能的方式主要有两种：一是法律解释；二是创造判例。法院通过这两种方式介入公共决策，并不意味着司法的越权。反之，由于这是维护裁判统一之必需，所以应视作法院裁判职能的合理延伸。况且，法院的法律解释和创造判例活动，都明显有别于立法机关和行政机关的公共决策行为。一般而言，法院不能"凭空"就某一事项发布一般性决策，它只能结合个案的审理来推动一项公共政策的形成。在这里，公共政策只是法院关于法律的理解和个案的判决立场在效力上获得拓展的结果。在环境公民诉讼中，对环境公益的维护实际上可能会涉及现行的公共政策及法律制度的改变或新的公共政策及法律制度的确立。因此，法院在处理具体的环境公民诉讼案件时，往往会"拔出萝卜带出泥"，表现为案件的处理结果往往与潜藏在案件背后的公共政策的调整、现行立法的修改和完善等社会性大问题密切相关。[①] 由于环境问题是一个既复杂又新型的社会问题，环境法律规范或制度中的空白点和缺漏又较多，法院在把这些处于利益形态的公共问题转化为具有司法性的权利形态的法律问题时，通过创造判例或者司法解释来弥补现行环境法的空白和缺陷，从而推动新的环境公共政策形成。

在审理案件之外，加拿大最高法院还向联邦政府提供与案件有关的"建议性的观点"。从历史上看，这种司法建议源于英国国王的枢密院司法委员会向国王提出司法咨询意见的做法。最高法院的观点均只涉及联邦

---

① [意] 莫诺·卡佩莱蒂：《福利国家与接近正义》，刘俊祥译，法律出版社2000年版，第66页。

法律、省级法律中的宪法问题,尽管没有法律效力,而只有宪法惯例上的意义,但对联邦政府和省政府均有相当的政治约束力。例如,1996年加拿大司法部部长宣布加拿大最高法院的建议,该建议包含与魁北克省行使从加拿大分离出去的权利有关的三个问题。该司法建议的宣布对魁北克省分离运动构成了不小的打击。根据统计,在1867—1966年的百年间,共有197件宪法案件上诉到英国枢密院和之后的加拿大最高法院,其中有68件属于对联邦政府提出的宪法问题的答复。在1967—1986年,有155件宪法案件到达最高法院,其中23件由最高法院以司法建议的形式做了答复。[1] 这些司法建议是加拿大最高法院依据加拿大《最高法院法案》第53条规定做出的。该条款规定:"总督的内阁应听取、考虑法院对重要的法律或事实问题的建议。"就这一点来看,只有加拿大内阁以总督的名义才能要求最高法院做出司法建议,这属于内阁的特权。但是,如果最高法院认为时机不成熟,或无实际意义,或不是法律问题,或被提的问题很含糊,有时也会拒绝提供司法建议。

4. 加拿大环境诉讼中的临时禁令救济

(1) 临时禁令概念及其特征

临时禁令是临时司法救济程序的子程序,在加拿大环境司法程序中发挥着重要的临时救济功能。临时禁令又称中间禁令,是指法院就诉讼实体问题做出最终判决之前,为防止原告受到不可挽回的损失而在诉讼前或诉讼中发布的暂时有效的禁令。

临时禁令是一种独立的临时救济手段,特点如下:①依附性。临时禁令不是一种单独诉讼形态,通常依附于一个民事或行政诉讼程序。②暂时性。临时禁令是法院民事或行政诉讼程序开始前或诉讼过程中发出要求一方当事人做或者不做特定行为的命令,其结果不是终局性的,如果案情出现变化,可以随时改变或撤销。临时禁令对案件没有预决性,做出临时禁令并不影响本案诉讼程序的继续进行。③预防性。市场经济追求的是及时性和效益性,人们的权利维护观念也从事后救济转为事先防范,尤其在环境问题案例中,所造成的损害并不是通过经济赔偿能轻易补偿的。"无法弥补的损失"带来的恐惧在这方面的法律里扮演了尤其突出的角色。因此,作为权利救济重要手段的诉讼也应当将临时措施的目的由单一的保证

---

[1] See Strayer, Barry L., *The Canadian Constitution and the Courts*, *The Function and Scope of Judicial Review*, Butterworths, Toronto, 1988, p. 311.

判决后执行向为当事人提供临时救济，防止损害产生或进一步扩大的事前救济方向转化。④紧急性。临时禁令紧急性表现在：第一，情况紧急，即只有在情况紧急，若不发布禁令原告将会遭受不可挽回的损失时，法院才发布禁令；第二，时间紧急，即法院在受理和审查上受到时间限制较大；第三，执行紧急，法院禁令送达后被告应立即执行。终局裁判做出之前需给当事人听审和抗辩的机会，临时禁令为适应案件的紧急性，可以简化审理或者采取单方审理方式，法院也可变通相应证据规则。⑤时限性。临时禁令不是永久救济，只是暂时维持某种权利状态。诉前禁令一般都规定时限，到期即失效，而且这个时限往往很短。诉中禁令的效力则维持至判决及其他裁决做出之时为止。

（2）加拿大环境诉讼中临时禁令制度内容

临时禁令的启动应当依赖于当事人的诉讼活动，其理由如下：第一，正当程序要求保持法院中立地位的需要。准许法院依职权在当事人没有提出申请时就主动启动程序，这给了法院自由裁量权，有权力就有滥用的可能，法院就有可能受利益的驱动偏离中立立场，损害法院的公正权威。第二，应当尊重当事人的处分权，由利害关系人或当事人在起诉前或诉讼中申请。

由于临时禁令是在权利义务关系未完全明确的情况下发布的，因此，为了平衡当事人的利益，加拿大将提供担保与否作为法院判定是否做出临时禁令的条件之一。临时禁令担保规则的本意就是防止被申请人的合法权益因错误禁令而遭受不必要的损失，这是维持当事人对等诉讼地位的必要手段。但是，这也构成了环保团体在寻求诉讼中临时禁令救济时遇到的主要困难。公众尤其是为了环境公共利益而进行环境公益诉讼的原告，缺少财政资源去对被告损害做出赔偿，这也导致为了环境公共利益起诉的原告缺乏诉讼动力。因此，法院有必要采取灵活的承诺，以确保得到补救的权利，而不是完全出于经济方面的考虑。加拿大当局表示，加拿大的法庭开始重新评估强加给公民诉讼人的这种承担被告损失的要求是否正确，在斯坦利公园之友诉温哥华公园和娱乐委员会案中，戴维斯法官认为：如果为一个严重涉及公共利益的问题申请临时禁令救济的申请人能证明这是个严重的问题，这种情况将会受到审判，而且将会进行利益平衡，包括公众权益。这时法院就应该颁发临时禁令，也就是说，经过判例发展，加拿大临时禁令救济不会因申请人缺乏资金提供被告损害的赔偿责任而被拒绝。①

关于临时禁令是否颁发,加拿大法院通过判例②建立了三条审查标准。首先,是否有严重的问题被审判?其次,如果禁令被拒绝,申请人是否将遭受无法弥补的损害?最后,寻求救济程序的各方当事人之间利益是否平衡?以阿尔冈昆野地联盟诉安大略省自然资源部部长案③为例。安大略省自然资源部部长颁发了一项准许在欧文(Owain)湖砍伐森林的许可,阿尔冈昆野地联盟作为环保团体关注该许可,认为砍伐原始森林会导致无法弥补的环境损害,因此提出对该部长许可进行司法审查。在诉讼中,原告提出,要求法院颁发临时禁令,以确保停止危害环境的行为。法院在做出颁发临时禁令的决定之前,根据加拿大判例法确定的三条审查标准进行了审查。

首先,严重的问题将接受审判。这是审查标准中最低的标准。正如RJR—麦克唐纳案件中表达的,除非案情是琐屑无聊或无理取闹,或者是纯粹的法律问题,否则法官将继续下一个步骤。在处理这件事情上,法院应该做得更多而不只是对问题做初步调查就行了。该案原告阿尔冈昆野地联盟根据1994年《皇家森林可持续法》第25条和由环境评估委员会规定条件的违反为由而起诉这个市政行动。法官认为,原告提出的问题涉及法令解释和部长行为,这不是琐屑的,并且在决定之前是必须考虑的。因此,应进入第二阶段的审查。

其次,无法弥补的损害。公民环境诉讼在临时禁令救济中面临的另外一个障碍是原告必须证明如果禁令不颁发的话,他们会遭受无法弥补的损害。在私人诉讼中,这项调查向来侧重于原告受到人身伤害和经济损失的风险。但是,在这种案件中无法弥补的损害应是指对环境的损害。就本案而言,"无法弥补的损害"的含义是对在公共土地上采伐的合法性质疑,尽管有证据证明树木要花上百年的时间才能达到其成熟的状态,但法院却认为采伐老的树木并没有造成不可弥补的损害。

---

① See Friends of Stanley Park et al. v. Vancouver Parks and Recreation Board.
② See RJR – MacDonald Inc. v. the Attorney General of Canada (1994), 111 D. L. R. (4 th) 385.
③ See Algonquin Wildlands League v. Ontario (Minister of Natural Resources), [1996] O. J. No. 3355.

在野外协会诉班芙案①中，法院关于"无法弥补的损害"的结论不是从班芙国家公园 300 年的树木被砍光中得来的。加拿大联邦最高法院在 1994 年提出的 RJR—麦克唐纳的决定，倾向支持"自然资源开采特别是根除性采伐能够形成无法弥补的损害"这个观点。法院认为，"无法弥补的损害"的含义是指损失的性质，而不是它的大小。被告认为此处无法弥补的损害必须是针对原告而言的。但是，代表环境公共利益申请者如环保组织直接遭受无法弥补损害的案例稀少。如果我们承认这些原告诉讼资格但是因为他们没有遭受直接的经济损失而拒绝给予救济，这是不符合逻辑的。原告列出了损害的程度，事实上，一旦你砍掉一棵树，这棵树就再也不能存活了，这是一个很简单的道理。被告对损害的范围和程度也有异议。进一步说，部长提交资料也证明了即使有损害的存在，对原告也没有坏处。在该案中认为只有对原告造成的损害才能被考虑，对被告和公共利益的损害应在第三阶段平衡利益时考虑。随着时间的推移，美国法院已经总结出对环境造成的损害是无法弥补的。美国高等法院指出，通过金钱来弥补环境损害是很少能适用的并且经常永久的或至少有长时间的损害且是不能修复的。如果损害是完全的，为了平衡损害，通常赞成颁发强制令来保护环境。而加拿大的一些关于临时禁令申请的判决也显示，加拿大法院开始达成类似的认识。1998 年莫妮（Monnin）法官支持了一个禁止修建贯穿省级公园道路的临时禁令申请，指出"这对被破坏的公园是无法弥补的损害"，并且认为，如果不颁发临时禁令将会导致一个"无法恢复的程序"。同样，拉姆克（Lamek）法官也总结道："缺乏禁制令，修建公路的清理工作将会继续，树木将会被移走。即使不是永远，也至少几十年。"联邦法院审判委员会也支持这种观点，认为"伐木导致树木的损失是人的生命时间内无法替代的"，这意味着自然的损害是不能以金钱的形式衡量的。

　　利益平衡或叫不方便平衡，在每个具体案件中考虑的因素都有不同。在这个案件中，涉及更多的是公共利益。原告认为，如果临时禁令不被允许，将对公共利益造成无法弥补的损害。相反地，被告认为，如果临时禁令被允许，将对公共利益造成无法弥补的损害。尽管努力将伐木行为控制在最小，但是，对这一区域的自然成长和野生动物都可能造成无法弥补的

---

① See Canadian Parks and Wilderness Society v. Superintdent of Banff National Park，[1996] F. C. J. No. 1118, 44 Admin. L. R. (2d) 201.

损害。然而，对被告的损害却是具有不同性质的损害，比如政府将在执行其利用皇家土地的政策上受阻；政府税收收入减少甚至丧失；而且很显然，木材的供应无法满足需求，很多木厂将不能满负荷运行，这个连锁反应就是该社区的失业率将提高。虽然很难量化受损害的程度，但有损害是必然的。

在利益平衡时，RJR—麦克唐纳案判决书指出，法院在决定是否准许或不准许临时禁令时，不仅要考虑对当事人各方的损害，还要考虑救济本身的属性，接受司法审查行为挑战法律的属性和公共利益存在的地方。很多年来，部长和公众对森林管理问题都是有争议的。但是，很明显所有人都是为了在平衡不同部门利益时达到维持可持续发展的目的。它是一个复杂的、持续的和发展的程序。在欧文湖砍伐森林是政府利用其土地的综合政策的一部分。平衡各方利益后，法官认为，干涉政府行为是不合适的。根据上面三个审查标准对阿尔冈昆野地联盟诉安大略省自然资源部部长案进行审查后，法院驳回了原告提出的临时禁令救济申请。

针对不同性质的行为，可以有不同的执行方式。对于可替代行为的执行，可以采取替代履行的方法。具体而言，即当被申请人不履行的临时禁令的内容为可替代行为时，法院可以委托他人代为履行该特定行为，产生的费用由被申请人承担。对不可替代行为的执行方法，通常是间接强制和损害赔偿兼用。

第三章　法国环境法

一　法国环境法的产生与发展

(一) 法国环境法产生的背景与基础

1. 生态运动的发展及影响

环境法的产生与发展离不开环境重大事件所引起的公众的普遍重视。世界上有十大环境公害事件，具体到法国，在其国内也有促成公众环保意识产生的环境事件。

其中，最著名的事件应该是 Vanoise 国家公园事件。1969 年 3 月 16 日，菲利普·特雷纳德（Philippe Traynard）在世界报的《自由观点》栏目中，以"法国阿尔卑斯山俱乐部副主席和 Vanoise 国家公园管理者"的身份，表达了他对 Vanoise 国家公园所面临的紧迫威胁的担忧。特雷纳德列举了公园正在面对的威胁，包括新建的 Tignes 夏季滑雪度假村、当地政府发给居民的狩猎证以及近期公布的两个房地产开发项目对国家公园环境的影响，特别是这两个房地产开发项目将把国家公园切割开来。从法律的视角出发，这些开发项目实际上已经违反了相关规范性文件。早在 1960 年 7 月 22 日法国颁布的法令中，就要求在国家公园中明确"中心区域"的界限，并且此区域被界定为需要被完整保护和避免接触的地区。而 Vannoise 国家公园的"中心区域"在 1963 年 7 月 6 日的法令中被确认。特雷纳德在报纸上对国家公园面临威胁的描述引起公众和环保团体的讨论与兴趣，由此变成了 Vanoise 国家公园事件。

虽然此国家公园事件发生至今已有 50 多年，但其对法国环境保护事业的影响力仍在继续，并且成为法国社团联合进行环境保护的开端和标志性事件。总体来说，该事件带来了两方面积极的影响：

一方面，Vanoise 国家公园事件促成了环境保护社团组织的联合及更多环保组织的诞生。事实上，在该事件产生的前一年（1968），法国境内一个环境保护组织的联盟被建立，名为法国自然保护协会联盟（la Fédération française des sociétés de protection de la nature），其旨在联合不同的环保组织共同合作、共同发声。[①] 在事件发生后，该组织积极地全程参与了所有活动，因为其组织特殊的构成，使得此事件成为一个全法范围内多数环境团体有组织共同参与的运动。

在这个过程中，法国民众参与环境保护活动的意识明显增强，如1969—1971 年国家自然保护协会（Société nationale de Protection de la nature）的成员数量就翻了一番。同时，参与到法国自然保护协会联盟的环保组织也越来越多，从 1968 年建立时的 21 个社团到 2022 年其数量发展到 9087 个。

另一方面，环境保护这一命题在这次事件后慢慢被提入政治议程当中。在当时的公众意识中，这些环保组织所追求的只是对于美好环境的幻想，如绿地、鲜花、蝴蝶。但是在此次事件之后，环保组织通过联合发声，扩大了其在政治辩论中的影响。最初参与法国自然保护协会联盟的多数是一些偏专业性的小型地方社团组织，如塞纳—马恩省自然协会（Association Sauvegarde de la nature en Seine-et-Marne）、北部鸟类保护学小组（Groupe ornithologique nord）。这些小型环保组织独自很难对政治施加影响，但是法国自然保护协会联盟给了它们在其专业领域之外对政治产生影响的途径。它们也坚信，全国性的环境事务辩论，对解决它们地方性的环境问题也有益处。

事实上，在特雷纳的文章发表后约 4 个月，围绕国家自然保护协会的108 个协会签署了一份致法国总统的动议，并附有一份有 5 万个签名的请愿书，以捍卫 Vanoise 国家公园的界限。

在 Vanoise 国家公园事件之后，还相继发生了 1970—1978 年的 Fessenheim 核电厂建设事件，2014 年的 Sivens 水坝事件和 2012—2018 年的 Notre Dame 机场规划事件，甚至在个别事件中还发生了抗议人员的牺牲。这些环境运动不仅吸引了民众对环境保护问题的兴趣，也使得环保议题进入政治领域之中。

---

① 该组织在 1990 年更换名称为 France Nature Environnement。

2. 绿色政党与传统政党的"绿色化"

环保组织对政府持续施加压力，1972 年 22 个大的环保组织共同组成了一个"自然宪章委员会"（Comité de la charte de la nature），以有组织的方式持续影响政府的环境保护政策。加上生态运动的发展和公民环境意识的提高，对政治决策产生的影响，一部分政党越来越重视环保政策的制定和实施，以期用此种方式吸引公民的选票。

起初，越来越多的环境保护人士进入政府担任重要职务，如 Brice Lalonde 就是一位坚定环保主义者，其先后担任了国务秘书和法国环境部长。在 1973 年法国立法选举中，开始出现零星的环保主义者参选。1974 年的法国总统选举中，环保运动者勒内·杜蒙（René Dumont）作为候选人参加了选举，也使得其环保理念和政策在竞选期间通过广播和电视为公众所知晓。这也是世界范围内第一次有环保主义者作为候选人参与到总统大选之中。同时，在地区负责人的选举中，也有越来越多的"绿色"人士作为候选人参加，并取得一定的成绩。

从 1974 年开始，由绿色政党推选的候选人参与选举过程中获得的票数越来越多。从总统选举获得票数来看，1974 年勒内·杜蒙（René Dumont）获得了 337000 票，1981 年 Brice Lalonde 获得了 1126000 票，1988 年 A. Waechter 获得了 1149642 票，2002 年的选举中有两位"绿色"候选人，共获得了 2031561 票。在这一阶段，立法选举中也呈现了相同的趋势，到 2012 年"绿色"人士占据了 12 个席位。[1] 在 2017 年的总统选举中，第一次没有了绿色政党推选的候选人，被认为是为绿色政党敲响了警钟。但是，这并不妨碍环境保护政策的扩张，因为从绿色政党失利的原因来看，正是其他政党越来越多的考虑和宣传其环境政策才导致前者竞争力的下降。所以换个角度来看，这难道不是环境保护政策对诸多政党的融合吗？

事实上，法国各政党对新的环境保护理念反应缓慢，也正是因为这些绿色政党出现给予了他们压力，才让他们越来越关注环保政策对其选举的影响，如 1974 年第一次有绿色政党推选的候选人参与选举，虽然在第一轮选举中就遭到淘汰，但是也迫使第二轮的两位候选人针对环境政策展开辩论。随着时间的推移，越来越多的政党都对环境政策有了原则性的表

---

[1] Michel Prieur, Julien Bétaille, Hubert Delzangles, Jessica Makowiak, Pascale Steichen, et al., Droit de l'environnement, Dalloz, 8ème edition, 2019.

态，尽管措辞都比较模糊，并且不同政党间的表态没有太大区别，但是，环境保护问题和环境保护政策在这些表态与公众辩论中得到了充分的宣传。

(二) 法国环境法规范的发展历史

如果 1976 年有人询问环境法在法律体系中的地位，那么答案只能是环境法只是所有有关环境保护规范性条款的汇总，① 这与我们现在所认为的环境法是一个成熟的、具有自身特点的法律部门完全不同。本部分旨在对法国环境法的独立和编纂形式上的进步作一简要介绍。

1. 环境法作为一个新的法律部门

如果从历史的角度去追寻，现在的环境法律规范大多都能在 19 世纪下半叶和 20 世纪上半叶的规范中找到踪迹，特别是有关促进农业和公共卫生发展的相关制度中。比如，les installations classé 的制度直接来源于 1810 年 10 月 15 日的拿破仑法令；又比如，采矿法和森林法的很多规则来源于 19 世纪；还比如，1930 年颁布的有关自然遗址的保护法令只是对 1906 年法律的继承。

从这个角度出发，1976 年，R. Drago 认为，把环境法看成一个全新的法律部门是荒谬的，也并非不能理解。② 事实上，一个新的法律部门被认可，至少需要具有以下一个或几个重要的特征：第一，G. Farjat 教授认为，一个新的法律部门的诞生至少需要有一类新的诉讼做支撑；③ 第二，有一些独特的法律技术；第三，存在一些法律规定和法律实践间的扭曲；第四，需要有一个具有逻辑性的法律规范的集合。

环境法在产生之初因为其本身的特点，很难满足上面的标准。首先，环境法律规范最初多见于行政法、刑法等其他部门法之中，因此也主要是因循已有的法律技术解决环境保护问题。比如，面对环境污染问题，环境法最开始多使用行政法上的已有法律技术来进行规制，也被现在很多环境法学者视为环境治理手段的早期工具——"命令—禁止"型工具。不仅如此，分散在各部门法中的环境法规范也很难得到整体上的认

---

① Michel Prieur, "40 ans après: Pourquoi une revue juridique de l'environnement?", Revue juridique de l'environnement, 2016/1.

② Association Henri Capitant, La Protection du Voisinage et de l'Environnement, Travaux du congrès de Paris-Bordeaux, 28 mai-2 juin 1976, 1979.

③ Gérard Farjat, Droit économique, P. U. F., Paris, 1971, p. 413.

同与承认。其次，环境法没有自己的司法机构和审判规则。在法国司法部的组织结构下，环境法部门被划分在经济法部门之下，和不动产法在一个办公室。

好在随着环境法律规范的发展，一些新的特征在环境法领域得到展现。

首先，在环境司法专门化方面，2001年5月3日颁布的第2001-30号关于防治船舶污染性排放的法令，设立了专门的法庭，为环境法的独立做出很大贡献。

其次，环境法律规范所带来的新的法律技术和新的法律理念，也使得最初多依赖于传统法律的环境法开始发生系统性的转变。事实上，自1971年以来，环境法律规范就发展出了很多以前法律所没有的技术和规则，如在权利创设方面，法国于2005年通过了《环境宪章》承认了"每位公民都有权生活在健康、和谐的环境之中"。

再次，环境法律规范也创设了很多新的制度和方法，有环评制度、环境公益诉讼制度、环境信息公开和公众参与制度，这些新的法律技术和制度不仅使得环境法更具有可识别的特征，甚至渗透到了其他的法律部门。

最后，环境法成为一个独立的法律部门，最重要的是在形式上有了自己的法典。

2. 环境法的系统化研究与环境法典的诞生

从法国环境法律规范产生的历史来看，其散落于各部门法中，缺乏系统的整理。但是，因为环境的系统性，即环境由环境要素所组成，并且依赖要素的相互作用，所以环境科学通常采取系统式的方式来研究。环境法律也因为对环境科学的依赖性，需要采取同样的研究方式，环境保护的目标需要系统性的法律来达成。而环境法律的系统性意味着需要协调不同具体的环境单行法律，消除不同法律规范间的重复和冲突，从各生态保护法律中提炼出共同的原则、对环境法律规范实现根据位阶的系统性整理。

法国环境法的法典化进程从《乡村法典》的环境保护部分开始，[1] 也就是说最开始采用了部分法典化的方式作为试验。在这个过程中，有一些不完善的地方，如被保护的动植物种类都没有在法典中明确列出。

---

[1] Décret. 89-804 et 805, 27 oct. 1989 et L. 91-363, 15 avr. 1991.

在部分法典化之后，1992年3月18日的法国部长委员会决定将环境法典的立法部分①法典化的计划提交到法典编纂委员会，正式开启了环境法典编纂的工作。

1996年2月21日，第一份环境法典立法部分的草案被提交到国会。遗憾的是，这份草案没有得到国会议员的认同，甚至被部分议员评价为"法律垃圾"。在经过两年的修改以后，这份草案在1998年被重新提交到国会。这一次因为国会过于繁忙的排期，法国政府最终在2000年9月18日以法令（ordonnance）的形式通过环境法典立法部分的草案。② 需要解释的是，法国政府之所以拥有通过法典草案的权利，是因为在1999年12月16日颁布的99-1071号法律中，授权政府可以通过法令的形式对9类法典的立法部分的草案予以确认的权利。这是为了简化法律进入生效状态的程序，但是，这些政府通过的法令也需要提交到国会，如果在国会没有得到通过，之前生效的法律也不能再适用。政府通过环境法典立法部分的法令最终在2003年7月2日的2003-591法律中得到通过。

上述法律不仅最终确立了环境法典立法部分的效力，并且借此机会对环境法典作出修改，比如修正了一些之前存在的错误，加入了有关国家观察气候变化效应的相关规定，以及纳入了在2000后新制定的一些有关环境保护的法律规范。同时，2003年的法律中还规定了有关欧盟环境指令如何转换到国内法的相关规则。

至此，《环境法典》立法部分囊括了之前分散在各部门的39部法律规定和2000年以后颁布的环境法律规范。到现在，环境法典立法部分划分了七卷，总计1400多个法条。

另外，环境法典的行政法规部分一直到2007年才初步完成，主要涉及环境污染、风险的预防。关于核能和放射性物质的管理问题，一直等到2019年3月14日才被纳入环境法典行政法规部分。

在一个大陆法系国家，法典化的完成无疑标志着一个法律部门的系统性研究的重大胜利。但遗憾的是，在环境法典的编纂方式上，法国采取了汇编的形式，而不是像法国民法典那样采取一种创新性的实质法典化方式，将国内法、欧盟法和国际法上的环境法律规范有机地统一起来。这也

---

① 法国的法典化工作包括对法律的编纂和对行政法规的编纂，分别构成法典的立法部分和行政法规部分，而行政法规部分往往晚于立法部分推出。

② 与《环境法典》立法部分一起通过的还有其他7部法典草案。

是为什么一些法国环境法学者一直在发问：环境法典的编纂已经完成了吗？[①]

（三）法国环境法的法律渊源

法国环境法的法律渊源主要由三部分构成：国际法规范、欧盟法规范和国内法规范。

1. 国际法规范

可能和很多人的想象不同，国际法很早就开始关注环境问题，如1990年5月19日前述的《伦敦公约》就是有关非洲野生动物保护的议题，还有1902年的《巴黎公约》有益于农业的鸟类保护。国际法上有关环境保护的多边协议已经超过了500部，双边协议更是超过了900部。法国参与其中大多数的环境法国际规范，并在一些规范的制定中起到引领的作用。

从规范的效力来看，这些国际环境法规范很少具有直接的强制力，更多的是一些类似"软法"的规定，一般分为以下四类：

第一，建议和指令（Recommandations et directives）。这些规范由一些具体的行动指引和规范所组成，如经合组织间的有关禁止危险有毒废物运往发达国家的条约。

第二，原则性的宣言。这些规范不会给出具体的行动指引，只是给出国家应该遵循的主线。原则性宣言在引导国家承认一些新的价值和新的规范时具有重要作用。这类型文件也是在环境法学习过程中经常会听到的一些宣言，如《斯德哥尔摩宣言》《里约宣言》等。

第三，行动计划。行动计划可以看作为了实现宣言和整体的环境目标，而从国际层面上制定的引导国家在环境保护目标上的具体实现路径。比如，1992年里约会议上通过的《21世纪议程》直到现在对于法国可持续发展目标的实现都具有重要作用。

第四，国际法院判决。

值得注意的是，在法国的法律效力位阶中，国际法规范和欧盟法规范都只在宪法之下，高于一般的法律和行政法规，所以，法国签署的国际法规范是法国环境法的重要渊源之一。

---

① Chantal Cans, "Le code de l'environnement est-il réellement achevé?", Droit de l'environnement, 2008, Numéro 155.

2. 欧盟环境法

现在欧盟的环境法律规范已经成为各欧盟成员国的重要环境法律渊源之一，这得益于1987年7月1日颁布的《单一欧洲法案》（Acte Unique）将环境事务的管理列入其职权范围内。1993年《马斯特里赫特条约》生效，环境政策在欧盟中的法律地位得到进一步加强。其第一次在核心条文中明确将环境保护列为共同体宗旨和活动之一，更加凸显环保重要性。

但是，这并不表明在1987年之前欧盟不存在环境政策。虽然在1957年的《罗马条约》中没有对欧盟管理环境事务的明确授权，但是欧盟委员会可以依据《罗马条约》中的第100条和第235条的规定来间接规范环境问题。需要注意的是，此时的环境法律规范的主要目的并不是环境保护，而是处理由各国环境政策的不同而带来的欧盟内部的贸易公平或者人权保护问题。[1]

另外，欧盟管理环境事务也必须满足辅助性原则。辅助性原则是欧盟法中的一项基本原则，其本体性规定体现在经《马斯特里赫特条约》修订后的《欧洲共同体条约》第3b条中，该条规定："在其非专属权能领域，本共同体应依据辅助性原则，只有在各成员国不能充分实现拟定中的行动目标，而出于拟定中行动的规模和效果的原因，本共同体能更好地完成时，才由本共同体采取行动。"[2] 但是，因为环境治理问题的特性——一方面环境污染具有流动性，需要不同成员国之间的协作；另一方面环境标准的区别会影响欧盟内部的贸易公平，因此，在大多数情形下，环境治理事务都由欧盟共同制定规则，成员国80%的环境法规范都可以在欧盟的相关规范中找到依据。[3]

尽管如此，欧盟环境法作为各成员国的重要法律渊源，依然存在着以下两个重要问题：第一，欧盟环境法虽然作出了统一的规范，但是，在各成员国的具体转换国内法的过程中，给予了各成员国很大的自由裁量权；第二，从执行层面来看，欧盟层面的环境法律规范是被违反最多的。

---

[1] Michel Prieur, Julien Bétaille, Hubert Delzangles, Jessica Makowiak, Pascale Steichen, et al., Droit de l'environnement, Dalloz, 8ème edition, 2019.
[2] 参见回颖《欧盟法的辅助性原则》，中国人民大学出版社2015年版。
[3] Marianne Moliner-Dubost, Droit de l'environnement, Dalloz, 2e édition, 2019.

3. 国内法

法国国内的环境法律渊源，一般认为包括宪法中的环境法规范、环境法典、法院判决和学说。

在宪法层面，法国在 2005 年颁布了《环境宪章》（*La Charte de l*），包含 10 个条文，在宪法层面确认了环境法的基本原则和公民环境权的保护。此外，在 1978 年的《人权宣言》和 1946 年的宪法序言中也有一些规范，在环境危机的背景下，可以做有利于环境保护的法律解释。

宪法之下，就是法国的环境法典，因为前面已有相关介绍，在此不再赘述。

法国法院的判决也被很多学者认为是法国环境法的渊源之一。虽然法国作为一个大陆法系国家，主要采取法典的形式来进行规范。但是，无论是在司法实践和学者研究中，法院判决都是十分重要的参考依据，对之后的法院判决和学者研究都起到了十分重要的作用。

学者的学说和理论也被认为是法国环境法的渊源之一。这是因为法国的很多立法草案都是由学者组成的团体共同完成的，这些法律中就集中体现了学者的环境法律思想和逻辑。另外，一些学者的论述也引起了公司的注意，甚至部分学者因为其发表的论文遭到了公司的起诉。[①]

二 法国环境管理体制

一国的环境管理体制与它的政治体制密不可分，法国特殊的略显复杂的政治体制使法国环境管理体制也显得有些难以理解。所以，本部分首先对法国政治体制做一个整体的简短介绍，然后再依循其管理路径，对环境管理的中央和地方自治组织之间的权力划分以及中央政府的垂直管理体系进行介绍。

(一) 法国政治体制中地方自治组织的特殊地位

法国的地方自治组织（Collectivité Territoriale）由三个层级构成，分别是大区（Région）、省（Département）和市镇（Commune）。但是，与

---

① Martin Gilles J., "Doctrine? Vous avez dit doctrine? Qu'elle se taise !", Revue juridique de l'environnement, 2017/1.

中国的行政区域划分的地位不同，在法国的行政区域内有两个不同体系的公权力组织同时发挥作用。具体来说，一方面，地方自治组织是以地域为特征的地方自治团体，拥有自己的财产和独立的预算权，依照宪法和法律对地方行政拥有决策权和管理权，并承担由此产生的义务和责任；另一方面，地方自治组织也需要接受中央政府派驻机构（Préfet）的管理，以落实欧盟和国家政策在地方自治组织的实现。1992年2月6日颁布的关于共和国地方自治组织管理框架法将地方民选自治机构与中央政府派驻机构置于平等地位，规定："地方自治组织的管理由领土自治机构和中央政府派驻机构同时进行。"

法国历史上并不是一个实行地方自治的国家，但是为了推动地方制度创新、激发地方活力，法国自上而下地开始分权的政治改革。值得注意的是，地方自治组织被赋予的固有权能只是行政权的转移，不分享立法权和司法权。事实上，地方自治组织的区域划分、法律地位和具体权能都由法律予以确定。

从中央集权的整体向地方自治转向的过程中会产生两个问题：一个是哪些行政权能需要被转移到地方自治组织，即中央政府与地方自治组织间的权力划分问题；另一个是中央政府派驻机构如何实现国家政策的统一导向。在环境管理体制的介绍上，本节也着重从这两个方面来展开，即中央与地方环境管理权力的划分与协调和法国中央政府环境管理体系的纵向展开。

（二）中央与地方环境管理权力的划分与协调

1. 中央和地方环境治理分权概述

直到1983年，法国中央政府仍然是唯一对环境管理事务具有职权的主体。1983年7月1日法国颁布了关于权力划分的法案，其第1条规定国家与市、省和大区组成的地方自治组织共同为区域规划和"保护环境与改善生活质量"做出贡献，2005年7月13日颁布的能源法案将能源管理以应对气候变化的职能赋予了地方自治组织。同时，2005年颁布的《环境宪章》也确认所有人都有保护环境的义务，地方自治组织政府也不例外。

一些法律更是直接明确了地方自治组织在环境管理中的地位和作用，如《城市化法典》第101条第1款规定，每个地方自治组织是其地区范围内"国家共同遗产"的管理者和保护者,而生态环境显然是属于国家共同遗产的一种。Grenelle 1 号法案第 51 条也承认地方自治组织及其组成部分是环境保护和可持续发展的关键角色,在战略和操作方面都具有补充作用。

但是,在中央和地方的分权中,也需要满足前面所介绍的辅助性原则的要求,即在地方管理不能满足总体目标时,需要由国家来统一管理。因为环境管理问题的复杂性,导致无论是 1983 年开始的分权改革,或者 2014 年进行的地方自治组织现代化的重大改革,都没有真正明确环境领域的权限分配,这些权限仍然是纠缠在一起的。[1] 但不能忽视的是,地方自治组织在环境管理体系中的作用越来越重要,正如 2015 年 8 月 7 日颁布的《共和国新地方组织法》和 2016 年 8 月 8 日颁布的关于重新保护生物多样性的法律,分别从地方自治组织的地位和工具库两方面加强了地方自治组织管理环境事务的权限和能力。

接下来,本部分将试图对大区、省和市的环境治理权能作一简要介绍。

2. 大区的环境管理权能

大区被认为是进行环境管理的最合适的层面,因为从全国范围管理会显得范围太大,而省和市又显得没有足够的能力执行管理职能。事实上,法国在环境管理上的分权改革,就是为了落实"从全国思考,从地方行动"的原则。

法国的大区很早就参与到了环境保护的管理中,如大区级自然公园的设立和保护,大区可以发起设立自然公园,制定和通过相应的保护规范。[2] 在 1982 年开始的分权改革后,大区在地方环境管理中的地位不断提升。2014 年颁布的关于地方自治领土现代化的法案(La loi de modernisation de l'action publique territoriale et d'affirmation des métropoles)中赋予了大区在其区域范围内领导制定有关可持续空间规划和发展、生物多样性保护、气候、空气质量、能源及交通的行动方案。

由此可见,大区自治政府在环境管理事务中的作用更多地体现在计划和方案的制定权上,其中《可持续发展和领土平等区域规划》的制定最

---

[1] Michel Prieur, Julien Bétaille, Hubert Delzangles, Jessica Makowiak, Pascale Steichen, et al., Droit de l'environnement, Dalloz, 8ème edition, 2019.

[2] 尽管最后也需要中央政府通过法案来授权。

为重要。值得注意的是，这项规划旨在整合大区一级所有能够影响环境保护的其他规划，如大区废物处理和预防规划、大区生态和谐规划以及大区气候、空气和能源规划，此项转变也体现了欧盟和法国将环境和气候变化治理作为其经济社会发展引领目标的决策。

内容上看，此项规划包含实现可持续发展的中长期目标和为了实现目标的一般规则。这些目标或多或少都与环境保护的目的有关，如能源的管理与发展、应对气候变化、空气污染、保护和恢复生物多样性、废物的预防和管理就直接与环境保护相关，而地区平等、基础设施建设、空间经济规划和多式联运交通运输业的发展也从不同方面间接影响环境目标的实现。在这些主题目标之下，规划设置了具体的实现规则和路径，并确定了评价指标和方式。

鉴于这个规划的复杂性和影响的广泛性，其草案的编制由诸多主体共同参与。规划草案由大区议会起草，然后经过公众意见咨询，经过地区议会审议通过之后，由中央政府的派驻机构下令批准。最后的这项程序更多的是为了赋予规划一定的规范性效力，以及保证此规划不违反上位法的规定。[①] 如果出现不符合规定的情况，省长会将需要进行的修改通知大区议会，后者有3个月的时间进行修改。

3. 省级区域的环境管理权能

省级区域的环境管理权能与大区级相似，主要体现在规划制定权限上。与大区级制定的最全面的可持续发展规划不同，省级区域的规划制定权往往集中在特别的领域，主要有以下几种：

亲近自然徒步、机动车和运动路线规划。这项规划旨在保障公民亲近自然的权利的同时，避免对自然环境造成过于不利的影响。

敏感自然区域的保护。根据1985年7月18日第85-729号法律第12条的规定，各省分别执行相应的保护政策，以保护自然遗址、自然景观和自然环境，确保对自然原始生境的保护。

郊区农业和自然区的保护。2005年《城市规划法案》中引入了新的规定，允许省级区域制定相应政策，保护郊区的农业和自然区免受城市化的影响。

4. 市级区域的环境管理权能

长期以来，由于市长身份的特殊性——一方面可以代表市级自治组

---

① Code général des collectivités territoriales, art. L. 4251-1, al. 7.

织，另一方面可以代表中央政府派驻机构，市级区域拥有一些实际的环境管理权限，如建设项目的批准、各种污染源的防治、废物的预防与处理、卫生设施和水净化的管道等。但是，从 2015 年 8 月 7 日颁布《共和国新地方组织法》开始，市级区域的环境管理权能开始慢慢往城市间公共治理机构转移。

单一的城市往往难以筹集必要的资金或者具有相应的技术来应对环境问题，因此越来越多的城市间的公共治理机构得以出现。根据 1995 年 2 月 2 日颁布的法律，其第 32 条规定具有独立税收地位的市镇团体可以为管理自然区域和遗产制定市镇间项目，以鼓励恢复和维护自然区域、自然景观和建筑遗产，并鼓励生态农业的实践。

市际公共管理机构（Etablissement public de coopération intercommunale）是一个公共行政机构。因此，它具有法人资格和财政自主权，主要具有以下环境管理权能：

第一，家庭废物收集和处理。自 1975 年 7 月 15 日法律的第 12 条规定以来，市政当局一直负责收集和处理家庭废物。2015 年颁布的《共和国新地方组织法》规定，从 2018 年 1 月 1 日起，这一责任转移到市际合作公共机构。[1]

第二，饮用水的净化。2015 年颁布的《共和国新地方组织法》规定，从 2020 年 1 月 1 日开始，市际合作公共机构将负责饮用水的净化管理职能。

第三，水域保护和防洪预防的职能。《环境法典》第 211-7 条将上述职能定义为河流流域的开发，水道的维护和发展，防洪和防涝，以及遗址、水生生态系统和湿地的保护与恢复。这项权能最初由 2014 年 1 月 27 日颁布的关于地方领土公共行动现代化法案分配给市政当局，自 2018 年 1 月 1 日起转给市际合作公共机构。[2]

第四，地区气候能源计划。根据法律的规定[3]，所有拥有 2 万名以上居民的市际合作公共机构，都需要在 2018 年 12 月 31 日前制订地区气候

---

[1] Code général des collectivités territoriales, L. 5214-16、L. 5215-20、L. 5216-5、L. 5217-2.

[2] Loi numéro 2017-1838 du 30 décembre 2017 relative à l'exercice des compétences des collectivités territoriales dans le domaine de la gestion des milieux aquatiques et de la prévention des inondation.

[3] L'article 229-26 du Code de l'environnement; Décret numéro 2016-849 du 28 juin 2016 relatif au plan air-énergie territorial du ministère de l'Ecologie du Développement durable et de l'Energie.

能源计划。

第五，起草城市规划文件。所有市际合作公共机构都需要通过制定城市规划文件，以保障居民的生活质量。由此，其中包含了很多环境保护的规范，各市级区域自治组织需要执行。

（三）中央政府环境管理体系的纵向展开

与地方自治地区和中央政府环境管理权力的划分不同，为了保障国家环境政策的统一性，法国还组建了一条从中央政府到中央政府向地方的派驻机构的纵向环境治理体系。本部分主要从中央政府的环境管理主体的产生和发展，及地方派驻机构的环境管理部门两方面进行介绍。

1. 中央政府的环境管理主体的产生和发展

现在，中央层面专门管理生态环境政策的部门为生态转型与国土凝聚力部（Ministère de la Transition écologique et de la Cohésion des territoires），其负责的范围比我们通常所理解的环境部门的权能更为广泛，不但包括一些专门的环境事务，如可持续发展、环境保护、能源转型，还包括交通、基础设施、民用航空等与生态转型相关的部门职能。

之所以会产生如今这样一个"大"的生态环境部门，与以下两个原因是分不开的：第一，与环境治理地在欧盟和法国不断上升的地位分不开。自2019年年底欧盟委员会颁布《绿色协议》以来，应对气候变化成为欧盟未来发展中的引领目标，意味着各项政策都需要考虑到对气候变化治理的影响，因此生态环境部门的影响力不断提升。第二，与法国中央部门设置的灵活性息息相关。法国中央层面部门的设置，直接由总统和总理来决定，也就是说设置哪些部门，不同部门具有哪些权能，都以总统和总理所认为的最适合治理的方式进行设置。也正是因为这种灵活性，法国的生态环境部门经历了一个从无到有、职能不断扩张的过程。

（1）环境事务分散管理时期

事实上，在法国中央层面专门的环境管理部门出现之前，就有许多部门会涉及一些环境事务的管理工作。每当有新的环境法律规范产生时，就一定会有相应的部门来进行管理，如早在1669年法国就有关于水域和森林保护的规范，1917年12月19日的法案中就有关于工厂生产卫生与安全的规范。

到20世纪60年代，环境管理事务被分配到6个部门，如工业污染防治在环境部门出现之前由工业部负责、自然保护区的管理主要由农业部负责，在1970年甚至在农业部下面专门成立了自然保护办公室。文化部被赋予了历史建筑和自然景观的保护权能。值得注意的是，在1971年环境部成立前，各部委的一些专门部门改变了名称，明确提到了自然和环境。

（2）环境事务多部门协同管理的时期

环境事务分散管理的模式是不符合环境治理的要求的，一些部门或者机构开始承担起单个领域的环境管理部际协调工作。

水域的管理。自1961年以来，法国政府已经意识到需要协调各有关行政部门的政策，内政部在总理的授权下，率先在水务领域承担起部际协调职能。

自然保护的管理。根据1946年11月27日的第46-2847号法令，法国成立了自然保护委员会，由各中央行政部门的负责人及其任命的成员组成，负责部际自然保护政策的协调工作，甚至一些环保组织代表也在这个委员会中。需要注意的是，这个委员会并不是一个执行机构，只是一个咨询机构。

空气污染的防治。公共卫生部是防治空气污染措施的第一个官方协调机构。1960年7月28日的第60-789号法令第1条规定："公共卫生和人口部负责与其他相关部门协调应对空气污染的措施。以此身份，它协调该领域可能对空气污染方面产生影响的法律草案或管理文本。"

1970年5月11日，M. Louis Armand向时任总理提交了一份报告，建议加强不同环境部门间的沟通，以协调环境政策。

（3）专门环境管理部门的成立

环境事务多部门的协同管理仍然不能达成环境政策的有效协调目标，随着1970年7月30日环境问题高级委员会的设立，法国产生了是否应该设置专门的环境管理部门的争论。一方认为，为了确保在公共和私人决策中环境政策得到有效的考虑和执行，应该成立一个独立于其他政策部门的专门管理环境事务的部门；另一方认为，因为环境事务所涉及范围的广泛性，还是应该寻找不同部门政策纳入环境保护因素考量的方法和路径。后来首任的环境部长就支持前一种观点，认为"只有当环境问题能够全面的、独立的表达时，它才会被其他政策以适当的方式进行考量"①。

1971年1月27日关于设立自然环境部法案的解释性备忘录具体说明了这个新机构的双重职能："将自然环境的保护工作委托给一个单一的部级机构似乎是可取的，该机构将拥有自己的资源，并负责开展部际行动。这个新的部级部门既要协调不同部委已有的环境管理职能，又需要将一些职能整合起来归于自己管理。"② 最终在1971年，法国以一种折中的方式设置了专门的环境部门，将其创设于总理的部门之下，只起到不同部际有关环境政策的协调职能，并不能做出具体的决定。

如今，随着环境问题的重要性日益上升，中央环境管理部门的地位和职能范围也不断加强。从地位来看，生态转型和国土凝聚力部已经不再隶属于总理，而是一个完全独立的部委；从职能范围来看，现在既能制定专门的环境政策，也可以协调不同部委的相关政策与环境保护之间的关系。

2. 大区内中央政府的环境管理派驻机构

自2010年1月1日起，中央派往大区的机构有8个，其中三个机构涉及环境事务：食品、农业和林业大区管理局（DRAAF）、文化大区管理局（DRAC）和环境、规划和住房地区管理局（DREAL）。它们取代了之前的环境地区管理局（DIREN），设备地区管理局（DRE），工业、研究和环境地区管理局（DRIRE）。

其中，最重要的是环境、规划和住房地区管理局（DREAL）。它实施主要环境领域的国家政策，包括气候变化、自然资源保护、自然遗产、遗址和景观的保护、生物多样性的保护、能源管理、空气质量、噪声、风险、废物、水、海岸线和海洋环境、生态技术等。同时，它指导其他分权部门环境政策的执行和协调，确保各地区遵守可持续发展的原则和整合目标，帮助公民参与环境政策的起草，促进可持续发展和风险意识的信息与培训活动的举行。

3. 省级中央政府环境管理机构

在国家行政改革之后，省内的中央政府环境管理机构缩减为两个，分别是省领土局（la direction départementale des territoires）和人口保护和社

---

① Discours 30 janv. 1973, Le Monde 1er févr. 1973.
② Rapport de la France à l'ONU, l'environnement humain, Stockholm, 1972, Doc. fr., 1972, p. 49.

会融合局（la direction départementale des territoires）。① 省领土局主要管理省级区域内的设备、农业和环境相关职权，前面所提到的环境、规划和住房地区管理局（DREAL）的省级分支机构就在这个部门之下。另一个部门也部分涉及环境问题，因为其主要任务是监测食品和消费领域的健康与安全。

可以看出，在省级区域内已经没有独立专门负责环境管理的中央派驻机构。

三 法国《环境宪章》的规范与适用

法国在 2004 年 6 月 1 日由议会通过了《环境宪章》，并于 2005 年 2 月 28 日由法国国民议会和参议院组成的修宪大会通过了宪法修正案，将《环境宪章》列为宪法包（Bloc de constitutionnalité）②，至此《环境宪章》获得了宪法规范性文件的效力。《环境宪章》的出现被认为是宪法对基本人权界定范围的进一步扩张，从生命和健康权到后来的经济和结社自由的权利发展到现在对美好环境的权利。但是，《环境宪章》在颁布以后，其规范性效力和具体的适用也产生了很多争议和问题。本部分针对上面几个问题作一介绍。

（一）法国《环境宪章》的基本内容

《环境宪章》由 7 条序文（considérant）和 10 个具体条文构成，其核心目的是承认环境权，并通过实体和程序权力规定来确保上述权利的实现。法国《环境宪章》的全文如下③：

---

① Circulaire du 7 juillet 2008 relative à l'organisation de l'administration départementale de l'État; Décret n° 2009-1484 du 3 décembre 2009 relatif aux directions départementales interministérielles.

② 宪法包是指法律必须遵守的具有宪法效力的所有法律和原则，其位于法律规范体系的最高级别，市宪法委员会对法律进行违宪性审查的基础。法国的 1958 年宪法做了一个开放式的规定，将基本权利的规定交由其他宪法包来完成。如今，法国的宪法性规范文件由以下四个宪法包组成：1958 年第五共和国宪法、1789 年《人权宣言》、1946 年第四共和国宪法序言和《环境宪章》。

③ 中文版由赖荣发、王建学二人翻译，中国宪治网，https://baike.baidu.com/reference/13863635/be77LZuC_gXweEGKugnW6Z4RkrAI6K6jwdwHWYrOplsHCytti0PJ6WKKC3pJu645_QU-JnZmn5havRJlJMBrZdEoD_nQvm9NaojwhFg，最后访问时间 2022 年 5 月 31 日。

法国人民，

考虑到：

自然资源和自然的平衡是人类产生的条件；

人类的未来，甚至存在都和他所在的自然环境不可分离；

环境是人类共同的财富；

人类对其生活条件和自身的发展所施加的影响与日俱增；

某些消费或生产方式和对自然资源的过度开采对生物的多样性、人的充分发展和人类社会的进步产生了有害的影响；

环境的维护应该和民族其他的基本利益一样被追求；

为了确保可持续发展，旨在满足现阶段需求的选择不能有损将来几代人和其他人民满足他们自身需求的权利；

宣告如下：

第一条 人人都享有在一个平衡的和不妨害健康的环境里生活的权利；

第二条 人人都负有义务参与环境的维护和改善；

第三条 每一个人，在法律规定的条件下，都应当预防其自身可能对环境造成的损害，或者，如果未能预防时，应当限制损害的后果；

第四条 每一个人都应该根据法律规定的条件为其自身对环境造成的损害分担赔偿；

第五条 当损害的发生会对环境造成严重的和不可逆转的影响时，尽管根据科学知识这种损害的发生是不确定的，政府当局仍应通过适用预防原则，在其职权领域内建立风险评估程序和采取临时的相称措施来防止损害的发生。

第六条 公共政策应当促进可持续发展，为此，它们要协调环境的保护和利用、经济的发展和社会的进步。

第七条 在法律规定的条件和限制下，每一个人都有权获得由政府当局掌握的与环境相关的信息，并参加会对环境产生影响的公共决定的制定。

第八条 环境教育和培训应该为实施本宪章规定的权利和义务作出贡献。

第九条 研究和改革应当有帮于环境的维护和利用。

第十条　该宪章鼓励法国在欧洲和国际上的行动。

《环境宪章》开头列出了七项考虑因素，说明了其立法的理由。序文首先强调自然环境与人类生存之间的关系，以及人类活动对其生存所必不可少的自然环境日益增长的破坏和威胁的现状。其次，在第三条序文中确认了自然环境的公共物品属性，并在第六条序文中明确了其地位与其他民族利益一样需要得到有效保护。最后，序文承认了可持续发展目标。

《环境宪章》第一条是关于环境权的承认，构成了整个宪章的核心。其表达方式与1995年《奥胡斯公约》第1条相似，该条确认当代人和后代人都有权生活在有利于保障其健康和福祉的环境中。环境权保护的首要目的就是公民的健康权，这和1946年宪法序言中关于公民健康权保护的内容是一致的。但是，其"平衡"的要求扩大了环境权的解释空间，由一项依附于"生命权""健康权"的环境权，变为一项主观理解的环境权。[1]

《环境宪章》的其他条款所设置的权利、义务和原则都是为了第一条环境权保护的实现。

第二条规定了"人人都负有义务参与环境的维护和改善"，有两点值得注意。首先，这里的人人需要做扩大化的解释，不仅包括自然人还包括法人，不仅包括公主体还包括私主体。其次，在宪法中关于"义务"的规定并不常见，但是，这是关于环境保护规定的通常做法。《环境法典》第110-2条规定："每个人都有责任保护环境的责任……"

第三条规定了预防环境损害和减少损失的义务，是环境法上预防原则的体现。

第四条是环境法上损害担责原则的体现。值得注意的是，宪章中的表述并没有完全复述《环境法典》中有关损害担责原则的表述，它只要求破坏者对生态损害的修复做出"贡献"（contribution），而这一点被很多学者所批评。[2]

第五条是对风险预防原则的表述。与里约会议上对风险预防原则的表

---

[1] Michel Prieur, Julien Bétaille, Hubert Delzangles, Jessica Makowiak, Pascale Steichen, et al., Droit de l'environnement, Dalloz, 8ème edition, 2019.

[2] Michel Prieur, Julien Bétaille, Hubert Delzangles, Jessica Makowiak, Pascale Steichen, et al., Droit de l'environnement, Dalloz, 8ème edition, 2019.

述不同，宪章对风险预防原则的适用采取了更加严格的标准，要求可能的损害是重大的和不可逆的，而根据里约会议的定义只需要满足其一即可。①

第六条关于可持续发展目标的重述也引起了一些学者的批评，认为后半句的表述是环境保护目标对经济和社会发展目标的妥协。

第七条是关于程序性环境权的确认，其表述与《奥胡斯公约》中关于环境信息权和参与权的表述基本一致，也是在所有环境权的实践中最成功的环境权利。

第八条和第九条确认了公民环境教育和研究创新对环境保护目标实现的重要性，这两个方面在法国所有的环境实施计划中都有明确规定。

第十条既规定了法国参与国际环境治理的义务，也明确了法国在国际环境治理中扮演重要角色的雄心。

(二)《环境宪章》的规范性效力与适用

《环境宪章》在颁布之后，很多人对它的规范性效力提出质疑，认为其条款规定得过于模糊，不能在法院的适用过程中提供明确的指引。而这一点很快遭到了环境法学者的反驳，一部分人认为规范的模糊性不能导致其在法院裁判过程中丧失援引效力，环境权和它附属的权利和原则并没有比平等权、自由权更加不清晰，而这些正是宪法所保护的公民的基本权利，且在法院中可以被援引。② 而《环境宪章》的规范性效力与适用到底如何，可以从宪法委员会的违宪性审查和一般法院的判决中进行观察。

在宪法委员会层面，根据修正后的宪法第 61 条和第 61-1 条的规定，宪法委员会进行的违宪性审查可以分为三类：第一类是对组织法和议会内部规则在公布生效之前的强制审查。第二类是针对议会通过尚未公布生效的法律议案。第三类是针对已经公布生效的法律。其中前两类为事前审查，在宪法委员会的案件分类中属于宪法裁决（décision constitutionnelle）类，简称 DC。第三类为事后审查，在宪法委员会的案件分类中属于合宪性先决问题（La question prioritaire de

---

① Michel Prieur, Julien Bétaille, Hubert Delzangles, Jessica Makowiak, Pascale Steichen, et al., Droit de l'environnement, Dalloz, 8ème edition, 2019.

② Michel Prieur, Julien Bétaille, Hubert Delzangles, Jessica Makowiak, Pascale Steichen, et al., Droit de l'environnement, Dalloz, 8ème edition, 2019.

constitutionalité）类，简称 QPC。[1]

现有的援引《环境宪章》作为宪法依据的违宪性审查案例，大概有 30 个，其大部分都承认了《环境宪章》的可援引性，但是对其序文和个别条文的援引效力存在争议。

在宪法委员会关于转基因法案的违宪性审查决定中，其承认"《环境宪章》规定的所有权利和义务都具有宪法效力，对政府和行政当局都具有约束力"[2]。法国行政法院也强调，必须完全按照 1789 年《人权宣言》和 1946 年宪法"序言"的规定适用《环境宪章》的规定，因为这些规定具有同等价值。[3]

可惜的是，在具体的适用上，个别规范的效力还是有所区别的。

首先，《环境宪章》的序文不能在合宪性先决问题（QPC）中被援引，因为其规范并不是宪法所保障的权利和自由。而在 2008 年宪法修正案中对新增违宪审查类别——合宪性先决问题——的目的定义为"保障宪法所规定的权利与自由"，也就是说，法国事后审查提出的理由应当围绕"宪法所规定的权利与自由"受到了侵害这一主题。[4] 但是，第六条序文作为一个例外被宪法委员会援引过。

其次，《环境宪章》第六条关于可持续发展的规定也不能在合宪性先决问题（QPC）中被援引，因为它也不构成具体的权利。

最后，《环境宪章》中的第八条、第九条和第十条都还没有出现在违宪性审查的争议中。

除宪法委员会外，在普通的行政和民事判决中《环境宪章》的相关条文也会被适用。[5] 在《环境宪章》颁布的两个月后，行政法院在一项判决中就承认环境权是一个新的基本自由权利。[6] 环境权的确认预计也会对民事环境侵权和生态环境修复责任的纠纷提供新的请求权基础。

---

[1] 王芳蕾：《论法国的违宪审查程序》，《财经法学》2017 年第 4 期。
[2] Cons. const. décis. 2008-564 DC, 19 juin 2008, OGM 1, 18e considérant.
[3] Arrêt Conseil d'Etat, Assemblée, 3 octobre 2008, Commune d'Annecy.
[4] 王芳蕾：《论法国的违宪审查程序》，《财经法学》2017 年第 4 期。
[5] Marie-Anne Cohendet, Droit constitutionnel de l'environnement, Mare & Martin, 2021.
[6] Conseil d'Etat, 11 mai 2007, Association interdépartementale et intercommunale pour la protection du lac de Sainte-Croix, n°305427.

四 法国生态环境损害修复责任

生态环境损害修复负责如何实现一直是一个难题，不同的国家对上述问题也给出了不同的解决方案。有些国家将生态损害修复责任归于行政责任，而另一些国家采用民事法律途径来解决生态环境修复损害修复问题。2016年法国《民法典》修改新增八个生态损害相关条款，将生态损害修复责任界定为一种侵权责任。但是，这项制度并不是一夜之间被设计的，在长期的司法实践中已经有了很多的判例经验。

用侵权责任制度来完成生态损害修复责任存在两个方面的困难。一方面，在程序上，法律要求诉讼主体与损害之间有直接关系，而环境污染对生态环境本身的侵害属于对公共利益的损害，那么谁能代表公益进行诉讼造成了程序上的困难。另一方面，生态环境本身不能作为法律上的主体，所以其利益也不被传统侵权法律体系所保护，所以用什么方式囊括生态环境本身的损害也在实体上提出了问题。

本部分从以上两个方面，对法国生态环境损害修复责任的产生和发展做一个梳理，并对现在存在的问题进行小结。

（一）法律对公益诉讼主体的规定及实践中的放宽

法国《民法典》第1248条规定："所有具有起诉资格和利害关系的主体都能对生态损害提起诉讼，如政府、法国生物多样性机构、受到影响的地方自治组织及其组成部分、被认证的或者创立时间为5年以上的环境保护协会。"很多学者针对不同主体的起诉资格的法律基础都予以了分析，认为它们都缺少具有利害关系这个必要条件。[1] 事实上，法国《民法典》中所列举的这些主体都是已经在司法实践中被认可的主体。

在这些主体中，环境保护组织的起诉资格是被讨论得最多的。法国在环境公益诉讼程序方面的进步，一方面是因为法律赋予了某些团体或者组织成为公益诉讼主体的资格，另一方面是由于法官在实际审判中倾向于弱化和放宽这些规范的实际要求。

在立法方面，以下几条法律赋予了一些团体或者组织进行公益诉讼的

---

[1] Mustapha Mekki, "Responsabilité civile et droit de l'environnement: Vers un droit de la responsabilité environnementale?", Responsabilité civile et assurances, 2017, Vol. 20.

权利。首先，法国在1995年2月2日颁布的barnier法案赋予了一些法人请求环境本身受到伤害的损害赔偿的权利。① 其次，法国《环境法典》第142条第2款规定："被认证的环境保护团体可以就违反下列有关法律及相关规定的行为，包括违反保护自然环境的法律规定，违反提高生活质量的法律规定，违反保护水、土地、自然风光和促进城市化发展的规定，或者为了防止污染，保证核安全以及减少辐射污染的规定，在其旨在保护目标范围内针对受到侵害的公共利益进行民事部分诉讼的权利。"这项规定有两个方面的效果，一方面它开辟了环境保护团体代表公共利益进行诉讼的路径，另一方面它也规定了相应的条件，主要包括三个方面：第一，进行公益诉讼的环境保护组织必须得到政府的认证；第二，环境保护组织所代表的公共利益必须在其团体目标范围内，如鸟类保护组织就只能对侵害到鸟类利益的污染行为进行诉讼；第三，一般来说，立法中提及"民事部分"意味着只能就刑事诉讼中的民事部分提起请求，而不能单独提起民事诉讼。显然，在规定颁布之初，立法者害怕会出现滥诉的情况，希望从以上三个方面对诉讼主体资格做出限制。最后，部分公法人也被法律赋予了进行公益诉讼的权利。欧盟在2004年颁布的关于增强环境责任的指令，在转化成法国的国内法时更多地体现了政府行政机构在环境管理中的权责的增加，其中就包括赋予公法人代表环境公益进行诉讼的资格。同样，公法人取得环境公益诉讼的资格的前提为被侵害的环境公益为该公法人旨在保护的目标。

为了防止滥诉的发生，法律在赋予部分民事主体具有公益诉讼主体资格的同时，也设置了相应的规定，如在上文中所提到的需要得到政府的认证、损害公益与保护目标的统一以及诉讼性质的规定。但是，从近几年的观察来看，法官在实际审判中更倾向于弱化这些要求，对规定做出有利于环境保护主体的解释。②

首先，在只有获得政府认证的环保组织才能进行公益诉讼的这条规定上，法国最高法院在2004年5月27日的一个案例中指出："根据新民事诉讼法第31条的规定，在法律直接赋予权限以外，环保组织可以就它保护目标内的公共利益提起诉讼。"最高法院在这里把政府的认证和损害公

---

① Loi n° 95-101 du 2 février 1995 relative au renforcement de la protection de l'environnement.
② Mathilde Boutonnet, "La classification des catégories de préjudices à l'épreuve de l'arrêt Erika", Revue Lamy Droit civil, Juillet 2010.

益与团体保护目标统一性两项要求不再看作需要同时满足的规定，只要满足后者即可提出环境公益诉讼。当然，这里并不能反推出只要具有政府认证资格的环保团体，也可以提出与其保护范围不相符的公益诉讼。这个解释在 2006 年 10 月 5 日和 2007 年 9 月 26 日最高法院的判决中再次得到确认，"只要其要求保护的公共利益与环保组织的保护目标相统一，它就能以保护公共利益的要求进行诉讼"。

其次，在能够提出公益诉讼案件的性质上，法官也不再要求只能就刑事诉讼的民事部分提出公益诉讼。[1] 甚至更进一步，法官不再要求以违反相关法律作为提起环境公益诉讼的必要条件，环境侵害的事实或者相关环境法律都可以独立作为发起环境公益诉讼的条件。在 2007 年 9 月 26 日的一起判决中，虽然被告在上诉中辩护自己的行为没有违法相关环境法律，但是最高法院依然认为即使没有违法事实的存在，环保组织依然有进行公益诉讼的资格。

最后，在部分地方判决中，法官在赋予相关主体进行公益诉讼的资格时更加宽松。如在 2009 年 5 月 10 日由 Nanterre 二审法院做出的判决[2]中，法官仅仅依据法国《环境法典》第 110 条第 1 款就确认了原告的诉讼资格。而第 110 条第 1 款是一条内容极其空洞，更多时候被看作象征性的条款，其规定："包括所有动植物生存在内，能够维持生态多样性和平衡的空间、资源和自然环境，风景和景点，空气质量都属于国家共同财产。"有部分学者就此认为，这可能是环境公益诉讼主体资格规定的进一步宽松。因为它不仅可以用来确认法人提起民事公益诉讼的可能，依据上述条款，自然人同样可以提起环境公益诉讼。

需要注意的是，法官对环境公益诉讼的主体资格规定，在案件性质和国家对环保组织的认可两方面不再进行要求，但是对于被侵害的环境公益与环保组织或公法人所致力于保护目标间的一致性从未放松。并且，不仅满足于被侵害的公共利益与环保组织章程中的规定所一致，还要求环保组织必须证明自己为达到章程中规定目标所做出的努力。这样的要求有利于法官更好地判断环保组织的公益诉讼资格，防止滥诉或者诉讼主体相互竞争的局面。

---

[1] Cour de Cassation, Chambre civile 2, du 7 décembre 2006, 05-20.297.

[2] Mathilde Boutonnet, "L'arrêt Erika, vers la réparation intégrale des préjudices résultant des atteintes à l'environnement?", Environnement n° 7, Juillet 2010.

另外，对于诉讼主体资格的认定只是公益诉讼的目的达成的第一步，仅仅给了环保组织或者公法人请求公益损害赔偿的可能。但是，为了使侵权者承担其破坏环境的责任，侵害的类型和实际损失的大小都必须得到事实审法官的认可。

(二) 精神损害赔偿作为侵害公共利益的法律责任

如果说在法律和法官的解释下，公益诉讼主体资格的问题不复存在，那么在对损害事实的认定上依然存在人身性的问题，即只有能够反映到法律主体上的伤害才是可以被修复的。而自然界作为一个客观事物，并不具备人身性的要求，法官只能在其他领域寻找损害成立的可能性。

首先，部分法官在接受由环境侵权造成的非物质损害赔偿时十分谨慎，甚至不指出损害的性质。如在一些判决中，法官仅仅论述"这个行为给环保组织带来了损害，判决其赔偿环保组织……"或者"法官认为侵权人要为环保组织所受损害负责，判决其赔偿……"这里使用"非物质损害"是因为法官在其判决中没有指出赔偿的性质。由于在法国事实审法官拥有决定损害性质的权力，所以在法官没有明确的情形下，严格来讲，其不能被认定为精神损害赔偿。但是，按照赔偿类型的广义划分，在物质赔偿之外只有精神损害赔偿，所以一些学者也把此类损害划分到精神损害赔偿之中。

其次，部分法官明确使用精神损害赔偿来对损害进行修复，这也是最常见的方式。如在1982年最高法院判决的一起案件中，打猎协会由于在打猎期外射杀鱼鹰而被要求赔偿对鸟类保护组织造成的精神损害。另外，即使用精神损害赔偿来对公共利益进行修复，在法官的论证上也存在着两种方式。第一种情况为，法官在损害公共利益和精神损害赔偿之间建立了直接的联系，即损害公共利益的事实直接可以导致精神损害赔偿的成立，前者为后者的充分条件。而第二种情况是基于以下的逻辑，即环境侵权行为侵害了公共利益，而侵害公共利益的结果又导致致力于保护这些公共利益的社团组织或者公法人的形象受到伤害，或者由于其看见环境状况没有改善而产生的失望和抑郁，从而精神损害赔偿得以成立。两种方式相比较，直观上来看后者的论述更充分，但是前者却更能凸显出法官的希望，即环境公共利益能成为独立的可修复的损害类型。

值得注意的是，在后一种逻辑下，公共利益的损害最终被转换成了映射到环保组织或公法人身上的利益损失，而失去了其公益诉讼的性质。如在 ERIKA 一案中，由于游轮污染对自然环境造成了损害，最高法院基于此对作为财富所有人的地区政府给予了精神损害赔偿。又如，一些国家公园受到环境污染时，法官判决给予国家公园的管理者精神损害赔偿。一些学者认为，"财富"一词表明法院把这些申请主体作为财富的所有者来对待，所以这里涉及的也只是普通的侵权诉讼，与公益诉讼无关。但无论是从历史的角度还是从这些诉讼的出发点来看，法官是希望通过映射的方式，用精神损害赔偿来修复对环境本身造成的损害。这里涉及的是对环境公共利益的保护，而不是对私人利益的保护。

当然，此种路径虽然没有破坏传统侵权法律体系，但是，它既没有把自然环境人格化，又没有促使侵权法律承认不具有人身性的损害，使人们对其所想保护的利益产生混淆，对自然环境本身的保护得不到加强。所以，在最近的一些案例中，法官试图开始突破传统侵权法律体系，把侵害环境本身作为一项可赔偿的损害，即对纯生态损害的救济。

(三) 纯生态损害之被承认及其引发问题

从以上论述中可以发现，法国法官在实际审判中倾向于认定和补偿公共环境利益遭到的损害，尽管只是采用间接的方式，但也使其在一定程度上得到了修复。可是最近的两个判例揭示，法官不再满足于上述间接式的修复方式，而开始更大胆地直接承认纯生态损害的存在。

在法国，第一个有趋势承认纯生态损害补偿的判决是由 Narbonne 地区的二审法院在 2007 年 10 月 4 日做出的。在此案中，一个工厂把对人体和自然作物有危害的化学物质排到了池塘中。法官不仅依照惯例补偿了申请人经济上和精神上的损害，还补偿了地区自然公园受到的伤害。虽然法官没有明确说明这就是纯生态损害赔偿，但是，他也没有把上述损害界定为物质损害或者精神损害，即其承认了在上述损害类型之外还可能存在其他的损害类型。

上述判决在法国并没有吸引太多学者的眼球，直到 2008 年 1 月 16 日巴黎刑事二审法院对 ERIKA 一案民事部分的判决才引起了广泛的讨论。在此判决书中，法官更进一步明确地指出纯生态损害补偿的存在。法官指出："社团组织不仅可以请求由于它们致力于保护目标范围内公共利益之损害，而直接或间接受到的物质损害或精神损害赔偿，还可以请求在其保护范围内环境本身受到损害的赔偿。"并且,法官还进一步定义纯生态损害为"给自然界不具有市场价值部分造成的损害",具体来说,包括"所有对自然环境不容忽视的损害,特别是对空气、大气、水、土地、风景、自然景区、生物多样性的损害,虽然这些损害不具有人身性,但是它影响了公共利益的保护。"[1] 虽然法官在后续的论述中也有些犹豫,希望将纯生态损害披上人身性的外衣,论述道:"纯生态损害的成立是由于人与自然的互动性,此互动性导致任何对自然环境的损害都会造成对人类利益的损害。"但是,在笔者看来,以上解释只是为了起到平衡作用。相反,独立于物质损害和精神损害之外的纯生态损害已经被法官认可。

当然,纯生态损害的成立,一方面,突破了传统侵权法律的规定,使得其对自然环境可以进行更好的保障;另一方面,纯生态损害的成立在具体事实上也提出了一些问题。

首先,纯生态损害赔偿与精神损害赔偿之间的关系问题。这里的精神损害赔偿只局限于对环保组织和公法人请求的对公用利益损害而造成的精神损害赔偿。长久以来,法国司法传统倾向于用精神损害赔偿来代替纯生态损害赔偿。但在纯生态损害赔偿独立之后,两者间会出现竞合问题。那么在环境侵权案件中,两者能否同时存在呢?法国法院的判决没有给出统一的答案。在 2008 年 7 月 24 日由 Tours 地区法院判决的一案中,法官直接承认了纯生态损害赔偿的成立,而没有给精神损害赔偿任何位置。但在著名的 ERIKA 一案中,法官承认了两者。

笔者更倾向于前一种做法。第一,民事法律的目的在于使受害人恢复到被侵权之前的状态,重点在于修复而不在于惩罚。如法律规定在违约责任和侵权责任竞合时,只能选择其中一种进行赔偿。同样,笔者认为这里的精神损害赔偿与纯生态损害赔偿间也存在竞合的关系,因为其要赔偿的损害是相同的。第二,在赔偿的具体计算方法上,ERIKA 一案的法官认为纯生态损害赔偿的计算方法应该和精神损害赔偿相同。如此一来,两者之间就更没有明显的区别了。所以,纯生态损害赔偿的出现应该替换掉原来的对公共利益损害造成的精神损害赔偿。

其次,在赔偿的方式上,法官更倾向于使用金钱赔偿,而不是对大自然本身的修复。法官更常使用金钱赔偿的习惯与长期以来用精神损害赔偿

---

[1] Cour d'Appel de Paris, 30 mars 2010, 11ᵉ ch., n° 08/02278.

来代替生态损害赔偿的做法是相关的。因为精神损害赔偿通常只能用金钱来衡量。为了修补这个问题，法国《民法典》第 1249 条规定生态修复责任首先以修复为主，只有在不能修复的情况下，才能使用金钱赔偿方式。

但是，用金钱赔偿的方式也带来了以下几个问题：第一，对非商业化的自然环境和资源进行估价十分困难。有些法官借助于诉讼双方提供的计算方式来进行衡量，这些计算方式也是由一些中立机构出具的报告或者指引。另一部分法官，倾向于用笼统的方式给出一个套餐价。而最高法院也并不要求法官在判决书中给出具体的计算方式。不同的衡量方法，致使对同一种自然资源在不同的判决中会得到不同程度的赔偿，这也大大威胁了法律的一致性，导致在不同地区环境保护的力度不一样。因此，Neyret 教授提出并着手研究了一个具有法律效力的生态赔偿目录，希望能对不同生态资源的赔偿额度进行规定。

第二，金钱赔偿不能保证有效的环境修复。因为一方面，不论是精神损害赔偿还是纯生态损害赔偿，赔偿的金额都是交付到社团组织或者公法人组织的手中；另一方面，法官没有义务更没有权力去规定这些赔偿金的用途，所以，这些赔偿金可能被挪作他用，而受损的生态环境没有得到任何改善。也正因如此，很有可能多个环保组织就同一环境损害请求赔偿，如在 ERIKA 一案中就有 1000 个民事主体要求赔偿。在此种情形下，被侵害的客体只有一个——自然环境，法官如何分配赔偿金额值得思考。2016 年修改的法国《民法典》也对此问题作出回应，其 1249 条规定，赔偿金额首选会被划入起诉主体名下，并要求被用于生态环境修复。如果起诉主体不具有生态修复能力，那么赔偿金将被划入政府管理。

第四章 德国环境法

一 德国环境法概述

（一）德国环境法的概念

有助于环境保护的所有国家规范都属于环境法。这首先包括明确的以特定环境保护任务为目的的法律，它们构成了环境保护法的核心领域。[1] 特别是与国家环境保护行为相关的法律，如《自然保护法》《风景保护法》《土壤保护法》《水资源保护法》《循环经济法》《不可量物侵害防护法》《辐射防护法》等。环境法也分散在许多非以环境保护为特定目的的法律之中，有的表现为章节，如《德国刑法典》第二十九节的"环境犯罪"。有的表现为单个的条款，如《德国基本法》第20a条的保护自然生存基础和动物的国家目标规定、《德国民法典》第906条的不可量物侵扰的规定。还有一些法律规范，只是将环境保护作为其多个规范目的之一进行规定。例如，《德国建筑法典》第1条第1款第2句规定，"应有助于保障符合人性尊严的环境，保护和发展自然生存基础"。即使这类法律从总体来看，不属于环境法，但它们的具有环境保护定向的条款也属于环境法的范畴。

有些法律规范虽然与环境保护具有相关性，但对环境保护只有间接的辅助作用，并不具有直接的环境保护目的。这类法律规范是否也属于环境法，是有争议的。如《德国基本法》第2条第2款的生命和身体完整权、第14条的财产权等基本权利条款。

有些学者认为，只有专门为保护环境而制定的法律属于环境法律部门

---

[1] Schlacke, Umweltrecht, 7. Aufl., Nomos Verlagsgesellschaft, Baden-Baden 2019, S. 37.

(即狭义的环境法),而其他所有的与环境保护相关的法律(即广义的环境法)都不属于环境法律部门。但这种广义的环境法律规范对环境保护具有重要意义,且其使相关的专门环境法中的平行规定变得多余,因此,根据广泛流传的观点,应将其纳入环境法的范畴。该争议主要具有学术特征,因为不管是将其归入环境法律部门,还是只将其称为广义的环境法而排除在环境法律部门之外,都不影响其现实作用和意义的发挥。[1]

此外,德国环境法理论上分为一般环境法和特别环境法。一般环境法主要是指环境法的基本规范,由于其对环境法的特别规范领域具有广泛的效力而被提到了"括号之前",对整个环境法具有基础性作用和结构性意义。特别环境法是指特别规范领域的环境法。

(二) 德国环境法的历史沿革

在世界范围内,德国环境法的历史较为悠久。德国的前现代环境法肇始于中世纪,如关于渔业和磨坊的用水规定,但主要是从19世纪中期发展起来的。从1840年开始,就对自然景观进行保护。1845年颁布了对大气保护具有重要意义的《普鲁士营业条例》,它的批准制度与现在的德国联邦不可量物侵害防护法中的批准制度相类似。19世纪末期,德国对水资源进行了全面的保护。1935年魏玛共和国在自然保护法中制定了广泛的保护标准,其部分内容至今仍然有效。1945年之后,联邦德国主要颁布了《水务秩序法》(1957年)、《和平利用核能和其危险防护法》(1959年)等环境法律。

德国的现代环境法开始于20世纪70年代。这主要是在1972年斯德哥尔摩联合国环境保护会议、石油危机等国际事件的影响下,以及美国和斯堪的纳维亚国家的示范带动下发展起来的。1971年的社会自由联邦政府的环境方针对德国环境法的发展产生了很大的推动作用。通过1972年4月15日生效的《德国基本法》第三十修正案,把垃圾处理、大气清洁和噪声防治的立法权限赋予了联邦立法者。此后,德国主要颁布了《垃圾法》(1972年)、《不可量物侵害防护法》(1974年)、《森林法》(1975年)、《自然保护法》(1976年)、《化学物品法》(1980年)。此外,主要对《原子能法》(1976年)和《水务法》(1976年)进行了修订。其中

---

[1] Schlacke, Umweltrecht, 7. Aufl., Nomos Verlagsgesellschaft, Baden-Baden 2019, S. 37.

有的法律经过修订，其核心内容至今仍在适用。有的被根本性地修改，甚至被新法所替代，如《垃圾法》被《循环经济法》所替代。

20世纪八九十年代的德国环境法具有以下发展趋势：[1] 第一，由德国统一引起的环境法律制度的统一。第二，参与起草制定了许多环境保护的国际条约和欧洲规定。如1992年里约热内卢联合国环境保护会议的相关条约和文件、《奥胡斯条约》等。第三，个别立法漏洞的填补。如1990年的《基因技术法》、1998年的《联邦土壤保护法》。最主要的是德国环境法的欧洲化，这一进程的广度和深度还在持续地不断加强。欧洲化引起了德国环境法的广泛更新，特别表现在环境法的工具方面（如环境影响评价、环境信息、环境审计等）以及规治理念方面（如透明度、公众参与、程序化等）。欧洲化也催化了德国环境法从传统的单一的危险防卫法转变为危险防卫法和风险预防法并重。此外，20世纪90年代的德国环境法也体现了私人化（Privatisierung）和去管制化（Deregulierung）的趋势，加强了新型的经济工具的使用（如生态税、排放许可证交易等），更加突出了可持续发展的理念，向环境法的法典化方向持续推进。

进入21世纪以来，生物多样性保护尤其是气候保护在德国环境政治和环境法律议程上占据更加突出的地位。2002年德国以法律的形式确定了核能退出的目标，此后虽然出现了反复，但是，在2011年日本福岛核事故的影响下，这一进程加速实现。

（三）德国环境法典的兴衰

环境保护是一项"问题相关的横截任务"（problembezogene Querschnittsaufgabe），环境保护相关的规定几乎分散在整个法律体系中，突破了几乎所有传统法律体系的类型化。[2] 不同的环境法律之间存在着明显的理念、工具和程序等各方面的差别，整个环境法律部门缺乏规范性的基本制度和体系化的总体结构。环境法的统一化和协调化的呼声早就越来越高，法典化也被提上议事日程。

从20世纪70年代，在德国就开始讨论环境法的法典化问题。1988年德国联邦环境、自然保护和核安全部部长设立了环境法典总则起草科学工作组，该工作组在1990年提出了建议稿（即《环境法典教授草案》）。

---

[1] Schimdt/Kahl/Gärditz, Umweltrecht, 10. Aufl., Verlag C. H. Beck, München 2017, S. 2.
[2] Michael Kloepfer, Umweltrecht, 4. Aufl., Verlag C. H. Beck, München 2016, S. 34.

该草案第一章为"一般规定",主要包括法律目的、概念规定和环境法的基本原则。第二章为"环境义务和环境权利",在第一节中主要规定了公民的环境义务,特别是一般的危险防卫义务和风险预防义务,以及基本义务之外的特别和补充行为义务。在第二节中规定了环境权利,主要对此前分散的与环境利益相关的权利地位做了归纳和协调,但基于实践的原因放弃了规定一般的健康环境和维护自然生存基础的权利。第三章为"规划",在第一节中规定了环境指导规划(Umweltleitplanung),第二节中规定了与任务相关的特别规划工具和联邦环境方针的制定,第三节中规定了其他公共规划中的环境法律约束。第四章为"环境后果评价",在第一节中对环境后果评价做了一般性的规定,第二节中规定了与方案相关的环境后果评价,第三节中规定了方案许可之外的其他决定中的环境后果评价。第五章为"直接控制",主要包括直接的可由国家强制执行的行为控制工具。在第一节中规定了所谓的开放审查(Eröffnungskontrolle),第二节中规定了环境法中的监督,第三节中规定了干预性措施(eingreifenden Maßnahmen)。第六章为"间接控制",主要包括对相对人的动机产生影响但其又有一定决断余地的行为控制工具。在第一节中规定了环境税收,第二节中规定了环境补贴,第三节中规定了特定的使用利益和补偿,第四节中规定了特定公共设施利用方面的环境相关标准的实质义务约束和程序保障,第五节中规定了环境保护领导人和环境受托人制度。第七章为"环境信息",主要规定了环境研究、环境监测、环境统计、环境报告和环境声明等。第八章为"环境责任和环境损害赔偿",在第一节中对环境责任做了规定,第二节中对环境损害赔偿做了一般规定。第九章为"团体参与、程序公开",主要包括环境保护团体参与环境保护相关程序的可能性和公众查阅相关文件的权利。在第一节中规定了团体参与,第二节中规定了程序公开。第十章为"法规制定和规则制定",主要包括颁布条例和行政规章的授权以及制定法规规章的程序性规定等内容。在第一节中规定了条例的颁布,第二节中规定了行政规章的颁布,第三节涉及具有准立法性质的技术规范的制定。第十一章为"公共权力机关的组织、主管和环境职责",主要涉及执法的州优先主管原则和公权力机关的环境职责等内容。

1992年,德国联邦环境、自然保护和核安全部设立的环境法典独立专家委员会在环境法典教授草案的基础上开始起草立法建议稿。该委员会在1997年年初完成了他们的法律草案（即《环境法典委员会草案》），并于同年九月递交给了联邦环境部。该草案由总则和分则组成。与教授草案相比，该草案总则部分大幅扩展。最为全面的总则第一章第一节规定了法律的目的和概念规定，第二节一般性地规定了环境保护的基础，第三节规定了法规制定和规则制定（其中，第一小节规定了条例的制定，第二小节规定了行政规章形式的环境标准的制定，第三小节规定了技术规则的制定，第四小节涉及目的确定、自负义务和合同规则等内容），第四节规定了团体的认可和行政程序及立法程序的参与，第五节涉及环境法上的法律保护的特别规定，第六节规定了国家的环境义务，第七节规定了公共权力机关的组织和主管，第八节涉及秩序违反的规定。第二章为"规划"（Planung），第一节规定了一般的环境规划原则和有空间意义的公共规划的参与规则，第二节规定了环境基础规划，第三节规定了规划和方案的环境影响评价。第三章为"方案"（Vorhaben），第一节为统一和跨媒介的方案批准的一般规定，第二节规定了羁束的方案批准，第三节规定了规划性的方案批准，第四节规定了简单的方案批准。第四章为"产品"，主要规定了与产品相关的环境保护。第五章主要规定了传统的秩序法上的环境法律工具，第一节规定了干预性措施，第二节规定了环境监督。第六章为"营业环境保护和经济工具"，第一节规定了营业环境保护（其中，第一小节是一般规定，第二小节规定了营业组织和环境保护领导人制度，第三小节规定了环境受托人制度，第四小节规定了欧洲法上的营业环境审计，第五小节规定了营业环境信息的公开），第二节规定了环境责任（其中，第一小节规定了违反谨慎义务的行为责任，第二小节规定了危险责任的事实构成，第三小节规定了前两部分的共同规定），第三节规定了环境税收，第四节规定了作为辅助工具的环境补贴，第五节规定了补偿规则。第七章为"环境信息"，第一节规定了国家环境信息，第二节规定了环境信息的获取，第三节规定了与个人相关的信息及营业商业信息的保密，第四节规定了信息获取委员会的设立。第八章为"跨境环境保护"，第一节涉及国际环境保护合作的一般规定，第二节规定了跨境环境影响的处理程序，第三节规定了方案在境外的执行，第四节规定了产品的进口和出口方面的环保要求。

在教授草案和委员会草案的基础上，1998年德国联邦环境部最终起草了环境法典建议稿（即《参考草案1998》），但因联邦立法权限的原因而搁浅。2006年联邦制度改革加强了联邦的环境立法权限。2007年11月19日,德国环境部提出了在各州、其他专业机构、社会团体和科学界的参与下完成的环境法典参考草案。此后,根据部内协商以及各州和团体的听证情况,对其进行了修改,最后形成了2008年12月4日的《环境法典参考草案》,至今的最后草案。该参考草案分为五编:第一编包括对以后各编普遍适用的一般规定以及与方案相关的环境法,第二编规定了水法,第三编规定了自然保护法,第四编规定了非离子辐射防护,第五编规定了温室气体排放交易。2008年和2009年的政治事件对环境法典项目产生了不利影响,如巴伐利亚的州议会选举、其他州的选战、经济和金融危机等。结果,这一被认为有碍技术进步且对选举没有多大意义的项目被政治上排到后位,甚至被认为对再次当选是有害的。特别是农业和水产业等经济领域进行了抗议,他们的游说组织也对议会产生了有效影响,巴伐利亚州政府也动摇了对该项目的支持。环境法典的反对者认为,环境法典将导致需批准的设施数量大幅提升,产生所谓的"怪物官僚主义"。在没有达成妥协方案和联邦总理不支持该项目之后,《环境法典参考草案》也没有变成政府草案。2009年2月1日,当时的联邦环境部部长加布雷尔宣布该计划失败。随着德国联邦议会第十六立法周期的结束,环境法典参考草案成了不连续原则的牺牲品。

在环境法典失败之后,2009年七至八月间德国联邦立法机关本着"抢救还能抢救的"的宗旨,通过了四部单行法:《自然保护法》《水务法》《非离子辐射防护法》《环境法律清理法》。

(四) 德国环境法的构成

德国环境法作为横截法(Querschnittsrecht)是贯穿于整个德国法律体系之中的。德国环境法以及许多其他欧洲大陆环境法秩序在过去主要是以公法为基础构建的,这是因为与强大的法律传统相适应,把环境保护理解为国家任务。而普通法系国家却走了一条不同于在根源上具有鲜明国家主义的德国环境法的道路,私法才是相关环境法律秩序的起源。[1] 根据传统德国法学,环境法分为环境公法、环境私法和环境刑法。

所有与环境保护相关的公法规范都属于环境公法,可分为环境国际

---

[1] Michael Kloepfer, Umweltrecht, 4. Aufl., Verlag C. H. Beck, München 2016, S. 556.

法、环境欧洲法、环境宪法和环境行政法。其中,环境行政法在整个环境法律体系中数量最多,且相当庞杂。单行环境行政法构成了特别行政法的一部分,几乎所有的特别环境法都主要是环境行政法,如《自然保护法》《土壤保护法》《森林法》《不可量物侵害防护法》等。

环境私法主要调整涉及环境因素或环境影响的私人之间的法律关系。主要涉及《德国民法典》中的一般侵权法(第823条以下)和物权法相邻关系(第903条以下)、《环境责任法》等。

环境刑法主要涉及《德国刑法典》第二十九节的环境犯罪:水污染(第324条),土壤污染(第324a条),空气污染(第325条),引起噪声、震动和非离子辐射(第325a条),非法处理垃圾(第326条),非法营运设施(第327条),违法处理放射性物质及其他危险物质(第328条),危害保护区(第329条),环境犯罪行为的特别严重情节(第330条),有毒物质排放引起的严重危害(第330a条)等。环境刑法还包括《德国刑法典》第二十九节之外的其他与环境保护相关的规定,如离子辐射滥用(第309条),爆炸或辐射犯罪的预备(第310条),离子辐射释放(第311条),核技术设施的瑕疵建造(第312条)等。此外,在环境单行法中也有个别的环境刑法规定,如《自然保护法》第71条和第71a条。

二 德国环境法的基本原则

一般认为,德国环境法的基本原则至少有三个:预防原则(Vorsorgeprinzip)、原因者负担原则(Verursacherprinzip)、合作原则(Kooperationsprinzip)。[1] 这些基本原则具有重要的体系形成、引导法律解释和法律政治上的功能,其作用特别体现在规划权衡以及裁量余地和判断余地的利用等方面。[2] 除这三个基本原则外,还有一些补充原则,如可持续发展原则、整合原则、恶化禁止原则、谨慎原则等。

(一) 预防原则

预防原则认为,应尽可能广泛地避免环境危险和环境损害的产生。在

---

[1] Joachim Sanden, Die Prinzipien des Umweltgesetzbuchs, ZUR, 3 (2009), S. 5.
[2] Schimdt/Kahl/Gärditz, Umweltrecht, 10. Aufl., Verlag C. H. Beck, München 2017, S. 97.

1976年的德国联邦政府环境报告中表述为:"环境政策不限于防卫紧迫的危险和消除已产生的损害。预防性环境政策除此之外要求,保护和合理地利用自然基础。"预防原则是现代环境法律制度的指导性原则。预防原则旨在:在特定的法治国界线(特别是比例性原则)之内,通过有远见的行为已经对单纯的损害可能性(风险)进行防范(风险预防),以及通过适当的利用可支配资源长期地保护自然生存基础(资源预防)。① 预防原则表明了环境保护的时际向度和未来形成性因素。环境保护不应当是拖沓的压制性的修复活动,而应当是有远见的防范,环境损害从一开始就应当避免,当然,也意味着干预界限的降低。②

预防原则的理论论证主要有两条路径。其中一条论证路径是余地理论(Freiraumthese),认为为了人类社会和经济的持续发展,不应当用尽自然的承载限度,应为自然系统的更新留下空间。另一条论证路径是无知理论(Ignoranztheorie),认为环境相关措施的长期效果是不能准确预见的,而环境损害在某种程度上说总是会出现的,因此在技术上可能的范围内尽量减少对环境的干预。③ 这两种论证路径与预防原则的两个组成部分相对应:资源预防和风险预防。

在德国环境法中适用传统警察法上的理论,将法益保护区分了危险防卫(Gefahrenabwehr)[保护原则(Schutzprinzip)]和风险预防(Risikovorsorge)。危险是指存在着明显的客观的不远的损害发生可能性,危险防卫是对达到危险界限的损害可能性进行防卫。而风险不同于危险,不存在损害发生的高度盖然性,但损害发生无论如何是可能的,在实践中没有被排除。风险预防则是对尚未达到危险界限且不属于应当承受的剩余风险的损害可能性进行预防。与危险防卫不同,在风险预防的情况下,不存在可供应用的可靠的科学技术知识。风险预防是在危险防卫基础上的进一步发展。防卫性法律规定具有保护第三人的效力,而预防性法律规定一般不具有保护第三人的效力。

预防原则可具体化为:环境负担不应当继续增加;通过利用最佳可能技术确保只在技术水平必要的范围内利用许可的排放限度;当局的措施不应当取决于物质及其聚集的有害性的证明,而应当取决于其盖然性;环境

---

① Schimdt/Kahl/Gärditz, Umweltrecht, 10. Aufl., Verlag C. H. Beck, München 2017, S. 98.
② Schimdt/Kahl/Gärditz, Umweltrecht, 10. Aufl., Verlag C. H. Beck, München 2017, S. 29.
③ Schlacke, Umweltrecht, 7. Aufl., Nomos Verlagsgesellschaft, Baden-Baden 2019, S. 51.

利益应当在每一个规划决定中被考虑;通过创造余地使人类社会的继续发展成为可能;不可避免的干预的环境损害后果必须至少降低到可期待的程度。①

(二) 原因者负担原则

预防原则直接以环境质量的改善为目标,而原因者负担原则主要是确定谁来对环境损害负责,特别是谁应当承担消除损害的成本。根据原因者负担原则,不是社会整体或国家或纳税人,而是环境损害因果链条上的原因者为环境负担(Umweltbelastungen)的后果负责。1971 年德国联邦政府的环境方针将其界定为:"每一个对环境造成负担或损害环境的人,应当承担负担或损害的成本。"原因者负担原则表明,环境不再是可自由支配的利益,可以不受制裁的任意损害,而是要对损害承担责任,体现了环境正义的思想。但是,不应当把原因者负担原则简化为环境损害成本的简单归责,防止环境污染的法律义务毋宁表明,原因者负担原则也指向了实质责任,原因者应当对环境保护承担事实上和经济上的责任。②

原因者负担原则的重要理论根源一方面在于经济学,另一方面在于警察法。总体而言,原因者负担原则有四个维度:经济目的合理性维度、规范社会伦理维度、环境政治维度和规范法律维度。原因者负担原则作为"桥梁原则"能够实现环境保护的跨学科对话,同时也隐藏着环境法的概念混乱和轮廓丧失的危险。③

原因者负担原则首先要求环境负担的避免优先,应当避免或减少环境负担,至少由原因者消除。如果没有消除,原因者必须承担由此所产生的费用。其次,原因者也应当对继续存在的被法律秩序所容忍的环境负担承担经济上的补偿。最后,不是根据所节约的成本或者产生的损害,而是根据环境利益的政治上确定的紧缺价格来确定成本负担。立法者在具体情况下会提出上述的哪些要求,取决于其裁量,根据具体的情况不同而不同。④

原因者负担原则由于其开放性和广泛的反应可能性,在实际适用中缺

---

① Schimdt/Kahl/Gärditz, Umweltrecht, 10. Aufl., Verlag C. H. Beck, München 2017, S. 100.
② Michael Kloepfer, Umweltrecht, 4. Aufl., Verlag C. H. Beck, München 2016, S. 193.
③ Michael Kloepfer, Umweltrecht, 4. Aufl., Verlag C. H. Beck, München 2016, S. 194.
④ Schlacke, Umweltrecht, 7. Aufl., Nomos Verlagsgesellschaft, Baden-Baden 2019, S. 54.

乏可操作性,具有很大局限性。因为其内容只是理论上的表达,在实际应用中却需要内容的具体化,具体化的任务首先由立法者来完成。

在确定具体的原因者时,就产生了很大困难。例如,在消费造成相关环境负担的情况下,由生产者、消费者还是两者都应负责呢？德国《土壤保护法》规定,在修复污染的土地时,不仅直接的原因者应负责,还包括其他的各种责任人。由此,责任人包括了在某种程度上引起了环境负担且在经济和技术上最有能力消除损害的人。在具体情况下,哪些人是原因者,由立法者裁量决定。此外,在把具体的环境损害归因于单个的损害原因时,特别是在远距离损害和累积损害的情况下,损害因果关系不能或者很难确定。

为了避免上述困境,使原因者负担原则具有法律上的可操作性,原因者负担原则的内容被缩减成了所谓的工具主义系统变量(instrumentalistische Systemvariante):[1] 环境负担的归责只在环境政策上所要求的且被立法者所确定的范围内发生。原因者不是一般地对所有的环境损害负责,而只是在环境政策上根据相关的环境质量目标和环境保护措施所确定的必要范围内负责。原因者负担原则的工具主义应用使原因者的确定和单个措施的选择变得容易。

与原因者负担原则相区别的是共同负担原则,即消除或降低环境损害的成本由共同体或纳税人承担,其一般在基于客观原因的例外情况下适用。一方面是由于事实的原因,如原因者难以确定、因果关系难以查明或出于紧急情况等；另一方面是由于社会经济的原因,如保障就业、维持企业竞争力等。介于原因者负担原则和共同负担原则之间的是群体负担原则,即特定的群体作为潜在环境污染者的集体而承担责任。此外,还有受害者原则,即由受害者承担环境负担的成本和后果。

(三) 合作原则

尽管环境保护是现代国家的命运攸关任务(Schicksalsaufgabe),但不仅是国家的责任,而是国家和社会的共同责任。合作原则有两个要素,即国家与社会之间责任和任务的分配以及通过社会合作的国家任务履行。[2] 德国联邦政府1976年的环境报告中把合作原则表述为:"只有出于

---

[1] Schimdt/Kahl/Gärditz, Umweltrecht, 10. Aufl., Verlag C. H. Beck, München 2017, S. 101.
[2] Michael Kloepfer, Umweltrecht, 4. Aufl., Verlag C. H. Beck, München 2016, S. 201.

共同责任和相关者共同参与下，个人自由和社会需求之间的关系才会均衡。因此，联邦政府在无损于政府责任原则的情况下，推动社会力量尽早参与环境政治意思形成和决策过程。"联邦宪法法院在一则关于《垃圾法》的判决中认为："合作原则产生了具有不同专业的、技术的、人员的和经济的手段的各个群体的共同责任，以特别的任务分配实现确定的或共同的目标。"

作为环境政治和环境法律的原则，合作原则有助于通过国家和社会的合作来解决环境问题，特别表现为社会力量尽早参与环境政治意思形成和决策过程。国家的环境保护任务在与相关社会群体的合作下更容易实现，但也潜藏着危险，即为了更好地合作而以公共利益为代价达成妥协。例如，在颁布规范之前的所谓规范准备性合作，这种合作方式可能会导致有问题的协议立法（paktierte Gesetzgebung）。因此，自愿达成的协议并不总是合理的，合作并不能代替国家的管制权限，合作毋宁主要限于通过引进社会的专业知识和纳入相关人员使国家决策变得容易和提高决策的接受度。①

合作原则首先表现为参与的相关规定（即所谓的参与合作），特别是听证权和异议权的相关规定。其次是任务分配的合作，这种合作有四类：影响性行政行为（如环境税收）、指示性行政行为（如国家信息、环境保护受托人）、非正式行政行为（如自负义务）、正式合作行政行为（如行政合同）。在许多单行环境法中都有环境保护受托人制度，如水务法中的水保护受托人、联邦不可量物侵害防护法中的不可量物侵害防护受托人和故障受托人、辐射防护条例中的辐射防护受托人等。在这些相关环境法律中，对这些环境保护受托人规定了营业内部的自我监督责任。此外，合作原则还体现在协议立法、立法外包等制度中。

（四）其他原则

可持续性原则（Nachhaltigkeitsprinzip）是现代环境法的一项主要原则。可持续性这一概念源于德国森林法，作为森林管理的原则长期没有获得应有的重视。1978年环境和发展世界委员会（布伦特兰委员会）发布了《我们的共同未来》的报告，其中的可持续发展思想产生了世界影响。

---

① Schimdt/Kahl/Gärditz, Umweltrecht, 10. Aufl., Verlag C. H. Beck, München 2017, S. 103.

可持续发展原则认可了在不对他人的生态利益造成不适当损害的情况下，不发达国家和发展中国家具有经济和社会发展的权利。通常认为，可持续性原则具有三个维度，即生态维度、经济维度和社会维度。其中，生态维度被具体化为，可再生资源的消耗速度不得快于再生速度，不可再生资源根据节约原则使用（效率原则、替代原则），物质排放不得超过环境媒介的吸收能力且必须与自然过程的时间跨度处在均衡关系之中（适应能力原则）。

整合原则（Integrationsprinzip）要求在环境法上做出判断时，要整合性地考虑所有的环境效果。整合原则主要体现在欧盟法和国际法中，包括统一的环境保护和广泛的环境保护两个维度，即内在整合和外在整合。外在整合要求在执行其他的甚至是与环境保护相对的政治任务时，要考虑环境保护，环境保护属于横截任务。外在整合同时是可持续性原则的程序维度。[1] 内在整合把环境保护看作不可分割的整体任务，实现跨媒介和跨部门的整体考虑。

恶化禁止（Verschlechterungsverbot）或现状保护（Bestandsschutzprinzip）原则经常被认为是预防原则的子原则。环境负担不应当继续增加，至少应当保持环境质量现状。

谨慎原则（Vorsichtsprinzip）主要是指只要有可能引起环境损害，具有潜在环境负担的措施就必须被禁止。

三 环境宪法

所有与保护环境相关的宪法规范都属于环境宪法。不论这些规范是以环境保护为宗旨，还是其只具有环境保护的某些特征。在1949年制定《德国基本法》时，环境保护作为独立的政治任务还是不为人所熟知的。1994年环境保护以国家目标规定的形式写进了基本法，2002年又补充了动物保护的规定。

（一）环境保护国家目标规定

《德国基本法》第21a条规定："国家为后代负责地通过立法，及根

---

[1] Schimdt/Kahl/Gärditz, Umweltrecht, 10. Aufl., Verlag C. H. Beck, München 2017, S. 108.

据法律与法之规定经由行政与司法，于合宪秩序范围内保护自然生存基础和动物。"该条通常被并不十分准确地称为"环境保护国家目标规定"，为国家机关规定了环境保护的基本目标，以宪法的名义为国家机关设定了义务。国家目标规定是一种具有法律约束效力的宪法规范，为国家活动确定了持续重视和履行的特定任务。由于国家目标只是要求接近地尽可能实现目标，其不是规则，而是原则或最优化诫命。[1] 因此，《德国基本法》第21a条尽管具有相对较低的规范控制力，但不是没有约束力的纯粹方针条款，而是具有法律强制力的规范。

有学者认为，就环境保护而言，《德国基本法》第21a条已经超越了国家目标规定，被认为已向环境国的国家结构规定迈出了宪法上的决定性步伐。第21a条为国家设定了环境保护任务，这一任务的履行在不改变国家组织结构和程序的情况下，完全是不可能实现的。因此，第21a条必须被看作国家结构原则和关于环境国的决定。环境国是以环境保护为其行为的重要目标和标准的国家。环境目标不只是任何时候可一次性实现的，而是国家的持续的和基础的任务，对国家结构有重大影响。环境保护不只是部门任务，而是在国家的每项任务中都必须考虑的广泛利益。[2]

《德国基本法》第21a条作为国家目标规定只具有客观法的特征，并没有赋予个人环境保护的主观权利。没有直接设定诉权，也没有将其他规范拓展为有保护第三人效力的规定。但国家目标规定作为宪法利益在填补行政自由空间和作为法律解释的标准方面具有重要意义，同时，可以支持和强化基本权利的相关保护效力。相反，第21a条也可以用来论证对第三人基本权利的干预，特别是，可以作为宪法固有的基本权利限制来克减无保留的基本权利。根据法律保留原则，限制基本权利需要特别的合宪法律基础，第21a条本身是不够的。

《德国基本法》第21a条就自然生存基础和动物的保护为国家赋予了权限和设定了义务。一般认为，自然生存基础的概念和自然环境的概念是同义的，若没有其生存难以为继。自然生存基础包括动物、植物、微生物、土壤、水、空气、气候、大气、风景、生物多样性以及这些保护利益之间的关系。不属于这一保护范畴的是同条单独规定的动物保护，其是保护单个动物免受不适当的圈养和遭受不必要的痛苦，因此，一般不在环境

---

[1] Schimdt/Kahl/Gärditz, Umweltrecht, 10. Aufl., Verlag C. H. Beck, München 2017, S. 58.
[2] Michael Kloepfer, Umweltrecht, 4. Aufl., Verlag C. H. Beck, München 2016, S. 121.

保护法中讨论。自然环境不仅是作为人的生存基础来保护，而且具有自身的价值。但是，从宪法整体来看，环境保护国家目标以人性尊严为旨归，明显反映了可持续性原则，体现了折中的或批判的人类中心主义。

《德国基本法》第21a条为国家整体设定了义务，对所有公权力机关都产生约束力，包括联邦、各州、乡镇和所有其他的公法法人及其他的公权力承担者。即使国家参与超国家或国际活动时也是如此。[1] 如果以私法形式执行公共行政任务，私法上的国家也要受到约束。第21a条明确地指向了立法、行政和司法，但并未直接针对私人。

《德国基本法》第21a条的首要义务人是各级立法者，规定了立法的行为委托和履行这一委托的规范指令，为环境政治立法提供了合法性基础。由于第21a条的内容相当不确定，立法者首先必须对其具体化，由此履行颁布足够有效的环境保护规定的宪法委托。确切的内容规定，尤其是具体的作为和不作为义务，是不能从第21a条推导出来的。根据国家目标规定的客观法律特征，立法者具有广泛的形成特权，环境保护的内容形成也具有了开放性和弹性。这也被德国联邦宪法法院所认可。但是，从立法者的义务整体来看，每一项国家目标规定都对立法者的行为空间进行了限制，立法者必须考虑国家目标的明确规定。

对行政机关和司法机关而言，第21a条主要是在法律适用时发挥作用，明确要求尊重立法者的特权。行政机关在解释法律（特别是不确定概念）和作出裁量和规划决定时，必须考虑环境保护的宪法要求。司法机关在规范解释和规范具体化以及填补法律漏洞时，必须以环境保护国家目标规定为准则。

（二）环境基本权利

《德国基本法》中没有环境基本权利的规定。尽管在1973年的政府声明中表达了"人类整体上拥有具有宪法阶位的符合人性尊严的环境的基础性权利"，但早在1977年，德国联邦行政法院就拒绝了环境保护基本权利，至今也没有得到环境法主流学说的认可。拒绝的理由主要有以下几个方面：

首先，权利内容具有不确定性。什么是清洁的环境，或者相反，什么

---

[1] Erich Gassner, Zum Vollzug des Art. 20a GG, NuR, 36 (2014), S. 482.

是环境危险，在宪法的抽象层面上是不能确定的。这些都需要在普通立法层面来规定，即使宪法上规定了环境权，对其起决定性作用的具体化不是在宪法中，而是在宪法之外。① 如果要使公民的权利事实上可以行使，其内容必须可以被与个案无关地描述。由于立法者在此有广泛的形成空间，除国家的重大明显过失外，环境基本权利最后只能是空转，而没有实效。②

其次，违反分权原则和政治宪法体系功能。由于环境权的不确定性，权利人最后向法院起诉，由其来具体确定权利内容。但是，环境政治是一个相当复杂的领域，必须厘清各种相互交织的关系，通常也有多种解决问题的可能性。对恰当的解决办法做出决定的，不应是法院，而是立法者。这种目标冲突和评价是不能通过基本权利保障来解决的。③

再次，难以有效对抗自由权。对设施的运营者、企业的经营者或普通的道路交通参与者的自由权以环境保护之名进行干预，自由权必须在环境权面前退让，往往是很难证立的。④ 自由权与人格尊严有着紧密的联系，干预自由权需要更为充分的理由，主张抽象的环境权往往是不够的。

复次，环境权的实际效果可通过国家目标规定来实现。环境权的实际效果主要包括环境利益的宪法确认、指引裁量和解释的效力、为国家设定义务等。在不唤起对国家环境保护行为的个人权利幻想的情况下，这些实际效果完全可以很好地通过环境国家目标规定来实现。⑤ 随着环境保护意识的提高，环境权会激起人们更大的希望和期待。但是，由于经常与其他基本权利和宪法法益的冲突，这些希望和期待是很难实现的，失望是不可避免的。

最后，个人请求国家环境保护行为的权利问题不是有无环境基本权利的问题，而是对主张环境违法诉权的限制问题。诉权也可以在没有环境基

---

① Schlacke, Umweltrecht, 7. Aufl., Nomos Verlagsgesellschaft, Baden-Baden 2019, S. 61.
② Astrid Epiney, Art. 20a, Kommentar, in: Christian Starck (Hrsg.), Das Bonner Grundgesetz, Kommentar, 6. Aufl., München 2000, Rn. 40.
③ Astrid Epiney, Art. 20a, Kommentar, in: Christian Starck (Hrsg.), Das Bonner Grundgesetz, Kommentar, 6. Aufl., München 2000, Rn. 41.
④ Ernst-Wilhelm Luthe, Das ökologische, gesundheitliche und soziale Existenzminimum und das Vorsorgeprinzip, in: Ernst-Wilhelm Luthe, Ulrich Meyerholt und Rainer Wolf (Hrsg.), Der Rechtsstaat zwischen Ökonomie und Ökologie, Mohr Siebeck, Tübingen 2014, S. 77.
⑤ Astrid Epiney, Art. 20a, Kommentar, in: Christian Starck (Hrsg.), Das Bonner Grundgesetz, Kommentar, 6. Aufl., München 2000, Rn. 42.

本权利的情况下被拓展,德国在欧盟法的推动下,个人诉权的增加和团体诉讼就是例证。①

此外,学者认为,可以从《德国基本法》第 2 条第 2 款第 1 句的生命和身体完整权中推出保障生态生存底线的保护请求权(Schutzanspruch auf Gewährleistung eines ökologischen Existenzminimums)。② 该观点认为,生命和身体完整权在与《德国基本法》第 1 条的人格尊严原则的关系中已经具备了生态基本权利的特征。但生态生存底线的具体内容却是不清楚的。有的认为,其与《德国基本法》第 2 条第 2 款的通常保护效果相当,在此,国家保护义务针对来自私人方面的健康损害危险具有特别的意义。还有人认为,生态生存底线要低于上述保护水平,德国由于相对较高的保护水平,已经远远超过了生态生存底线的保护要求。③

在 2021 年 3 月 24 日公布的引起很大争议的气候判决中,德国联邦宪法法院认可了保障生态生存底线的保护权,但认为在该案中并未侵犯。一些学者呼吁:是认可环境保护基本权利的时候了。④

(三) 环境法中的基本权利保护

虽然德国环境法至今未认可环境基本权利,但《德国基本法》中的基本权利在环境保护方面发挥着重要作用。与环境保护相关的基本权利主要包括生命和身体完整权(第 2 条第 2 款)、所有权(第 14 条)、职业自由(第 12 条)、一般行为自由(第 2 条第 1 款)等,基本权利保护主要体现在基本权利的防御功能和保护功能方面。

基本权利的防御功能就是防御国家的干预,保障个人的自由空间和行为。在环境方面,防御权的行使首先要求,证明可归责于国家的行为,以及该行为与侵害基本权利的环境损害之间的因果关系。当国家本身的行为引起了环境损害,并由此产生了危害生命和身体健康或所有权的法律后

---

① Astrid Epiney, Art. 20a, Kommentar, in: Christian Starck (Hrsg.), Das Bonner Grundgesetz, Kommentar, 6. Aufl., München 2000, Rn. 42.

② Schimdt/Kahl/Gärditz, Umweltrecht, 10. Aufl., Verlag C. H. Beck, München 2017, S. 64; Michael Kloepfer, Umweltrecht, 4. Aufl., Verlag C. H. Beck, München 2016, S. 135.

③ Ernst-Wilhelm Luthe, Das ökologische, gesundheitliche und soziale Existenzminimum und das Vorsorgeprinzip, in: Ernst-Wilhelm Luthe, Ulrich Meyerholt und Rainer Wolf (Hrsg.), Der Rechtsstaat zwischen Ökonomie und Ökologie, Mohr Siebeck, Tübingen 2014, S. 79.

④ Remo Klinger, Ein Grundrecht auf Umweltschutz. Jetzt., ZUR, 5 (2021), S. 257-258.

果，且该干预不能被合宪论证的时候，防御权的行使是没有问题的。相反，当虽然产生了健康或所有权的危害，但其原因并非源自公权机关的高权行为，基本权利的防御请求权原则上是不适用的。① 事实上，公法机关的行为只在较小范围内导致了环境损害，而且经常难以证明，恰恰是这些环境损害引起了对基本权利所保护法益的危害。环境损害往往被证明是私人的许多环境污染行为累积所导致的结果，对此，基本权利由于缺乏（直接的）第三人效力而无能为力。② 此外，基本权利所保护法益的侵害往往是由国家的事实高权行为所引起，由此产生了损害赔偿请求权，③ 无法实际防御。

有学者认为，在第三人造成环境损害时，可以针对作为污染设施的批准者和监管者的国家行使防御权。④ 在这种公法上的邻人诉讼中，由邻人引起了针对国家的"代理人战争"，原本造成污染的第三人才是主要的冲突对手。由于大部分环境法赋予了国家批准决定以私法形成效力，在污染者、受害者和国家之间的法律上的三角关系中，对手"互换"是不可避免的。⑤

基本权利的保护功能主是保护权利人免受第三人的侵害，主要是为了危险防卫和风险预防。国家保护义务分为真正保护义务和非真正保护义务，真正保护义务是针对第三人的违法行为或厄运的，而非真正保护义务则是针对第三人所引起的事实损害的。在非真正义务的情况下，国家由于权力垄断必须进行法律调整，调整的方法属于立法者的形成自由。在真正保护义务的情况下，国家是否采取保护行为已经是一个政治形成问题。⑥ 这种国家保护义务通常只是客观义务，且只有在第三人的侵害强度与国家的干预相当时，才产生国家保护义务，其保护力度也不会超过防御权。有学者主张把国家保护义务全面主观化，成为与防御权并列的保护权。⑦

---

① Schimdt/Kahl/Gärditz, Umweltrecht, 10. Aufl., Verlag C. H. Beck, München 2017, S. 66.
② Schimdt/Kahl/Gärditz, Umweltrecht, 10. Aufl., Verlag C. H. Beck, München 2017, S. 66.
③ Jörn Ipsen, Staatsrecht II. Grundrechte, 22. Aufl., Vahlen, München 2019, S. 47.
④ Michael Kloepfer, Umweltrecht, 4. Aufl., Verlag C. H. Beck, München 2016, S. 133; Schlacke, Umweltrecht, 7. Aufl., Nomos Verlagsgesellschaft, Baden – Baden 2019, S. 44.; Jörn Ipsen, Staatsrecht II. Grundrechte, 22. Aufl., Vahlen, München 2019, S. 70.
⑤ Michael Kloepfer, Umweltrecht, 4. Aufl., Verlag C. H. Beck, München 2016, S. 133.
⑥ Kingreen/Poscher, Grundrechte, Staatsrecht II, 34. Aufl., C. F. Müller Verlag, Heidelberg 2018, S. 46–50.
⑦ Felix Ekardt, Umweltverfassung und Schutzpflichten, NVwZ 2013, 1105ff.

保护功能主要是防卫事实上可评估、原因上可识别的环境危险的。对于许多不再可以具体确定原因力的污染源造成的累积效果，如由人类行为引起的气候变化、物种的灭绝和栖息地的消失、土壤和水体状况的恶化、噪声和辐射污染等，"绿化"或"生态化"的基本权利的保护作用捉襟见肘。当损害可能性还只是假设的风险知识的时候，当危险源在累积效果中消失或者损害至少暂时被界定为系统性问题的时候（被认为是"生态系统"或"自然平衡"的损害），自由权所固有的典型"环境警察"应对模式，以及损害大小和发生可能性组合而成的危险公式就会失灵。当没有特定的污染源或者损害及其发生可能性不能准确确定时，就只能进行风险预防了。[①]

四　环境私法

环境私法包括《德国民法典》中与环境保护相关的规定和其他与环境相关的私法规定。《德国民法典》中与环境保护相关的规定在民法书籍有全面系统的介绍，这里只介绍德国环境责任法和与之密切相关的德国环境损害法。

（一）德国环境责任法

现行《德国环境责任法》（名称简写：UmweltHG）于 1990 年 12 月 10 日颁布，1991 年 1 月 1 日生效。全法共 23 条，两个附件。该法主要是为了持续加强环境保护和改善受害者的法律地位，以及填补存在的规范漏洞，同时实现避免损害的责任政治目标（haftungspolitische Ziele）。[②] 但德国学者认为，该法在许多方面是令人失望的，因为与对环境责任进行全面调整的期望相反，其只是迈出了环境责任法律制度改革的第一步。[③]

---

① Ernst-Wilhelm Luthe, Das ökologische, gesundheitliche und soziale Existenzminimum und das Vorsorgeprinzip, in: Ernst - Wilhelm Luthe, Ulrich Meyerholt und Rainer Wolf (Hrsg.), Der Rechtsstaat zwischen Ökonomie und Ökologie, Mohr Siebeck, Tübingen 2014, S. 80.

② Vgl. Maximilian Fuchs, Deliktsrecht, 7. Aufl., Springer - Verlag, Berlin Heidelberg 2009, S. 267.

③ Vgl. Ulrich Meyerholt, Umweltrecht, 3. Aufl., BIS-Verlag der Carl von Ossietzky Universität, Oldenburg 2010, S. 124.

1. 环境责任的成立

(1) 保护法益

该法第 1 条明确规定了环境责任原因是因环境影响（Umwelteinwirkung）而导致了对生命、身体或健康的侵害以及物的损害。这里所保护的法益范围明显窄于《德国民法典》第 823 条第 1 款侵权行为一般条款保护法益范围。[1] 除生命、身体、健康法益相同外，这里只对物本身的损害进行保护，而《德国民法典》第 823 条第 1 款保护的是物的所有权，其不仅保护物本身的损害，还保护物的侵占、功能侵害以及归属侵害。[2] 此外，该款还保护自由及其他与所有权类似的权利。环境本身不是该法的保护对象，生态损害（ökologischen Schäden）不是个人法益的损害，是与所有权无关的环境的损害，其只在该法第 16 条规定的有限范围内被予以赔偿。该条规定，受害者为自然或风景恢复原状所支出的高额费用不应被直接认为构成了《德国民法典》第 251 条第 1 款第一句意义上的不成比例。然而，该费用的赔偿是与处于个人所有权中的物的损害相联系的。[3]

(2) 环境影响

该法第 3 条第 1 款对环境影响这一概念进行了定义，其是由扩散在土壤、空气和水中的物质、振动、噪声、压力、射线、蒸汽、热量或其他现象所引起的。当该法第 3 条中提到的物质或过程与空气中原有的有害物质共同作用才会引起损害时，也属于这一意义上的环境影响。因为由此该法所关注的风险也变成了现实。[4]

(3) 赔偿义务人

损害赔偿责任的债务人是产生环境影响的设施的持有人（Inhaber）。这些设施不是抽象地通过其环境危险性来确定，[5] 而是在该法附件一中对其进行了详细列举，共包括发电厂、高炉、大型养殖企业等 96 类设施。

---

[1] Vgl. Ulrich Meyerholt, Umweltrecht, 3. Aufl., BIS-Verlag der Carl von Ossietzky Universität, Oldenburg 2010, S. 125.

[2] Vgl. Deutsch/Ahrens, Deliktsrecht, 5. Aufl., Carl Heymanns Verlag, Köln 2009, Rn. 245.

[3] Vgl. Medicus/Lorenz, Schuldrecht II Besonderer Teil, 17. Aufl., Verlag C. H. Beck, München 2014, Rn. 1394.

[4] Maximilian Fuchs, Deliktsrecht, 7. Aufl., Springer-Verlag, Berlin Heidelberg 2009, S. 268.

[5] Vgl. Jan Dirk Harke, Besonderes Schuldrecht, Springer – Verlag, Berlin Heidelberg 2011, Rn. 581.

遗憾的是，这里列举的设施跟德国联邦《不可量物侵害防护法》上的设施并不完全一致。① 该法第 2 条还规定，由在建的或停运的非营运设施所产生的环境影响也能引起环境责任。相反，这里的设施不包括机场等交通设施以及建筑供热等小型设施。②

（4）因果关系证明

责任成立的因果关系分为两方面：一方面设施必须引起了环境影响，另一方面环境影响必须是法益损害的原因。③ 环境责任最重要的是环境影响与法益损害之间的因果关系问题。和其他的危险责任（Gefährdungshaftung）构成要件一样，该法第 1 条并不要求相当的（adäquate）因果关系，而只要求等值的（äquivalente）因果关系。④

一般情况下，受害人要证明责任成立的因果关系，该法第 8 条规定的受害人针对可能致害设施持有人的询问权和第 9 条规定的针对监管当局的询问权有助于减轻其证明负担。该法第 6 条第 1 款有利于受害人地规定了因果关系推定（Kausalitätsvermutung），但前提是特定设施在具体情况下适合于引起损害，对此该款规定了一系列判断标准。但这一推定只具有相对的诉讼意义，因为该条第 2 款规定其不适用于设施的运营符合规定时的情况，通过这种限制，使得环境责任法应用范围大幅缩减，因此被认为是环境责任法的"阿基里斯之踵"。⑤

该法第 7 条处理的是多个设施引起损害的情况，这里应当对多个损害引起者承担的是按份责任还是连带责任作出规定，遗憾的是，其只规定了当损害也能由其他情况引起时，不适用第 6 条的推定。因果关系推定不应由于多个设施引起损害而被排除适用，因此，该条规定的内容是不成功的。⑥

（5）责任排除

该法第 4 条规定，损害是由不可抗力引起的，不产生赔偿义务。第 5

---

① Ulrich Meyerholt, Umweltrecht, 3. Aufl., BIS - Verlag der Carl von Ossietzky Universität, Oldenburg 2010, S. 124.
② Medicus/Lorenz, Schuldrecht Ⅱ Besonderer Teil, 17. Aufl., Verlag C. H. Beck, München 2014, Rn. 1396.
③ Deutsch/Ahrens, Deliktsrecht, 5. Aufl., Carl Heymanns Verlag, Köln 2009, Rn. 581.
④ Maximilian Fuchs, Deliktsrecht, 7. Aufl., Springer-Verlag, Berlin Heidelberg 2009, S. 268.
⑤ Schimdt/Kahl/Gärditz, Umweltrecht, 10. Aufl., Verlag C. H. Beck, München 2017, S. 147.
⑥ Medicus/Lorenz, Schuldrecht Ⅱ Besonderer Teil, 17. Aufl., Verlag C. H. Beck, München 2014, Rn. 1396.

条还规定，如果设施营运符合规定，且物只是受到了轻微或根据当地情况可合理预期的损害，对此不产生赔偿义务。

2. 环境责任的内容

与《德国民法典》相对而言，环境责任内容的具体细节没有多大特殊性，该法第 11 条到第 17 条对此进行了规定。其中，第 13 条规定了抚慰金请求权，第 15 条规定了责任的最高限额。特别值得注意的是，第 16 条的规定，如前述，其超出了单纯的个人利益保护，间接地保护环境，是该法中唯一的保护生态损害的条款。

3. 责任竞合

该法第 18 条规定，其他规定中的责任不受影响，只有在适用原子能法时，《环境责任法》才被排除适用。除《德国民法典》中的请求权外，《环境责任法》为受害人提供了另外的请求权基础，但由于较窄的保护法益范围和责任最高限制导致了在诉讼中必须适用多个法律基础，很难使程序得到简化。[1]

（二）德国环境损害法

德国《环境损害避免和修复（Sanierung）法》简称《环境损害法》（简写：USchadG），于 2007 年 5 月 10 日颁布，2007 年 11 月 14 日生效。全法共 14 条，三个附件。该法是为了转化《欧盟环境责任指令》而颁布的。该指令的目的是为环境损害避免和修复创造一个共同的制度框架，其是以可持续发展原则和原因者负担原则为基础的，也被认为是对重大环境灾难和工业事故所做出的应对。[2]

1. 法律性质

该法性质上不属于私法，毋宁形成一个公法上的责任体系。其并不规范和确立民法上的责任请求权，而是深受根据警察法上妨害人责任所形成的危险防卫公法模型（öffentlich-rechtlichen Modell der Gefahrenabwehr）的影响。[3] 该法不适用于因人的损害、私人所有权的损害以及财产损失而产生的请求权，与这些损害相关的私法上的请求权不受影响。虽然在该法的

---

[1] Ulrich Meyerholt, Umweltrecht, 3. Aufl., BIS-Verlag der Carl von Ossietzky Universität, Oldenburg 2010, S. 125.

[2] Ulrich Meyerholt, Umweltrecht, 3. Aufl., BIS-Verlag der Carl von Ossietzky Universität, Oldenburg 2010, S. 129.

[3] Maximilian Fuchs, Deliktsrecht, 7. Aufl., Springer-Verlag, Berlin Heidelberg 2009, S. 272.

文本中没有明确地规定这一排除,但是,可以从该法第2条2款的损害定义中推出这一结论。根据该法产生的报告义务、危险防止义务及修复义务是针对行政主管机关的,而不是针对受损的第三人。

2. 适用范围

根据第3条第1款的规定,该法的适用范围包括由附件一中所列举职业活动引起的环境损害和这种损害的直接危险。如果所涉及的是《自然保护法》上的物种和自然生存空间的损害和这种损害的直接危险,责任人在故意或过失行为的情况下承担责任。该条其他几款对适用范围进行了限制或排除,如因武装冲突、敌对行动、异常的不可避免且难以影响的自然事件等引起的环境损害或这种损害的直接危险。

该法第2条对核心概念环境损害进行了定义,其是指动植物、水和土壤的不利改变或其功能受损。① 该法只有在与《自然保护法》《水务法》和《土壤保护法》相关联中才能被理解,从这些专门法中才能获悉环境损害的具体类型,在某种意义上可以说,其构成了这些法的总则。② 应注意的是,《土壤保护法》中已有对土壤改变的公法责任规制,因此这里存在某种平行规定。

3. 责任的成立

该法的创新之处在于,为企业规定了对重大特定环境利益损害应承担的私法责任之外与过错无关的危险责任。如所涉及的是《自然保护法》上的物种和自然生存空间损害时,责任人对故意或过失行为承担责任。此前,通过合法行为对环境利益的损害是不产生责任的,由公共财政承担损害的治理成本。③

责任的成立以引起损害的职业活动(berufliche Tätigkeit)为前提。这里的职业活动是指任何在经济活动、商业活动及企业范围内的行为,其与是否是私人还是公共的活动以及是否具有营业特征无关,这些职业活动被详细地规定在该法附件一中。仅环境损害本身不足以引起责任,还需要职业活动与环境损害之间存在明确的因果关系。

该法规定的责任人是任何从事或决定进行职业活动的自然人或法人,

---

① Creifelds Rechtswörterbuch, 22. Aufl., Verlag C. H. Beck, München 2017, S. 1344.
② Vgl. Deutsch/Ahrens, Deliktsrecht, 5. Aufl., Carl Heymanns Verlag, Köln 2009, Rn. 580.
③ Vgl. Ulrich Meyerholt, Umweltrecht, 3. Aufl., BIS-Verlag der Carl von Ossietzky Universität, Oldenburg 2010, S. 130.

其中包括这种活动的许可证或批准文件的持有人，以及报告或通知这种活动且由此直接引起了环境损害或这种损害的直接危险的人。

4. 责任的内容

该法规定了责任人的各种义务。第4条规定了存在环境损害的直接危险或已经发生时向主管机关的报告义务，该义务要求及时报告所有与事实相关的重要情况。第5条规定，存在环境损害的直接危险时，责任人应当及时采取必要的避险措施（Vermeidungsmaßnahmen）。也就是说，责任人必须首先采取避险措施，而不能坐等主管机关的决定而贻误时机。第6条以下规定了，在已经发生环境损害时的治理义务。该义务是直接由法律所规定的，不再需要主管机关的决定。[①] 责任人必须采取必要的止损措施（Schadensbegrenzungsmaßnahmen）和必要的修复措施（Sanierungsmaßnahmen）。根据欧洲环境责任指令的规定，有三种修复方式：基本修复（primäre Sanierung）、补充修复（ergänzende Sanierung）和补偿修复（Ausgleichssanierung）。修复措施的范围根据相应的专门法确定，由此形成了新的复杂状况。

为了保证责任人义务的履行，该法第7条第1款为主管机关规定了相应的监督职责，第2款规定可以要求责任人提供必要的信息和数据、采取必要的避险措施或必要的止损措施和修复措施。第8条规定了主管机关在责任人的参与下确定必要的修复措施。第11条第1款规定，根据该法作出的行政行为必须说明理由且告知法律救济途径。

该法第9条规定，责任人在保留针对机关和第三人的请求权的同时，承担因避险措施或止损措施和修复措施所产生的费用，具体可以由各州进行规定。如果有多个责任人，其相互之间有追偿请求权；如果对其义务及范围没有约定，则取决于引起损害或危险的原因力，可以适用《德国民法典》的部分规定。

第11条第2款规定，相关团体针对主管机关根据该法作出或不作出某一决定而寻求法律救济的，适用德国《环境法律救济法》。这一规定使环保团体参与修复方案和寻求法律救济成为可能。相关企业可以针对主管机关的决定向行政法院提起诉讼。因为该法才于2007年11月生效，根据第13条的规定，只适用于2007年5月之后发生的损害环境行为。而第1

---

① Vgl. Ulrich Meyerholt, Umweltrecht, 3. Aufl., BIS-Verlag der Carl von Ossietzky Universität, Oldenburg 2010, S.131.

条规定了辅助性适用，该法只能在联邦和州的现行法律对责任没有具体的规定或其要求与该法不相符时才予以适用。这就意味着新的和已存的责任义务将被并列适用。①

五 环境法的工具

环境法的工具根据其类型主要与传统行政法中的行为形式相一致。这与环境法的"基因"相关，环境法主要从警察法和秩序法以及营业法发展而来，因此也沿用了它们的工具。此外，由于环境法所涉领域的广泛性，其也部分地纳入了其他行政法范围内的事项，因此也整合了它们的行为工具。② 由于环境法律规定及其工具的多样性，需要将它们体系化，形成工具组合，发挥协同整体效应。同时也要发现它们的功能失调，防止对规范相对人造成过度的负担累积。

（一）规划工具

环境规划主要是用规划的方法来治理空间环境问题，是预防性环境形成的最主要因素，有助于实现预防原则。它能够预先考虑复杂的因果关系和问题关联，不只是在环境保护措施之间，而且与相对立的特别是经济目标和利益之间进行协调。规划的前提和典型特征是规划形成余地（规划裁量），其在法律上通过权衡诫命（Abwägungsgebot）来限制。没有规划自由的规划就其目的和手段而言是自相矛盾的。③ 并不存在作为独立法律形式的规划本身，规划毋宁表现为议会立法、行政法规、规章、行政规定和行政行为，体系上可以分为专业规划和与空间相关的总体规划。④

专业规划分为环境特别专业规划和环境相关专业规划。专业规划是为了实现特定目的的规划，环境特别专业规划是以环境保护作为优先目的的专业规划，是环境规划的核心。其他的利益如经济利益只在规划权

---

① Vgl. Ulrich Meyerholt, Umweltrecht, 3. Aufl., BIS-Verlag der Carl von Ossietzky Universität, Oldenburg 2010, S. 131.
② Schlacke, Umweltrecht, 7. Aufl., Nomos Verlagsgesellschaft, Baden-Baden 2019, S. 81.
③ Wilfried Erbguth, Abwägung auf Abwegen? -Allgemeines und Aktuelles-, JZ, 10 (2006), S. 485.
④ Schimdt/Kahl/Gärditz, Umweltrecht, 10. Aufl., Verlag C. H. Beck, München 2017, S. 110.

衡的程序框架内予以考虑。环境特别专业规划主要有《自然保护法》中的风景规划、《水务法》中的水经济规划、《不可量物侵害防治法》中的空气清洁和行动规划及降低噪声规划、《循环经济法》中的垃圾经济规划等。

环境相关专业规划是以其他的（甚至有害环境的）事项为主要目的，但是，环境保护利益也必须在权衡中加以考虑。环境相关专业规划主要有公路规划、机场规划、航道规划、铁路规划等。

由于许多环境问题的空间相关性，空间总体规划在环境规划中居于重要地位。空间总体规划作为没有部门指向的横截任务主要是为了协调各种有空间意义的利益和利用要求，实现均衡发展。在跨地区层面上，主要体现为空间秩序；在地区层面上，主要为建筑指导规划，它们是为了实现空间利用和城市建设的可持续发展。

（二）直接行为控制工具

尽管环境法是使用现代控制工具的先行者和现代控制工具的试验场，但仍依赖传统的直接行为控制工具。直接行为控制（Direkte Verhaltenssteuerung）是指法律规范或行政措施强制性地要求个人为或不为特定行为。如果相对人没有按照要求行事，便是违法，可以对其采取强制措施。直接行为控制工具主要源于秩序法和营业法，为了满足环境保护的需要而继续发展。这主要包括行政审查工具、直接的法律诫命和禁止、个人的环境义务等，体现了命令模式的特征。

1. 开放审查

在许多环境单行法中存在着大量的不同类型的开放审查（Eröffnungskontrollen），主要是为了对相关方案可能造成的环境损害进行审查。主要有以下三种：

（1）报告保留下的禁止（Verbot mit Anzeigevorbehalt）是效力最弱的开放审查形式。由于对环境有影响的行为被认为不是特别危险，因此不需要主管当局的批准，只需要报告相关事项。如果没有被拒绝，相关行为随着报告就可以实施。报告的目的和意义在于把行为的实施告知主管当局，在必要的时候，使压制性的干预成为可能。[1] 一般情况下，审查所必要的

---

[1] Schimdt/Kahl/Gärditz, Umweltrecht, 10. Aufl., Verlag C. H. Beck, München 2017, S. 119.

文件随同报告一起提交。如《不可量物侵害防护法》第 12 条第 1 款所规定的报告。

（2）许可保留下的防范性禁止（präventives Verbot mit Erlaubnisvorbehalt）具有较高的审查强调。某一与环境相关的行为虽然没有被一般地禁止，但是要进行事先审查其是否遵守相关的法律要求。这里，只是一种形式上的禁止，如果在审批程序中，没有拒绝的理由，就应当批准，相对人拥有主观请求权，具有法律上且往往是基本权利的稳固地位。只有通过批准，相关的行为才能实施。批准是具有形成效力的行政行为，因为此前的禁止被取消。被授予的许可在这种情况下往往只是"无疑虑证明"，当局证明了，该行为不违反现行法。只有当不存在批准的前提条件时，形式禁止才是实质禁止。① 如《基因技术法》第 8 条第 1 款规定的批准。

（3）豁免保留下的压制性禁止（repressives Verbot mit Befreiungsvorbehalt）则把某一行为作为原则上对社会是有害的和不希望的而加以禁止。只有在特别的例外情况下，或者为了避免非本意的严苛，当局才可以对禁止予以豁免。这一例外许可由当局的羁束裁量决定，相关公民对此没有许可的请求权，只有作出无瑕疵裁量决定的请求权，在例外情况下，裁量可能缩减至零。如《水务法》上的许可。

2. 法律的诫命和禁止

形式上的环境法规定了大量的诫命和禁止，由此产生了作为或不作为、容忍的义务。作为义务除一般的环境友好行为义务外，主要有具体的保护义务、维持义务和管理义务等。往往为危险的环境利用行为规定了预防、监视和安全的义务。环境负担的引起者和环境利益的利用者要承担恢复原状或金钱补偿的义务。容忍义务往往是出于环境保护的目的，要容忍国家的必要监督。此外，还有环境负担的容忍义务。不作为义务则是禁止或限制对环境有危险的特定行为。

3. 环境影响评价和战略环境评价

环境影响评价（Umweltverträglichkeitsprüfung）是法律上所规定的多阶段程序，目的是提前查明、描述和评判某一项目对环境因素及其相互关系的所有直接和间接的影响。环境影响评价体现了预防原则和跨媒介的整合的环境保护观念，作为非独立程序服务于环境视角下的决定准备。② 在

---

① Michael Kloepfer, Umweltrecht, 4. Aufl., Verlag C. H. Beck, München 2016, S. 268.
② Schlacke, Umweltrecht, 7. Aufl., Nomos Verlagsgesellschaft, Baden-Baden 2019, S. 102.

对私人或公共方案（Vorhaben）做出许可之前，要尽可能提前和全面地查明、描述和评判其环境影响，由此获得的结果在后续的决定中应尽早地予以考虑。环境影响主要是指对人、动物、植物、生物多样性、土壤、水、空气、气候、风景、文化遗产及其他遗产的影响以及上述保护利益之间的相互影响。

战略环境评价（Strategische Umweltprüfung）是为了保证高水平的环境保护，把对环境有显著影响的方针和计划（Plänen）纳入环境评价，查明可预见的显著环境影响和合理的选项，并在报告中予以描述、评判和记录。在公众参与下，形成全面的评价，并在对计划和方针的批准决定中予以考虑。

（三）间接行为控制工具

间接行为控制（indirekte Verhaltenssteuerung）往往是补充直接行为控制。不同于直接行为控制的诫命和命令，间接行为控制允许公民在不同的对环境有或多或少影响的行为之间进行自由的选择。但通过经济刺激或信息试图对公民的行为动机产生影响，使有利于环境保护的行为选项获得优待。这属于"环境法的经济化"，被认为是从政治界定的目标向成本和红利预期的转化。[①] 间接行为控制的目的主要在于，使公民感到有利于环境保护的行为是符合自身利益的。这样就提升了公民遵守法律的意愿，同时也提高了公众的环境保护意识。

1. 经济刺激

经济刺激主要有环境税费和环境补贴。环境税费是最重要的间接行为控制工具。最初无偿的自然资源利用被赋予了经济价值，由此，避免环境损害事关纳税义务人的自身经济利益。环境税费体现了原因者负担原则，环境负担的成本不再被转嫁给公众，而是由原因者负担，避免了内在成本的外在化。

环境补贴是对环境政治上所期望的行为通过实物或金钱手段予以补助，以实现生态引导的目的。也就是说，为了实现环境保护公共目的，国家向私人提供有财产价值的给付。与环境税费相反，环境补贴体现了公共负担原则。通过环境补贴，既可以对损害环境行为的放弃

---

① Schimdt/Kahl/Gärditz, Umweltrecht, 10. Aufl., Verlag C. H. Beck, München 2017, S. 133.

进行补偿，也可以促进有益于环境的行为，如环保技术的投资。如果提供与环境相关的补贴没有干预第三人的特定基本权利，原则上不需要特别的授权。

2. 环境许可证

源于美国的环境许可证制度是利用市场经济机制来实现环境保护目的。据此首先在特定空间范围内，确定某种或多种物质的总体排放最高限额，接着将其分为排放份额，以许可证的形式分配给排放营业单位。不同于批准的是，许可证是可以转让的，可以在交易所自由地交易，价格由供需状况形成。如果某一设施经营者要提高排放量，必须通过交易取得相应的许可证。由此，必须在获取许可证的成本和排放避免的成本之间进行权衡，在特定的情况下减少甚至避免排放。当转让许可证获取的价格高于避免排放的成本时，许可证持有者会降低排放。与环境税费相类似，这也是将外在成本内在化。不同于环境税费的征收，这里是利用人为市场机制的价格杠杆来实现环保目的。

3. 非正式工具

在环境法律实践中，国家经常采取非正式的行为手段。公共机关放弃了高权强制工具，采取了与相对人协商对话的解决方法，这体现了从秩序国向合作国和非正式国的转换，合作原则获得了最广泛的实现。国家的非正式行为具有更大的弹性和有效性，节约时间和成本，提高了接受度，从而减少法律争议。当然，也有明显的缺陷：公共利益和环境标准可能陷入危险境地，可能忽略第三人的利益，缺乏透明性和法院的审查，可能不平等地适用法律。同时，后果也具有不确定性，因而加深了环境法的执行不足。这种非正式的行为主要有非正式的协议、安排、行政与公民的共同行动、推荐、警告、呼吁和环境咨询等。

4. 环境审计

环境审计（Umweltaudit）是一种自愿的公开审查的体系。为了促进营业环境保护的持续改善，营业组织设置和适用环境管理体系，对这一体系的效果按规定进行系统的客观的评价，提供环境保护绩效的信息，从而实现与公众或其他利益相关方的公开对话。组织的雇员也积极参与，从而具有教育意义。环境审计体系为组织内部的控制过程、决策流程以及环境保护措施公开展示提供了框架，主要体现了组织的环境保护的自我责任，即被规制的自我规制（regulierte Selbstregulierung）。

5. 环境信息

环境信息义务旨在提升环境保护的透明度，突破了传统的保密性。《环境信息法》规定了公民的自由获取环境信息的请求权，公民有权在不必说明正当理由的情况下从公共机关获取环境相关的信息（所谓公众的每个人的权利）。

第五章 印度环境法

一 印度宪法与环境保护

印度的宗教和丰富的文化遗产都显示出对环境保护的高度重视。早在公元前300年，在考底利耶（Kautilya）的《政事论》（*Arthashastras*）中就记载了古印度的法律，即每个人都有责任保护树木、水、土地和动物。① 该法律为保护森林和动物制定了具体规定，例如，要求国家保护森林，并管制树木的销售；砍伐幼苗、破坏树干或连根拔起均属违法。同样，诱捕、捕杀或伤害野生动物、鸟类和鱼类也要受到惩罚。② 为了各种生命的平衡与可持续发展，印度教、佛教、耆那教、锡克教、伊斯兰教和基督教等宗教教义都强调人与自然和谐共生。③

英国人的踏足（最初主要是商人）使印度法律具有了英国普通法体系的基本要素和特点。普通法作为殖民地的惯例由东印度公司（后英属印度）实施和应用。④ "普通法"的引入主要发生在1772年，时任总督沃

---

① V. Gupta, Kautilyan Jurisprudence (1987) 155 in S Divan and A Rosencranz, Environmental Law and Policy in India: Cases, Materials and Statutes (OUP New Delhi 2002) 23-25.

② V. Gupta, Kautilyan Jurisprudence (1987) 155 in S Divan and A Rosencranz, Environmental Law and Policy in India: Cases, Materials and Statutes (OUP New Delhi 2002) 23-25.

③ P. S. Jaswal and N. Jaswal, Environmental Law (Allahabad Law Agency Haryana 2009) 4-8; P. B Sahasranaman, Oxford Handbook of Environmental Law (OUP New Delhi 2009) 1. The religious texts acknowledge the nature is manifested in the form of five basic elements-earth, fire, water, sky and wind. These elements provide the basis for life and the man is ordained to conserve hem.

④ 东印度公司是一家股份公司，于1600年获得皇家特许状，于1874年到期。关于其成功和血腥历史的详细描述，See W. Dalrymple, The Anarchy: The Relentless Rise of the East India Company (Bloomsbury Publishing London 2019)。

伦·黑斯廷斯（Warren Hastings）实施了司法计划。① 为建立殖民时期的印度法律体系，以14世纪英国衡平法院（English Court of Chancery）制定的规则为基础的公平、平等和良知等司法原则共同发挥了作用。② 从此，不仅法官是英国人，法庭及其程序也变成了英国法律体系的复制品。

但是，在环境问题方面，基于正义、公平和良知的规则被经济的贪欲和破坏性的能源使用所取代，英国人掠夺林木资源用于造船、炼铁和农耕。③ 随后，英国人通过权利主张、安全守卫和利益促进等途径实现对印度森林的控制。结果是，1865年通过并于1878年修订《印度森林法》。④ 此外，"零零碎碎且严重不足"⑤ 的立法工作，仅对水和大气污染以及野生动物保护起了监管作用。例如，1853年的《海岸妨害（nuisance）（孟买和科拉巴）法案》授权行政署长下令清除孟买港高水位以下的垃圾。1905年的《孟加拉烟雾妨害（nuisance）法案》和1912年的《孟买烟雾妨害（nuisance）法案》旨在控制空气污染，并减少加尔各答和孟买的城镇与郊区因火炉或壁炉产生的烟雾所造成的污染。1912年《野生鸟类和动物保护法》颁布，通过明确禁狩期和许可证管理狩猎活动，来保护和保存某些野生鸟类和动物。⑥

法律制定及其解释是与普通法适用相结合的。18世纪，基于普通法原则的侵权法⑦就是一个例子，今天它仍以一种改良的形式在印度实施。侵权行为受《宪法》第372条的确认，到目前为止，它还没有以成文法的形式改变、修改或废除。⑧

损害侵权和过失侵权是环境侵权责任的原始依据。1905年加尔各答

---

① M. P. Jain, Outlines of Indian Legal and Constitutional History (Wadhwa and Co Nagpur 1972) 77.

② M. Setalvad, The Common Law in India (Hamlyn Trust London 1960).

③ S. Divan and ARosencranz, Environmental Law and Policy in India: Cases, Materials and Statutes (OUP New Delhi 2002) 26.

④ The 1878 Forest Act provided for threeclass of forests-reserved, protected and village forests. The act regulated the extraction of forest produce and set of penalties for violating the statutory provisions.

⑤ Divan and Rosencranz (n 7) 31.

⑥ Divan and Rosencranz (n 7) 30-31.

⑦ 普通法是指源于惯例和司法判例而不是成文法的法律。

⑧ 《印度宪法》第372（1）条规定：尽管本宪法已废除第395条所述的法令，但须受本宪法其他规定的约束，在本宪法开始生效之前，印度境内的所有现行法律应继续有效，直至主管立法机关或其他主管当局修改、废除或修订为止。

高等法院裁判的 J C Galstuan 诉 Dunia Lal Seal[①] 一案，被认为是印度独立前的一个经典污染案件。被告无权将工厂的废液排入市政排水沟。从事妨碍他人健康、舒适或占用他人财产的令人生厌的贸易，被认为是普通法上的妨害（nuisance）。法院对污染者发布了禁止令并判令赔偿实质损害。

印度独立后，最高法院宣布"导致环境污染的民事不法行为，本质上是针对整个社会的侵权行为"[②]。不幸的是，倾向于诉诸司法的印度社会，在环境侵权诉讼方面并没有产生预期的效果。如果按照迟来的正义是非正义这一判断依据，那么印度的司法供给在较长时期内严重不足。正义的延迟并不是最近才出现的现象，而是可以追溯到拉吉（Raj）时代。当时的法庭百般搪塞、休庭、文书丢失、证人缺席以及律师和当事双方故意采取拖延战术等原因造成了这一结果。[③] 此外，在过失和妨害（nuisance）案件中判定的损害赔偿数额"出了名的低，对污染者没有任何威慑作用"[④]。总而言之，在环境问题上采取侵权诉讼并不是一个理想的选择。

印度于1947年成为一个独立的民族国家。1972年是印度环境管理的分水岭，尤其是在斯德哥尔摩举行了第一次联合国人类环境会议之后。为了使环境政策和计划更加协调一致并承认环境正义，通过司法积极有力地参与环境保护和改善工作，宪法随之出台，立法改革也随之开始。因此，本章追溯和评价印度历史上与现代的环境保护发展。本章共分为三个部分。第一部分分析了印度宪法中关于保护和改善环境的规定。第二部分梳理了印度主要的环境立法，引入的新的监管制度并赋予其执行机构权力。第三部分描绘了印度最高法院通过公益诉讼（PIL）将宪法和环境紧密结合在一起的方式。法院自创的权力旨在实现基本人权，特别是环境保护领域的权利，这些权利在整个印度都是真正意义上的权利。本章基于印度环境正义的分配对国家绿色法庭（NGT）的裁决进行分析，总结了国家绿色法庭的使命是通过实体性和程序性制度的延展，以及科学专业知识来定

[①] (1905) 9 CWN 612.

[②] M. C. Mehta v. Union of India (2006) 6 SCC 213, p. 224. See also Church of God (Full Gospel) in India v K. K. R. Majestic Colony Welfare Association (2002) 7 SCC 282; Bijayananda Patra v. District Magistrate, Cuttack AIR 2000 Ori 70; Kuldeep Singh v. Subhash C Jain AIR 2000 SC 1410.

[③] R. Moog, "Delays in Indian Courts: Why the Judges Don't Take Control" (1992) 16 Justice System Journal 19-36. See also, M. Galanter, Law and Society in Modern India (OUP New Delhi 1989).

[④] Divan and Rosencranz (n 7) 89.

义和扩展司法管辖权的边界。

印度宪法确立了一个由中央政府（或联邦政府）和邦政府组成的两级联邦系统共同组件的双重政体。印度的联邦制结构有三大支柱：强大的中央政府、灵活的联邦制度和合作联邦主义（cooperative federalism）。① 印度《宪法》第十一部分（第 245—263 条）规定了联邦与各邦之间的立法和行政关系。《宪法》第 245 条授权议会为全印度制定法律，而邦议会则为自己的邦制定法律。第 246 条通过三个清单分配联邦与各邦之间的立法权力——联邦清单、邦清单和并行（Concurrent）清单。印度议会只在联邦清单（清单一，有 97 个主题）上立法，邦立法机构通过邦清单（清单二，有 66 个主题）上的法律，议会和邦立法机构在并行名单上有交叉管辖权和同时管辖权（清单三，52 个主题）。当中央（联邦）法与邦法在同一主题上发生冲突时，以前者为准。然而，根据印度《宪法》第 254 条，如果获得总统的批准，即使邦法律在中央法律之后通过，应以邦法律为准。

关于环境问题，立法权限的划分是基于这样一个事实，即一些问题在邦一级可以得到最好的处理，但其他一些问题则更适合由国家法律规制。② 例如，清单一包括原子能、州际交通运输、主要港口和空中交通管制、油田管理和开发、矿产资源、州际河流和渔业、国际条约和公约的执行。清单二包括公共卫生和环境卫生、农业、供水、灌溉和排水，这些问题会对当地环境造成影响，最好由邦政府来解决。清单三包括森林、野生动物和鸟类保护、人口控制和计划生育、小型港口和工厂，这些问题由联邦和邦政府共同处理，因为环境影响可能覆盖地方和国家。

此外，印度宪法规定，各邦应当增进对国际法和条约义务的尊重。印度《宪法》第 51 条规定，邦应努力做到：（a）促进国际和平与安全；（b）维持国家间公正和体面的关系；（c）促进民众在相互交往中尊重国际法和条约义务；（d）鼓励通过仲裁解决国际争端。此外，根据《宪法》第 253 条和列表一中的第 13 条和第 14 条，通过颁布必要的立法，授权议会全权缔结国际条约、协定和公约。印度国际法的作用和影响范围可做如下解释：如今，国际法并不局限于规范国家之间的关系，其范围在继续扩

---

① Justice R. Pal and S. Pal, Professor M. P. Jain Indian Constitutional Law (LexisNexis Nagpur 2010) 52.

② Divan and Rosencranz (n 7) 43.

大。除人权外，诸如卫生、教育和经济等社会关切事项都属于国际条约的规范范围。国际法比以往任何时候都更针对个人。不违反国内法的国际习惯法规则应当被纳入国内法中，这几乎是一个被所有人接受的法律观点。①

印度议会认识到促进环保公约所规定的国际义务的重要性，并做出成为"良好国际公民"的承诺，②且有效地利用这一权力颁布了环境法律，包括1981年的《大气（污染预防和控制）法》、1986年的《环境（保护）法》和2010年的《国家绿色法庭法》。这些法案的序言同意执行1972年斯德哥尔摩会议和1992年里约热内卢会议通过的决定。在韦洛尔（Vellore）公民福利论坛诉印度联邦③一案中，印度最高法院宣布，不违反国内法的国际习惯法应当被视为国内法的组成部分，由法院予以援引。

此外，"世界上只有少数几部宪法"④明确规定了"国家"及其"公民"保护和改善环境的义务，而印度宪法恰在其中。1976年宪法第42修正案增加的两条重要条款，即48A（Part Ⅳ）和51A（g）（Part Ⅳ-A），在一定程度上改变了印度环境法学的格局。第48A条是一项指导性的邦政策，规定邦政府有义务保护和改善环境、保护森林和野生动物。这一政策具有法律地位，对政府和法院设了保护环境的义务。第51A（g）条规定，每个公民都有保护和改善自然环境的基本义务，包括森林、湖泊、河流和野生动物，并应对生物有同情心。该条款的社会义务扩大了"公民"的范围，允许有公益精神的公民、有环境保护兴趣的机构和非政府组织就环境保护提起和支持公益诉讼。虽然以"义务"的语言表述，但实际上是一种权利。它创造了有利于公民的权利，使他们有权向法院提起诉讼，以确保邦政府忠实地履行保护环境的义务。⑤ 在萨奇丹潘迪（Sachidanand Pandey）诉西孟加拉邦⑥一案中，印度最高法院认为："本院必须牢记第

---

① Peoples Union for Civil Liberties v Union of India AIR 1997 SC 568.
② River Cordes-Holland, "The National Interest or Good International Citizenship? Australia and its Approach to International and Public Climate Law" in B. Jessup and K. Rubenstein (eds.), Environmental Discourses in Public and International Law (CUP 2012) 286, 288.
③ (1996) 5 SCC 647, 660.
④ Jaswal and Jaswal (n 2) 48; Divan and Rosencranz (n 7) 41.
⑤ L. K. Koolwal v. State of Rajasthan AIR 1988 Raj 2; Nature Lovers Movement v. State of Kerala AIR 2000 Ker 131.
⑥ AIR 1987 SC 1109.

48A条和第51A（g）条……当被要求执行指示原则和基本义务时，本院不会耸耸肩简单地说优先次序是一个政策问题，这其实是政策制定权威的问题。法院至少可以在审查时考虑相关因素排除无关因素。法院应当对此给予经常性的必要指导。"①

1976年宪法第42修正案的结果是通过了关于保护和改善环境的政策声明。1992年《国家保护战略》和《关于环境与发展的政策声明》、1992年《减少污染政策》等政策声明为保护和改善环境达成了国民的广泛共识。② 例如，减少污染的政策强调了公民在环境保护方面的责任，并指出："公民和非政府组织在环境监测中发挥作用，因此允许他们完善监管制度，并承认他们的专业知识和他们的忠诚与警惕性，也会产生一定的经济效益。"③

以上具体规定反映了环境保护在宪法上的地位。这反映了印度法律的积极发展进程，而对国际公约的吸收借鉴又进一步加强了这些宪法性规定。

二 监管框架与环境保护

印度的政策和法律试图变得综合且严格，特别是因为1984年的博帕尔农药事件的悲剧。④ 印度的监管范式提供了一个综合的法律、规则和标准框架，以及一个发达的制度结构。1990年以来，尽管越来越多的印度民众认识到使用经济和财政政策工具以控制污染的重要性，但管理人员的

---

① Ibid., 115. See also T. Damodhar Rao v. S. O. Municipal Corporation AIR 1987 A. P. 171; M. C. Mehta v Union of India (2002) 4 SCC 356; Kinkri Devi v. State of Himachal Pradesh AIR 1986 H. P. 4; Indian Council for Enviro-Legal Action v. Union of India (Bichhri Case) AIR 1996 SC 1446.

② Divan and Rosencranz (n 7) 36-37.

③ Ministry of Environment and Forests, Government of India, Policy Statement for Abatement of Pollution (26 February 1992), para 11. 1.

④ Union Carbide Corporation V union of India (1989) 2 SCC 540. 这是工业历史上前所未有的灾难。1984年12月23日午夜前后，位于中央邦博帕尔的联合碳化物印度有限公司（UCIL）农药厂泄漏了一种甲基异氰酸酯气体和其他毒素。UCIL是美国联合碳化物公司的印度子公司，现在是陶氏化学公司的子公司。松懈的标准导致了这场悲剧，导致超过50万人暴露在致命气体中。官方公布的死亡人数为3787人，但其他机构估计为15000人。这种可怕的影响一直持续到今天。该工厂继续泄漏和污染，影响了成千上万依赖地下水生存的人。See Divan and Rosencronz (n 7) 2.

首选办法仍是以命令或控制的方式控制污染。① 印度有 200 多个与环境保护直接或间接相关的法规。② 但是，本章控制污染的法将作为主要的国家环境法规被加以讨论。这些法规是 1974 年的《水（污染预防和控制）法》、1981 年的《大气（污染预防和控制）法》以及 1986 年的《环境保护法案》。

1. 1974 年《水（污染预防和控制）法》（以下简称《水法》）

水是国家的一部分，只有中央政府才能制定水污染立法。在 1972 年 6 月斯德哥尔摩人类环境问题会议之后，人们认为，应当在全国范围内制定统一的法律，处理危害人类以及动植物健康和安全的广泛环境问题。在这个趋势下，《水法》是第一部由议会颁布的法案。《水法》的颁布有两个目标，即防止和控制水污染以及保持和恢复清洁的水。它的目的是防止和控制溪流、河流、水道（自然和人工）、内陆水域、地下水、海洋和潮汐水的污染。

这也是第一个具体且全面的立法，同时以制度化的管理机构控制水污染。中央和邦的污染控制委员会就是通过这一法案而成立的。《水法》规定设立中央污染控制委员会（CPCB）和邦污染控制委员会（SPCB），并赋权给 CPCB 和 SPCB 的成员，使他们有权去实现该法案的目的。委员会的权力包括为向水体排放污染物的工厂制定和执行排污标准；批准、拒绝或设置同意解除申请的条件；检查污水或工商业废水，以及处理污水和工商业废水的工程和工厂；审查为水处理而设立的工厂、为水处理而设立的工程、污水处理系统或工业废水处理系统有关的计划、规范或其他数据，或与该行为所要求任何同意授予有关的计划、规范或其他数据；并发展出经济可靠的污水和贸易废水处理方法。

《水法》第 25 条和第 26 条规定，未经邦委员会事先同意，不得建立任何工业、操作过程或任何处理和处置系统。在未经委员会同意的情况

---

① 该研究表明，财政激励措施（包括税收优惠、污染税或可交易的污染许可）的使用一直相当有限，而且印度似乎没有认真尝试使用这些措施。自然资源管理是通过中央（如环境与森林部和农业部的方案）和国家预算的拨款进行的。See D. Chakraborty and K. Mukhoopadhyay, Water Pollution and Abatement Policy in India: A Study from an Economic Perspective (Springer Netherlands 2014) 144 – 145; M. N. Murty and Surender Kumar, "Water Pollution in India: An Economic Appraisal" (2011) India Infrastructure Report Water: Policy and Performance for Sustainable Development 290-293; S. Kumar and S. Managi, The Economics of Sustainable Development: The Case of India (Springer 2009) 45.

② Indian Council for Enviro Legal Action v. Union of India 1996 (5) SCC 281, 293.

下，任何行业或流程都不得将污水或商业污水排放到河流、井、下水道或土地中。排放超过标准、违反《水法》第 25 条或第 26 条规定的，应处以一年半以上有期徒刑，甚至可延长至六年以上，并处罚金。[①] 如果继续违法，在违法期间每天额外罚款 5000 卢比。一年以上不履行的，处二年以上有期徒刑，甚至可以延长到七年以上有期徒刑，并处罚金。如果违反了委员会根据《水法》第 28 条的命令，该行业可以提出上诉。根据《水法》第 33-A 条，如果任何污染行业持续违反规定，委员会可以发出关闭工业、禁止或规范行业的指示，并切断电力、水和其他服务。

2. 1981 年《大气（污染预防和控制）法》（以下简称《大气法》）

《大气法》旨在保持大气质量和控制大气污染，规定了预防、控制和减轻大气污染的措施。《大气法》的框架与《水法》类似。为了采取综合方法处理污染问题，《水法》扩大了中央污染控制委员会（CPCB）和邦污染控制委员会（SPCB）的职权范围，将空气污染管制包括在内。

《大气法》通过调整 CPCB 和 SPCB 的职能，确立了国家大气环境质量标准，以此来协助政府规划未来环境污染防控策略、开展研究、加深对环境问题的了解。同时规定了全国范围内大气采样制度，以确定印度的大气环境质量并识别存在大气环境质量的具体区域，在相关区域进行大气质量检查。《大气法》授权邦政府将本邦内的任何地区宣布为"大气污染控制区"。[②]

《航空法》第 21 条规定，所有行业在运营前必须征得 SPCB 的许可。该行业的运作取决于是否满足 SPCB 规定的减轻污染条件。这些条件包括安装经批准的控制设备、更换或变更现有的控制设备、根据规格建造烟囱，以及 SPCB 规定的其他可能条件。以上许可事项会根据本法案更新而不定期调整。因此，任何因许可而受到损害的人，或对许可条件的遵守提出质疑的人，都可以依据《航空法》向上诉机构提出申请。

为了履行该法规定的义务，SPCB 成员有权在合理时间内介入检查，获取有关企业排放的大气污染物的类型及此类大气污染物排放水平的信息，采集各类烟囱、烟道或管道的大气污染样本或排放物以进行分析。重要的是，第 31-A 条授权委员会可做出包括关闭、禁止或监管排污企业，

---

① Sections 43 and 44 of the Water Act.
② 大气污染控制区是指一国领土的具体区域。在该区域，州政府可以与污染控制委员会协商后，制定具体的污染物排放标准，管制燃料的使用或禁止任何材料的燃烧。

以及停止或监管电力、水或其他服务供应的处理措施。

该法第37条规定了对违反强制性条款和实施被标记为"犯罪"的行为的严厉处罚，这些罪行包括未经许可在大气污染管制区内经营或设立工厂，排放超过SPCB规定标准的空气污染物，以及违反委员会发出的任何命令。该法规定，最高可处以10000卢比的罚款和3个月至6年的监禁，如果水或大气污染在定罪后持续1年以上，将处以每天罚款5000卢比，并监禁2—7年。

3. 1986年《环境保护法案》

博帕尔惨案发生后，为了执行1972年斯德哥尔摩会议上做出的决定，根据印度《宪法》第253条颁布了《环境保护法案》。这是与保护和改善环境[①]以及防止对人类、其他生物、植物和财产的危害有关的最全面的法案。根据该法案的目标和理由声明，"监管机构的多样性亟须建立一个权威机构，该机构对环境安全的长期研究、规划和实施起领导和指导作用，协调快速而充分的反应系统，以应对威胁环境的紧急情况"[②]。

《环境保护法案》第3（1）条规定，中央政府有权采取其认为必要或适当的一切措施，以保护和改善环境质量，控制和减少环境污染。这些措施包括：协调各邦政府根据本法和与本法目标有关的其他法律采取的行动；规划和执行预防、控制和减少环境污染的方案；制定标准；限制产业经营范围；开展和赞助调查及研究；环境污染防治检查；实验室的建立和认可；收集和传播信息；以及编写手册、守则和指南。

根据第3（1）条所赋予的权力，中央政府于1994年1月27日发布了环境影响评估（EIA）通知，规定对任何活动的扩展或现代化、设立附表1所列新工程项目，必须进行环境清除（EC）。自那时起，1994年环评（EIA）通知书已做出12项修订。2006年9月14日，中央政府出台了新的环境影响评估（EIA）立法。规定以下活动必须事先获得EC通知：采矿、自然资源的开采、发电；初级加工；材料生产和加工；制造；服务部门；有形基础设施以及建筑和地区开发。中央政府出台了新的2020年环评（EIA）草案，以取代2006年的环评通报。政府认为，新草案将提高透明度并加快这一进程。然而，2020年的环评（EIA）草案遭到了强烈

---

① 第2（a）节将"环境"定义为包括水、空气和土地，以及人类、其他生物、植物、微生物和财产之间的相互关系。

② Sahasranaman（n 3）16.

的抵制，因为它"似乎有利于行业发展，但是，又似乎在很大程度上忽视了可持续发展和环境保护之间的平衡"①。

根据第3（3）条，《环境保护法案》授权中央政府建立一个或多个权力机构来行使中央政府的权力。这些权力包括1997年的中央地下水管理局，② 1996年生态损失（预防和支付赔偿）管理局，③ 1998年国家首都地区环境污染（防治）局，④ 2003年泰姬陵梯形区污染（防治）管理局，⑤ 2009年国家恒河流域管理局，⑥ 1997年水产养殖管理局，⑦ 2001年水质评估局⑧。

中央政府行使第3条、第6条和第8条及第25条赋予的权力，制定了各种规则来保护环境免受污染。一些重要的规则包括1989年《危险废物（管理和处理）规则》、1989年《危险化学品制造、储存和进口规则》、1989年《危险微生物规则》、1996年《化学品事故（应急规划、准备和响应）规则》、1998年《生物医疗废物（管理和处理）规则》、1999年《再生塑料制造和使用规则》、2000年《城市固体废物（管理和处理）规则》、2000年《噪声污染（管理和控制）规则》；2000年《消耗臭氧层物质（监管）规则》；2001年《电池（管理和处理）规则》。

同样，根据《环境保护法案》，中央政府拥有广泛的权力。其中包括：下令关闭、禁止和监管任何行业，停止或监管电力、水或其他服务的供应（第5条），规定不同地区和用途的水、大气和土壤的质量标准（第6条），进入和检查的权力（第10条），以及采集和分析样本（第11条）。

《环境保护法案》对那些危及人类环境、安全和健康的人规定了威慑性惩罚。第15条规定，任何人如不遵守或违反本法的规定，以及根据本法制定的规则、命令或指示，对于每一项此类不遵守或违法行为，应处以五年以下的监禁或可达1万卢比的罚款，或两者并罚。如果在第一次违法违规定罪后，违法违规行为仍在继续，可以处以每天5000卢比的额外罚

---

① A Mohanty, "Why draft EIA 2020 needs a revaluation" Down to Earth (Delhi 6 July 2020).
② 对地下水的监管和控制，为期一年，根据第5（1）条有权发布指示。
③ 控制泰米尔纳德邦制革厂和其他污染行业造成的局面。这个成立11年的机构被赋予执行"预防和污染者付费"原则的权力。
④ 监测环境和森林部关于车辆污染的行动计划的进展情况。
⑤ 监测泰姬陵梯形区域的污染，包括阿格拉和巴拉特普尔地区。
⑥ 负责恒河的保护。
⑦ 负责拆除成本管制区、普利卡特和奇利卡的养虾场，为期一年。
⑧ 负责水质和资源管理。

款。如果违法违规行为持续超过一年，自定罪之日起，罪犯应处长达七年的监禁。

因此，很明显，上述环境立法为反污染法律提供了一个有效的法律框架。然而，这些立法的执行情况远远不能令人满意。体制机制的矛盾和差距导致环境立法执行不力。政治领导和行政当局在履行其宪法职能和法定职责方面都无能为力，加上公共部门普遍效率低下和腐败，[1] 使印度司法系统特别是最高法院，在公众关注的问题上成为弱势群体利益的保护者。正如下一部分所讨论的那样，印度司法机构发挥了积极主动的作用，通过创新过程提供补救。

三 印度司法与环境正义

环境正义包括环境利益与环境负担的分配，[2] 即在政治和文化领域对受压迫的个人和群体的承认，[3] 并侧重参与机制的程序设计。[4] 然而，本部分仅限于"恢复民主"这一强有力的程序层面，即通过"协商和民主参与，以及在个人、群体和自然界非人类部分之间的能力建设"[5] 来"恢复民主"[6]。程序性因素已载入《斯德哥尔摩宣言》[7] 和《里约宣言》[8]，

---

[1] Divan and Rosencranz (n 7) 3. 执法部门的疏忽或表现不佳、多层次的腐败、政治干预或冷漠，以及个人利益等因素是导致这一失败的根源。

[2] L. Pulido, Environmentalism and Economic Justice (University of Arizona Press, 1996) xv-xvi; H. Brighouse, Justice (Polity Press: Cambridge 2004) 2; M. Walzer, Spheres of Justice (University of California Press 1983) 6.

[3] I. Young, Justice and the Politics of Difference (Princeton University Press: California, 1990) 22; P. Taylor, Respect for Nature: A Theory of Environmental Ethics (Princeton University Press: California, 1986); A. Honneth, "Integrity and Disrespect: Principles of Morality Based on the Theory of Recognition" (1992) 20 (2) Political Theory 187-201.

[4] R. Holifield, M. Porter and G. Walker, Spaces of Environmental Justice (John Wiley and Sons: Chichester, 2011) 10; D. Schlosberg, Defining Environmental Justice: Theories, Movements and Nature (OUP Oxford 2007) 25-29.

[5] K. Shrader Frechette, Environmental Justice: Creating Equality, Reclaiming Democracy (OUP Oxford 2002).

[6] D. Schlosberg, "Reconceiving Environmental Justice: Global Movements and Political Theories" (2004) 13 Environmental Politics 517-540.

[7] United Nations Conference on the Human Environment, UN Doc. A/Conf. 48/14/Rev. 1, Arts 1 and 22.

[8] United Nations Conference on Environment and Development, UN Doc. A/Conf. 151/5/Rev. 1, 13 June 1992, Art. 10.

以及《奥胡斯公约》中。① 在这方面，通过一个可行的司法机构，即印度最高法院和国家绿色法庭（NGT）进行司法救济是恢复环境损害的一种手段，并且对保护和实现合法利益极其重要。

（一）印度最高法院和环境公益诉讼

积极且富有创造性的印度环境司法促使环境状况发生了根本性改变。1980年，最高法院将公益诉讼（PIL）确立为一种"补偿公共伤害，执行公共义务，保护社会、集体'分散'的权利和利益或维护公共利益"的程序工具。公益诉讼的本意不是为了谋取政治利益，解决个人恩怨，或者打官司。② 在 SP Gupta 诉印度联盟案③中，Bhagwati J. 说：

> ……如果一个人或一类人因侵犯宪法或法律权利而在法律上产生错误或伤害后果，或违反宪法或法律规定或未经法律授权而导致的任何负担，或者某人因贫困、无助、残疾、社会或经济上的弱势地位而无法向法院寻求救济，任何公众成员都可以根据第226条向高等法院寻求适当指导、命令或提出书面申请。如果侵犯了该人或确定的人的任何基本权利，可以根据第32条向本法院提出（公益诉讼）。④

司法机关通过创新和创造性的环境公益诉讼的司法手段赢得了公众的尊重和信誉。最高法院通过森林法官席（2013年更名为"绿色法官席"）定期就森林覆盖、非法采矿、破坏海洋生物和野生动物以及与污染有关的事项下达命令和指示。⑤ 环境公益诉讼是上级司法机关对国家不

---

① Convention on Access to Information, Public Participation in Decision-making and Access to Justice in Environmental Matters (came into force, 30 October 2001) Arts 1 and 9.

② S. P. Sathe, Judicial activism in India (OUP New Delhi 2002) 217; see also Kesavananda Bharathi v. State of Kerala (1973) 4 SCC 225; P. N. Bhagwati, 'Judicial Activism and Public Interest Litigation' (1984) 23 Columbia Journal of Transnational Law 561.

③ S. P. Gupta v. Union of India 1981 Supp (1) SCC 87.

④ S. P. Gupta v. Union of India 1981 Supp (1) SCC 211.

⑤ Delhi Jal Board v. National Campaign for Dignity and Rights of Sewerage and Allied Workers (2011) 8 SCC 574; M. C. Mehta v. Kamal Nath (2000) 6 SCC 213; State of Uttranchal v Balwant Singh Chaufal (2010) 3 SCC 40; Subhash Kumar v. State of Bihar (1991) 1 SCC 598; Indian Council for Enviro-Legal Action v. Union of India (1996) 3 SCC 212; Narmada Bachao Andolan v. Union of India (2000) 10 SCC 664; Karnataka Industrial Areas Development Board v. C Kenchappa AIR 2006 SC 2038; M. C. Mehta v. Kamal Nath (1997) 1 SCC 388.

作为或国家机构未能履行其法定职责导致危及或损害《宪法》保障的人民生活质量的行为做出回应的产物，促使环保主义者、非政府组织和受影响的公民向法院，特别是高级司法机构寻求补救行动。在此背景下，环境公益诉讼具有变革性，因为它为环境恶化的受害者提供了诉诸司法的机会。在过去的20年里，法院将人权和环境联系在一起，受理来自各个方面寻求补救的公益诉讼诉请，包括在缺乏立法的情况下提供指导方针和指示。①

环境法学的扩展是实质性创新和程序性方法共进的结果，目的是使人权有效并促进环境讨论。实质性方法包括将生命权这一人权，扩展到健康环境权。第21条是保障生命权的一项基本权利。② 印度《宪法》第21条反映了美国大法官威廉·布伦南（William Brennan）对活生生的宪法的愿景，这有助于理解并为人类尊严提供一个宽泛的表述。③ 印度司法部门解释了印度《宪法》第21条，该条允许保护公民享有有尊严的生活质量的权利，这体现了布伦南的远见卓识。④ 然而，如果没有环境权，人的尊严就会变成幻觉。随后，印度最高法院在Virender Gaur诉哈里亚纳邦一案⑤中指出：

> 第21条将生命权作为一项基本权利加以保护。享受生活……包括有尊严地生活的权利，包括保护环境、不受空气和水污染的生态平衡、卫生设施，没有这些就无法享受生活。任何反向行为或行动都会造成环境污染。环境、生态、空气和水的污染等都应被视为违反了第21条。因此，卫生环境是健康生活权的组成部分，没有人类健康的环境，人类就不可能有尊严地生活……⑥

---

① G. N. Gill, "Human rights and the environment in India: access through public interest litigation" (2012) 14 Environmental LR 201; Sathe (n 52) 210.

② 印度《宪法》第21条规定："除非按照法律规定的程序，否则不得剥夺任何人的生命或人身自由。"

③ William J. Brennan, "The Constitution of United States: Contemporary Ratification" (speech given at Georgetown University as part of its Text and Teaching Symposium, Georgetown University 12 October 1985).

④ 在Francis Coralie v. Delhi（AIR 1981 SC 746）中，巴加瓦蒂（Bhagwati）法官表示："我们认为生命权包括有尊严地生活的权利以及与之相关的一切权利，即生活的基本必需品，如足够的营养、衣服和住所，以及以各种形式阅读、写作和表达自我的设施。"

⑤ (1995) 2 SCC 577; also see Municipal Corporation of Greater Mumbai v. Kohinoor CTNL Infrastructure (2014) 4 SCC 538; Court on its Own Motion v. Union of India (2012) (12) SCALE 307; In re Noise Pollution AIR (2005) SC 3136.

⑥ (1995) 2 SCC 580-581.

重要的是，最高法院认为，第 48A 条、第 51A（g）条和第 21 条是相辅相成的，并能够在环境案件中适时地发出必要的指示。第 48A 条赋予国家的义务应被理解为，根据第 51A（g）条赋予公民相应的权利，因此，第 21 条下的权利至少应当被理解为在其范围内包含同样的权利。在 Tirupathi 诉 State of AP 一案①中，最高法院指出：

> 保护环境和自然资源已被赋予一项基本权利的地位，并纳入印度《宪法》第 21 条。除此之外，第 48A 条和第 51A（g）条对国家治理至关重要，要求国家在制定法律时适用这些原则。此外，在理解包括第 21 条在内的《宪法》保障的基本权利的范围和宗旨时，应牢记这两条。②

实质性的变化不仅包括作为生命权一部分的环境权，而且包括国际环境法原则的派生适用，即预防原则和污染者负担原则、代际公平和公共信任原则。③ 例如，在 Vellore 公民福利论坛诉印度联盟案④中，法院指出："预防原则和污染者负担原则已被接受为国家法律的一部分。《宪法》第 21 条保障了对生命和自由的保护。"⑤

相关的程序性扩展为这些实质性权利的落实提供了平台。它包括对代表地位（代表地位和公民地位）的更广泛理解，⑥ 将写给法院的信件解释为请愿书，任命事实调查委员会，并将执行指示作为持续

---

① （2006）3 SCC 549.
② （2006）3 SCC 576.
③ Deepak Nitrate v. State of Gujarat （2004）6 SCC 402; AP Pollution Control Board v. Nayudu I. （1999）2 SCC 718; L Rajamani, "Public Interest Litigation in India: Exploring Issues of Access, Participation, Equity, Effectiveness and Sustainability" （2007）19/3 Journal of Environmental Law 293; G. Sahu, "Implication of Indian Supreme Courts Innovation for Environmental Jurisprudence" （2008）4/1 Law, Environmental and Development Journal 3-19.
④ （1997）3 SCC 715.
⑤ （1997）3 SCC 720.
⑥ 代表资格允许任何公众善意地对因贫困、残疾、社会或经济上处于不利地位而无法向法院寻求司法保护其基本权利的受害者的人权受到侵犯提出索赔。代表穷人和部落的非政府组织和环境活动家通过这一程序进入法院。公民身份为公众不满寻求补救提供了一个平台；这影响的是社会，而不是个人的不满。See generally Indian Council for Enviro-legal Action v. Union of India （1996）3 SCC 21; In re Judges Transfer Case AIR （1982）SC 149; Almrita Patel v. Union of India Writ Petition No. 888 of （1996）; M C Mehta v. Union of India AIR （1997）SC 734.

的职责。① 因此，司法解释用语保留了生命与环境之间的联系，并成功地将生命权和人的尊严置于环境话语之中。"合作方式、程序灵活性、司法监督的临时命令和前瞻性救济"② 总体上得到了公众的强烈支持，并获得了社会合法性。这是承认和解决公众对政府的不信任及其不作为的"印度民主的证明"③。

面对请愿书数目迅速增加、处理请愿书的费用昂贵，以及处理拖延、复杂的技术和科学问题、法院基于个人司法偏好的做法不一致、不切实际的方向和管辖权不断扩大等问题，人们对公益诉讼在环境问题中的有效性产生了怀疑。然而，最高法院并没有对环境公益诉讼产生怀疑。有人指出，最高法院犯有民粹主义和冒险主义罪，从而违反了三权分立原则。④ 然而，最高法院否认有任何此类行为。在其声明中，最高法院根据法律规定或作为其固有权力的一个方面为其行动辩护。⑤ 尽管最高法院创建了一个程序，允许穷人和有关公民通过公益诉讼诉诸法院，但事实证明，这并不是传言中的"灵丹妙药"。⑥

在这方面，法律委员会还受到了印度最高法院一些决定的影响，这些决定在判决中主张建立环境法院。审理污染控制委员会诉 M. V. Nayudu 案⑦、MC Mehta 诉 Union of India 案⑧和 India Enviro-Legal Action Council

---

① Michael G. Faure and A. V. Raja, "Effectiveness of environmental public interest litigation in India: determining the key variable" (2010) 21 Fordham Environmental LR 225; Jona Razzaque, Public Interest Environmental Litigation in India, Pakistan, and Bangladesh (Kluwer Law International 2004).

② L Rajamani (n 64) 293.

③ L Rajamani (n 64) 293.

④ VGauri, "Public Interest Litigation in India: Overreaching or Underachieving?" (2009) 5109 Policy Research Working Paper The World Bank 4; S. Dam, "Law-making beyond lawmakers: understanding the little right and the great wrong (analysing the legitimacy of the nature of judicial law-making in India's constitutional dynamic)" (2005) 13 Tulane Journal of International and Comparative Law 109; B N Srikrishna, "Judicial activism – judges as social engineers: skinning a cat" (2005) 8 Supreme Court Cases Journal 3; A. H. Desai & S. Muralidhar, "Public Interest Litigation: Potential and Problems" in B. N. Kirpal, Ashok H. Desai, G. Subramanium, R. Dhavan & R. Ramachandran (eds.) Supreme but not Infallible: Essays in Honour of the Supreme Court of India (OUP New Delhi 2000); Upendra Baxi, "How not to judge the judges: notes towards evaluation of the judicial role" (1983) 25 Journal of the Indian Law Institute 211.

⑤ Sahu (n 64) 391.

⑥ Gill (n 56).

⑦ 1999 (2) SCC 718 和 2001 (2) SCC 62.

⑧ AIR 1987 SC 965.

诉 India Union 案①三个案件的法官指出，环境案件经常涉及对复杂的科学数据和不确定性的评估，而这些评估是提交给法院的科学证据的基础。这种从外部提供的证据造成了紧张局势，原告表示担心，认为被告应作出担保。司法部门对其在复杂的环境案件中评估和纳入这种科学方法的能力表示关注。当科学知识、索赔和反诉作为法院决策的基础被制度化地纳入政策制定时，不确定性就成了一个问题。此外，通常以科学形式提出的证据可能难以验证或反驳。因此，由于不确定性或知识不足而导致的证据不充分可能无法得到适当承认或考虑。②

委员会认为，在寻求此类案件的平衡裁判时，科学性与法律性兼备的"环境法院"将更适合做出裁判。最好以环境区域为基础设立环境法庭，由一名适格的法官和两名专家负责裁判，作为加快司法程序的一部分。这样的法庭可以有更广泛的权力进行实地调查，并听取当地环境科学家小组的口头证词。③

2009 年，当绿色法庭法案在议会辩论时，④ 国家绿色法庭被认为是"环境治理改革方案的一个要素"⑤。政府建议为新的法庭建立一个巡回系统。这一动议需要创新和变革；2010 年 6 月，《国家绿色法庭法案》通过后，国家绿色法庭成立。⑥

---

① 1996（3）SCC 212.

② C. Barton, "The Status of the Precautionary Principle in Australia" (1998) 22 Harvard Environmental Law Review 509, 510-1; G. N. Gill, "A Green Tribunal for India" (2010) 22 (3) Journal of Environmental Law, 461, 462-3.

③ The Law Commission of India, 186th Report (2003) 8-9.

④ 该法案于 2009 年 7 月 31 日提交议会；2010 年 4 月 30 日在人民院（下院）通过，2010 年 5 月 5 日在上院通过。该法案在国会内外受到强烈批评。批评包括对有关环境、地位、行政经验任命规定等实质性问题的管辖权事项的限制或限制，从诉讼理由首次出现之日起的 60 天时限条款，补救命令的范围狭窄，以及一般的促进办法。因此，该法案被修改了七次，以引入必要的修改。See Gill（n 77）461；DAmirante, "Environmental Courts in Comparative Perspective: Preliminary Reflections on the National Green Tribunal of India" (2012) 29 Pace Envtl. L. Rev. 441; G. Krishna, " Red flags over green tribunal " (29 August 2009); available at https://indiatogether.org/articles/greentri-environment/print; K. Raj, "Decentralising Environmental Justice: Debating the National Green Tribunal" 49 (48) 2014 Economic and Political Weekly available at https://epw.in/journal/2014/48/web-exclusives/decentralising-environmental-justice.html.

⑤ Statement made by Jairam Ramesh, former Minister of Environment and Forests, in the Indian Parliament, April 2010, available at: http://www.igovernment.in/news/31968/india-sets-up-nationalgreen-tribunal.

⑥ The National Green Tribunal Act 2010, the Gazette of India Extraordinary (No. 19 of 2010).

(二) 国家绿色法庭

国家绿色法庭于 2010 年 10 月 18 日成立。国家绿色法庭以其适当的法官专业知识和环境事务知识，能够迅速、有效、分散地分配环境正义。国家绿色法庭于 2011 年 5 月 5 日开始运行，新德里是主要法官席的地点。法官席区域位于印度中部的博帕尔、印度南部的钦奈、印度西部的浦那，以及印度东部的加尔各答。[①] 此外，为了更方便，特别是在偏远地区，遵循法庭走向群众，而不是群众向法院提起诉讼的巡回程序。

国家绿色法庭的成立鼓励最高法院审理环境案件，并重新考虑其环境专业知识。在博帕尔天然气公司 Peedith Mahila Udyog Sangathan 诉印度联邦案[②]中，最高法院将所有正在审理的及可能审理的环境案件移交给刑事法庭，以便作出迅速而专业的判决，并避免高等法院与刑事法庭之间的命令可能发生冲突。2015 年，印度最高法院将 300 多起案件移交给印度国家法院。由首席大法官 H. L. 达图（H. L. Dattu）领导的最高法院绿色法官席（Green Bench of The Supreme Court）决定公布几个案件，以便迅速作出裁判，从而也摆脱了案件悬而未决的局面。[③] 因此，上述发展确定并加强了国家绿色法庭作为专门法庭的作用。至此，国家绿色法庭被视为一个重要的、有效的环境治理贡献者。

国家绿色法庭的组成、管辖权、权力和程序参照 2010 年《国家绿色法庭法案》的条款进行解释。[④] 本法案的解读和解释是不断进行的，目的是在审查法庭管辖权的各个方面时实现客观性，并确保法庭能够在《国家绿色法庭法案》的框架内有效解决与环境判例有关的争端或问题。[⑤]

国家绿色法庭被授权审理与环境保护、森林及其他自然资源保护有关的民事案件（包括执行与环境有关的任何法律权利），并就个人及财产遭受的损

[①] MoEF, Government of India, Notification, 17 Aug. 2011, SO 1908 E; NGT/PB/157/2013/331, 20 December 2013 (office order); NGT/PB/266/2013/281, 2 December 2013 (office order); NGT/PB/Pr/CB/97/2014/M78, 29 November 2014 (office order); NGT/PB/266/2016/299, 16 April 2016 (office order).

[②] (2012) 8 SCC 326。

[③] T. N. Godavarman Thirumulpad v. Union of India, Supreme Court Order 5 November 2015.

[④] M. P. Pollution Control Board v. Commissioner Municipal Corporation Bhopal NGT Judgment 8 August 2013.

[⑤] Sunil Kumar Samanta v. West Bengal Pollution Control Board NGT Judgment, 24 July 2014.

害给予救济和赔偿。对于与环境有关的实质性问题［第 2（m）条］① 以及因执行该法案附表一规定的法规而产生的问题,② 国家绿色法庭具有广泛的权源（第 14 条）③、上诉权（第 16 条）④ 和特别管辖权（第 15 条）⑤。国家绿色法庭的司法权范围广泛,高于一切,可在正当的情况下为了实现正义而行使司法权。⑥《国家绿色法庭法案》规定的申请或上诉的费用较低,并要求在申请或上诉后 6 个月内对案件作出裁判。

自 2010 年成立以来,国家绿色法庭的裁判程序是,由具有平等地位的联合决策者,即法官与具有环境知识的科学专家共同判断。这个多方面、多技能机构的好处产生了一个连贯和有效的体制机制,以统一和一致的方式适用复杂的法律和原则,同时从源头上重塑解决环境问题的方法,而不是仅限于预先确定的补救措施。在国家绿色法庭的规范结构中,科学专家是"中心",而不是"顾问"。就目前而言,术语"专家"不包括司法人员,而是指具备专业科学知识的技术人员,包括从事环境科学、环境研究、环境工程、技术、生态学、林业、植物科学、土壤科学、动物学以及相关类别的技术人员。此外,有经验的科学家、有经验的生态学家和自然资源管理人员也被认为是专家。⑦

同时具备法律和科学知识的法官的参与,使得国家绿色法庭在实体和

---

① "实质性"一词意味着真实的和有形的,而不是想象的,不需要严格的数量或比例评估。See Rohit Choudhary v. Union of India (NGT Judgment 7 September 2012); Satpal Singh v. Municipal Corporation Gardhiwala (NGT Judgment 23 April 2013); Rayons – Enlightening Humanity v. Union of India (Judgment 18 July 2013); Vardhman Kaushik v. Union of India (NGT Orders in 2014, 2016, 2018 and 2019); Neel Choudhary v. State of M. P. (NGT Judgment 6 May 2014); Forward Foundation v. State of Kerala (NGT Judgment 7 May 2015); Indian Spinal Injuries Hospital v. Union of India (NGT Judgment 27 January 2016); Global Warming Environment Protecting Society v. Chief Secretary Tamil Nadu (2018 SCC OnLine Mad 8632); Satendra Pandey v. MoEF & CC (2018 SCC OnLine NGT 1280); State of M. P. v. Centre for Environment Protection Research and Development (2020 SCC OnLine SC 687).

② 附表一的规定包括:1974 年《水（污染预防和控制）法》;1977 年《水（污染预防和控制）处理法》;1980 年《森林（养护）法》;1981 年《空气（污染预防和控制）法》;1986 年《环境保护法案》;1981 年《公共责任保险法》;以及 2002 年《生物多样性法案》。

③ 因此,原申请的主题应是民事案件,并涉及有关环境的实质性问题。

④ 审裁处是受理上诉的当局,有权就有关法律和事实的问题,对当局根据附表一所列法规所通过的命令和决定作出裁决。

⑤ 审裁处有特别管辖权,可命令救济及赔偿根据附表一所列法律所引致的污染及其他环境损害的受害人,以便在审裁处认为合适的范围内归还受损的财产和恢复环境。

⑥ Wilfred J. v. Ministry of Environment and Forests NGT Judgment 17 July 2014.

⑦ G. N. Gill, Environmental Justice in India: The National Green Tribunal and Expert Members', Transnational Environmental Law Journal (2016) 5 (1), pp. 175–205.

程序方面都得到了扩大和发展,从而指导在环境问题上的判断。实质上,国家绿色法庭通过保护生命和健康环境之间的联系,并通过成功地将人权纳入环境话语,发展了环境判例及其实际应用。在司法声明中,健康环境权已被解释为印度《宪法》第 21 条规定的生命权的一部分。[①] 实质性方法还包括衍生适用国际法原则,这些原则是结合国内宪法对健康环境的权利来理解的。《国家绿色法庭法案》第 20 条授权法庭在其决策过程中适用可持续发展原则、预防原则和污染者负担原则。

预防原则作为一项极其重要的规范,在国家绿色法庭实践中的应用事关充分论证的科学知识如何支持预防和禁止损害的风险的发生。[②] 国家绿色法庭的有效评估促进了这一原则的司法适用。作为绩优法院,国家绿色法庭是主要决策者,可以进行深入地审查,这不仅涉及法律,而且涉及支持一项决定的技术评估。[③] 预防原则的应用会导致不同的方向和监管行动,包括禁止、限制、警告要求、逐步淘汰或排除科学信息。[④] 更重要的是,预防的程度反映了改善环境管理以及预防和减轻潜在威胁的积极态度。事实上,现代风险因素变得更加复杂、影响深远,并对公共卫生和环境产生不利影响。它在印度环境法学中被用作改善健康和环境决策的

[①] National Centre for Human Settlements and Environment v State of M. P. 2020 SCC OnLine NGT 2578; Sushila Touring Hotel v. Uttarakhand Environment Protection and Pollution Control Board 2020 SCC OnLine NGT 1366; Tribunal on its own motion v. Chief Secretary to Government of Tamil Nadu 2020 SCC OnLine NGT 2010; Federation of Rainbow Warriors v. Union of India Order 21 August 2018; Citizens for Green Doon v. Union of India Order 8 October 2018; Manoj Mishra v. Union of India Judgment 13 January 2015; Tribunal on Its Own Motion v. Secretary of State Judgment 4 April 2014; Durga Dutt v. State of Himachal Pradesh Judgment 6 February 2014; M/S Sterlite Industries Ltd v. Tamil Nadu Pollution Control Board Judgment 8 August 2013.

[②] Dinesh Chahal v. Union of India NGT Order 30 April 2019; Anil Tharthare v. The Secretary, Environment Department, Govt. of Maharashtra NGT Order 11 February 2019; Saloni Ailawadi v. Union of India NGT Order 7 March 2019; Westend Green Farms Society v. Union of India NGT Order 2 November 2018; Vardhman Kaushik v Union of India Judgment 10 November 2016.

[③] G. N. Gill, "Precautionary Principle, Its Interpretation and Application by the Indian Judiciary: 'When I Use a Word It Means Just What I Choose It to Mean-Neither More Nor Less' Humpty Dumpty" (2019) 21 (4) Environmental Law Review 292; and G. N. Gill, "The National Green Tribunal, India: decision-making, scientific expertise and uncertainty" (2017) 29 Environmental Law and Management 82.

[④] Asim Sarode v. Maharashtra Pollution Control Board Judgment 6 September 2014; NAB Lions Home for Aging Blind v. Kumar Resorts Judgment 26 May 2015; Vanashakhti Public Trust v. Maharashtra Pollution Control Board Judgment 2 July 2015; Indian Council for Enviro-legal Action v. Ministry of Environment, Forests and Climate Change Judgment 10 December 2015; and Satara Municipal Council v. Ministry of Environment, Forests and Climate Change Judgment 9 February 2017.

工具。

国家绿色法庭对污染者负担原则的适用范围包括修复受损的环境、污染者有责任支付受害者个人的损失以及扭转被破坏的生态的成本。[1] 根据违法行为的性质和后续影响，国家绿色法庭做出了各种不同的处罚决定。违规行为包括污染者不遵守环境标准，[2] 违反影响环境的清理条件，[3] 违反污染标准的商业"集体用户群"经营的工业单位、[4] 国家和监管部门的疏忽和失职导致了污染，[5] 大量不同种类的污染源，如机动车或城市废物排放，[6] 以及影响社区生活和生计的活动等。[7]

国家绿色法庭是可持续发展的一个支点。[8] 可持续发展原则在具有战略性和国家重要性的项目，以及保护人民的更大利益方面的应用上，提出了涉及复杂协同和权衡的重要挑战。同时，国家绿色法庭认识到，发展是任何务实和进步的社会的本质，它建立在平衡行动的基础上，包括保护生

---

[1] InRe: Gas Leak at LG Polymers Chemical Plant in R. R Venkatapuram Village Visakhapatnam in Andhra Pradesh (Order 8 May 2020); Mantri Techzone Private Ltd v Forward foundation (2019) 18 SCC 494; L. G. Polymers v. Union of India 2020 SCC OnLine NGT 129; Hindustan Coca Cola Beverages Pvt Ltd. v West Bengal Pollution Control Board NGT Judgment 19 March 2012.

[2] Himanshu R Borat v. State of Gujarat Judgment 22 April 2014; Krishan Kant Singh v. National Ganga River Basin Authority Judgment 16 October 2014; Krishan Kant Singh v. Daurala Sugar Works Distillery Unit Judgment 9 November 2015; and Gurpreet Singh Bagga v. MoEF (2016) SCC Online NGT 92.

[3] Forward Foundation v. State of Karnataka Judgment 7 May 2015; Ajay Kumar Negi v. Union of India Judgment 7 July 2015; andHazira Macchimar Samiti v. Union of India Judgment 8 January 2016.

[4] R. K. Patel v. Union of India Judgment 18 February 2014; Vanashakti Public Trust v. Maharashtra Pollution Control Board Judgment 2 July 2015; and Ravindra Bhusari v. MoEF Judgment 6 November 2015.

[5] See https://timesofindia.indiatimes.com/city/delhi/ngt-fines-delhi-govt-rs-50-crore-for-not-taking-action-against-illegal-steel-pickling-units/articleshow/66236161.cms; 和 https://www.india.com/news/agencies/ngt-slapsfine-on-up-for-failure-to-submit-report-on-ethanol-distilleries-3041865/.

[6] Manoj Misra v. Union of India Order 8 May 2015; and Vardhman Kaushik v. Union of India Order 7 October 2015.

[7] Shri Sant Dasganu Maharaj Shetkari v. The Indian Oil Corporation Ltd. Judgment 10 November 2014; Ramdas Janardan Koli v. Ministry of Environment and Forests Judgment 27 February 2015; and Mukesh Yadav v. State of Uttar Pradesh Judgment 26 February 2016.

[8] Sandeep Mittal v. Ministry of Environment and Forests, and Climate Change NGT Order 1 February 2021; Sumit Kumar v. State of Himachal Pradesh NGT Order 16 July 2020; K. G. Mohanaram v. T. N. Pollution Control Board NGT Judgment 22 April 2015; Leo Saldhana v. Union of India NGT Judgment 27 August 2014; Lower Painganga Dharan Virodhi v. State of Maharashtra NGT Judgment 10 March 2014.

态和改善公民福祉的文明、政治、文化、经济和社会的全面进程。① 因此，可持续发展应该满足发展的要求，这些发展因环境而维持，无论是否有重大的不利影响，都要顾及公众利益，而不是少数人或群体的利益。对国家绿色法庭来说，如果一个项目有利于更广泛的公众，那么给少数人带来的不便是可以接受的。权益平衡，尽管困难且有争议，但涉及政策选择和升值幅度原则的应用。② 做出这些选择需要做出决定，不仅关乎风险监管，还包括明确多大程度的保护是足够的，以及是否可以通过将资源转移到其他用途来更有效地实现环境保护的目的。因此，将可持续发展迅速而有力地纳入国家绿色法庭决策过程，可以实现和维持生态上可持续的人类发展。

国家绿色法庭在其解决环境争端的承诺中发展和扩大了其程序和权力，并推进了对所有参与者表示平等尊重并确保机会平等的参与机制。使用"自主权力"程序有助于国家绿色法庭在程序上的扩展。③ 国家绿色法庭的环境纠纷诉讼在本质上并非简单的对抗性诉讼。它在本质上是准对抗性、准调查性和准询问性的。例如，根据《国家绿色法庭法案》第18(2)条，诉讼地位在"受害方"一词中得到了自由的和灵活的解释。国家绿色法庭自由地解释受害方一词，为被剥夺者权利和有代表性的非政府组织创造了易于接受的机会，受害方一词源于公益诉讼。④ 通过倡导平等参与，国家绿色法庭旨在缓解不平等，提高个人和社区在印度环境正义话语中的认可度、能力和运作水平。在环境问题上，损害不一定局限于当地区域，因为环境退化的影响可能会产生超出附近地区的深远后果。因此，受害方不一定是当地居民，任何人不论是否是当地居民，也不论是本人

---

① G. N. Gill, Environmental Justice in India: The National Green Tribunal (Routledge London 2017) 136.

② Sarang Yadwadkar v. Commissioner Judgment 11 July 2013; Shobha Phadanvis v. State of Maharashtra Judgment 13 January 2014; K. L. Dagale v. Maharshtra Pollution Control Board Judgment 18 February 2015; and Citizens for Green Doon v. Union of India Order 8 October 2018.

③ 在索摩图诉讼中，在当事人缺席的情况下，法院按自己的意志行事。有趣的是，2010年的 NGT 法案并没有明确规定启动索摩图（motu）程序的权力。在 Municipal Corporation of Greater Mumbai v. Ankita Sinha (2021 SCC online SC 897) 案中，印度最高法院确认了 NGT 的索摩图权力。最高法院为了 NGT 的有效运作，声明"捍卫第21条权利的义务不能站在狭窄的解释范围内"。为了更大的公共利益，必须允许程序性规定与在环境领域援引的实质性权利相一致。这个专门论坛被赋予了确保环境保护的责任。

④ State of Uttranchal v. Balwant Singh Chaufal 2010 3 SCC 402; M. C. Mehta v. Kamal Nath 2006 SCC 213; In re Noise Pollution AIR 2005 SC 3136.

的、直接的受害或是其他受害方都可以诉诸法庭。① 此外，国家绿色法庭采用一定的方法快速地实现环境正义，包括在印度各地开展电子请愿活动，使用地理标记、视频会议技术，以及运用用户友好型网站，提供关于案件、报告和指导文件的详细信息。②

采用现场调查程序、利益相关者协商和任命委员会都是程序扩大的实例，目的是解决环境争端和引入问责制。③ 由最高法院批准的现场调查程序包括由专家成员调查受影响的地区。④ 该程序涉及比较和对照当事各方提出的相互矛盾的索赔，或获取更多详细信息来评估实际情况。利益相关方磋商是一个解决问题的过程，旨在寻求对国家具有重要性和更广泛的影响的环境案例的解决方案，如正在进行的恒河⑤、亚穆纳河⑥和空气污染案件⑦。监管当局只会指责的游戏态度和怠惰因循，已被提交有时限的具体提案和建议所取代。最初，监管部门对这一过程漠不关心，甚至不愿认真对待。然而，国家绿色法庭的决定和执行使当局以适当和及时的方式作出了新反应。

自2018年以来，国家绿色法庭对案件进行了分类和优先排序，⑧ 并成立了超过175个专家监督委员会⑨。委员会可不受拘束地揭示印度环境

---

① Kishan Lal Gera v. State of Haryana 2015 ALL (I) NGT Reporter (2) (Delhi) 286; Sri Ranganathan v. Union of India (2014) ALL (I) NGT Reporter (2) (SZ) 1; Vithal Gopichand Bhugersay v. Ganga K. Head Sugar and Energy Ltd (2014) ALL (I) NGT Reporter (1) (SZ) 49; Betty C. Alvares v. State of Goa NGT Judgment 14 February 2014; Goa Foundation v. Union of India NGT Judgment 18 July 2013; Jan Chetna v. Ministry of Environment and Forests NGT Judgment, 9 February 2012.

② G. N. Gill, The National Green Tribunal, India: Evolving Adjudicatory Dimensions of a specialized Forum' (2019) 49 (2-3) Environmental Policy and Law 153.

③ NGT使用了第19（2）和25条来实现其自我扩张的权力。

④ Gill (n 106) 166-167. See also Forward Foundation v. State of Karnataka NGT Judgment 10 September 2015; MoEF v. Nirma Ltd Supreme Court Order 4 August 2014; K. K. Singh v. National Ganga River Basin Authority NGT Judgment 16 October 2014.

⑤ Indian Council for Enviro-legal Action v National Ganga River Basin Authority NGT Judgment 10 December 2015.

⑥ Manoj Misra v. Union of India NGT Judgment 13 January 2015 (Mailey se Nirmal Yamuna Revitalisation Plan 2017).

⑦ Vardhman Kaushik v. Union of India and Sanjay Kulshreshtha v. Union of India (NGT Orders 7 April 2015).

⑧ Gill (n 111) 156-160. 这些案例包括固体废物管理、空气和水污染、塑料废物、采砂。

⑨ Ritwick Dutta, "Ministerial Panel questioning NGT mandate, but forgets the body is always on centre's side" The Print (Delhi 22 December 2020).

治理面临的缺陷和持续挑战。① 委员会的目的是审查、监测和执行环境规则，制订适当的有时限的行动计划，在不同当局内实行问责制，并向法庭提交遵守情况报告。② 举例来说，大气污染是国家绿色法庭在监测和执行其指示方面确定的优先事项。鉴于大气污染对公众健康的不利影响，在过去40年中，人们对恢复大气质量标准的必要性表示了深切的担心。102个印度城市被认定为"非达标城市"。非达标城市是指未达到国家环境大气质量标准的城市。国家绿色法庭指导的行动计划应与未达标城市在车辆污染、工业排放和人口密度、建筑和建筑活动程度等方面的承载能力评估相一致。该计划还应考虑加强环境大气质量监测的措施，并采取措施提高公众意识，包括向公众发出预防和控制大气污染的通知，此外要让学校、大学和其他学术机构参与提高认识的方案。③ 这些委员会既不取代也不减轻监管机构的职责，而是指示它们采取有意义的行动来保护公民和环境。

因此，国家绿色法庭自2010年成立以来不断成长和变化，这是意料之中的，也是值得赞赏的。国家绿色法庭继续面临诸多复杂性环境问题。这项任务具有挑战性，但未能解决这些问题更是如此。法庭成员通过审查法律、科学和社会规范，采用跨学科的综合评估。正是通过这一过程，对未来环境危害的持续不确定性进行了评估。国家绿色法庭的创新程序和决策使印度在实现环境正义方面取得了显著成果。

拥有13亿人口的印度是一个充满差异的国家。它对保护环境的国际和国家承诺已嵌入其《宪法》和监管框架中。博帕尔惨案发生后，印度议会出台了新的立法，尤其是《环境保护法案》，规范噪声、危险废物、机动车尾气、环评等领域，填补了重大环境危害领域的空白。通过赋予监管机构权力以及设立新的环境保护机构，这一点得到了加强。

保护环境的重要性从来没有比今天更显著。同样，关于如何实现和维持发展与环境之间的平衡的辩论和讨论也很激烈。在印度这样一个快速发展的国家，这种明显的二分法在社会和经济活动中表现得尤为明显。在寻

---

① 在2018年7月26日的Manoj Mishra v. Union of India NGT Order案中，法庭指出，"我们已经记录了一个明确的发现，即政府（监管机构）未能处理这一情况，并多次未能在各种命令中执行有约束力的指示"。
② Gill（n 111）157.
③ Gill（n 111）160.

求解决这一挑战的过程中，司法部门的创造性发挥了重大作用，并将继续发挥作用。为了促进环境司法讨论，最高法院和国家绿色法庭扩大了宪法条款［第21条、第48A条和第51A（g）条］，并将人权与环境结合起来，以发展一种新的环境法学。扩张主义方法是建立在创新的实质性和程序性方法上的合作努力的结果，这些方法往往是新颖的，不同于人权和环境方面的传统司法程序。

在环境管制制度中，管制机构的监督、控制和检查往往是无效的，有时甚至是空缺的，这些问题被默认移交给了法官。他们对法治、正义和公平的承诺为他们提供了权威和公众支持，以承担"环境法庭之友"的角色。国家绿色法庭通过要求企业和国家机构严格遵守保护环境和维护人民福祉的既定监管程序，坚定地执行国际原则、良政和透明原则。

第六章 意大利环境法

一 从单行法到《环境法典》

从1956年起，意大利就是欧洲共同体最早的成员国，因此有义务实施欧盟法。事实上，大部分意大利的环境法、能源法和气候变化法至今仍找得到其欧盟法的源头。更准确地说，欧盟指令（Directives）以及条例（Regulations）、建议（Recommendations）形成了上述所有领域意大利立法的主体结构。也正因如此，很难在环境、能源和气候变化领域去想象一个不是来自总结欧盟法先例的、纯粹的意大利自主立法。意大利法律不仅受到欧盟层面实施的强制性规则的强烈影响，也会受到欧盟委员会在不同环境议题上制定的各种行动的影响，如环境行动项目（Environmental Actions Program），它引导了过去几十年在环境保护领域中几乎所有的政策制定。近年来，欧洲委员会于2020年10月14日出版了第八版环境行动项目，以此支持欧洲绿色协议（European Green Deal）中环境与气候行动的目标，并形成获得联合国2030议程及其可持续发展目标的基础。

所有欧盟环境法原则（如可持续发展原则、损害预防和风险预防原则、污染者付费原则）如今都已被意大利环境法和宪法所承认，并成为意大利环境政策的基础。如果没有正确实施欧盟环境法，欧盟委员会将会启动违法程序审查意大利，最终可能会进入欧盟法院来审理这些案件。

意大利政府一直致力于对全球环境保护领域的贡献其国际努力，虽然意大利在其中并没有扮演一个领导角色，但是，意大利还是积极支持国际合作行动，包括近些年来的气候变化会议［如成员国大会（COP）］。因为新冠肺炎疫情后的经济危机，意大利政府的注意力和意大利总理的优先事项更多地转移到国内事务和经济恢复。

意大利将一直以来被认为碎片化的环境立法进行了整合。2006年意大利议会通过了《环境法典》，目的是将过去几十年通过的大量立法理顺。从此，《环境法典》被不断修订以跟上该领域中的所有创新。值得强调的是，2022年以来，意大利开展了一项重要的改革，将环境保护写入了意大利《宪法》。

尽管如今《宪法》和各种正式立法构成了意大利环境法的主体结构，但法院、非政府组织及其实践在实现环境法方面也扮演了重要的角色。法院的裁决，特别是地区行政法院和更高的裁判组织（国务院和最高法院）在环境法发展方面起了最基础的作用。所以，经营者为了守法也必须了解已经建立的判例法及其最新的观点和解释。另外，诸如导则和建议这样的软法，在立法解释和提供环境事务公共功能的公共行政机构理解实施政策中也可以提供重要的支持作用。

在国家工业化进程导致环境危机的压力下，意大利议会在20世纪60年代中期开始关注不同领域的环境保护问题。在过去几十年的时间里，意大利环境领域中的立法非常分散。最早的一批环境规则出现在健康部门，这些规则也为防止工业污染提供了标准。城市规划领域同样也出现一批规则，它们覆盖了土壤安全和转型中所有层面的规制和管理，当然也包括了环境保护。[1] 意大利的法律体系花了很长的时间才等到全部的环境法律得以通过。

从很早以前开始，法典和法规中的一些法律规范设置了环境领域中的禁止性规范、义务或行政和刑事制裁。[2] 这些年中通过的与环境事务最相关的规制工具是1966年7月13日通过的关于空气污染的第615号法律。[3] 第一个在水法领域试图制定一个统一立法的法律是1976年5月

---

[1] Emanuela Orlando: Environmental governance in Italy. In: Alberton, Mariachiara and Palermo, Francesco (eds.) Environmental protection in multi-layered systems: comparative lessons from the water sector. Studies in territorial and cultural diversity governance. Martinus Nijhoff, Leiden, 2012, pp. 135-160.

[2] Dario Covucci, The "Polluter Pays Principle": environmental liabilities and scientific evidence under the Italian law system, in Acque Sotterranee-Italian Journal of Groundwater (2019) -AS31-427: 69-72.

[3] 该法被称为《反烟雾法》。

10 日的第 319 号法律①［又称"莫丽法"（Merli Law）］，该法引入了一整套规制工业排污行为，授予公共机构监督和控制权力，以及要求排污必须被限制在官方制定的排污限额内等一系列规范。

1982 年的另一部法令提供了废物处理、处置、贮存和填埋的特别规范。② 1986 年 4 月 26 日发生切尔诺贝利核灾后，一部重头法律被通过。③ 该法中首次建立了意大利环境部，并定义了环境部的功能、职权和职责。而且，它预见性地要求环境部必须在一个有机整体的框架下，促进、保护和恢复环境，以及保护自然资源不受污染侵害。该法进一步要求环境部应当推动和开展与环境保护有关的研究、调查和探索。环境部还应当参与到国家主导并有环境影响的不同部门的规划当中。环境部同时要负责设立国家公园和跨区域层面的自然保护区（第 5 条）。该法第 10 条列出了环境部下辖的不同职能，包括参与防止污染、自然保护和环境影响评价的服务。第 12 条规定了建立国家环境理事会。第 13 条规定了国家环境保护协会。

1986 年的法律还规定了环境损害的全部原则（第 18 条），但这也引起了关于环境定义的激烈争议。因此，法院在其中起到了重要的作用。特别是意大利宪法法院和最高法院着手构建了作为意大利《宪法》中"基本价值"的环境概念。④

1993 年 12 月 4 日第 496 号法规建立了国家环境保护局（Agenzia Nazionale per la protezione dell'ambiente，ANPA），2008 年它和其他机构合并成环境保护和研究高等院（Istituto Superiore per la Protezione e la Ricerca Ambientale，ISPRA）。环境保护和研究高等院的任务是收集数据、监督执行、提供制定环境标准时的技术支持。最终，1997 年一部新的立法颁布，第一次对土壤污染的责任和修复程序做了综合性的规制。

---

① 在意大利，由国家议会通过的法律文件被称为法律（legge）；大区议会通过的法律文件被称为大区法律（leggi regionali）；政府为实施法律（legge）所制定的并为国家议会所批准的法律文件被称为法规（decreto-legge）；国家议会代表政府制定的实施法律（legge）的法律文件被称为立法法规（decreto legislativo）；总统令（Decreto del Presidente）是由意大利共和国总体颁布的确定行政行为的法律文件。——译注

② 1982 年 9 月 10 日第 915 号总统令。

③ 1986 年第 349 号法律：《建立环境部并规制环境损害法》。

④ P. Maddalena, La giurisprudenza della Corte Costituzionale in materia di tutela e fruizione dell'ambiente e le novità sul concetto di 《materia》, sul concorso di competenze sullo stesso oggetto e sul concorso di materie, in Rivista Giuridica dell'Ambiente, 2010, 685.

为了将过去几十年颁布的环境单行立法进行理顺和协调，意大利议会于 2006 年通过了《环境法典》。该法典的颁布被视为肇始于 20 世纪 80 年代早期的环境法长期而逐渐演化的结果。《环境法典》的目标在于对已认识到的环境基质（如水、土壤等）进行法律保护，尽管这种保护很分散与特殊。法律保护的方法主要是通过起草污染物质列表以及限制其接纳度（环境标准）和对固定污染源准确授权制度的规范。《环境法典》还试图引入一个整体性方法来解决包括防止污染和清除污染在内的工作。这个方法基于直接或全球性保护来确保整个的环境质量，特别体现出了对"环境"定义的统合。而且，意大利《环境法典》第六部分也是对 2004 年 4 月 21 日颁布的欧盟《环境责任指令》（2004/35/EC）的实施。[1]《环境法典》的主要目标就是通过保护和改善环境条件，谨慎合理地利用自然资源来保证人类生活拥有更高水平的福利和质量。详细来说，《环境法典》分为六个部分。第一个部分是基本原则，囊括了所有欧盟的环境法原则。这些环境保护基本原则主要包括高度保护环境原则、可持续发展原则、源头治理原则和自由获取环境信息权利；第二部分主要关于环境影响评价和整体性污染防治许可；第三部分关于水资源管理和土壤保护；第四部分关于垃圾和包装物管理、清理程序和受污染场地修复；第五部分关于空气保护和废气排放；第六部分关于环境损害和相关责任。

另外，相关的环境领域，如动植物保护则由不同的法规来规范。最近在一些特殊的领域通过了一系列重要的特别环境法来应对欧盟立法在这些领域的快速发展。如 2014 年的第 49 号法规中将欧盟关于废弃电子电器设备的立法引入了意大利，又如 2008 年第 188 号法规引入了欧盟关于废旧电池和蓄电池的立法。

在 2021 年，《环境法典》中又有了一些重要的变化：

第一，2021 年 7 月 29 日的第 108 号关于转化《简化法规》（2021 年 5 月 31 日）的法律中规定了通过简化方法促进循环经济以及加速环境进程（如修订环境影响评价和战略环评的法律规范，为国家恢复与振新规划以及国家能源与气候规划等项目设立环境技术委员会，通过简化方法再

---

[1] 欧洲议会和理事会《关于预防和补救环境损害的环境责任指令》（2004/35/CE），2004 年 4 月 21 日，OJ L 143, 30. 4. 2004, p. 56-75. 该议题参见 Barbara Pozzo "Environmental Liability: The Difficulty of Harmonizing Different National Civil Liability Systems." Research Handbook on EU Environmental Law. Edward Elgar Publishing, 2020. 231-247。

发展工业场址等)。

第二，2021年4月22日的法律对环境和保护陆地及海洋部（Ministero dell'Ambiente e della Tutela del Territorio e del Mare，MATTM）进行了重新命名，新名称为生态转型部（Ministero della Transizione Ecologica，MiTE）；而基础建设和交通部则改名为基础建设和可持续移动部（Ministero delle Infrastrutture e della Mobilità Sostenibili，MIMS）。另外，部分先前由经济发展部所承担的职能被转移给了环境和保护陆地及海洋部，特别是在能源和气候变化领域。

第三，2020年9月3日的第116号立法法规（即《废物法规》）对《环境法典》第四部分做了较大的修订，即通过对城市废物的定义进行重新界定，引入了R. E. N. T. Ri（国家废物电子追踪登记系统），要求废物经营者需要获得"处置证书"。

二 刑法在环境保护中的作用

2006年《环境法典》在意大利《刑法典》之外为废物管理、水污染和大气污染提供了更多的刑法保护手段。而且，在其他的法律规范中也能找到与环境部门相关的保护手段。一个重要的例子就是2001年第231号立法法规，[1] 该法规为遵守源于欧盟法和国际公约的义务而制定。[2] 该法规是意大利第一次规定了法人在其利润和收益中持续承担刑事责任。这也是作为具有罗马法传统的意大利法律体系中首次对历史源远流长的"法人不承担刑事责任"原则（the principle of societas delinquere non potest）的创新。然而，在现代社会，法人可以签订合同并承担权利和义务，也就可以承担刑事责任。2001年的法规其目的在于保持法律体系的

---

[1] 2001年6月8日第231号立法法规《法人、公司和协会，包括不具有法人资格的组织的行政责任规定》根据2000年9月29日第300号法律第11条制定，G. U. 19/06/2001。

[2] 根据《欧洲联盟条约》第K. 3条制定的公约，包括：1995年7月26日关于保护欧洲共同体经济利益的公约（全文：http://eur-lex.europa.eu/legal-content/EN/TXT/? uri=URISERV: l33019），其1996年通过的议定书及其关于欧洲共同体法院通过初步裁决解释的1996年《保护欧洲共同体金融利益公约》的议定书；1997年5月26日《打击涉及欧洲共同体官员或欧盟成员国官员的腐败公约》[全文：https://eur-lex.europa.eu/legal-content/ EN/TXT/HTML/? uri=CELEX: 41997A0625（01）&from=EN]；和1997年12月17日经济合作与发展组织（OECD）《关于打击在国际商业交易中贿赂外国公职人员公约》，及其附件（全文：http://www.oecd.org/daf/antibribery/ConvCombatBribery_ENG.pdf）。

一贯性并允许法人被刑事制裁。并且，通过引入新的制度，意大利立法正式承认公司犯罪，这可以被认为是特定管理选择的结果。

2001年第231号立法法规被2011年7月7日第121号法规所修正，其目的为在意大利法律体系中实施欧盟《环境犯罪指令》（2008/99/EC）和《船舶污染指令》（2009/123/EC）。这项变化为2001年第231号法规引入了一个新的条款，即第25条之十一，以扩展法人的行政责任到某些环境违法行为上。

根据2015年第68号法律最近的规定，适用第25条之十一的案例都必须符合正式违法要件（发生于被指控的危险中），以及它们中产生确实的损害或危险的少数案例才会作为第25条之十一所规范的对象被指控。因为它们当中很多是轻微违法，所以大部分都是以罚款作为责任承担形式。也因此认定违法行为只需该行为存在疏忽大意、未尽注意义务或未尽职即可。所以，该法规规定中的行为是指法人在环境方面开展活动或运营，而并不特别要求其有故意或恶意这些提高行为发生概率的主观状态。

简言之，这意味着任何公司都必须小心实施并采取足够、适当并充分的措施去阻止违法犯罪或其他可受苛责行为的发生。在该法规的框架下，参与他人实施的违法行为也可能要承担特定的环境法律责任，只需他/她知晓违法行为被实施并且该行为违法（例如，承运人依据合同非法处置废物）；或者未能实施对违法行为必要的监督义务而产生的违法（例如，承运人应当确认废物管理合同人是否拥有必要的授权或持续有效的许可）。

在《环境法典》规定的刑事责任之外，2011年7月7日第121号立法法规修正了意大利《刑法典》，增加了新的犯罪情形。尤其是在意大利《刑法典》中增加了以下关于保护生物多样性的犯罪："杀害、猎捕、获取或持有受保护的野生动植物物种的样本"（《刑法典》第727条之二），转化自《环境犯罪指令》（2008/99/EC）第3条第5项；以及"破坏受保护地生境或使其恶化"（《刑法典》第733条之二），转化自《环境犯罪指令》（2008/99/EC）第3条第8项。

意大利《刑法典》最新的变化是通过2015年5月22日的第68号法律增加了新的环境犯罪如下：[1]

---

[1] Legge, 22/05/2015 n. 68, G. U. 28/05/2015.

（1）环境污染（《刑法典》第452条之二），惩罚对环境要素造成明显损害和退化，包括：①水或大气，或大面积或重要的土壤及底土；②生态系统，或动植物的生物多样性，包括耕地的生物多样性。

（2）环境破坏（《刑法典》第452条之四），惩罚：①对生态系统平衡造成不可逆转的干扰；②虽然造成的生态系统平衡的干扰可以被逆转，但成本巨大或仅能通过例外手段实施；③危害公共安全，威胁的人数众多。

（3）买卖或遗弃高放射性物质（《刑法典》第452条之六）。

（4）损害、妨碍或逃避环境管制或监管行为（《刑法典》第452条之九）。

（5）违法相关义务：①法律上规定的；②司法命令所确立的；③公共机构所命令的——清理受影响场所，或恢复环境（《刑法典》第452之十三）。

要特别注意的是，一些环境犯罪被惩罚是因为该行为根据《环境犯罪指令》（2008/99/EC）第3条的一般规定被认定为"犯罪"。从2006年起，意大利最高法院[1]对犯罪行为采纳了较为宽泛的定义。它确认了这项规定不仅仅指没有必要许可时"秘密"实施的行为，也指：

（1）许可证过期或明显违反法律规定的活动；

（2）授权中不包含的行为类型；

（3）行为违反了（a）国家或地方立法，或（b）行政法规，或（c）获得授权必备的条件。

而且，根据最高法院的规定，犯罪行为不一定必须与环境有关，任何可以联系到相关环境损害或环境威胁的违法行为都算犯罪行为（例如，涉及工作安全的处理风险问题或污染问题的非法行为）。

在不同的立法改革之外，为了凸显"生态黑手党"（Ecomafia）现象，还应该提及一些非政府组织在意大利的活动。"生态黑手党"一词由意大利国内最著名的环保非政府组织"Legambiente"于1994年所创造。生态黑手党意指在环境领域中的有组织犯罪行为，包括非法废物交易和处置、非法建筑、非法动植物交易、非法文化遗产交易，以及非法农工产业和森林纵火。[2]

---

[1] Cass. Penale, sez. Ⅲ, 03-11-2016 n. 46170.

[2] Grazia Maria Vagliasindi, Annalisa Lucifora, Floriana Bianco, Ugo Salanitro: Fighting Environmental Crime in Italy: A Country Report, Study in the framework of the EFFACE research project, Catania: University of Catania.

环境犯罪与有组织犯罪之间的关联被议会反黑手党委员会多次加强。该委员会是意大利两院制委员会，成员来自参议院和众议院，在每次立法开始时成立。另外，过去这些年，议会委员会也被授权解决一些特定类型的环境事务。

2014年1月7日的第1号法律设立了一个议会调查委员会，专门针对非法废物回收和相关环境犯罪的行为。该委员会具有以下几方面任务：调查与非法废物回收有关的活动，以及有组织犯罪在这些活动中的参与情况；识别非法废物管理活动与其他经济活动之间的联系；识别与跨国废物运输有关的特别活动。委员会每年向议会报告这些活动的情况。

三 意大利《宪法》及其2022年修正案中关于环境保护的规定

意大利《宪法》于1947年通过，当时并没有对环境有任何清楚的规定，这反映出第二次世界大战后对环境问题认识的局限性。[1] 然而，《宪法》第9条规定了对自然风景的保护，第32条规定了对人类健康的保护。特别是第9条中，要求"推动文化、科学和技术研究的发展"，并"保护自然风景和国家人文艺术遗产"。同时，第32条规定"共和国保护作为个人基本权利和集体利益的健康，保障贫困人口获得免费医疗"。

因为缺少针对环境保护的条款，宪法法院开始对第9条和第32条进行扩大解释，即将环境的概念作为宪法价值来对待。[2] 在意大利《宪法》第9条和第32条之外，宪法法院把更多注意力放在了对"环境"和"环境损害"的定义上，这些定义在首次建立环境部的1986年第349号法律中已经有所提及，并且它还引入了对环境损害的规制。[3] 从1987年开始，宪法法院作出了一系列的裁决，认为环境应当被认为是"宪法为全社会保护的首要财产和绝对价值"。

---

[1] Annalaura Giannelli, The Regulation of Environment in the Italian Legal System, 8 ITALIAN J. PUB. L. 291（2016）.

[2] Salvatore Patti, Valori costituzionali e tutela dell'ambiente, in Pizzorusso-Varano（a cura di）, L'influenza dei valori costituzionali sui sistemi giuridici contemporanei, Milano, 1985, I, p. 81 ss.; Giovanni Cordini, Principi costituzionali in tema di ambiente e giurisprudenza della Corte Costituzionale italiana, in Rivista Giuridica dell'Ambiente, 2009, 611.

[3] Barbara Pozzo, Il danno ambientale, Milano, Giuffrè, 1998.

2022年1月，意大利众议院通过了一项宪法修正案，将环境正式上升到宪法保护的首要价值层级。特别是有两个条文被修正：

第一个修正的条文是第9条。该条属于意大利共和国的基本原则，是意大利《宪法》最初的12个条文之一。修正的第9条规定，"共和国推动文化、科学和技术研究的发展，为了当代及未来世代的利益，保护环境、生物多样性和生态系统；国家通过法律规制动物保护的形式"。从保护环境的角度来看，"未来世代的利益"强调了欧洲绿色协议（European Green Deal）中富有挑战的愿景。"保护动物"原则也第一次被引入意大利《宪法》，通过国家立法保留条款来定义保护的途径和形式。该修正是应对日益高涨的公众情感，官方正式地承认动物的尊严。

第二个修正是第41条第3款，关于私人经济行为，根据原始的文本，这些行为不应当损害"安全、自由和人类尊严"。修正的文本则规定私人经济行为不应当"损害健康和环境"，在已有的限制上增加了两个事项，为法律保留了指导和共管公私经济活动的可能性，不仅基于社会之目的，现在也包括了环境。

四 中央与大区[①]间立法权限的分配

根据《宪法》，意大利属于"地区性国家"。[②] 宪法文本中从一开始就规定了为中央保留一个具有排他性、一般性立法职能的分权方案，该方案只在依据《宪法》第117条应属于一般大区立法事项的领域有所限制。但是，大区的立法职能只限制在那些不太重要的事项上，而且非排他，甚至可以"重合"。因为大区也要遵守国家所设定的基本原则，所以，相关

---

① 大区（regione）是意大利的第一级行政区划，意大利目前有20个大区，其中5个大区比其他大区拥有更大的自治权。意大利的其他行政区划还有14个广域市（città metropolitana）、80个省（provincia）、2个自治省（provincia autonoma）、6个自由市镇联合体（libero consorzio comunale）和7903个市镇（comune）。根据意大利《宪法》第114条，大区、广域市、省、自由市镇联合体与市镇属于具有特定权力的自治实体。——译注

② 地区性国家，又称地区性单一国家，用于表示一种形式上单一但政治权力高度分散给地区政府的国家。这与根据联邦制原则组织的国家（无论是联邦共和国，如美国、巴西或印度，还是联邦君主制，如比利时或马来西亚）形成鲜明对比，其中地区的权力被载入宪法。在许多情况下，这些地区是基于长期存在的文化或地区划分。——译注

的自治权在立法的细节上会有所限制。①

事实上,意大利治理体系很多年来一直被认为具有高度中央集权的特点。② 直到 20 世纪 90 年代末,自治权上有了重大的发展,地方层级如省或市被授予了更宽泛、更实质的行政和规制权力。③ 地方管理体制不断改进的进程最终导致《宪法》第二编"共和国的组织"第五部分的实质修正。④ 特别是第 114—133 条,规定了不同政府层级之间权力和责任的分配及其之间关系的原则。⑤

根据最新版本的第 117 条,第一次将"环境"这个词写入意大利《宪法》,不是为了接受某个特别的保护,而是为了定义制度化的职能之目的。在文本当中,第 117 条规定了国家只在少数特别提及的领域拥有排他立法权的原则。所有其他的领域则下放成大区的排他性职能。为专门保护环境,第 117 条第(S)项将"保护环境、生态系统和文化遗产"保留为国家的排他立法职能。

另外,大区所拥有的立法权和行政管理职能在许多领域中直接或间接与环境关联或重合,如"增进文化和环境财产"、领土治理、健康保护、大规模交通和导航网络、国家生产和交通和能源分配。实际上,这也导致了"碎片化",因而产生了一些冲突的案例,因为这种"碎片化"使得地方上变得很难去识别哪里是合法性国家的限制及地方可以介入。此外,因为地方是根据《宪法》第 117 条所定义的权力分配规则来实施,但其又不与特定的对象相关联,而是去设置一个规制的对象,这有时也让地方很难定义其自身的职能范围。

随着 2001 年《宪法》改革,意大利宪法法院在定义与国家相对应的大区在环境保护方面的职责中扮演了重要的角色。正如我们所见,在缺乏

---

① Lino Panzeri,"The distribution of legislative competences between state and regions in the evolution of Italian Constitutional Court case-law." Comparative Law Review 23.1 (2017): 159-185.

② Emanuela Orlando Environmental governance in Italy, cit.

③ 特别参见 1997 年第 59 号关于行政联邦主义的法律(向政府下放权力和任务给大区和地方当局,改革公共行政和简化行政),(GU n. 63 of 17 March 1997–Suppl. Ordinario n. 56) and Artt. 68-92 of Decreto Legiuslativo 112/1998, Conferimento di funzioni e compiti amministrativi dello Stato alle regioni ed agli enti locali, in attuazione del capo I della legge 15 marzo 1997, n. 59 (G.U. n. 92 of 21 April 1998, Suppl. Ordinario n. 77/L).

④ Legge Costituzionale 18/10/2001 n. 3, (G.U. n. 248 of 24 October 2001).

⑤ Barbara Pozzo and Mauro Renna: L'ambiente nel nuovo Titolo V della Costituzione, Milano, Giuffrè, 2004.

对环境保护的规范时，法院依靠《宪法》第 9 条和第 32 条发展出一个全球性的环境概念。它同时发展出一个理论框架来解决多层级治理问题，这个理论框架基于国家和大区规制权力共存状态，并打破了在环境保护方面的基本国家利益与要求地方根据地方特色采取不同的环境保护战略的相应需求之间的平衡。在 2001 年改革之后，宪法法院没有立刻改变它在国家和大区关于环境保护方面冲突案例中的解释方法。

在 2002 年，宪法法院被授权解释《宪法》第 117 条第（S）项，并构建起国家在第 117 条第（S）项下的排他性职能的概念，这个排他性职能确认了环境保护并不是单纯的科技问题，而是一个水平的、跨学科的问题，因而不能死板地去认定国家的排他性职能。① 在《环境法典》通过之后，情形有些微的转变。在 2007 年之后的一系列裁决中，法院修正了其对 117 条第（S）项最初的解释，宣称《宪法》委托国家拥有排他性权力以对环境进行整体性的保护。②

在没有清晰的战略决策情形下，意大利的能源法作为一个重要领域被发展起来，但也因此导致大区和国家间职能关系的一系列复杂问题。值得注意的是，直到 2013 年，还不得不回过头去 1988 年寻找最近的意大利国家能源计划。③ 缺乏一个清晰定义目标和优先事项的国家能源计划会导致采取的规制措施往往具有不连贯性、临时性及偶然性。这同样也适用于可再生能源领域，这个缺陷导致该领域规制的不稳定，从而对该领域的投资具有负面影响。

国家能源计划的缺失对地方规划其能源也有严重的影响，这些规划本应由专门的大区能源计划所决定。大区能源计划主要设定能源政策的目标和细化具体行动的路线。大区能源计划具有显著的多样性。如果说这些不同部分是因为地理、环境、社会经济的不同而产生的话，那么国家能源计划的延宕也对可再生能源领域中的脱节与分裂"功不可没"。在 2001 年《宪法》修正后授予了大区在能源领域的立法职能。这时大区与国家共同制定能源政策就变得非常重要了。在意大利《宪法》第 117 条第 3 款最新的规定中，"国家生产、运输和分配能源"是一项共

---

① Corte Costituzionale, Sentenza 26 LUGLIO 2002, n.407, GU n.30 del 31 luglio 2002.

② Paolo Maddalena, L'interpretazione dell'articolo 117 e dell'art. 118 della Costituzione secondo la recente giurisprudenza costituzionale in tema di tutela dell'ambiente (2010), available at http://www.federalismi.it.

③ Piano Energetico Nazionale (National Energy Plan), dated 10 August 1988.

有职能：国家设定基本原则，而大区则负责准备具体规制办法。但是，显然，"可再生能源"这个议题对"宪法层面"上很多其他事项都有影响，其中一些是保留给国家的排他性立法权限，比如"环境保护"和"竞争保护"。这个职能构架让大区为了留住其在能源领域的立法权力而去立法。结果，大量不同的地方立法被通过，对可再生能源的发展产生了严重影响。

鉴于这种复杂的权力分配和由此导致的不确定性，宪法法院在可再生能源项目的授权程序这个主要"战场"上承担起了解决国家与大区之间不可避免的冲突的任务。为了在意大利法中实施《欧盟可再生能源指令》（2001/77/EC）的规定而制定的 2003 年第 387 号立法法规第 12 条中包含对可再生能源电站授权程序合理化和简化的重要原则。首先，该条规定建设可再生资源生产电力的电站，以及建设和运营电站重要的相关工作和基础设施，都是不得延迟且必须紧急建设的公共利益；其次，对这类电站实施特别行政许可（也称"单独授权"）：许可的申请需经由大区（或授权的省）通过单独的程序来进行，其中包括所有的行政授权所需之事。这种立法者所选择的程序性方案被称为"服务会议"（conferenza di servizi），它让各种公共利益可以在一个授权程序中同时被代表和分析。第 12 条还对程序的时限作了规定。大区必须在接到授权申请的 30 日内召开"服务会议"，召集所有有关单位开会审议。它还规定了最长 90 日内程序必须完成。如果我们更深入去看，第 12 条还规定了如果单独授权不能服从于或提供相关措施给大区或省的利益时的赔偿措施问题。这些利益可见第 12 条第 10 项之规定，即可再生能源电站授权程序的精准定义应遵从后续的《国家导则》。这些《国家导则》目的在于保证可再生能源电站正确选址，特别是防止风力发电站对风景区的破坏。基于这些《国家导则》，大区有权去划定不适宜建立特定类型电站的区域和场址。需要强调的是，《国家导则》是在 2010 年 9 月才颁布的——2003 年第 387 号立法法规通过七年之后。

在缺乏国家统一法律框架的情况下，各大区的立法工作呈现随机性，经常会采用严厉的规则，制定特别的禁令，或产生繁重的行政负担。这与欧盟和意大利政府多次重申的行政简化和推进可再生能源的目标形成鲜明的对比。大区所扮演的角色多次与中央政府和宪法法院的裁决形成严重的冲突。① 然而，即使不看宪法法院作出的一长串判决，简单地回顾一下已经确立的重要原则也是很重要的。② 最出名的案件与普利亚大区有关，该地区在 2005 年通过地方规定完全暂停了风力发电站的授权程序，目的是等待大区环境能源计划的制订和批准。这一等就到了 2006 年 6 月 30 日。宪法法院在其 2006 年第 365 号裁判书中指出，这个规定违反宪法，因为它违反了 2003 年第 387 号立法法规第 12 条规定的原则，即完成仅适用可再生资源发电的电站授权程序的 180 日最长时限（现在改为 90 日）。③ 根据宪法法院判决书中所称，2003 年第 387 号立法法规第 12 条规定的原则必须被视为最基本的原则，且地方立法不得对其进行改变。该基本原则的性质在一系列涉及安装可再生资源发电站决定程序的地方性法规的案件中被宪法法院一再重申。

2010 年的一份关于卡拉布里亚大区（Calabria Region）2008 年第 38 号法律不同条款的裁决中，④ 法院批评了那些授权申请需要附加项目实施所在地区市议会的有利决议的规定。这种在第 12 条中没有预见到的进一步加码，实际上似乎与国家立法所追求的简化目的相冲突。

在几份裁决中，宪法法院进一步阐明了地方立法的违宪之处。这些立法确立了在风景区中正确设置可再生能源电站的自主标准，而无须等待《国家导则》的颁布。根据法院的说法，与能源生产和环境问题相关的要求之间的平衡需要根据公平合作的原则事先进行协调，即 2003 年第 387 号法律第 12 条的适用应有待《国家导则》的颁布。只有在《国家导则》制定之后，大区才有权介入其中以使标准适应当地的具体情况和特点。

2007 年第 244 号法律修改了 2003 年第 387 号立法法规第 12 条，规定各大区需要在 90 天内根据《国家导则》调整其立法，该导则最终于 2010 年获得批准。不遵守该规则的情形主要涉及适用《国家导则》问题。2010 年的导则阐明了不同电站适用的程序，区分了不同的过程，并建立

---

① 需要注意的是，大区在这一领域的监管行动不时采取法律或行政行为的形式（例如，大区政府的审议）。因此，除了宪法法院对地方性法律的判决，还有无数行政法院判决撤销了若干限制可再生能源发展的行政行为。

② 宪法法院关于该主题的主要判决摘要，参见 Bitto, Lucia (2011), "Le linee guida e le regioni", in Francesco Arecco et al., Autorizzazione di impianti da fonti rinnovabili. Linee guida per l'Autorizzazione Unica e i procedimenti semplificati, IPSOA, 33-49。

③ 法院认为，根据宪法第 117 条第 3 款，2003 年第 387 号立法法规第 12 条的规定构成能源生产、运输和分配领域的"基本原则"，由国家法律配置，不受地方限制。

④ 宪法法院，2010 年第 124 号裁决。

了标准以确定补偿措施。导则的第四部分确定了在风景区可再生能源电站的选址标准,列举了项目正面评价的要求。各大区在初步调查的基础上并遵循《国家导则》(附件三)制定的标准,确定适合安装特定类型电站的区域和选址。可以肯定地说,《国家导则》颁布三年之后,这些措施极大地减轻了可再生能源领域中严格适用授权程序所特有的分散性和不确定性。

如前述,意大利《宪法》规定国家拥有排他性的环境立法权力。在中央层面,负环境保护主要职能的机构是生态转型部,它的前身是环境和保护陆地及海洋部。依据《环境法典》第311条,生态转型部既作为监管者制定部门立法和一般性指导,也作为执法者在诸如环境损害等问题上执行法律。

生态转型部也被赋予了在能源和气候变化领域的新职能(例如,定义能源政策目标和路线、制定应对气候变化和可持续金融与环境保护的政策)。另外,在实施其权力的过程中,生态转型部还得到以下协助:

(1)环境保护与研究高级研究院(Instituto Superiore per la Protezione e la Ricerca Ambientale, ISPRA)是一个有着监管职能的科学研究机构[见2010年5月21日第123号法规(Decree);2018年3月1日部门规章(Ministerial Decree)];

(2)健康高级研究院(Istituto Superiore di Sanità, ISS)负责制定和推进充分的战略以阻止环境要素引起的疾病风险;

(3)能源、网络与环境管理机构(Autorità di Regolazione per Energia Reti e Ambiente, ARERA)是一个管理与控制电力、天然气、供水和废物管理领域的机构;

(4)大区环境保护局(Agenzia Regionale per la Protezione Ambientale, ARPA),它基于与生态转型部之间的协议执行外围的监管职能。

其他的国家管理部门还包括:

(1)健康部(Ministero della Salute);

(2)经济发展部(Ministero dello Sviluppo Economico);

(3)文化与风景遗产部(Ministero dei Beni Culturali e Ambientali);

(4)生态转型跨部门委员会(Comitato Interministeriale per la Transizione Ecologica);

在授予立法权的地方,各大区可以颁布环境行政法规(regulations)。

地方当局有权颁发许可证，这些行政组织包括：

（5）大区、省和广域市；

（6）最佳区域机构（Ambiti Territoriali Ottimali，ATO）负责综合供水服务的组织和管理；

（7）大区环境保护局（Agenzia Regionale per la Protezione Ambientale，ARPA）；

（8）地方健康与安全管理局（Agenzie di Tutela della Salute，ATS）。

五　意大利法和欧盟法在环境损害民事责任上的冲突与协调

意大利曾是欧洲首个制定环境损害专门立法的国家。前述1986年第349号法律第18条规定了与引起环境损害相关责任的专门标准。[①] 意大利法有两个主要特点：第一，将环境作为一个整体对其提供一般且直接的保护；第二，规定了过错责任原则。进一步说，意大利法中规定的"环境"的定义是对其自身的保护，将其从对私有财产和人身健康侵害中独立了出来。实际上，《成立环境部并规制环境损害法》第1条规定，"（环境）部的职责是保证……基于一般公众的基本利益和生活质量来促进、保护、和恢复环境的条件，并且保护和提高国家自然遗产，防止自然资源受到污染"[②]。结果就是，意大利1986年的法律提供了量化环境损害的专门标准，并将环境产品的非市场价值考虑其中。[③] 第18条规定，法官如果不能在案件中准确计算损害的数量，可以在一个相当的基础上，综合考虑个人过错的严重程度、恢复所需的成本以及从损害环境的行为中获利的状况。意大利法另一个要解决的是诉讼主体资格问题："环境"无法拆分为某个人的个人利益由此获得诉讼主体资格进入法院，所以意大利立法也预见到了这个问题，规定国家、大区或其他行政主体可以促进环境损害赔偿诉讼。在特定条件下，环境保护组织也可以获得诉讼主体资格。

---

① 1986年7月8日第349号《成立环境部并规制环境损害法》。

② 意大利法方面，参见 Morbidelli：Il danno ambientale nell'art. 18 l. 349/86. Considerazioni introduttive, in Rivista critica diritto privato, 1987; Albamonte, Danno ambientale nella L. 349/86, in Cons. Stato, 1988, III, p. 1927; Bigliazzi Geri, Quale futuro per l'art. 18 Legge 8 lugli 1986, n. 349?, in Rivista critica diritto privato, 1987, anno V, p. 685.

③ 这些标准规定在1986年7月8日第349号法律第18条当中。

关于法律责任的问题，1986年第349号法律第18条规定了过错责任原则。但实际上，在考虑加害者行为时，必须证明"所采取的违法行为中包含欺诈或错误"。考虑到规则形成的源头，意大利法采取了与以下刑法规则不同的选择。上述规则很容易让人联想到意大利《刑法典》第42条，其中定义了源自"不遵守法律、法规、规章或规范性文件"的过错行为。① 过错责任的方法也被假定意大利法官来评估或量化环境损害的标准所确认。依据第18条第（6）项，为了量化环境损害，法院应当考虑"个人的过错程度"。② 根据意大利法，任何人都有可能承担责任，而无须考虑其行为性质。③

随着新的欧盟《环境责任指令》（2004/35/CE）生效，所有的事情都发生了改变，该指令的目的在于协调各成员国之间环境责任领域中的法律规则，并在该领域引入了不同的概念和定义。④ 特别是《环境责任指令》中给出了新的"损害""责任""诉讼主体资格"的定义以及评估损害的方法。《环境责任指令》第2条中涉及的"环境损害"的定义被限制在三个要素方面，主要考虑如下：

（1）保护野生生物及其自然栖息地［与《欧洲自然栖息地指令》（92/43/EEC）和《欧洲保护野生鸟类指令》（79/409/EEC）重合］；

（2）水［《欧洲水框架指令》（2000/60/EC）中所定义］；

（3）土地，但仅限于在土壤可能由于直接或间接将物质、制剂、有机体或微生物引入土地内部、土地表面或土地之下产生污染因而对人类健康造成重大不利影响的情况下。

必须指出的是，土地损害的定义与环境概念不同，这反映了在国家背景下对不同问题所采取的不同方法。前两个类别——物种和自然栖息地以及水——已经因其重要性被先前的立法所涵盖，但土地则仅在其污染造成人类健康风险的情况下才被考虑在内。

---

① Bajno, Profili penalistici nella Legge istitutiva del Ministero dell'Ambiente, in Studi parlamentari e di politica costituzionale, anno 19, n. 71, 1° trim., 196, p. 81.

② Pozzo, The liability problem in modern environmental statutes, cit., p. 131 f.

③ 第18条第1款规定："任何违反法律规定或依法采取措施危害环境的恶意或疏忽行为，其行为通过全部或部分改变、破坏或毁坏环境，造成环境损害的，造成该事实的人都有义务向国家支付损害赔偿金。"

④ Directive 2004/35/CE of the European Parliament and of the Council of 21 April 2004 on environmental liability with regard to the prevention and remedying of environmental damage, OJ L 143, 30.4.2004, pp. 56–75.

最后，我们来看看《环境责任指令》"但书4"① 中间接考虑的空气是如何通过法律或更主要的是欧盟环境政策而充分进入环境定义的。仅从这一点来看，环境损害的定义与意大利法所使用的就非常不同。

《环境责任指令》所采取的责任制度也不同于意大利的制度。《环境责任指令》第3条区分了两种不同的责任原则的适用。② 第一种责任原则主要基于无过错（严格）责任，并适用于《环境责任指令》附件三中专门列举的危险或具有潜在危险的职业活动；第二种责任原则适用于所有不在《环境责任指令》附件三中的职业行为，只需发生了与欧盟立法所保护的物种或自然栖息地相关的损害或即将发生损害的威胁。在第二种情形下，《环境责任指令》规定了一个不同的责任原则，主要基于运营者的疏忽或行为过错。

另一个重要的不同在于恢复，《环境责任指令》不允许法院像在意大利那样做出一个对等的裁决，而是一边为水资源损害和物种保护提供了一种规则，另一边为土壤损害提供了不同的规则。根据《环境责任指令》附件二，与水资源或物种和自然栖息地保护相关的环境损害可以通过恢复环境到其自然基线状态而得到修复。《环境责任指令》的目的是保证环境在物理上得以恢复。这是通过用相同的或在适当情况下等效或相似的天然成分或在适当情况下通过获取或创造新的天然成分来替换受损的自然资源来实现的。如果在受影响地点采取的措施无法恢复到基线状态，则可以在其他地方（如相邻地点）采取补充措施。无论如何，补救措施的规模应以补偿过渡期间损失的方式来确定，即由于受损的自然资源和/或生态系统服务无法发挥其生态功能或为其他自然资源或公众提供服务直到环境恢复期间的损失。还应当消除对人类健康造成不利影响的任何重大风险。根据附件二，环境损害或对受保护物种及其自然栖息地即将造成的威胁的修复可以采取三种形式：

---

① 但书4："环境损害还包括空气传播因素造成的损害，只要它们对水、土地或受保护物种或自然栖息地造成损害。"

② 第3条"适用范围"：本指令应适用于：（a）由附件Ⅲ所列的任何职业活动造成的环境损害，以及因任何这些活动而发生的任何此类损害的迫在眉睫的威胁；（b）由附件Ⅲ所列职业活动以外的任何职业活动对受保护物种和自然栖息地造成的损害，以及因任何这些活动而发生的任何此类损害的迫在眉睫的威胁，只要经营者有过错或疏忽。

（1）首要修复；①
（2）补充性修复；②
（3）补偿性修复。③

对于土壤损害，附件二规定应当采取必要的措施保证至少相关污染物被移除、控制、收纳或消除，受污染土地的当前使用或损害之时起经批准的未来使用不会增添对人体健康产生不利影响的任何重大风险。

为了在意大利法律体系中实施《环境责任指令》，意大利议会于2006年4月通过了《环境法典》，其中第四部分即是对《环境责任指令》中环境损害法律责任制度的实施。随着《环境法典》的颁布，现有由1986年第349号法律确立的责任制度得到了更替。但意大利一开始就没有采用严格责任原则，旧法中的过错责任原则依然沿用。

因此，欧盟委员会与2008年1月31日启动了一项违法程序指控意大利"未能正确转化《环境责任指令》（2004/35/EC）"。④ 为了应对委员会的要求，一系列的立法在意大利生效。⑤ 回忆这次修法的所有细节是徒劳的，即便是意大利的法律工作者也很难追溯所有的事情。此处需要强调的是，2009年第一次修订，⑥ 以及2013年的进一步修订，⑦ 都是为了应对

---

① 通过"首要修复"，该指令旨在立即采取行动来阻止事件、最小化、遏制、防止进一步损害并清除损害。这些也被称为紧急（或立即）补救措施（并且大多在实际的首要修复措施之前）。它还包括对受损场地的更多中长期补救行动，旨在将受损环境修复到未发生损害或威胁时的基线状态（"实物恢复"）。

② "补充性修复"是指针对自然资源和/或服务采取的任何修复措施，以弥补主要修复无法完全恢复受损的自然资源和/或服务这一事实。如果首要修复不足以使环境恢复到未发生损害时的状态（所谓的"基线条件"），则可以对受损地点进行进一步改善。如果这不可行或成本太高，则可以在另外选址进行此类补救。

③ "补偿性补救"：如果首要补救（以及必要时的补充性补救）需要一些时间来补救对自然的损害，则必须实施补偿性补救，以弥补随着时间的推移而产生的损失（期间损失）。

④ 第2007/4679号违法程序。

⑤ 为了回应这个违法程序，意大利政府2009年9月25日制定了第135号法规，并用2009年11月20日第166号法律第五条之二对其进行了修正（实施《环境责任指令》——欧共体公约第226条，违法程序第2007/4679号）。比较此议题，参见B. Pozzo, Misure di riparazione del danno ambientale in capo al proprietario non colpevole e applicazione ratione temporis della direttiva 2004/35: note a margine della recente sentenza 4 marzo 2015, nella Causa 534/13, in Rivista Giuridica dell'Ambiente, 2015, 1, p. 41 ff。

⑥ 2009年11月20日第166号法律，特别是第5条之二。

⑦ 2013年8月6日第97号法律。

委员会对意大利新的指控而来。① 正如我们所见，2006 年第 152 号立法法规的第六部分中有了一些重要的创新，它们正是对《环境责任指令》的实施。

有一项法律规定需要被仔细地检视，因为它不同于国家层面所采取的其他方案，它与前述《环境责任指令》修复措施的适用有关，也在《环境责任指令》自身生效之前就存在了，甚至与《环境责任指令》第 17 条的规定相悖。因此，在此有必要提及在意大利实施《环境责任指令》之前，环境损害是由 1986 年第 348 号法律第 18 条所规制的，这条规定建立起了一个环境损害过错责任体系及专门的修复标准，包括金钱赔偿。② 2009 年的修订在 2006 年第 152 号立法法规中引入了一个新的制度安排，确定了《环境责任指令》所规定的决定赔偿措施，并写入了上述法律第 311 条第 2 款和第 3 款。它也适用于根据 1986 年第 349 号法律第 18 条环境损害赔偿规定提出或被提出的诉讼请求，但已成为最终判决具有既判力的除外。

这一规定随后就成为意大利最高法院（Corte di Cassazione）判决的对象，③ 在这个判决中意大利的法官解释了 2009 年第 166 号法律中源于 1986 年第 349 号法律建立起来的评估环境损害的标准，并用新的标准推翻和替代了它，除既判力这个唯一的障碍外，该新标准适用于所有悬而未决的案子。2013 年的改革再次确认了这一观点。④

目前 1986 年的法律将仅适用于可追溯至《环境责任指令》生效前一刻的活动，而就责任制度而言，它还是一种过失责任制度。在 2009 年和 2013 年改革之后，补偿措施将同时适用于基于 1986 年的法律或 2006 年第 152 号立法法规提出或被提出的诉讼请求当中。也就是说，《环境责任指令》中的赔偿措施将一直存在适用效力，与行为作出的时间无关。

---

① 欧盟委员会认为 2009 年第 166 号法律未能变更第 303 条第（i）项，因此意大利立法在"实际启动或已经启动或已经介入修复程序的污染场地"的情况下仍然明确规定了指令的例外情况。根据委员会的说法，意大利立法保留了指令中未具体规定的排除，大大缩小了其范围。

② 关于在意大利根据 1986 年第 349 号法律适用旧的修复标准，可参见 B. Pozzo, Il danno ambientale, Milano, Giuffrè, 1998。

③ 最高法院（Corte di Cassazione）2011 年 3 月 22 日第 6551 号裁决。

④ B. Pozzo, Misure di riparazione del danno ambientale in capo al proprietario non colpevole, cit., p. 45.

六　意大利气候变化法的发展

意大利的"气候变化法"还远没达到独立成为一门学科的地步。所以，法学院本科阶段并不讲授它，而仅在研究生层次上作为一门选修课程。结果就是很少有文献从法律的角度和跨学科的角度去研究，而事实上这一问题不仅需要也应该进行跨学科研究。①

意大利的气候变化法的本质还仅仅只是将欧盟关于气候变化的指令转换为意大利国家法律，而没有用意大利法律的传统方法来处理这个问题。意大利官方国家政策的特点就是对气候变化的敏感性较低，在政治层面上缺乏关于该议题的严肃辩论。虽然英国、德国和法国早已通过了"气候法"，但意大利还没有。所以，缺乏国家立法就导致了与其他国家有明显差距。

在意大利，社会服务组织的地位也非常分散。不过，最近情况正在发生变化，因为大学开始提供培训课程，希望能够提高大众对气候变化问题的认识。另外，有一些环保组织［如环境法律（Lega Ambiente），我们的意大利（Italia Nostra），② 以及非政府组织如伦巴第环境基金会（Fondazione Lombardia per l'Ambiente），京都俱乐部（Kyoto Club）］③ 开始推动相关的研究、工作组和会议，希望借以披露重要信息并试图传递出关于气候变化的不同理解。

最近，在意大利启动了首例气候变化诉讼案。200多名原告出庭，其

---

① 关于气候法的文献已经识别出了问题，但缺乏对问题的整体性思考。不同层面的思考可以参见 Le politiche energetiche comunitarie, Un'analisi degli incentivi allo sviluppo delle fonti rinnovabili, edited by Barbara Pozzo, Milano, Giuffrè, 2009; E. Grippo and F. Manca, Manuale breve di diritto dell'energia, Padova, CEDAM Ed., 2008; Michele Villa, I meccanismi flessibili del protocollo di Kyoto. Opportunità e prospettive, Milano, Hoepli, 2006; Il settore energetico in Europa, edited by M. Arcelli, S. Da Empoli, M. Sapienza, I Quaderni di Thesmos, Catanzaro, Rubettino Publisher, 2006; Cambiamenti climatici e strategie di adattamento in Italia. Una valutazione economica, edited by Carlo Carraro, Bologna, Il Mulino, 2008; La nuova direttiva sullo scambio di quote di emissione, La prima attuazione europea dei meccanismi previsti dal Protocollo di Kyoto, a cura di Barbara Pozzo, Milano, Giuffrè, 2004; S. Nespor e A. L. De Ceasris, Le lunghe estati calde-Il cambiamento climatico e il protocollo di Kyoto, Bologna, Il Mulino, 2003。

② 参见 Kyoto chiama Italia, Fonti rinnovabili, efficienza, risparmio: le proposte di Legambiente per un'altra politica energetica, ed. by Legambiente, 2005。

③ 参见 Progetto Kyoto Lombardia-Per vincere la sfida dei cambiamenti climatici e del controllo dei gas serra nella regione più industrializzata d'Italia, Milano, 2008。

中包括162名成年人、17名未成年人（由他们的父母在法庭上代表）和24个致力于环境正义和人权保护的协会。该诉讼的目的是起诉国家对气候不作为，特别是对促进适当的温室气体减排政策的承诺不足，导致意大利国家承认的许多基本权利受到侵犯。

  在过去的几十年里，意大利制定了大量的环境立法，试图应对欧洲机构带来的所有创新，而这些创新似乎才是发展真正的引擎。环境法的法典化和最近的宪法改革似乎是朝着更加连贯的环境规则体系迈出的重要一步，但仍有许多工作要做。意大利将在未来几十年成为最容易受到气候变化影响的国家之一，而该领域实际上缺乏一致的立法令人担忧。无论如何，统计数据表明，新一代似乎更关心这些问题，并希望他们能够处理他们父母没有勇气做的事情。

第七章 日本环境法

一 日本环境法概述

（一）日本环境法的发展概况

日本环境法是防止环境恶化、谋求恢复受害并以环境保全为目的的一系列法律规范。[1] 多部法律规定了可持续发展理念，譬如，《环境基本法》规定"以构筑能够持续发展的社会为主旨"（第4条）、生态系统是人类存续基础、下一代人类应当享受环境惠泽（第3条），[2]《循环基本法》规定了可持续发展概念（第3条）[3]。可持续发展已然成为日本环境法的核心理念。

日本环境法体系经历了以下四个阶段的变迁：[4]

第一个是从第二次世界大战后到20世纪60年代中期的公害法生成阶段，既包括第二次世界大战前的矿害（足尾铜山矿毒事件）、工场公害（大阪碱事件、安中事件）等，也包括公害变得特别显著的战后公害（浦安事件）。在此期间，公害规制首先是通过地方公害规制条例展开，比如，《东京都工场公害防止条例》。伴随公害问题的扩大与严峻，随后出台了公害规制单行法，比如，1958年《关于公用水域水质保全的法律》《关于工场排水等规制的法律》。

第二个是20世纪60年代中期到70年代中期的公害法与自然保护法确立阶段，包括制定1967年《公害对策基本法》、1968年《大气污染防

---

[1] 大塚直『環境法BASIC（第2版）』（有斐閣2016年）2頁以下参照。
[2] 『環境基本法』（1993年）。
[3] 『循環型社会形成推進基本法』（2000年）。
[4] 大塚直『環境法BASIC（第2版）』（有斐閣2016年）5頁以下参照。

止法》、1972年《自然环境保全法》。由于1970年国会通过了14部公害相关法的制定（比如，《水质污浊防止法》《关于废弃物处理及清扫的法律》《公害防止事业费事业者承担法》）与修改（比如，《公害对策基本法》《大气污染防止法》），故被称为"公害国会"。1967—1969年发生了健康受害者对加害企业提起民事侵权责任损害赔偿的四大公害诉讼（熊本水俣病事件、新潟水俣病事件、痛痛病事件、四日市哮喘事件），这反映出当时的地方自治体条例或者单行法已经无法有效规制公害。

第三个是20世纪70年代中期到1990年的环境立法与行政停滞阶段。1978年，环境厅把二氧化氮的环境基准放宽到原来的2—3倍；1983年《环境影响评价法（草案）》因产业界反对等因素而没有通过；1988年以后，全面解除公害病的指定区域，不再认定新患者。

第四个是1990年以后的环境法新发展阶段，制定了《环境基本法》和多部相关单行法。比如，《关于机动车排放氮氧化物及颗粒物的特定地域的总量消减等的特别措施法》《关于推进地球温暖化对策的法律》《土壤污染对策法》《关于促进向环境排放的特定化学物质的排放量的把握等以及管理的改善的法律》《关于促进资源有效利用的法律》《生物多样性基本法》《关于石棉造成健康被害的救济的法律》，伴随全球环境问题的发生，导入物质循环管理和生物多样性等观点。

从日本环境法发展来看，环境相关立法、行政都受到司法的影响，环境法自身更是横跨法政策和诉讼两大领域；对象上，不再仅仅是目标明确的公害对策，而是得到进一步扩展，比如，风险管理、舒适确保、循环管理以及生态系统保全，尽管这类对象还没有充分明确的目标或者有效的对策。[①] 整体上，体系化与精细化是现代日本环境法的主要特征。

就日本环境法类型而言，整体上可以分为11个类别：第一，作为体系基本法的《环境基本法》；第二，《环境影响评价法》；第三，有害物质管理法，包括《化学物质审查法》《水银环境污染防止法》等；第四，污染防治类，包括《大气污染防止法》《水质污浊防止法》《土壤污染对策法》《关于特定化学物质的环境排放量把握与管理的改善促进法》《放射性物质污染应对特措法》等；第五，物资管理类，包括《循环型社会形成推进基本法》《废弃物处理与清扫法》《容器包装分别收集及再商品化

---

① 大塚直『環境法 BASIC（第2版）』（有斐閣2016年）18頁参照。

促进法》《报废机动车再资源化法》等；第六，自然环境与环境舒适类，包括《生物多样性基本法》《自然环境保全法》《自然公园法》《自然再生推进法》《森林法》《景观法》《河川法》《都市规划法》《都市绿地法》等；第七，原子力设施类，包括《原子炉规制法》等；第八，地球环境保全类，包括《臭氧层保护法》《全球变暖对策推进法》《能源使用合理化法》《可再生能源特别措施法》《海洋污染防止法》等；第九，环保费用类，包括《公害健康受害补偿法》《公害防止事业费事业者负担法》《石棉健康受害救济法》《水俣病救济特别措施法》等；第十，公害环境事件的司法与行政解决类，包括《公害纷争处理法》《人体健康公害犯罪处罚法》《民法》《国家赔偿法》《行政事件诉讼法》等；第十一，环境行政组织类，包括《环境基本法》《环境省设置法》《中央省厅改革基本法》等。[①]

（二）日本环境法的基本原则

1. 风险预防原则

日本环境法预防原则主要包含两个层面：危险防止原则与风险预防原则。前者多为传统上确定意义的、可知的未然防止，后者重点在现代社会中不确定、未知的且不得不采取的预防应对。

日本法的"公害"与"风险"类似于德国行政法的"危险"与"风险"，所谓"危险"是指某种行为与状态具有充分盖然性（预期侵害越大、发生盖然性越低），给公共安全或者秩序所保护法益造成损害；所谓"风险"是指通过侵害规模或盖然性中的任何因素都不能肯定损害发生的充分盖然性；日本并不像德国那样明确区分讨论"危险"与"风险"的不同，这也成为日本环境法的残存课题。[②] 所谓防止未然原则（preventive principle）是让有环境威胁物质或者活动不对环境造成负面影响，防止未然原则在《环境基本法》第4条、第21条有所体现。预防原则（precautionary principle）则是以科学不确实性为前提，并不是《环境基本法》的基本原则，但是，其包含在第4条可持续发展，第19条国家环境（风险）考虑义务也可以为其提供部分依据，环境基本规划也将其明确纳入；2008年《生物多样性基本法》第3条第3款"预防应对方法"引入了预

[①] 大塚直『環境法BASIC（第2版）』（有斐閣2016年）23—24頁参照。
[②] 大塚直『環境法BASIC（第2版）』（有斐閣2016年）15頁参照。

防原则规定，日本食品领域与化学物质领域规定了基于预防原则的应对，且为了应对以地球环境问题为对象的国际条约，追加了预防原则相关法律规定。①

2. 原因者负担原则

所谓原因者负担是指由对环境产生负担等不利影响的原因者来采取相应处理措施，承担相应费用。原因者包括污染者与可能产生不利环境影响者。

日本原因者负担原则具体体现为：作为行政规制结果产生的费用负担（《环境基本法》第8条第1款、第21条）；公共事业之际的原因者负担（《环境基本法》第37条，《公害防止事业费事业者负担法》第2条之2，《自然环境保全法》第37条，《自然公园法》第59条，《外来生物法》第16条）；损害赔偿本身或者提前支付或预先支付（《大防法》第25条，《水浊法》第19条，《关于公害健康被害补偿等的法律》）；基于事业者的社会责任的负担（《关于公害健康被害补偿等的法律的预防事业，规划防止事业费事业者负担法中的缓冲绿地设置事业等》）；恢复原状命令（《废扫法》第19条之4以下，《自然公园法》第34条等）；经济手法（《环境基本法》第22条第2款等）。② 可见，日本法原因者负担原则既包括损害赔偿，也包含防止措施。

3. 公众参与原则

所谓公众参与是公众对影响环境活动的决策、实施等全过程的参与，更多源于公法层面规定。公众参与也是环境权理念的一种实现方式。

环境权在公法上主要是基于《宪法》第13条防御权与自由权、第25条社会权，近期，承认一定要件之下作为法律上保护利益的国立景观诉讼最高裁判决的出现引人注目；关于公法上的环境权，不仅是作为自由权、社会权的构成，当然在欧福斯条约的影响下，作为参加权的构成正在引起关注；当然，环境权论对行政诉讼产生了一定影响，比如，取消诉讼中原告适格的扩大、附义务诉讼的导入、不行使行政规制权限情形的国际赔偿诉讼的容忍等。但是，裁判例并没有承认其作为民事禁令根据的私权（支配权）。公众参与的目的在于通过对话来调整多种利益关系，对适当的行政决定取得必要的信息，保障居民的权利利益；正如地区温暖化问

---

① 大塚直『環境法 BASIC（第2版）』（有斐閣2016年）34頁以下参照。
② 大塚直『環境法 BASIC（第2版）』（有斐閣2016年）54頁以下参照。

题、废弃物问题，作为现代型的环境问题，市民日常环境负荷的降低成为必要；确保环境施策的民主性与公正性；有必要收集对市民、NPO、专家等的环境信息；从程序上保障人格权、财产权与环境权；监视或者纠正违法的环境行政、补充执行的欠缺；存在根据力图从政策形成阶段的相关主题的合意形成，避免后续纷争的情形。[1]

而在海洋环境污染治理方面，日本《海洋污染防止法》明确界定了私主体与公权力机关的多元共治体系，私主体的事先申报、事中防止与事后登记成为海洋污染治理的主体，而行政机关的检查监督、命令措施以及代执行等则成为辅助，伴随国际海洋污染防止规定的制定、修改及其国内化，日本《海洋污染防止法》的基本制度也随之改革。[2]

二 日本环境立法的体系与演变

(一) 从《公害对策基本法》到《环境基本法》

日本早期应对污染的规范文件主要是地方条例（比如，《东京都工场公害防止条例》），而较早的法律则是《关于煤烟排出规制等的法律》；[3] 但是，该法规定了协调经济条款、指定地域制，而且排放基准较为缓和、规制对象也很有限。《关于公共用水域的水质的保全的法律》《关于工场排水等的规制的法律》（以下简称"水质二法"）可以说是国家层面最早的公害对策法。[4] 但是，"水质二法"规定经济协调条款、指定水域制，强制守法措施分散，仅规定浓度规制，排水基准缓和，水质监视体制不完备。[5] 另外，还有《河川法》（主要规定河川的管理、河川相关费用、监督、社会资本整备审议会与都道府县河川审议会等）、《自然公园法》（主要规定国立公园与国定公园、都道府县立公园）、《建筑基准法》[6] 等多部法律。

---

[1] 大塚直『環境法 BASIC（第 2 版）』（有斐閣 2016 年）41 頁以下参照。

[2] 参见刘明全《论日本海洋环境污染的法律对策》，《浙江海洋大学学报》（人文科学版）2020 年第 6 期。

[3] 『東京都工場公害防止条例』（1949 年）、『ばい煙規制法』（1962 年）。

[4] 『公共用水域の水質の保全に関する法律』（1958 年）、『工場排水等の規制に関する法律』（1958 年）。

[5] 大塚直『環境法 BASIC（第 2 版）』（有斐閣 2016 年）169 頁以下参照。

[6] 『河川法』（1964 年）、『自然公園法』（1957 年）、『建築基準法』（1950 年）。

1. 《公害对策基本法》时代的环境法体系

《公害对策基本法》于 1967 年 7 月 21 日通过、1967 年 8 月 3 日公布并实施,共计 4 章、29 条。[①] 第一章规定总则(第 1—8 条),该法目的在于明确经营者、国家和地方公共团体的防止公害责任和义务,制定防止公害的基本措施,综合推进公害对策,保护国民的健康,保护生活环境;但是,上述环境保护应当与经济发展相协调;第二章规定公害防止的基本施策,包括 5 节:环境标准(第 9 条)、国家政策(第 10—17 条)、地方公共团体的措施(第 18 条)、特定地区的公害防止(第 19—20 条)、关于公害的纠纷的处理和受害的救济(第 21 条);第三章规定费用负担与财政措施等(第 22—24 条);第四章规定公害对策会议与公害对策审议会,包括 2 节:公害对策会议(第 25—26 条)、公害对策审议会(第 27—29 条)。

在《公害对策基本法》时代,日本制定了一系列公害治理相关单行法。基础类包括《公害纷争处理法》《关于公害健康被害补偿等的法律》《关于人身健康相关公害犯罪处罚的法律》《环境省设置法》。[②]

大气污染类包括 1968 年《大气污染防止法》、1992 年《关于机动车排放氮氧化物特定地域的总量削减的特别措施法》。《大气污染防止法》扩大指定地域(基于防止未然),排放基准的设定方式则从浓度规制到量的规制,引入环境基准,设定特别排放基准,不过,仍然保留协调经济条款与指定地域制;1970 年修改,删除了指定地域制与协调条款,允许都道府县出台更严格的规制,规定排出基准违反的直罚制,扩大规制对象范围,强化大气污染激化时的紧急措施,规定机动车排气严重地区的交通规制;1972 年修改则规定无过失损害赔偿责任,1974 年导入总量规制(补充排出基准规制的不足)。[③]

水污染类包括《水质污浊防止法》《湖沼水质保全特别措施法》《濑户内海环境保全特别措施法》等。[④] 其中,《水质污浊防止法》无经济协调条款,适用范围上废除指定水域制、扩大到全国,规定直罚制度、公共

[①] 『公害対策基本法』(1967 年)。
[②] 『公害紛争処理法』(1970 年)、『公害健康被害の補償等に関する法律』(1973 年)、『人の健康に係る公害犯罪の処罰に関する法律』(1970 年)、『環境省設置法』(1999 年)。
[③] 大塚直『環境法 BASIC(第 2 版)』(有斐閣 2016 年)155 頁以下参照。
[④] 『水質汚濁防止法』(1970 年)、『湖沼水質保全特別措置法』(1984 年)、『瀬戸内海環境保全特別措置法』(1983 年)。

水域监视测定体制以及都道府县严格基准制度，1972年修改时规定了无过失损害赔偿责任，1978年导入总量规制，1989年规定了地下水污染未然防止。①

为了应对镉大米、铜引起农作物问题等，1970年"公害国会"把土壤污染追加为典型公害，制定了《关于农用地土壤的污染防止等的法律》。② 噪声振动类包括《噪声规制法》《振动规制法》。③ 再循环类包括《废弃物处理与清扫法》。④ 化学物质类包括《化学物质审查与制造等规制法》。⑤ 自然保护类包括《自然环境保全法》《濒危野生动植物物种保全法》《森林法》。⑥ 土地利用类包括《土地基本法》《都市规划法》《都市绿地法》。⑦ 能源资源类包括《能源使用合理化法》《原子炉规制法》。⑧

2.《环境基本法》时代的环境法体系

《环境基本法》于1993年11月12日通过，自1993年11月19日公布并实施，共计3章、46条。⑨ 第一章规定总则（第1—13条）；第二章规定"环境保护基本措施"，分为八节：政策制定等相关方针（第14条）、环境基本计划（第15条）、环境基准（第16条）、特定地区的公害防止（第17—18条）、国家采取的保护环境的措施等（第19—31条）、关于地球环境保护等的国际合作等（第32—35条）、地方公共团体的措施（第36条）、费用负担等（第37条—第40条之2）；第三章规定"环境保护审议会以及其他合议制机关"，分为两节：环境保护审议会以及其他合议制机关（第41—44条）、公害对策会议（第45—46条）。该法制定是在社会转型大背景下完成的，即从大量生产、大量消费、大量废弃型社会向经济、社会、环境的可持续发展转型；经济、社会、环境的"统合"方式包括：在再生能力框架内持续地利用可再生自然资源，慎重且

---

① 大塚直『環境法 BASIC（第2版）』（有斐閣2016年）170頁以下参照。
② 『農用地の土壤の汚染防止等に関する法律』（1970年）。
③ 『騒音規制法』（1968年）、『振動規制法』（1976年）。
④ 『廃棄物の処理及び清掃に関する法律』（1970年）。
⑤ 『化学物質の審査及び製造等の規制に関する法律』（1973年）。
⑥ 『自然環境保全法』（1972年）、『絶滅のおそれのある野生動植物の種の保存に関する法律』（1992年）、『森林法』（1951年）。
⑦ 『土地基本法』（1989年）、『都市計画法』（1968年）、『都市緑地法』（1973年）。
⑧ 『エネルギーの使用の合理化等に関する法律』（1979年）、『核原料物質、核燃料物質及び原子炉の規制に関する法律』（1957年）。
⑨ 『環境基本法』（1993年）。

节约地利用枯竭性自然资源，物质或者能量的排放不能大于节能系统（也包括气候）的承载力。① 该法目的在于，规定环境保护的基本理念和基本措施事项，明确了多元主体（国家、地方公共团体、经营者及国民）的环境保护责任，综合且有计划地推进环保措施，确保当代与后代国民的健康和文化生活。伴随《环境基本法》的实施，《公害对策基本法》也完成了公害治理的历史使命，从此退出环境法舞台。

在《环境基本法》时代，日本制定了一系列环境治理相关单行法，包括《环境影响评价法》《关于通过环境教育促进环境保全应对的法律》《关于通过促进环境信息提供来促进特定事业者等关注环境的事业活动的法律》。② 全球变暖类包括《关于推进全球变暖对策的法律》《关于通过特定物质规制等的臭氧层保护的法律》《关于特定制品相关氟类回收与破坏的实施确保等的法律》《关于促进能源供给事业者的非化石能源利用与化石能源原料有效利用的法律》。③ 大气污染类包括《关于机动车排放氮氧化物及颗粒物的特定地域的总量消减等的特别措施法》（机动车 NO_x 与 PM 法）。④ 其中，《大气污染防止法》经过多次修改增加了新内容，比如，增加"有害大气污染物"（1996 年）、挥发性有机化合物排放抑制（2004 年）、煤烟量等测定结果未记录罚则（2010 年），建筑物解体造成石棉飞散防止对策（2013 年）等。水污染类包括《关于防止特定水道利水障碍的水道水源水域水质保全的特别措施法》《琵琶湖保全与再生法》《关于水俣病被害者救济及水俣病问题解决的特别措施法》。⑤ 同时，《水污染防止法》经过多次修改，增加新内容，比如，受污染地下水净化措施（1996 年）、监测未记录罚则（2010 年）、防止无意泄漏（2011

---

① 大塚直『環境法 BASIC（第 2 版）』（有斐閣 2016 年）33 頁以下参照。
② 『環境影響評価法』（1997 年）、『環境教育等による環境保全の取組の促進に関する法律』（2003 年）、『境情報の提供の促進等による特定事業者等の環境に配慮した事業活動の促進に関する法律』（2004 年）。
③ 『地球温暖化対策の推進に関する法律』（1998 年）、『特定物質等の規制等によるオゾン層の保護に関する法律』（1988 年）、『特定製品に係るフロン類の回収及び破壊の実施の確保等に関する法律』（2001 年）、『エネルギー供給事業者による非化石エネルギー源の利用及び化石エネルギー原料の有効な利用の促進に関する法律』（2009 年）。
④ 『自動車から排出される窒素酸化物及び粒子状物質の特定地域における総量の削減等に関する特別措置法』（1992 年）。
⑤ 『特定水道利水障害の防止のための水道水源水域の水質の保全に関する特別措置法』（1994 年）、『琵琶湖の保全及び再生に関する法律』（2015 年）、『水俣病被害者の救済及び水俣病問題の解決に関する特別措置法』（2009 年）。

年）等。土壤污染类有《土壤污染对策法》。[①] 土壤污染治理也分为市街地土壤污染与农用地土壤污染对策两类。再循环类有《循环型社会形成推进基本法》。[②] 化学物质类包括《促进特定化学物质的环境排放量把握与管理改善法》《二噁英类对策特别措施法》《石棉健康受害救济法》。[③] 自然保护类包括《生物多样性基本法》《自然再生推进法》《鸟兽保护与狩猎适当化法》《关于通过转基因生物使用规制确保生物多样性的法律》《关于防止特定外来生物造成生态系统相关受害的法律》。[④] 土地利用类有《景观法》等。[⑤] 能源资源类包括《电气事业者新能源利用特别措施法》《可再生能源电气利用促进法》等。[⑥]

《环境基本法》规定事业者采取必要措施推进环境影响评价。《环境影响评价法》1997 年实施，2011 年修改把对象事业分为两大类、13 种，把景观仅界定为自然景观，而不是历史景观与都市景观，增加环境关注书，规定方法书的说明会，规定方法书、准备书与评价书的网络阅览义务，政令指定都市市长可以直接向事业者表达意见，规定环境大臣建议为主管大臣确定方法书技术性建议的前置程序。由此可见，环境影响评价相关材料不仅是一份环评报告书，还包括关注书、方法书、准备书、评价书四份前期文件。

（二）福岛事故对日本环境立法体系的影响

2011 年福岛核电站事故对日本环境法体系产生了相当影响，后者也进行了体系调整来应对核污染带来的法律问题。

1. 日本原子力法和环境法体系

福岛核电站事故以前，日本原子力法和环境法处于相互独立规制模

[①] 『土壌汚染対策法』（2002 年）。
[②] 『循環型社会形成推進基本法』（2000 年）。
[③] 『特定化学物質の環境への排出量の把握等及び管理の改善の促進に関する法律』（1999 年）、『ダイオキシン類対策特別措置法』（1999 年）、『石綿による健康被害の救済に関する法律』（2006 年）。
[④] 『生物多様性基本法』（2008 年）、『自然再生推進法』（2002 年）、『鳥獣の保護及び管理並びに狩猟の適正化に関する法律』（2002 年）、『遺伝子組換え生物等の使用等の規制による生物の多様性の確保に関する法律』（2003 年）、『特定外来生物による生態系等に係る被害の防止に関する法律』（2004 年）。
[⑤] 『景観法』（2004 年）。
[⑥] 『電気事業者による新エネルギー等の利用に関する特別措置法』（2002 年）、『再生可能エネルギー電気の利用の促進に関する特別措置法』（2011 年）。

式。一方面，日本的放射性污染法律规制体系存在诸多问题。第一，核电站安全的法律规制体系不完善。例如，核电站发电的推进与规制尚未分离，规制权限分散在各个行政部门，事故时放射性物质污染法律规制体系缺失，设施、安保等未保持最先进水平，福岛核电站设施存在老化问题，核灾害对策不足，核电站设置等相关环评程序不完善等。[①] 另外，日本关于核安全的追溯检查实施程序不透明，追溯磨合制度的法律体系不完善。[②] 第二，尽管日本环境法体系成熟，例如，完成从《公害对策法》到《环境基本法》《海洋基本法》、从"水质二法"到"水防法"的转变，设置的综合海洋政策本部，但是相关法律规定排除适用放射性污染。即核电站相关放射性物质污染一直处于日本环境法体系的规制范围之外，或者说原子力法体系独立于环境法体系。[③] 例如，旧《环境基本法》第 13 条规定"为防止因放射性物质造成大气污染、水质污浊与土壤污染的措施适用《原子力基本法》（昭和 30 年法律第 86 号）及其他法律规定"。旧《大气污染防止法》第 27 条第 1 款、旧《水质污浊防止法》第 23 条、旧《关于海洋污染等与海上灾害的防止的法律》（以下简称《海洋污染防止法》）第 52 条、[④] 旧《土壤污染对策法》第 2 条、旧《关于农用地土壤污染防止等的法律》（以下简称《农用地土壤污染防止法》）第 2 条第 3 款、旧《循环型社会形成推进基本法》第 2 条第 2 款第 2 项、旧《关于废弃物的处理与清扫的法律》（以下简称《废扫法》）第 2 条、旧《关于促进有效利用资源的法律》（以下简称《有效利用资源法》）第 2 条第 1、第 2 款、旧《环境影响评价法》第 52 条第 1 款等规定排除适用放射性物质造成的污染。

另一方面，原子力法体系独立于环境法体系。前者包括《原子力基本法》《原子力委员会与原子力安全委员会设置法》《独立行政法人日本原子力研究开发机构法》《原子力规制法》《放射线障害防止法》《原子力灾害对策特别措施法》《原子力损害赔偿法》《关于放射线障害防止的

[①] 大塚直「福島第 1 原発事故が環境法に与えた影響」『環境法研究』2014 年 1 号 108 頁以下参照。

[②] 交告尚史「原子力安全を巡る専門知と法思考」『環境法研究』2014 年 1 号 25 頁参照。

[③] 高橋滋、大塚直編『震災原発事故と環境法』（民事法研究会 2013 年版）7—8、113—114 頁参照。

[④] 该法内容详见刘明全《论日本海洋环境污染的法律对策》，《浙江海洋大学学报》（人文社科版）2020 年第 6 期。

技术基准的法律》等。第一，《原子力基本法》（1955 年）是日本关于核问题的主要法律规范，共 9 章、21 条。根据该规定，内阁设置原子力防灾会议，其职能之一就是负责核事故时长期应对措施的推进，议长由总理大臣担任，副议长由官房长官、环境大臣和其他由总理大臣指定的大臣以及原子力规制委员会委员长担任，事务局长由环境大臣担任；内阁府设置原子力委员会，以确保按计划实施原子力利用施策、原子力行政的民主运营；原子力开发机构是作为国立研究开发法人的日本原子力研究开发机构；同时，环境省为确保原子力安全利用而单独设置一个外局——原子力规制委员会（《原子力基本法》第 3 条之 2—6、第 4 条、第 7 条）。第二，《关于核原料物质、核燃料物质与原子炉规制的法律》（以下简称《原子炉规制法》）共 15 章、89 条，[1] 最新改正是 2019 年 6 月 14 日。该法主要是为了规制核电站的设置、运转以及废弃物处理等事项，其中与核废弃物规制相关部分主要包括第 7 章废弃事业规制、第 9 章原子力事业者等的义务与责任、第 10 章对原子力事业者等的规制以及第 14 章罚则。根据该法规定，原则上不得向海洋投弃核原料物质、核燃料物质以及被其污染物质；但是，为了人命或者安全而不得已情形除外（《原子炉规制法》第 62 条）。另外，根据 2011 年 4 月第 177 次国会众议院经济产业委员会与内阁委员会联合审查会会议记录，该法在制定时并没有将核电站事故造成核电站以外大范围放射性污染纳入规制范围，导致该领域属于"法律空白地带"。[2] 第三，2000 年《关于特定放射性废弃物最终处分的法律》（以下简称《最终处分法》）共 8 章、94 条。[3] 该法主要是为了保障核电站运转产生特定放射性废弃物的最终处分的有效实施（第 1 条）。所谓最终处分是指将特定放射性废弃物以及被其所污染之物埋到地下 300 米以上的政令所规定深度的地层，并采取必要措施防止其飞散、流出或者渗透（第 2 条第 2 款）。为有效实施最终处分，经济产业大臣应当制定并公布最终处分的基本方针，制定时应当听取原子力委员会的意见，并经过内阁决议；而经济产业大臣应当制订并公布最终处分计划；最终处分的实施计划则由原子力发电环境整备机构制定，并取得经济产业大臣承诺（第 3—5 条）。

---

[1]『原料物質、核燃料物質及び原子炉の規制に関する法律』（1957 年）。
[2]『第 177 回国会　経済産業委員会内閣委員会連合審査会　第 1 号（平成 23 年 4 月 27 日水曜日）議事録』（2011 年）。
[3]『特定放射性廃棄物の最終処分に関する法律』（2000 年）。

当然，该法对原子力发电环境整备机构的设立、管理、业务、财务以及监督等做了详细规定（第34—74条）。

2. 日本环境法体系的融合

福岛核电站事故以后，日本原子力法和环境法趋于相互融合规制模式。

首先，原子力法律体系基本完成从独立于传统环境法体系到纳入环境法体系的转变。第一，日本在2011年制定《原子力损害赔偿支援机构法》、《关于2011年原子力事故造成受害的相关紧急措施的法律》、《关于2011年3月11日东北地方太平洋地震伴随核电站事故所排放放射性物质造成环境污染的应对的特别措施法》（以下简称《放射性污染特措法》）、《关于东日本大震灾产生灾害废弃物的处理的特别措施法》（以下简称《灾害废弃物特措法》），[1] 2012年制定《原子力规制委员会设置法》，2013年制定《关于为防止放射线污染造成环境污染的相关法律整备的法律》（以下简称《放射性污染防治整备法》）[2]。旧《大气污染防止法》第27条第1款不适用因放射性物质造成污染的除外条款被删除，该条仅保留其他5款内容；第22条增加1款内容作为其第3款"环境大臣应当根据环境省令规定，常时监测因放射性物质（仅限于环境省令所规定内容。第24条第2款相同。）造成大气污染的状况"；第24条增加1款内容作为其第2款"环境大臣应当根据环境省令规定，公布因放射性污染造成大气污染的状况"（《放射性污染防治整备法》第1条）。旧《水质污浊防止法》第23条第1款不适用因放射性物质造成污染的除外条款被删除，保留其他5款内容；第15条增加1款内容作为其第3款"环境大臣应当根据环境省令规定，常时监测因放射性物质（仅限于环境省令所规定内容。第17条第2款相同。）造成公共水域与地下水的水质污浊的状况"；第17条增加1款内容作为其第2款"环境大臣应当根据环境省令规定，公布因放射性污染造成公共水域与地下水的水质污浊的状况"（《放射性污染防治整备法》第2条）。旧《环境影响评价法》第52条第1款不适用因放射性物质造成污染的除外条款被删除，保留其他2款内容（《放射

---

[1] 『平成二十三年三月十一日に発生した東北地方太平洋沖地震に伴う原子力発電所の事故により放出された放射性物質による環境の汚染への対処に関する特別措置法』『東日本大震災により生じた災害廃棄物の処理に関する特別措置法』（2011年）。

[2] 『放射性物質による環境の汚染の防止のための関係法律の整備に関する法律』（2013年）。

性污染防治整备法》第 4 条）。

第二，根据 2014 年环境影响评价"基本事项"改正，对一般环境中的放射性物质也进行放射线量的环境影响评价，例如，施工阶段（比如，福岛避难指示区域的施工）与供用阶段（比如，核电站平时的供用）的调查、预测与评价。① 不过，《海洋污染防止法》第 52 条规定不适用因放射性物质造成的海洋污染等及其防止的除外条款尚未删除。2012 年《原子炉规制法》修改导入了一系列新制度，例如，追溯磨合制度、40 年运转期限限制制度、原子力设施安全性的自己评价制度等。② 所谓追溯磨合，指通过命令现有核设施采取符合最新技术标准的相应措施来让现存核设施进行改进完善。③ 例如，根据《原子炉规制法》第 43 条之 3 之 23 的规定，对于不符合最新科技的原子炉设施，原子力规制委员会可以责令其停止、改造、修理等。

其次，改革制度、整合机制。第一，制定《关于原子力损害赔偿的法律》（以下简称《原子力损害赔偿法》）。该法设置原子力损害赔偿纷争审查会来负责福岛核电站事故的损害赔偿方案。在环境省设置作为外局的原子力规制厅，整合了经济产业省的原子力安全安保院（《环境省设置法》第 13 条）、文部科学大臣的试验研究原子炉规制与原子力灾害特措法规制权限（《环境省设置法》第 4 条）等，集中行使对原子力安全的规制权限。

第二，修改《原子力灾害对策特别措施法》。④ 该法共 7 章、40 条（1999 年制定、最新修改于 2018 年 6 月 27 日），该法主要目的在于保护国民的生命、身体与财产免受原子力灾害。紧急状态应急对策制度包括原子力紧急事态宣言期间为防止原子力灾害（及其盖然性）扩大而实施的应急对策。

多元共治机制包括原子力事业者应当采取防止原子力灾害发生的万全措施，诚意地采取防止原子力灾害（及其盖然性）扩大与恢复所必要的措施；国家应当采取为原子力灾害对策本部设置等紧急事态应急对策以及

---

① 大塚直『環境法 BASIC（第 2 版）』（有斐閣 2016 年版）112 頁参照。
② 下山憲治「原子力利用リスクの順応的管理と法の制御」『環境法研究』2014 年 1 号 67 頁参照。
③ 川合敏樹「ドイツ原子力法における既存の原子力発電所に対するバックフィットの在り方について」『立教法学』80 号（2010 年）285 頁参照。
④ 『原子力災害対策特別措置法』（1999 年）。

事后对策的实施所必要的措施，指定行政机关长官、指定地方行政机关长官、内阁总理大臣与原子力规制委员会应当采取适当措施以保障原子力灾害预防对策、紧急事态应急对策以及原子力灾害事后对策的顺利实施；国家应当设想发生大规模自然灾害与恐怖事件所造成的受害，并以其最小化为目标来强化警备体制与原子力事业所深层防护、整备相应对策，采取为防止原子力灾害的万全措施；地方公共团体应当采取为保障原子力灾害预防对策、紧急事态应急对策以及原子力灾害事后对策的顺利实施所必要的措施；国家、地方公共团体、原子力事业者、指定公共机关与指定地方公共机关应当相互配合协同，以保障原子力灾害预防对策、紧急事态应急对策以及原子力灾害事后对策的顺利实施。

原子力规制委员会应当制定包括实施措施、对策实施体制、重点实施对策的区域设定等相关事项的原子力灾害对策指针，以确保地方公共团体、原子力事业者、指定公共机关长官与指定地方公共机关长官等相关主体的原子力灾害预防对策、紧急事态应急对策以及原子力灾害事后对策的顺利实施。原子力事业者应当承担相应的原子力灾害预防义务，包括设置原子力防灾组织与原子力防灾要员，选任正、副原子力防灾管理者来负责原子力防灾组织；原子力防灾管理者发现原子力事业所附近区域超标放射线量等政令规定情况时，应当立即向相关主体（包括内阁总理大臣、原子力规制委员会、所在都道府县知事、所在市町村长官以及相关周边都道府县知事）通报。内阁总理大臣应当指定紧急事态应急对策等据点设施，并听取原子力规制委员会、所在都道府县知事、所在地市町村长官、管辖该据点设施所在地的市町村长官以及相关原子力事业者的意见。

原子力规制委员会认为发生原子力紧急事态时，应当立即向内阁总理大臣报告相关情况的必要信息，并提出相关指示方案；内阁总理大臣应当立即发出原子力紧急事态宣言；内阁总理大臣在作出原子力紧急事态宣言后，应当在内阁府临时设置原子力灾害对策本部来推进应急对策与事后对策；总理大臣担任本部长，内阁官房长官、环境大臣与原子力规制委员会委员长担任副本部长。原子力紧急事态宣言后，原子力灾害对策本部、都道府县原子力灾害对策本部等应当组织原子力灾害共同对策协议会。内阁府设置原子力防灾专门官员来实施防止原子力灾害发生或者扩大的必要业务；内阁总理大臣、原子力规制委员会、国土交通大臣、所在都道府县知事、所在市町村长官以及相关周边都道府县知事在必要限度范围内，可以让其职员进入原子力事业所进行现场检查。

第三，制定《灾害废弃物特措法》。① 该法共 8 条，主要是规定国家代替市町村来处理灾害废弃物的特例，以及国家应当实施的相关措施。国家治理义务包括为保障灾害废弃物处理能迅速且适当展开，国家应当对市町村与都道府县进行必要支援，规定灾害废弃物处理的基本方针、处理内容与实施时期等，有计划且广域地实施相关必要措施；环境大臣在收到作为特定受灾地方公共团体的市町村长官的请求，且在考虑该市町村的灾害废弃物处理实施机制、专门技术必要性与广域处理重要性而认为必要时，可以代替该市町村进行灾害废弃物的收集、搬运、处分以及再生等，相关费用由国家承担。

第四，统一环境风险的行政规制主体。核电站发电的推进与规制分离，规制权限集中到原子力规制委员会。② "即便消除危险方面不存在十分必要的损害发生盖然性，只要有带来环境受害与人体受害可能性的，行政机构就可以行使规制权限"。③ 根据 2013 年 2 月 6 日《关于同事业者面谈规则的修改》，日本导入了原子力规制厅职员与被规制者面谈的规则。④ 例如，与被规制者的面谈都应当是 2 人以上的委员或者职员，超过 5 分钟的面谈都应当公开所有面谈内容，面谈的预约与实施都应当在网络主页公开等。作为专业委员会，文部科学省设置原子力损害赔偿纷争审查会，能见善久教授（首届会长）、大塚直教授、镰田薰教授等 10 名来自不同专业的专家委员组成第一届审查会，并于 2011 年 4 月 15 日召开第一次会议研究福岛核电站事故的影响与政府的应对措施；截至 2021 年 7 月 14 日，共召开 54 次会议并提供 17 份报告（包括核损害赔偿的判断指针、地方公共团体的不动产赔偿等），成为日本政府应对核事故的重要参考依据；另外，设置若干名特别委员（以律师为主）。⑤ 环境省设置专门的放射性物质对策窗口，公开相关法律、环境监测、健康管理对策等；⑥ 根据

---

① 『東日本大震災により生じた災害廃棄物の処理に関する特別措置法』（2011 年）。

② 大塚直「福島第 1 原発事故が環境法に与えた影響」『環境法研究』2014 年 1 号 108 頁以下参照。

③ 首藤重幸「原子力規制の特殊性と問題」『環境法研究』2014 年 1 号 48 頁。

④ 首藤重幸「原子力規制の特殊性と問題」『環境法研究』2014 年 1 号 48 頁参照。

⑤ https：//www.mext.go.jp/b_menu/shingi/chousa/kaihatu/016/index.htm。最后访问：2021 年 7 月 14 日。

⑥ http：//www.env.go.jp/jishin/rmp.html。最后访问：2021 年 7 月 14 日。

2012年6月27日实施的《原子力规制委员会设置法》规定，环境省设置一个外局：由5名专业委员组成的原子力规制委员会，负责原子力的安全利用与规制等相关事务，确保国民的生命健康与财产安全以及环境保全乃至国家安全，下辖各种相关审议会、原子力安全人才培育中心与原子力规制厅（事务局）等部门，委员长由内阁总理大臣取得众议院与参议院同意后任命，日本天皇对该任命进行认证。

最后，司法上存在肯定核电站事故损害赔偿的案例。例如，在仙台高等法院判决日本政府与东京电力赔偿原告10.1亿日元案中，因福岛核电站事故造成福岛县及相邻县不得不避难的2864名居民向法院提起民事诉讼，主张恢复原状（原居住地空间线量率恢复到事故以前）与损害赔偿（基于平稳生活权），虽然法院驳回恢复原状诉求，但是肯定了损害赔偿诉求（一审法院根据《原子力损害赔偿法》第3条第1款判定东京电力承担赔偿责任、根据《国家赔偿法》第1条第1款判定日本国承担赔偿责任，两被告对部分赔偿承担连带责任）。[①] 在另一个仙台高等裁判所判决赔偿案中，50名居住在福岛县的原告根据《原子力损害赔偿法》向东京电力提出9700多万日元损害赔偿和迟延损害金。原告遭受了强烈恐惧与不安的精神痛苦属于《民法》第709条规定的法律上受保护利益的侵害，原子力事业者符合根据《原子力损害赔偿法》第3条第1款损害赔偿的原子力损害（《原子力损害赔偿法》第2条第2款）；2011年3月11日到12月31日的精神痛苦属于超过社会生活上忍受限度而侵害了法律上受保护利益，故判定30万日元精神赔偿金。[②] 当然，并不是所有案例都肯定损害赔偿，例如，在一个札幌地方裁判所否定因果关系案中，原告从事福岛核电站事故的灾害恢复工作，主张因此遭受放射线而致癌，根据《原子力损害赔偿法》对原子力事业者提出损害赔偿诉讼，但是因果关系没有被法院认可而败诉。[③]

---

① 2020年9月30日仙台高等裁判所第3民事部平成29年（ネ）第373号判决。
② 2021年1月26日仙台高等裁判所令和2年（ネ）第123号判决。
③ 2021年5月13日札幌地方裁判所平成27（ワ）1966判决。从该案值得追问的是，《原子力损害赔偿法》第5条第1款与第3条第1款适用故意归责原则，这与安全考虑义务违反造成债务不履行、共同不法行为、使用者责任等是否完全不同？

三 日本环境行政的治理体制与治理路径

(一) 日本环境行政的治理体制

1. 日本中央环境行政的治理体制

在日本，环境省负责跨域污染治理的国家层面事务。根据《环境省设置法》第3—13条的规定，① 原环境厅在2001年1月6日升格为环境省。一方面，环境治理由政务、事务与专家形成"三位一体"架构。环境大臣是环境省的负责长官，可以对相关行政机关提出环境保全方面的劝告，要求其提出采取措施的报告；地球环境审议官主要负责地球环境保全的国际应对事务。作为专家机构，环境省设置了中央环境审议会、公害健康受害补偿不服审查会，有名海与八代海等综合调查评价委员会，公害对策会议以及原子力规制委员会等专家委员会。作为地方分支机构，环境省设立地方环境事务所来行使环境省负责事务中的部分职权。环境省负责水环境相关事务的权限则可以一分为二：一个是专管事务，包括大气、水质与土壤污染规制以及环境保全相关监视与测定等；另一个是共管事务，包括下水道排水处理、河川湖泊保全等。对此，学界有观点认为从综合水循环视角来看，环境省应当统一管理水相关事务。②

另一方面，环境省承担公害应对与环境保全职责。第一，环境保全既包括地球环境保全，公害防治，自然环境保护与整备，森林、绿地河川及湖沼保全以及其他环境保全，也包括原子力研究、开发与利用的安全确保任务。对于其他内阁机构与环境省任务相关的重要决策事务，环境省亦有协助之职责。环境保全主要是自然环境保持良好区域的自然环境保全以及生物多样性的确保，还有专门以环境保全为目标的事务及事业。第二，制定相关环境标准。具体包括企划、起草以及推进环境保全基本政策，制作国土利用规划中的全国规划，设定环境基准，调整经费估算方针与经费分配规划，制定公害防止事业所需费用的事业者负担制度等。另外，还包含

---

① 『環境省設置法』（1999年）。该法分为总则、环境省设置和任务及负责事务、设置职务与机关、原子力规制委员会、附则等，共13条。
② 大塚直『環境法（第3版）』（有斐閣2010年）746頁以下参照。

从环境保全观点出发的相关事务及事业的基准、方针、计划等事项的制定，温室效应气体的排放抑制，臭氧层的保护，海洋污染的防止，工厂选址的规制，防止公害的设施及设备的整备，下水道设施的排水处理，放射性物质环境状况的监测，化学物质的制造、使用等的规制，在事业所以外向环境排放化学物质的量的把握以及相应管理改善的促进，农药的注册及使用的限制，促进资源的再利用，以及环境影响评价等。第三，协调规制。包括环境保全相关行政机关的事务调整，为健全利用自然环境的活动推进，宠物护士事务中的负责事项，皇居外苑等地方的维持及管理，基于相关重要政策的内阁决议基本方针，为行政各部门施策统一所必要的企划、起草与综合调整相关事务以及国际合作；特定有害废弃物等的进出口、搬运及处理的规制，防止公害的规制，废弃物的排放抑制与适当处理以及清扫，核事故释放放射性物质对环境污染的处理；公害相关健康受害的补偿及预防，以及石棉健康受害救济等。

在应对地球环境问题、自然保护公共事业化预算扩大以及整合其他部门相关事务（比如，原属于厚生省的废弃物相关厅局事务、原属于经济产业省的二氧化碳排放规制权限）等活动影响下，日本环境省的行政资源也在不断扩大。[1] 从比较视角来看，中日两国环境部门负责事务都在不断扩大。

2. 日本地方环境行政的治理体制

明治维新以后，则主要是通过合并自治体、设置广域行政等模式来解决跨域问题，并在"省直管县"改革上引入了"以域代属"，治理显得更加灵活且"接地气"，这种伙伴型区域治理模式在上下从属的纵向层面、平行政府层面以及不存在从属关系的"斜向"层面追求共赢协作。[2] 日本跨域污染治理机制的重要依据是《地方自治法》，[3] 在对其进行梳理后发现，

---

[1] 久保はるか「環境規制の行政学的アプローチ」大久保規子、髙村ゆかり、赤渕芳宏、久保田泉編『環境規制の現代的展開——大塚直教授還暦記念文集』（法律文化社2019年）165—167頁参照。

[2] 参见杨达《日本"广域连携"区域治理模式探析》，《政治学研究》2017年第6期，第80页；白智立、刘丛丛、[日]桥本绘美《关西广域联盟：地方分权改革视域中的日本跨域治理实践》，《日本学刊》2021年第2期，第54页；白智立《日本广域行政的理论与实践——以东京"首都圈"发展为例》，《日本研究》2017年第1期。

[3] 『地方自治法』（1947年）。该法制定于1947年，最新改正是2021年6月18日，分为总则、普通地方公共团体、特别地方公共团体与补则等4编，共计299条，其中，第3编"特别地方公共团体"保留了"特别区、地方公共团体之组合以及财产区"。

跨域污染治理机制可以概括为广域联盟模式、地方协同模式以及纠纷多元处理模式。

首先,《地方自治法》通过专门一节规定来设置广域联盟机制（第284条，第291条之2—5、7—12）。广域联盟的产生与解散由相关地方共同主导；广域联盟具备来自地方提供的人员、经费等运转保障。其次，没有设置广域联盟的地方可以通过合作来实现跨域污染治理。《地方自治法》设置"国家与普通地方公共团体的关系以及普通地方公共团体之间的关系"一节来规定具体程序（第252条之2—17），具体可分为以下三种情形：地方之间可以通过合作协约进行协同治理；地方之间可以共同设置决策与执行机构，互派工作人员，实现主体协同；地方之间可以相互委托或者代为执行事务。最后,《地方自治法》明确规定跨域污染治理纠纷的三大解决机制（第250条之7—20，第251条，第251条之2—4、5—7，第252条），包括：通过国家与地方纷争处理委员会处理机制来解决纠纷，处理国家或者都道府县对普通地方公共团体相关干预的审查；通过自治纷争处理委员机制解决地方纷争；通过司法诉讼机制解决跨域治理纷争。

（二）日本环境行政的治理路径

日本环境治理路径可以分为综合手法、规制手法、引导手法或者合意手法、事后措施等。[①] 根据治理方法是否具有直接强制性，暂且从以下刚性路径与柔性路径来进行梳理。

1. 日本环境行政的刚性路径[②]

日本环境行政的刚性路径主要包括综合手法与规制手法。

首先是像规划、环境影响评价那样的"综合手法"。这些在从预防的、长期的视点上进行环境关怀方面起作用。可以说，展望将来的环境管理，其根据综合地把握包含自然环境与生活环境的环境的计划而形成。作为国家计划，除《环境基本法》所规定环境基本计划以外，存在个别法规定的各种计划（例如，一般废弃物、产业废弃物处理计划，生活排水对策推进计划）。即使在地方自治体，也有不少把整体的环境管理计划添加到个别计划。所谓环境影响评价，是在进行对环境有影响的开发行为等

---

① 大塚直『環境法 BASIC（第2版）』（有斐閣2016年）61頁参照。
② 大塚直『環境法 BASIC（第2版）』（有斐閣2016年）61—63頁参照。

事业之际，对其环境影响，参考来自市民的信息的同时，进行调查、预测、评价，将其结果公布并听取市民意见，在其结果基础上判断计划适当与否，进而来作出决定的合理的意思决定的手法。目的在于，根据事前调查与市民参加来事先降低环境负荷。日本于1997年制定了《环境影响评价法》。而且，地方自治体也制定了环境影响评价条例等。在将来，应当检讨更事先地实施在政策设计与计划制定阶段的评价的"战略环境影响评价"的导入。

毫无疑问，"规制手法"在今天依然拥有重要的地位。对于公害，事业规制是有效的，且与便利设施等土地利用的关系上，基于地域指定制度与开发许可制度等的土地利用规制是最为普遍的。关于物质的规制，虽然如同通常公害情形那样，主要是规制个别排出，像具有难分解性、高蓄积性一级长期毒性的有害物质那样，也有必要规制其制造、输入本身。而且，即使是公害相关情形，如同机动车大气污染、防滑钉轮胎公害那样，关于原因者极为众多的都市生活型公害，取缔其排放是不可能的，而是采用个体规制（机动车NO_x与PM法）、产品制造规制（特定水银使用产品。《水银环境污染防止法》第5条、第32条第1项）、使用规制（《关于防滑钉轮胎粉尘发生防止的法律》）等措施。条例层次上，虽然采取了针对生活排水造成琵琶湖富营养化的含磷清洁剂贩卖禁止措施（餐盘贩卖禁止），但也是如此。虽然原先考虑到比例原则的关系很难运用，但对应环境恶化防止的必要性的高涨，其作为导入更强规制方案的规定引起了注意。关于土地利用规制，地域指定制度尽管在法律上不需要土地所有人同意，但是由于只要当地的合意在事实上不成立，就不进行指定，因而缺少实效性。其根本原因在于，日本对土地所有权的计划控制较弱，开发、建筑自由根深蒂固。国土整体上作为开发限制区域，无计划则无开发也是一个办法。只是问题在在于，由于与宪法上财产权保护的关系，有必要进行补偿措施的充实等，如果没有财源，实际上很难解决。

2. 日本环境行政的柔性路径[①]

日本环境行政的柔性路径主要包括引导手法、合意手法。引导手法包括运用市场手法（经济手法为中心）与运用信息手法（信息手法），合意

[①] 大塚直『環境法BASIC（第2版）』（有斐閣2016年）64—65、76、80頁参照。

手法包含协定、行政指导,这些路径都很重视灵活性、自主性。为了应对社会变化中法律应对的界限、行政活动中未知要素的增加,灵活性显得必要;为了应对行政资源的界限、让私人专业知识等活用成为可能,自主性显得重要。这些都是应对包括"不确定风险"在内的新型环境问题。当然,引导手法中的市场手法与信息手法不是相互排斥的,而是能重合的。运用市场手法的代表性内容是经济手法,包括从前所用的"补助金制度",关于对一定量的污染物质的排放等课以一定额度的税金与赋课金的"税与赋课金制度",人为地创造"污染框架"的买卖市场的"排污权交易制度"等。作为运用市场的手法,除此之外,还包括购买有利于环境的物品、环境标签。与环境标签相反,也有如同美国加利福尼亚州(《安全饮用水有毒物质执行法》)那样运用居民自主风险选择的手法。作为运用信息的手法(信息手法),除 PRTR (Pollutant Release Transfer Register,环境污染物质排放、移动注册)以外,还包括环境影响评价、战略环境评价,尽管这与"综合手法"有所交叉。而且,环境标签、运用市场的居民的自主风险选择手法、社会责任投资是两类手法的交叉部分。信息公开与信息提供成为居民参加的基础,作为确保民主行政的内容,对环境管理而言极为重要。其中,包括行政厅的保有信息的公开与企业单位的保有信息的公开。

在日本引人注目的是,《环境基本法》第 22 条设置关于包含环境赋课金的紧急措施的规定。不过,在《环境基本法》制定之际的中央公害对策审议会与自然环境保全审议会的答复中,反映了关于是否应当在该法中规定经济手法的赞成、否定两种讨论的展开,并就该条规定对环境负荷活动课以经济负担(负激励)的措施,止步于展示以下三点:进行关于采取经济措施情形的环境保全上的效果与对国民经济所产生影响的调查研究;在经济措施导入之际,为了获得国民的理解与协力进行努力;经济措施是为了地球环境保全时,考虑其效果适当得以确保的国际合作。《循环型社会形成推进基本法》第 23 条也设置关于经济措施的规定。环境税与赋课金在大气污染领域等部分得以运用。即《公害健康被害补偿法》(1987 年改正的《关于公害健康被害的补偿等的法律》)中污染负荷量赋课金制度(该法第 52 条以下)、航空器燃料让与税(《航空器燃料让与税法》第 1 条、第 7 条)。

"信息手法"主要包括:(甲)基于环境报告书的公布,(乙)基于

《公司法》与《金融商品交易法》的公布，（丙）基于 PRTR 法的公布，（丁）环境标签，（戊）《地球温暖化对策推进法》中温室效果气体的计算、报告与公布系统，（己）制造特定水银使用制品情形的事业者的水银使用的表示（《水银环境污染防治法》第 18 条）。

"合意手法"分为协定与行政指导。在日本，历来为了防止公害，企业与行政或者企业与居民之间缔结了公害防止协定。初期阶段特别引人注目的是，1964 年横滨市与电源开发株式会社、东京电力株式会社之间结成的协定。这是在法令整备并不充分的时代，自治体基于"根据合意的手法"达成的比法规制还强的规制，作为"横滨方式"得到高度评价，传遍全国。尽管在当时学界，为弥补法令不完善而运用的脱法手段得到消极评价，但在法令完善之后，截至目前，公害防止协定的数量在持续增长。

四 日本环境纷争的行政处理与司法机制

（一）日本公害纷争处理

1. 日本公害纷争处理的法律依据

《公害纷争处理法》制定于 1970 年，[①] 共计 5 章 55 条，主要包括总则、公害相关纷争的处理机构、公害相关纷争的处理程序、杂则以及罚则；历经修改，第 4—12 条被删除，同时增加了若干条规定。其中，该法没有直接对"公害"进行定义，而是引用《环境基本法》第 2 条第 3 款对公害的定义；相关处理机构包括国家层面的公害等调整委员会、地方层面的都道府县公害审查会等；处理程序包括斡旋、调停、仲裁以及裁定。该法成为日本公害纷争处理的主要法律依据。

2. 日本公害纷争处理的解决程序

公害纷争处理具有特定的主体。国家层面的公害等调整委员会又称"中央委员会"，主要职责有二：一是对公害纷争进行斡旋、调停、仲裁以及裁定；二是对地方公共团体的公害处理进行指导。其主要管辖事务包括，对人体健康或者生活环境产生公害相关的显著被害且涉及相当多人的情形，涉及两个以上都道府县的跨域解决必要的情形，当事人活

[①] 『公害紛争処理法』（1970 年）。

动场所或者因公害所造成的损害发生场所分别位于不同都道府县的情形（第 3 条、第 24 条第 1 款）。地方层面，都道府县根据地方条例设置都道府县公害审查会，该审查会由 9—15 名委员组成，负责法律规定的公害纷争的斡旋、调停与仲裁以及其他法定权限，而委员之间互选会长来处理会务、代表审查会；审查会管辖除中央委员会负责情形以外的公害纷争；当然，对委员任职资格具有较高要求，既要具有人格高尚、见识高远，又不能是被处以监禁以上刑罚或者破产没有取得复权的人，还须由知事取得议会同意后任命，且委员永远不得泄露秘密，不得担任政治团体干部、不能积极从事政治活动；对于跨域事件，都道府县之间可以设置相应的联合审查会，对公害纷争进行斡旋与调停（第 13—17 条、第 20—21 条、第 24 条第 2 款）。

　　日本公害纷争处理的解决程序包括斡旋、调停、仲裁以及裁定 4 种。斡旋是由中央委员会委员长或者审查会会长从其委员中指定 3 名以内来担任斡旋委员，确定当事人双方主张，从中斡旋并努力地公正解决纷争（第 28—29 条）。调停是由中央委员会委员长或者审查会会长从其委员中指定 3 名来担任调停并组成调停委员会，必要时可以要求当事人出面并听取意见，可以要求当事人提供相关文件、物品等，可以现场调查、检查相关文件物品，可以劝告当事人采取相应措施，提出调停方案（第 31—34 条）。仲裁是由当事人从中央委员会或者审查会等委员当中选出仲裁委员，并经过中央委员会委员长或者审查会会长任命来组成仲裁委员会，当事人没有选出委员时，则由中央委员会委员长或者审查会会长从委员中指定 3 名组成仲裁委员会，该委员会必要时可以要求当事人提出相关文件、物品，可以现场调查、检查相关文件物品，进行仲裁判断、解决纷争；仲裁委员中应当至少有一名具有律师资格（第 39—40 条）。裁定是指由中央委员会从其委员当中任命 3 名或者 5 名委员来组成裁定委员会，经过法定程序，对公害纷争作出合议判断；排除裁定委员的资格范围包括当事人的相关血亲、姻亲、监护人或者代理人，纷争事件的参考人、鉴定人，裁定委员或者其配偶是纷争当事人，裁定委员曾是纷争当事人的代理人，当然，这种排除范围由中央委员会决定（第 42 条之 2—5）。裁定分为责任裁定与原因裁定。责任裁定是公害受害人向中央委员会会申请作出损害赔偿责任的裁定，裁定委员会原则上应当公开审问当事人并让其陈述意见，可以依职权或者依申请调查取证；中央委员会可以根据情况采取证据保全措施；责任裁定书送达之日起 30 日以内，当事人对裁定相关损害赔偿没有提起诉讼的，视为该损害赔偿责任裁定成立生效（第 42 条之 12—20）。

上述公害纠争处理程序方法与司法程序不同：导入职权主义（比如，调停委员会与仲裁委员会可以要求提供文书、现场检查，实施调查、减轻当事人费用负担（比如，申请调停、仲裁或者裁定需要缴纳手续费比民事诉讼少很多，甚至可以减免手续费或者延期，而且纠争处理程序所需费用大部分由政府来承担）、公害纠争处理机构拥有各领域专家。从《公害纠争处理法》施行的 1970 年度开始截至 2014 年度，隶属公调委（以及中央公害审查委员会）的事件共 969 件，其中包括斡旋 3 件、调停 725 件、仲裁 1 件、责任裁定 148 件、原因裁定 86 件、义务履行劝告申请 6 件。都道府县公害审查会等截至 2014 年度的隶属件数是 1426 件。另外，地方公共团体的公害投诉商谈窗口受理的公害投诉件数 2013 年度是 76958 件。近年来大多新增办案数是裁定事件。[①]

（二）日本环境司法解决机制

1. 日本环境司法的依据和类型

日本环境司法分为赔偿型环境司法与预防型环境司法。

赔偿型环境司法是基于侵权行为的损害赔偿，通过金钱填补所遭损害为原则。新潟水俣病第 1 次诉讼：工场排水有机水银中毒事件，1967 年起诉昭和电工株式会社，1971 年胜诉；判决赔偿分 5 个等级：1000 万、700 万、400 万、250 万、100 万日元。[②] 熊本水俣病第 1 次诉讼：工场排水有机水银中毒事件，1956 年认定为水俣病，1968 年政府认定水俣病与氮肥厂废液的因果关系，1969 年起诉 Chiso 公司，1973 年胜诉；死亡患者获赔 1800 万日元，生存患者获赔 1600 万—1800 万日元（共计 9 亿 3000 万日元）。[③]

预防型环境司法是指通过环境司法对特定健康受害、环境污染采取禁令诉讼来进行预防，禁令内容包括防除公害设施的设置、营业的停止（缩短）等。《日本民法》并没有明文规定禁令，但存在基于所有权等

[①] 大塚直『環境法 BASIC（第 2 版）』（有斐閣 2016 年）473—474 页参照。
[②] 新潟地裁 1971 年 9 月 29 日判时 642 号 96 页参照。
[③] 熊本地裁 1973 年 3 月 20 日判时 696 号 15 页参照。

的物权请求权、人格权、环境权等权利构成，侵权行为构成、权利构成与侵权行为构成的复合构成（二元说）等主张。二元说是区别权利侵害情形与尚不构成权利侵害的法益侵害的情形，承认其各自具有不同根据、要件构成的禁令。究竟应以何种为依据，尚存争论，不过裁判例当中人格权是最为有力的。不过，国立景观诉讼最高裁判决区别了关于景观的权利与法益，在采用这种立场并且将要承认针对侵害景观利益（尚未达到权利的法益）的禁令时，可以说二元说的地位就显得重要了。另外，关于二元说的作为支配权的环境权，正如上述，环境利益很难考虑成为原告的个别利益，更难以作为权利，因而以此为根据是存在困难的。①

日本也曾出现"一刀切"地认为禁令制度比损害赔偿制度的要件更加严格的误区。通过早期相关案例梳理可知（详见表7-1）：在案件类型上，涉及噪声、大气、水、废物处分场、核电站、电磁波、日照、景观、眺望、恶臭、化学物质以及自然资源12个类型；在案件数量上，噪声污染、大气污染、废物处分场以及水污染等四类诉讼是20世纪80年代以来的主要类型，核电站污染风险、日照妨害、景观妨害等类型诉讼在时间上分布并不均匀，21世纪以来有涉及化学物质、自然资源等类型的少量诉讼；在胜诉率上，恶臭类诉讼（100%）与日照妨害类诉讼（75%）都比较高，其次是水污染类型诉讼（47%），然后是废物处分场与眺望等类型诉讼（40%），大气污染类诉讼（20%）、景观妨害类诉讼（17%）、核电站污染风险类诉讼（17%）以及噪声污染类诉讼（14%）胜诉率较低，而电磁波污染类诉讼、化学物质类诉讼以及自然资源类诉讼则一直为0。另外，日照妨害类诉讼受理不多，但是胜诉率非常高。因此，在裁判基准与裁判方法等理论上，噪声类、大气类、废物处分场类、水污染类等诉讼相比其他类型而言，其司法经验具有进一步的比较价值。②

2. 日本环境司法的发展和动向③

在作为公益的环境相关诉讼中，与"秩序"说承认公法、私法合作

---

① 大塚直『環境法BASIC（第2版）』（有斐閣2016年）414頁以下参照。
② 参见刘明全《环境司法中预防性责任方式的分层建构》，《华中科技大学学报》（社科版）2019年第3期。
③ 本部分在《环境诉讼与禁令的法理》[《苏州大学学报（法学版）》2014年第2期] 一文基础上修改而成。

表 7-1　日本环境污染禁令诉讼分析（1980—2014 年）

类型	Ⅰ 1980—1988 年	Ⅱ 1989—1994 年	Ⅲ 1995—1999 年	Ⅳ 2010—2004 年	Ⅴ 2005—2009 年	Ⅵ 2010—2014 年	禁令提出率 1980—2014 年	禁令胜诉率 1980—2014 年
噪声	7 (3/7)	8 (1/8)	5 (0/4)	2 (0/2)	7 (0/5)	10 (1/10)	0.92 (36/39)	0.14 (5/36)
大川	5 (0/5)	6 (0/6)	7 (2/7)	7 (4/7)	4 (0/4)	1 (0/1)	1.00 (30/30)	0.20 (6/30)
废物处分场	8 (1/8)	2 (1/2)	3 (3/3)	3 (2/3)	7 (3/7)	2 (0/2)	1.00 (25/25)	0.40 (10/25)
水	3 (0/3)	1 (0/1)	5 (4/5)	8 (2/8)	3 (3/3)	—	0.95 (19/20)	0.47 (9/19)
核电站	—	1 (0/1)	3 (0/3)	—	3 (1/3)	5 (1/5)	1.00 (12/12)	0.17 (2/12)
日照	—	3 (3/3)	2 (2/2)	—	—	3 (1/3)	1.00 (8/8)	0.75 (6/8)
景观	—	—	—	2 (1/2)	5 (0/4)	—	0.86 (6/7)	0.17 (1/6)
眺望	—	—	2 (1/2)	—	1 (1/1)	2 (0/2)	1.00 (5/5)	0.40 (2/5)
电磁波	—	—	—	—	3 (0/3)	1 (0/1)	1.00 (4/4)	0.00 (0/4)
恶臭	—	—	1 (1/1)	—	—	—	1.00 (1/1)	1.00 (1/1)
化学物质	—	—	—	—	1 (0/1)	—	1.00 (1/1)	0.00 (0/1)
自然资源	—	—	—	—	—	1 (0/1)	1.00 (1/1)	0.00 (0/1)
小计	23 (4/23)	21 (51 21)	28 (13/26)	22 (9/22)	34 (8/31)	25 (3/25)	0.97 (148/153)	0.28 (42/148)

的余地等多种优点相反,以"秩序"作为禁止根据不是没有问题。从环境法的观点而言,大塚教授虽然被支持秩序说的诱惑驱动着,但是,忽略司法本质(事件性)、维持自由放任主义等观点之时,以"秩序"为根据之说很难被社会接纳,为了环境或竞争以外的公益,不得不考虑扩张这种"秩序论"的可能性。即使继续秩序说的讨论,作为更现实的对策,一边维持传统的根据论,一边以公益诉讼立法化为目标的立场在今天也是极为重要的。

同时,关于秩序说,有必要讨论其有效范围。首先,环境秩序说非常适合所谓环境容量的想法,在环境法上作为对政策或立法的指针是重要的。不仅限于民法,纵观日本法体系之时,环境秩序的想法是重要的,可以看到广中教授的理论是根据此点进行论述。但是,为在诉讼上运用秩序说,有必要进行限定。第一,其适用范围在人为创造的秩序(国立景观诉讼事例等),具体地,可限定在当前都市环境。因为,如上所述,讲到秩序,存在作为其前提的居民的自觉、意识、关心,其有必要得到社会上的承认。秩序说适用范围并不涉及全部公害环境诉讼。其次,运用作为禁令根据的秩序时,明确性是必要的,并限定在其提升至"习惯"的场合。如果是不够标准的"地域利益",仅作为违法性中对原告方有利的要素来考虑。而且,作为环境相关的个人利益,一部分是仅有被动的享受环境利益的(所谓入滨利益、森林浴利益),另一部分是存在能动的环境共同利用利益的(原告方对环境形成是积极关心的),都能以此为根据并提起诉讼。这两者均能成为损害赔偿及禁令的根据,前者与国立景观诉讼最高院判决构成相同,后者与上述存在"地域利益"场合大致对应;由于存在能动关系,可以说,后者比前者更易承认禁令。不过,应当注意的是,上述议论只不过覆盖了公害环境诉讼一部分而已。公害环境诉讼大都是在以个人的权利侵害或利益侵害为根据的明确的情况下,未必明确的案例可限定在都市景观、入滨利益、森林及自然的破坏等(也可称其为"狭义的环境诉讼")。在大气污染、噪声振动、废弃物处理厂污染、日照妨害、眺望侵害等众多纷争中,权利、利益侵害成为问题。换言之,现在公害环境诉讼禁令议论中最为不足的不是根据论的变革,而是要件论的确立。

来自行政法学者的、在诸要素的"杂煮理论"中所列举的忍受限度论引起了民事禁令诉讼的法的不安定性,可以说,现在的紧急课题是使其内容精致化。大塚直教授曾经以《德国民法典》906 条和日本判例为基础进行过尝试（多层说）：（ⅰ）以实质被害为前提，（ⅱ）加害者利用方法与地域性的适合，（ⅲ）加害者的经济期待可能措施的实施，（ⅳ）环境影响评价及对居民的说明等程序的履行，（ⅴ）在有无法规违反等各自并不充分的场合，容忍或者一部分容忍禁令，对此并无问题时，（ⅵ）规范地比较衡量被害与加害者牺牲利益及社会经济损失。在要件论中，应加上作为补偿实质被害因素的、作为对抗社会有用性（社会的经济损失）因素的"地域利益"。在狭义民事环境诉讼相关方法中，两大潮流清晰可见。第一，集团利益诉讼论、秩序说的方法。第二，追求以个人利益为根据的方法。国立景观诉讼最高院判决采用了后者。大塚直教授认为以个人利益为根据能够提起诉讼的，应当尽可能运用。理由是，应当应对事件性、当事者适格问题，特别要考虑到在环境诉讼中个人与集团利益对立情形较多，不能轻视少数人的声音。作为提起以个人利益为根据的诉讼相当难的例子，存在如下问题：主张由上述开发行为带来的自然破坏、森林破坏（与自己访问无关）造成精神被害的人，还有，主张由濒临灭绝的奄美大岛的奄美黑兔的栖息地被开发行为破坏造成精神被害的人，能够提起禁令等诉讼吗？在此，正如已经指出的，作为解释论，以集团利益为理念方面存在不少困难。这样的事例与其说是集团利益诉讼，不如说是公益诉讼，当然作为立法论，应当对承认环境保护团体提起这种诉讼（团体诉讼）进行讨论。这样的个人利益薄弱的案例是团体诉讼必要性最高的案例。如果《宪法》第 25 条规定个人对国家的环境权，那关于这种诉讼制度的立法就成为必要。并且，团体诉讼立法时，应当注意的是，借鉴现在环境保护的最大课题在于人类自然生活基础的保护（参照《德国基本法》第 20a 条），不仅是为了当代人的利益，也有必要保护下一代人的利益。

第八章　韩国环境法

一　韩国环境法概述

(一) 环境概念及范围

环境的词典含义是"直接或间接影响生物的自然条件或社会情况"或"周围环境的状态"。这些词典含义一般被认为与公众所认知的环境含义一致。但是，宪法所规定的环境概念，不是指词典含义中的环境。一般而言，对于环境概念的理解，有的观点仅限于自然环境，有的理解为人造环境，即所谓的生活环境，也有观点认为环境概念包含教育、医疗等社会环境。韩国《宪法》规定"每个公民都有权生活在健康舒适的环境中，国家和公民必须努力保护环境"，但没有包含任何关于环境的积极内容。事实上，要清晰、统一地定义环境的概念并不容易。为了解释环境权的宪法含义，在理解环境权和其他基本权利规定的同时，还需要理解其内容。

1. 是否包含社会环境

从广义上理解环境权的环境，可以包括社会环境。这也是很多理论和一些先例的立场。这意味着环境权不仅是人类作为生物而生存所需要的环境，还包括人格形成所需要的环境，如道路、公园、桥梁等社会设施属于人类社会活动必不可少的环境。尽管可以对环境作如此全面的理解，但将环境权视为一种规范时，却很难达成如此宽泛的理解。首先，有人担心它可能被理解为与其他法规相关的综合法规。如果环境权优先于内容重叠的基本权利，则便会产生其他基本权利的有效性问题；如果优先考虑其他基本权利，环境权就会被理解为补充性基本权利。因此，为了保证韩国《宪法》第35条规定的环境权的有效性，也为了宪法解释的统一性和系统性，将这些社会文化环境排除在环境权之外是正确的。

2. 自然环境与生活环境的关系

生活环境可以根据自然环境来理解。换句话说，人类以自然环境为基础而生活，在生活的同时向自然添加人造的东西。而具有这种人工的自然，又变成了人类重新生活的环境。从术语上讲，生活环境可以定义为人工添加于自然的环境。但是，人工的东西不仅限于水、空气和土地，还包括文化和制度方面。如果我们理解它属于社会环境，我们可以通过将其限制在物理环境中来定义生活环境。由于生存环境建立在自然环境的基础上，两者必然是密切相关的。换句话说，通过保护自然环境，最终可以创造一个愉快的生活环境。在这方面实际上很难将两者区分开来。如果我们着眼于生活环境是人工添加的环境，那么没有人为影响的自然环境是不完美的，因为今天人工制造的材料已经以任何可能的形式添加在自然界中，这是一个物理常识。另外，从以人类生活为中心的生活环境来看，自然环境和生活环境之间其实有很多重叠部分。

在韩国《环境政策基本法》中，"环境"是指自然环境和生活环境。自然环境是指自然状态（包括生态系统和自然景观），包括所有生物及其周围的非生物，包括地下和地表（包括海洋）。生活环境被定义为与人们日常生活相关的环境，如空气、水、土壤、废物、噪声和振动、气味、阳光等。由于《环境政策基本法》所划分的自然环境和生活环境的概念是抽象的，环境概念本身与人类及其周围的环境和条件有关，人类的行为与环境有关。因此，宪法所规定的环境概念不能简单地以划分自然和人类生命活动的方式予以界定，而必须通过人类行为与环境的关系加以探寻。

（二）环境权

1. 韩国环境权

现在高度发达的工业和严重的污染问题已经破坏了自然环境。因此，人类意识到保护环境的必要性和迫切性。在韩国，环境权最早规定于第五共和国《宪法》中，第六共和国《宪法》第35条规定："所有公民都有生活在健康舒适的环境中的权利，国家和公民都要为生活在健康舒适的环境中而努力。"环境权的内容和行使，由法律规定。国家还应通过住房开发政策等，努力确保全体公民过上舒适的生活。同时，原环境处升格为环境部。虽然环境权的具体内容和行使应受法律法规的约束，但韩国《环境政策基本法》第1条规定："该法明确了公民的权利和义务以及国家环境保护的责任。"

2. 环境权的主体、范围与功能

享有环境权的主体为自然人,原则上不适用于法人。但是,如果相关组织破坏环境,则可以作为被告受到起诉。此外,未来的自然人可以作为环境权的主体。由于宪法中规定了子孙后代的安全、自由和幸福,因此,由于环境具有公共性,其不能被个人垄断。关于环境权的范围,有广义和狭义之分。狭义的环境权是指生活在健康环境中的权利,即生活在生命和健康不受损害的环境中的权利。它指的是《环境政策基本法》中所表述的生活在"自然环境"中的权利,如土地、清洁的水和空气。广义的环境权除自然环境外,还包括文化环境和社会环境。换言之,它包括对文化遗产或道路、公园、医疗等人工居住环境得以提出相关主张的权利。在考虑韩国《宪法》规定的环境权和住房权、人的尊严和追求幸福、体面生活的权利以及公众的健康权时,广义的环境权理论是理所当然的。

第一,公民对造成污染的企业提起诉讼,暂停其经营活动,法院下令停止经营活动是有效的。第二,对于有监管权限的行政机关不作为、不适当行使职权,可通过舆论引导、上访、投诉等方式,加强污染治理。第三,通过扩大环境污染者或风险产生者的无过失范围,进一步加强损害赔偿和污染防治的社会支出。环境权的效力对国家有影响,对个人也有影响。换言之,在国家行为侵犯环境权的情况下,可以请求排除妨害,请求改善和保护环境。此外,如果因企业排污而侵犯环境权,可以通过法律的一般规定适用环境权规定。现行《宪法》规定了国家和公民努力保护环境的义务。

韩国《宪法》规定"国家应努力通过住房开发政策确保所有公民都能过上愉快的居住生活。"这是因为住房是人类生活中最基本的条件之一,所以国家住房政策规定了为舒适生活和改善环境而努力的义务。尤其是为了能够有效地利用像韩国这样国土面积狭小的有限土地,为了健康和文明地生存,住房问题成为一个根本性的国家问题。住房问题不仅是生存的福利问题,也是人类的自由问题。良好的人格养成源于良好的生活环境,与健康和追求幸福的权利息息相关。简言之,住房问题不仅是城市和土地问题,也是环境和教育问题,还是社会政策问题。因此,作为可能部分改善居住环境的住房政策与有效的土地政策相联系,国家实施综合政策的意愿十分重要。与此相关的法律包括《住房租赁保护法》《住房发展促进法》和《租赁住房法》。

3. 环境权的限制、侵权与救济

为了维护国家安全、秩序和公共福利，环境权是否可以受到法律限制，这是一个问题。即使受到限制，也不能侵犯环境权的实质内容。对国家安全的限制包括安装军事设施。环境保护是维持秩序的必要条件，不能通过侵犯环境权来维持秩序。环境权特别受限于公益性的改造自然环境，存在公益性与环境保护效益比较和量化的问题。但是，由于环境权直接关系到人类的生命和健康，应该看到，不能以利益为限。如果环境权受到国家权力的侵犯，可以通过请求权、行政诉讼、国家赔偿请求、宪法申诉等方式获得救济。

(三) 韩国环境法的基本原则

通常，在环境法律和环境政策中有一些原则也起到规范性作用。该原则的个别内容首先确立于英美法系，并正在适用于各国环境法及环境政策之中。在韩国环境法中，涉及事先考虑原则、存续保障原则、污染原因者责任原则、协同原则、可持续发展原则等，具体内容及相关规定如下。

1. 事先考虑原则

事先考虑原则是通过采取适合的环境保护行动来防止可能发生的环境污染，并通过在做出具体决策时考虑环境影响来确保适当地使用自然资源以保护生态系统的原则。事先考虑原则分为对一般风险和危害的优先考虑与对资源管理和保护的优先考虑。这一原则被认为源于在德国不来梅举行的"第一届保护北海国际会议"通过的《不来梅宣言》。这一原则起源于德国理论，影响了英美法律体系，而这一理论的意识形态关系到环境法的根本问题。换言之，环境法与科技知识息息相关，需要相当多的科技知识才能使用环境保护的手段。这时，如果没有足够的科学信息证明它对环境有害，那么放弃采取预防措施保护环境的行为是否合理的问题就出现了。这一原则要求采取更严格的环境保护措施，即使在缺乏环境风险评估或风险预测水平的情况下也需要更严格的环保措施。事先考虑原则体现在重大国际协定、宣言和大国环境法的基本思想中，这一点在 1992 年《里约宣言》的原则 15 中（principle 15 of the 1992 Rio Declaration on Development）得到确认，在 1982 年《世界自然宪章》《保护北海国际公约》和《保护臭氧层蒙特利尔议定书》中亦得到了体现。

在韩国，该原则体现在《宪法》第 35 条第 1 款（国家努力保护环境的义务），《环境政策基本法》第 2 条（在利用环境过程中优先考虑环境保护）、第 4 条（国家和地方政府的责任）、第 5 条（事业者的义务）、第 6 条（公民的权利义务）、第 7 条（采取预防污染措施的义务）、第 11 条第 3 款（防止使用新科学和技术危害环境）和《环境影响评价法》（关于影响评估系统的规定）中。

2. 存续保障原则

存续保障原则的目标是维持和保持现状，也就是禁止恶化的原则。这并不意味着将环境条件的改善作为其内容，而是以禁止环境条件的恶化为内容。其比事先考虑原则更严格。韩国《环境政策基本法》第 11 条第 1 款（防止环境恶化和消除其因素）、第 11 条第 2 款（污染地区的恢复）、第 24 条（自然环境保护基本原则）和《自然环境保护法》第 3 条（自然环境保护基本原则）都规定了存续保障原则。

3. 污染原因者责任原则

污染原因者责任原则（the principle of the polluter pays）是指，因自己的行为或经营活动造成环境污染或环境损害的主体，有责任防止污染损害，恢复被污染和破坏的环境。因环境污染或者环境损害造成的损害需要救济的，责任主体应当承担有关费用。这是简单成本计算（或成本负担）原则之外的实际责任原则。因使用环境造成环境损害的国民经济成本必须转移给责任主体，由每个责任主体承担因不适当使用环境而产生的成本。但实际上，该原则的具体规定并非易事，最终立法者必须针对每个客体详细规定该原则，并确定是否应适用污染原因者责任原则、适用范围、索赔人、索赔方法和计算标准等。

应用这一原则时，最具争议的是污染者的认定问题。关于污染者的认定问题，《土壤环境保全法》第 10 条之三规定了土壤污染损害的无过错责任。也就是说，因土壤污染而造成损害时，污染者必须对损害进行补偿，对被污染的土壤进行净化，规定污染者应当连带，共同对被污染的土壤进行补偿和净化。

污染者的范围是：第一，将土壤污染物泄漏或泄漏到土壤中，或因倾倒或无人看管而造成土壤污染的；第二，拥有、占有或经营使土壤受到污染的设施的人；第三，接管土壤污染治理设施的人，以及因兼并、死亡等原因全面继承污染主体权利义务的人；第四，通过拍卖、出售方式取得造成土壤污染设施的人。

4. 协同原则

协同原则是国家、人民、工厂等在开展环保项目时相互配合的原则。尽管环境保护是国家的职责和责任，但工厂、消费者和公众之间的合作至关重要。根据协同原则，公众等可以参与环境政策的实施，自由获取环境信息以及进行环境专业知识的传播。此外，由于当前环境问题的全球化，国家间的合作的要求也源于这一原则。

《环境政策基本法》第5条（事业者的义务）、第6条（公民的合作义务）、第16条（宣传环境保护知识和信息）、第16条第2款（促进民间环保团体等的环境保护活动）、第17条（环境的国际合作）和第32—35条（地方政府和企业财政支持）等均规定了协同原则。

5. 可持续发展原则

可持续发展的概念在1987年世界环境发展委员会的报告中首次作为社会、经济和环境标准提出。这一原则使我们可以尝试多种途径来解决经济发展与社会利益、环境利益和资源保护之间的冲突。尤其是对未来社会环境保护政策所面临的实际问题，做出了纲领性指引。《环境政策基本法》第1条规定了可持续发展原则。

二 韩国环境法的产生和发展

（一）国际环境立法对韩国环境立法的影响

1970年以后出现的温室效应、臭氧空洞、土地沙漠化以及生物多样性减少等地球环境问题开始威胁人类的生存。为了保护地球环境，世界各国形成共同保护环境的意识。以1972年的斯德哥尔摩"人类环境会议"和1992年的"里约联合国环境与发展大会"为转折点，世界各国聚焦于越来越严重的地球环境问题。上述问题的解决方法是加速签订跨越国境的世界各个国家都参与其中的国家环境协定。以上国际环境协定虽多是原则性的软法（soft law）[①]，但其仍对当事国起一定的拘束作用。而且多数国

[①] 术语"软法"是指不具有任何法律约束力的准法律文书，或者其约束力比传统法律的约束力要"弱"一些，通常与软法形成对比的被称为"硬法"。传统上，"软法"一词与国际法有关，尽管最近它也被转移到国内法律的其他部门。

家将国际协定的内容接纳为国内法，从而使得国际环境法转化为规范的硬法（hard law）①。随着韩国在国际社会中的政治、经济地位越来越高，对保护地球环境的国际环境协定的参加也愈发积极，并通过国内立法将重要的协定接纳为国内法。在接纳国际环境协定的初期，积极接纳自然环境领域协定中的相关内容。随着粮食供应、医药品开发，生物资源的利用逐渐频繁，并且因盲目开发导致栖息地的破坏和生物多样性急剧减少，国际社会开始制定国际协定以应对以上情况。继 1973 年制定了《濒危野生动植物种国际贸易公约》（*Convention on International Trade in Endangered Species*，CITES）② 及 1992 年在里约会议中制定《生物多样性公约》之后，2000 年又制定了以上协定的附属议定书《生物安全议定书》。韩国在加入上述公约或议定书后，将在国内应履行的义务接纳为国内法。在 20 世纪 90 年代中期，韩国开始将大象、犀牛等动物列为禁止进出口以及利用的对象。为了保护生物及其栖息地，韩国还通过国内立法修订、整顿了保健社会部所管的《药师法》和环境部所管的《自然环境保全法》有关规定，2004 年又制定了《野生动植物保全法》。为了保护湿地，1971 年制定了《拉姆萨尔公约》，韩国于 1997 年加入该公约。为了接纳《拉姆萨尔公约》，韩国于 1999 年制定了《湿地保全法》来调整有关国内法义务的履行。在废弃物管理领域，有害废弃物处理不当事例频繁发生在发展中国家。1989 年国际社会制定了《控制危险废物越境转移及其处置巴塞尔公约》（以下简称《巴塞尔公约》）③ 来引导各国处理废弃物以及制约国家间的交易。韩国加入《巴塞尔公约》后，为了履行该公约，于 1992 年制定了《废弃物的国家间移动以及处理法》。与此同时，韩国将国际环境协定中软法协定之一的《关于消耗臭氧层物质的蒙特利尔议定书》（1987 年）于 1992 年进行了国内立法，由产业资源管理部门制定了《为了保护臭氧层的特定物质的制作的限定法》以规定有关臭氧层破坏物质

---

① 硬法是指具有实际约束力的法律文件和法律条文。与软法相比，硬法赋予国家和国际主体实际的约束性责任和权利。该术语在没有主权管理机构的国际法中很常见。

② 《处于灭种危机的野生动、植物种的国际交易有关的协定》于 1973 年 6 月 21 日在美国首府华盛顿签署，也称《华盛顿公约》。《华盛顿公约》（CITES）的精神在于管制而非完全禁止野生物种的国际贸易，其用物种分级与许可证的方式，以达到市场化利用野生物种的永续性。

③ 《巴塞尔公约》是关于危险废物和其他废物的最全面的全球环境协定。该公约有 175 个缔约方，旨在保护人类健康和环境免受危险废物和其他废物的产生、管理、越境转移和处置的不利影响。《巴塞尔公约》于 1992 年开始生效。

的制造、使用以及进口限制等问题。此外，韩国还加入了南极条约的议定书[①]，并于2004年由环境部、外交部、国土海洋部共同制定了《南极活动以及环境保护有关的法律》。

1. 《里约宣言》与韩国国内环境立法

1983年以UN为基础组成的世界环境与发展委员会（WCED）在1987年工作报告书《我们共同的未来》中，提出了"可持续性发展"（Sustainable Development）理念，UN于1992年6月在巴西里约以"可持续性发展"为主题举办了环境发展会议。该会议是20世纪最大的环境会议，会议结果采纳了为各地区实现可持续性发展的基本原则的"六月宣言"，和21世纪环境保全实践计划的《21世纪议程》（Agenda 21）[②]。随着国际上加入国际环境协定的国家不断增多，且以发达国家为主，逐渐呈现出以保护环境的名义限制贸易的趋势。现在环境问题已超出国家范畴而成为国际性问题，保护地球环境需要各国共同努力。韩国除气候变化协定外，还加入了其他主要的国际环境协定，为了使已经加入的国际环境协定能够在国内顺利履行，政府将国家的环境政策以及环境法律调整为发达国家的水准。其中，气候变化协定和臭氧层保护协定的履行经济负担很大，因此，产业结构的调整以及环境政策的制定必须同步进行。集中推进环境技术开发政策为未来产业提供了新的机会。

2. 《巴黎协定》与韩国国内环境立法

2015年11月30日开始，法国巴黎举办了《联合国气候变化框架公约》（UNFCCC）第21次缔约方大会（COP 21），会议历时两周，于12月12日达成协定。最终制定了《巴黎协定》（Paris Agreement）。《巴黎协定》是为了代替2020年到期的《京都议定书》而制定的新气候变化体制，《京都议定书》在2020年年末到期后，《巴黎协定》自2021年1月生效。《巴黎协定》的主要内容有：长期目标、缩减、导入市场机制、适应、检查履行、财源、技术等。该协定的长期目标是，与产业化之前的地球平均每年温度上升2摄氏度相比，维持更低的年平均温度上升趋势，努

[①] 《关于环境保护的南极条约议定书》或《马德里议定书》，是《南极条约》体系的一部分。它规定了对南极环境及相关生态系统的全面保护。

[②] 1992年6月在巴西里约热内卢举行了由172个国家首脑参加的国际环境会议。面向21世纪，为了防止大气污染、破坏臭氧层，保护森林、海洋等，规定了各国生产或者消费环境污染物质的标准或者活动。"Agenda"是行动计划的意思，面向21世纪的行动计划，所以称为"Agenda 21"。

力实现年平均升温在 1.5 摄氏度以下。国家温室气体的缩减量由各国自己提出缩减目标（INDC）①，而且自 2020 年开始，每 5 年调高一次目标。长期履行的情况以及成果将逐步义务化，为了检验上述履行情况及成果，导入了国际社会的综合性检验体系，自 2023 年开始实行。缩减目标是各发达国家根据差别性责任原则来维持其绝对量的方式予以制定，发展中国家则在根据本国情况来缩减绝对量和根据 2030 年温室气体预期排放量来缩减排放量（Business As Usual，BAU）的方式中选择其中一种。为了有效达到温室气体缩减目标，除了以 UN 气候变化协定为中心，还要认可各当事国之间自行设立、形成的资源合作的国际碳市场机制。韩国作为《巴黎协定》的缔约国之一，须执行《巴黎协定》的规定，并且将修改应对气候变化的法律。

（二）韩国环境法发展

韩国的立法从 20 世纪 60 年代的《公害防止法》，到 90 年代的《环境政策基本法》，再到 2009 年制定的《低碳绿色成长基本法》。在这一过程中，环境立法不断发展。尤其是将《里约宣言》"可持续性发展"（Sustainable Development）的概念、《拉姆萨尔公约》《巴塞尔公约》以及《巴黎协定》等国际环境法的内容转入国内法当中，提高了国内立法的质量。政府、研究机构和环境法学会以及 NGO 等都为解决复杂的环境问题进行了环境立法方面的研究。

1.《公害防止法》时期（1960—1977 年）

韩国在 1960 年正式进行产业化之前完全没有与环境有关的法律，只有垃圾处理及污水处理等卫生法性质的法律。但是，产业化和经济发展的初级阶段发生了公害问题，所以制定并实行了以限制公害为目的的《公害防止法》。② 在 1977 年制定《环境保全法》之前，1963 年 11 月 5 日制定的《公害防止法》可以看作韩国最初的环境法。《公害防止法》是防止因"工厂或者事业场以及机具的工作引起的大气污染、河流污染、噪声和震动"所造成的损失，以提高国民健康作为具体目的。但《公害防止

---

① INDC，即 Intended Nationally Determined Contributions；"国家自主贡献"是各方根据自身情况确定的应对气候变化行动目标。

② 김인환，이덕길：《신환경정책론》，박영사，1998，제431쪽.

法》只是关于公害物质排放的事后规定，所以对环境保护是消极应对的态度，① 而且《公害防止法》只有21条，所以其规定的内容有很大不足。此外，当时韩国的环境行政管理事项由保健社会部卫生局下属的环境卫生科暂时负责，《公害防止法》没有规定负责公害管理事项的行政机关，也没有规定实行该法所需要的预算。②

《公害防止法》是综合性的公害防止法，该法在公害防止方面的规定基本优于同时期的其他任何国家。但是《公害防止法》制定时期，韩国的公害问题并不严重，以至一般公民缺乏对公害问题的认知。③ 20世纪60年代，环境问题被认为对国家经济社会发展具有阻碍作用，所以禁止讨论关于公害等环境问题。但是，即便是在环境问题的讨论遭到禁止的不利背景下，为了推进森林绿化工程和改善生活环境，韩国仍然通过了《环境保全法》。这个时期尤其要关注的是，1971年韩国引进了在国际上评价很高的《开发限制区域（Green Belt）制度》。韩国为了限制城市过度平面扩张，在保护城市周边自然环境的同时，为了政策性实践目的实行了安全限制区域开发制度。并于1971年1月19日修改《城市规划法》，规定了"限制开发的区域"。根据《城市规划法》制定的④《开发限制区域（Green Belt）制度》，具体事项由总统令制定。《开发限制区域（Green Belt）制度》从1971年7月30日至1977年4月18日，共经历8次修改。在大城市、道政府所在地、工业城市和需要保护自然环境的14个城市设置了开发限制区域。韩国的开发限制区域总面积为5397.1平方千米，占全国土地的5.4%，而且制定了行政区域，包括1个特别市、5个广域市、36个市和21个郡。随着时间的流逝，《开发限制区域（Green Belt）制度》逐渐被废除。到2004年，以2000年7月制定的开发限制区域的制度以及有关管理的特别措施法作为发限制区域的执行基础。《开发限制区域（Green Belt）制度》自20世纪80年代到1998年5月共经过46次修订，扩大了开发限制区域内的开发许可范围。⑤ 笔者认为，1963年首次制定的《公害防止法》可以说是韩国最初的环境法，然而其并没有得

---

① 김인환, 이덕길:《신환경정책론》, 박영사, 1998, 431쪽.
② 구연창:《환경법론》, 법문사, 1991, 138쪽.
③ 구연창:《환경법론》, 법문사, 1991, 137쪽.
④ 도시계획법 제21조 제2항.
⑤ www.terms.naver.com/entry.nhn? docId=2686641&cid=46618&categoryId=46618.

到很好实施，处于有名无实的状态，直到被后来的《环境保全法》所代替。《公害防止法》的实践状况是由政策本身的不足、法律和行政基础的缺失以及当时社会环境损害尚不严重等原因共同导致的。1971年制定的《开发限制区域（Green Belt）制度》，在促进工业化过程中，对防止森林毁损发挥了重要作用，政府也开始在处理城市人口密集以及土地的盲目开发等问题上有了保护环境的意识。

2.《环境保全法》时期（1977—1979年）

这一时期，韩国大力推动经济发展，推进实现产业化和城市化，环境问题也随之而来，但当时仍以刺激出口，推动经济发展的政策优先。对于消除污染环境的物质只停留在公害防止层面。① 由于《公害防止法》以消极应对公害的目的为限，对环境保护的力度有限。于是韩国便步入了环境保全法时期，这一时期以1977年《环境保全法》的制定到1980年《宪法》接受环境权为时间阶段。《环境保全法》于1977年12月31号颁布，标志着韩国从公害法时代进入环境法时代。② 为了改善环境，积极应对综合环境问题，《环境保全法》体现出事先预防原则，规定了环境影响评价制度、环境标准、产业废弃物处理、污染物总量限定制度等。此前的《公害防止法》只是针对大气污染和水污染等方面的公害问题，而《环境保全法》针对的不仅是自然环境问题，还包括整体的环境问题和事先预防。《环境保全法》的制定成为转换环境政策的一个契机，但是当时法律没有贯彻执行，也没有脱离以前的模式。③ 总的来说，虽然制定了《环境保全法》，但是"先发展后治理"的经济政策仍为占据核心地位，因而没有将环境问题上升为社会问题，在无意思决定理论（Non-decision Making Theory）④ 时期，环境保护并没有取得多大成效。

3. 环境权确立时期（1980年）

1980年开始，随着韩国经济不断发展，国民逐渐有了提高生活质量的意识，环境问题也逃离了原先的消极模式，为转换为积极的事先预防打下了一定基础。这一时期，1980年《宪法》第33条第一次接纳了环境

---

① 김인환，이덕길：《신환경정책론》，박영사，1998，431쪽.

② 김인환，이덕길：《신환경정책론》，박영사，1998，431쪽.

③ 박수혁：《지구촌 시대에 있어서의 한국의 환경법정책》，《현대법의 이론과 실제, 금랑 김철수교수 화갑기념논문집》，박영사，288쪽.

④ Peter Bachrach & Morton Baratz, Power and Poverty, N. Y.：Oxford University Press, 1970, 58-62 等.

权,1987年《宪法》第35条再次巩固了环境权。为了使环境权能够为宪法所接纳,学者们做出了许多贡献。①《宪法》第35条规定:"全部国民有权享受在健康舒适的环境里生活的权利,而且国家和国民应当齐心协力保护环境。环境权的有关内容和行使由法律规定。国家通过住宅开发政策等保证全体国民舒适的居住条件。"根据以上法条,为了实现具体的宪法上的环境权,环境厅开始为《环境保全法》有关环境问题的法令做准备工作。1981年修订的《环境保全法》规定,环境影响评价执行机关除原有的行政机关外,还包括政府的公共机关;若生产经营者超过许可标准排放污染物质,则根据污染原因者负担原则②征收排放负担金;还设置了为充当环境投资财源的环境污染防止基金。除此以外,还根据事先预防原则规定了生产经营者设置污染防止设施的义务;规定了扩散器以及汽车噪声等生活噪声的限定标准和生产经营者废弃物回收处理、产业废弃物处理标准等。

此前的《环境影响评价制度》只针对公共部门开发事业,1986年重新修订了《环境影响评价制度》,为扩大开发观光团体等民间主导的大规模开发事业,和实行保护灭种危机的野生动植物制度以及化学物质的有害性审查制度提供了法律根据。除上述内容外,为遏制粉尘飞散等,《环境影响评价制度》规定了维持环境标准排放设施设置的限制,同时为综合性的环境管理构建了基本框架。产业高度化和人口密集化的城市现状导致各种废弃物大量排放,当时的《污水清扫法》或者《环境保全法》很难解决上述环境问题。所以1986年,韩国将二元化的《环境保全法》和《污水清扫法》转变为单一化的《废弃物管理法》,形成了废弃物管理体系,包括生活废弃物和产业废弃物管理体系。废除了《污水清扫法》,制定了《环境管理产业园法》,修订了《海洋污染防止法》。

4.《环境政策基本法》时期(1990—1999年)

由于产业发展和经济结构的高度发展,环境问题越发多样和严重,必须制定各领域、各方面的相关法律。因此,韩国逐渐形成了环境法的复数法体系。总的来说,1990年8月1日制定的《环境政策基本法》,对解决因高度产业化而引起的环境问题有很大意义。之后,韩国陆续制定或修订

---

① 1980년 헌법 제33조의 내용은 구연창 교수와 노영희 교수와 권소표 교수가 함께 연구한 내용이다. 2006년 4월 8일 제83회 한국환경법학회 학술대회에서 노영희 교수의 강의 내용이 "환경분쟁조정제도의 역량강화" 주제로 인용되었다.
② 한국환경정책기본법 제7조.

了各领域的环境保护法律,如《自然环境保护法》《大气环境保全法》《湿地保全法》和《汉江水系上水源水质改善居民支援》等。其中,《自然环境保护法》和《大气环境保全法》等在治理环境污染方面产生了一定的影响。笔者认为环境污染不是孤立的,而是连续的、间接的、复杂的综合性问题,若立法忽视环境污染的综合性特征便不能根本性解决环境污染问题。

1993年,韩国从《环境政策基本法》中分离出环境影响评价的有关规定,并另行制定了法律,同时对《环境影响评价法》进行了大幅度修改。1999年,将政府各部门间相似的影响评价以及部门管理的影响评价合并变更为《环境、交通、灾害等有关影响评价法》,但该法具有与之前制度相似的局限性。2008年制定了专门的《环境影响评价法》。1995年制定了《土壤环境保全法》,1997年制定了《独岛等岛屿地区的生态保全有关的特别法》。

5. 可持续发展时期(2000年)

韩国政府为了纪念2000年6月5日的环境日,宣布了"新千年国家环境前景"。根据同年8月5日颁布的《可持续性发展委员会规定》,总统的直属机构、政府、学界、产业界和市民团体等参与了环境保护和开发的政策制定以及预防环境破坏和社会矛盾的工作,为了与韩国参加的气候变化协定、里约环境会议议题的21个实践形成呼应,韩国成立了"可持续发展委员会"。针对四大江(洛东江、荣山江、蟾津江、金江)制定了《水系水管理居民支援等有关法律》《首都圈大气环境改善有关的特别法》《野生动物以及植物保护法》和《电器以及电子产品和汽车的资源循环法》等。2007年8月制定的《可持续发展的基本法》为国家可持续发展提供了法律基础。2008年李明博总统在"8·15"祝词中提出了"低碳绿色成长"这一概念。此后,为建立低碳型、低能量消费型、资源节约型等高生态效率(Eco-efficiency)社会,政府开始推进绿色成长政策。2009年2月国务总理委员长设立了"绿色成长委员会",同年12月国会通过了《低碳绿色成长基本法》。另外,根据《环境政策基本法》,2003年政府开始制订"环境保全计划"(第3次:2003—2007年,第4次:2008—2012年),促进有关部门和地方自治团体负责环境保全。

6. 韩国《碳中和基本法》时期

为应对气候危机,同时为2050年实现碳中和提供法律依据,韩国于

2021年8月31日通过了国民议会，公布了《应对气候危机的碳中和和绿色增长基本法》（以下简称《碳中和基本法》）。《碳中和基本法》对现有的《低碳绿色成长基本法》（《绿色成长基本法》）中温室气体和能源目标管理体系的内容进行了修改。此前的法律规定，只有排放超过一定水平的温室气体且能源消耗超过标准的公司才被指定为目标管理公司。但制定《碳中和基本法》后，则可以仅根据温室气体排放指数指定目标管理公司。

韩国《碳中和基本法》的主要含义如下。

第一，韩国《碳中和基本法》是全球第14个通过立法制定2050年碳中和愿景和实施体系的法律。明确了2050年国家碳中和愿景，将实现该愿景的国家战略、中长期温室气体减排目标、制定总体规划和实施检查等法律程序系统化。设定了2050年实现碳中和的终极目标。2030年的目标是二氧化碳排放量比2018年降低40%，在2018年至2050年减排量的基础上，"35%或更多"的减排量范围实际上具有瞄准2050年实现碳中和的意义。

第二，规定了后代、工人和当地居民参与的合作（治理）。根据《碳中和基本法》，2021年5月启动并运行2050年碳中和委员会。特别是，以前主要由专家和行业参与的治理范围将扩大到包括后代、工人和当地居民。

第三，引入气候变化影响评估体系。在实施国家重大计划和发展项目时评估其对气候变化的影响。引入温室气体减排认知预算体系，在制订国家预算计划时设定和检查温室气体减排目标。

第四，设立气候应对基金，支持产业结构转型和产业流程改进。碳中和的过程体现了保护脆弱地区和阶层的社会公正。在向碳中和社会转型过程中，为保护与现有的煤炭产业、燃料产业等相关的地区和阶层，使其尽可能少受到损害，制定了特别指定专项等公正转型政策措施。区支持中心的建立已经准备就绪。

第五，由中央单方面应对体制转变为中央与地方合作体制。制定了地方总体规划和地方委员会等区域实施体系，制定了地方与中央政府共享和反馈的合作体系。扩大碳中和支持中心，并建立了地方政府之间的相互合作体系。

韩国政府成立了由总统领导的2050年碳中和绿色增长委员会，由两名主席（总理和总统提名的一名民间代表）组成，成员不超过 100 人，委员会设有秘书处，秘书长是公职人员。该委员会的职能是审查和决定碳中和政策、目标设定和实施。在地方委员会中，市和道（省）/市、郡和区成立地方碳中和绿色增长委员会。

三 韩国环境管理体制

在各种环境要素中，大气、水和土壤对环境影响最大。因此，本章分别研究韩国大气、水和土壤环境管理体制理念及运行。

(一) 大气环境管理体制的设计理念及运行

煤烟、灰尘、天然气、恶臭等属于能够损害人体健康、造成财产损失、影响动植物正常生长的物质，这些物质可分为气态物质和粒子状物质。目前，韩国法律明确规定一氧化碳、氮氧化物、硫酸化物、氨等 61 种物质为大气污染物质，这些大气污染物造成了大气污染的多样化。为此，韩国制定了大气污染管理基本法律制度。①

韩国大气污染管理体制分为大气污染物质管理和大气污染设施管理，大气污染管理分为首都圈大气环境管理和非首都圈大气环境管理。另外，围绕日益严重的越境性大气污染问题，中韩大气环境管理共同合作机制在东北亚地区发挥着重要的作用。

1. 首都圈大气环境管理体制

(1) 第一次首都圈大气环境管理基本计划

依据《关于首都大气环境改善的特别法》，韩国于 2003 年 12 月 31 日制订了首都大气环境管理基本计划，该计划是每十年制订一次的法定计划，体现了政府层面对大气环境改善的综合性对策。作为现行的大气环境保全法，《关于首都大气环境改善的特别法》对首都圈地区的大气环境改善仍有局限性。污染总量管理制度②的目的在于改善污染严重的首都圈地区大气环境，推行综合政策，系统管理大气污染源，以保护当地居民的健康并为其创造舒适的生活环境。

第一次首都圈大气环境管理基本计划（2004—2014 年）包括降低汽

---

① 이만의：《환경 30년사》，환경부，2010년 2월，223쪽.
② 공장의 1년 배출권 총량을 할당하고, 할당량 초과시 벌금을 부과한다.

车气体排放等汽车管理对策，大型公司总量管理制度等经营管理对策，节约能源城市等污染降低对策。以达到2014年大气污染物质排放量降至2001年排放量一半，烟尘及二氧化碳浓度达到发达国家水平的目标。

第一次首都圈大气环境管理基本计划（2004—2014年）持续加强对于新车的污染物排放许可管理，在减少污染物质及提高汽车产业竞争力的同时，也为混合动力汽车及电动汽车等低污染汽车市场的形成奠定了基础。为了降低车辆的污染物排放量，韩国引进了汽车气体排放过滤装置，制定了低污染发动机改造等管理对策，推行报废车早期申报制度，强化排放气体硫含量标准。

为了减少挥发性有机化合物（VOCs）排放，韩国逐步降低涂料所含挥发性有机化合物（VOCs）标准，推进加油站油蒸汽回收设备安装义务化等。为了减少道路灰尘，实行了降低多种大气污染物的措施。此外，为减少氮氧化物排放，通过减免安装费用及提供防止设施运行技术支持等，鼓励中、小企业使用低氮氧化物燃烧器，替代普通燃烧器。

（2）第二次首都圈大气环境管理及雾霾特别对策

2014年第一次首都圈大气环境管理基本计划完成后，制定了以加强对人体危害性大的污染物质进行管理为主要内容的第二次基本计划（2015—2024年）。为了完成第二次基本计划中提出的大气环境改善目标，政府依据污染物质排放量现状对未来排放量进行了预测，为了实现削减目标量，以5年为单位建立了具体实施计划（2015—2019年）。第二次基本计划在对人体危害性大的超微细的灰尘（PM2.5）、含有臭氧的污染物质及其附属设施管理、汽车及其排放设施管理、生活周边污染源管理、基础建设的科学管理等方面制定了四大类别共62个推动性管理对策。结合第二次基本计划中的抵减计划的实施情况，预测首尔市在2024年微细尘（PM10）的年均浓度降低至约30微克/立方米，比2010年降低约36%；PM2.5降低到27微克/立方米，比2010年降低约26%。[1]

目前，韩国大气污染物质中，颗粒物占30%—50%（高浓城市60%—80%）。首都圈污染源中柴油车占比达29%，全国工厂等企业占比约41%。2016年6月3日，黄教安总理主持发表了《微细尘特别对策》，称第二次首都圈环境基本计划的目标要提前3年实现（在2014—2021年

---

[1] 한국 환경부：《2차 수도권대기환경관리 기본계획》，2013년 12월，제39쪽.

完成至 20 微克/立方米），在未来 10 年内，达到欧洲主要城市（巴黎 18 微克/立方米，伦敦 15 微克/立方米）改善微细灰尘的水平。《微细尘特别对策》的主要目标是排放源的集中缩减，实现微细尘和二氧化碳抵减新产业的培育，健全与周边国家的环境合作，创新完善微细尘预报及警报系统。

第一，发展环保汽车。为了实现韩国国内排放源抵减，以大众汽车尾气事件[①]为契机，将柴油车的氮氧化物认证标准和实验室认证标准一并纳入考虑温度和紧急加速等因素的实际道路标准。并且 2005 年以前生产的老化柴油车到 2021 年报废，所有的公共巴士由更为环保的 CNG 公共汽车替代，到 2020 年新车销售的 30% 为电动汽车等环保型车辆，并将充电站扩大到 25%。第二，老化的煤炭发电厂的发电部门引进 10 项环保处理技术，新煤炭发电厂适用荣兴火力发电厂（韩国仁川的高效率电厂）排放标准。第三，为了减少工厂的微细尘，企业扩大生产时，需要结合大气污染总量控制制度，逐步加强排放总量分配标准。对于首都圈以外的地区，加强对大量产生微细尘的企业的排放许可标准。第四，到 2020 年，由生活部门提供 476 台道路灰尘清扫车，杜绝非法焚烧废物并加强国民宣传教育。为了培育相关低排放微细尘和二氧化碳的新产业，韩国增加了零能量转换器和智能城市等环保建筑的数量，培育以太阳能为主的可再生能源、电动汽车，大力发展 ESS（Energy Storage System）[②] 事业，加强与周边国家的合作关系，通过中韩日环境部部长会议及大气政策对话，防止大气污染，加强大气质量监测合作，建立中韩紧急通道（HOT Line），以便在大气污染严重时能够密切合作。创新相关微细尘预报及警报系统，将 PM2.5 测量网数量（2018 年 287 个）扩大到 PM10 的水平，推进预报模式的多样化，对微细尘的危害进行教育宣传以引导国民行为。

（3）首都圈大气环境厅

结合首都圈地区大气污染广域性管理的必要性，韩国于 2003 年 12 月制定了《关于首都圈大气环境改善的特别法》，并于 2005 年 1 月设立首都圈大气环境厅，作为推进首都圈大气改善特别措施的专门机构。

首都圈大气环境厅由规划、大气污染总量、调查分析、汽车管理 4 科

---

① 2015년 9월 폭스바겐의 디젤 엔진은 디젤 배기가스 기준치의 40배를 배출했고,엔진 제어 장치가 표준 사실을 초과한 것으로 확인되었습니다.

② 能源储能系统。

共54名人员组成,对首都圈地区的大气环境进行综合管理,管辖区域(大气管理本区域)包括首尔特别市、仁川广域市、京畿道24市郡(涟川郡、抱川市、加平郡,杨平郡骊、州郡、光州市、安城市7个市郡除外)。主要负责地方政府大气环境管理实施计划的业绩评价,企业大气污染物质总量管理制度运行,首都圈大气质量测量分析,老化车辆排放气体抵减事项,低公害汽车普及事项等,为便利首都圈大气环境管理委员会的办公,其他有关事项另行安排。

总量管理制度是针对大气管理本区域内大气污染物质年排放量超过4吨的企业,分配年度排放许可总量,并对是否遵守分配总量进行综合管理的制度。为降低大气管理区域中大气污染物质排放量占比最高的汽车排放气体量,实施了安装老化柴油汽车附着煤烟削减装置,改造低公害发动机,支持早期报废车等措施。

自2005年开始,以大气管理本区域内行政公共机构为对象,实行低公害汽车购买义务制度,实行结果每年向媒体公开。2015年超微细的灰尘(PM2.5)环境标准开始实施,扩充了首都圈内PM2.5测量网的数量并进行有效监控,以此作为加强PM2.5系统管理的基础。此外,为降低氮氧化物排放量,对汽油车、重型卡车、建筑机械等同样要求附着颗粒状物质(PM)和氮氧化物(NO_x)降低装置,更换三元催化装置,并推进建设机械发动机更换制度等,实现汽车排放气体降低手段的多元化。

2. 非首都圈大气环境管理制度

根据《环境政策基本法》第8条,环境部部长可以将环境污染、环境破坏或自然生态系统变化显著或有可能明显变化的地区指定为特别政策地区,为改善特别对策地区内的环境,在必要的情况下,可限制该地区的土地利用和相关设施安装。

为了保护大气环境,指定的特别政策地区包括大规模排放设施密集的蔚山美浦及温山国家产业园区和丽水、丽川国家产业园区及扩展园区的2个地区。特别政策地区的大气排放依据是《大气保全特别措施地区指定及同地区内为抵减大气污染的综合对策》,其规定了严格的特别排放许可标准。[1] 1995年12月修改的《大气环境保全法》,将超过环境标准或有可能超过环境标准的地区、急需改善大气质量的地区指定为"大气环境限

---

[1] 环境布告时:第2009-3号,2009.6.30。

制地区"。根据该规定，首都圈（1997年7月），釜山圈、大邱圈、光阳万圈（1999年12月）被指定为"大气环境限制地区"，由地方政府制订符合环境标准的实践计划，经环境部部长批准后实施，并计入每年业绩评价。此外，对于关于该区域内的挥发性有机化合物（VOC），推行抑制污染、防止设施安装的义务化和运行车排放气体检查义务化措施。

3. 大气管理全域特别法

大气管理全域特别法的目的是通过推行改善大气污染严重地区的大气环境综合政策，系统地、广泛地管理大气污染源，保护当地居民的健康，创造舒适的生活环境。大气管理全域特别法正式命名为《改善空气管理领域空气环境特别法》，该法于2020年4月3日生效。该法将此前仅适用于大都市区的大气管理区域的管理范围扩大到中部、南部、东南部等污染关注区域（8个特别大都市、69个大都市区以外的4个地区的市郡），包括在扩大区域内的事业场所引入大气污染物总量管理系统。大气污染控制区是指总统令规定的区域，包括认定大气污染严重的区域和认定该区域排放的大气污染物对当地大气污染有重大影响的区域。

据此，国家应制定和实施大气管理区域大气环境综合整治政策，以大气管理区域为管辖范围的地方政府应结合本区域的社会环境特点，实施大气环境整治政策。在大气管理区域从事经营活动的人员，应当积极采取必要措施，防止因经营活动造成的大气污染；居住在大气管理区域的居民应当尽量减少驾驶汽车，防止日常生活中的大气污染。以上相关主体都必须配合国家和地方政府实施的大气环境保护政策。

4. 新能源汽车普及的背景及鼓励政策

全球对环保汽车的关注是在以下两大背景下产生的。

第一，环境污染造成的气候变化带来国际性危机感。根据2014年10月采取的第5次IPCC[①]评估综合报告，为了将未来地球温度上升控制在2摄氏度以下[②]，到2100年必须完全停止化石燃料的使用。特别是，该报告指出造成全球变暖的温室气体中，有相当一部分来源于汽车排放，进而

[①] 联合国政府间气候变化专门委员会（Intergovernmental Panel on Climate Change, IPCC）是世界气象组织（WMO）及联合国环境规划署（UNEP）于1988年联合建立的政府间机构。其主要任务是对气候变化科学知识的现状，气候变化对社会、经济的潜在影响以及如何适应和减缓气候变化的可能对策进行评估。

[②] 第16次联合国气候变化大会上，提出把全球平均气温较工业化前水平升高控制在2℃之内的共同愿景。

引发对环保汽车的关注。

第二，代表性化石燃料资源枯竭与替代燃料的必要性。英国石油专门公司 BP（British Petroleum）①认为代表性化石燃料的可采年限（资源的采储量以目前的产出水平开采时所需的年限）分别是：石油 45.7 年，天然气 62.8 年，煤炭 119 年，铀（核子能发电的原料）是 70 年。这意味着依赖石油和天然气的运输部门寻找替代燃料，与其他部门相比更具有紧迫性。②在这种情况下，许多国家纷纷开始推广环保汽车普及政策。英国、法国、挪威、荷兰等欧洲国家及美国、日本等的环保汽车普及率较高，中国最近在市场规模方面有了明显优势。

韩国政府发布了"绿色汽车发展战略及课题"③，以核心技术开发，扩大环保车辆普及，扩充充电设施，促进民间参与等课题为基础，提出了电动汽车商业化对策。韩国在 2011 年开始实施电动汽车补贴支持措施，政府对 2015 年以前购买的电动汽车，每台提供 1500 万韩元的购买补贴。除此之外，地方政府还额外提供 300 万—900 万韩元的额外补贴。每安装 1 台充电桩，政府最多提供 600 万韩元的补贴。④对于混合动力车，在 2004—2008 年购买的，每台提供 1400 万—2800 万韩元的购买补贴。地方政府、公共机构鼓励环保车辆的普及，并于 2009 年开始支持切换税制。2015 年 1 月 1 日起购置温室气体排放量在 97 克/千米以下的中小型混合动力车的，将获得 100 万韩元的补贴支持。⑤

（二）水环境管理体制的设计理念及运行

水环境服务不仅包括一般供应用水，还包含了水带给人类的好处。根据国际层面的定义，水环境服务可分为供给、调节、支持等自然服务和治水、环境、社会、经济等人工服务。过去，安全的饮用水是水环境政策的

---

① 总部设在伦敦，是与皇家荷兰壳牌、埃克森美孚以及法国能源巨头 Total SA 齐名的世界上最大的四个石油公司之一。

② 检索：2017 年 9 月 3 日，亚洲新闻，http://www.ajunews.com/view/20131230142707869。

③ 2010 年 12 月，第 10 次绿色成长委员会。

④ 한진석：《친환경차 보조금 지원 정책의 온실가스 감축 연구》，한국환경정책평가연구원，2015년 12월，제47쪽。

⑤ 한진석：《친환경차 보조금 지원 정책의 온실가스 감축 연구》，한국환경정책평가연구원，2015년 12월，제51쪽。

焦点。近年来，生态系统的完整性和舒适环境的重要性逐渐扩充了水环境政策的关注点。①

1. 水环境管理基本计划的进展

（1）水环境管理基本计划

韩国根据《水质及水生态保全法》第2条，对污染物质进行了界定。截至2015年6月，针对水质污染物质，规定了铜、铅、镍、矿等53种有机物质，28种重金属、酚类等特定水质有害物质。另外，韩国政府打破以生化需氧量（BOD）等化学性污染物质管理为主的水环境政策的桎梏，开始将国民健康和生态健康作为政策的首要考虑因素，以"避免有害物质对安全水环境造成影响和保障河流生态良好"为目标建立了第一次水环境管理基本计划（2006—2015年）和第二次水环境管理基本计划（2016—2025年）。

第一次水环境管理基本计划的主要成果表现为：形成了以推动（水）生态复原和危害性管理为重点的水环境政策；在水源上游南岸缓冲带形成水边生态带并推进"水生态系统健康性复原工程"；减少有害物质以形成安全的水环境；建设生态综合管理制度（Whole Effluent Toxicity, WET）和各行业排放许可标准体系。与此同时，以水源上游为中心推进的水管理策略扩大到河口、沿岸、支流等，管理对象为4个大圈区域，11个中圈区域，840个单位区间，并通过划分小圈区域进行系统管理。② 加大非点源污染和食品领域的政策比重，提高农、渔村地区的下水道普及率，确保达到发达国家水平。水环境政策在"孩子安心、良好的水环境"的目标下，从八个方面采取措施并分阶段推进，具体包括：水生态系统的健康性复原工作；形成河流和河岸联系的水边生态带；特定水质有害物质项目扩展；引入危害性评价及生物学指标；建立湖泊特性管理规划及开发综合性河口管理模式；实施水质污染总量控制措施；推进非点污染源管理及家畜粪尿产生量抵减工作；达到发达国家的下水道普及率水平。

第二次水环境管理基本计划（2016—2025年）的主要目标是：第一，确立健康的水循环系统，目标是设置51个小圈区域的地区水循环系统；第二，通过流域综合管理确保主要水源的水质干净，从2021年开始变更

---

① 김호정 외：《물환경 정책개발 연구》，한국 환경정책 평가연구원，2015년，10월 31일，제9쪽.

② 이만의：《환경 30년사》，환경부，2010년 2월，제326쪽.

生化需氧量（BOD）中的总有机碳（TOC）水质标准；第三，水生态健康指标达到水质 B 等级；第四，为建设安全的水环境基础，将工业废水中有害物质排放量降低 10%（2010—2015 年平均对比）。

(2) 水利权制度分类

水利权一般定义为"以特定目的（灌溉、生活用水、工业用水等），排他地、持续地利用河流等水资源的权利"。韩国虽然在法律规范层面对水利权没有明文规定，但《民法》中的"共有水资源权"（惯行水利权）和《河川法》的"流水占用许可"（许可水利权），以及《水坝建设及周边地区的支援等方面的法律》中的"水坝使用权"等都属于水利权。

水利权可划分为惯行水利权和许可水利权。惯行水利权是根据《民法》规定的习惯形成的水利权，与许可水利权不同是，惯行水利权没有具体规定取水方式、取水数量、取水期间和取水条件等权利事项。原则上惯行水利权从属于受益地区的耕作权，认可其随地转让。但在非耕作地编入耕作地的情况下，没有只转让水利权的习惯，只存在水利权的放弃。惯行水利权没有存续期间，用水目的消失时即权利灭失。

许可水利权依据的是《河川法》[1]（河川的使用许可等）。许可水利权的细节事项，如使用目的、使用量、使用场所、使用方法、使用期限等，依许可命令明确规定，新获得许可权者应事先获得水利使用用户的同意。许可水利权具有以特定目的、排他性、持续性地使用河川水这一特点，规定国家河川或地方河川的许可水利权应得到河川管理者（国土交通部部长）的批准。惯行水利权及许可水利权都是从水体中取水的权利，依据《水坝建设及周边地区的支援等方面的法律》的规定，为水坝蓄水（用水）的使用权也是一种水利权。

水坝使用权依据的是《河川法》的河川占用许可及蓄水量的相关规定。[2] 水坝使用权由物权保护，在法律没有特别规定的情况下，依照房地产的相关规定。[3] 对于在水资源工程中对水坝进行建设及运行的受委托方，其可以支配该水坝的使用权。

根据《韩国农渔村工程及农田管理基金法》，"农业基础设施管理权"是指向农、渔村工程的工程管理地区供应农业用水，对使用者可征收使

---

[1] 하천법 제50조 제1.
[2] 하천법 제24—26조.
[3] 하천법 제29조.

费的一项权利。"农业基础设施管理权"与水坝建设法中明示的"水坝使用权"一样，被视为物权，在法律没有特别规定的情况下，依据房地产的相关规定。

2. 加强四大江管理

汉江流域环境厅、洛东江流域环境厅、荣山河流域环境厅、金刚流域环境厅负责四大江的水资源管理和监督工作。

流域管理，又称流域治理、流域经营或集水区经营，是指为了充分发挥水土资源及其他自然资源的生态效益、经济效益、社会效益，以流域为单元，在全面规划的基础上，合理安排农、林、牧、副业用地，因地制宜地布设综合治理措施，对水土及其他自然资源进行保护、改良与合理利用。流域管理不仅针对水质和水量，还包括对自然环境和国土利用等综合管理，能够有效地保护流域的水环境。韩国的水管理政策经历了《公害防止法》（1963）时期，《环境保全法》（1977）时期及《水质环境保全法》（1990）时期，目前以《四大江水系法》（1999年汉江法，2002年洛东江法、金刚法、荣山江法）为基础推进流域管理政策。在推行流域管理政策之前实行的水管理政策，是以行政区域为中心，从对污染物质进行事后处理的角度设立排放设施许可。主要内容包括排放许可标准的浓度限制、排放负担金、上水源保护区域指定等。

韩国总统李明博上任后，设立了"国家平衡发展委员会"。明确以恢复环境为目的的新型地区经济发展政策，并推进四大江拯救项目。该项目以《宪法》的灾害预防、环境权、国土资源开发利用计划等为根据，脱离传统组织体制，在国土交通部设立四大江拯救推进部，在国务总理办公室设立政府协调部门，负责推进各部门业务，由均衡发展委员会、绿色成长委员会、国家建筑委员会共同配合支持其工作。特别是为了推进四大江拯救项目，国土部负责河川整备、水坝调节、洛东江河口坝工程，农业食品部负责对农业供水的小坝及荣山江河口坝工程，环境部负责水质改善工程。以2012年9月为基准，四大江拯救项目的目标是保证11.7亿立方米的供水量，供水调节量增加9.2亿立方米，四大江河流总计延长1941千米，生态河川延长858千米，河岸生态空间面积扩大130平方千米，自行车道路延长1757千米，维修老化堤坝784千米，安装便利设施34种共70100个，安装介绍设施50种共8300个，废弃物处理量286万吨等。①

四大江拯救项目的积极作用和遗憾同时存在，遗憾的是由于韩国总统任期为五年，因此政府急于求得短期成果，未根据具体的法律规定执行四大江拯救项目，而是根据《宪法》的灾害预防、环境权、国土资源开发利用计划执行该项目，使得该项目法律依据不健全、不充分，存在环境公民团体及舆论未得到重视的问题。

韩国目前为了保护四大江流域的水资源环境的具体制度如下。

第一，水质污染总量管理制度。以水系为流域单位，在各流域设定水质目标后，设定可以达到目标水质的污染物质排放总量配置管理制度，形成先进、科学、体系化的水管理政策手段。环保部决定污染总量管理的基本方针，告知市、道目标水质的边界点，市、道据此制订污染总量管理基本计划，对各自区域、地方自治团体的污染负荷量进行分配。市长、郡守据此制订污染总量管理实施计划，对作为污染源的各企业或各污染者污染负荷量进行分配，并控制污染物排放。

第二，河岸缓冲带管理制度。主要针对河流邻近地区产生的污染物质直接流入水系引起的水质污染。在河流的一定距离范围内设置河岸缓冲带进行管理，能够有效减少污染负荷量。河岸缓冲带管理限制了餐饮业、住宿设施、工厂、畜舍等水质污染源的引入，而且对河岸缓冲带范围内的土地逐步进行协议收购，这部分土地能够起到联系河流生态系统和陆地生态系统的作用，通过构建河岸森林，改善水质并恢复河流生态系统。

第三，土地收购制度。对水质影响较大的上游河岸缓冲带，由环境部收购恢复河流生态系统所需的土地和建筑物，指定、限制上游管理地区的行为，并对利益受损的个人进行补偿。此外，以保护水边生态系统为目的，进行水质污染控制，通过缓冲绿地建设，改善上游水质。

第四，用户负担原则。为了保护上游水质，上游地区居民的相关利益和财产权受限，因此，由下游地区居民负担水利用的负担金。这些负担金作为财源支持上游地区的居民和地方自治团体，并用来收购直接影响上游水质的土地。②

---

① 이병국 외：《4대강 물환경 개선 중심의 수량 및 수질 통합관리 정책 연구》，한국 환경정책평가연구원，2012년 4월，제18쪽.

② 윤성규：《2014년 환경백서》，환경부，2014.

第五，水系管理委员会作为四大江流域环境管理的决策机构，设置了多个地方自治团体。水系管理委员会由环境部次官担任委员长，由各水系管理副知事或副市长、韩国水资源工程社长等相关的人员担任委员，对环境管理和相关主要事项进行协商和决定。水系管理委员会为了改善水质，负责实施污染物质削减计划，并负责水利用负担金的征收管理、水系管理基金的使用管理、土地收购、居民支持事业规划和民间水质监测活动等。水系管理委员会还负责检查并调整流域内水问题，提供实际业务和委员会运行等方面的专业咨询。为此，有关市道事务局长组成了"事务委员会"，居民、社会团体、专家、企业代表等组成了"咨询委员会"。

第六，对排放水质污染物企业的监管方式由现场指导检查改为远程监视，以提高环境行政管理的透明度和效率。为了推进水质污染总量管理制度的实施，引入水质 TMS（Tele-Monitoring System）制度。于 2004 年制订了废水排放企业 TMS 管理计划，2008 年构建了主要污染源水质 TMS 管理体系并在全国推行，2009 年开始正式运转。随着第一次大规模河流、废水处理 TMS 管理计划正式启动，全国的废水排放处理及中等规模的河流、废水处理 TMS 管理计划开始运转。通过排放水质 TMS 管理计划的有效运转，排放负担金的收取更为科学，废水排放设施的管理更加合理，水污染事故得到有效预防和监控。

3. 水污染管理系统化

（1）工业废水管理系统化

根据污染物质的排放形态，污染源可以划分为点源污染（point source）和非点源污染（non-point source）。点源污染是生活废水、工业废水、畜产废水等有一定排放路径的污染源。非点源污染是城市、道路、农田、山地、工地等在非特定地点、不特定地将污染物质主要与雨水一起排放的污染源。非点源污染产生的污废水，可以通过安装相应的污染源环境基础设施或自行处理设备进行处理。如生活污水可以通过公共下水处理设施或污水处理设施进行处理；工业废水可以通过工业污水终端处理设施或企业自身的水质污染防治设施进行处理。

《水质及水生态保全法》中的工业废水管理手段主要包括：设置水质污染物的排放许可标准、预先排放设施的安装许可及登记制度；以是否履行法律规定的行政标准为基准的指导、检查及处理制度；作为经济限制手段的排放负担金制度；为有效处理产业园区等污染源集中地区的废水终端处理设备的安装、操作制度等。①

排放许可标准是实现公共水域水质达到环境标准的控制手段之一。设置污染物排放企业的排放浓度标准需要考虑环境标准和河流自净能力等因素。《水质及水生态保全法》中对有机物质、悬浮物及酚类等49项内容设置了废水排放许可标准，考虑到水域的水质等级等因素，分为"清净""甲""乙""特例地区"四个等级。②

有机物质及悬浮物的排放标准结合企业排放规模的差异加以适用。即排放废水量规模大的企业（2000立方米/日以上）比排放规模小的企业适用更为严格的排放标准。浓度控制方式与定量控制方式并行，产业园区或工农园区的废水终端处理设施公司，应考虑废水终端处理设施的处理能力等因素，可适用环境部部长批准告知的排放许可标准。从1997年起，为防止湖泊的富营养化，以八堂湖、大清湖、洛东江及洛东江流域的生产经营者为对象，适用氮、磷的排放许可标准，并于2003年将这一排放许可标准的适用范围扩大至全国。

另外，随着化学物质使用量的增加和有毒污染物质统一管理的必要性，提出"生态毒性污染物"（Toxic Unit，TU）排放许可标准及河流、废水终端预防处理设施和排放水质标准项目。该项目自2011年开始实施，为扩大水质污染物质排放许可标准的覆盖范围，新添加了萘等5个项目（实行规则修改）。

如需安装废水排放设施，应事先获得许可或登记备案。1971年6月修改的《公害防止法》规定，化学工业等9类制造行业须安装排放设施，排放设施许可制度自此开始实施。1990年以来，随着《水质环境保全法》的制定，许可制度愈加具体、系统。1995年，为加强企业竞争力和更有效管理排污企业，考虑到污染物的特征和污染物的排放现状，引入了区分许可及登记制度。即特别措施地区或特定的对水质有害物质的排放设施等应得到许可，其他设施应进行登记备案。另外，针对位于上游的取水地区等需要进行特殊水质管理的地区，实施限制排放设施许可制度。即在上游保护区域、特别对策地区及其上游地区、指定湖泊及其上游地区、有取水设施及其上游地区等，在排放设施排放的水质污染物难以保持环境基准或

---

① 윤성규：《2015년 환경백서》，환경부，2015년，제290쪽.
② 윤성규：《2015년 환경백서》，환경부，2015년，제291쪽.

给居民的健康、财产和动植物孕育带来重大危害的情况下，限制特定水质有害物质排放设施的设置。不过，若企业内部处理或再利用，并且废水未排放到公共水域的，可允许其设置排放设施，但安装程序、安装标准、运行标准等受到严格限制。

为引导企业遵守排放许可标准，韩国政府运用经济控制手段，结合污染物质的排放程度，实行"排放负担金制度"。排放负担金制度是指，在超过排放许可标准的情况下，收取负担金。根据超过废水终端处理设施水质标准的污染物质的不同，分为超额负担金和基本负担金。超额负担金针对的污染物质是有机物质、悬浮物、镉等19种，从2003年开始，氮和磷纳入其中。[①] 基本负担金只针对有机物质和悬浮物。特定的5类企业或废水流入污水终端处理设施前设置废水再利用设施的企业，可予以减少或免除排污负担金。为处理产业园区、工厂集中地区排放的大量工业废水，韩国政府要求在相关区域安装废水终端处理设施。1983—1991年，针对污染核心区域制定了特别政策，由国库全额投资，在丽水产业园区等区域安装6个废水终端处理设施，之后依据污染原因负担原则，实施由将废水排入该处理设施的企业负担费用的制度。从1997年开始，为增强国家竞争力，推行产业园区房价下调政策，废水处理终端设施安装费的50%由国库补助，并从2002年开始，作为地区均衡发展政策的重要一环，对非首都圈地区的废水处理终端设施安装费进行100%补助，从2012年开始其70%由国库补助。[②] 到2010年，产业园区设置的不同容量废水终端处理场共69个，其中50000立方米/日以上的有10个，10000—50000立方米/日的有19个，1000—10000立方米/日的有34个，1000立方米/日以下的有6个；农工园区废水终端处理场共设置76个，其中1000—10000立方米/日的15个，1000立方米/日以下的61个。[③] 此外，作为增加农渔村收入的一项举措，同时使农工园区产生的工业废水得到有效处理，从1988年开始在农工园区安装废水终端处理设施。这项举措是为了鼓励农渔村中小企业的生产和投资，根据产业发达程度的不同，划分为一般支援、优先

[①] 윤성규：《2015년 환경백서》，환경부，2015년，제293쪽.
[②] 윤성규：《2014년 환경백서》，환경부，2014년，제165쪽.
[③] 전양근 외：《폐수종말처리장 정적운영을 위한 유해물질 유입 대응방안》，한국환경공단，2011년 11월，33쪽.

支援、追加支援，由国库按档次补助处理设施初装费用的50%—100%。①

韩国的废水终端处理设施的最大问题在于特定有害物质的流入。将废水终端处理设施委托给废水终端处理场运行，有害物质流入处理场引发水质污染事故的应对体系，由废水终端处理场自行安排。但是，废水终端处理场运行者不具备对排放企业进行监管等权限，在现行有害物质管理体系下，只能事后应对，无法有效避免水质污染事故随时发生的危险。目前，部分废水终端处理场采取流入处理方式，通过毒性检测系统，避免特定有害物质直接流入处理场，经过缓冲低压流入处理后，降低对处理场的影响。当然也存在其他问题，除了洛东江缓冲低压的安装依据和预算不足，导致安装率低的情况外，一些产业园区引入的监控系统及毒性检测装置也无法得到有效使用。其原因主要包括：传感器选择不恰当，毒性检测设备维护管理存在漏洞，检测设备判断毒性物质的敏感度有差异以及警报配置标准不统一等。

（2）非点源污染管理系统化

非点源污染是点源污染的相对概念，是指喷洒在农田上的农药，畜舍里的流出物，道路上的污染物质，城市地区的灰尘和垃圾，地面上沉积污染物质等与雨水一起流出，引发的水质污染。

一般工厂废水、生活污水等点源污染多是通过排放管道予以排放，排放地点明确，容易收集，比较容易控制，处理效率高。与此相对，非点源污染的排放地点不确定，较难控制，污染源的排放量被雨量影响，在计量、管理上有一定的困难。

非点源污染对韩国四大江河水系产生的影响在生化需氧量（BOD）污染负荷方面，分别占2003年总体的52.6%和2010年总体的68.3%，呈现增加趋势。随着土地开发面积的增加及城市化地区的扩大，到2020年有可能增加到72.1%。② 对此，韩国政府于2004年3月联合有关部门推行"四大江非点源污染管理综合对策"，为非点源污染的体系化管理奠定基础，环境部、国土交通部、农林食品部等7个部门修订了非点源污染的相关法令，进行非点源污染生态减排设施的示范设置及监测，支援地方自治团体非点源污染减排工作，推进田、林、道路等非点源污染物

---

① 윤성규：《2014년 환경백서》，환경부，2014년，제165쪽.
② 윤성규：《2015년 환경백서》，한국환경부，2015년，제294쪽.

泄漏减排对策研究课题，同时修订了《水质及水生态保全法》，执行"非点源污染安装申报制度"和"指定非点源污染管理地区制度"，为降低非点源污染提供了法律依据。上述两项制度是韩国目前针对非点源污染实行的代表性制度，要求一定规模以上的工程建设项目及有较大可能引起非点源污染的生产经营者进行非点源污染登记，并推进非点源污染监测减排设施的安装义务化，特别要求对非点源污染中流出的污水引起或可能引起重大危害发生的地区进行管理。

（三）土壤环境管理体制的设计理念及运行

1. 土壤污染防治体制

韩国于1995年1月制定了《土壤环境保全法》，是继荷兰之后世界上第二部土壤环境保护的单行法律。该法制定并推进了土壤环境保护政策，实行每十年制订一次的土壤环境保全基本计划，实行关于土壤环境政策及土壤环境保全的综合计划。韩国对土壤及地下水污染予以保护的主要部门是环境部（土壤环境保护）、产业通商资源部（防止矿业污染）、国土交通部（城市管理计划立项时实施土壤、土地等适应性评价）、农林水产食品部（管理农田土壤污染）、国防部（调查及净化美军归还基地环境污染）、消防防灾厅（燃油存储安装及管理）等，通过测量网建设形成管理体系，在特定地区制定污染预防措施以达到净化土壤的目的，并规定相应的法律责任。

2. 加强土壤及地下水污染监测网

韩国通过对全国土壤污染度进行测量，把握土壤污染状况及污染变化趋势，为政策的制定提供基础资料。目前，韩国全国土壤污染调查主要通过环境部安装、运行的测量网和市、都（市场、郡守、区长）进行的土壤污染状况调查这两种方式运作，其作用和特点各不相同。环境部所安装及操作的测量网，是按照各土壤的用途将农耕地、产业地区以全国为单位划分区域并设置测量网（2000个），农耕地在3—4月，其他地区在5—6月采集样品后，测量重金属项目指标、一般项目指标及土壤酸度等共21项指标的污染度，掌握全国土壤的污染状况和趋势。市、都（市场、郡守、区长）进行的土壤污染状况调查是以产业园区及工厂地区，工厂废水流入地区，原矿石、废铁等保管使用地区等可能存有土壤污染的地区为对象，每年进行土壤污染状况调查。土壤污染状况调查的目的是积极促进污染地区进行土壤净化，每年调查地点不同，这也是与环境部部长固定测量网之间存在的差异。对于超过土壤污染标准的地区，对土壤进行精密调查，对污染土壤的污染因素进行净化。

3. 土壤污染物分类及地下水污染物分类

韩国环境部目前根据土壤毒性程度、土壤内污染物质迁移性、化学物质在土壤中的排放量等多种评价因素综合考虑土壤污染物质的分类和管理。从220个土壤污染物质中选定56个作为优先管理对象，地下水污染物质则是结合暴露的可能性、对人体及水生生物的毒性、与介质的联系性，并考虑到有关参数及数据可靠性，从197个候选物质中首先筛选了75个作为优先管理对象。[1] 但是结合韩国土壤及地下水污染等实际状况，当地生态危害性和脆弱性评价，地区的生物种（特别是敏感物种，保护生物种）和环境条件（气象气候、土壤生物、物理、化学性状等）等相关基础数据的管理程序不健全，因此，土壤污染物和地下水污染物的分类与管理仍需要改进。[2]

（1）土壤污染源调查目录及土壤污染评价基础构建

为鼓励土壤及地下水环境管理体系先进化，了解引起土壤污染的点源污染实际情况以及调查全国土壤污染物质浓度，韩国从2012年开始推进建立调查目录及土壤污染评价基础建设工作。调查以各种污染因素和污染浓度为基础，评估土壤及地下水的脆弱性，系统地推进污染区域的环境管理。2012年和2013年对全国危险物质、有毒物质设施、管道设施、废弃物存放（处理）设施等约65000个设施进行了现状调查，并建立了相关数据库。2014年建立了金属冶炼厂、原矿石（废铁）保管厂、废弃矿山地区、交通铁路相关设施、土壤净化地区等约47000个设施的数据库。

（2）制作土壤环境污染地图

为配合土壤环境政策的制定，韩国从2012年开始制作土壤环境污染地图。随着2011年12月中长期计划的制订，将全国划分为10个区域以推进土壤环境污染地图的制作工作，预计到2021年完成该

---

[1] 박용하：《토양 및 지하수 정책지원시스템 구축을 위한 중장기 계획수립 연구》，한국환경정책평가연구원，2012년 1월，제4쪽.

[2] 박용하：《토양 및 지하수 정책지원시스템 구축을 위한 중장기 계획수립 연구》，한국환경정책평가연구원，2012년 1월，제23쪽.

项工作。调查土壤污染物质的土壤浓度和污染地区等信息，对于整合并使用数据库，利用 ArcGIS① 应用程序，起草全球土壤污染环境地图标准文件将起重要作用。

对《土壤环境保全法》中选定的土壤污染物质进行分析、调查时选取的分析样本主要包括：最能反映地质信息的土壤样品、集水流域内岩石和土壤、河流沉积物和河流中的采集物。标本的采集地点包括全国各地市中心、污染源存在地区与非城市中心、污染源不存在地区。对于非城市中心、污染源不存在地区，用 4 千米×4 千米的格子划分后选定方格中心点为采集点。对于城市中心及污染源存在地区，则以 2 千米×2 千米的格子四等分，根据污染源是否存在，再对 2—4 个地点进行细分从而选定采集点。

4. 对主要土壤污染管理地区的预防

（1）对加油站的预防措施

《土壤环境保全法实施规则》第 1 条规定，被指定为特定土壤污染管理对象的设施包括：依《危险品安全管理法》规定的 2 万公升以上的石油类生产和储存设施，依《有害化学物质管理法》规定的有毒物质制造及储存设施，依《输油管道安全管理法》规定的输油管道设施，以及其他由环境部部长告知的设施等。特定土壤污染管理对象设施的安装者，需要定期、定点接受都知事指定的相关专业机构进行土壤污染检查。土壤污染检查可分为对直接从土壤中采集的标本中污染物质含有程度的土壤污染度检查和对储存设施是否泄漏的泄漏检查。土壤污染度检查根据储存设施的安装年限，以 1 年至 5 年为接受检查周期，而包括自然环境保全区域、地下水保全区域、上游水源保护区域、特别对策地区（大气保全相关的特别政策地区除外）在内的特定土壤污染管理对象设施则需要每年接受土壤污染度检查。但是，对于在自然环境保全地区和特殊对策地区安装的设施，在土壤污染度检查结果确认未检出土壤污染物质的情况下，该设施可不接受下一年度的土壤污染度检查。

2002 年 12 月 26 日，韩国环境部与 SK 能源、GS 集团、S-Oil、现代

---

① ArcGIS 产品线为用户提供一个可伸缩的，全面的 GIS 平台。ArcObjects 包含了大量的可编程组件，从细粒度的对象（如单个的几何对象）到粗粒度的对象（如与现有 ArcMap 文档交互的地图对象）涉及面极广，这些对象为开发者集成了全面的 GIS 功能。每一个使用 ArcObjects 建成的 ArcGIS 产品都为开发者提供了一个应用开发的容器，包括桌面 GIS（ArcGIS Desktop），嵌入式 GIS（ArcGIS Engine）以及服务 GIS（ArcGIS Server）。

石油签订并履行自愿协议，2006年12月27日韩国石油公社（大型石油储存）也宣布加入自愿协议。作为占韩国国内总石油流通量90%以上的大型石油储存公司，韩国石油公社加入自愿协议，对于土壤污染预防及修复具有自主性、先导性的重大意义。① 实际上，对四大石油公司于2002年签订的自愿协议的十年履行成果进行分析，可以发现，作为污染识别尺度的土壤污染标准超过率这一指标，行业自律检查结果比根据《土壤环境保全法》进行法律检查的结果约高2.1倍（由0.76%增长至1.63%），而且企业增加了土壤污染相关设施的投资费用（由11亿韩币增长至114亿韩币），同时增加了环境管理人员的数量（由5名增加至26名）。石油行业为净化土壤及预防污染，形成的以企业为协商对象的自律管理评价体系对土壤环境的保全是有效的。②

(2) 对矿产地区预防措施

由环境部、产业通商资源部、农林食品部等相关部门调查土壤污染状况、废弃矿山地区居民受损状况以及土壤污染防止工程完成后的事后管理体系不足等问题，并将之前以调查和复原为主的管理体系，转换为事后管理、居民健康调查、农作物污染处理等综合管理体系。由有关部门推进相关事项，构建部门合作的运行体系。特别是2005年5月31日制定了《关于矿山灾害的预防及恢复法》，并根据该法于2006年6月创立了"矿害防止工作团"（2007年6月1日变名为"韩国矿害管理公团"），负责履行防止废弃矿山发生矿害的相关职责。同时，《关于矿山灾害的预防及恢复法》规定，企业的目标是通过对矿山开发所造成的国民健康生活的危害因素进行分析、解决和预防，以形成可持续的绿色生活保障及环保矿产开发模式，清除矿害因素并恢复被破坏的自然环境，保护国民健康，改善当地居民的居住环境，促进地区经济发展。企业的主要义务是，对正在开采的矿山及休、废弃矿山采取矿害预防及毁损地复原措施，拆除和处理废弃设施、物质、材料等，矿害防止设施的安装、操作及管理，矿害防止的调查、研究、技术开发及教育，关于矿害防止的国内外技术合作及土壤污染改良等。

2005年7月，环境部颁布了《矿害防止工程完成企业周边环境污染

---

① 방상원：《토양환경정책 및 기술발전을 위한 포럼》，한국환경정책평가원，2005년2월，제7쪽．

② 윤성규：《한국 환경백서 2014년》，한국환경부，2014년7월，198쪽．

影响的调查》，规定矿害防止工程结束后的 5 年内持续推进设施管理状况，土壤、水质污染度状况，煤矿等污染物质流失状况等事后环境影响调查工作。

（3）对军事地区预防措施

为了减少因陆军军事活动引起的环境污染。2008 年 9 月，由环境部和陆军总部共同构建了土壤污染防止合作体系。对于可能造成上游水源保护区域等环境敏感地区较大污染的驻韩美军部队和处理油类污染中队等单位，采取土壤污染状况调查措施，为参与污染场地土壤净化技术开发工作和土壤地下水污染防止技术开发（GAIA Project①）现场实证研究的主体提供场地。

对 2005—2012 年预计归还的 80 个美军基地中的 42 个基地进行环境污染调查，结果证实其中 31 个基地的土壤及地下水被油类及重金属等污染。② 以当前归还或预定归还的驻韩美军供给区周边地区为调查对象，进行土壤和地下水污染现状等环境调查，制定环境污染防止对策，并于 2006 年 3 月制定了《驻韩美军供给区周边地区等支援特别法》。

（4）对产业园、高尔夫球场、上游水源地的预防措施

工厂密集的产业园区中，各种行业混杂。土壤污染和地下水污染问题严重，因此，产业园成为可能影响周边环境的地区，也是特别需要政府管理和监督的地区。为此，环境部和韩国环境公团实施了"第一阶段产业园区土壤及地下水环境调查"。针对 2004 年开始建设且建设期为 10 年以上的、面积为 100 万平方米以上的 25 个产业园区，掌握其污染现状并推进污染地区的净化措施。以 2011 年 12 月 31 日为基准，200 个污染企业中的 133 个企业（66.5%）完成了净化，对于未完成净化或净化计划正在进行中的 67 个企业，环境部、韩国环境公团和地方政府等联合对其进行周期性地履行状况检验。2012—2021 年，以产业园区建设开工 20 年以上，销售面积 2 万平方米以上的 50 个产业园区为调查对象，实施"第二阶段产业园区土壤及地下水环境调查"。③

---

① 地母盖亚是希腊神话中的大地之神，是众神之母，也是所有神灵中德高望重的显赫之神。她是混沌中诞生的第一位原始神，也是能创造生命的原始自然力之一。韩国 GAIA Project 的意思是土壤和地下水污染防止技术开发工程。

② 환경부 토양지하수과：《토양보전 기본계획》，환경부，2009년 9월，85쪽.

③ 检索：2017 年 9 月 3 日，韩国电子新闻：http://www.etnews.com/201203260324。

《水质及水生态保全法》规定，禁止高尔夫球场使用剧毒性及高毒性的农药防止树木害虫、传染病等，属于行政机关认为无法避免而使用上述农药的情况，得到行政机关许可后可以使用，如有违反，将受到1千万元韩币以下罚款的处罚。①

环境部针对八堂湖、大清湖等全国主要上游水源保护区域内耕地的流出水、土壤及上游水源，从防范农药的角度，对上游水源连续进行两次农药残留状况调查并采取相应管理措施。依《水道法》的规定，上游水源农药残留状况调查的对象是上水源保护区域内农田的广域水源及供水人口多的地区。② 调查时间是农药大量使用和泄漏可能性高的枯水期及雨季。对于土壤则是在作物种植前和收获后进行调查。

（5）被污染地区的净化（修复）政策

韩国通过实施《土壤环境保全法》指定土壤污染物质及设定特定土壤污染设施的管理基准，正在逐步实现全国污染土壤的净化管理目标，并仍在寻找持续合理的处理方案。2005年7月，韩国对《土壤环境保全法》的执行令及执行规则作出修改，通过引入土壤净化产业及净化验证制度等，为土壤净化的市场化奠定了基础。③ 若通过委托土壤净化产业的合法注册者来净化受污染的土壤，受托方（净化者）不得对污染土壤进行混合以降低污染浓度。净化标准和净化方法可划分为利用微生物对污染物质进行分解等生物学处理方法和对污染物质进行处理、分离提取、洗涤处理等物理、化学性处理方法，以及对污染物质进行分解等热处理方法。④

《废弃物管理法》是以最大限度抑制废弃物的产生，合理处理产生的废物，为保全环境和提高人民生活质量为目的的一部法律。《废弃物管理法》规定，废弃物以发生源为标准，划分为生活废弃物和工业废弃物，将有害的工业废弃物作为指定废弃物进行个别管理。⑤

进行土壤净化作业时产生的废弃物属于工业废弃物。工业废弃物是根据《大气环境保全法》《水质环境保全法》或《噪声及振动限制法》的规定，在安装及运行排放设施的工厂及其他由总统令指定的工厂中产生的

---

① 수질 및 수생태 보전에 관한 법률 제61조.
② 수도법 제5조.
③ 이종득외：《오염토양 정화방법 가이드라인》，환경부，2007년 3월，15쪽.
④ 토양오염보전법 시행령 제10조.
⑤ 이종득외：《오염토양 정화방법 가이드라인》，환경부，2007년 3월，20쪽.

废弃物。指定废弃物，是工业废弃物中由总统令指定的废油及废酸等污染周边环境或感染性废弃物等对人体有害的物质。进行土壤净化作业时产生的废混凝土、废土沙等废弃物应根据企业处理方案进行处理。① 若进行开挖作业时混进土壤废弃物，要对土壤和废物进行区分，以废弃物检测结果为标准，划分为工业废弃物和指定废弃物，并对废弃物进行委托处理。在土壤污染度调查结果的基础上，对于超过《土壤环境保全法》规定的基准点②的土壤污染物，由从事土壤净化的企业进行处理。对于外部引入的净化设施，因搬运造成土壤污染的，不得飞散，不泄漏渗水。

对于污染土壤处理过程中造成的浸出水或污染地下水等的水质污染，应适用《水质环境保全法》和《地下水法》。特别是伴随着污染土壤净化工程产生的废水，根据污染物质的种类、排放量，应安装废水处理设施，在达到《水质环境保全法》规定的排放许可标准后进行排放处理。③ 由污染渗漏引起的地下水污染应按照地下水净化标准，在达到符合法定标准的地下水净化标准后进行排放处理。在污染土壤净化地区，可能或已经发生地下水污染时，根据地下水污染诱发设施的污染防止规定去除污染物质，或安装防止污染物质扩散的设施。④

四 韩国环境责任及救济制度

(一) 环境责任救济制度

过去，韩国对于环境损害的救济制度可分为公法救济与私法救济。主要包括行政诉讼与环境纠纷调解制度，但大部分的环境损害救济依赖于民事诉讼。无论是公法救济还是私法救济，从诉讼法理论来看，对于环境损害的救济都受到一定程度的限制。原因在于，其不考虑环境损害的特殊性，而是根据一般民事上的违法行为进行损害救济。对于环境污染，若找不到明确损害原因便很难对损害程度进行评估，因此，过去以过错责任原则为基础的环境损害救济制度很难达到最佳结果。特别是大气污染、水污

---

① 폐기물처리법 제25조.
② 토양환경보전법 제4조의 2.
③ 수질환경보전법 제32조.
④ 지하수법시행령 제26조 2항.

染等,此类污染的传播范围较大,污染者和受害者数量较多,污染源无法明确查询,各种污染原因和受害者之间的因果关系难以证明,并且政策手段往往难以发挥作用。因此,韩国在 2014 年开始考虑这种环境损害的特殊性,实施包括无过错责任与因果关系举证责任减轻、对原因者的范围明确具体化、环境责任保险、连带责任等在内的一系列环境责任和环境损害救济制度。

《环境政策基本法》虽然规定了环境污染的无过错责任,但没有规定免责事由,也没有规定因果关系举证责任减轻制度和履行责任的财政手段以及适用的对象设施。《环境政策基本法》虽然存在许多问题,但在判例上认可了法律效力。对于《环境政策基本法》的适用范围及解释不明确等问题需要通过环境责任法制度加以解决。

过去,韩国的环境损害救济制度存在的问题主要是环境损害救济难度大,原因是忽略了环境损害的特殊性,混淆了污染环境行为与一般民事上的违法行为。法律救济的困难往往会造成因环境损害引起的纷争进一步激化,进而使环境损害成为社会问题的焦点。由于环境团体过于依赖舆论,从而使环境问题上升为政治问题。典型案例是鳄蜥事件。某尼姑为了反对在千圣山修建高速铁路隧道,于 2003 年 2 月至 2006 年 1 月共进行了 5 次多达 300 余天的绝食行动,从而使世人哗然。该尼姑以生活在千圣山的鳄蜥的名义,于 2003 年 10 月向有关法院提出了"京釜高速铁路千圣山区段 13.2 公里的施工地禁止临时处理申请"。法院表示"现行法律中,没有规定包括自然物鳄蜥或包括它在内的自然权利者的能力(诉讼法中当事者的能力),也没有习惯法认可的惯例,因此申请者鳄蜥的保全处理申请是不妥当的",并且表示其他申请人不存在需要保护的权利。原告不服一审和二审裁判,向大法院提出上诉但于 2006 年被驳回。[①]

环境损害救济制度的不完善,不仅会导致救济结果的不确定性,而且会使普通公民失去环境损害司法救济的机会。此外,还会导致环境污染物质排放单位擅自排放污染物质,引发非法排污的行为。不管环境污染是过错责任还是无过错责任,只要发生污染问题,就可能会导致大型污染事故。对受害者来说,健康、财富、精神会因此受到极大的损害,加害者和政府为了解决环境污染问题,应承担财政、物质以及社会救助等相关

---

① 检索: 2017 年 7 月 24 日, http://terms.naver.com/entry.nhn? docId = 1396412&cid = 42132&categoryId = 42132。

费用。

（二）韩国环境责任与救济制度的特点及主要内容

1. 韩国环境责任与救济制度的特点

2014年12月，韩国环境部针对环境污染损害赔偿责任及法律救济制度进行立法。主要特点如下：

第一，环境责任保险的投保义务。对于环境污染危险可能性较高的设施，企业有义务加入环境责任险，像汽车责任保险一样可以迅速得到损害赔偿，帮助事故企业降低破产风险，保障其持续经营，也可以降低环境污染事故造成的财政投入。然而，在污染原因者不明等不能通过保险赔偿损失的情况下，由国家向受害者发放救济款，填补救济空白。

第二，因果关系推定。火灾、爆炸等急性事故中的因果关系比较明确，对于污染物质长期累积的慢性危害也可将其定性为易于证明的因果关系。在污染排放和损害发生之间有相当大的盖然性（可能性）时，鉴于此期间赔偿责任认定的判例，可以得出环境污染与污染排放之间存在因果关系的结论。然而，若经营者遵守环境安全关系法令且具备许可条件，积极履行环境污染防止等义务，根据规定可排除因果关系。

第三，对原因不明的损害进行救济补助。过去，对于原因不明或无法以适当方式对环境损害的受害者予以救助的情形，韩国政府为了救济这些受害者，采取救济金制度，主要财源是政府预算、再保险费、基金收益等。为了保障该制度的透明性与合法性，通过救济补助审核委员会审议救济金的申请，环境污染损害救济审核委员会在使用救济金的同时能够发挥管理财源的作用。

2. 韩国环境责任与救济制度的主要内容

（1）无过错责任

韩国环境责任是指，项目设施安装及运行过程中产生的污染造成他人损害的，经营者除战争、内乱、暴动或自然灾害等不可抗力造成损害的情况外，适用无过错责任的制度。[1] 无过错责任不是行为责任而是设施责任，只要是设施的一种，不管行为是否有责任，都要追究责任。因此，只要有造成环境污染危险的对象设施，就应当承担责任。

---

[1] 환경오염손해배상책임 및 구제법률 제6조.

(2) 连带责任

环境损害的区域广泛性和时间长期性及反复性使其区别于一般的非法行为,由于因果关系举证难度大和多因一果的现实状况,因此很难确定每一原因对同一结果的损害程度。为了解决这一问题,韩国环境责任与救济制度规定了连带责任。[①] 但没有规定因果关系较弱责任者的责任分配问题,若要求与整体损害结果原因相对较弱的污染者承担连带赔偿责任,有可能产生责任轻重不公平的问题。在美国,某些情形下,根据市场占有率理论(market share theory)来解决环境损害赔偿责任的分配问题。如果赔偿责任考虑到企业产品的相对生产效率、规模、污染程度,那么便由产品的市场占有率决定环境损害赔偿责任的程度。韩国也可以借鉴市场占有率理论,共同原因者中排放少量污染物质或造成较小环境污染的企业可以适用该理论,作为减轻责任的方法。

(3) 因果关系推定

韩国的环境污染损害赔偿责任与救济法律,依据设施作为环境污染损害的原因具备相当可观的盖然性(可能性),推定因该设施引发环境污染损害。是否有相当的盖然性(可能性),根据设施的运行过程、使用的设备、投入或排出污染物质的种类和浓度、气象条件、灾害发生的时间和地点、受害的情况及其灾害发生的影响情况等因素来判断。若环境污染损害由其他原因引起,或经营者遵守安全关系法令及许可条件并且积极预防污染,在证明经营者积极履行义务的事实基础上,因果关系推定可被排除。[②] 一般情况下,为了认定环境污染损害中非法行为的责任,排放有害物质等污染环境的行为应当看作被告的故意或过失违法行为,该行为与损害之间有因果关系。从法理上看,要求法官对举证过程中的高度盖然性(可能性)或怀疑保持沉默。[③] 然而,环境诉讼很难证明这种高度盖然性。由于环境污染事件的认定需要环境科学技术知识的支持,且损害发生过程中各种原因介入的可能性较大,因此,环境污染受害人举证相当困难。尽管环境责任采取严格责任,但也要求环境污染行为与损害结果之间具有因果关系。现有的法律条件分类学说认为,关于举证责任的分配,环境污染

---

① 환경오염손해배상책임 및 구제법률 제10조.
② 환경오염손해배상책임 및 구제법률 제9조.
③ 호문혁:《민사소송법(제8판)》,2010년,제488쪽.

受害者应对条件事实负担举证责任。① 违法责任是在环境司法过程中保护环境的特别责任类型，违法性和有责性不属于成立条件。环境污染损害赔偿与救济制度中的危险责任的成立条件是有特别意义的接受环境风险的一种手段。②

（4）信息公开请求权

所谓信息公开请求权是指，受害者向加害者或公共机关提出信息查阅的权利。③ 环境污染引起的损害赔偿，由受害者承担举证责任，负责查明造成环境污染有害物质、各种条件叠加造成环境损害的原因及事实，但由于受害者缺乏专业知识、费用有限等原因，很难完成举证。④ 前文提到，韩国环境责任与救济制度通过放宽证明标准或采取因果关系推定来降低证明难度，但即使如此，受害者仍然应当对污染事实承担举证责任，即应由受害者证明造成环境损害的设备、设备的使用情况，投入或排出的污染物质种类和浓度等能够成为环境损害的原因。但上述事实的有关证明资料大多由加害者掌握，受害者很难接触到上述资料信息。⑤

《环境污染损害赔偿责任及救济法律》第2条、第3条、第7条规定，被要求进行损害赔偿的经营者应为确定损害赔偿的数额或其他经营者的赔偿范围，提供其使用的设备，设备的运行情况，投入或排出的污染物质的种类和浓度、气象条件、灾害发生的时间和地点等资料信息。同时，还应提供可能造成损害发生的其他有关信息。若污染者以商业秘密等为由拒绝提供信息或拒绝查阅信息，受害者可以向环境部部长申请提供或阅览信息的命令。信息接收者或阅览者不得有将相关信息提供给他人使用或对该信息有不符合相应目的的其他使用行为。⑥

（5）环境污染损害保险及赔偿额度限制

韩国环境污染损害赔偿责任及救济法律规定，如下设施的经营者有义务加入环境污染损害保险。

---

① 김형석：《민사적 환경책임, 법학 52권 1호》，2011년，제217쪽.

② Staudilger-Kohler, UMWELThg, Einl Rn. 94.

③ 김영근：《환경책임법의 도입과 정보공개청권》，연세대학교 법학연구원 법학연구 제22권 제2호，제252쪽.

④ 대법원：1997.7.25, 고 96다39301판결.

⑤ 김영근：《환경책임법의 도입과 정보공개청구권》，연세대학교 법학연구원 법학연구 제22권 제2호，제253쪽.

⑥ 환경오염손해배상책임 및 구제법률 제15조.

——《大气环境保全法》第 2 条第 11 号规定的大气污染物排放设施。

——《关于水质及水生态保全法》第 2 条第 10 号、第 1 号规定的废水排放设施。

——根据《废弃物管理法》第 2 条第 8 号规定的废弃物处理设施,根据该法第 25 条第 3 项的废弃物处理主体安装的设施及根据该法第 29 条第 2 项应当作为核准或申报对象的设施。

——《关于促进建筑再生规划法律》第 2 条第 16 号规定的建设废弃物处理设施(包括《关于促进建筑再生规划的法律》第 13 条第 2 项规定的临时保管场所)。

——《关于家畜粪尿的管理及利用的法律》第 2 条第 3 号规定的排放设施,第 11 条规定的应当作为核准或申报对象的设施。

——《土壤环境保全法》第 2 条第 3 号规定的土壤污染管理设施。

——《化学物质管理法》第 2 条第 11 号规定的处理设施,第 27 条规定的经营有害化学物质者及第 41 条规定的应制定有害管理计划书的主体的处理设施。

——《噪声、振动管理法》第 2 条第 3 号规定的噪声、振动排放设施。

——《残留性有机污染物管理法》第 2 条第 2 号规定的排放设施。

——《海洋环境管理法》第 2 条第 17 号规定的海洋设施中总统指定的设施。

——总统令中指定的设施。

此外,承担无过错赔偿责任的生产经营者,无论损害规模大小,均根据造成生态环境损害的设备规模和损害程度,设定生产经营者的赔偿额度。分为高危险赔偿额度(赔偿数额不得超过 2000 亿韩元、特别大气有害物质排污设施从事者)、中等危险赔偿额度(赔偿数额不得超过 1000 亿韩元,不包括特别大气有害物质排污设施从事者)、低危险赔偿额度(赔偿数额不得超过 500 亿韩元,不包括高危险群和中等危险群)承担责任,防止企业因一次污染事故而无法进行生产经营活动的情况发生。① 然而,以下情况除外:第一,环境污染损害是由于生产经营者的故意或重大

---

① 환경오염피해 배상책임 및 구제에 관한 법률 시행령 제4조 관련 별표 2.

过失造成的；第二，生产经营者没有遵守相关安全管理标准或规定安装、操作设施造成环境污染损害的；第三，超过排放许可标准或不遵守相关法令的；第四，生产经营者未采取防止损害扩散等预防措施造成环境污染损害的。①

(6) 环境污染损害救济补助及财政措施

当环境污染损害的原因不明而不能确定加害人时，为了救济受害者，韩国政府将救济款种类及金额具体化。其中，根据医疗机构对受害者的治疗情况及《国民健康保险法》的规定向受害者支付医疗费。疗养津贴划分为10个等级，根据《国民基础生活保障法》规定的基准，每月支付一定比例的固定费用。丧葬费是在受害者死亡时，根据《国民基础生活保障法》，将根据897∶1000的比率支付补偿金。遗属补偿金是在受害者死亡时，支付给依靠受害者的收入来维持生活的遗属的补偿金。财产损害赔偿费是向受损的自然人或法人支付不超过5000万韩元的赔偿金。② 为了审查救济请求，韩国政府建立了由有关专家和运行机构组成的评审委员会，包括委员会委员长1名，委员9—15人，委员会委员任期2年，可以连任。此外，评审委员会的组成和职责由总统令决定。③ 运行机构根据保险合同支付保障金及救济金，建立并运行环境污染损害救济账户（以下简称"救济账户"）。财源来自再保险费、救济账户的运行收益和其他收益及贷款、补偿金、再保险金的回收金或救济金的回收金，个人、法人或团体的捐款，政府或政府以外提供的资金。此外，运行机构需要启用救济账户时，救济账户可从金融机构借入资金，运行机构可不受《关于捐款金的招募及使用的法律》第5条第2项的限制，自动把钱财寄存在符合环境污染损害救济受理范围的账户，捐款金救济账户应设置单独的账户进行管理。④

(三) 韩国环境污染侵害纠纷调停制度

1. 韩国环境污染侵害纠纷调停制度概述

(1) 环境污染侵害纠纷调停制度的概念

为了弥补诉讼制度的不足，韩国建立了环境纠纷调停制度。环境纠纷

---

① 환경오염손해배상책임 및 구제법률 제7조.
② 환경오염손해배상책임 및 구제법률 제13조—제18조.
③ 환경오염손해배상책임 및 구제법률 제29조.
④ 환경오염손해배상책임 및 구제법률 제35조.

调停制度是为了能够通过诉讼以外的方法迅速、公正地解决侵害纠纷，通过准司法纠纷解决机构根据环境侵害建立的制度。环境纠纷调停过程中，还必须考虑怎样把纠纷当事人向环境纠纷解决方案上引导的方法，一般情况下，环境侵害引起的纠纷，加害方往往处于优势地位，受害人处于劣势地位，很容易被加害人强制要求接受其所提出的条件，所以很难维持救助的公平和公正。通过法院的最终判决来解决环境纠纷无疑是一个好方法，但是，法院诉讼需要的时间较长和费用较为高昂，同时还存在环境侵害的特征体现在法理上的难度，所要求的专业科学知识也是难以解决的问题。因此，为了能够迅速、公正地挽救国民健康和财产所受的侵害，韩国于1990年制定了《环境纠纷仲裁法》，并于1991年开始实行。该法是《环境政策基本法》第29条"国家和地方自治团体在由环境污染和环境损毁引起的纠纷或其他环境相关的纠纷发生时，为了能够迅速公正地解决纠纷必须寻求必要的可行政策"和第30条"国家以及地方自治团体为了能够顺利地挽救由环境污染和环境损毁引起的侵害必须寻求必要的可行政策"之规定的具体展开。

（2）环境污染侵害纠纷调停委员会

《环境纠纷仲裁法》的目的在于，通过环境纠纷的斡旋、调停以及裁决程序，迅速、公正、高效地解决环境纠纷，保护环境以及保障国民的人身及财产不受侵害（《环境纠纷仲裁法》第1条）。为了达成目的，设立环境纠纷调停的专门负责机构——环境部内设中央环境纠纷仲裁委员会（以下简称"中央仲裁委员会"），特别市和广域市以及道内设有地方环境纠纷仲裁委员会（以下简称"地方仲裁委员会"）（《环境纠纷仲裁法》第4条）。环境纠纷仲裁委员会是1991年设立的独立性合议制行政机关，是实行准司法任务的机关。

2. 业务范围

环境纠纷仲裁委员会的业务范围是《环境纠纷仲裁法》第5条规定的："环境纠纷的调停，环境侵害相关的信访调查分析以及商谈，为了预防和解决纠纷的制度和政策研究以及建议，环境侵害的预防和救助相关的教育宣传，其他法令中属于委员会所管范围的相关事项。"环境纠纷调停的申请应当向所属的环境纠纷仲裁委员会提交申请表，在缴纳少额费用后其受理环境纠纷调停的申请。受害人和加害人都可以申请斡旋或者调停，申请调停时需要采取现场拍照、污染物质取样以及保管等措施。同时，裁决阶段加害人和受害人都可以申请环境纠纷调停。

3. 中央仲裁委员会

(1) 委员会组成

中央仲裁委员会负责标的额超过 1 亿韩元的环境侵害引起的纠纷的调停、国家或者地方自治团体为当事人的纠纷调停、牵涉 2 个以上的市道管辖范围的纠纷调停、职权调停以及由建设环境基础设施等原因引起的地方自治团体之间的纠纷调停等。2012 年 2 月修订的《环境纠纷仲裁法》第 7 条第 1 项规定，中央仲裁委员会由 15 人组成，包括委员长 1 人，常任委员不得超过 3 人。截至目前，常任委员一直都是由委员长一人担任。该法第 8 条第 1 项规定，非常任委员由满足资格条件的外部专业人士担任。裁决案件须参加仲裁委员会的会议，并就纠纷调停案件提出意见以对纠纷案件做出最终判断。此外，该法第 8 条第 1 项还规定了委员的资格条件，即必须由拥有丰富的环境相关知识以及经验者担任，一般由环境部长官提名，由总统任命或委托。委员的任期一般为 2 年，也有可能连任。

(2) 审查官及外部专家

对于已经受理的环境纠纷案件的实质调查以及侵害评估业务由审查官负责。根据《环境纠纷仲裁法》第 13 条第 2 项 1、2 号的规定，审查官负责实施对纠纷调停必要的事实调查以及因果关系的追查，环境侵害额的计算以及计算标准的研究开发等专业业务。该法第 13 条第 3 项规定，为了处理一些专业情况，委员长针对特殊事件可委托相关专家，以确保以上各个业务顺利进行。对于外部专家，该法第 13 条第 3 项以及同法试行令第 6 条规定，每起案件可以委托相关专家 10 人以内，主要负责对噪声、振动等专业技术性内容的咨询及分析，这些内容也将写进仲裁委员会的会议资料和递交给审查官的审查报告中。

第九章 摩洛哥环境法

摩洛哥位于北非和地中海南部，拥有丰富多样的陆地和海洋生态系统，为该国的整体发展和公众安全提供了自然基础。尽管有这样的潜力，但该国正日益面临环境和气候问题引发的风险。气候的脆弱性、生物多样性的丧失、自然资源的匮乏、森林的砍伐、沙漠化、极端事件和污染的结合，正日益破坏社会生态系统的可持续性和复原能力，对社会发展和公众安全造成严重影响。为了应对这些复杂而又相互关联的挑战，摩洛哥积极遵守与这些领域相关的国际行动和制度框架的要求，同时逐步建立国内的治理体系。在这样的背景下，本章主要内容包括：第一，概述摩洛哥在环境和气候变化领域面临的主要挑战，并介绍和分析与这些领域有关的法律和政策框架；第二，展示摩洛哥环境和气候治理系统如何运作，特别是通过分析关键行动者的作用，评估其在实现可持续性和气候复原能力方面的行动绩效；第三，基于对摩洛哥环境法律和治理的反思，提供一些关键结论和建议。特别是在人类世时代，环境和气候挑战的性质以及我们对这些挑战的看法已经发生深刻变化。

一 摩洛哥对环境、气候和可持续性挑战的应对：法律和政策框架

摩洛哥的整体社会和经济发展高度依赖自然资源和生态系统相关部门（即农业、旅游业和采矿业）。因此，摩洛哥对环境和气候变化所引起的风险和影响高度敏感。

在过去的三十年里，可持续性和气候变化问题已被置于摩洛哥政治议程和部门战略的核心位置。这一方面是由于该国易受许多风险的影响，包

括环境退化、生物多样性丧失、海岸退化、经常性的干旱和洪水等极端事件、日益严重的荒漠化和森林砍伐、污染和自然资源匮乏等在内;另一方面是由于该国目前发展模式的环境成本越来越高。

尽管存在这种情况,国家的整体发展仍然取决于生态平衡、重要自然资源(特别是水、土壤和生物多样性)的可得性以及对环境和气候风险的抵御能力。然而,这种能力越来越受到环境和气候变化的影响,且已经有诸多不利后果出现,如资源匮乏和对气候风险抵御能力的丧失。这些不利后果已经成为造成社会公众生活不安全和不可持续的根源(特别是在供水、食品、健康、经济、物质以及环境领域),其影响甚至可能会损害摩洛哥为减少社会生态脆弱性和促进经济增长所做的努力。

为了应对这些挑战,摩洛哥不仅签署和批准了许多相关的多边和区域性法律文件,而且不断努力将其国际承诺转化为国内法律。在这方面,该国已经在环境、可持续发展和气候变化领域制定了一个坚实的国内法律和政策框架。

(一) 国际承诺

1. 摩洛哥国际承诺概述

自1972年在斯德哥尔摩召开第一次多边环境会议以来,摩洛哥一直积极参与国际行动,这些国际行动旨在保护环境和自然资源,并与影响生态平衡的各种形式的风险做斗争。1992年在巴西里约热内卢举行的联合国环境与发展会议(UNCED),摩洛哥积极参与的姿态得以延续,甚至更进一步。通过分别于2001年和2016年在马拉喀什主办《联合国气候变化框架公约》(UNFCCC)第七次缔约方会议(COP)和第二十二次缔约方会议,摩洛哥甚至将自己定位为具备非洲大陆气候领导力的新兴行动者。

在这个过程中,摩洛哥签署并批准了大多数与环境保护、可持续发展和气候变化有关的多边协议。这其中包括诸如《21世纪议程》行动计划,1992年《联合国气候变化框架公约》(UNFCCC),1992年《联合国环境规划署水事会议的原则》,1993年《生物多样性公约》(CBD),1994年《联合国防治荒漠化公约》(UNCCD),1997年《京都议定书》,以及2015年《巴黎协定》。2007年,摩洛哥批准了《联合国海洋法公约》[①]。

[①] 该公约认可了对海洋空间的一些分配规则,并赋予沿海国在某些领域的特权。该公约第76条规定,摩洛哥有权要求其大陆架延伸到200英里以外,即专属经济区以外。

在污染和废弃物领域，摩洛哥签署并批准了下列多边协议：1989年《控制危险废物越境转移及其处置巴塞尔公约》，2001年《关于持久性有机污染物的斯德哥尔摩公约》，2001年《关于在国际贸易中对某些危险化学品和农药采用事先知情同意程序的公约》，以及2016年《终结塑料垃圾联盟意向宣言》。

在区域层面，特别是在地中海盆地区域，摩洛哥批准了1976年《防止船舶和飞机倾倒垃圾污染地中海议定书》，1980年《保护地中海海洋环境和沿海地区公约》（即《巴塞罗那公约》）和2001年《关于养护黑海、地中海和毗连大西洋海域鲸目动物的协定》（ACCOBAMS）。在《巴塞罗那公约》的七项议定书和所有战略文件中，摩洛哥于2012年批准的《关于地中海沿海地区综合管理的议定书》，为国家层面的制度方案提供了一个框架，最终形成了地中海和大西洋海岸的摩洛哥国家综合沿海管理计划（PNL）。此外，摩洛哥还参加了各种区域方案，包括与执行《巴塞罗那公约》有关的方案，即《地中海和大西洋沿岸陆源污染监测国家方案》和《综合监测与评估国家方案》，这些方案通过整合基于生态系统方法的原则来维护地中海的生态平衡。

除了这些多边和区域性的常规文件，摩洛哥还加入了许多全球性制度方案和框架体系，包括千年发展目标（2000—2015年）、可持续发展目标（2015—2030年）、2005—2015年兵库行动框架（HFA）及其后续的仙台减少灾害风险框架（2015—2030年）。

2. 在国内法律和政策框架中落实国际承诺

（1）《联合国气候变化框架公约》（UNFCCC）及相关协议

如前所述，自1992年多边气候谈判进程开始以来，摩洛哥在非洲大陆形成了关键的气候领导地位，尽管其碳足迹很小。除积极参与多边气候谈判外，鉴于摩洛哥面对气候风险具有的高度脆弱性以及将这种风险视为潜在机会的态度，作为非附件一缔约方，摩洛哥已经签署和批准了诸多颇具关键性的多边气候文件。这包括1995年的《联合国气候变化框架公约》，2002年1月的《京都议定书》，以及2016年签署的《巴黎协定》。摩洛哥还遵守了相关的报告义务：2001年11月向《联合国气候变化框架公约》提交了第一次国家信息通报[①]；2010年4月提交了第二次信息通

---

① https://unfccc.int/documents/125605.

报[1]；2016年4月提交了第三次信息通报[2]；2021年12月提交了第四次信息通报[3]。在同一框架下，摩洛哥于2016年提交了第一版《预期国家自主贡献》（INDC）[4]，根据该版本，适应气候变化将会对摩洛哥的预算产生重大影响。2005—2010年，摩洛哥将所有气候相关支出的64%用于适应气候变化，占总投资支出的9%。摩洛哥预计至少将其总体投资预算的15%用于适应气候变化。2021年，摩洛哥根据《巴黎协定》的相关规定，提交了2020—2030年的INDC[5]的更新版本。根据这一更新后版本，该国承诺到2030年，与正常情况相比，实现温室气体排放减少45.5%的目标，其中包括无条件减少18.3%排放的目标。

根据这些国际承诺，摩洛哥已经在环境部的领导下建立了一个强大的机构，以实现良好的气候治理和对相关法律和政策框架的有效监测。此外，一些促进和支持气候适应性发展的总体政策和高级别文件已经得到实施。在这方面，摩洛哥在2009年通过了《抗击全球变暖国家计划》，以确定政府为抗击气候变化而采取的一系列适应、缓解和转型行动。该计划包括对目前碳排放情况的概述以及气候变化影响的预测，并对各个部委的计划进行了总结。它确认了《摩洛哥国家能源战略》和相关的《国家优先行动计划》所确立的目标，即到2020年用可再生能源满足全国10%—12%的一次能源需求，到2030年满足15%—20%的能源需求。

本着同样的态度，摩洛哥在2014年制定了国家气候变化政策，规划了2040年的愿景，为协调关于气候变化的各种措施和倡议提供了一个操作框架。该政策框架是动态的、参与性的和灵活的，旨在促进低碳气候适应性发展，包括适应和缓解气候变化两方面。该政策还涵盖了关键的战略和交叉行动领域，包括：加强治理框架，特别是法律和体制部分以及知识应用和属地方法；预防和减少风险；促进研究、创新和技术转让；以及为气候变化融资。

---

[1] https：//unfccc.int/sites/default/files/resource/SNC_Morocco_French.pdf.

[2] https：//unfccc.int/sites/default/files/resource/Marnc3.pdf.

[3] https：//unfccc.int/sites/default/files/resource/Quatrième% 20Communication% 20Nationale _MOR.pdf.

[4] www.unfccc.int/sites/ndcstaging/PublishedDocuments/Morocco% 20First/Morocco% 20First% 20NDC.pdf.

[5] www.unfccc.int/sites/ndcstaging/PublishedDocuments/Morocco%20First/Moroccan%20updated%20NDC%202021%20_Fr.pdf.

在此应该指出的是,除上述主要政策外,适应气候变化已被纳入摩洛哥主要战略、政策、行动计划和方案的主体部分(例如,绿色投资计划;国家水战略和计划;国家防洪计划;国家防治荒漠化行动方案;国家绿洲规划和发展战略;绿色摩洛哥计划,重点是农业部门;哈里欧提斯计划,重点是渔业)。此外,摩洛哥正在根据其国际承诺制定一项低碳战略,以通过对可持续能源、能源节约和气候友好型交通的大量投资,加速实现脱碳经济。

在气候融资方面,用于气候适应性发展的投资将超出摩洛哥财政能力,因此,摩洛哥需要向国际融资机构和捐助者申请投资项目。根据伊德里西和马斯巴赫(2021)的研究,"推动气候融资被广泛认为是促进低碳和气候适应性发展的关键。融资所获资金应覆盖气候行动所付出的成本和风险损失,支持有利于环境以及能够适应和缓解气候变化的活动,并鼓励发展新技术。摩洛哥在低碳、具有气候适应性的基础设施方面的投资与实现2摄氏度的气候变化目标相一致,可能会有额外的成本,但这一增量只是基础设施总体所需资金的一小部分"[1]。这里应该回顾总结一下,摩洛哥已经建立起相关国家基金,如国家环境保护和可持续发展基金以及工业污染防治基金。该国正在考虑通过促进气候变化融资的公私合作机制(PPPs),让私营部门参与气候相关的投融资活动。

在过去的二十年里,摩洛哥的气候变化缓解和适应行动已经获得了政策制定者、研究人员和非国家行动者的特别关注。相关政策选择在新发展模式计划(2021)中逐步得到巩固和制度化,并在摩洛哥的政府、市民社会和私营部门中推广开来。然而,根据伊德里西和马斯巴赫(2021)的说法,"应对目前的挑战需要加倍努力。政府仍然需要加强环境信息的获取,这也表明用于监测和评估的数据依然很少。政府需要鼓励公民和开展气候变化教育,促进战略性的公私伙伴关系,为未来的气候变化项目筹集资金,特别是在当地社区更需如此。最后,在成功案例的基础上,政府还要再接再厉"[2]。

---

[1] Idrissi H. and Masbah M. (2021), Climate Change Policies in Morocco: Future Prospects, Policy Brief, Moroccan Policy Dialogue 2021, Moroccan Institute for Policy Analysis, https://mipa.institute/8898.

[2] Idrissi H. and Masbah M. (2021), Climate Change Policies in Morocco: Future Prospects, Policy Brief, Moroccan Policy Dialogue 2021, Moroccan Institute for Policy Analysis, https://mipa.institute/8898.

（2）《生物多样性公约》

摩洛哥自 1995 年以来一直是《生物多样性公约》的缔约国，并于 2011 年批准了《卡塔赫纳生物安全议定书》①。该国履行了其报告义务，并在 2014 年（第五次国家报告②）和 2018 年（第六次国家报告，2019 年更新③）向该公约提交了国家报告。此外，该国还通过了 2016—2020 年国家生物多样性战略和行动计划（NBSAP），目的是通过 159 项具体行动使生物多样性成为可持续发展的支柱。在第六次国家报告中，其中 37 项行动（约 23%）被认为有效，92 项行动被认为部分有效（58%）。虽然国家生物多样性战略和行动计划的这种实施水平表明摩洛哥遵守了其国际承诺，但也凸显出一些效率偏低和需要改进的地方，这其中包括缺乏数据或指标来正确评估国家生物多样性战略和行动计划实施过程中的一些被建议采取的行动。此外，正如第六次国家报告所述，尽管最近摩洛哥在制订管理计划和监测指标以跟踪脆弱物种方面取得了进展，并建立了 16 个区域环境观测站，但作为国家着力实现的计划目标，监测和评估国家生物多样性战略和行动计划执行情况的机制没有得到加强（UN-ECE，2021）。

摩洛哥还在包括爱知生物多样性目标的《生物多样性战略计划》（2011—2020 年）的框架内，通过了许多濒危物种的栖息地恢复方案、某些敏感地区和物种以及基因库的管理和发展计划。在渔业领域，该国通过了哈里欧提斯计划，通过提升海洋生态系统中渔业的可持续性水平、尊重海洋资源的再生周期以及促进科学知识的发展和交流来支持整个部门的治理。在治理活动方面，通过与当时的水、森林和荒漠化控制高级委员会的共同管理项目，当地社区参与保护生物多样性的工作得到了越来越多的支持（UN-ECE，2021）。

在此值得注意的一点是，摩洛哥原本不是《关于获取和惠益分享的名古屋议定书》的缔约国，于 2022 年 4 月 22 日才批准了该议定书。④ 然而，摩洛哥提交了一份关于议定书执行情况的临时报告，其中载有关于获取遗传资源和公正公平地分享其使用所产生的惠益的法律草案。⑤ 2013 年

---

① www.cbd.int/countries/? country=ma.
② www.cbd.int/doc/world/ma/ma-nr-05-fr.pdf.
③ https：//ma.chm-cbd.net/implementation/rap_nat/6eme-rapport-national-de-la-biodiversite.
④ https：//treaties.un.org/doc/Publication/CN/2022/CN.110.2022-Eng.pdf.
⑤ https：//absch.cbd.int/database/NR/ABSCH-NR-MA-238974.

以来，摩洛哥在议定书框架内采取的其他措施包括：向政府总秘书处提交了一份关于获取遗传资源和公正公平分享其使用所产生的惠益的法律草案（第 56-17 号）①；在遗传资源价值评估方面增强各级关键行动者的能力；为摩洛哥的获取和惠益分享（ABS）制定的知识产权（IPRs）指南，尤为关键的是对研究人员和遗传资源使用者的目的进行规范的内容；形成与发展了一种帮助识别与遗传资源相关传统知识的模式；以及制定关于获取和惠益分享的沟通战略和计划（UN-ECE，2021）。

最后，应当指出的是，摩洛哥迄今尚未批准《名古屋—吉隆坡责任与赔偿补充议定书》，也没有启动这方面的任何国内程序。

(3)《卡塔赫纳生物安全议定书》

为了确保在转基因生物的流转、处理和使用方面得到充分的保护，摩洛哥将落实《卡塔赫纳生物安全议定书》的实施作为目标。为此，环境部 2019 年编写并发布了一份关于议定书执行情况的国家报告。该报告收集了关于议定书实施效果和议定书 2011—2020 年战略计划实施进展的信息。② 尽管有证据表明，摩洛哥在实现目标 B3（在流转、处理和使用转基因生物方面有足够的保护水平）方面正在取得进展，但报告已经认识到现存的障碍，即在不尽如人意的机构能力、数据可用性有关的障碍，以及该国在进口、转让、处理、使用和改性活生物体（LMOs）的风险评估方面能力不足，使得摩洛哥无法显现出其对生物技术的立场。其他阻碍包括缺乏控制和消除外来入侵物种的国家方案以及评估、管理与使用活生物体有关的风险的系统（UN-ECE，2021）。

在操作层面上，应该指出的是，国家食品安全办公室（ONSSA）③、生物多样性部门和可持续发展国务秘书在按照国际法规、方法和标准的规定管理生物技术风险方面发挥了重要作用。这是通过各种措施实现的，包括在引进植物材料时要求提供非转基因证书，以及在种子和幼苗领域仅允许销售官方目录中注册的品种。然而，到目前为止，还没有关于活生物体或转让、处理和使用转基因生物的具体立法。只有农业部在 1999 年 8 月 11 日发布的禁止引进活生物体产品的通知得到了执行。因此，鉴于生物安全的极端重要性，政府应加快建立关于生物安全的法律框架（UN-

---

① www.sgg.gov.ma/portals/0/AvantProjet/152/Projet_loi_56.17_fr.pdf.

② https://ma.chm-cbd.net/implementation/rap_nat/4rnpc.

③ www.onssa.gov.ma/fr/.

ECE，2021）。

（4）《控制危险废物越境转移及其处置的巴塞尔公约》（以下简称《巴塞尔公约》）

摩洛哥于1995年12月批准了1989年通过的《巴塞尔公约》。该公约的主要目标是将废物的越境转移减少到符合无害环境管理要求的最低限度，在尽可能接近其生产源的地方处理和处置废物，以及减少和降低废物的数量和危险性。在同一框架内，摩洛哥已于2004年批准了《巴塞尔公约》的《禁令修正案》，并实施了2020年3月生效的《塑料废物修正案》。

关于这些承诺，摩洛哥制定了国内法律文件，以防止危险废物和其他废物的非法贩运，并将非法贩运行为确定为犯罪，限制危险废物和其他废物的出口回收和最终处置，以及限制危险废物和其他废物在国内过境。在这方面，关于废物管理和处置的第28-00号法律在其第42条中规定，禁止进口危险废物，而出口危险废物和进口非危险废物都要经过批准。同时摩洛哥还在这一方面颁布了一项法令，对废物进行分类并确定了危险废物的清单。在此应该指出的是，根据有关外贸的第83-13号法律，黑色和有色金属废物的进口必须获得许可。[①]

除法律文件外，一些涉及《巴塞尔公约》相关问题的政策也得到了实施，包括国家家庭废物方案、国家废物减少和回收战略以及国家废物回收方案（UN-ECE，2021）。

此外，《多氯联苯（PCBs）无害环境管理和消除方案》促成了摩洛哥国家多氯联苯委员会的制度化，促使该国对6000台可能被多氯联苯污染的变压器进行了清点和分析，在2015年建立了第一个处理和修复被多氯联苯污染的电气设备的平台，并处理和消除了1530吨受污染的设备。2018年第二阶段计划启动，该国尽可能多地清除被多氯联苯污染的设备，并强化了对多氯联苯的无害环境管理的规范框架。此外，通过建立"多氯联苯的无害环境管理和处置"方案，为减少危险废物和其他需要越境转移的废物的数量采取了措施。它的目的是形成管理和处置多氯联苯的国家能力，并建立当地的基础设施，对受多氯联苯污染的设备和油品进行拆除和净化（UN-ECE，2021）。

---

① https://www.environnement.gov.ma/fr/service/mouvements-transfrontaliers-des-dechets-et-des-produits-chimiques.

(5)《关于持久性有机污染物的公约》

摩洛哥于 2004 年批准了《关于持久性有机污染物的公约》(即《斯德哥尔摩公约》)。批准后，该国在该公约的框架内要求豁免使用二氯二苯三氯乙烷(DDT)。因此，该国于 2005 年被列入了 DDT 登记册。此后，该国采取了以下行动：适用病媒综合管理作为摩洛哥病媒控制的主要实施流程；2014 年清空了卫生部持有的 DDT 库存；加强国家在病媒监测和控制以及健康和公共卫生农药管理方面的能力；以及制定和实施在国家层面使用 DDT 替代方法的功效研究。

2015 年，摩洛哥已向《斯德哥尔摩公约》通报了其退出 DDT 登记册的请求。[①] 2002 年，在联合国开发计划署(UNDP)和全球环境基金(GEF)的支持下，该国实施了 POPs-摩洛哥项目，以履行其在该公约下的义务。[②] 该计划的主要目标是落实国家实施计划(NIP)和国家行动计划(NAP)。摩洛哥于 2006 年提交了第一个国家实施计划，并于 2019 年提交了第二个国家实施计划。[③] 2019 年国家实施计划的主要目标是：完成在提交第一份国家实施计划后所开展的行动，以建立一个适应性的规范框架，将公约的义务纳入其中；加强对持久性有机污染物的监测；继续开展消除持久性有机污染物的行动；对确定为受持久性有机污染物污染的场所进行净化；提高对持久性有机污染物释放的认识。对含有持久性有机污染物的废物进行合理管理，特别是对多溴联苯醚、六溴环十二烷和全氟辛烷磺酸等污染物；进一步减少二噁英和呋喃的排放；继续开展能力建设、信息和宣传活动，以涵盖新的持久性有机污染物的安全管理和处置领域。

2015 年，摩洛哥卫生部与粮农组织(FAO)共同制定了一个为期 4 年的项目，以清理包括持久性有机污染物在内的过期杀虫剂和其他衍生废物(约 800 吨)。该项目旨在清除已清点的过期农药库存，并制订一项计划，防止过期库存的进一步累积。该项目打算为被杀虫剂污染的土壤开发去污技术，并将其应用于高度污染的区域。最后，该项目还计划实施空农药包装的管理，并引导减少化学农药的使用。到目前为止，该项目和行动的总体结果还没有被评估(UN-ECE，2021)。

---

① http：//chm. pops. int/Portals/0/download. aspx？d = UNEP - POPS - EXEM - NOTIF - WDRAW-DDT-Morocco. Fr. pdf.

② www. thegef. org/project/initial-assistance-morocco-meet-its-obligations-under-stockholm-convention-persistent.

③ http：//chm. pops. int/Implementation/NIPs/NIPTransmission/tabid/253/Default. aspx.

（6）《关于在国际贸易中对某些危险化学品和农药采用事先知情同意程序的公约》

摩洛哥于2011年成为《关于在国际贸易中对某些危险化学品和农药采用事先知情同意程序的公约》（即《鹿特丹公约》）的缔约国。能源、矿业和环境部的环境司担任工业化学品的指定国家管理部门（DNA），国家安全局担任农药的指定国家管理部门。自2015年以来，摩洛哥已表示不同意或限制进口该公约附件三所列并受事先知情同意程序管辖的另外七种化学品。

2019年4月，摩洛哥与鹿特丹公约秘书处、减少农药风险小组（AGPMC）、联合国妇女署和粮农组织驻摩洛哥办事处一起，在该国举办的国际农业博览会期间，共同举办了关于农药接触和弱势群体、空容器管理的国家能力建设研讨会。[①] 研讨会讨论了农药对人类健康的影响，特别是对弱势群体，如妇女和女孩的影响，并组织了农药生命周期管理方面的能力建设活动。此次研讨会的成果是：关于农药暴露和弱势群体、摩洛哥农村地区的性别差距和挑战的简报，以及空容器管理情况概述；针对摩洛哥农民的五项提高认识活动；关于空容器管理认识运动的想法交流；以及关于好或不好的农药利用实践、三重清洗、农药暴露和对弱势群体影响的宣传材料。

2019年6月，摩洛哥又举办了关于在摩洛哥、阿尔及利亚和突尼斯等马格里布国家培训和促进指定国家管理机构（DNA）之间合作执行《鹿特丹公约》的第二次研讨会。[②] 这次研讨会的目的是为参与国的国家管理机构提供关键义务方面的培训，更新每个国家的国家行动计划的执行情况，并探索协调欧盟和马格里布国家之间化学品贸易的手段。这次研讨会的成果如下：关于《鹿特丹公约》主要义务的培训；关于与公约执行有关的工具和形式的知识共享；比利时的国家管理机构和欧洲化学品管理局的代表分享经验；以及为摩洛哥和突尼斯起草执行公约的行动计划。

（7）国际海洋法

根据阿布德达哈卜（2018）的说法，海洋表面（3.613亿平方千米）构成了地球表面的3/4，而国际法最既定的法律原则之一是"海洋自

[①] www.pic.int/Default.aspx? tabid=8053.

[②] www.pic.int/Default.aspx? tabid=8016.

由"(Mare Liberum)。在这个意义上,国际海洋法在国际法律框架中占据了越来越重要的地位。自20世纪50年代以来,这一不断演变的法律部门得到了巩固,尤其是自1982年通过《联合国海洋法公约》以来。《联合国海洋法公约》主要界定了海洋区域,规定了与航行和资源开发以及保护国家海洋领土有关的权利和义务。

在《联合国海洋法公约》框架内,摩洛哥在2007年批准《蒙特哥湾海洋法公约》后,自1919年以来制定了第一部海事法律,即《海上商业法》。摩洛哥拥有非凡的海洋地缘战略地位,正在努力加强其法律和政策框架,以保护其海域免受各种形式的污染。

(8)来自船舶的污染防治的法律

海运活动是一项真正的环境污染源,污染主要是来自船舶航行产生的废弃物,这些废弃物往往被非法排入海洋环境或排放到大气中。这些废弃物如果比例过高或不加控制,特别是在敏感地区,会对整个环境,特别是海洋环境造成严重损害。出于这些原因,国际海事组织(IMO)自20世纪70年代以来一直致力于建立一个国际法律框架,大体上规定了允许船舶排放的标准,禁止排放的区域,以及某些类型的船舶必须配备的设备。[①]

在摩洛哥,关于船舶源污染的第69.18号法律旨在将该国所遵守的、在国际海事组织机制下商定的各种规则[②]纳入国内法律框架,并填补对违反这些机制或非法排放制裁方面的法律真空。在第1条中,该法确定了适用于船舶对海洋环境或大气污染的规则。为此,该法禁止船舶向海洋环境或大气排放污染物,并规定了船舶可以排放一些不被禁止的物质所要求的条件。此外,第4条禁止任何船舶在通过摩洛哥海域或停留期间向海洋环境或大气排放污染物,如果这种排放造成或可能造成水域或大气污染的话。同样,第15条禁止船舶向海洋环境排放任何塑料废物,包括合成纤维制成的绳索和渔网,以及塑料垃圾袋和可能含有重金属或其他有毒残留物(医疗和危险废物)的塑料材料焚烧后的灰烬,这些废物必须按照适用的条例进行处置,而不论有关海域。

[①] http://www.sgg.gov.ma/Portals/0/lois/Projet_loi_69.18_Fr.pdf?ver=2019-05-23-111526-387.

[②] 摩洛哥批准的1973/1978年《防止船舶造成污染公约》(1994年2月25日第1.93.44号诏书)在其附件中规定了允许的排放标准,并要求缔约国采取措施惩罚不遵守的行为。

第 69.18 号法律第 44 条规定，凡违反该法第 6、第 8、第 9 或第 10 条规定，向海中排放废物或有害物质的船长或船舶负责人，将被处以 5 万—15 万迪拉姆的罚款。而第 45 条规定，任何船长或负责人违反本法第 11 条的规定，将包装运输的有害物质抛入海中，将被处以 3—7 年的监禁和 1000 万—1500 万迪拉姆的罚款或两种处罚之一。第 48 条规定，对违反本法第 20 条规定，从船上排放压载水或沉积物的船长或负责人应处以 100 万—300 万迪拉姆的罚款。如果再次违反，第 53 条规定，监禁的处罚和规定的罚款数额将加倍。

（9）1976 年《保护地中海海洋环境和沿海地区公约》

摩洛哥已经批准了《保护地中海海洋环境和沿海地区公约》（即《巴塞罗那公约》）及其议定书，但《特别保护区修正案》和《生物多样性议定书》除外，并遵守了每两年一次的报告要求。尽管没有批准《特别保护区修正案》和《生物多样性议定书》，但除《沿海地区综合管理议定书》外，摩洛哥仍在该议定书所涵盖的地区积极开展工作。在前一项议定书的范围内，确定了以下特别保护区（SPA）：三福尔海角、胡塞马国家公园、阿尔沃兰地区和杰贝尔穆萨。[1] 在特别保护区区域活动中心的支持下，2019 年拟定了杰贝尔穆萨保护区的规划和管理计划。[2]

根据这些国际承诺，摩洛哥于 2015 年通过的关于沿海地区的第 81-12 号法律要求制订一项行动计划和沿海地区计划。就在最近，即 2022 年 5 月，国家海岸带综合管理委员会自 2020 年以来制定和论证的《国家海岸带计划》已被能源转型和可持续发展部通过。[3]

对第 81-12 号法律与《国际海洋环境管理议定书》的一致性进行分析后，可以发现两者的一些差异。虽然没有与议定书的规定相矛盾，但上述法律与议定书并不完全匹配。对比两个文件的规定可以看出，该法律部分涵盖了议定书的内容，特别是在保护人民、投资和环境免受气候变化影响，可持续开发和管理的动态过程以及生态系统和沿海景观的脆弱性等方面（UN-ECE，2021）。这意味着第 81-12 号法律在议定书规定范围内的

---

[1] United Nations Economic Commission for Europe（UN-ECE）(2021), Environmental Performance Reviews-Morocco, ECE/CEP/191, Draft (25/10/2021, not edited).

[2] www.sante.gov.ma/Pages/Communiques.aspx?IDCom=223.

[3] http://www.sgg.gov.ma/portals/0/AvantProjet/215/Avp_dec_2.21.965_Fr.pdf.

"关于海岸治理和保护以及海岸、社区和社会经济活动之间的关系"方面是落后的。[①]

(10)《关于保护黑海、地中海和毗连大西洋地区鲸目动物的协定》

摩洛哥于 2001 年批准了《关于保护黑海、地中海和毗连大西洋地区鲸目动物的协定》（ACCOBAMS）。2013—2016 年，摩洛哥担任《关于养护黑海、地中海和毗连大西洋地区鲸目动物的协定》的主席，2020—2022 年，摩洛哥则担任主席团成员国。摩洛哥定期参加会议，秘书处与国家渔业研究所进行了良好的合作，国家渔业研究所有一个专门的科学计划，可以监测鲸类动物的搁浅情况。

在实践中，摩洛哥正面临着鲸类和渔民之间相互影响的问题。特别是大海豚攻击和"偷"走渔民网中的鱼，海豚自身有受伤或死亡的风险，以及由此对渔业造成的经济影响（鱼的损失和网的损坏，过高的维修成本）。自 2016 年以来，《关于保护黑海、地中海和毗连大西洋地区鲸目动物的协定》一直在支持摩洛哥解决这个问题，欧盟也对几个项目进行了资助，姆迪克和胡塞马港口也正在进行试点项目。《关于保护黑海、地中海和毗连大西洋地区鲸目动物的协定》还支持摩洛哥处理副渔获物（通常是鲨鱼、海龟和鸟类），摩洛哥正在试点在船上配备 15 名观察员，进行观察和监测。2020 年年底的初步分析报告的结果表明，摩洛哥的副渔获物非常少，而一个旨在制定国家副渔获物战略的副渔获物项目已于 2017 年启动。[②] 2015—2020 年，每年约有 119 起搁浅事件，其中 35%是人类活动造成的后果。2016 年，另一个关于鲸目动物综合监测的项目得到了实施。1 名科学专家和 5 名技术人员专门负责该项目。该团队对船只和空气进行监测，这为污染和零散废弃物的监测提供了良好的机会。[③]

2018 年，《关于保护黑海、地中海和毗连大西洋地区鲸目动物的协定》秘书处与农业、海洋渔业、农村发展和水与森林部渔业司合作，在丹吉尔举办了"在摩洛哥发展负责任的观鲸活动和海产旅游"项目的认

[①] Benmassaoud Z. et Ibn khaldoun B. (2020), "La gestion intégrée des zones côtières: outil juridique de préservation du littoral marocain", Journal d'Économie, de Management, d'Environnement et de Droit, Vol. 3, No. 1, pp. 86-98.

[②] www.rac-spa.org/bycatch_pr.

[③] United Nations Economic Commission for Europe (UN-ECE) (2021), Environmental Performance Reviews-Morocco, ECE/CEP/191, Draft (25/10/2021, not edited).

识研讨会。① 研讨会的目的是介绍观鲸和观鲸活动及其发展相关的利益，包括从体制角度确保尊重和负责任的做法，并考虑受影响捕鱼活动的替代方案。

（二） 法律规范框架

自 1970 年以来，摩洛哥作为许多多边法律文件的签署国，在保护环境、促进可持续发展和应对气候变化方面做出了重大努力。为此，摩洛哥为实施国内环境和气候政策建立了一个基本的法律规范框架。这一框架主要由 2011 年《宪法》、《国家环境与可持续发展宪章》（NCESD）和《国家可持续发展战略》（NSSD）组成，此外还有一些部门法律和条例。

1. 2011 年《摩洛哥宪法》

在环境、可持续发展和气候变化方面，摩洛哥的宪法、法律和体制框架都经历了转型。为此，2009 年 7 月 30 日王位日之际的皇家演讲，国王陛下说："摩洛哥和所有发展中国家一样，面临着重大而紧迫的发展挑战，需要充分认识到保护环境和满足生态要求的必要性。面对这些要求并遵循这些承诺……有必要在经济上和观念上推行逐步和全面升级的政策，而这要在区域和国际合作伙伴的支持下进行。"②

在这一背景下，摩洛哥于 2011 年通过了一部新宪法，其目的之一是为环境保护和促进可持续性提供最根本支持。它进一步将环境权利列为基本人权之一，规定"男子和妇女享有公民、政治、经济、社会、文化和环境方面的平等权利和自由"（第 19 条）。此外，《宪法》规定，"公共机构和地方当局应努力调动一切可用的手段，促进公民平等地获得使他们能够享受……获得水和保障公众健康的环境以及可持续发展的权利的条件"（第 31 条）。

将环境保护和可持续发展纳入最近的宪法改革，反映了摩洛哥国家最高层生态意识的加速觉醒，并证明了这些问题对摩洛哥社会发展愈发重要的影响。这样的改革意味着国家已经开始了一个涉及各种社会生态系统和社会所有组成部分的转型过程。此外，享有健康环境的权利现在已被宪法

---

① https://accobams.org/awareness-workshop-towards-development-whale-watching-responsible-activities-pescatourism-morocco/.

② https://www.habous.gov.ma/fr/Discours-Royaux/679-30-juillet-2009-Discours-de-SM-le-Roi-à-l-occasion-de-la-Fête-du-Trône-à-Tanger.html.

化,并由关于《国家环境和可持续发展宪章》的第 99-12 号框架法加以巩固,其中规定:"每个公民都有权:在健康和优质的环境中生活和发展,促进保护健康、文化发展和可持续利用环境中的遗产和资源;获得可靠和相关的环境信息;并参与可能对环境产生影响的决策过程"(第 3 条)。这项权利可以在摩洛哥国内法院面前援引,特别是具有"公共事业"地位的非政府组织,它们可以据此提起诉讼。

此外,宪法承认可持续发展是一种人权价值,这表明国家对这一原则的关注。在这一方面,《宪法》第 71 条规定,关于环境管理、保护自然资源和可持续发展的规则,水、森林和渔业的制度,以及《宪法》其他条款中提到的事项都属于法律的范畴。诚然,"可持续发展"原则已于 2003 年通过的关于保护和发展环境的第 11-03 号法律被纳入摩洛哥法律框架的主体部分,但 2011 年《宪法》更进一步确认了可持续发展权利,并将该权利适用于多个领域,包括利用经济、社会和环境理事会(ESEC)的各个机构处理环境保护、可持续发展和促进作为全体公民基本权利的可再生能源相关问题时,这一权利都得到了适用。2014 年,《国家环境和可持续发展宪章》获得通过,这一事件明确显示了摩洛哥将可持续发展作为一项强制性法律要求的决心。[1]

此外,在公共行动地域化的背景下,对有关地方当局的三部法律——关于乡镇的第 113-14 号法律、关于地区的第 111-14 号法律、关于省和县的第 112-14 号法律的分析表明,关于环境的内容始终存在,但在环境规范的数量和质量方面程度各不相同。我们还注意到,环境内容在第 111-14 号法律中体现得极为明显,在第 113-14 号法律中有一定的体现,而在第 112-14 号法律中则仅有较少体现。

2.《国家环境和可持续发展宪章》框架法

2009 年,穆罕默德六世国王发起了一场广泛的全国性辩论,动员所有利益相关者参与以便形成一项国内环境战略。因此,摩洛哥 2010 年起草了被正式纳入框架法体系中的《国家环境和可持续发展宪章》,并在 2014 年获得议会通过。它主张有必要通过加强和保护自然与文化代际遗产,建立一个可持续的环境保护系统(SSEP),以及协调经济和社会发展与生态意识。这种针对环境和可持续发展的、以保证跨部门视角为目标的

---

[1] Majdoubi H. (2016), "Le développement durable en droit marocain entre utopie et réalité", Revue Juridique de l'Environnement, Lavoisier, 41 (3), pp. 536-550.

"综合方法"已被采纳,其中环境被视为一种资源,一种需要保护的资本,一种福利的手段,以及一个能够制定有效标准的系统的基础。这种新的模式在公共政策中引入了基于成本效益和集体风险的三维生态社会分析,使环境成为可持续发展的驱动力,摆脱了传统的防治性表达方式的惰性。

2014年,在关于《国家环境和可持续发展宪章》的第99-12号框架法通过后,绿色部门经历了一个繁荣期。这一框架法包括国家、公共机构、地方当局、公共和私营公司以及市民社会为改善当地民众的生活环境条件而应承担的各种承诺。[①] 作为利益相关者协商和共识的结果,《国家环境和可持续发展宪章》认为环境是一项基本权利和共同利益,同时在公共战略和行动中引入集体成本—效益—风险的概念,使环境成为可持续发展的推动力量。在这一背景下,第99-12号法律规定,"主要在环境和可持续发展领域工作的民间社会组织应当为实现本框架法律规定的目标做出贡献。为此,它们应当承诺自己主动或与国家、地方当局、公共机构、国有公司和私营企业合作,开展任何可能的信息共享、提高认识或建议行动。通过提高认识和教育活动,鼓励人们形成尊重环境、自然资源、文化遗产和可持续发展的价值观;确保在地方社区一级发展和加强可持续管理自然资源的良好方式和做法;并促进现有的公众参与环境决策和获取环境信息制度的持续改进"(第22条)。

该法第23条规定,"公民应承诺:遵守第4条和第5条中提到的义务[②],遵循有关环境和自然资源的负责任的行为和消费模式;积极参与当地固有的环境管理活动和流程,并向主管当局警告正在发生的任何影响环境的损害或危险以及任何可能损害环境的行为或做法"。

3. 水法

与该国人口相匹配,摩洛哥被认为是可用水资源处于世界最低水平的几个国家之一。摩洛哥预计每年增加30万人口,在2030年将达到4190万人口。因此,水的消耗需求将不断增加,而可用水资源将进一步减少,

---

① Lakir R. et Habboub S. (2020), "Legal and fiscal reforms in the plastics industry in Morocco", International Journal of Management Sciences, 3 (3), pp. 710 – 728, https://www.revue-isg.com/index.php/home/article/view/351/328.

② 第99-12号法律第4条规定,"任何自然人或法人,公共或私人,必须避免破坏环境",而第5条规定,"任何自然人或法人,公共或私人,必须为保护环境以及促进和传播可持续发展文化的个人和集体努力作出贡献"。

这将使水的短缺成为该国的一大挑战。目前，摩洛哥可用水资源达到每年 220 亿立方米，具体分布为 180 亿立方米的地表水（湖泊、河流等）和 40 亿立方米的地下水。① 每个居民的年可用水量为 700 立方米，② 摩洛哥已经是一个水资源不足的国家（面临着短缺问题）。

可用水资源受到一些人为的压力（地下水的过度开采、废物和未经处理的废水的污染和倾倒、气候变化的影响等），导致水资源的数量和质量下降，产生了各种安全和社会经济影响。其他因素，如不合理的供水、卫生设施和卫生习惯，对公众健康造成了负面影响（即腹泻和营养不良的传播），可能会造成的财政损失估计为 117 亿迪拉姆，占国内生产总值的 1.26%。具体来说，地下水的过度使用和未经处理的家庭和工业污水的排放构成了严重问题。

为了应对这些挑战并确保国家水安全，摩洛哥通过了 1995 年关于水资源的第 10-95 号法律③，这是国家认识到制定该领域法律框架的重要性后采取的一项基本工作。事实上，这部法律不仅统一了现有的文本，还引入了许多原则和机制，这些原则和机制可以构成国内水政策的基础，包括：确定预测资源和需求变化的国家目标；合理化和有效的分散管理；减少不平等和促进发展区域间的团结原则。此外，该法律旨在实现以下目标：在地区和国家层面合理和最佳地利用水资源，同时兼顾国家水计划确定的优先事项；在水利流域的框架内管理、保护和保存水资源，允许设计和实施分散的水管理机制，这成为一项重要的创新。

2005 年，第 2-04-553 号法令④的实施对该法律进行了补充，该法令涉及地表或地下水的排放、流动以及直接和间接沉积。该法令文件在建立标准以确保有效保护现有水资源方面开辟了重要的视角。

2016 年，新的第 36-15 号水法获得通过，以应对前一部法律（1995 年第 10-95 号）通过后 20 年来社会经济和气候条件的改变，以及适应 2011 年颁布的新《宪法》，其中提出了水、健康和健康环境的人权。此外，《国家环境和可持续发展宪章》框架法（2014）预见了对 1995 年水法的修订，《国家可持续发展战略》（NSSD）第 73 号目标则要求公布与

---

① 根据能源、矿产、水和环境部水务局 2012 年 9 月关于摩洛哥水政策的介绍。
② https://www.kas.de/fr/web/marokko/laenderberichte/detail/-/content/la-gestion-de-l-eau-au-maroc1。
③ 1995 年 8 月 16 日由第 1-95-154 号诏书颁布。
④ 2005 年 2 月 17 日第 5292 号法律公报。

第36-15号法律相匹配的实施细则。新水法要解决的主要问题包括海水淡化、废水再利用、雨水回收和防洪的法律框架存在不足，公共水域使用的法律程序过于冗长，法律术语含混不清，流域管理机构理事会的相关规则不够灵活等。

第36-15号水法文件还将气候风险纳入主流风险范围，以保护水资源免受气候变化引起的极端事件的影响。该法律基于一系列原则，包括水的公共所有权、获得水的一般权利、享有健康环境的权利、以公众参与方法为基础贯彻包容性治理理念的水资源管理、保护自然环境、加强可持续管理以及顾及男女平等的措施。其他新规定包括：建立水流域委员会；要求制订城市污水处理计划，并为城市地区配备污水处理网络和废水处理厂；对排入这些网络的污水进行收费；建立参与性水资源管理框架；建立防洪和保护制度框架；保证水利设施的最低生态流量；建立水信息系统；以及澄清概念以支持污染者付费原则。该法要求通过附属立法来实施其规定，其中有72处提到需要制定法规。有些法规，如关于水利流域机构（第2-17-690号法令）、水和气候高级理事会（第2-18-233号）、建立国家水计划（第2-18-339号）和水警察（第2-18-453号）的法规目前已经颁布。

新的水法响应了《国家环境和可持续发展宪章》框架法中关于应对荒漠化和气候变化综合影响的呼吁。它要求制订国家水计划，并为每个流域制定综合水资源管理（IWRM）总体规划，确定如何分享水资源。总体规划必须考虑到气候变化，考虑到对供应和需求的影响。流域机构还必须处理极端气候问题，如干旱和洪水。

2013年年底，内政部部长，能源、矿产、水和环境部部长，工业、贸易和新技术部部长以及手工业部部长发布了三项联合命令——第2942-13号、第2943-13号和第2944-13号命令，分别确定了向地表和地下水排放的一般限值、废水处理系统的产量以及工业活动污染的特征量和具体系数。第一项命令在经过漫长的宽限期后于2018年开始生效。2014年年中，一般事务和治理部长发布了三项命令——第2541-14号、第2682-14号和第2803-14号命令，规定了水的销售价格和卫生收费。此外，《大坝安全法》（第30-15号）也于2016年公布。

总的来说，在水资源领域通过的法律和法规使得多种体制机制相继建立，这些机制的优先权相互重叠，对各行政层级的水治理造成了阻碍。执行机构往往认为它们的行动注定要失败,因为它们的角色和责任不明确,它们之间的协调也不够。① 基于这一情况,经济、社会和环境理事会(2014)声称,由于执行机构的多重性,同时存在着监管重合和监管缺位的情况,整体协调计划变得极其复杂,因此产生了重大风险并造成了效率低下。

4. 环境影响评价法

关于环境影响评估(EIA)的第 12-03 号法律②的通过,使人们必须对受该程序约束的项目进行这种评估。③ 有趣的是,这部法律是现代制度工具的一部分,有利于在环境保护中应用预防措施,并将环境问题纳入经济和社会发展进程考虑的主流因素中。该法律旨在系统地初步评估项目对环境(动物、植物、土壤、水、空气、气候、自然资源和生物平衡)、对人类(健康、福祉、生计、邻里关系的便利、卫生和安全等)的潜在的、直接的和间接的、暂时和永久的影响。同时考虑到这些因素之间的相互作用,消除、减轻和补偿项目的负面影响,加强和改善项目对环境的积极影响,并向有关居民通报项目对环境的负面影响。

随后,关于环境影响评估的法律得到了两项执行法令的补充。首先,2008 年第 2-04-563 号法令④确定了国家环评委员会和地区环评委员会以及基于长期或临时授权的政府当局的责任和职能。此外,该法令规定了上述委员会会议的召开和审议程序,并确定了区分由国家委员会审查的影响评估和由区域委员会审查的影响评估的标准。其次,2008 年第 2-04-564 号法令⑤规定了组织和开展公众调查项目的程序,允许相关公众参与评估项目可能产生的环境影响,并就相关问题提出意见和建议。

5. 海岸线法

鉴于海岸线易受许多自然和人为风险(侵蚀、气候变化、城市化、污染、生物多样性丧失、景观改变等)的影响,摩洛哥于 2015 年通过了

---

① https://www.kas.de/fr/web/marokko/laenderberichte/detail/-/content/la-gestion-de-l-eau-au-maroc1.
② 2003 年 5 月 12 日由第 1-03-60 号诏书颁布(2003 年 6 月 19 日第 5118 号官方公报)。
③ 法律附件中列出了环评所涉及的项目类型。该清单涵盖了以下领域:属于第一类的不健康、不方便或危险的场所;基础设施项目;工业项目;农业;以及水产养殖和养鱼项目。
④ 2008 年 11 月 20 日第 5684 号法律公报。
⑤ 2008 年 11 月 20 日第 5684 号法律公报。

关于海岸线的第 81-12 号法律①，旨在保护生物和生态平衡，防止、打击和减轻海岸线的污染与退化，并确保恢复被污染或破坏的地区和地点，确保海岸线的综合和可持续管理，并为综合海岸管理制订国家计划和区域计划。该法的目的是制定相应条款，保护现有的沿海地区，保护和发展与海岸有关的经济活动，促进地区发展，保护海洋和海岸线资源，并改善进入海洋和海岸线通道的自然条件以及对公共海域的管理。

仔细观察这部法律可以发现，它在治理和保护海岸线及其与社区和社会经济活动的联系方面相对先进。② 第 81-12 号法律虽然与《国际海洋环境管理议定书》的规定不矛盾，但并不完全符合议定书的规定。比较该法的规定与议定书的规定表明，国家规定部分涵盖了国际规定，特别是在保护人民、投资和环境免受气候变化的影响，动态管理和可持续开发过程，以及强调生态系统和沿海景观的脆弱性方面。③

6. 废物管理和处置法

在过去的十年中，城市废物管理措施有了很大的发展，收集率提高了，并建立了受到监管的垃圾填埋场。然而，废物问题对摩洛哥社会来说仍然是一项代价昂贵的挑战。与该领域相关的主要缺陷与废物收集系统未能覆盖大部分人口有关，主要是由于不受监管的垃圾填埋场的渗滤液渗透导致地下水污染，露天垃圾场周围的土壤退化，以及由于低回收率导致的经济利益损失。此外，克罗伊托鲁和萨拉夫（2017）首次估计了与危险废物有关的环境退化成本（COED），即由于废油回收不足造成的经济损失，以及铅暴露对儿童健康的影响。总的来说，治理与危险废物有关环境退化的成本估计约为 37 亿迪拉姆，占摩洛哥国内生产总值的 0.4%。

为了解决这一问题，摩洛哥试图建立一个有效的管理系统，能够促进可持续发展并保护生态系统免受污染和废物的影响。为此，关于废物管理和处置的第 28-00 号法律的通过反映了摩洛哥在废物的合理管制和环境管理方面的国际承诺。根据贾努齐和贾努齐（2019）的说法，该法律涵盖了从收集到处置的整个过程，贯穿了处理和回收流程。它的主要目的是

---

① 2015 年 7 月 16 日由第 1-15-87 号诏书颁布。

② Benmassaoud Z. et Ibn khaldoun B. (2020), "La gestion intégrée des zones côtières: outil juridique de préservation du littoral marocain", Journal d'Économie, de Management, d'Environnement et de Droit, Vol. 3, No. 1, pp. 86-98.

③ United Nations Economic Commission for Europe (UN-ECE) (2021), Environmental Performance Reviews-Morocco, ECE/CEP/191, Draft (25/10/2021, not edited).

通过管理链的现代化和减少影响人类和生物圈的干扰来制定废物管理政策。它还规定了一些原则，包括"谁污染谁付费"的原则（第70—71条），鼓励建立受到监管的垃圾填埋场和专门处理危险废物的基础设施（第29条），并要求建立由司法警官执行的监测和记录违规行为的系统（第61—63条）。

更具体地说，第28-00号法律的目的是防止和保护公众、动物群、植物群、水、空气、土壤、生态系统、景观和整个环境免受废物的有害影响。为此，第1条强调了以下原则：减轻废物的毒性并减少废物产生；以无害环境的方式组织废物的收集、运输、储存、处理和处置；通过再利用、回收或任何其他可能从废物中提取可再利用材料或能源的操作来实现废物回收；对国家、区域和地方的废物管理和处置工作进行规划；向公众提供关于废物对环境和健康的有害影响以及防止或消除这种影响的措施的信息；以及建立一个控制和打击该领域违法行为的制度。

此外，为了巩固塑料废物管理领域（目前被认为是一项日益严重的全球挑战）的法律框架，摩洛哥已通过以下补充法律：对于不可降解或不可生物降解的塑料袋和包装袋，2010年第22-10号法律禁止为当地市场制造该类塑料袋和包装袋，禁止进口、持有用于销售，甚至禁止免费销售或发放该类塑料袋和包装袋；① 2016年第77-15号法律，禁止制造、进口、出口、销售和使用塑料袋；2019年第1-19-126号诏书颁布了第57-18号法律，对第77-15号法律在严禁制造、进口、出口、销售和使用塑料袋方面进行了补充。

（三）战略政策框架

事实上，除上面介绍的法律规范框架外，摩洛哥还采取了许多战略政策，通过一套可以在时间和空间上进行规划的管理方法和行动，将法律规定转化为可实现的目标。出于分析的需要，本部分将《国家可持续发展战略》（NSSD）作为战略政策框架的主体部分，尽管摩洛哥已经通过了无数的政策、方案和计划，涉及环境、生物多样性、气候变化、可持续性和可再生能源等领域。

摩洛哥通过的2016—2030年的《国家可持续发展战略》被确定为一

---

① 该法第4条将工业和农业用途以及废物收集的塑料袋和包装袋排除在其范围之外。

项促进国家落实国际承诺，加强国家在环境和可持续发展领域模范地位的关键战略。该战略也是执行关于《国家环境与可持续发展宪章》第99-12号框架法第14条相关政策的一部分，特别是考虑到摩洛哥在这些领域的政策所取得的进展，在马拉喀什《联合国气候变化框架公约》第22次缔约方会议（2016）成功举行后，所达成协议也应以战略的形式予以落实。

横向层面上，《国家可持续发展战略》承认需要尊重环境，旨在实现国家向绿色经济的过渡，并加强国家在经济、社会、环境和文化层面的相关规定。此外，绿色经济被认为是该战略的主要内容之一，涉及不少于7个优先问题（治理、绿色经济、生物多样性、气候变化、敏感地区、社会凝聚力和文化），其中4个显然是环境问题，另外还有31个次主题，131个具体目标。

《国家可持续发展战略》是一个具有整合性和联合性的框架，它回应了社会需求，为所有人描绘了一个更好的未来，并向世人展示了实现其既定目标的具体的和严格的制度工具。它不只是一项新的战略，而且是一个战略逻辑框架，允许从可持续角度出发实现方案、计划和部门政策之间的一致性和相互协同，保证所有参与者的包容性参与。它的基本愿景是基于可持续发展的经济、社会、环境和文化四个基本支柱进行整合后的产物。

《国家可持续发展战略》以四项原则为基础：遵守国际规定；与《国家环境和可持续发展宪章》的原则相一致或遵守该原则；利益相关者的参与；以及一项实施策略，这使得该战略与现有计划和方案具有连续性。该战略指出，各部门需要将社会环境部分更彻底地纳入其战略路线图，并认识到环境支柱在发展中一直处于"可怜的地位"，而没有被视为可持续发展的来源。基于此，该战略旨在使经济增长与资源压力脱钩，同时在环境部门创造绿色就业机会。

事实上，《国家可持续发展战略》的愿景是"到2030年在摩洛哥落实绿色和包容性经济的基础"。在过渡到这样一个绿色经济的过程中，实施该战略可以预见的是可持续农业（"摩洛哥绿色计划"，后来被"绿色一代"取代）、渔业（"哈里欧提斯"计划，后来也被取代）、林业、工业、能源转型、采矿、艺术和工艺、交通和城市规划、绿色工业部门（起草此类计划是国家可持续发展战略第40.2号目标）都将得到发展，旅游业与环境保护将实现相互协调（"2030愿景"），而通过综合废物管理则将促进循环经济和都市化的发展。如果上述所确定领域的计划得到实施,《国家可持续发展战略》可以创造相当于 4%国内生产总值的价值,创造 25000 个就业机会,并让经济运营商的竞争力提升 2%。[1]

为了改善自然资源管理和加强生物多样性保护,《国家可持续发展战略》的重点是水资源、土壤及生物多样性的保护和养护。在生物多样性方面,该战略预见了国家保护生物多样性和发展海洋保护区的战略、生物监测计划,以及作为国家可持续发展战略第 80 号目标的以加强保护和恢复生物多样性和敏感地区为内容的政策。

至于加快实施应对气候变化的国家政策方面,摩洛哥的重点是改善治理,特别是通过地方自主制订应对气候变化的地方计划,让地方一级参与应对气候变化(国家应对气候变化计划和计划中的国家预防与应对气候风险计划)以及抓住气候融资机会。最后,在《国家可持续发展战略》所涉及的更多环境问题中,敏感地区受到了国家的特别关注:包括沿海地区(有国家和地区计划)、绿洲和沙漠(有保护计划),以及山区(有自然资源保护计划)。此外,可持续发展教育被确定为优先事项,与科学研究并列。

就成效而言,《国家可持续发展战略》本应指导公共政策,使其与可持续发展目标(SDG)保持一致,却经历了许多与执行有关的中断和功能障碍。[2] 事实上,由于缺乏强有力的领导和所有利益相关者的充分参与,该战略直到 2019 年才得以实施。审计院在其 2019 年关于摩洛哥实施 2015—2030 年可持续发展目标的准备情况的专题报告中指出,负责部门在监测、协调和监督可持续发展目标的实施方面存在一定的混乱。为了纠正这种情况,2018 年在政府首脑的授权下,成立了国家可持续发展委员会,负责把握这一领域的战略方向。应该特别提到的一点是,成立该委员会的第 2-19-452 号法令[3],旨在指导一般性和部门性的公共政策,这些政策都必须符合国家可持续发展委员会确定的方向,该法令 2019 年 7 月

---

[1] Secretariat of State in charge of Sustainable Development (SSSD) and the German Agency for International Cooperation (GIZ) (2019), "National Strategy for Waste Reduction and Recovery", Summary Report, http://www.environnement.gov.ma/images/Programmes-et-Projets/Stratégie_Nationale_de_Réduction_et_de_Valorisation_des_Déchets_compressed.pdf.

[2] Economic, Social and Environmental Council (ESEC) (2019), "Annual Report", https://www.cese.ma/media/2020/11/RA-VF-2019-1.pdf.

[3] 2019 年 7 月 17 日关于组织国家可持续发展委员会的第 2.19.452 号法令,第 5280 号法律公报,http://www.environnement.gov.ma/fr/lois-et-reglementations/textes-juridiques/3468-gouvernance。

29日才在官方公报上公布。这里应该指出的是，自2021年以来，对摩洛哥国家可持续发展战略的评估正在进行中。

重要的是，2019年通过了令人印象深刻的部门可持续发展计划，在21个计划中，有19个获得通过。此外，被国家统计局视为可持续发展杠杆的《模范行政协议》（为了建设生态友好型政府），也是实施和巩固评估的对象。事实上，每个部委都通过了具体的计划，以便在2019—2021年实施示范性协议。其目的是将这些蓝图整合为一个建设模范政府的国家计划。

二 环境监测和监管

环境监测和监管是一项国家任务，涵盖了技术—法律行动，包括核查环境法和这些法律规定的技术标准与要求是否得到遵守等内容。用于执行法律规定的监测工作所采取的形式，主要是根据明确规定的方法进行的定期或突击检查行动。许多重要因素有助于加强控制和监测任务，包括：

——高水平地执行法律和政策框架的要求。

——环境部批准一些授权（如废物和化学产品的进口/出口）。

——根据第12-03号法律，对需要进行环境影响评估的项目发布环境可接受性决定，并实施新的投资项目。

——在环境保护的框架下，启动并落实一些资助项目（FODEP、PNA、NHWP、PER、非政府组织、试点项目）。

——国家对环境治理、可持续发展和气候变化方面的国际规范和标准作出先行承诺。

此外，项目监测行动显著表明，有必要开展环境监测行动并使之系统化，以核实环境法的执行情况以及受益于授权、环境可接受性证书或补贴的各方对承诺的遵守程度。为了加强环境部在预防、检查和环境控制方面的作用，摩洛哥通过了关于环境警察组织和运作程序的第2-14-782号法令。后者的职能囊括了广泛的领域，如预防、控制、检查、调查、犯罪记录和根据法律规定实施制裁等，但所有的监管活动均应在现场或根据民众的要求进行。环境警察与执法部门（国家警察）和司法部合作，确定各种环境犯罪，特别是与空气污染和工业项目实施前的环境影响评估有关的犯罪。环境警察执行的监管任务涵盖了环境受到人为活动影响的地区，此外还有工厂、公司、公共垃圾场以及森林和受污染的水道。

适用的制裁措施清单包括行政措施（尽管与刑事制裁相比，其打击和劝阻力度有限），可能包括正式通知或关闭违规的工业单位，对于危险废物管理不善的经济制裁（最高可达 200 万迪拉姆）。对于重复违法，除了罚款，还可以包括其他处罚，如可能达到一年的监禁。

在这一领域，自 2017 年摩洛哥实施环境警察制度以来，实际上已经有一些违规行为被记录或者制裁。事实上，关于《国家环境与可持续发展宪章》的第 99-12 号框架法在摩洛哥创立了负责在预防、控制和检查方面支持其他部门的环境警察。2015 年，第 2-14-782 号法令规定了环境警察的组织和运作程序。环境警察负责的范围包括第 11-03 号法律规定的与保护和发展环境、实施环评的条件、空气污染和废物有关的问题，但不包括支持生物多样性或保护区。环境部符合资格的成员会收到一张警察证，但其通常的职责被保留，因此环境警察政策并没有被分配额外的资源。环境警察制度让警察们在环境、水、森林和采石场履行职责，每个领域的警察都有自己的职权，并单独工作而无须协同。此外，由于人手不足，全国各地的"绿色警察"覆盖率很低，且其中一半被分配到环境部的 12 个地区代表团，应该说，环境警察显然无法在全国范围内发现违法行为并惩处罪犯。[1]

三 摩洛哥环境治理

环境、可持续发展和气候变化目前是反映了摩洛哥愿景的社会计划的核心，特别体现在 2011 年《宪法》《国家环境与可持续发展宪章》和《国家可持续发展战略》中。这是一项战略选择，反映了该国在这些领域作出的全球和国内目标的承诺，并确认了在 COP-22 会议上发起的马拉喀什呼吁，即通过追求具有可持续和可再生潜力的较少污染部门的发展来实施《巴黎协定》。在此基础上，我们可以宣称，摩洛哥在这些领域非常积极主动，并设法将其置于自身发展议程的核心。这一点从摩洛哥国际承诺的先进水平和国内环境和气候治理的活力中可以看出，而且相关承诺现在得到了坚实的规范和政策框架的支持。此外，国家和非国家行动者比任何

---

[1] http://mapecology.ma/slider/installation-de-police-de-lenvironnement-chasse-aux-pollueurs-lancee/.

时候都更多地被要求执行这些领域的国家规范,坚持在这些领域的战略方向。摩洛哥最近确定的新发展模式正在以一种雄心勃勃的方式确认这些战略选择,并且正在大规模投资于生态和能源转型领域,以实现可持续和有弹性的未来。

尽管取得了这些成就,摩洛哥并没有建立一个高效、透明、负责任和包容性的环境与气候治理系统。

(一) 需要完善环境、可持续性和气候变化领域法律框架

尽管现有的法律框架目标宏大（例如,2011年《宪法》,不计其数的环境法）,结合、采用了跨部门和部门内战略,实施了披露机制,并巩固了体制框架,但这些措施仍然远远不能保证形成一个高效、透明、负责任和包容性的治理系统。事实上,尽管取得了一些可喜的成就,治理系统仍然存在许多影响其绩效的缺陷。其中包括国内法律框架亟待加强,以使之与一些多边协议、2011年《宪法》和《国家环境与可持续发展宪章》框架法更加协调这一问题。鉴于环境和气候变化问题与相关法律的相互作用特性,以及环境与气候相关的法律和政策与人权等其他领域之间的相互联系,需要进行政策整合、衔接和协调,同时现有框架在有效性方面也值得受到质疑,特别是在适当的机构安排方面。

从同样的视角出发,现有法律框架应该加强环境领域的惩罚条款（例如,"环境违法行为"的定义）,解决赔偿/补救方面存在的问题,以避免环境损害以及由于多样性机制——包括水务队、森林队、普通警察部队（市政官、宪兵等）等的同时存在而造成的环境规制无效。

(二) 需要加强治理体系的包容性

诚然,摩洛哥在处理诸多环境问题时采取的参与性方法是可持续发展状态的一部分,在这样的状态下该国希望在实现包容和有效治理的背景下确定潜在的障碍和解决方法。然而,为了推动可持续发展状态走向深入,非国家行动者（非政府组织、企业、科学界、当地居民、公民……）在环境和气候治理中的作用应该得到厘清,并作为一种推动力得到支持。目前,摩洛哥的许多环境非政府组织正越来越多地寻求参与诉讼,以促进环境问题的公正解决。然而,非政府组织诉诸司法或起诉的能力是以获得"公共事业"地位为条件的,这实际上是不常见的。根据联合国欧洲经济

委员会（2021年）的报告，民间社会组织反映说他们面对着无休止的、昂贵的和困难的法律程序，并存在缺乏法律援助和自身能力有限等问题。因此，目前在发生环境破坏或存在环境破坏风险时，民间社会组织大多是利用不同类型的媒体，包括大众媒体，来提醒民众和公共当局。

这种障碍导致一些非政府组织认为，尽管摩洛哥在这方面有现行的宪法规定，但环境民主和环境权并没有被完全确立起来。他们中的一些人甚至呼吁摩洛哥加入1998年联合国欧洲经济委员会的《在环境问题上获得信息、公众参与决策和诉诸法律的公约》（《奥胡斯公约》）。这将符合《地中海可持续发展战略》（MSSD）关于治理的第6号战略方针，其中规定了旗舰倡议6.2.3，即"鼓励通过和实施《奥胡斯公约》"[1]，其目标是到2025年有达到2/3的地中海国家通过和实施该公约。为了实现这一倡议，目前一项为包括摩洛哥在内的南地中海和东地中海国家在内实施的能力建设项目[2]正在推进中。

（三）制定有效的沟通和宣传战略

目前阻碍摩洛哥在环境、气候变化和可持续发展领域形成理想治理体系的挑战不仅与法律和政策框架的改革有关，而且与如何提高公众意识、赋予利益相关者和民众权利（权力），使其了解环境和气候风险及其社会、经济和生态影响有着更大的关系。这一愿景与可持续发展的方法是一致的，其目的是促进资源的可持续和参与性管理，使生产和消费模式现代化，并建立创新的、社会多样化的和地域化的管理模式。事实上，公民和民间社会行动者的合作对于确保摩洛哥环境和气候治理的成功至关重要。然而，要让这种被选中的模式取得成功，有三个前提条件仍然是必不可少的，这三个条件也符合当前摩洛哥的现实情况。

——必须创造一个有利的法律、制度和政策环境，使基层团体能够参与到旨在应对环境和气候挑战以及实现可持续发展目标的行动中。当前在制定和修订与许多环境领域有关的法律、战略和方案时，没有充分考虑这一条件。

---

[1] https：//wedocs.unep.org/bitstream/handle/20.500.11822/27100/19wg456_4_eng.pdf?sequence=1&isAllowed=y.

[2] https：//wedocs.unep.org/bitstream/handle/20.500.11822/27100/19wg456_4_eng.pdf?sequence=1&isAllowed=y.

——地方的国家和非国家行动者需要参与到环境和气候政策的制定中。这个过程的完成在摩洛哥是相对的，因为一些利益相关者（如研究界、非政府组织和媒体）仍然存在能力和资源不足的问题，无法持续性地参与这些领域的地方行动。

——依靠被赋予权利的当地居民是有可能性的，他们能够做的事包括：将自己视为人权的主体；充分理解将在实践中适用于他们自身的可持续发展和善治原则；在环境、可持续性和气候变化领域拥有确定自己的优先事项和决定具体选择的真正权力。如果不与市民社会建立伙伴关系制度架构，提高公民对环境保护重要性的认识，并使他们在环境权利受到侵犯时维护环境权利，就无法实现这一目标。

——环境、可持续发展和适应气候变化的教育应得到越来越多的推动，以提高当代和未来几代人在这些领域的行动能力，并使他们参与到相关的治理体系中去，产生更大的影响。目前，摩洛哥公众的环境意识和参与仍然不足，原因在于：环境教育不足（相关倡议被中断，也缺乏对行动进程的评估）；行为者的能力建设方案不足；与面临的挑战相比，媒体的作用有限；公民和企业的环境友好行为依然偏少。

——环境和气候信息应定期更新，并与相关行动者分享，以便在他们作出决定、行动、行为和参与活动时得到必要提示。但这种信息过去往往是过时的，甚至是不存在的。目前，包括公民在内的民间社会行动者在填补这一空白方面发挥着重要作用（包括监督行动者、传播信息和提出要求），但他们的行动范围在很大程度上仍然取决于现有法律和政策所允许的范围。

——应加强研究人员、专家、从业人员和决策者之间的互动，使决策和政策制定过程有据可依、有科学依据。同样，在环境和气候治理中使用综合知识，将现代科学与地方和传统知识相结合，应该是不可逆转的趋势和所要作出的必然选择。

第十章　荷兰环境法

一　荷兰法概述

荷兰位于欧洲西北部，北面北海，东接德国，南邻比利时，为欧盟成员国之一。总人口1700余万人，国土面积41865平方千米。荷兰是一个君主立宪制国家。作为一个分权的单一制国家，主要的立法和行政权由中央享有。其中，立法权由君主和议会共享，制定正式立法（wetten）。此外，荷兰还存在一些较低层级的立法，最重要的如法规（Algemene Maatregelen van Bestuur）和部门规章（Ministeriele regelingen）。如果按照其内容的性质，国际条约或国际组织的决议具有一般和直接约束力的话，从其批准之日在荷兰具有法律效力。而如果国内法与上述条款冲突，则国内法不具备法律约束力。此外，荷兰还应遵守和实施欧盟法。

行政权由政府行使。中央政府由君主与大臣会议共同组成。值得注意的是，虽然是一个单一制国家，分权对荷兰的国家治理也发挥着重要的作用。这是为了将上级机关的公法权力让与或授权给下级机关，以使权力由尽可能接近公民层级的行政机关来行使。荷兰的分权包括了领土性分权和功能性分权。[①] 领土性分权下，地方机关承担着一般的无限责任，主要涉及的地方机构包括省（provincies）和市（gemeenten）两级机构。除此之外，荷兰还设置有功能性的地方自治机构。该机构仅负责一项或多项特定的任务，其中最为重要和具有特色的是地区水委员会。省、市和水委员会可以制定地方立法（Verordeningen）。

[①] ［荷］Marleen van Rijswick、Herman Havekes：《欧盟与荷兰水法》，徐彤、戴莉萍译，武汉大学出版社2021年版，第147页。

荷兰的法院系统由 11 个地区法院、4 个上诉法院和最高法院组成。地区法院是民事、行政和刑事案件的初审法院。其可以设立派驻地方的分支机构，负责审理雇用、租赁以及涉案金额较小的民事案件和轻微的刑事案件。① 对地区法院判决不服者可上诉至上诉法院，直至最高法院。而行政案件较晚才被纳入可进行司法审查的范围。作为一个大陆法国家，在荷兰并没有司法机关审查立法合宪性或行政行为合法性的空间。② 这也导致在相当长时间内，荷兰不存在行政诉讼制度。直至 1887 年，一些立法才开始允许向上级行政机关或某些专门行政法院请求审查行政决议。1976 年，荷兰立法将审查行政机构行为的权限授予了国务委员会。③ 但 1985 年欧洲人权法院判决认为荷兰对行政争议的救济方式违反了公民获得独立和中立审判的权利。此后荷兰将国务委员会的行政审判职能分离出来，成为一个司法审判机关，即国务委员会行政法委员会（Afdeling Bestuursrechtspraak Raad van State）。④ 但该法院无法胜任日益增多的诉讼案件，产生了建立初审审判系统的必要。同时在实体法方面，早期荷兰行政法规则主要由众多议会法律、法规及判例构成，缺乏规范性和统一性。⑤ 直至 1983 年荷兰修订《宪法》时才提出制定行政法基本规则，以统一复杂零散的实体法以及建立统一的行政诉讼体系。作为基本法的《行政法通则》（*Algemene wet bestuursrecht*）于 1994 年生效，此后全面的行政诉讼系统才建立起来。现在的荷兰行政案件审判体系分为两级：初审案件由地区法院管辖。一般行政案件的上诉由国务委员会行政法委员会管辖；关于社会保障、社会援助和公务员管理的上诉案件由荷兰高等行政法院（Centrale Raad van Beroep）管辖；关于贸易、经济法相关的上诉案件则由贸易与工业上诉法院（College van Beroep voor het bedrijfsleven）管辖。新建立的行政诉讼受案范围较为狭窄，限于《行政法通则》中规定的行政命令。⑥ 若一项活动不属于行政命令的范畴，如具有普遍约束力的规章和政策性规则

---

① https://www.rechtspraak.nl/English/Judicial-system-and-legislation/Pages/District-courts.aspx.

② Jan ten Kate & Peter J. van Koppen, Judicialization of Politics in the Netherlands: Towards a Form of Judicial Review, 15 (2) *International Political Science Review* 143, 145 (1994).

③ Jan ten Kate & Peter J. van Koppen, Judicialization of Politics in the Netherlands: Towards a Form of Judicial Review, 15 (2) *International Political Science Review* 143, 145 (1994).

④ Benthem case, ECHR 23 October, 1985, AB 1986, No. 1.

⑤ 刘东亮：《荷兰行政强制法律制度简介》，《行政法学研究》2002 年第 2 期。

⑥ Algemene wet bestuursrecht, 1: 3 (1).

及与其有关的命令，则原告只能根据侵权行为提起民事诉讼。[1]

二 荷兰环境法立法体系

荷兰环境法的渊源既包括制定法，也包括判例。在制定法层面，首先1983年修订的《宪法》纳入了政府环境保护的职责："政府负有使土地宜居，保护和改善环境的义务。"这意味着政府不仅在污染防治方面，在自然保护、规划和土地利用方面也负有职责。但该规定仅仅是对当时已经广为接受的政府环境保护义务的编纂，未对政府义务的内容或范围给出明确的实质性指导。其具有更多象征性的意义，公民也不能以政府未履行该义务为由提起诉讼。相反，政府可援引该条款论证其在民事诉讼中的起诉资格，以要求污染者承担民事责任。[2]

此外，一些一般立法也对环境问题的规制有着重要的影响，如为行政行为设定一般规范的《行政法通则》；规范民事行为，设定民事责任的《民法典》（Burgerlijk Wetboek），以及设置刑事责任的《刑法典》（Wetboek van Strafrecht）。比较重要的环境保护单行法包括《环境管理法》（Wet milieubeheer）、《环境许可法》（Wet algemene bepalingen omgevingsrecht）、《动植物法》（Flora – en faunawet）、《自然保护法》（Natuurbeschermingswet）、《空间规划法》（Wet ruimtelijke ordening）等。但这些单行法律即将被一部综合性的环境立法取代：《环境与规划法》（Omgevingwet）。这些立法有着很强的行政法特征。另外，案例也深刻地影响着荷兰环境法。虽然不同于判例法国家，荷兰的案例仅对个案本身具有拘束力，但实践中其影响力不可忽视，特别是在法律条款的解释上。[3]

荷兰环境法的发展可分为三个阶段：第一个阶段是1968—1980年，

---

[1] Berthy van den Broek & Liesbeth Enneking, Public Interest Litigation in the Netherlands, A Multidimensional Take on the Promotion of Environmental Interests by Private Parties through the Courts, 10 (3) Utrecht Law Review 77, 79 (2014)；杨伟东：《简析荷兰行政诉讼的起诉条件》，《行政法学研究》1999年第2期。

[2] Michiel A. Heldeweg & Rene J. G. H. Seerden, Environmental Law in the Netherlands, Wolters Kluwer, 28 (2013).

[3] Michiel A. Heldeweg & Rene J. G. H. Seerden, Environmental Law in the Netherlands., Wolters Kluwer, 38-39 (2013).

荷兰开始认识到环境问题的存在,以及早期《妨害法》等法律在应对环境问题上的不足,开启了大气、水等方面的专门立法。第二个阶段是1980—1990年,确立了环境法的基本原则,建立了专门的环境管理机构。第三个阶段从1990年起,环境保护政策和立法开始向综合方向发展。[1] 本章重点介绍20世纪90年代以来荷兰对环境立法的整合工作。

(一)《环境管理法》:污染控制立法的整合

随着20世纪80年代欧洲的经济衰退和公共管理改革的开展,一定程度的放松管制成为必要:早期大量的环境立法,如污染防治领域的《水法》《空气污染法案》《化学废物法》《土壤保护法》《噪声妨碍法》等,自然、资源保护领域的《自然保护法》《动植物法》,以及规划领域的《空间规划法》等交叉重叠,规制事项繁重,既增加了企业负担,也对行政机关的执法带来了困难。以一套更为协调、简单的程序替代过去单行立法带来的问题成为一项重要议题。在这一背景下,荷兰于1993年颁布了《环境管理法》,试图通过对污染防治规范的整合实现各种规制工具的协调。

在放松管制的背景下,政府还获得了通过对特定环境有害行为设定一般规则(crown decrees)而非许可的方式进行规制的授权。只有在缺乏一般规定,设定个性化的标准十分必要的情形下,才涉及许可适用的问题(如欧盟的《工业排放指令》下综合性的许可的适用)。许可体系和一般规则都更注重环境绩效而非对生产过程进行详细的过程控制。为了促进企业进行自我规制,政府与企业的环境协议得到了广泛的适用。[2]

值得注意的是,虽然《环境管理法》具有一定的整合环境立法的特点,但其并非一部真正意义上的环境法典,而是勾勒了荷兰环境规制的基本结构,然后对具体规范逐步完善。其主要章节包括:一般事项、咨询机构、规划、质量标准、环境影响评估、设施、物质与产品、废物、其他行为、监测与注册、许可程序、协调、财政安排、排放权交易、灾害、实施、公开、司法审查等。

---

[1] 汪劲:《荷兰环境法考察报告》,《环境资源法论丛》2004年第4卷。

[2] Rudiger K. W. Wurzel, Anthony R. Zito & Andrew J. Jordan, Environmental Governance in Europe: A Comparative Analysis of New Environmental Policy Instruments, Edward Elgar, 112 – 115 (2013).

（二）环境立法与空间规划立法的整合

除专门的环境立法外，空间规划立法也对环境保护产生着深刻的影响；而且荷兰一直以来也十分注重环境立法与空间规划立法的协调。在寸土寸金的荷兰，人们很早就开始以空间规划的形式管制和促进土地的有效利用。《空间规划法》是荷兰对土地利用进行规划的主要依据。荷兰的空间规划体系分为两类：体系规划（Structuurvisie）和土地利用规划（bestemmingplans）。体系规划是"对于规划区域内空间开发的总体设想，是一种总体的，宏观的规划"①。土地利用规划是"对于特定区域范围内允许的土地用途和开发强度等的计划和安排，它将宏观的规划设想具体到每一块土地之上，对于规划机关及公民都具有约束力，是荷兰空间规划制度的核心"②。2000年以来，荷兰在空间规划日益强调地方分权，从过去自上而下的规划体系向有约束力的平行模式转变。③

空间规划与环境政策有着密切的关系。一方面，环境质量状况和规制政策影响着土地的用途和规划。例如，土壤污染状况决定了特定的土地利用规划是否可行。当土壤和地下水污染物浓度低于居住用地或工业用地使用限值时，该土地才可用于居住或工业开发。④ 另一方面，空间规划也会影响环境规章制度。例如，由于成本收益的考量，很多国家都在确立污染地修复目标的时候，都会参考土地现在和未来的用途。⑤

正因如此，从20世纪七八十年代开始，荷兰就开始着力进行空间规划与环境政策的整合。噪声污染防治就是早期在将分区规划引入环境保护政策的一个范例。不同于初期依赖于噪声排放的技术标准，《噪声防治法》（Noise Abatement Act）于70年代末引入了以区域为基础的噪声防范制度，通过分区及灵活性的排放标准达到保护人体健康，同时促进区域发展

---

① 赵力：《荷兰规划诉讼的要件与审查》，《行政法学研究》2013年第4期。
② 赵力：《荷兰规划诉讼的要件与审查》，《行政法学研究》2013年第4期。
③ 张书海、冯长春、刘长青：《荷兰空间规划体系及其新动向》，《国际城市规划》2014年第5期。
④ Swartjes F. A. and others, State of the Art of Contaminated Site Management in The Netherlands: Policy Framework and Risk Assessment Tools, 427-428 Science of the Total Environment 1, 3 (2012).
⑤ Swartjes F. A. and others, State of the Art of Contaminated Site Management in The Netherlands: Policy Framework and Risk Assessment Tools, 427-428 Science of the Total Environment 1, 3 (2012).

的目的。① 直至最近，环境与规划政策的整合还是通过单行立法，即在环境立法中引入分区规划制度，在规划立法中加入环境考量的方式进行的。比如，空间规划和项目建设主要通过《空间规划法》《住宅法》等立法进行规范，但在立法中要求规划和建设项目考虑环境因素（如以环境、调查许可为先行条件）。污染地规制则主要是通过《土壤保护法》（修复要求）、《环境管理法》（环境许可）进行规范。但在修复目标的设定上，要求考虑土地用途。

2000年和2001年荷兰发生的两项重大事故：Enschede的烟花存储仓库爆炸和Volendam咖啡馆火灾事件。这些事故暴露了环境立法过于宽松、监测不足等问题，从而促使国家开始思考《环境管理法》的修订问题。2001年原住房、规划与环境部提出了法律修改的提案，指出了强化企业的自我规制、促进可持续发展、强化执法、公众参与和司法审查的重要性。而对规划和环境标准进行进一步整合也是其中的一项重要内容。② 在2008年经济危机的背景下，烦琐的建设项目立法和规制对经济发展的阻碍开始凸显，从而产生了进一步整合法律、简化程序的需求。

2010年开始实施的《环境许可法》为空间规划与环境立法的进一步整合奠定了基础。过去，一项设施的运行可能涉及多项许可：在土地上进行有环境影响的建设项目，建设方应根据《住房法》获得建筑许可，③ 并根据《环境管理法》取得环境许可④。为简化这一程序，自2010年《环境许可法》生效开始，不同种类的环境许可和建筑许可被整合为一个许可。⑤ 市级政府是《环境许可法》下许可的主要授予机关。仅在法规明确规定的情况下，省级政府和基础建设与环境部才可进行许可的发放。⑥

（三）《环境与规划法》

在上述探索的基础上，荷兰于2011年开启了一项富于雄心的环境立

---

① Weber M. & Driessen P. P. J., Environmental Policy Integration: the Role of Policy Windows in the Integration of Noise and Spatial Planning, 28 Environment & Planning C: Government and Policy 1120 (2010).

② Report Met recht verantwoordelijk, Parliamentary documents Ⅱ 2000/01, 27664, no. 2.

③ Woningwet, Artikel 44.

④ Wet milieubeheer, Hoofdstuk 8.

⑤ Wet algemene bepalingen omgevingsrecht, 2: 1.

⑥ Michiel A. Heldeweg & Rene J. G. H. Seerden, Environmental Law in the Netherlands., Wolters Kluwer, 74 (2013). Wet algemene bepalingen omgevingsrecht, Artikel 2: 4.

法整合工作，计划以一项综合性的《环境与规划法》（Omgevingwet）取代至少26部现行的环境与规划领域的单行法律，包括《环境管理法》《土壤保护法》《空间规划法》等。该法将以统一环境规划取代现行多样化的规划体系。同时，在建设项目的许可上，新的环境立法将进一步统合现行许可体系，以一站式的方式为公民和企业提供许可服务。①

《环境与规划法》适用范围广泛，包括了物理环境和影响或可能影响物理环境的活动。物理环境包括建筑、基础设施、水系统、土壤、空气、景观、自然环境、文化遗产和世界遗产等各个方面。②但与之前的《环境管理法》类似，《环境与规划法》并不是一部完备的环境法典，而是对涉及场址相关的重要的环境与规划立法进行的共性总结和框架勾勒，包含了行政机关的职责、标准制定、规划、一般性规则、决策程序、特别情形、监测与实施等各个方面。为了保持开放性，部分章节留白用于未来的补充。现行《环境与规划法》分为23章，其中8章留白。现有章节包含了总则、行政机关的职责、环境愿景和项目规划、关于物理环境中活动的一般规则、环境许可和项目决策、责任与义务、土地开发、财务规定、程序、咨询委员会和顾问、执法与实施、特殊情况下的权利与义务、监测与信息、其他与最终的批准等。

《环境与规划法》将可持续发展作为其核心目标。该法第1.3条明确，该法致力于实现两项互相关联的目标："由于自然界的内在价值，实现和维持安全与健康的物理环境及良好的环境质量；以及有效的管理、使用和开发物理环境以满足社会需求。"为实现这一目标，该法提供了六项基本工具：包含对环境质量特征的描述、拟进行的开发行为的特点和有关物理环境综合政策的环境愿景，包含为实现环境目标采取的规划和措施的项目计划，地方性法规，一般性政府文件、环境许可、具体项目决议等。③

---

① https://www.government.nl/topics/spatial-planning-and-infrastructure/contents/revision-of-environment-planning-laws.

② 张书海、李丁玲：《荷兰环境与规划法对我国规划法律重构的启示》，《国际城市规划》2020年，https://kns.cnki.net/kcms/detail/11.5583.TU.20200120.1213.002.html。

③ Translation of the Environmental and Planning Act, Explanatory memorandum, available at: https://www.government.nl/topics/spatial-planning-and-infrastructure/documents/reports/2017/02/28/environment-and-planning-act-%E2%80%93-explanatory-memorandum.

由于《环境与规划法》具有框架立法的特征，其仅为行政机关和规制对象提供了基本的行为方向，很多具体的实体和程序规范仍需要法规和部门规章予以完善。正是因为需要相关规范赋予《环境与规划法》以可实施性，自 2016 年该法通过以来，其生效日期一再拖延。目前荷兰政府已经制定了 4 项法规以取代过去规划和环境方面的约 120 项法规，包括一项同时适用于行政机关、个人和企业的环境程序法规，一项适用于行政机关的实体性法规和两项适用于具体活动的法规。[1]

三 荷兰环境执法

(一) 环境管理体制

1. 早期荷兰环境管理体制

1982 年，荷兰将环境事务纳入原来的住房与空间规划部门，形成了住房、土地利用规划和环境保护部这一最早的专门环境管理部门。随着环保运动浪潮的兴起，环境保护在荷兰的重要性日益显现。尽管 20 世纪 80 年代随着政府放权和自我规制的兴起，政府部门的人员呈现精减趋势，但从事环保的行政人员仍在增加。1989 年荷兰第一项国家环境政策计划的发布也改变了环保在住房、土地利用规划和环境保护部中的弱势地位。该部门的建立体现了荷兰环境政策与规划政策的融合趋势，为 1993 年《环境管理法》的出台奠定了基础。

值得注意的是，虽然过去的住房、土地利用规划和环境保护部本身是一个综合性的管理部门，部分环境事项并不在其管理范围内。如自然资源主要由农业、自然保护与渔业部负责，包括对自然和野生生物、肥料、杀虫剂、粮食、户外娱乐、风景区、森林的管理等。交通和水的管理则由成立于 1947 年的交通与水务部（Ministerie van Verkeer en Waterstaat）负责。其管理着交通和水方面的政策制定，地表水、北海、噪声事项、饮用水的储备与运输等。[2] 这其中水管理部门在荷兰环境管理中发挥着尤为重要的作用。由于荷兰水系丰富，同时地势低，超过一半地区都受到海洋和河流

---

[1] Translation of the Environmental and Planning Act, Explanatory memorandum, available at: https://www.government.nl/topics/spatial-planning-and-infrastructure/documents/reports/2017/02/28/environment-and-planning-act-%E2%80%93-explanatory-memorandum.

[2] 汪劲：《荷兰环境法考察报告》，《环境资源法论丛》2004 年第 4 卷。

的洪水威胁。同时由于人口密度大，对水的需求高且污水排放量大，如何有效地进行水资源管理是荷兰面临的一项重要课题。为了进行水资源管理，荷兰成立了中央和地方的水务管理机构。荷兰《宪法》明晰了水务局在荷兰行政组织体系中的地位。其第133条规定："区域水务局主管机构所享有的，包含制定部门规章的权力，以及公众参加水务局会议的权利，应由议会立法规定。省政府和其他机关对水务局主管机构所享有的监督权，应由议会立法规定，只有在违反法律或公共利益的情况下，水务局主管机构所做出的决定才可以被撤销。"① 根据《宪法》的要求，议会于1992年制定了《水务局法》，更进一步明确了水务局的职责和运行方式。水务局的职能广泛，涵盖了防洪、水量管理、麝鼠和河狸鼠的控制、水质管理、地下水管理、内陆水道、污水管理、饮用水供应等多个方面。② 水务管理部门分为国家和区域两级。地方水务局独立于省、市政府，具有独立的资金筹集方式。其管辖范围是根据水管理需求划定的，与省和市政府的行政边界并不一致。目前的25个地方水务局中，一半以上都是跨省管辖的。

2. 现行荷兰环境管理体制

为了进一步整合环境规制立法、统一重要的规制程序，2010年，荷兰将原住房、土地利用规划和环境保护部中的空间与环境管理部门与原交通与水务部进行了合并，成立了基础设施与环境保护部（Ministeries van Infrastructuur en Milieu），后又于2017年更名为基础设施与水管理部（Ministerie van Infrastructuur en Waterstaat），从而形成了一个管辖更为广泛的综合性管理部门。该机构的权限涵盖了环境、交通、水管理和空间规划等各个方面，③ 可提出立法或修订立法的提案，亦可在其职权范围内启动法规（Crown Decree）或部门规章（Ministeral Decision）的制定程序。④ 原住房、土地利用规划和环境保护部中的住房管理职责则被剥离

---

① 转引自［荷］Marleen van Rijswick、Herman Havekes：《欧盟与荷兰水法》，徐彤、戴莉萍译，武汉大学出版社2021年版，第143页。

② 转引自［荷］Marleen van Rijswick、Herman Havekes：《欧盟与荷兰水法》，徐彤、戴莉萍译，武汉大学出版社2021年版，第155—159页。

③ https://www.rijksoverheid.nl/ministeries/ministerie-van-infrastructuur-en-waterstaat/organisatie-ienw.

④ Michiel A. Heldeweg & Rene J. G. H. Seerden, Environmental Law in the Netherlands., Wolters Kluwer, 37 (2013).

出来，并入了内政部（Ministerie van Binnenlandse Zaken en Koninkrijksrelaties）；能源和排放权交易管理职能并入了经济、农业与创新部（Ministeries van Economische Zaken，Landbouw en Innovatie）。①

基础设施与水管理部包含了多个内设机构。环境与国际事务部门负责维护清洁、健康和可持续的环境、循环经济、空气质量、环境安全和风险防范，以及对其政策的涉外事项进行协调。航空与海事部门负责航空和海事政策的制定。交通部门负责道路安全、公共交通与铁路、自行车交通等事务。水域土壤部门负责水政策和安全、气候适应、水工程、水和土壤等事项。此外，基础设施与水管理部还下设环境与交通检查专员、荷兰环境评估局等机构等。检查专员负责安全、环境、交通、基础建设、住房等方面的执法检查。荷兰环境评估机构则是环境、自然和空间方面的研究和政策分析机构。其不仅对环境状况进行监测和研究，还承担着政策评估，研究可能造成环境影响的社会发展，识别和提出重要的环境议程及应对方案等职责。②

在自然资源的管理方面，由于资源开发利用与经济事务密切相关，资源管理与经济事务部经历了多次分合。目前资源和自然保护事项由农业、自然与食品质量部（Ministerie van Landbouw，Natuur en Voedselkwaliteit）负责，而气候变化则因与经济发展的密切关系，由经济事务与气候部（Ministerie van Economische Zaken and Klimaat）负责。

荷兰的环境管理体制也为其融合式的环境立法，尤其是污染防治政策之间，及其与规划、许可政策的整合提供了基础。在中央层面，荷兰环境保护和空间规划的主管机关为同一个机构：基础设施与水务部。对分权的强化使得地方政府在规划和环境事务方面都发挥了重要作用。

就规划而言，荷兰的规划体系包括体系规划和土地利用规划。三级政府都应依法编制该行政区域的体系规划。该规划仅对编制机关本身具有约束力，而对下级政府或行政相对人无法律约束力。③ 市级政府有编制土地利用规划的职责。而省和国家仅在规划涉及省或国家利益的场合，取代市级政府进行特定区域的土地利用规划。此类规划又称"强制土地利用规

---

① 后又进一步调整为经济事务与气候部。
② https://www.pbl.nl/over-het-pbl。
③ ［荷］格特·德罗：《从控制性规划到共同管理：以荷兰的环境规划为例》，叶齐茂、倪晓晖译，中国建筑工业出版社 2012 年版，第 85 页。

划"。① 但在实践中，政府间的分歧往往以协商的方式解决，故而强制性土地利用规划极少使用。② 此外"土地利用规划担负着将体系规划转化为具体的用地安排、为土地开发活动以及政府的管理活动提供直接指引的职责"。③ 具体建设项目的许可需根据土地利用规划做出。仅在项目不符合规划的情况下，政府才有权拒绝授予许可。④ 故而市级土地利用规划是荷兰空间规划体系的核心。

同时，自20世纪80年代以来，地方地方政府获得了更多的环境执法权。比如，污染地修复由早期的中央政府主导转变为中央和地方各级政府合作的模式。省和较大的市（共41个地方机构）获得了独立的财政预算以进行污染修复；地方政府也可根据地方的实际情况制定合适的地方修复标准。⑤ 同时，市级政府也是环境许可的主要颁发机构。市级政府在土地利用规划、环境规制、环境许可的发放等过程中的重要作用有利于空间规划政策与环境政策的融合，也使得实践中各环节的衔接更为便利。

(二) 环境执法

环境法的实施离不开行政机关的执法活动。《行政法通则》(1994) 明确了行政执法的基本规范，规定了行政处罚的基本制度，包括违法行为的界定、行政处罚的种类、原则、修复性和制裁性处罚的基本规则等。另外，《环境许可法》《环境管理法》《空间规划法》《动植物法》《自然保护法》等环境单行法则确立了各自领域环境行政执法的具体规则。

《行政法通则》第五章对行政监督检查的一般规则进行了规范。行政机关执法中的主要权限包括：要求相对人提供信息、获取文件材料、进入现场检查、搜查交通工具和其他财产等。部分立法还赋予了执法者更为广泛的权限。如《环境许可法》第5.13条规定在进行有害废物执法时，执法者可以在未获得住宅权利人同意的情形下进入搜查。

---

① Wet algemene bepalingen omgevingsrecht, Artikel 3: 36 (28).
② 赵力：《荷兰规划诉讼的要件与审查》，《行政法学研究》2013年第4期。
③ 赵力：《荷兰规划诉讼的要件与审查》，《行政法学研究》2013年第4期。
④ Wet algemene bepalingen omgevingsrecht, Artikel 3: 1 (6).
⑤ Pérez A. P. and others, "Remediated Sites and Brownfields: Success Stories in Europe", A Report of the European Information and Observation Network's National Reference Center for Soil, 43 (European Union 2015).

《行政法通则》规定了多种执法手段，包括责令改正命令（last onder bestuursdwang）、行政处罚命令（last onder dwangsom）、特许权的撤销（intrekking van een begunstigende bechikking）、行政罚款（bestuurlijke boete）等。总的来说，这些执法手段更强调对被违反的法秩序的修复而非对违法者的制裁。

《行政法通则》第5.21条规定，执法者可命令相对人全部或部分地改正其违法行为；在相对人未能按时改正时，执法者可代为履行，并向相对人就相关费用索赔。当存在着急切的违法威胁时，执法者可做出责令改正的命令，以预防违法行为的发生。[1] 在紧迫的情况下，执法者甚至可以在通知相对人停止违法行为前执行责令改正的命令，但应在执行后尽快通知。[2]

行政处罚命令的目的在于迫使相对人更正违法行为遵守法律。如果违法者未依据行政命令停止违法行为，就要支付一定金额的罚款。[3] 在行政处罚命令中，执法者可以设定一个宽恕期，期间内若违法者更正其违法行为，则可免于处罚。该措施的引入主要是基于责任改正命令的重要缺陷：虽然在违法者不主动执行责任改正命令的情形下，行政机关还可以代为履行；但这些措施效果有限：代为履行往往涉及复杂的拆除违法建筑、清除违法存储的物质，停止违法行为等，不但耗时耗力，也可能导致工厂的关闭等与违法行为不对称的负担。另外，代履行费用的求偿也需要大量的时间和金钱投入。而行政处罚命令对于需要迅速介入而不太重大的违法行为有很好地促进改正的效果。

行政处罚命令不同于行政罚款。后者主要目的不是终止违法行为，而在于惩罚违法者，直接对之课以经济上的不利益。行政罚款可与责令改正或行政处罚命令等修复性措施并用。《行政法通则》第5章确定了行政罚款的基本规则。但值得注意的是，环境法领域中行政罚款的适用并不普遍。作为一项重要环境行政法律的《环境许可法》并未规定行政罚款；仅个别法律中的特别条款有做出相关授权。如原《环境管理法》下违反该法关于排污配额和排放权交易规定的行为和《市政法》下违法转移家

---

[1] Algemene wet bestuursrecht, Artikel 5: 7.
[2] Algemene wet bestuursrecht, Artikel 5: 31.
[3] Algemene wet bestuursrecht, Artikel 5: 31d.

庭或其他废物的行为可能导致行政罚款的适用。①

特许权的撤销则适用于相对人之前获得了许可、补贴等行政利益，但从事了相关违法行为的情形。该措施在不同的语境下可能具有修复和处罚的不同含义。如果撤销的目的不在于直接停止违法行为或状态，而是对相对人课以不利益，则惩罚占据主导因素，如无证从事行为时利益的撤销。相反，对于违反许可设定条件的行为，撤回许可则重在修复被违法的秩序，停止违法行为。这一区分的意义在于，《欧洲人权公约》第6条为行政处罚的适用设定了额外的限制；《行政法通则》也规定了惩罚性措施的适用必须尊重并告知相对人的沉默权。②

上述执法措施既可以由执法机关依职权启动，也可以依第三人的检举启动。如果检举的第三人认为行政机关未能采取有效措施，可以提出正式的制裁请求。而行政机关对于该请求的反应可受行政或司法审查。同样地，执法措施的相对人也可对该措施提出行政或司法审查的请求。值得注意的是，荷兰的司法审查严格区分了法律行为和事实行为。③ 对于法律行为，由行政法院管辖；而对于事实行为的合法性，及其导致损害的赔偿，则由民事法庭管辖。

由于行政机关往往享有执法裁量权，在发生可制裁行为的情形下，基于利益衡量，其常常采用容忍违法行为的做法。但近来，这一过去常见的做法受到了批评。判例法逐步将容忍违法行为的做法限制在十分有限的范围内。这也就意味着采取正式的执法措施成为一般选项，而容忍的情形仅限于如下情形：在短期内有合法化的清晰预期或存在不可抗力的情况，即执法事实不能或会导致更糟的环境退化。④ 但上述原则的适用也应充分考虑第三方的利益。如果利益被侵犯的第三方提出了抗议，行政机关则应行使行政职权而非容忍该违法行为。即使行政机关做出容忍的决定，也应做出明确的行政行为，并载明容忍的条件和期间。此外，受限于行政资源的稀缺性，有时候行政机关不得不在多项行政任务中做出不同优先级别的安排。这一排序是可接受的，但是如果第三方提出了正式请求，行政机关就

---

① Wet milieubeheer, Artikel 18.16a; Gemeentewet, Artikel 15: 4b.
② Algemene wet bestuursrecht, Artikel 5: 10a.
③ 例如，责令改正命令本身是一项法律行为；而行政机关代为实际履行的行为则是一项事实行为。
④ 如关闭废物处置场会导致无法收集家庭废物。

四 荷兰环境司法

（一）民事法律责任

1. 对人身和财产损害的救济

环境侵权的基本规则主要是由荷兰《民法典》确定的。荷兰《民法典》第6编第162条规定了侵权责任的构成要件："行为人对他人实施可归责于自己的侵权行为的，有义务赔偿他人因此受到的损害。"[2] 具体来讲，构成要件包括行为的违法性，侵犯利益为民法保护的利益且违法行为是针对受害人的违法，可归责性，损害，因果关系。[3]《民法典》进一步界定了这些要件的含义。三种行为可构成第162条第1款下的"侵权行为"：侵害权利，违反法定义务或者社会交往所需的不成文法的作为或不作为。[4] 对于他人人格或财产性权利等主观权利的侵犯本身即可被认为具备违法性。随着环境规制的迅速发展，违反法定义务的作为或不作为在环境侵权中占据日益重要的地位。但该要件的认定须受到相关性原则的约束，即损害与该违法性之间应当存在密切和特定的联系。《民法典》第163条规定："被违反的规则的目的并非防止受害人受到此种损害的，不产生损害赔偿义务。"这意味着法官在庭审中必须区分被违反的法律条款是旨在保护受损的特别利益，还是仅为一般性的环境利益。此外，违反不成文法或对他人的注意义务的行为也可能构成非法性。此类非法性的认定同样受到相关性原则的限制。[5]

可归责性的认定，可依据行为人的过错，或者存在"根据法律或社

---

① Michiel A. Heldeweg & Rene J. G. H. Seerden, Environmental Law in the Netherlands., Wolters Kluwer, 198-199 (2013).

② Burgelijk Wetboek, Artikel 6: 162 (1).

③ Gerrit Betlem, Civil Liability for Transfrontier Pollution: Dutch Environmental Tort Law in International Cases in the Light of Community Law (Springer 1993) 292.

④ Burgelijk Wetboek, Artikel 6: 162 (2).

⑤ Michiel A. Heldeweg & Rene J. G. H. Seerden, Environmental Law in the Netherlands., Wolters Kluwer, 205 (2013).

会观念应当由其负责的事由"。① 由此可见，除法律有特殊规定或社会观念所需外，一般侵权行为是建立在过错责任的基础上的。值得注意的是，1995 年《民法典》修订案引入了一系列特别的严格责任条款。例如，第 175 条对在职业或经营活动中使用或存储危险物质的行为，第 176 条对垃圾处置场所的经营行为设立了严格责任。

损害是侵权责任的另一构成要件。损害必须是因侵权行为所致的个人损害，而非对于一般利益的损害，如总体环境质量的下降。荷兰民法对可赔偿的损害进行了界定，包括物质损失和其他法律界定可赔偿的损失。② 对于非物质损失，一方面需要法律的规定，另一方面，荷兰《民法典》将可赔偿的范围限于：责任人故意导致的损害；受害人受到物理伤害、名誉损失或其他人身方面的损害；近亲属对死者记忆的伤害。③

由于多因一果的存在，因果关系的认定往往是建立环境侵权责任的一项难题。对于共同侵权，《民法典》确立了连带责任。④ 在部分领域，如因果关系认定尤为困难的大气污染领域，荷兰曾建立了公共基金，用于对难以确定因果关系的多污染源导致的损害进行赔偿。但该条款已于 2005 年被废止。⑤

此外，《民法典》对于普通侵权行为适用五年诉讼时效（从受害者知道损害和施害者时起算），且从损害行为发生起不超过 20 年。但对于环境损害适用 30 年的最长诉讼时效。⑥

在救济方面，《民法典》第 6 编第 162 条下责任的承担方式为损害赔偿，且以金钱赔偿为原则，恢复原状为例外。⑦ 如需寻求禁令形式（禁止被告从事特定行为或强令其从事特定行为）的救济，荷兰法确定了不同的构成要件。《民法典》第 3 编第 296 条为禁令的救济提供了法律基础：除非法律、义务的性质或法律行为有不同的要求，法官应当应权利人的要求，命令对之负有义务的当事人为或不为特定行为。该条所规定义务既包

---

① Burgelijk Wetboek, Artikel 6: 162 (3).
② Burgelijk Wetboek, Artikel 6: 95.
③ Burgelijk Wetboek, Artikel 6: 106.
④ Burgelijk Wetboek, Artikel 6: 166.
⑤ Michiel A. Heldeweg & Rene J. G. H. Seerden, Environmental Law in the Netherlands., Wolters Kluwer, 205, 208 (2013).
⑥ Burgelijk Wetboek, Artikel 3: 310 (1) (2).
⑦ Burgelijk Wetboek, Artikel 6: 103.

含成文法规定的义务，也包含不成文法下的义务。不同于《民法典》第 6 编第 162 条下的侵权责任，禁令责任的构成不以损害和可归责性为要件，只需满足行为的违法性、违法性针对原告（相关性原则）、影响的利益属于民法保护范畴且原告对禁令本身享有足够利益即可。① 其中，相关性与实质利益的要求具有交叉性：相关性原则的定义本身也就暗含着原告对禁令本身享有足够利益。禁令既可被用于要求停止存续的侵权行为，也可被用于有严重的侵权威胁的场合。②

在以禁令为请求权基础的案件中，利益衡量占有更重要的地位。荷兰最高法院（Hoge Raad）在判例中指出，一般情况下，一旦违法性等要件满足，就应该课以禁令的救济。③ 但在紧急审理程序（kord geding proceeding）中，法院可基于对双方的利益衡量而拒绝禁令的适用。这主要是因为该程序是针对紧急情况，采取的临时性的必要的救济。④ 在普通程序中，《民法典》第 6 编第 168 条则将利益衡量规定为禁令适用的例外条件。该条规定，如果基于重要的社会利益，一行为应当被容忍，则法官可以拒绝课以禁令。但受害者有权要求赔偿。如果侵权人未能给予赔偿，法官则可恢复禁令的适用。在此条款之下，法官有决定是否拒绝禁令救济的裁量权。

2. 对生态损害的救济

(1)《民法典》框架下的环境民事公益诉讼

荷兰对于民事公益诉讼持比较开放的态度。其原告起诉资格不以主体享有"主观权利"为要件，而具有"足够利益"即可。⑤ 这实际上包含了两个方面的要求：该利益是否为民法保护的利益，谁可以提起诉讼。⑥ 大陆法传统对公私法有着严格的分野，私法处理具体私益保护的问

---

① Gerrit Betlem, Civil Liability for Transfrontier Pollution: Dutch Environmental Tort Law in International Cases in the Light of Community Law (Springer 1993) 487.
② HR 4 March 1938, NJ 1938, 948 PS (AVRO/BUMA).
③ Claas case. HR 28 June 1985, NJ 1986, 356 MS.
④ Gerrit Betlem, Civil Liability for Transfrontier Pollution: Dutch Environmental Tort Law in International Cases in the Light of Community Law (Springer 1993) 490.
⑤ C. H. van Rhee, Locus standi in Dutch Civil Litigation in Comparative Perspective, in: T. Erecinski, V. Nekrosius & et al. (eds.), *Recent Trends in Economy and Efficiency in Civil Procedure*, Vilnius: Vilnius University Press, 2013, pp. 243-266.
⑥ Gerrit Betlem, Civil Liability for Transfrontier Pollution: Dutch Environmental Tort Law in International Cases in the Light of Community Law (Springer 1993) 306.

题，而涉及一般、分散性利益的事项则由公法规范。[1] 分散性损害的大量出现使得学者意识到司法在解决结构性问题方面的无力，并认为坚持公私法的严格区分已经过时，无法保护分散利益。[2] 1986年De Nieuwe Meer案承认环境利益属于民法保护利益的范畴，且社会组织提起诉讼是一种合适的合并分散利益的方式，从而解决了环境侵害的可司法性问题。[3] 但Nieuwe Meer案未回答环保组织提起诉讼是处置自己的利益还是代表公众保护环境。[4] 此后的Borcea、BencKiser判决则将环境利益视为环保组织和公共机构自身利益，为环境公益诉讼中主体资格的认定扫清了障碍。[5]

判例的发展也影响了法律文本的更新。[6] 1994年荷兰修订了《民法典》，将代表集体利益提起诉讼的资格授权了具有法人资格的基金会、协会和公法人。这类集体诉讼保护的利益必须是具有相似性质的群体性利益。其中社会组织提起诉讼时，该诉讼保护的利益必须与组织章程中描述的保护目的相符。[7] 集体成员被默认受此团体诉讼的约束，除非其明确表明退出该诉讼。[8] 此类诉讼只能提出宣示性请求或禁令请求，而不可代表其成员提出损害赔偿的要求。在集体诉讼做出宣示性判决后，受损的个人可以依据此判决和个人损害的情形，再提出损害赔偿的请求。[9] 此外，受欧盟法的影响，荷兰《民法典》中还有一些针对消费者保护的特别条款。[10] 除诉讼机制外，荷兰还建立了一些替代性地救济集体利益的方

---

[1] Gerrit Betlem, Standing for Ecosystems: Going Dutch, 54 (1) Cambridge Law Journal 153, 154 (1995).

[2] Gerrit Betlem, Civil Liability for Transfrontier Pollution: Dutch Environmental Tort Law in International Cases in the Light of Community Law (Springer 1993) 307.

[3] Gerrit Betlem, Civil Liability for Transfrontier Pollution: Dutch Environmental Tort Law in International Cases in the Light of Community Law (Springer 1993) 307.

[4] Gerrit Betlem, Civil Liability for Transfrontier Pollution: Dutch Environmental Tort Law in International Cases in the Light of Community Law (Springer 1993) 322.

[5] Gerrit Betlem, Civil Liability for Transfrontier Pollution: Dutch Environmental Tort Law in International Cases in the Light of Community Law (Springer 1993) 338, 503.

[6] Hanna Tolsma, Kars de Graaf & Jan Jans, The Rise and Fall of Access to Justice in the Netherlands, 21 Journal of Environmental Law 309, 313 (2009).

[7] Burgerlijk wetboek, Artikel 3: 305a, b.

[8] Burgerlijk wetboek, Artikel 3: 305a (4).

[9] C. H. van Rhee, Locusstandi in Dutch Civil Litigation in Comparative Perspective, in: T. Erecinski, V. Nekrosius & et al. (eds.), Recent Trends in Economy and Efficiency in Civil Procedure, Vilnius: Vilnius University Press, 2013, pp. 243-266.

[10] Burgerlijk wetboek, Artikel 3: 305c-d.

式，如通过法院认可侵权行为人与代表集体利益的社会组织签署的和解协议的效力，① 以及用于特别目的的赔偿工具（special purpose vehicle）。② 由于《民法典》下的集体诉讼不允许提出损害赔偿的请求，使得消费者保护的有效性受到削弱。在欧盟立法的推进下，2011年荷兰议会提出了扩张《民法典》集体诉讼适用的议案。2014年荷兰安全与司法部公布了第一版立法草案，咨询公众意见。修改后的草案于2016年提交议会审议，并于2018年再度修正。③

在荷兰法中，社会组织和公共机构同时承担着为集体利益和公共利益代言的功能。前者以《民法典》的授权为依据，后者则由一系列案例发展而来。④ 在社会组织和公共机构为集体利益提起诉讼中，保护的利益可以被个人化，故成员可以选择退出该诉讼，从而不受判决约束。而公共利益诉讼中保护的利益具有一般性，涉及全体社会成员而无法个人化。⑤ 由于不存在个人化的利益，也就不存在退出问题。

除起诉资格外，《民法典》还为环境民事公益诉讼提供了请求权基础。环保组织和公共机构可以依据《民法典》第6编第162条请求损害赔偿。但可赔偿范围以物质损失和法律规定的非物质损失为限。荷兰《民法典》将可赔偿的非物质损失范围限于：责任人故意导致的损害；受害人受到物理伤害、名誉损失或其他人身方面的损害；近亲属对死者记忆的伤害。⑥ 这也就意味着，作为非物质损害的生态损害能得到救济的范围有限。预防和修复措施的费用，评估费用和争端解决费用可纳入物质损害的范畴。⑦ 即当公共机构或环保组织采取了预防和修复措施时，可就其费

---

① C. H. van Rhee, Locusstandi in Dutch Civil Litigation in Comparative Perspective, in: T. Erecinski, V. Nekrosius & et al. (eds.), *Recent Trends in Economy and Efficiency in Civil Procedure*, Vilnius: Vilnius University Press, 2013, pp. 243-266.

② Eva Lein et al., State of Collective Redress in the EU in the Context of the Implementation of the Comission Recommondation, Just/2016/JCOO/FW/CIVI/0099, November 2017, p. 598.

③ Eva Lein et al., State of Collective Redress in the EU in the Context of the Implementation of the Comission Recommondation, Just/2016/JCOO/FW/CIVI/0099, November 2017, p. 598.

④ Mariolina Eliantonio, Standing up for Your Right (s) in Europe: A Comparative Study on Legal Standing (Locus Standi) before the EU and Member States'Courts, Study for European Parliament's Committee on Legal Affairs, 59 (2012).

⑤ Berthy van den Broek & Liesbeth Enneking, Public Interest Litigation in the Netherlands, A Multidimensional Take on the Promotion of Environmental Interests by Private Parties through the Courts, 10 (3) Utrecht Law Review 77, 83 (2014).

⑥ Burgelijk Wetboek, Artikel 6: 106.

⑦ Burgelijk Wetboek, Artikel 6: 96.

用向责任人求偿。但这一类措施也需受到合理性测试的限制。[1] 除此之外的生态损害很难纳入可赔偿的非物质损失范畴。

在满足构成要件的情况下，环保组织和公共机构还可以提出禁令的请求。但是，禁令本身不是对既有损害的恢复和补偿，而是要求被告为或不为一定行为的要求，通常涉及停止排放，采取减排措施等。[2] 在一定情况下，禁令也可能与恢复原状有所交叉。如废物的非法处置可能对公众健康造成威胁，此时要求其清除废物是一种禁令，但也涉及对污染土地的修复。[3] 尽管如此，禁令与对生态修复还是有着较大的区别，意在解除紧迫的威胁，防止损害的发生、持续或扩大，而非使受损的利益得到全面的恢复，故而不能对生态损害提供完整的救济。此外，公共机构寻求禁令救济不可以对公法的实施造成妨碍。[4] 换言之，当公法尚未对某种行为进行规范的时候，侵权责任法为其损害救济提供了一种途径。但若公共机构在公法下有权通过行政行为达成类似效果，则不可援引侵权法下的禁令寻求救济。

（2）环境法下对生态损害的救济

《民法典》虽然对环境民事公益诉讼持开放态度，但其对于生态损害能给予的救济是有限的。除了《民法典》之外，一些环境单行法也为生态损害的救济提供了空间。

较早允许对生态损害救济的领域体现在土壤污染责任中。受 Lekkerker 污染事故的影响，土壤污染自 20 世纪 80 年代起在荷兰受到广

---

[1] Gerrit Betlem, Civil Liability for Transfrontier Pollution: Dutch Environmental Tort Law in International Cases in the Light of Community Law (Springer 1993) 498.

[2] Gerrit Betlem, Civil Liability for Transfrontier Pollution: Dutch Environmental Tort Law in International Cases in the Light of Community Law (Springer 1993) 485.

[3] Gerrit Betlem, Civil Liability for Transfrontier Pollution: Dutch Environmental Tort Law in International Cases in the Light of Community Law (Springer 1993) 491.

[4] 这一原则是在判例中建立的。在 Benckiser 案中，德国柠檬酸生产商 Benckiser 与一家荷兰企业签订合同，由后者处理其生产中产生的有毒废物。合同以显著低于市场处理价的价格签订，且后者根本没有处理工厂，而是将废物存储在荷兰几处他人土地上，产生了严重的健康威胁。政府与几个私主体随后起诉了这两家公司，要求它们清除污染。一审支持了私主体的请求，但驳回了政府的诉讼请求，认为其可援引《化学废物法》中的相关条款通过行政命令要求废物进口者采取措施。但最高法院认为，公法下的相关条款仅可适用于住所地为荷兰的公司，而无法要求德国公司 Benckiser 采取措施。故而本案中依据侵权法的请求不会对公法的适用构成不当妨碍。Gerrit Betlem, Civil Liability for Transfrontier Pollution: Dutch Environmental Tort Law in International Cases in the Light of Community Law (Springer 1993) 334.

泛关注。① 荷兰当时还未制定土壤污染相关立法，主要的处理路径为政府修复，然后依《民法典》向污染者求偿修复费用。② 根据《民法典》，一般情况下，污染者承担过错责任。但在满足《民法典》第175、第176条时，政府可依严格责任求偿。1985年，荷兰颁布了《土壤保护法》，对污染者课以预防污染和修复污染地的义务：在土壤上从事特定行为者，若其明知或能合理怀疑其行为有污染土地之可能，有义务采取合理措施预防土壤受到污染或损害；当污染或损害已经发生时，应采取修复措施限制或消除污染、损害或其直接后果。③ 此外，污染者有义务通知主管部门污染的存在及其打算采取的措施。④ 主管部门确定场地是否受到严重污染，如果是，则应采取相应的清理和修复措施；亦可命令污染者停止污染行为，允许第三方进入其财产以进行场址调查等。⑤ 主管机关也可以命令污染者采取修复措施并批准其修复计划。⑥ 主管机关还可命令污染者或污染地/结果发生地的所有者或长期承租者进行场址评估和采取修复措施。⑦ 在政府不能依据以上条款要求污染者和土地所有者、长期承租者承担责任的场合，由政府负责污染场地的调查评估和修复。⑧

以上可见，污染场地的评估和修复可由两类主体进行：污染者和土地权利人依法定义务或行政命令采取；或由政府采取。在污染者和土地权利人不履行其义务的情况下，行政机关可以采取行政强制措施。⑨ 主要的行政强制措施包括两类：行政实施命令和附罚款的命令。前者应说明如果相对人不履行命令，行政机关将采取行政代履行措施并就履行费用求偿。后

---

① Swartjes F. A. and others, State of the Art of Contaminated Site Management in The Netherlands: Policy Framework and Risk Assessment Tools, 427－428 *Science of the Total Environment* 1, 6－7 (2012).
② Rik Mellenbergh, Soil Protection Law and Reclaiming Soil Decontamination Costs in the Netherlands, 3 *Journal for European Environmental & Planning Law* 240, 241 (2006).
③ Wet bodembescherming, Artikel 13. 特定行为是指《土壤保护法》第6—11条规定的，可能对土壤造成污染或损害的行为，如在土壤中处置或存储特定物质、处置废物、向土壤排放污水等。
④ Wet Bodembescherming, Artikel 27.
⑤ Wet Bodembescherming, Artikel 30.
⑥ Wet Bodembescherming, Artikel 37.
⑦ Wet Bodembescherming, Artikel 43.
⑧ Wet Bodembescherming, Artikel 48.
⑨ Wet Bodembescherming, Artikel 95.

者则是在相对人不履行命令的情况下课以罚款。① 在政府采取措施的情况下，可以向污染者或受益者求偿其支出的费用。②

2004年欧盟颁布了《环境责任指令》，旨在协调成员国对特定环境损害所采取的责任制度之间的差异。其涵盖的环境损害包含三类：受保护物种和自然栖息地损害、水体损害和土地损害。其中土地损害是指由于直接或间接向土地引入任何物质、制剂、有机物和微生物而导致对人体健康产生重大威胁的土地污染。③ 损害则是指自然资源的可测量的不利改变，或直接、间接发生的自然资源服务的可测量损害。④ 对于附件三所列的职业行为导致的土地损害，《环境责任指令》确立了严格责任。⑤ 指令规定在有损害之虞时，经营者应采取必要的预防措施。⑥ 在损害发生后，经营者应采取修复措施。⑦ 指令确定了污染者负担原则，即由经营者承担预防和修复措施的费用。指令同时规定，成员国可要求经营者对可能的污染预防和修复费用提供财务保证。⑧

荷兰通过对《环境管理法》的修订，完成了对《环境责任指令》的转化，并于2008年开始实施。该转化采取了较为保守的态度，限于遵守《环境责任指令》中的最低要求，而未对其适用进行扩张。⑨ 指令的实施影响了土壤污染修复责任和费用赔偿责任的确立。指令下的责任者为经营者，即从事或控制职业行为者或根据成员国法律，对该行为的技术运作具有决定性经济权力者。⑩ 当土地所有者或长期经营者不满足此条件时，不必承担指令下的责任。此外，修复责任和赔偿责任的确立依据严格责任原则。但是指令的适用是有条件的，它并不适用于所有的土壤污染。只有当导致污染的行为为附件三规定的职业行为，且土地污染对人体健康产生重大风险时，才适用指令的相关规定。其余情形下，仍适用《土壤保护法》

---

① Algemene Wet Bestuursrecht, Artikel 5：21；31d.
② Wet Bodembescherming, Artikel 75.
③ Environmental Liability Directive, article Ⅱ (1) (c).
④ Environmental Liability Directive, article Ⅱ (2).
⑤ Environmental Liability Directive, article Ⅲ (1) (a).
⑥ Environmental Liability Directive, article Ⅴ.
⑦ Environmental Liability Directive, article Ⅵ.
⑧ Environmental Liability Directive, article Ⅷ.
⑨ Krristel de Smedt & Michael Faure, The Implementation of the Environmental Liability Directive: A Law and Economics Analysis of the Transposition of the ELD in Belgium, the Netherlands and Germany, 4 *Zeitschrift für Europäisches Privatrecht* 783, 795 (2010).
⑩ Environmental Liability Directive, article Ⅱ (6).

的有关规范。另外，不同情形下，经营者承担义务或责任的条件是不同的。针对附件三行为导致的损害，经营者不论是否有过错，都应承担相应义务和责任；而非附件三的行为，仅在导致物种和自然栖息地损害，且存在过错的情形下，才需承担指令下的义务与责任。

在转化过程中，荷兰接受了指令和早期土壤污染立法的传统，建立起公法主导的预防和修复义务体系。《环境责任指令》对责任人课以就环境损害进行预防和修复的义务。在有损害之虞时，经营者应采取必要的预防措施。① 在损害发生后，经营者应采取修复措施。② 主管机关可以命令相对人采取相应措施，也可以自行采取措施，再向责任人求偿。③ 求偿的范围包括预防和修复措施的费用。④ 《环境责任指令》并没有规定政府求偿的具体方式是通过民事诉讼还是行政手段。不同于《土壤保护法》中政府通过民事诉讼向污染者和受益人求偿修复费用，《环境管理法》中的费用求偿是通过行政法下的强制支付命令来实现的。⑤

可以看到，不同于《民法典》下的环境民事公益诉讼，荷兰制定法框架下对于生态损害的救济具有更强的公法意味。虽然荷兰以私法救济生态损害的实践和理论研究都建立较早，但通过私法对生态损害进行完整的救济存在较大障碍。

作为大陆法系国家，侵权责任法提供救济必须满足严格的构成要件要求。在损害赔偿方面，荷兰法对可赔偿的损害有着严格的界定。生态损害仅在转换为预防和修复费用的情况下可以得到赔偿。但在修复费用过高、难以修复时难以获得赔偿；过渡期损失也不在赔偿范围之列。荷兰法虽然为禁令的适用提供了更多空间，但禁令和修复本身还存在着较大差异。此外，禁令的适用还受到公法措施可用性和利益衡量的限制。即使行为的违法性得到确认，若出于重要社会利益的考量，该行为也应当被容忍，法官也可以拒绝做出禁令的判决。⑥ 大陆法的体系性使得突破这些限制以对生态损害进行侵权法下的救济十分困难。

而在制定法框架下，《土壤保护法》一方面建立起了一套土壤修复的

---

① Environmental Liability Directive, article Ⅴ.
② Environmental Liability Directive, article Ⅵ.
③ Environmental Liability Directive, Article Ⅴ, Ⅵ, Ⅷ.
④ Environmental Liability Directive, Article Ⅷ.
⑤ Wet Milieubeheer, Artikel 17.16 (2); Algemene Wet Bestuursrecht, Artikel 14: 114.
⑥ Burgelijk Wetboek, Artikel 6: 168.

公法义务体系，另一方面也允许政府通过民事诉讼就其支出的费用向责任人求偿。而《环境责任指令》的转化实施则使得荷兰公法主导的模式走得更远。《环境责任指令》采用了"责任"一词，给人以侵权责任的印象。然而该指令更多地体现为公法上的义务，而非私法上的责任。之所以使用了"责任"一词，是因为立法讨论之初，其试图协调成员国内环境民事责任立法，即包括人身和财产损害所致的责任。然而，此前成员国已就传统损害构建了各具特色的侵权责任法体系，协调起来过于困难。最终妥协的结果是将立法限定于对环境本身的损害的救济，并更多地关注公法义务而较少涉及成员国内的侵权法体系。[1] 在转化指令的过程中，荷兰法将生态损害救济的领域从土壤污染扩大到了受保护物种和自然栖息地损害和水体损害。政府可以要求经营者采取预防和修复措施，也可自行采取，再就费用求偿。而在求偿方式上，荷兰则选择了强制支付命令，而非民事诉讼的方式，从而构建起一套公法主导的生态损害救济模式。

（二）行政法律责任

20世纪70年代以来，一系列案例开始承认了环保组织在行政诉讼中的主体资格。这阶段的行政诉讼有更多客观诉讼的特征，以保护客观秩序为目的。而1994年颁布的《行政法通则》则导致行政诉讼开始走向主观诉讼，以保护具体个人利益为主要目的。[2] 但在诉讼规则设计上，仍继承了早期诉讼实践的特征。在起诉资格方面，1994年修订的《行政法通则》规定：利益因行政机关决议直接受到影响者享有诉讼资格。[3] 根据判例，该利益应为原告自己个人的、客观存在的利益。《行政法通则》排除了个人提起行政诉讼保护公共利益的权利;[4] 但为社会组织提起诉讼提供了机会。[5] 若组织章程和社会组织的实际活动表明其保护的利益为某种公共利益或集体利益，则该组织可获得起诉资格。[6] 在某些特别立法中，原告主

---

[1] Gerd Winter et al., Weighing up the EC Environmental Liability Directive, 20 *Journal of Environmental Law* 163 (2008).

[2] Lukas van den Berge, The relational Turn in Dutch Administrative Law, 13 (1) *Utrecht Law Review* 99, 100 (2017).

[3] Algemene wet bestuursrecht, Artikel 1: 2.

[4] Algemene wet bestuursrecht, Artikel 1: 2 (1).

[5] Algemene wet bestuursrecht, Artikel 1: 2 (3).

[6] Hanna Tolsma, Kars de Graaf & Jan Jans, The Rise and Fall of Access to Justice in the Netherlands, 21 Journal of Environmental Law 309, 313 (2009).

体资格更为宽泛,几乎达到了民众诉讼的程度(Actio popularis)。如在空间规划和环境许可程序中,立法允许任何人在决议的准备过程中发表意见;且发表意见者可以获得对最终决议的起诉权。[1] 诉讼资格要求十分宽松,再加上荷兰行政诉讼程序的设计意在保障全体公民简便、可负担地诉诸司法的权利,这使得环保组织在提起行政诉讼方面非常积极,且相对其他主体提起的诉讼而言更易受到支持。[2]

近年来,政界开始普遍认为宽泛的诉讼资格导致了冗长的司法程序,并进一步阻碍了经济发展。[3] 2005年,立法废止了市政规划和环境许可程序中的公民诉讼制度。对环境许可提起的程序开始使用《行政法通则》中的利益相关者要求。自2008年以来国务委员会行政法委员会开始通过判例限制《行政法通则》中社会组织的起诉资格,要求其章程中的目的界定不可过于模糊,且必须充实了诉讼以外的实际活动来实现该目的。[4] 议会甚至修改了《行政法通则》,引入德国的"保护范围理论"来进一步限制社会组织的起诉资格,要求行政活动所违反的法律规范意在保护社会组织代表的环境利益。[5] 随着行政诉讼起诉资格的收紧,向民事法庭依侵权行为提起诉讼为环保组织提供了另一种可能。但民事诉讼程序由于证据规则和费用安排等原因相对行政诉讼程序更为冗长、昂贵,使得民事诉讼无法完全替代行政诉讼资格缩紧后带来的空缺。[6]

荷兰对于民事和行政公益诉讼都持较为开放的态度。这与其政治体制密切相关。作为一个多党制国家,荷兰有多个较小的政党。在选举中,从

---

[1] Hanna Tolsma, Kars de Graaf & Jan Jans, The Rise and Fall of Access to Justice in the Netherlands, 21 Journal of Environmental Law 309, 314 (2009).

[2] Jan H. Jans & Albert T. Marseille, The Role of NGOs in Environmental Litigation against Public Authorities: Some Observations on Judicial Review and Access to Court in the Netherlands, 22 (3) Journal of Environmental Law 373 (2010).

[3] Hanna Tolsma, Kars de Graaf & Jan Jans, The Rise and Fall of Access to Justice in the Netherlands, 21 Journal of Environmental Law 309, 315 (2009).

[4] Berthy van den Broek & Liesbeth Enneking, Public Interest Litigation in the Netherlands, A Multidimensional Take on the Promotion of Environmental Interests by Private Parties through the Courts, 10 (3) Utrecht Law Review 77, 79, 82 (2014).

[5] Hanna Tolsma, Kars de Graaf & Jan Jans, The Rise and Fall of Access to Justice in the Netherlands, 21 Journal of Environmental Law 309, 319 (2009); Algemene wet bestuursrecht, Artikel 8: 69a; PIL in the Netherlands, 79-80.

[6] Berthy van den Broek & Liesbeth Enneking, Public Interest Litigation in the Netherlands, A Multidimensional Take on the Promotion of Environmental Interests by Private Parties through the Courts, 10 (3) Utrecht Law Review 77, 81 (2014).

来没有一个政党能获得议会中的多数席位，从而使政党联合成为必要。这使得政策制定和立法过程中充满了博弈与妥协。为获得立法通过，避免威胁到政党联盟，立法不得不在明确性和细致性上做出牺牲。这也使得通过司法来解释和明确立法内容成为必要。[1] 此外，为维持联盟，政党间往往会签订协议，就重要政治事项达成一致态度。这一协议不仅约束内阁，也约束议会。这使得政府可以通过政治手段影响议会的立法行为，从而使得议会内阁间的制约失去意义，也导致了低质量立法的可能。司法机关由此也获得了另一项重要功能：保障立法质量。[2] 荷兰的政体特征使得通过司法来审查立法及行政机关行为成为必要，突破了严格三权分立的要求。由于立法和一些具有重大影响的行政活动往往旨在维护客观秩序和公共利益，而非指向具体个人的权利义务，难以在传统诉讼框架下受到监督。这也产生了建立公益诉讼制度，通过主体资格扩张来扩展司法审查范围的必要。

（三）刑事法律责任

荷兰环境刑事责任主要规定在《经济犯罪法案》（Wet economiische delicten，1997）中。其第1条列举了一系列对其违反会导致刑事责任的环境公法规范，如《环境许可法》《环境管理法》《空间规划法》《动植物法》和《自然保护法》的相关规范。《经济犯罪法案》建立了刑罚的基本框架，包括调查、公诉和审判的权限。但就犯罪的构成要件而言，主要是由环境公法的实体规范来确定的。[3] 原则上，违反《经济犯罪法案》的环境犯罪行为具有抽象危险犯的特征，即只要违反了该法第1条规定的行政义务，对环境产生了抽象危险，无须实际发生排污行为和污染后果，就满足了刑事责任的构成要件。《经济犯罪法案》第2条对于第1条规定的行为属于"犯罪"还是"违法"进行了界定；第6—8条则对相应的处罚或

---

[1] Jan ten Kate & Peter J. van Koppen, Judicialization of Politics in the Netherlands: Towards a Form of Judicial Review, 15 (2) *International Political Science Review* 143, 146 (1994).

[2] Jan ten Kate & Peter J. van Koppen, Judicialization of Politics in the Netherlands: Towards a Form of Judicial Review, 15 (2) *International Political Science Review* 143, 146 (1994).

[3] Michiel A. Heldeweg & Rene J. G. H. Seerden, Environmental Law in the Netherlands., Wolters Kluwer, 217 (2013).

措施的类型进行了规定。①

此外，荷兰《刑法典》也规定了部分构成环境刑事责任的情形，其中最为相关的是第173、第173a、第173b条，规定当行为人故意（或过失）向水、土壤或空气的环境介质排放污染物时，应承担相应的刑事责任。这些规定是对"具体危险犯"的规定。只有当这种排污行为对公众健康或人身生命安全构成威胁时，才能适用刑事处罚。由于大多数排污活动是依据相应的法律法规进行的合法行为，行为的违法性标准成为一个关键问题。正是由于这些条款的适用常常需要适用复杂和技术性的行政法规范，其没有在实践中得到广泛的适用。很多时候，法官倾向于适用《刑法典》中的一般条款。②

对于法人犯罪，荷兰采取双罚制。即法人和发布命令或者负责实施犯罪行为的自然人都应当承担刑事责任。但依据公法权限从事公法行为的公法法人不是适格的刑事责任主体。荷兰《刑法典》中的主要刑罚种类为罚金和监禁。而《经济犯罪法案》中的刑罚种类更为多元，还包括了恢复性赔偿，公布环境违法判决或者关停企业。③

值得注意的是，不同于其他国家将刑法作为司法救济的最终手段，在荷兰，《经济犯罪法案》与《行政法通则》的法律位阶相同，刑事制裁与行政制裁并行实施。因此，一旦发现违法行为，刑事执法机关和行政执法机关会共同协商分配任务。一般来说，违法行为可以分为三类。第一类是简单案件或轻微违法案件，仅由行政机关通过行政警告、行政措施或行政罚款等方式予以处理。第二类涉及刑事执法，需要行政机关和（或）公诉人采取行动。第三类是严重违法行为，主要通过刑事司法程序进行制裁，并可辅之以行政处罚，如吊销或暂扣许可证、关停企业等。根据荷兰环境监察署的1999—2007的年度报告，环境违法行为的平均查处率为22.8%；其中，采取行政手段的比例平均为39.8%，进入刑事司法程序的比例为23.5%。④

---

① ［比］迈克尔·福尔、卡塔琳娜·斯瓦蒂科娃：《通过刑法还是行政法保护环境——以西欧为例》，杨帆译，载吕忠梅主编《环境资源法论丛》（第13卷），法律出版社2021年版。

② ［比］迈克尔·福尔、卡塔琳娜·斯瓦蒂科娃：《通过刑法还是行政法保护环境——以西欧为例》，杨帆译，载吕忠梅主编《环境资源法论丛》（第13卷），法律出版社2021年版。

③ Wet economische delecten, Artikel 7, 8.

④ ［比］迈克尔·福尔、卡塔琳娜·斯瓦蒂科娃：《通过刑法还是行政法保护环境——以西欧为例》，杨帆译，载吕忠梅主编《环境资源法论丛》（第13卷），法律出版社2021年版。

第十一章 菲律宾环境法

一 菲律宾环境法概述

(一) 菲律宾法律传统

菲律宾共和国成立之前,菲律宾群岛经历了几个世纪的殖民统治历史,先后成为西班牙、美国、日本等殖民地。菲律宾法在发展过程中主要受到西班牙法和美国法的影响,此外,伊斯兰法在菲律宾南部地区有广泛基础。

菲律宾法律制度的历史可分为以下几个阶段:[①]

1. 西班牙统治前(1565年以前)

15世纪末16世纪初西班牙人到来前,菲律宾群岛已有人类长期居住,[②] 尚处于土著社会时期,由于与外界联系较少,社会发展缓慢。群岛的北部和中部处于原始社会末期,社会的组织形式是巴朗圭(barangay),约束人们行为的主要是各式各样的习惯。群岛南部由于和外界交往更多,其社会发展水平要高于中部和北部,群岛最早的国家和法律也出现在此。习惯法规定有关家庭、财产、继承、犯罪与刑罚规范,少量的成文法只是在相对的区域有效,著名的成文法有13世纪苏马贵尔大督制定的马拉塔斯法典和15世纪的卡兰特阿法典。当时并没有司法机关和法官,民刑案件均由"巴朗圭"的长老根据习惯法或成文法进行调解或决定处罚。

---

① 参见张卫平《菲律宾的法律制度》,《东南亚研究》1985年第4期。
② 公元前300年到公元前200年第一批马来西亚人乘船来到菲律宾。公元后一直到15世纪,又有两批马来西亚人移入,他们逐渐发展成为菲律宾人的主体。See Teodoro. A. Agoncillo, A Short History of the Philippines, New York: The New American Library; 1975, pp. 16-18.

2. 西班牙殖民时代（1565—1898 年）

1565 年西班牙殖民者黎牙实比率领的探险队登陆米沙鄢群岛的宿务岛，西班牙人建立了在亚洲的第一个殖民地。1571 年黎牙实比率兵占领马尼拉，宣布马尼拉为菲律宾首都，随后征服了吕宋岛的大部分地区，中部和北部地区普遍纳入殖民统治。此后不久开始对棉兰老岛发动大规模的进攻。但是，对群岛南部的征服遇到了南部穆斯林的激烈反抗，西班牙殖民统治始终未能推广到南部全境。双方为此展开摩洛战争，先后持续 300 余年，直到 1898 年美西战争西班牙失败，摩洛战争才算正式结束。

西班牙征服菲律宾后，根据西班牙 1503 年国王令，在西班牙殖民地实行西班牙法，废止了菲律宾原有的习惯法和成文法，西班牙本土法以及其他西班牙殖民地法在菲律宾适用。1805 年以后编纂的最新法令集以及相继制定的刑法典、商法典、民法典、典当法等，均在菲律宾适用。

3. 美国统治时代（1898—1935 年）

自 18 世纪起，随着欧洲资本主义的发展，殖民者改变政策，1834 年马尼拉成为自由港。伴随资本主义经济因素的出现和发展，资产阶级自由主义思想也开始在菲律宾广泛传播。在美国支持下，菲律宾国内反殖民当局武装力量展开国内武装斗争。1898 年美西战争爆发，西班牙战败，菲律宾沦为美国殖民地。在这个时期，菲律宾废除了西班牙法中有关殖民统治的法律，保留了民法、刑法中的刑罚规定和地方制度，采用了三权分立、司法独立的原则，并按照美国法的模式制定了公司法、破产法、担保法、保险法、银行法等，为提高效率保证公平，在诉讼程序上也开始效仿美国法。

4. 自治政府时代（1935—1946 年）

1934 年美国国会通过法案宣布在菲实行 10 年自治过渡体制，同年 5 月召开了菲律宾制宪会议。1935 年 2 月公民投票通过新宪法，菲律宾自治政府成立，M. L. 奎松当选为总统。自治政府为了缓和国内阶级矛盾，推行资产阶级改良主义政策。随着太平洋战争爆发，日军在菲律宾登陆，宪法名存实亡。1945 年日本投降，菲律宾 300 多年的被殖民历史，随着太平洋战争的结束而终结，政权回到菲律宾人民手中，法律制度的发展也因此进入一个新的阶段。

5. 共和国时代（1946—1972 年）

1946 年 7 月 4 日菲律宾共和国成立，1947 年 3 月设置了法典编纂委员会，制定具有菲律宾特色的各项法律。1950年8月新民法出台，又制定了关税法、农业改革法、国土建设法等。到60年代，修宪呼声高涨，1965年马科斯当选总统，倡导"新菲律宾主义"。1971年8月废除人身保护令，1972年11月通过新宪法。

6. 实施戒严令时期（1972—1981年）

在通过新宪法前，马科斯总统为了对付反政府运动和进行改革，在1972年9月颁布了戒严令，到1981年元月才废除。戒严令期间，法律多数以总统令形式颁布。

7. 戒严令废除至今

1981年戒严令废除后，菲律宾修改了宪法，根据1981年新宪法，菲律宾设立国民议会，并授予国民议会以立法权。1986年10月，制宪委员会通过新宪法，1987年2月全民投票通过。1987年宪法为现行宪法。

综合菲律宾法律发展历史分析，菲律宾法律体系融合了罗马法系与英美法系的特点和内容，具有混合法系特征。由于14世纪大量马来西亚伊斯兰教徒移居菲律宾，在菲律宾部分地区也适用伊斯兰法，现在的棉兰老岛仍然实行伊斯兰法。

（二）菲律宾环境问题与环境治理

1. 菲律宾环境问题

20世纪50年代，菲律宾开始大力发展工业，尤其是随着制造业、采矿业、造纸厂、铜冶炼厂兴起，包括产业工人在内的大量人口不断地向城市集中，大气污染、水污染、固废污染、噪声污染、海洋污染问题日益突出，同时森林破坏渐趋严重，生态系统越发薄弱。

菲律宾大气污染的主要来源是汽车尾气，固定污染源以及工厂排放废气。据统计，20世纪80年代，汽车排气占全部大气污染物的60%，其余的40%是工厂排气。菲律宾水资源丰富，有河流湖泊众多，人口的增加和经济建设的需要，使水的质和量都受到威胁。特别是工业用水剧增，水质污染在大马尼拉及其他大城市比较明显。菲律宾海岸线绵长，海洋资源丰富，动植物种类繁多，人口的大多数依靠渔业或在沿海采集海产品生活。人口增加和工业的发展，沿海海洋资源受无序开发，水质污染加重。固废污染和噪声污染主要集中在汽车与工厂较为密集的城市地区，特别是大马尼拉。据亚洲开发银行的一项研究，在白天，大马尼拉的噪声水平通常超过正常标准。① 森林火灾、商业采伐、火耕农业、过度放牧以及修建道路等，导致森林破坏加剧。1968—1979年，森林约减少770万公顷。进入20世纪80年代，森林以每年15万—25万公顷的速度递减。生态系统因而受到严重影响，土坡侵蚀已达国土总面积的1/3，每年有5亿吨土坡流向低地。结果是洪水、干旱频发，土壤沙化程度高，在吕宋地区，主要河流及其支流变浅变窄。② 此外，由于地理位置和气候原因，菲律宾自然灾害多发，地震、台风、洪水、干旱等，也给菲律宾社会造成严重的生命和财产损失。

2. 菲律宾环境治理概况

菲律宾的环境资源保护工作始于20世纪30年代。1940年，吕宋岛设立了第一个海洋公园。20世纪80年代末期，共有62个国家公园（约占国土面积的1.6%）和7个鸟兽保护区（约占国土面积的3%）。1986年，环境与自然资源部开始实施国家造林计划。80年代末，环境与自然资源部与政府其他部门、民间机构、非政府机构等进行合作，开始实施河流恢复计划。

为有效利用土地，1975年生效的705号总统令规定，倾斜度在18%以上的土地用作农耕地，50%以上的用于放牧，18%以下的用于林业、工业、住宅等。为防止野生生物栖息地的破坏和野生生物的出口，20世纪90年代实施保护稀少和濒于灭绝种类的计划，在世界银行支持下，环境与自然资源部实施保护区调查研究与评价。另外，推进实施人工捕捉繁殖菲律宾鹰及其他濒危物种的计划，制定包括生态系统调查、恢复、再生、保护、研究、人才培养等方案，力图实现生物种类多样化的国家计划。

虽然菲律宾政府对环境资源保护采取了一系列政策措施以及颁布法律法令，但是由于多种历史和现实原因，并未得到很好的执行和遵守。

21世纪以来，随着菲律宾环境污染和资源破坏的不断加剧，菲律宾总统号召在全国发起生态革命以改善日益严重的环境污染和资源耗竭问题，陆续改组政府部门和新建一些监管机构，并出台环境法律和政策。

（三）菲律宾环境法律体系

菲律宾环境立法有几个特点，一是起步时间较早，二是形式多样，既

---

① 参见蒋细定《菲律宾生态环境恶化问题》，《南洋问题研究》1991年第3期。
② 参见王竟《菲律宾的环境与问题》，《环境科学丛刊》1992年第4期。

有法典（Code），也有一般法律（Act）。环境保护法律体系基本上覆盖了现代社会大部分环境和资源保护问题，以《菲律宾环境政策》（第1151号总统令）和《菲律宾环境法典》（第1152号总统令）为代表，涉及森林退化、生物多样性丧失、水污染、空气污染、固体废物污染和自然资源保护、环境卫生、环境教育等。由于许多环保法律是菲律宾戒严令时期颁布的，因此多以总统令的形式出现。戒严令废止以后颁布的环保法律，多以共和国法案形式出现。

截至目前，菲律宾的环境资源法律主要包括：[1]

（1）森林保护、国家公园、自然保护区和生物多样性保护法律：包括《菲律宾森林改革法典》（第705号总统令）、《1978年植物检疫令》（第1433号总统令）、《1991年人民小型采矿法》（第7076号共和国法案）、《1992年国家综合保护区制度法》（第7586号共和国法案）、《1995年菲律宾采矿法》（第7942号共和国法案）、《野生动植物资源养护和保护法》（第9147号共和国法案）、《2003年阿波山保护区法案》（第9237号共和国法案）、《2004年马林丹山脉自然公园法案》（第9304号共和国法案）、《南莱特省禁止伐木法案》（第9772号共和国法案）。

（2）海洋及水资源保护法律：包括《菲律宾水法》（第1067号共和国法案）、《1998年菲律宾渔业法典》（第8550号共和国法案）、《1976年海洋污染法》（第979号共和国法案）、《2004年菲律宾清洁水法》（第9257号共和国法案）、《2007年石油污染补偿法》（第9483号共和国法案）、《2007年油污补偿法案》（第9483号共和国法案）等。

（3）大气污染防治法律：《1999年菲律宾清洁空气法》（第8749号共和国法案）。

（4）固废防治法律：包括《1990年有毒物质、危险物质和核废料控制法》（第6969号共和国法案）、《1997年土著人民权利法案》（第8371号共和国法案）、《2000年生态固体废物管理法》（第9003号共和国法案）、《2008年可再生能源法案》（第9513号共和国法案）、《2009年气候变化法案》（第9729号共和国法案）等。

（5）其他自然资源保护法律：包括《1997年农业和渔业现代化法

---

[1] Rodrigo V. Cosico, Philippine Environmental Laws: An Overview and Assessment, Central Book Supply, Inc., 2012. Philippines. Supreme Court, Philippine Judicial Academy: Laws, Rules and Issuances for Environmental Cases. Supreme Court, Republic of the Philippines, 2009.

案》（第 8435 号共和国法案）、《1988 年综合土地改革法》（第 6657 号共和国法令）等。

（6）环境教育法案：即《2008 年国家环境意识和教育法案》（第 9512 号共和国法案）。

二 菲律宾主要环境立法

菲律宾独立以来，尤其是 20 世纪 70 年代以来，颁布了大约 60 部环境资源法典和法律，虽然菲律宾法律传统受美国法影响，但法典化是菲律宾环境资源法律的基本形式和特点。

（一）《菲律宾环境政策》（第 1151 号总统令）[①]

为了改善环境保护观念，实现人与自然的和谐相处，菲律宾迫切需要制定一个细致、中和的环境保护程序，通过要求在建设项目等行动中提交环境影响评估和报告，为保护整体环境做出协调一致的努力。1977 年 6 月，菲律宾总统费迪南德·E. 马科斯，颁布第 1151 号总统令，即《菲律宾环境政策》。

《菲律宾环境政策》包括简短序言和 7 个正式条款，其内容主要包括：

第一，明确环境保护是国家的一项持续政策，即创造、发展、维持和改善人与自然在生产和享受和谐中健康发展的条件；满足菲律宾当代和子孙社会经济和其他要求；以及确保实现有利于尊严和幸福生活的环境质量。

第二，明确实施本政策的目标，包括：承认、执行和履行作为维护环境代际公平的责任，即"作为环境受托人和监护人的每一代为下一代人的责任"；确保人民有安全体面健康实用优美的环境；鼓励在不降低环境质量，或危害人的生命健康和安全，或对农业商业工业造成不利条件的情况下对环境进行最广泛的开发；保护菲律宾的重要历史和文化遗产；在人口和资源利用之间实行合理有序的平衡；提高可再生和不可再生资源的利用率。

---

① Presidential Decree No. 1151: Philippine Environmental Policy.

第三，明确健康环境权。政府承认人民享有健康环境权。每个人都有责任和义务为保护和改善菲律宾环境做出贡献。

第四，明确环境影响报告制度。所有国有或私营公司、企业和实体应对具有重大环境影响的每一项行动、项目或工程，准备、提交详细的环境影响报告，并规定了报告的主要内容。

第五，该总统令明确其在环境保护政策法律体系中的最高效力：所有与本令不一致的法案、总统令、行政命令、规则和条例或其部分内容，均据此废除、修订或修改。

（二）《菲律宾环境法典》（第1152号总统令）[①]

为了启动全国综合环境保护和管理计划，马科斯总统在颁布《菲律宾环境政策》的同时颁布第1152号总统令，即《菲律宾环境法典》。

相对于《菲律宾环境政策》的宣誓性内容，《菲律宾环境法》则详尽规定了环境保护的各重要领域的基本制度。该法共7编64条，包括空气质量管理、水质量管理、土地使用管理、自然资源管理与保护、废物管理、环境教育、环境研究等重要内容。

第一，"空气质量管理"编，明确标准以及编制标准的基本原则，如确定环境空气质量标准应该考虑空气条件、位置与土地使用以及可用的技术等因素；国家排放标准关于污染源应该考虑诸如工业种类、可用的控制技术、位置和土地利用以及排放污染物的性质；社区噪声级别的制定，应考虑位置、分区规划和土地利用分类等因素。并且明确在空气质量与噪声标准、飞机噪声、车辆排放、放射性排放等管理中，国家污染控制委员会与具体行政监管部门的协同职责。

第二，"水质量管理"编，其目的是对菲律宾水域进行分类，建立水质标准，保护和改善水资源质量，监督和缓解污染事件。该编具体明确了污染者负有承担遏制、移除和整顿水污染事件费用的责任。如遇到困难，相关政府部门应采取遏制、移除和整顿行动，由此发生的费用由造成污染的个人或实体负责。

第三，"土地使用管理"编，其目的是提供合理、有序、高效的土地资源获取、利用和配置方式，以从中获取最大收益；鼓励土地资源的审慎

[①] Presidential Decree No. 1152: Philippine Environment Code.

利用和保护，以防止国家需求与土地资源之间的不平衡。该编具体明确了国家土地使用计划，规定对工业以及类似工业设施的选址，应考虑社会经济、地理与重大环境影响。

第四，"自然资源管理与保护"编，其目的是为自然资源的保护和管理提供基础，以实现最佳收益并为后代保护自然资源，并提供综合措施对此加以保证。明确渔业、野生动物、林业和土壤的管理、地表水、矿产资源管理政策以及合理开发措施。规定洪水管控计划措施、减灾措施、能源开发政策和措施。

第五，"废物管理"编，其目的是设定废物管理指南，并确保其有效性；鼓励、促进和刺激技术、教育、经济和社会努力，通过恢复、循环和重复使用废物和废品，防止造成国家环境损害和不必要的珍贵资源损失；提出措施指导和鼓励相关政府部门建立合理、高效、全面和有效的废物管理。明确要求制订省、城市和自治市的废物管理计划，对固体废物、液体废物处理方法分别进行了规制。

第六，法典第 53 条和第 54 条分别规定了环境教育和环境研究，明确教育和文化部应在所有层级的学校课程中融入综合环境教育的学科，应致力于开展强调人与自然关系以及环境卫生和实践的特别教育。国家环境保护委员会和其他执行环境保护法律的政府机构与政府公共信息机构应开展公共信息活动，激发环保意识，鼓励环保参与。明确环境保护委员会应开展和促进持续的环境管理项目研究，应不定时确定环境研究的优先领域。

从内容上分析，《菲律宾环境法典》具有综合性，地位上可谓是菲律宾环境保护的基本法。

(三)《菲律宾森林改革法典》(第 705 号总统令)[①]

鉴于迫切需要对公有土地进行适当的分类、管理和利用，以最大限度提高生产力，满足日益增长的人口需要，有必要重新评估林地和资源的多种用途，并对其利用进行许可，重视林地的保护、恢复和开发，保障林地生产条件的持续性。同时，鉴于现行有关林地法律不足以支持政府重新确立一定的规划、项目，以便对公共土地进行适当的分类和划界，对林地进行管理、保护、恢复和开发，1975 年 5 月，马科斯总统下令修订第 389

---

① Presidential Decree No. 705: Forestry Reform Code of the Philippines.

号总统令即《菲律宾森林法》，颁布第705号总统令，即《菲律宾森林改革法典》。

该法包括序言和4章，共92条，分别规定了林业局的组织和职权、林地的分类、测量、利用和管理制度，并规定相关刑事犯罪行为和处罚。其主要内容包括：

第一，确定土地分类制度。由林业局制定标准指南和方案，将公共领域的所有土地分类为农业、工业或商业、住宅、移民安置、矿产、木材、森林、放牧用地以及法律规定的其他土地。通过简化程序确立未归类的公共土地用于森林用途的制度，确定这些土地为永久森林，构成森林保护区的一部分。同时确立归类为不需要用于森林目的的土地为可供使用和可支配土地，其管辖权移交给土地局。明确坡度在18%或以上的公共土地，不得划为可转让和可支配的土地；坡度在50%或以上的林地，不得转为牧场。同时，即使一些坡度低于18%的土地，仍需用于森林用途，也可能不属于可转让和可支配的土地，如已经重新造林的地区、国家公园、国家历史遗迹、禁猎区和野生动物保护区等。

第二，建立许可制度。任何人不得在森林或放牧地内利用、开发、占有林地及进行其他任何活动，或建立、经营任何木材加工厂，除非得到许可协议、执照、租约或许可证的授权。并且，当国家利益需要的时候，总统可以签发总统令暂停此类许可。明确森林特许权不得超过50年，不得非法转让、交换、出售其特许协议、执照、租约或许可证，或在其中的任何利益以及与此相关的任何资产，同时明确转让的基本条件。

第三，明确特许区控制制度。为有效防止森林破坏，除经许可协议外，不得使用林地内的木材，但持有许可协议的森林所有者，在其特许权范围内有砍伐许可范围内木材的特权，以及对这些木材额外的占用占有和控制权。除政府以外的其他任何人，有义务采取相应的保护和养护措施，以确保该地区生产条件的连续性，以符合多用途、持续的产量管理的要求。如果林区许可协议持有人明示或者默示放弃在林区内使用软木、硬木、红松林等特种木特权的，可向他人发放采伐执照，采伐许可协议持有人对所在林区不享有占有或者占用的权利，但应当与特许协议持有人采取一致的保护和养护措施。

第四，确立涉林刑事犯罪和处罚制度。对无证采伐、采集或收集其他林产品、非法占用或破坏林地或放牧地，无证放牧、非法占用及破坏国家公园和娱乐区、破坏野生动物资源违法销售木制品等行为，分别给予罚款、监禁等处罚。

第五，《菲律宾森林改革法典》颁布以后，又依据第1559号总统令、第865号总统令、第1775号总统令、第7161号菲律宾共和国法案，第277号行政命令，对其中一些内容进行修订。

（四）《菲律宾清洁水法》（第9257号共和国法案）[①]

为规定全面水质管理和其他目的，2004年3月由菲律宾国会参议院和众议院大会颁布、阿罗约总统批准《菲律宾清洁水法》。该法共7章36条，分别规定原则和政策、水质管理系统、体制机制、激励和奖励、民事责任与刑事条款、行政诉讼等。其主要内容包括：

第一，确立水资源的可持续发展框架，为此制定了全方位的政策保障：①精简预防、控制和减少国家水资源污染的进程和程序；②促进保护水资源的环境战略、使用适当的经济手段和控制机制；③制定一项全面的国家水质管理方案，承认水质管理问题不能与水源和生态保护、供水、公共卫生和生活质量问题分开；④通过适当授权和有效协调职能与活动，制定综合水质管理框架；⑤促进环境友好和节能的商业和工业过程及产品；⑥通过采用奖励措施和市场手段，鼓励公民和各行业之间的合作和自律，并促进私营工业企业在公共卫生和环境可接受的范围内塑造其监管形象方面的作用；⑦制定以预防污染为重点的水污染综合管理方案；⑧促进公共宣传和教育，并鼓励知情和积极的公众参与水质管理和监测；⑨制定和执行有关项目、计划或活动对环境的短期和长期不利影响的问责制；⑩鼓励民间社会和其他部门，特别是劳工、学术界和企业界开展与环境有关的活动，组织、教育和激励人民在地方和国家两级解决相关的环境问题。

第二，设置水质管理区。将诸如流域、水资源区域等地面集水区指定为水质管理区。制订国家污水和化粪池管理计划，生活污水的收集、处理和处置也做出规定；设立国家水质管理基金与地区水质管理基金，对于资金的使用目的进行了区别。

第三，明确水污染许可证和收费制度。建立废水收费系统，在确定废水处理费时要考虑反映水污染对周围环境造成的损害、污染物类型以及接

---

① Republic Act No. 9275：Philippine Clean Water Act of 2004.

收水体的分类等相关因素，同时征求公众意见。对依法排放受管制污水的设施所有人或经营者颁发排放许可证，应鼓励采用废物最小化和废物处理技术，同时明确污水交易制度。

第四，规定环境保障基金制度。明确环境保障基金作为环境合规证书所附环境管理计划的一部分，用来资助生态系统健康的维护，特别是受开发影响的流域和含水层的保护，以及在方案或项目实际实施期间可能受到破坏的地区进行应急反应清理或恢复。环境基金的形式可以是信托基金、环境保险、保证金、信用证、自我保险和该部可能确定的任何其他工具。

第五，确立环境影响评估制度。该项制度应用于由一系列类似项目组成的开发项目，或者由多个组成部分或一组项目组成的开发项目中。评价环境影响评估制度方案的遵守情况，应以根据生态概况确定的能力评估为指导。生态概况应查明方案所涉及的环境制约因素和机会。评估还应考虑到累积影响和风险。同时，需要建立环境影响评估系统符合水质标准的方案。

第六，建立激励和奖励机制。对在水质管理方面开展杰出和创新项目、技术、进程和技巧或活动的个人、私人组织和实体，包括民间组织，提供货币或其他奖励，经费来自水质管理基金。

第七，明确多项禁止性行为，确立罚款、赔偿和刑事处罚规则。

第八，确立行政公益诉讼制度。在不损害任何受影响人士提起行政诉讼权利的情况下，该部门应自行或在任何人经核实的投诉后，在有管辖权的法庭上对任何违反以下规定的人提起行政诉讼。

(五)《1999年菲律宾清洁空气法》(第8749号共和国法案)[①]

为了制定全面空气污染控制政策，1999年6月批准颁布《1999年菲律宾清洁空气法》。该法包括7章，共56条，分别规定大气污染防治国家政策、空气质量管理系统、固定源的空气污染清除和许可证、燃料和添加剂等污染物防治，污染防治的体制机制、行政公益诉讼、罚款和处罚等。主要内容包括：

第一，确立大气污染防治的基本原则和责任主体。国家应保护和促进

---

① Republic Act No. 8749: Philippine Clean Air Act of 1999.

人民享有符合自然节律与和谐的、平衡和健康生态的权利,应促进和保护全球环境,以实现可持续发展。地方政府单位对处理环境问题负有首要责任,环境治理的责任主要是以地区为基础。明确"污染者必须付费"原则。

第二,确立空气污染防治政策。通过继续开展可持续发展的框架工作,制订全面的空气污染管理计划,由政府通过适当的授权和有效协调职能和活动来实施;通过应用市场手段,鼓励公民和各行业之间的合作和自律;空气污染防治重预防,而非控制,以此原则制定全面的空气污染管理方案;促进新闻和教育,鼓励公众参与;制定和执行对环境不利影响的问责制,包括环境修复和损害赔偿责任制。

第三,明确公民享有包括清洁空气权、知情权、参与权、诉讼权、求偿权等一系列权利。建立空气质量监测和信息网络,制定及实施《综合改善空气质量框架》,发布空气污染控制技术的信息,明确国家空气质量污染物标准。

第四,建立空气质量管理基金,以资助政府在空气污染案件中的遏制、清除和清理行动,保证恢复生态系统修复费用,支持有关机构的研究、执法和监测活动及能力,以及向相关机构提供技术援助。管理基金来自国家污染控制委员会(PAB)征收的罚款和损害赔偿金、颁发的执照和许可证的收益、排放费捐赠和赠款。

第五,许可证制度以及环境保障基金。许可证应涵盖受管制空气污染物的排放限制,以帮助达到和维持环境空气质量标准。许可证是地方政府部门制订其行动计划的管理工具。环境保障基金用于环境恢复责任,其形式可以是信托基金、环境保险、保证金、信用证以及自我保险。

第六,提高排放标准和产品规格,管控特殊污染物。一类是固定源的排放标准,此类标准应基于国际公认标准的所有固定空气污染源的质量排放率,但不限于或低于此类标准以及该法规定的标准。标准以适用者为准,为保护公众的健康和福利,对固定来源排放的污染物实施可接受的限制。另一类是机动车排放标准,此类标准考虑所有主要污染物的最高限值。同时,制定所有类型的燃料和燃料相关产品规格,改善燃料成分以提高效率和减少排放。对温室气体、持久性有机污染物、放射性物质等排放,编制清单,严格管控。

第七,行政公益诉讼与公民诉讼制度。在不损害任何有关人士提起行政诉讼权利的前提下，政府相关部门可根据有关案件或已被证实的投诉，对任何违反相关规定的人提起行政诉讼；任何公民均可向有关法院提起适当的民事、刑事或行政诉讼。

第八，明确各类违法行为的罚款和处罚制度，规定依法处以罚款和罚金的，应留置违法者的个人财产或不动产。

(六)《2000年生态固体废物管理法》(第9003号共和国法案)[①]

为了规定生态固体废物管理计划，建立必要的体制机制和激励措施，禁止某些行为并给予处罚，2001年1月菲律宾国会颁布《2000年生态固体废物管理法》，该法共7章66条。主要内容包括：

第一，明确固体废物管理众多方政策。如确保保护公众健康和环境；利用无害环境的方法，最大限度地利用宝贵的资源，鼓励资源的养护和恢复；通过源头减少和尽量减少废物的措施，制定避免固体废物和减少固体废物的准则和目标；通过制定和采用除焚烧以外的生态废物管理方面的最佳方式，确保固体废物的适当隔离、收集、运输、储存、处理和处置；鼓励私营部门更多地参与固体废物管理；通过市场手段，鼓励废物制造者之间的合作和自我管制；鼓励公众参与，提高环保意识。

第二，编制国家固体废物管理现状报告，制定国家固体废物管理框架以及地方政府固体废物管理计划。

第三，建立固体废物的强制分类、分离储存、收集和运输、中转要求和回收计划等。

第四，制定废物处理设施清单，不得建立和运营固体废物露天倾倒场。固体废物管理设施建设和扩建实行许可证制度。

第五，明确卫生垃圾填埋场选址建立和操作标准。

第六，设立固体废物管理基金，用于加强①固体废物管理的产品、设施、技术和工艺；②奖励；③科学项目；④相关领域信息、教育、通信和监测活动；⑤技术援助和能力建设。基金款来自罚款和处罚、许可证和执照收费、赠款和捐款以及依法为基金进行的特别批款。地方政府有权根据

---

① Republic Act No. 9003: Ecological Solid Waste Management Act of 2000.

其核准的固体废物管理计划利用该基金。

第七，规定禁止性行为和相对应的刑事处罚措施。

(七)《野生动植物资源养护和保护法》(第9147号共和国法案)[①]

为了养护和保护野生生物资源及其生存环境，2001年3月阿罗约总统批准颁布了《野生动植物资源养护和保护法》。该法共6章41条，分别规定原则和政策、术语定义、野生动植物资源的养护和保护、违法行为、民事责任与刑事条款、其他规定等。其主要内容包括：

第一，保护野生生物资源及其栖息地，以实现可持续性，为此制定了全方位的政策保障：①养护和保护野生生物物种及其生态环境，以促进生态平衡和生物多样性；②规范野生动植物的收集和贸易；③在适当顾及国家利益的情况下，履行菲律宾保护野生生物及其栖息地的国际公约义务；④发起或支持关于保护生物多样性的科学研究。

第二，明确法律适用范围和保护对象。包括菲律宾全境发现的所有野生动植物物种，以及在菲律宾进行贸易、养殖或繁殖的外来物种。

养护与保护的对象，主要明确为以下三类：野生生物、受威胁物种与外来物种。对于野生生物的管理，主要强调其信息的收集、更新与评估，确立收藏、拥有野生生物及其副产品或衍生品所需的条件，以及野生生物的进出口与商用限制。对于受威胁物种，该法在受威胁物种种类、受威胁物种的收藏、繁殖与栖息地的确立等方面做出了规定。强调应与地方政府相关部门和其他有关团体协调，保护所有既定的重要生态环境，使受威胁物种所依赖之环境免遭任何形式的开发或破坏。对于外来物种，该法强调拥有人应当在限定的时间内进行登记。

第三，规定野生动物管理基金。明确野生动物管理基金，应作为国家财政部的一个特别账户进行管理，且该基金应从罚款、损害赔偿、行政费用或捐款等形式的款项中扣除。它应资助恢复因违法行为影响的生态环境，并支持科学研究、执法和监测活动，提高有关机构的技术及能力。

第四，建立国家野生动物研究中心。国家建立陆地和水生物种野生动

---

① Republic Act No. 9147: Wildlife Resources Conservation and Protection Act.

物研究中心，就养护和保护野生动物的适当战略（如圈养与繁殖）进行科学研究。为此，国家鼓励学术、研究机构与野生动植物产业的专家参与。

第五，建立野生动物救援中心。国家建立或指定野生动物救援中心，对所有被没收、遗弃或捐赠的野生动物进行临时监护和照顾，以确保其生存环境的适宜。

第六，建立野生动物交通监测单位。国家在全国各地的战略航空和海港设立野生动植物交通监测单位，以确保严格遵守和有效执行现有野生动植物法律、规则、条例与相关的国际协定。

第七，明确多项违法行为，确立罚款、赔偿和刑事处罚规则。

菲律宾环境立法具有比较鲜明的特点，如就立法目的而言，多部法典或法律目的具有同一性，将人与自然和谐相处、保护公众健康、安全和公共福利、资源的公平享有、维护平等的环境权以及平衡环境保护与经济发展等，作为立法的主要目标；就法律文本结构而言，大部分法律都设置了违法的责任或处罚条款。不过，由于数量众多，体系庞大，一些重合或交叉难以避免，协调性需要进一步考察。

三 菲律宾环境管理机构

菲律宾的环境管理如同许多国家一样，属于多头管理，即由多个部门负有环境资源监管责任。其中，环境与自然资源部是最主要的执法部门，其下设环境管理局、林业发展局、生物多样性保护局、矿业局等多个部门机构，承担着菲律宾环境资源保护的大部分职能。此外，农业部、土地改革部、能源部等对农渔畜牧、土地开发、能源利用等具体领域承担相应的监管责任。此外，对于重点环境保护区域如吕宋、米沙鄢还额外设有外派办事点，专事当地环境保护项目。

（一）环境与自然资源部

菲律宾环境与自然资源部前身为 1917 年成立的菲律宾农业与自然资源部，1932 年改组为菲律宾农商部，1947 年更名为环境与自然资源部，负责管理和监督菲律宾国家自然资源勘探、开发、利用和保护，以及对公共土地、森林和矿物资源（包括矿物保护区）的管理、利用、开发、保护与公平分配。目前下设 9 个行政部门、6 个职能部门、47 个区域外地办事处。①

环境与自然资源部机构内设行政部门包括政策及规划办公室、外国援助与特殊项目服务办公室、流域控制办公室、知识和信息系统办公室、战略通信和项目办公室、法律办公室等。另设 6 个职能部门，即环境管理局、矿业局、林业发展局、土地管理局、生物多样性保护局、生态系统研发局。此外，针对环境管理与资源保护的重点问题而特别设定专门机构，包括拉古纳湖发展局、国家测绘和资源信息管理局、国家水资源局、自然资源开发、可持续发展委员会（PCSD）、菲律宾淤泥开发部、菲律宾填海管理局。

1. 环境管理局

1987 年，依据菲律宾第 192 号行政命令，国家环境保护委员会、国家污染控制委员会与菲律宾环境中心三部门被重组为环境管理局，作为环境与自然资源部的一个工作局。该局由一名署长领导，并由一名助理署长协助，负责有关环境管理、自然保护及污染管制等事宜。

环境管理局主要负责执行总统令第 1586 号《环境影响评估制度法》、共和国第 8749 号法令《1999 年菲律宾清洁空气法案》、第 9003 号共和国法《2000 年生态固体废物管理法》、共和国第 6969 号法令《有毒物质、危险物质与核废料控制法》等法案。该局以保护、恢复和提高菲律宾环境质量，实现良好的公共卫生、环境完整性和经济活力为任务，且在水质量、空气质量以及有毒物质及危险化学品方面重点管理，力求使其达到利于后代的环境素质。

环境管理局的具体职能如下：（1）就环境管理和污染控制提出可能的法律、政策和方案；（2）就有效地执行环境管理和污染控制的政策、方案和项目向各区域办事处提供咨询；（3）制定环境质量标准，例如水、空气、土地、噪声和辐射的质量标准；（4）就环境影响评估的规则和条例提出建议，并为其执行和监测提供技术援助；（5）制定适当处置固体废物、有毒和危险物质的规则和条例；（5）就环境管理和污染管制的法律问题向秘书提供意见，并协助就污染案件举行公开聆讯；（6）秘书处协助污染裁决委员会的工作；（7）协调可能为编写《菲律宾环境状况报

---

① 参见菲律宾环境与自然资源部官网，http：//www.denr.gov.ph/，2022 年 2 月 18 日。

告》和《国家养护战略》而设立的机构间委员会；(8) 协助各区域办事处编制和向一般公众散发关于环境和污染问题的资料；(9) 协助秘书和区域干事，为执行环境和污染法律提供技术援助；(10) 为各区域办事处进行环境研究方案提供科学援助。①

环境管理局内设二级机构，包括：行政、财务及管理部，固体废物管理部，环境教育与信息部，环境影响评估与管理部，环境质量管理部，环境研究与实验室服务部，法律部，政策、规划和计划开发部。

2. 林业发展局

林业发展局受环境与自然资源部部长直接管理和监督，就有关林业发展与保护的事项，为实现可持续林业管理，根据科学治理的原则，提出政策与计划，并为中央和外地办事处提供技术指导，有效保护、开发林地和流域。该局对菲律宾所有林地、放牧地和森林保留地，包括目前由其他政府机构或单位管理的流域保留地皆具有管辖权。②

林业发展局的具体职能如下：(1) 建议有效保护、发展、占用、管理和养护林地与分水岭的政策和（或）方案：包括放牧和红树林地区，重新造林和恢复严重砍伐/退化的森林保护区，改善水资源的利用和开发，保护墓地，建设野生动物保护区和其他自然保护区，发展藤、竹和其他有价值的非用材林资源，理顺木材工业，规范包括野生动物在内的森林资源的利用和开发，确保森林产品和服务的持续供应。(2) 就执行上述政策和/或方案向区域办事处提出建议。(3) 制订计划、方案、作业标准和行政措施，以促进主席团的目标和职能。(4) 协助监测和评价林业与流域发展项目，以确保效率和效果。(5) 研究林业和以森林为基础的工业的经济，包括地方、国家和国际各级的供求趋势，查明各领域的投资问题和机会。(6) 履行秘书处指派或法律规定的其他职能。

林业发展局内设二级机构，包括：林业政策、规划与知识管理部；林业资源管理部；林业资源保护部；林业投资发展部。

3. 生物多样性保护局

生物多样性保护局旨在保护菲律宾生物多样性、防止物种灭绝、为环境提供自然恢复力及可持续利益。该局具体职能如下：(1) 为建立和管理综合保护区系统，如国家公园、野生动物保护区和保护区、海岸公园和

---

① Executive Order No. 192 of 1987: Section 5, 6.
② 参见菲律宾林业发展局官网，http://forestry.denr.gov.ph/，2022年2月18日访问。

生物圈保护区，拟订和建议政策、准则、规则和条例；（2）制定和建议有关保护生物多样性、遗传资源、濒临灭绝的动植物的政策、准则、规则和条例；（3）编制一份最新的菲律宾濒危动植物清单，并建议养护和繁殖这些动植物的方案；（4）协助秘书处监测和评估综合保护区系统的管理，并向各区域办事处提供技术援助，以执行这些地区的方案；（5）履行秘书处指派或法律规定的其他职能。[①]

生物多样性保护局内设二级机构，包括：沿海和海洋部门；国家公园部门；洞穴、湿地和其他生态系统部；野生动物资源部；生物多样性政策和知识管理部；行政和财政部；尼诺伊阿基诺公园和野生动物中心。

4. 矿业局

据菲律宾第192号行政命令，矿产保留发展委员会、黄金矿业发展委员会与矿山与地质科学局三部门职能合并，形成矿业局，由一名局长领导，一名助理局长协助，负责有关地质和矿产资源的勘探、开发和保护的事项。[②]

矿业局具体职能如下：（1）建议有关矿物资源开发和地质的政策、条例和方案；（2）对政策、条例提出建议并监督国家管辖范围内海洋矿物资源的开发和开采，如硅砂、沙金、磁铁矿和铬铁矿砂等；（3）就授予含有金属和非金属矿产资源地区的采矿权和合同问题向秘书处提供咨询意见；（4）就有效执行矿物开发和养护方案以及地质调查向各区域办事处提供咨询意见；（5）协助监测和评价该局的方案和项目，以确保其效率和效力；（6）制定和颁布关于矿物资源开发和地质的标准与作业程序；（7）监督和控制地质调查、矿物资源评价、采矿和冶金技术的发展与变化，提供地质、冶金、化学和岩石力学实验室服务，开展海洋地质、地球物理调查和自然勘探钻探项目；（8）履行秘书处指派或法律规定的其他职能。[③]

矿业局内设二级机构，包括：规划、政策及国际事务部；矿业经济信息与出版部；矿山安全、环境和社会发展部；矿业权属管理部；海洋地质调查部；土地地质调查部；矿业技术部；冶金技术部；法律服务部；矿山安全、环境和社会发展部。

---

① 参见菲律宾生物多样性保护局官网，https：//bmb.gov.ph/，2022年2月18日访问。
② Executive Order No. 192 of 1987：Section 15.
③ 参见菲律宾矿业局官网，http：//mgb.gov.ph/，2022年2月18日访问。

5. 生态系统研发局

据菲律宾第192号行政命令，森林研究所和国家红树林委员会两部门重组为生态系统研发局，该局由一名署长领导，并由一名助理署长协助，主要负责制定、实施、协调和评估关于环境和自然资源以及其他相关跨领域的综合研究等。[1]

生态系统研发局具体职能如下：（1）拟订和建议有关菲律宾生态系统和自然资源，如矿物、土地、森林的综合研究方案，作为整体和跨学科的研究领域；（2）协助部长确定向本部门各种技术研究计划分配资源的优先次序；（3）为执行和监测上述研究方案提供技术援助；（4）在研究和发展与可持续利用菲律宾生态系统和自然资源有关技术方面，提供技术和科学援助；（5）协助秘书处评价综合研究方案的实施效果。

生态系统研发局内设二级机构，包括：林业生态系统研究部、沿海地区和淡水生态系统研究部、城市生态系统研究部、技术转移事业部、实验室和实验服务部。流域和水资源研究开发中心、城市与生物多样性研究开发中心、沿海资源与生态旅游研究开发中心、农林业研究开发中心、林业湿地研究开发中心、有毒有害废物研究中心。

6. 土地管理局

土地管理局由一名署长领导，并由一名助理署长协助，负责有关土地合理分类、管理与处置的事宜。

其具体职能如下：（1）建议有效地管理、调查和处置公共领域的可转让和可使用土地以及其他政府机构职责之外的土地的政策和方案；（2）就更有效地管理公共土地的政策、方案和项目向各区域办事处提供咨询意见；（3）协助监测和评价土地调查、管理和处置土地，以确保其效率和效力；（4）颁布标准、准则、条例和命令，执行土地最大化利用和发展的政策；（5）制定业务标准和程序，以加强主席团的目标和职能；（6）协助部长执行官负责实施《公共土地法》（C. A. 141，经修订）；（7）履行秘书处指派或法律规定的其他职能。[2]

（二）农业部

农业部前身为农业与制造业部，成立于1898年6月12日，该部是埃

---

[1] Executive Order No. 192 of 1987: Section 17.
[2] 参见菲律宾土地管理局官网，http://lmb.gov.ph/，2022年2月18日访问。

米利奥·阿吉纳尔多总统成立的首批机构之一，1974年5月马科斯总统将农业与制造业部重组拆分为农业部与自然资源部（即环境与自然资源部）两个机构。作为菲律宾环境行政机构的主要组成部分，菲律宾农业部对菲律宾农业的计划发展、政策执行、程序监督进行调控。目前下设9个行政部门、8个职能部门、9个附属机构、13个附属公司、15个区域外地办事处。①

菲律宾农业部的行政部门主要包括规划和监测服务部、政策研究部、农业综合企业和营销协助服务部、法律服务部等，对菲律宾农业进行政策研究、发展规划、监督评价等管理措施。其附属机构及附属公司对国家农业进行协助管控，附属机构包括农业信贷政策委员会、化肥农药管理局、菲律宾纤维工业发展局、菲律宾农业和渔业委员会国家肉类检验局、菲律宾水牛中心、菲律宾农作物果实研发与机械化中心、国家渔业研究与发展研究所、菲律宾橡胶研究所。附属公司主要有国家乳品局、国家食品局、国家烟草总局、菲律宾椰子管理局、菲律宾渔业发展局、菲律宾水稻研究所、糖业监管局等。

1. 农渔业工程局

农渔业工程局依据菲律宾第10601号共和国法案第24条创建，其任务是监督国家农渔业现代化计划的实施情况以及规划、实施和评估农业部门农业机械化与基础设施的发展。

作为农业部的常设局，其具体职能如下：（1）协调、监督和监测农业渔业工程、农场到市场的道路和其他农业渔业基础设施项目的国家规划和实施；（2）协助国家农业机械化计划的国家规划、协调和实施；（3）编制、评估、验证和推荐有关农渔业机械化与基础设施项目的工程计划、设计和技术规范；（4）监督区域实地单位的农业工程部门的运作并向其提供技术援助；（5）协调和整合农业发展局、附属机构和公司的所有农业与渔业工程活动；（6）协调和监测农业与渔业工程标准和其他监管政策的执行；（7）与技术创造者协调实施农业和渔业机械、工具与设备的认证和注册计划；（8）向农业和渔业工具与设备制造商、装配商和进口商颁发经营许可证；（9）颁布和实施考试中心认证指南。②

农渔业工程局下包含三个职能部门：工程计划、设计和规范部（EP-

---

① 参见菲律宾农业部官网，https：//www.da.gov.ph/，2022年2月17日访问。
② 参见菲律宾农渔业工程局官网，http：//www.bfar.da.gov.ph/，2022年2月17日访问。

DSD)、标准监管和执行司（SRED)、计划和项目管理司（PPMD)，分别负责国家农渔业工程的计划、执行与监督。

2. 渔业水产资源局

渔业水产资源局负责菲律宾渔业和水产资源开发、改进、管理和保护，[①] 其依据菲律宾第 8550 号共和国法案（《1998 年菲律宾渔业法典》）而建立。其具体职能如下：（1）制订并实施全面的国家渔业发展计划；（2）颁发商业渔船经营许可证；（3）向从事商业捕鱼的渔民免费发放身份证；（4）监督和审查菲律宾公民与在国际水域进行捕鱼活动的外国人之间的联合捕鱼协议，并确保此类协议不违反菲律宾根据国际条约和公海捕鱼公约作出的承诺；（5）制订和实施综合渔业研究和开发计划，但不限于海洋养殖、海洋牧场、热带/观赏鱼和海藻养殖，旨在提高资源生产力，提高资源利用效率，并确保渔业的长期可持续性；（6）建立和维护一个全面的渔业信息系统；（7）在渔业生产、加工和销售的各个方面提供广泛的发展支持服务；（8）从捕获之日起即提高鱼的质量，并提供咨询服务和技术援助（即在渔船上、上岸区、鱼市场、加工厂以及分销和营销链）；（9）协调初级渔业生产者、渔业组织或合作社开展的与渔业生产有关的工作，就维持鱼市和鱼类上岸区的环境卫生工作向地方政府部门提供建议和协调；（10）与国防部、内政部和地方政府部以及外交部合作建立一支专家队伍，以有效监测、控制和监视菲律宾领海内的捕鱼活动，并提供必要的设施、设备和培训；（11）实施与国际接轨的渔业/水产品及鱼类加工场所进出口检疫制度，确保产品质量和安全；（12）与地方政府机构和其他相关机构协调，在渔业社区建立提高生产力和市场发展计划，使妇女能够参与其他渔业/经济活动，并为发展努力做出重大贡献；（13）执行所有法律，制定和执行管理渔业资源保护与管理的规则和条例，市政水域除外，并与相关机构协商解决资源使用和分配冲突；（14）开发用于国内消费和出口的增值渔业产品；（15）推荐保护/加强渔业的措施；（16）协助地方政府部门发展其在渔业资源开发、管理、规范养护和保护方面的技术能力；（17）制定养护和管理跨界鱼类种群和高度洄游鱼类种群的规章制度；（18）履行其他促进渔业、水产资源开发、养护、管理、保护和利用的相关职能。

---

① Republic Act No. 9147：Wildlife Resources Conservation and Protection Act；Section 4.

渔业水产资源局下设渔业资源管理司、捕捞渔业司、渔业收获后技术部、内陆渔业和水产养殖司、渔业规划与经济司、渔业监管和许可司等部门，并根据专属经济区内、菲律宾领海内，有关渔业、水产资源管理与保护的法律、规则和条例，落实以下任务：就与渔业捕捞技术有关的事项提供全面的技术咨询和支持服务；协助制订和实施国家内陆渔业和水产养殖发展与管理计划及环境影响评估；对渔业各方面的产业、经济、制度等相关研究进行分析，为渔业和水产资源的利用、管理、开发、保护与分配制定和提供适当的政策和方案等。

3. 畜牧业局

畜牧业局主要负责提供政策、计划、研究和服务，使国家畜牧业在可持续环境下具有生产力和盈利能力。计划到2020年形成充满活力与竞争力的畜牧业，并实现国家粮食安全。

畜牧业局下属部门包括动物饲料兽药和生物制剂控制司、动物保健福利司、畜牧业研究开发司、国家兽医检疫局、兽医实验室部、国家养猪家禽研究开发中心、国家牛肉罐头研发中心、国家饲料资源研究开发中心、国家小型反刍动物研究开发中心。

4. 水土管理局

水土管理局是负责菲律宾土地资源清查、特征描述和评估的授权机构，职能主要为分析、制作农业和渔业发展地图以及其他有关土壤与水的相关服务。水土管理局通过全面的技术报告及实地验证，制作了具有丰富信息的土地要素图，其中包括土壤/地貌形态、土地管理单元、坡度、侵蚀程度、土地利用和植被分布情况。同时，其在世界银行全球减少灾害风险基金的帮助下，结合农业部农业和渔业信息技术中心的IT基础设施，目前已成功将这些重要的模拟土地资源地图转换为地理数据库储备信息。

5. 植物工业局

植物工业局主要负责菲律宾作物的研究、开发与质量检测。下设农业工程部、工厂产品安全与服务部、国家植物检疫服务部、作物病虫害管理部、作物研究和生产协助部与国家种子质量控制服务部。

6. 农业研究局

农业研究局下设研究项目开发部、研究协调部、知识管理与信息系统部、行政部。其致力于为国家农业研究与发展提供领导与协调作用，确保其运营、流程和服务的各个方面实施国际公认的管理体系。同时为了不断提高此部门的绩效，发挥管理体系的有效性和适用性，该局以法律法规、行业倡议、利益相关者要求为基准，评估客户需求、为研究人员和其他利益相关者提供优质服务、建立质量目标，以期达到提高运营与程序之效率，实现可持续发展，建立一支具有高素质、积极、可靠员工的队伍。

7. 农渔业标准局

农渔业标准局主要负责制定和推广农业与渔业标准，执行有机农业法规，确保客户的安全和产品质量，为环境保护、工人福利和提高市场准入做出贡献，计划至 2025 年，成为东盟内制定农业和渔业标准以及执行农业法规的值得信赖的机构。其下设行政服务部、标准制定部、有机农业部、技术服务部、实验室服务部。

8. 农业培训学院

农业培训学院是菲律宾农业部的推广和培训机构，其主要负责培训农业推广工作人员，同时为农渔业提供相关电子推广服务。

（三）土地改革部

菲律宾土地改革部成立于 1971 年 9 月，其宗旨是通过完善土地使用权制度、实现土地正义和协调向客户受益人提供基本支持服务，领导全面土地改革计划的实施；通过土地征用和分配，为无地农民提供土地使用权保障；通过对土地案件的裁决和土地法律援助，为土地改革受益人提供法律干预；进行社会基础设施和地方能力建设。[①]

1. 主要职责

土地改革部向社会提供的服务项目包括：土地使用权服务、农业法律服务、土地政策咨询、技术咨询服务。

（1）通过土地收购、分配或租赁业务对土地进行运营。土地改革部将政府和私人农用地重新分配给无地农民和农场工人以确保农民的土地使用权，促进社会公平。租赁经营则是在不变动所有权的情况下使土地得到最大限度的利用。

（2）提供法律咨询、法律援助。土地改革部的法律咨询面向土地改革受益人（ARB）和土地所有者开放。其服务范围涵盖土地法律援助局（BALA）下的土地法律援助（ALA）和土地改革部审判委员会

---

① 参见菲律宾农渔业工程局官网，https：//www.dar.gov.ph/，2022 年 2 月 17 日访问。

(DARAB）下的土地案件代理。

与此同时，土地改革部负有对受农业案件影响的农民受益人提供免费法律援助的义务。包括解决土地案件的审判、调解及和解。目前该部在调解中采用更积极的替代性争议解决方案，以减少逐渐演变为法庭案件的冲突。

（3）提供土地政策、技术咨询支持服务。法规咨询部负责对土地资源的发展战略、重大土地政策提供咨询服务，同时对土地资源法律、法规和规章的制定提出咨询建议，大力开展对土地资源开发利用和管理有关技术推广的咨询服务。

2. 内设机构

土地改革部内设秘书办公室、土地改革理事会、土地改革部司法委员会、公共协助以及媒体关系处。在此之下又设财务规划行政处、法律事务处、支援服务处、外地业务办公室。而其内部又根据功能进行了细分：(1) 财务规划行政处（FPAO）：信息系统服务科、政策计划服务科、财务服务科、行政服务科、信息系统服务科；(2) 法律事务处（LAO）：土地法律援助科、法律服务科；(3) 支援服务处（SSO）：土地改革受益人科、项目管理服务科；(4) 外地业务办公室（FOO）：土地保有权改善科。

（四）能源部

菲律宾能源管理的重要机构是能源监管委员会及能源部，而其中又以后者的作用更为广泛。

菲律宾现行的能源监管委员会基于 2001 年电力行业改革法案设立。该法案废除了第 172 号行政命令所成立的能源监管委员会，还将新设的能源监管委员会确认为在电力行业中履行准司法、准立法和行政职能的独立监管机构。新的能源监管委员会除了传统的费率和服务监管职能，还重点履行颁布/批准规则、法规、指导方针和政策，颁发许可证和执照，解决纠纷的职能。

菲律宾能源部是基于 1972 年颁布的第 1206 号总统令创建的政府执行部门，负责协调、监督政府与能源有关的所有行动，其服务职能主要包括：法律支持、财政规划、信息管理、能源实验。

能源部下设 9 个功能部门，包括能源资源开发局（ERDB）、可再生资源管理局（REMB）、能源利用管理局（EUMB）、石油工业管理局（OIMB）、能源政策与规划局（EPPB）、电力行业管理局（EPIMB）、外地办事处等，附属机构包括国家电力公司和国家石油公司。①

1. 能源资源开发局

能源资源开发局负责制定和实施与本土石油、煤炭和地热能源资源的勘探、开发和生产以及相关产品和市场开发有关的政府政策、计划和法规。

其下设石油资源开发部（负责制定和实施与石油资源勘探和开发有关的政策、计划、方案和法规）、煤炭和核矿产部（负责制定、实施与煤炭、核矿产资源资源管理有关的政策）。

2. 可再生能源管理局

可再生能源管理局负责制定与开发、利用可再生能源有关的政策、计划和方案。其内设二级机构为：

（1）国家可再生能源委员会技术服务与管理部：负责为国家可再生能源委员会的运营提供支持，向市场提供可再生能源系列商品。

（2）生物质能源管理事业部：负责制定和实施生物质能源资源加速开发、转化、利用和商业化有关的政策。

（3）水电与海洋能源管理部：负责制定和实施与水电和海洋能源开发、利用有关的政策。

（4）地热能源管理部：负责制定和实施有关加快地热能源开发、转化、利用和商品化的政策。

（5）太阳能与风能管理部：负责制定和实施有关太阳能和风能资源加快开发、转化、利用和商业化的政策、规划和方案。

3. 能源利用管理局

能源利用管理局负责制定和实施有关新能源技术的研发、交易的政策、计划，其内设二级机构为：

（1）替代燃料和能源技术部：负责制定与替代燃料及先进的、新的能源技术发展相关的政策、计划。

（2）能源效率及节约计划管理与技术推广部：负责评估能源效率和节能技术；组织宣传推广以提高公众对能效计划和能效产品的认识。

---

① 参见菲律宾能源部官网，https://www.doe.gov.ph/，2022年2月17日访问。

(3) 能源效率和节约公共部门管理司：负责向地方政府部门和其他政府机构提供技术援助以及向 IAEECC 提供技术支持并为其设置秘书处。

(4) 能源效率和节约绩效监管与执法司：负责牵头设立国家经济发展委员会；制订、更新、执行相关能源计划。

4. 石油工业管理局

石油工业管理局负责制定和实施石油下游行业的计划和法规，其领域包括石油原油、产品和副产品的进口、出口、储存、精炼、加工和分销；还负责下游石油行业的发展。

石油工业管理局下设石油工业标准和监测司、石油工业竞争和监测司、天然气管理科、零售市场监测和特别关注部门等机构。

5. 能源政策与规划局

能源政策与规划局负责制定、更新、监测和评估国家与地方能源计划、政策和项目，同时负责研究国际条约义务对能源政策、经济的影响。

能源政策与规划局下设企划科、政策制定与研究部、能源合作与协调司等机构。

6. 电力行业管理局

电力行业管理局负责监督电力行业重组的实施，以建立竞争性、市场化环境，鼓励私营部门参与。同时参与制定与农村电气化相关的计划、方案和战略。

电力行业管理局下设电力规划发展部、电力市场开发部、农村电气化行政管理司。

7. 服务部门

(1) 法律服务部：负责为服务合同谈判和听证会提供法律咨询、法律咨询和法律支持。其下设下游常规能源法律服务部、上游常规能源法律服务部、一般法律事务科、电力法律服务部、可再生能源法律服务部。

(2) 金融服务部：负责制定和实施财政政策，监督政府管理的能源基金的使用情况，并提供与预算和会计有关的员工支持服务。其下设会计科、预算司、常规能源合规部、可再生能源合规部、电力合规部。

(3) 行政服务部：负责制定和实施有关人力资源、财务和资金管理以及一般行政管理的政策、计划。其下设总务司、人力资源管理科、财政司、采购管理科。

(4) 信息技术和管理服务部：负责制定与信息和通信技术、地理信息学以及数据和信息管理相关的政策，内设信息技术部、信息服务司、信息和数据管理司。

（5）能源研究测试和实验室服务部：负责制定政策、计划和方案，以支持当地能源资源的勘探和开发，并通过研发提高能源效率。其下设地学研究与测试实验室部、电器测试及化验部。[1]

四　菲律宾环境诉讼

菲律宾环境司法系统的发展被视为全球环境治理领域的重大成就。2008年成立的环境法庭和2010年《环境案件诉讼规则》无疑是菲律宾环境司法发展史中的重要里程碑。2008年1月最高法院指定117个法庭为特别法庭，审理涉及违反环境和自然资源保护的案件。2010年最高法院为加强司法机构在处理环境案件中的作用，发布《环境案件的诉讼规则》，为环境诉讼提供了清晰的法律框架，以公平且迅速地解决环境案件中提出的问题。同时，菲律宾也是第一个针对环境案件制定专门程序规则的国家。

（一）菲律宾环境法庭

根据菲律宾1987年《宪法》第8条，司法权应授予最高法院和根据法律设立的下级法院。菲律宾是四级法院体系。根据1980年《司法机构重组法》，最高法院之下的其他三级法院为：上诉法院，地区审判法院，大都市和市级（巡回）审判法院。[2]

上诉法院的管辖范围包括：第一，享有发布授权令、禁止令、审讯令、人身保护令和诉讼令的初审管辖权；第二，对要求撤销地区审判法院判决的诉讼拥有专属的初审管辖权；第三，对地区审判法院、准司法机构和其他各类机构、董事会或委员会的所有最终判决、决议、命令或裁决拥有专属上诉管辖权，但根据《宪法》《菲律宾劳动法》属于最高法院上诉管辖权的除外。[3]

地区审判法院共有13个，分别对应相应的司法区，每个司法区包括

---

[1] 参见菲律宾能源部官网，https://www.doe.gov.ph/what-we-do，2022年2月17日访问。
[2] Batas Pambansa Blg. 129：The Judiciary Reorganization Act of 1980；Section 2.
[3] Batas Pambansa Blg. 129：The Judiciary Reorganization Act of 1980；Section 9.

多个省市行政区。每个地区审判法院的地区审判法官数量由立法明确规定，且每位地区审判法官应被任命到其管辖司法区内的特定地区，该地区应是他的永久驻地。地区审判法院对不属于任何法院、法庭或机构专属管辖范围的所有刑事案件行使专属初审管辖权，对诉讼标的无法用金钱估算、涉及婚姻关系、遗嘱认证事项等民事诉讼中享有排他性初审管辖权。[1]

首都审判法院、市级审判法院与市级巡回审判法院是指在大都市区、其他城市或自治区市域、巡回行政区分别依法设立的审判法院。除属于地区审判法庭和桑迪甘巴扬法庭（Sandiganbayan）专属初审管辖权的案件外，首都审判法院、市级审判法院与市级巡回审判法院的刑事管辖权包括：第一，对在其各自领土管辖范围内发生的所有违反城市条例的行为行使专属初审管辖权；第二，对所有可能处以6年以下监禁的犯罪行为行使专属的初审管辖权。此外，对遗嘱公证、强行进入和非法扣留案件以及所有涉及不动产的民事诉讼案件享有专属初审管辖权。[2]

《宪法》第二章第16条规定："国家应按照自然的节奏和和谐，保护和促进人民享有平衡和健康的生态的权利。"最高法院为保护公民享有的平衡和健康的环境宪法权，2008年1月发布《指定特别法院审理/审理和裁决环境案件》行政命令，指定第一级和二级法院的共117个法庭为特别法庭，审理涉及违反旨在保护国家环境和自然资源立法的案件。[3] 因此，环境诉讼程序除应遵守现行程序法中有关管辖权的一般规定外，还应遵循环境案件管辖权的特殊规定。

涉及环境问题的案件都应移交至环境法庭审理。但如果民事案件的预审已经开始或刑事案件的被告已经被提审，则应保留在原来分配的分庭。否则，如果有两个以上指定的特别法庭，这些案件应以抽签方式分配，或者当该局只有1个特别法庭时，这些案件应被转移到该特别法庭中。[4]

---

[1] Batas Pambansa Blg. 129：The Judiciary Reorganization Act of 1980；Section 13、17、19、20.
[2] Batas Pambansa Blg. 129：The Judiciary Reorganization Act of 1980；Section 25、32、33.
[3] Administrative Order No. 23-2008：Designation of Special Courts to Hear, Try and Decide Environmental Cases.
[4] Administrative Order No. 23-2008：Designation of Special Courts to Hear, Try and Decide Environmental Cases.

(二) 菲律宾环境民事诉讼

1. 适用范围

环境民事诉讼中可以提起的诉状或议案包括诉讼、答辩（包括强制性反诉和交叉诉讼）、延期、重审和解除判决等请求。[①]

环境民事诉讼中禁止提起的请求类型有：（a）驳回申诉的请求；（b）要求提供详细信息的请求；（c）请求延长提交诉状的时间，除提交答辩时间外，延长时间不得超过 15 日；（d）宣布被告违约的请求；（e）答辩和复辩；（f）第三方诉讼。此外，对于可能需要法院进一步评估的较为复杂的案件，为了防止明显的司法不公，菲律宾法院也允许提起请求延期、重审和解除判决的诉讼。[②]

有效的起诉书应当包含当事人的姓名、地址、诉讼原因和所请求的救济。特别是为了方便当事人完整地陈述事实，原告应提交已收集的所有证据，包括证人的宣誓书、书面证据和实物证据等。同时，起诉书应当说明该案涉及环境问题，否则，主审法官应将该案提交给行政法官重新分配。[③]

2. 原告

菲律宾环境民事诉讼原告包括一般诉讼中的利害关系人和公民诉讼中的菲律宾公民。根据《民事诉讼规则》，任何与本案有利益关系的当事人，包括政府和经法律授权的司法实体，均可提起环境民事诉讼。[④] 据此，菲律宾公民和外国人都可以提起该诉讼，只要他们能够证明因环境损害而造成了直接的人身伤害。菲律宾环境民事诉讼的进步之一在于，为鼓励保护环境，法院允许原告以"公民诉讼"的方式提起诉讼。公民诉讼（Citizen Suit）是指任何菲律宾公民都可以代表未成年人或尚未出生的后

[①] Administrative Matter No. 09-6-8-SC：Rules of Procedure for Environmental Cases：RULE 2 SEC. 1.

[②] Administrative Matter No. 09-6-8-SC：Rules of Procedure for Environmental Cases：RULE 2 SEC. 2.

[③] Administrative Matter No. 09-6-8-SC：Rules of Procedure for Environmental Cases：RULE 2 SEC. 3.

[④] Administrative Matter No. 09-6-8-SC：Rules of Procedure for Environmental Cases：RULE 2 SEC. 4.

代等其他人提起诉讼,以执行环境法规定的权利或义务。①

不同于传统民事诉讼中要求原告必须存在利害关系的规定,公民诉讼的初衷是维护公共利益,因此只要符合菲律宾公民的身份要求即可提起诉讼,而无须证明其存在人身伤害。显然,这一规定放宽了环境案件的诉讼资格,菲律宾公民可以是任何符合菲律宾公民身份的自然人、法人。此外,为鼓励公众行使环境保护的权利,公民诉讼还允许原告推迟支付申请费,直到判决之后。②

公民诉讼中允许的救济并不局限于生态环境损害赔偿,其他还包括保护、保存或修复环境以及支付律师费、诉讼费和其他诉讼费用。例如,在马尼拉湾案中,法院没有明确规定环境修复的金额,而是要求被告设立专项基金用于恢复和修复马尼拉湾。其中"诉讼费用"包括准备证人的费用、证人费用和其他根据现行规则无法支付的费用。③ 此外,在公民诉讼中,原告不能请求对私益主张损害赔偿。公民诉讼是菲律宾为保护环境这一公共利益而提出的政策。因此,因环境破坏而遭受损害的公民,虽然仍有权作为公民诉讼的主体,但因为诉讼中维护的是环境利益,所以其不能要求对个人伤害进行赔偿。对因此造成个人损害进行赔偿的唯一途径是另提起单独的民事诉讼。在这种情况下,公民诉讼可以与一般环境民事诉讼同时发生。

3. 程序

(1) 预审

最后一份诉状提交后的 1 个月内,或在对反诉或交叉诉讼答辩后的 2 日内,法院书记员应发出预审通知。法院应安排预审,并在从第一次预审会议之日起的 2 个月内,根据需要确定预审会议的时间。④ 预审开始前 3 日内,当事方应提交预审书状。未提交预审书状与未出席预审具有同等效力。⑤

---

① Administrative Matter No. 09-6-8-SC: Rules of Procedure for Environmental Cases: RULE 2 SEC. 5.
② Annotation to the Rules of Procedure for Environmental Cases.
③ Annotation to the Rules of Procedure for Environmental Cases.
④ Administrative Matter No. 09-6-8-SC: Rules of Procedure for Environmental Cases: RULE 3 SEC. 1.
⑤ Administrative Matter No. 09-6-8-SC: Rules of Procedure for Environmental Cases: RULE 3 SEC. 2.

法院应促使案件以非诉方式解决。调解是预审的必经程序。在预审会议开始时，如果当事各方在现阶段尚未解决其争议，则法官必须将当事方移交调解（Referral to Mediation）。如果当事人或其律师获得委托人授权，法院应立即将当事人或其律师转至菲律宾调解中心（Philippine Mediation Center，PMC）进行调解。如果部分地区没有PMC的调解服务，那么法院应将案件转交法院书记员或法律研究人员进行调解。[1] 该条款的创新之处在于，考虑到法院书记员的繁重工作可能无法参与调解程序，增设了法律研究人员作为调解主体。调解必须在收到移交调解通知后30日内进行。调解报告必须在30日期限届满后10日内提交。

如果调解失败，法院将安排继续进行预审。[2] 在预定的继续审理日期之前，法院可以将案件提交法院书记员进行初步会议，以协助各方当事人达成和解。法官应尽最大努力说服各方当事人达成争端的解决办法。预审中双方达成和解的，法官可以根据法律、道德、公共秩序和公共政策发布同意令（Consent Decree），批准双方之间的协议，以保护人民享有平衡和健康生态的宪法权利。[3]

如果没有完全和解，菲律宾鼓励法官根据《法院规则》第32条将案件提交专员审判，或根据《法院替代性争端解决特别规则》所规定的任何替代性争端解决方式，将案件移交调解员或仲裁员。若法官决定进行审判，则要求当事方商定连续审判的具体日期，并遵守法院案件审理程序。[4]

在预审结束后10日内，法院应当发出预审命令，列明庭前会议期间采取的行动、规定的事实、作出的承认、标记的证据、应出庭的证人人数和审判时间表。该命令约束当事人不得再在审理过程中提起预审已解决的事项。[5] 预审中未出示的证据，除新发现的证据外，视为放弃。

---

[1] Administrative Matter No. 09-6-8-SC：Rules of Procedure for Environmental Cases：RULE 3 SEC. 3.

[2] Administrative Matter No. 09-6-8-SC：Rules of Procedure for Environmental Cases：RULE 3 SEC. 4.

[3] Administrative Matter No. 09-6-8-SC：Rules of Procedure for Environmental Cases：RULE 3 SEC. 5.

[4] Administrative Matter No. 09-6-8-SC：Rules of Procedure for Environmental Cases：RULE 3 SEC. 6.

[5] Administrative Matter No. 09-6-8-SC：Rules of Procedure for Environmental Cases：RULE 3 SEC. 9.

(2) 审理

自预审命令发出之日起的两个月内，法官应进行连续审理。连续审理并非要求法官每天进行审理，而是强调审理的时间范围必须在两个月内。期限届满之前，若有正当理由，法官可以向最高法院申请延长审理期间。①

审理结束后，法院应发出命令，将案件提交判决。同时，法院可以要求双方当事人在案件提交判决之日起 30 日内提交电子备忘录，但不得延长，且无论当事人是否提交备忘录，均不影响法官作出判决的期限。在一般民事诉讼程序中，法院应在提交后的 90 日内作出判决，并将其裁决副本送交当事各方。② 而对于环境案件，则要求法官应当在自案件提交判决之日起的 60 日内对案件作出判决。③

法院应当自起诉书提交之日起一年内审理和判决环境案件。若有正当理由，一年期限届满之前，法院可以向最高法院申请延长期限。被指定的环境法庭应当优先审理环境案件。④ 以上种种规则都大大缩短了环境案件的审判时间。

(3) 判决与执行

对判决结果不服的可提起上诉。案件的标题应维持原判法院的名称，但申请上诉的一方应称为上诉人，另一方作为被上诉人。从法院判决通知之日起的 15 日内为上诉期。通过向作出判决的法院提交上诉通知来提出上诉。上诉通知书应说明上诉方、被上诉的判决或最终命令或其部分内容。在上诉完成后 15 日内，法院书记员应当移交完整记录、证据等材料至适当的上诉法院，并向当事各方提供其向上诉法院转交记录的信的副本。⑤

任何要求执行保护、保全或恢复环境行为的判决，除非受到上诉法院

---

① Administrative Matter No. 09-6-8-SC：Rules of Procedure for Environmental Cases：RULE 4 SEC. 1.

② A. M. No. 19-10-20-SC 2019：Proposed Amendments to the 1997 Rules of Civil Procedure Rule 30 Sec. 1.

③ Administrative Matter No. 09-6-8-SC：Rules of Procedure for Environmental Cases：RULE 4 SEC. 4.

④ Administrative Matter No. 09-6-8-SC：Rules of Procedure for Environmental Cases：RULE 4 SEC. 5.

⑤ Batas Pambansa Blg. 129：The Judiciary Reorganization Act of 1980：Section 39.

的限制，否则在上诉期间内仍应执行。① 法院可以自行决定，或根据胜诉方的申请，下令将判决或命令的执行提交给法院任命的专员。专员应每季度或在必要时向法院提交书面进度报告。②

(三) 环境特别民事诉讼

1. 自然令

（1）概念

自然令（Writ of Kalikasan）是指自然人、法人、法律授权的单位、人民组织、非政府组织或任何政府机构认可或登记的公共利益团体，当其享有的平衡和健康的环境宪法权利，由于公职人员或雇员、个人或法人的非法行为或疏忽行为而可能受到侵犯，且涉及的环境损害程度足以损害两个或多个城市或省份的居民的生命、健康或财产时，可提起此令状。③

自然令的申请具有严格的条件限制。首先，自然令的申请者是享有平衡和健康的宪法环境权的主体，包括：第一，自然人或法人；第二，法律授权的单位；第三，人民组织，非政府组织或任何政府机构认可或登记的任何公共利益团体。其次，自然令是在环境损害程度达到一定规模后提起的救济措施。只有当环境损害后果涉及两个或两个以上地区居民的生命、健康或财产时，受害者才可提出申请，从而更好地处理这一跨越政治和领土边界的损害。因此，申请者在提交申请书时必须明确指出环境损害的严重程度，并附所有相关和实质性证据，以便法院确定是否有必要立即签发令状。

（2）程序

第一，申请。由于自然令的申请皆涉及严重的跨区域环境问题，其管辖权也因此由最高法院或上诉法院负责。申请人免于支付诉讼费用。自然令的救济对象不包括人身伤害损害。④

---

① Administrative Matter No. 09-6-8-SC：Rules of Procedure for Environmental Cases：RULE 5 SEC. 2.

② Administrative Matter No. 09-6-8-SC：Rules of Procedure for Environmental Cases：RULE 5 SEC. 4.

③ Annotation to the Rules of Procedure for Environmental Cases.

④ Administrative Matter No. 09-6-8-SC：Rules of Procedure for Environmental Cases：RULE 7 SEC. 3.

第二，签发令状。自提交申请书之日起3日内，如果申请书符合形式和实质条件，法院应发布签发令状的命令。法院书记员应立即签发盖有法院印章的令状，包括发布停止令和终止令以及其他临时救济措施。令状应由一名法院官员或法院委托的其他人送达答辩人，并保留一份副本。①

法院书记员如果不适当地拖延或拒绝在授权后签发令状，或法院官员或代理人不适当地拖延或拒绝送达令状，将被法院以藐视法庭罪处罚，但不影响其他民事、刑事或行政诉讼。②

第三，被告回应（Return of Respondent）。在令状送达后10日内，被告应提交一份经核实的回执，其中应包含所有抗辩理由，以证明被告没有违反或威胁要违反或允许违反任何环境法律、规则或条例，或实施任何致使环境损害危机两个以上城市或省份居民的生命、健康或财产的行为。③

被告未在回执中提出的抗辩都应被视为放弃。回执应包括证人的宣誓书、文件证据、科学或其他专家研究报告，有条件的还应包括支持被告辩护的实物证据。仅对申请书中指控的普遍性否认应被视为对该指控的承认。④

即使被告未能提交答辩回执，法院仍应继续审理。⑤

第四，听证与判决。在收到被告回复后，法院可召开初步会议以简化争论点，并确定从当事人之间存在契约或许可的可能性，随后可提出听证申请。包括初步会议在内的听证会不应超过60日，并应获得与人身保护令、宪法权利保护令和人身数据申请相同的优先权。⑥

---

① Administrative Matter No. 09-6-8-SC；Rules of Procedure for Environmental Cases；RULE 7 SEC. 5、6.

② Administrative Matter No. 09-6-8-SC；Rules of Procedure for Environmental Cases；RULE 7 SEC. 7.

③ Administrative Matter No. 09-6-8-SC；Rules of Procedure for Environmental Cases；RULE 7 SEC. 8.

④ Administrative Matter No. 09-6-8-SC；Rules of Procedure for Environmental Cases；RULE 7 SEC. 8.

⑤ Administrative Matter No. 09-6-8-SC；Rules of Procedure for Environmental Cases；RULE 7 SEC. 10.

⑥ Administrative Matter No. 09-6-8-SC；Rules of Procedure for Environmental Cases；RULE 7 SEC. 11.

听证后，法院应发布命令，将案件提交裁决。在提交裁决后 60 日内，法院应作出给予或拒绝自然令特权的判决。①

此外，申请签发自然令不排除另外提起民事、刑事或行政诉讼。特别是对于人身伤害损害，由于自然令并不给予救济。因此，要求赔偿的个人只能提起一般的环境民事诉讼。②

第五，上诉。自通知不利判决或驳回复议动议之日起 15 日内，任何一方都可提起诉讼。③

2. 继续履行职务令

（1）概念

继续履行职务令（Writ of Continuing Mandamus）是指在环境案件中由法庭发布的一项令状，该令状指令机构或政府部门或其官员，从事全部履行前一直有效的最终判决裁定的一项或一系列活动。④ 当任何政府机构或部门或其官员非法忽视履行法律明确规定的、与执行或违反环境法规则或条例或其中的权利有关的职责，或非法排除他人使用或享受这种权利，并且在普通法律程序中没有其他明确、迅速和充分的补救措施时，被害人可以向管辖法院提交一份经核实的申请书。⑤ 申请书应明确指控事实，附上支持性证据，具体说明其涉及的环境法律、规则或条例，并请求作出判决，命令被告人采取一项或一系列行动，直到判决完全得到满足；并支付申请人因被告人恶意忽视履行法律、规则或条例规定的职责而受到的损害。⑥

（2）程序

申请书应向对该疏忽或不作为拥有诉讼管辖权的地区审判法院、上诉

---

① Administrative Matter No. 09-6-8-SC：Rules of Procedure for Environmental Cases：RULE 7 SEC. 15.
② Administrative Matter No. 09-6-8-SC：Rules of Procedure for Environmental Cases：RULE 7 SEC. 17.
③ Administrative Matter No. 09-6-8-SC：Rules of Procedure for Environmental Cases：RULE 7 SEC. 16.
④ Administrative Matter No. 09-6-8-SC：Rules of Procedure for Environmental Cases：RULE 1 SEC. 3（c）.
⑤ Annotation to the Rules of Procedure for Environmental Cases.
⑥ Administrative Matter No. 09-6-8-SC：Rules of Procedure for Environmental Cases：RULE 8 SEC. 1.

法院或最高法院提交。① 申请人免除支付诉讼费。② 如果该申请书的形式和实质内容符合条件，法院应发出令状，并要求答辩人在收到其副本后10日内对该申请书发表意见。③ 该命令应以法院指示的方式，连同申请书的副本及其附件一起送达答辩人。提交请愿书的法院可以发出"加快诉讼"（Expediting Proceedings）的命令以推进诉讼程序；也可以发布临时环境保护令（Temporary Environmental Protection Order），以保护当事人在该诉讼程序前所享有的权利。④ 被告意见提交或者提交时间届满后，法院可对该案以简易形式审理，或要求各方提交备忘录。⑤

继续履行职务令的案件应在提交申请书之日起60日内得到处理，且不得延期。如有必要，法院应授予"继续履行职务令"的特权，要求被申请人执行一项或一系列行为，直到判决得到完全满足，并给予可能因被申请人的错误或非法行为而需要的其他救济。法院应要求被申请人提交定期报告，详细说明判决的进展和执行情况，法院可自行或通过专员或适当的政府机构评估和监督遵守情况。申请人可以提交其对判决执行情况的评论或意见。⑥

（四）环境刑事诉讼

1. 起诉

菲律宾提起环境刑事诉讼的主体较为广泛。一般情况下，检察官负责刑事案件的侦查和起诉。但是，任何被害者、治安官或负责执行环境法的公职人员都有权提交刑事申请至法院或检察官以提起环境诉讼。

在环境刑事案件中，特殊情况下，律师可以担任"检察官"的职责。事实上，大多数环境案件是对生态环境这一公共利益的破坏，并没有特定

---

① Administrative Matter No. 09-6-8-SC：Rules of Procedure for Environmental Cases：RULE 8 SEC. 2.
② Administrative Matter No. 09-6-8-SC：Rules of Procedure for Environmental Cases：RULE 8 SEC. 3.
③ Administrative Matter No. 09-6-8-SC：Rules of Procedure for Environmental Cases：RULE 8 SEC. 4.
④ Administrative Matter No. 09-6-8-SC：Rules of Procedure for Environmental Cases：RULE 8 SEC. 5.
⑤ Administrative Matter No. 09-6-8-SC：Rules of Procedure for Environmental Cases：RULE 8 SEC. 6.
⑥ Administrative Matter No. 09-6-8-SC：Rules of Procedure for Environmental Cases：RULE 8 SEC. 7.

的受害者，如在海洋保护区用炸药捕鱼、在森林中非法砍伐。因此，为了更好地保护环境，鼓励公众参与刑事诉讼，促进环境案件的公共利益，菲律宾在环境刑事诉讼中规定了"特别检察官"制度。特别检察官（Special Prosecutor）是指在环境刑事案件中，当没有特定被害者时，任何为个人或法人提供服务的律师，经检察官同意并受其管理和监督后，法院可以允许其担任特别检察官。①

提起刑事诉讼时，为追偿因所指控的罪行而产生民事责任的诉讼，应视为与刑事诉讼一起提出，除非原告放弃或保留单独提起民事诉讼的权利，或在刑事诉讼之前提起民事诉讼。②

2. 逮捕和被扣押物品的处置

原则上，逮捕应当持有逮捕令。然而，在以下特殊情况中，可以实施无证逮捕：第一，当被逮捕者在被逮捕前已实施、正在或企图犯罪时；第二，犯罪刚刚发生，并且其有理由根据已经知道的事实或情况认定被逮捕的人已经犯罪。③

被扣押物品的保管和处置，应当按照有关政府机关颁布的有关法律、法规执行。有关政府机关没有颁布适用的法律、法规的，应当遵循下列程序：

第一，初步保管和控制被扣押物品的逮捕官员，应在被扣押者面前对这些物品进行实物清点，并在可行的情况下进行拍照。

第二，之后，负责逮捕的官员应在扣押之日起5日内向发出逮捕令的法院提交搜查令回执，或者在无证逮捕的情况下，在扣押之日起5日内向检察官提交清点报告、合规报告、照片、代表性样品和其他相关文件，以便其采取适当行动。

第三，根据任何利益相关方的请求，法院可指令拍卖被扣押物品。法院应在听证后，根据有关政府机构的建议确定最低出价。治安官应进行拍卖。

第四，拍卖应通知被告人、被扣押物品的人或物品所有人以及有关政

---

① Administrative Matter No. 09-6-8-SC: Rules of Procedure for Environmental Cases: RULE 9 SEC. 3.
② Administrative Matter No. 09-6-8-SC: Rules of Procedure for Environmental Cases: RULE 10 SEC. 1.
③ Administrative Matter No. 09-6-8-SC: Rules of Procedure for Environmental Cases: RULE 11 SEC. 1、2.

府机构。

第五，拍卖通知应张贴在被扣押物品的城市或市镇的三个显眼地点。

第六，收益应以信托方式持有，并存入政府开户银行，以便根据判决进行处置。①

3. 保释

发出逮捕令后，为避免长期拘留，被告可向法院申请获得保释。在批准保释申请之前，法官必须用被告知道和理解的语言宣读资料，并要求被告签署书面承诺：

第一，在预定日期到签发逮捕令的法院接受传讯，如果被告在传讯之日无故不出庭，则被告放弃宣读资料，并授权法院代表被告作无罪答辩并审理案件。

第二，根据案件未决的法院的要求，随时出庭。

第三，被告放弃出席审判的权利，以及被告无正当理由且不顾适当通知而未出庭时，可进行缺席审判。②

4. 传讯和辩诉交易

法院应在获得对被告的管辖权后15日内对被告进行传讯，并通知公诉人和被侵犯方或有关政府机构，以在传讯之日接受辩诉交易（Plea-bargaining）。③ 起诉方、犯罪方或者有关政府机关同意辩诉交易的，法院应当发布包含辩诉交易的命令，并作出有罪判决；同时，如果存在民事部分的证据仍应继续接收，并在判决中包括民事损害赔偿责任。

5. 审判

传讯后，法院应在30日内召开预审会议。如有必要，可以将案件提交给法院书记官，在预审前至少3日举行初步会议。④ 预审期间的所有诉讼程序均应记录在案，并由当事方或其律师签署会议记录。⑤ 法院应在预

---

① Administrative Matter No. 09-6-8-SC: Rules of Procedure for Environmental Cases: RULE 12 SEC. 1、2.
② Administrative Matter No. 09-6-8-SC: Rules of Procedure for Environmental Cases: RULE 14 SEC. 1、2.
③ Administrative Matter No. 09-6-8-SC: Rules of Procedure for Environmental Cases: RULE 15 SEC. 1、2.
④ Administrative Matter No. 09-6-8-SC: Rules of Procedure for Environmental Cases: RULE 16 SEC. 1.
⑤ Administrative Matter No. 09-6-8-SC: Rules of Procedure for Environmental Cases: RULE 16 SEC. 6.

审终止后 10 日内发布预审令，说明预审会议期间采取的行动、规定的事实、所作的承认、标记的证据、应提交的证人人数和审判时间表。①

法院应自预审令发布之日起的 3 个月内进行持续审理，并提交裁决。②

法院可要求各方在案件提交裁决之日起 30 日内提交电子备忘录。无论是否提交备忘录，法院都应在提交备忘录的 30 日期间届满后的 60 日内对案件作出裁决。③

如果被告没有经济能力聘请律师或没有合适的检察长，法院应要求菲律宾综合律师协会为被告提供公益律师（Pro bono lawyers）。④

（五）菲律宾环境诉讼的其他规定

1. 环境保护令

环境保护令（Environmental Protection Order）是指由法院发布的命令，指令或禁止任何个人或政府机构执行或停止执行保护、维护或恢复环境的行为。广义的环境保护令包括临时环境保护令和狭义的（永久）环境保护令。⑤

临时环境保护令（Temporary Environmental Protection Order, TEPO）综合了禁止性和强制性的救济措施，以适当地处理案件的实际情况。原告提交起诉书后，对于案情非常紧急，且申请人即将遭受极度不公和无法挽回的损害的，法官可单方面签发 TEPO。虽然申请签发 TEPO 的申请人无须缴纳保证金，但为防止 TEPO 对相对人可能产生不当后果，菲律宾法院对此设置了严格的程序限制。首先，只有在非常紧急且申请人将遭受严重的不公正和不可挽回的伤害时，才可以发布 TEPO，且有效期仅 72 小时。其次，法院应定期监测作为 TEPO 标的物的行为是否存在，并

---

① Administrative Matter No. 09-6-8-SC：Rules of Procedure for Environmental Cases：RULE 16 SEC. 7.

② Administrative Matter No. 09-6-8-SC：Rules of Procedure for Environmental Cases：RULE 17 SEC. 1.

③ Administrative Matter No. 09-6-8-SC：Rules of Procedure for Environmental Cases：RULE 17 SEC. 3.

④ Administrative Matter No. 09-6-8-SC：Rules of Procedure for Environmental Cases：RULE 17 SEC. 5.

⑤ Administrative Matter No. 09-6-8-SC：Rules of Procedure for Environmental Cases：RULE 1 SEC. 3 (d).

可在任何时候根据情况需要取消 TEPO。最后，虽然 TEPO 可以单方面发布，但这是一种例外，根据正当程序进行听证的一般规则仍然存在。受案法院应当在 72 小时的期限内举行简易听证会，以确定是否可以延长 TEPO 直至案件终结。①

在判决中，法院可以将 TEPO 转换为永久的 EPO 或发出继续履行职务令指示行为的履行，直到判决执行结果满意为止。

2. 反对公众参与的战略诉讼

菲律宾认为寻求执行环境法或主张环境权利的人可能会受到强大的法律挑战。某些法律挑战可能具有先发制人的特点，其目的是阻碍正当的环境保护诉讼。鉴于此，菲律宾法院创新性地规定了"反对公众参与的战略诉讼"（Strategic Lawsuit Against Public Participation，SLAPP），是指针对任何个人、机构或任何政府机构或地方政府单位或其官员和雇员提起的民事、刑事或行政诉讼，其目的是骚扰、纠缠、施加不当压力或扼杀该个人、机构或政府在执行环境法、保护环境或维护环境权利方面已经或可能采取的任何法律手段。② 也就是说，SLAPP 是一种报复性诉讼，旨在阻碍寻求执行环境法或维护环境权利的个人或机构。

由于菲律宾法律禁止提出驳回诉状的诉请，故而 SLAPP 只能作为肯定性抗辩在答辩中提出。菲律宾《宪法》规定，公民享有平衡和健康的生态环境的权利，而 SLAPP 无疑是对公民环境权的不当损害。因此，在此类诉讼中，被告可以提供证据证明该案件为 SLAPP，以此抗辩原告的诉求；并请求赔偿损失、律师费和诉讼费用。虽然 SLAPP 抗辩与其他请求可一起在答辩中提出，但法院需要优先审理和解决 SLAPP 抗辩。③ 法院应要求原告在收到被告已提交答辩的通知后 5 日内举证证明该诉讼不是 SLAPP。发布命令后，法院应在提出意见或期限届满后的 15 日内，针对 SLAPP 的抗辩安排简易听证会。④

在举证责任分配上，主张该案件应当驳回的一方应提供实质性证据

---

① Administrative Matter No. 09-6-8-SC：Rules of Procedure for Environmental Cases：RULE 2 SEC. 8.

② Administrative Matter No. 09-6-8-SC：Rules of Procedure for Environmental Cases：RULE 1 SEC. 3（g）.

③ Annotation to the Rules of Procedure for Environmental Cases.

④ Administrative Matter No. 09-6-8-SC：Rules of Procedure for Environmental Cases：RULE 6 SEC. 2.

(Substantial Evidence)证明该案件为 SLAPP，举证责任较轻。而另一方则需要提供优势证据（Preponderance of Evidence）证明该案不是 SLAPP，举证责任虽较重，但与其他民事案件的证据量仍然相同。①

对 SLAPP 的肯定性辩护应在简易听证会后 30 日内解决。如果法院驳回诉讼，法院可根据已提出的反诉判决赔偿金、律师费和诉讼费用。如果法院驳回了 SLAPP 的抗辩，在简易听证会上所举的证据应被视为各方对案情的证据。法院在简易听证会上驳回 SLAPP 诉讼同样构成既判力，禁止重新提起类似案件。②

3. 预防原则

在环境案件中，当人类活动和环境影响之间的因果关系方面缺乏充分的科学确定性时，法院适用预防原则。预防原则（Precautionary Principle）是指，当人类活动可能导致对环境造成严重和不可逆转的威胁时，虽然这种威胁在科学上是可信但不确定的，仍应采取行动避免或减少这种威胁。③ 这是因为菲律宾认为，在无法实现事实结论的科学确定性的情况下，应当从有利于保障人民享有的平衡和健康生态环境的宪法权利出发。通过应用预防原则，法院可以将一系列事实解释为需要采取司法行动或不采取行动，以达到维护和保护环境的目的。

但是，预防原则一般应被视为最后手段，即当应用常规证据规则，案件结果对原告不公平，且具有环境损害风险不确定、损害结果可能不可逆转且损失不可替代、可能造成严重的环境损害等特征时，才可适用预防原则。④

---

① Administrative Matter No. 09-6-8-SC: Rules of Procedure for Environmental Cases: RULE 6 SEC. 3.

② Administrative Matter No. 09-6-8-SC: Rules of Procedure for Environmental Cases: RULE 6 SEC. 4.

③ Administrative Matter No. 09-6-8-SC: Rules of Procedure for Environmental Cases: RULE 1 SEC. 3 (f).

④ Annotation to the Rules of Procedure for Environmental Cases.

第十二章 俄罗斯生态法

一 俄罗斯生态法概述

法学的发展，总是伴随着术语的形成和讨论。找到一个可以用最佳方式表达法学范畴和现象实质的合适用语，往往十分困难。因此，对法学术语的研究永远都是必需的。①

(一) 俄罗斯生态法的名称和基本含义

1. 生态法名称的历史演变

俄罗斯是世界上进行环境保护立法较早的国家。1960 年，在苏联存续期间，俄罗斯就制定了一部综合性的环境保护法律——《俄罗斯苏维埃联邦社会主义共和国自然保护法》（1960.10.27）。这应当是世界各国现代环境立法中最早的一部环境保护方面的国家法律。由于该法律名为"俄罗斯联邦社会主义共和国自然保护法"，因此，俄罗斯最早称环境法这个法部门为"自然保护法"，同时也将以环境法为研究对象的学科称作自然保护法学。

"自然保护法"是俄罗斯生态法最早的名称，它既是生态法这个法律部门的名称，也是生态法学这个学科的名称。

俄罗斯早期在使用"自然保护法"名称的同时，也使用过"自然环境保护法"这个名称，但以使用"自然保护法"名称居多。

1972 年以后，情况发生变化。俄罗斯不再继续使用"自然保护法"或"自然环境保护法"这两个名称，而改用"环境保护法"名称。变化

---

① ［俄］奥·斯·科尔巴索夫：《生态术语漫谈》，载《国家与法》俄文版，1999（10），第 27 页。

的主要原因在于"人类环境会议"的召开、《联合国人类环境宣言》的发表和"环境法"概念的出现。

这一变化自然对苏联和其他东欧国家也产生了影响。为了便于环境保护法治领域里的国际交流与合作,苏联及其他许多东欧国家自1972年"人类环境会议"以后,逐渐放弃了其长期使用的专门术语——"自然保护法",转而使用"自然环境保护法"或"环境保护法"等概念。

不过,苏联法学界认为,不论是"自然保护法""自然环境保护法",还是"环境保护法",都未能科学地揭示关于自然环境的保护和管理这样一个法律部门和法律学科所包含的全部内容,不尽如人意。

鉴于此,苏联法学界,尤其是生态法学界,从20世纪70年代起就着手为这一法律部门寻找新的专门术语。其间,学者们先后提出了"自然资源法""自然资源和自然保护法""自然保护和自然资源合理利用法""环境法"等概念,但均未在苏联和俄罗斯联邦法学界,特别是生态法学界引起共鸣,人们在继续研究和寻找。

1972年,苏联科学院国家与法研究所的研究室主任、法学博士奥·斯·柯尔巴索夫教授在苏联最高法院全体会议"关于法院适用自然保护法的实践"研讨会上,首次提出并使用了"生态违法"(过去用"自然保护违法")的概念。四年以后,即1976年,奥·斯·科尔巴教授在其著作《生态学:政策与法》一书中直接提出了"生态法"的概念,并明确主张用"生态法"作为自然保护法或自然环境保护法这一法律部门及法律学科的名称。

2. 生态法概念的产生所引起的争论

奥·斯·科尔巴索夫的"生态法"概念提出以后,立即在苏联法学界,尤其是生态法学界引起了热烈的讨论,有的支持,有的反对,并且一直争论不休。为此,莫斯科大学法律学系于1987年主持召开了一次法学界的"圆桌会议",专题讨论生态法的概念问题。① 不过,讨论并未取得实质性成果。争论始终存在,并且持续至今。赞成使用"生态法"概念的人,除了同意奥·斯·科尔巴索夫关于使用"生态法"概念的前述基本理由之外,并无新的理由补充。而反对使用"生态法"概念的人则尖

---

① [俄] 姆·姆·布林丘克:《生态法有关概念的考证》,载《国家与法》,俄文版,1998(9),第27—28页。

锐指出,"生态法"是一个"不得体的"或者"不合规矩"的概念。[①]

尽管奥·斯·科尔巴索夫提出的"生态法"的概念未被苏联和俄罗斯联邦法学界一致接受,但它还是得到了苏联和俄罗斯联邦法学界大多数学者的赞同。"生态法"一词从20世纪80年代初期开始在苏联和俄罗斯联邦学者关于生态法研究的著述中大量出现。许多学者出版的关于生态法研究的专著或教材、教学参考书、法律法规汇编等均以"生态法"为书名。

不仅如此,从20世纪80年代后期开始,苏联和俄罗斯联邦绝大多数与生态法研究和教学有关的科研和教学机构,先后将其设立的关于生态法研究和教学的专门机构重新以"生态法"为中心词进行命名。俄罗斯联邦20世纪90年代以后设立的涉及生态法方面的机构,其名称中更是少不了"生态法"几个字。另外,"生态法"作为一门法学教学课程的名称,被正式列入俄罗斯联邦教学等级国家高级鉴定委员会颁布的"专业目录"。并且,俄罗斯联邦普通教育和职业教育部制定与批准了相应的"生态法国家教学标准"。

上述情况说明,"生态法"无论是作为一个法律部门的名称,还是作为一个法律学科部门的名称,抑或法学教学课程的名称,都得到了俄罗斯联邦官方和学术界的普遍认可,同时也逐渐为外国环境法学界和国际环境法学界所接受。不过,俄罗斯联邦法学界至今仍有个别学者坚持反对使用"生态法"这一概念。

3. 生态法的定义

关于生态法的概念,目前在俄罗斯联邦法学界并未形成一个完全一致的定义。

俄罗斯联邦法学界对于生态法概念的看法,总体上看是比较接近的,但它们之间的区别也十分明显:

第一,一部分人认为,生态法就是调整生态社会关系的法律规范的总和。另一部分人则认为,生态法是调整生态社会关系的法律规范体系。换言之,未形成体系的调整生态社会关系的法律规范不能称作生态法。

第二,一部分人认为,生态法的法律规范中既包括了调整在自然资源利用和保护方面所产生的社会关系的法律规范,又包括了调整在自然环境

---

① [俄]姆·姆·布林丘克:《生态法有关概念的考证》,载《国家与法》,俄文版,1998(9),第27—28页。

保护方面所产生的社会关系的法律规范。另一部分人则认为，生态法中的法律规范不仅包括了前述两类法律规范，而且还包括了调整在自然资源所有制方面所产生的社会关系的法律规范和在保护自然人和法人的生态权利及合法利益方面所产生的社会关系的法律规范。还有一部分人却认为，生态法中的法律规范只是包括调整在自然环境保护方面所产生的社会关系的法律规范，并不包括其他的法律规范。

第三，一部分人强调，生态法是采用特殊方法调整生态社会关系的法律规范体系。另一部分却不认为生态法只是采用特殊方法调整生态社会关系的法律规范体系。

关于"生态法是调整在自然环境保护方面所产生的社会关系的法律规范之总和"的观点，是近年来在俄罗斯联邦出现的一种新的观点。持这种观点的人认为，自然资源法，其中包括土地法、地下资源法、森林法、水法等，比生态法的形成更早、更完备。它在苏联法和俄罗斯法中早就存在，只是立法者未正式承认其作为一个独立的法律部门的地位罢了。自然资源法作为一个独立法律部门的地位，或迟或早总会得到承认。因为，它有自己单独的调整对象和调整方法。因此，生态法只是调整自然环境保护方面的生态社会关系的法律规范之总和。它不应包括调整在自然资源利用和保护方面所产生的社会关系的法律规范。

"生态法是一个综合性的法律部门，它是调整人们在社会和自然界相互作用的过程中，为了当代人和后代人的利益，因保护和合理利用自然资源而产生的社会（生态）关系的法律规范的总和。"[①]

（二）俄罗斯生态法的保护对象和调整对象

1. 俄罗斯生态法的保护对象

（1）生态法保护对象的概念

环境法或生态法的保护对象问题是当今环境法学研究的基本理论问题之一。环境法的保护对象是什么，其范围如何，理论上至今没有一个统一的认识。

俄罗斯联邦生态法学界部分人认为，生态法的保护对象，从理论上说就是自然或者自然环境。因为，自然或自然环境，是将自然界的所有要

[①]《法律大百科全书》（俄文版），莫斯科：图书世界出版社2004年版，第698页。

素、成分、现象有机地结合成一个统一整体的庞大生态系统。它是人的居住场所、基本生存条件和手段。它的各个组成部分的质和量的状况以及总体自然环境质的状态的优劣，直接关系到人的生存、人体健康和人类社会经济的发展。因而，生态法的保护对象应当是作为一个整体的自然或自然环境。

这一认识，显然颇有道理。不过，弗·弗·彼德罗夫教授等人认为，自然或者自然环境是一个涉及范围很广的概念。它是各种自然客体、自然资源和自然现象的总和。将自然或者自然环境作为生态法的保护对象，虽然能够使法律特别注意到它所保护的主要内容是保护自然环境的质的状态，但这种保护却是不现实的。弗·弗·彼德罗夫等人认为，在现今的历史时期内，作为生态法保护对象的只能是那些具体的与社会发生交互作用，并且能够受到人类活动影响的自然客体和自然资源。凡是现今人类社会还不能对其产生影响[1]的自然客体，不属于生态法保护对象的范围。

为了科学地确定生态法保护对象的范围，恩·弗·库兹涅措娃等人提出，生态法的保护对象应当具有以下三个方面的特征[2]：

第一，具有天然起源性。这就是说，作为生态法保护对象的自然客体，应当是在自然界里天然存在的，或者是被自然界本身的力量所创造的自然客体，如土地，水，大气，原始森林，野生动、植物等。它们的产生或存在不依赖于人的劳动，或者说不包含人的劳动。当然，这也并不完全排除人类为了恢复、再生自然资源和改善自然环境要素的某些性能而参与自然客体或自然资源的再创造。

第二，与自然环境之间具有相互的生态联系。即是说，作为生态法保护对象的自然客体应当是自然环境的一个组成部分，应当与其他组成部分和与整个自然环境之间发生长期的、相对稳定的相互作用或相互联系。这是生态法保护对象最主要的特征。

第三，具有社会生态价值。即除了具有经济价值，还应具有生态的、文化的、休息的、保健的和审美的价值，可以满足人的物质利益、生态利益及认知的需要，有利于维护自然界里的生态平衡。

---

[1] 即目前人类的活动还不能对其产生有害影响和目前的科学技术手段还不能对其产生保护作用或保护效果。

[2] ［俄］恩·弗·库兹涅措娃：《生态法》，俄文版，第6—7页，莫斯科，ЮРЧСПРУДЕНЦИЯ出版社，2000。

（2）俄罗斯生态法的保护对象

俄罗斯生态法的保护对象是随着俄罗斯自然环境基本状况的变化发展而动态调整的。

俄罗斯的第一部综合性生态法律——《俄罗斯苏维埃联邦社会主义共和国自然保护法》仅将下列自然资源或自然环境要素规定为受俄罗斯生态法保护的对象：土地、地下资源、大气、水（地表水、地下水和土壤水）、森林、其他自然植物及居民区的绿化林木、典型景观和稀有的自然客体、疗养区、森林公园保护带和市郊绿化区。

1991年12月19日，俄罗斯颁布了第二部综合性的生态法律，即新的《俄罗斯苏维埃联邦社会主义共和国自然环境保护法》。随后，1995年3月14日又颁布了《俄罗斯联邦受特殊保护的自然区域法》。该两部法律明显扩大了俄罗斯生态法保护对象的范围，规定下列自然资源、自然客体或自然环境要素受俄罗斯生态法的保护：土地、地下资源、大气、水、森林、动物界、自然景观、国家自然禁区、国家自然保护区、国家公园、自然公园、自然遗迹、树木公园和植物园、医疗保健地和疗养地、天然生态系统、臭氧层、微生物、遗传基因。

2002年1月10日，俄罗斯颁布了第三部综合性的生态法律——《俄罗斯联邦环境保护法》，该法对受俄罗斯生态法保护的对象范围再次作了调整。

根据该法第4条的规定，受俄罗斯生态法保护的保护对象为土地、地下资源、土壤、地表水和地下水、森林和其他植物、动物和其他生物体及其遗传基因、大气、大气臭氧层和地球周围的宇宙空间、未受人类影响的自然生态系统、自然景观和自然综合体、列入世界文化遗产名录和世界自然遗产名录的客体、国家自然保护区，包括生物圈保护区、国家自然禁区、自然遗迹、国家公园、自然公园和森林公园、植物园、医疗保健地和疗养区、其他自然综合体、俄罗斯联邦土著少数民族的原始生存环境、传统的居住和经济活动地区、具有特殊自然保护价值的科学、历史文化、美学、休闲、保健和其他重要意义的客体、俄罗斯联邦的大陆架和经济专属区、稀有的或濒临灭绝的土壤、森林和其他植物、动物和其他生物体及其栖息地。[①] 同时规定，"未受人类影响的自然生态系统、自然景观和自然

[①] 参见马骧聪译《俄罗斯联邦环境保护法和土地法典》，中国法制出版社2003年版，第7—8页。

综合体"，应当优先受到保护。而"列入世界文化遗产名录和世界自然遗产名录的客体、国家自然保护区、自然遗迹，具有特殊保护价值的科学、历史文化、美学、休闲、保健和其他重要意义的客体、稀有或濒临灭绝的土壤"等则应当受到特别保护。

该法首次将受俄罗斯生态法保护的对象分为一般保护、优先保护和特别保护三类。

2014年7月21日，俄罗斯联邦对《俄罗斯联邦环境保护法》（2002年1月10日生效）第4条"环境保护对象"再次作了修改，仅对保护对象作了一个笼统的规定："防止其受到污染、枯竭、退化、损坏、灭失及经济活动和（或）其他活动的其他不良影响的环境保护对象为：自然环境要素、自然客体和自然综合体。"[①] 而"自然环境要素、自然客体和自然综合体"的具体内容，则在该法第1条"基本概念"中作了具体解释。

根据该法第1条的相关解释，"自然环境要素"具体是指"为地球上生命的存在总体提供良好条件的土地、地下资源、土壤、地表水和地下水、大气、野生动物、植物和其他生物体，以及大气臭氧层和近地空间"。

"自然客体"是指"自然生态系统、自然景观及其保留着自然属性的组成部分"。

"自然综合体"则是指"因地理特征和其他相关特征结合在一起的，在功能上天然相互联系的各种自然客体的综合体"。

俄罗斯生态法律对法律保护对象范围的多次修改，一方面反映了俄罗斯自然资源、自然环境要素受到人类经济活动不良影响的基本状况，另一方面也反映了俄罗斯立法机关在法律保护对象范围认识上的不断深化。

2. 俄罗斯生态法的调整对象

（1）生态社会关系是生态法的调整对象

俄罗斯生态法的调整对象，笼统地说，就是社会关系，只不过是一类特定范围的社会关系。所谓特定范围的社会关系，即是指在一定的条件或情况下所形成的社会关系。这种社会关系仍然是人与人之间形成的关系，而非人与物之间或物与物之间的关系。

当然，并不是所有在与自然环境发生相互作用过程中所产生的社会关

[①] 参见中国—东盟环境保护合作中心、中国—上海合作组织环境保护合作中心编《俄罗斯重要环保法律法规》，外文出版社2018年版，第17页。

系都是生态法的调整对象。布·弗·叶罗费耶夫教授和尤·耶·维诺库罗夫教授等人认为，作为生态法调整对象的社会关系，应当符合以下三个方面的条件：

其一，必须具有"意志性"。即是说，这些社会关系的产生、变更或消灭在很大程度上是由人们的意志来决定的。它区别于人在客观社会规律、客观自然规律和其他与人的意志无关，或者说超出人的意志范围以外的客观趋势的影响或作用下所实施的行为。确定这些社会关系是否具有意志性的目的，在于弄清对其有无施以法律影响的可能性。因为，法律只能对那些具有意志性的社会关系进行调整。

其二，必须是与利用自然客体和自然客体之间的生态联系有关而形成的社会关系。作为生态法调整对象的社会关系，其形成必须与利用自然客体（自然环境要素和自然资源）以及自然客体之间的生态联系有关。不过，需要强调的是，如果社会关系的形成虽然与利用自然客体的某些活动有关，但并不直接与利用自然客体有关，这种社会关系也不是生态法的调整对象。

其三，必须是属于生态法律规范效力范围的社会关系。既然法律调整的对象是法律规范的效力所指向的社会关系，那么，作为生态法调整对象的社会关系，就应当是生态法律规范的效力所及的社会关系。不属于生态法律规范效力范围内的社会关系，不是生态法的调整对象。

凡符合以上三个条件的社会关系，即是生态法调整的社会关系。这些社会关系通常被称作生态社会关系。生态社会关系就是生态法整体意义上的调整对象。

（2）生态社会关系的具体内容

生态社会关系是一个比较抽象且含义很广的概念。作为生态法调整对象的生态社会关系中究竟包括了哪些具体的社会关系呢？对此俄罗斯联邦学者们的意见不尽一致。

以奥·斯·科尔巴索夫和弗·弗·彼德罗夫教授为代表的部分生态法学家认为，作为生态法调整对象的生态社会关系中包括了两类社会关系：一类是因合理利用和保护自然资源而产生的社会关系；另一类是因保护环境而产生的社会关系。这两类社会关系是生态法特有的调整对象。这一认识，得到了苏联和现今俄罗斯联邦生态法学界大多数人的认同，并且，在俄罗斯联邦有关现行立法中也得到了反映。

对于前述两类社会关系构成俄罗斯生态法的调整对象这一认识，至今在俄罗斯联邦生态法学界并没有异议。不过，近几年来，不断有学者提出，随着生态立法的不断发展、完善和社会对生态法律调整需要的增加，作为生态法调整对象的生态社会关系中，除包括传统的两大类社会关系以外，还应当包括一些其他的社会关系。这些"其他的社会关系"具体是指：

· 自然客体和自然资源所有制关系；
· 因保护人和公民的生态权利和合法利益而产生的社会关系；
· 在保障生态安全方面所产生的社会关系。

例如，姆·姆·布林丘克明确指出，现代俄罗斯生态法的调整对象应由下列社会关系构成：

· 自然客体和自然资源所有制关系；
· 因自然资源利用所产生的社会关系；
· 因保护环境，防止其恶化而产生的社会关系；
· 因保护自然人和法人的生态权利和合法利益而产生的社会关系。①

实践中，俄罗斯联邦的有关生态立法，如《俄罗斯联邦水法典》《俄罗斯联邦森林法典》《俄罗斯联邦动物界法》和《俄罗斯联邦土地法典》等已经将自然资源所有制关系纳入了生态法的调整对象范围。

尽管俄罗斯联邦生态法学界在生态法调整对象的具体范围上目前还存在着一些分歧，但是，对于生态社会关系是生态法独立的调整对象这一点却是没有争议的。也正是基于这一点，人们才普遍认为生态法是一个独立的法律部门。

（三）俄罗斯生态法的调整方法

法律调整的方法，一般是指国家对社会关系施以法律影响的方法。生态法的调整方法，即是指法律规范规定的、对法律关系的参加人在实现自然资源所有权人的权能、保证合理利用自然资源、保护环境、保护自然人和法人的生态权利及合法权益方面的行为施以法律影响的专门方法。②

---

① [俄] 姆·姆·布林丘克:《生态法》，俄文版，第63页，莫斯科，ЮРИСТЬ 出版社，1999。

② [俄] 姆·姆·布林丘克:《生态法》，俄文版，第72页，莫斯科，ЮРИСТЬ 出版社，1999。

1. 生态化方法是生态法特有的调整方法

关于法律调整的方法，在俄罗斯联邦的法律科学中也是一个长期争论的问题①：一部分学者认为，每一个法律部门都只有一种只属于本法律部门的固定的法律调整方法；② 另一部分学者认为，一个法律部门同时具有几种法律调整的方法；③ 还有一部分学者认为，每一个法律部门的调整方法都具有"多方面性""通用性"和"超部门性"。④ 换言之，每一个法律部门都具有一套相互配合的法律调整方法或手段。这些方法或手段并不固定属于哪一个法律部门，而是各法律部门通用的。它们具有"超部门"的性质。

姆·姆·布林丘克和恩·弗·库兹涅措娃的看法与上述三种观点均有所不同。他们直截了当地指出，在法律科学中只承认两种调整方法，即行政法律方法和民事法律方法（任意方法）。⑤

斯·阿·博戈柳博夫不完全赞同姆·姆·布林丘克的看法。他认为，行政法律方法和民事法律方法是各个法律部门都广泛使用的、对公民的行为施以法律影响的两种最基本的调整方法。各个法律部门除了使用这两种"通用"的调整方法，还应当拥有自己特有的调整方法。生态法的调整方法除了行政法律方法和民事法律方法，还有一种调整方法，就是生态化方法。生态化方法是生态法所特有的调整方法，它旨在协调社会与周围环境的关系。⑥

弗·弗·彼德罗夫和布·弗·叶罗费耶夫则认为，生态法作为俄罗斯联邦法律体系中的一个独立的法律部门，不仅具有单独的调整对象，而且具有自己特殊的调整方法。这种调整方法绝不是各个法律部门"共用"

---

① [俄] 布·弗·叶罗费耶夫：《生态法》，俄文版，第100页，莫斯科，НОВЫЙ ЮРИСТ 出版社，1998。
② [俄] 弗·姆·奇希克瓦泽、茨·阿·亚姆波莉斯卡娅：《论苏维埃法的体系》，载《苏维埃国家与法》，俄文版，1967（9），第15页。
③ [俄] 伊·弗·帕弗洛夫：《论苏维埃社会主义法的体系》，载《苏维埃国家与法》，俄文版，1958（11），第36页；[俄] 斯·斯·阿列克谢耶夫：《苏维埃法的结构》，俄文版，第178页，莫斯科，ЮРИДЦЧЕСКАЯ ЛНТЕРАТУРА 出版社，1975。
④ [俄] 弗·恩·亚柯夫列夫：《农业保险法律关系》，俄文版，第86—91页，基什尼奥夫，нАУкА 出版社，1973。
⑤ [俄] 姆·姆·布林丘克：《生态法》，俄文版，第72—73页，莫斯科，ЮРИСТЬ 出版社，1999；[俄] 恩·弗·库兹涅措娃：《生态法》，俄文版，第5页，莫斯科，ЮРЧСПРУДЕНЦИЯ 出版社，2000。
⑥ [俄] 斯·阿·博戈柳博夫：《生态法》，俄文版，第12—13页，莫斯科，НОРМА 出版社，2000。

或"通用"的调整方法，而是生态法所特有的调整方法。这种调整方法就是"生态化方法"①。

生态化方法的基本含义是，将每一个与利用自然环境有关的行为生态化。

2. 生态化方法的具体内容

生态化方法的具体内容包括以下六个方面：

第一，将自然生态系统中那些具有重要生态功能和经济意义的自然环境要素和自然资源列为国家法律保护的对象，用法律手段将其保护起来，给予它们和它们之间的生态联系以应有的法律地位，以保证生态系统各要素应有的质和量，维护生态系统的平衡。

第二，将对自然资源的利用、保护和环境保护实施监督管理的机构在国家现行立法中固定下来，明确其法律地位。具体规定其机构设置、管理体制、管理权限及其权利和义务，使其管理工作具有明确的法律保障。

第三，将生态利用人的范围在现行立法中固定下来，明确规定他们的法律地位。换言之，在现行立法中应当对土地利用人、地下资源利用人、森林资源利用人、水资源利用人、动物界利用人，以及那些其活动不可避免地会对生态系统产生各种影响的人的范围、其权利和义务等作出明确的规定，以规范他们利用自然环境和自然资源的行为。俄罗斯联邦现在所存在的问题是，立法在将自然资源利用人的范围、其权利和义务以法律的形式固定下来的同时，在某种程度上却忽视了对与资源利用有关的其他自然利用活动的法律调整，如对造成水污染和大气污染活动的法律调整等。因此，现实的问题是，应当将自然利用人的地位进行重新定位，在法律上确定其为"生态利用人"的地位，以扩大其保护自然、合理利用自然环境和自然资源的义务范围。必须扩大"生态利用人"的范围，将自然利用人包括到"生态利用人"的范围中来，明确其在环境保护、自然资源的利用和保护方面的权利、义务，对其与生态利用有关的行为进行约束。

第四，将生态利用人进行生态利用活动应当遵守的规则在现行立法中固定下来。这些规则的制定应当考虑两个方面的情况：一是生态利用活动

---

① ［俄］布·弗·叶罗费耶夫：《生态法》，俄文版，第104页，莫斯科，НОВЫЙ ЮРИСТ 出版社，1998。

的利用对象的特殊性；二是生态利用人的法律地位。例如，制定狩猎规则，一方面要考虑不同野生动物种类的特殊性（其数量、经济价值、生态价值、生物多样性方面的价值等），另一方面则要考虑恰当地规定狩猎人的权利和义务。

第五，将违反生态利用规则所应当承担的法律责任在现行立法中固定下来。俄罗斯联邦现行立法对违反生态利用规则所应承担的法律责任规定为五种，即纪律责任、行政责任、刑事责任、财产责任和"专门责任"。所谓"专门责任"，就是剥夺生态利用人利用某种自然客体的权利。例如，《俄罗斯联邦行政违法行为法典》规定，在生态利用人违反法定的生态利用规则的情况下，被专门授权的管理机关可以中止生态利用人的生态利用活动，剥夺其一定期限的利用自然客体的权利。

第六，实现各法律部门立法的生态化。各法律部门立法生态化的基本含义是指，各个法律部门在进行部门立法时，必须考虑自然环境保护的要求，从各自的角度出发对环境保护及自然资源的利用和保护作出相应规定。

斯·阿·博戈柳博夫认为，在俄罗斯联邦现行的法律体系中，"很难找到一个完全不为生态法服务的法律部门"[1]。在宪法、财政法、劳动法、诉讼法、刑法、民法、行政法等法律部门中都有与保护环境、合理利用和保护自然资源有关的法律规范的存在。"可以说，现在只有家庭法与环境保护的调整没有直接的关系。尽管如此，生态法也在间接地为家庭的巩固而'工作'。因为，家庭的幸福在许多方面取决于生活的自然条件。"[2] 这说明，在俄罗斯联邦的立法实践中，部门立法的生态化作为生态法调整方法的一个基本内容，已是一个不争的事实。

以上六个方面即是俄罗斯联邦生态法调整方法的具体内容。

二 俄罗斯生态法的产生和发展

（一）俄罗斯生态法的渊源

俄罗斯生态法的渊源，是指由俄罗斯联邦被专门授权的国家机关、地

---

[1] ［俄］斯·阿·博戈柳博夫夫：《生态法》，俄文版，第12页，莫斯科，HOPMA 出版社，2000。

[2] ［俄］斯·阿·博戈柳博夫夫：《生态法》，俄文版，第12页，莫斯科，HOPMA 出版社，2000。

方自治机关按照法定程序和法定形式通过或认可的，或者以全民公决的方式直接通过的，含有调整生态社会关系之法律规范，体现俄罗斯联邦在生态利用领域里的国家意志的规范性法律文件。① 它们具体包括：

·俄罗斯联邦宪法；

·俄罗斯联邦参加的国际环境保护条约以及公认的国际法原则和准则；

·联邦法律；

·俄罗斯联邦总统的规范性法律文件；

·俄罗斯联邦执行权力机关的规范性法律文件；

·俄罗斯联邦各主体的规范性法律文件；

·俄罗斯联邦地方自治机关的规范性法律文件。

1. 俄罗斯联邦宪法

俄罗斯联邦宪法作为俄罗斯生态法的渊源，在调整因保护环境、合理利用和保护自然资源方面所产生的社会关系中起着奠基的作用。这种作用是由宪法本身的法律地位及其内容所决定的。

作为俄罗斯生态法渊源的宪法规范可以分为两种：一种是一般性规范，另一种是"纯粹"的生态规范。②

属于一般性规范的主要有在《俄罗斯联邦宪法》第1条、第7条、第71条、第72条和第76条中表述出来的规范。例如第1条第1款规定："俄罗斯联邦（俄罗斯）是共和制的民主联邦法治国家。"只有法治国家，才会有严格的生态法律秩序。

第7条第1款规定："俄罗斯联邦是社会国家，其政策目的致力于创造保障人的正常生活和自由发展的条件。"人的应有的正常生活，本身就包含享受良好的自然环境。

《俄罗斯联邦宪法》第71条、第72条和第76条，作为一般性规范，与解决自然资源的利用、保护和环境保护问题也有密切的联系。其中第71条和第72条根据俄罗斯联邦是一个联邦制国家的具体国情，对俄罗斯联邦和联邦各主体在管理自然资源的利用和环境保护方面的管辖权限作了

---

① ［俄］姆·姆·布林丘克：《生态法》，俄文版，第103页，莫斯科，ЮРИСТЬ 出版社，1999；［俄］布·弗·叶罗费耶夫：《生态法》，俄文版，第139页，莫斯科，НОВЫЙ ЮРИСТ 出版社，1998。

② ［俄］姆·姆·布林丘克：《生态法》，俄文版，第106页，莫斯科，ЮРИСТЬ 出版社，1999。

明确的划分。

根据第 71 条的有关规定，联邦在法定的有关自然资源的利用、保护和环境保护问题上享有排他的管理权。

根据第 72 条的有关规定，联邦和联邦各主体在法定的有关自然资源的利用、保护和环境保护问题上享有共同管辖权。

根据第 76 条的有关规定，在关于自然资源的利用、保护和环境保护方面属于联邦各主体单独管辖的事项是，在联邦排他管辖和联邦与联邦各主体共同管辖范围以外，联邦各主体对有关环境保护和自然资源的利用及保护问题自行实施法律调整，其中包括通过生态法律和其他形式的规范性法律文件。

《俄罗斯联邦宪法》第 71 条、第 72 条和第 76 条的规定，为俄罗斯联邦和联邦各主体的生态立法提供了宪法基础。

属于"纯粹"生态规范的主要是指在《俄罗斯联邦宪法》第 9 条、第 36 条、第 42 条和第 58 条中表述出来的规范。

《俄罗斯联邦宪法》第 9 条第 1 款规定："在俄罗斯联邦，土地和其他自然资源作为居住在相应区域内的人民生活和活动的基础得到利用和保护。"这一规范明确规定了土地和其他自然资源的地位和作用，宣布它们作为人民生活和活动的基础受到国家法律的保护。这不仅大大提高了保护土地和其他自然资源的重要性，而且为自然资源的利用和保护立法提供了宪法依据。

《俄罗斯联邦宪法》第 9 条还规定了俄罗斯联邦自然资源所有权的多种形式。根据第 9 条第 2 款的规定，俄罗斯联邦的土地和其他自然资源既可以为私人所有、国家所有、地方所有，也可以以其他所有制的形式存在。这一规范最主要的意义在于，它否定了在俄罗斯联邦存在了半个多世纪的"自然资源国家排他所有权"，建立了自然资源的多种所有制形式。一方面它为俄罗斯联邦发展市场经济奠定了法律基础，另一方面也提出了在市场经济条件下保护环境和保障自然资源合理利用与保护的任务。

作为俄罗斯生态法渊源最重要的宪法规范，体现在《俄罗斯联邦宪法》第 42 条和第 58 条的规定中。第 42 条规定："每个人都有享受良好的环境，获得关于环境状况的信息的权利，享有因生态破坏损害其健康或财产而要求获得赔偿的权利。"宪法的这一规定，具有极其重要的政治和法律意义。它首次明确确认俄罗斯联邦公民享有生态权利。生态权利，根据俄罗斯联邦生态法学家们的认识，属于人和公民基本权利的范围。而人的权利和自由在俄罗斯联邦是至高无上的，具有最高的价值。它们不仅在俄罗斯联邦境内直接有效，而且决定着俄罗斯联邦国家立法权、执行权以及地方自治的活动，并受到国家的司法保护。① 国家有义务保证公民的权利和自由，其中包括公民生态权利的实现。② 而为了保证公民生态权利的实现，国家就有义务保护环境，并向公民通报关于国家环境状况方面的信息。这是俄罗斯联邦公民的生态权利所要求的。

《俄罗斯联邦宪法》在明确确认公民生态权利的同时，也具体规定了公民应当承担的环境保护方面的义务。第58条规定："每个人都必须保护自然和周围的环境，珍惜自然财富。"

《俄罗斯联邦宪法》第42条和第58条的规定，是俄罗斯生态法对俄罗斯联邦公民的具体生态权利和义务作出明确规定的直接基础。

前述两类宪法规范，就是俄罗斯联邦生态立法的基本宪法依据。俄罗斯联邦的所有生态法律规范都是依据这些宪法规范制定的。正是从这个意义来说，俄罗斯联邦宪法是俄罗斯联邦生态法的基本渊源。

2. 俄罗斯联邦参加的国际环境保护条约以及公认的国际法原则和准则

作为俄罗斯生态法渊源的国际条约可以分为两种类型，即多边条约③〔如《关于禁止在大气层、外层空间和水下进行核武器试验条约》（1963年，俄参加签署）、《保护臭氧层维也纳公约》（1985年，俄参加签署）〕和双边条约〔如《俄罗斯联邦政府和中华人民共和国政府关于环境保护合作的协定》等〕。

阿·亚·苏哈列夫博士等人认为，俄罗斯联邦承认的国际惯例，也是俄罗斯生态法的渊源。

3. 联邦法律

作为俄罗斯生态法渊源的联邦法律主要有：

· 《俄罗斯联邦环境保护法》（2022.1.10）；

---

① 参见《俄罗斯联邦宪法》第18条。
② 参见《俄罗斯联邦宪法》第18条。
③ 据有关研究资料统计，俄罗斯联邦参加签署的国际环境保护多边条约达70多个。

・《俄罗斯联邦土地法典》（2001.10.25）
・《俄罗斯联邦自然医疗资源、医疗保健地和疗养地法》（1995.2.23）；
・《俄罗斯联邦受特殊保护的自然区域法》（1995.3.14）；
・《俄罗斯联邦核能利用法》（1995.11.21）；
・《俄罗斯联邦生态鉴定法》（1995.11.23）；
・《俄罗斯联邦大陆架法》（1995.11.30）；
・《俄罗斯联邦居民辐射安全法》（1996.1.9）；
・《俄罗斯联邦遗传工程活动国家调整法》（1996.7.5）；
・《俄罗斯联邦关于安全使用杀虫剂和农用化学制品法》（1997）；
・《俄罗斯联邦大气保护法》（1999.5.4）；
・《俄罗斯联邦地下水资源法》（1995.3.3）；
・《俄罗斯联邦动物界法》（1995.4.24）；
・《俄罗斯联邦水法典》（1995.11.16）；
・《俄罗斯联邦森林法典》（1997.1.29）；
・《俄罗斯联邦生产废弃物和消费废弃物法》（1998.6.24）等。

上述法律都是在新的《俄罗斯联邦宪法》（1993.12.12）颁布以后制定的。它们是俄罗斯联邦关于保护环境、合理利用和保护自然资源方面的专门性法律。其中，《俄罗斯联邦环境保护法》是俄罗斯联邦环境保护方面的基本法律，在俄罗斯生态法体系中居于"母法"的地位，是制定关于保护环境、合理利用和保护自然资源的其他规范性法律文件的依据之一。

除了专门的关于保护环境和合理利用自然资源的法律，作为俄罗斯生态法渊源的联邦法律还有：

・《俄罗斯联邦公民健康保护立法纲要》（1993.7.22）；
・《居民卫生防疫安全法》（1991.4.19）；
・《俄罗斯联邦城市建设原则》（1992.7.14）；
・《俄罗斯联邦海关法典》（1993.6.18）；
・《俄罗斯联邦标准化法》（1993.6.10）；
・《俄罗斯联邦民法典》（1994.10.21——第一部分，1995.12.12——第二部分）；
・《俄罗斯联邦刑法典》（1996.5.24）；

・《俄罗斯联邦民事诉讼法典》(1995.10.27)[①] 等。

在这些联邦法律中，载有大量的调整社会与自然界相互作用范围内产生的社会关系的法律规范，因此，它们也是俄罗斯生态法的渊源。

4. 俄罗斯联邦总统的规范性法律文件

为了保证俄罗斯联邦总统顺利地执行总统的职能，《俄罗斯联邦宪法》第90条特别规定，俄罗斯联邦总统有权就其职权范围内的各种事项发布命令和指令，并且，其命令和指令在俄罗斯联邦全境内具有必须执行的性质[②]。《俄罗斯联邦宪法》的这一规定，意味着俄罗斯总统享有制定和颁布规范性法律文件的权力。那么，俄罗斯联邦总统发布的关于保护环境、合理利用和保护自然资源方面的规范性法律文件，自然也是俄罗斯生态法的渊源。

俄罗斯联邦总统的规范性法律文件，按照《俄罗斯联邦宪法》第90条的规定，具体表现为命令和指令，在俄罗斯联邦全境内具有法律效力。但是，它们不得与俄罗斯联邦宪法和法律相抵触。

事实上，俄罗斯联邦总统发布的用于调整社会与自然界相互作用领域里产生的社会关系的规范性法律文件是大量的。

俄罗斯联邦总统的命令和指令是俄罗斯生态法渊源中的一类特殊的渊源。其特殊性在于，它虽然也属于"从属于法律的规范性法律文件"之列，[③] 但其法律效力等级却与其他的"从属于法律的规范性法律文件"不同。它的法律效力仅次于联邦法律，而高于其他"从属于法律的规范性法律文件"。

俄罗斯联邦总统命令和指令的这一特殊地位是由《俄罗斯联邦宪法》规定的。宪法授权俄罗斯联邦总统可以废除与其命令相抵触的政府决定和指示，这更进一步说明俄罗斯联邦总统的规范性命令的法律效力等级高于俄罗斯联邦政府的决定和指示。

应当指出的是，并非俄罗斯联邦总统发布的所有有关保护环境、合理利用和保护自然资源方面的命令和指示都是俄罗斯生态法的渊源。作为俄罗斯生态法渊源的总统命令和指令只能是那些规定法律规范，即一般规则

[①] 该法于1964年制定，1995年10月27日俄罗斯联邦国家杜马重新修改通过。
[②] 参见《俄罗斯联邦宪法》第90条。
[③] [俄] 姆·姆·布林丘克：《生态法》，俄文版，第121页，莫斯科，ЮРИСТЬ出版社，1999。

或行为模式的命令和指令;① 换言之,只能是那些规范性的命令和指令。

5. 联邦执行权力机关的规范性法律文件

俄罗斯生态法的另一个渊源是联邦执行权力机关颁布的关于保护环境、合理利用和保护自然资源的规范性法律文件。这一类规范性法律文件可以分为两种:一种是以俄罗斯联邦政府的"决定"和"指示"表现出来的规范性法律文件;另一种是以俄罗斯联邦各部、委、主管部门的"命令"和"细则"表现出来的规范性法律文件。前者是俄罗斯联邦政府根据俄罗斯联邦宪法、联邦法律和俄罗斯联邦总统的规范性命令,并且为了执行这些法律和命令而制定和颁布的,后者则通常是为了具体执行俄罗斯联邦政府的"决定"和"指示"而颁布的。二者均具有从属于法律的性质。因而,它们又被称作执行权力机关"从属于法律的规范性法律文件"。

《俄罗斯联邦宪法》第 115 条规定:"(1)俄罗斯联邦政府根据俄罗斯联邦宪法、联邦法律和俄罗斯联邦总统的规范性命令并为了执行这些法律和命令颁布决定和指示。(2)俄罗斯联邦政府的决定和指示在俄罗斯联邦全境内必须得到执行。(3)俄罗斯联邦政府的决定和指示与俄罗斯联邦宪法、联邦法律和俄罗斯联邦总统的命令相抵触的,俄罗斯联邦总统有权将其废除。"宪法的这一规定,既是俄罗斯联邦政府制定和颁布从属于法律的规范性法律文件的依据,也是联邦政府的规范性法律文件作为俄罗斯生态法渊源的依据。

俄罗斯联邦政府规范性法律文件最显著的特点在于,它们往往是为了执行宪法、法律和总统的命令而制定的,因此带有明显的从属性。例如,《俄罗斯联邦环境保护法》第 63 条第 2 款规定,组织和进行环境监测(国家生态监测)的办法由俄罗斯联邦政府规定。

作为俄罗斯生态法渊源的俄罗斯联邦各部、委及主管部门的规范性法律文件,主要是指被专门授权的俄罗斯联邦自然环境保护机关,如俄罗斯联邦国家环境保护委员会、俄罗斯联邦自然资源部、俄罗斯联邦农业和食品部、俄罗斯联邦林业局、俄罗斯联邦水文气象和环境监测局等部、委在其权限范围内发布的关于保护环境、合理利用和保护自然资源方面的"命令"和"细则"。

---

① [俄]姆·姆·布林丘克:《生态法》,俄文版,第 121 页,莫斯科,ЮРИСТЬ 出版社,1999。

6. 联邦主体的规范性法律文件

俄罗斯联邦是一个实行联邦制的国家。根据《俄罗斯联邦宪法》第5条、第72条和联邦与联邦各主体签订的有关条约的规定，俄罗斯联邦各主体可以拥有自己的宪法、宪章和法律。[①] 在生态立法方面，它们与联邦共同享有土地、水、森林、地下资源以及环境保护的立法权。[②] 据此，俄罗斯联邦各主体在保护环境、合理利用和保护自然资源方面颁布的规范性法律文件，是俄罗斯生态法的又一个渊源。

需要提及的是，在俄罗斯联邦宪法开列的联邦和联邦主体共同生态立法的清单中，并未包括大气、动物界保护和除森林以外的其他植物保护的立法。[③] 而且，宪法也未将它们列入联邦排他管辖权的范围。据此，可以认为，大气、动物界以及除森林以外的其他植物利用和保护的立法，当属联邦主体生态立法的范围。联邦各主体颁布的关于这些自然客体的利用和保护的规范性法律文件，也是俄罗斯生态法的渊源。

在作为俄罗斯生态法渊源的联邦各主体的规范性法律文件中，除了所有的关于保护环境、合理利用和保护自然资源的专门法律、法规，还应包括联邦各主体的宪法、宪章和含有生态法律规范的法律及其他规范性法律文件，其中包括联邦各主体的元首，政府，有关部、委和主管部门颁布的规范性法律文件。

俄罗斯联邦各主体规范性法律文件的外部表现形式是多种多样的，其中主要有宪法、宪章（УСТАВ）、法典、条例、命令、决定、指示等。

根据《俄罗斯联邦宪法》第76条的规定，俄罗斯联邦各主体的法律和其他规范性法律文件不得与联邦法律相抵触。如果发生抵触，则以联邦法律为有效。不过，如果与联邦法律发生抵触的法律和其他规范性法律文件，是联邦各主体在联邦排他管辖权和联邦与联邦各主体共同管辖权范围以外制定和颁布的，则以联邦各主体的法律和其他规范性法律文件为有效。俄罗斯联邦宪法作此规定的目的在于，保障对同一范围内的社会关系实施统一的法律调整，避免产生法律冲突，保障俄罗斯联邦国内法制的统一。

7. 地方自治机关的规范性法律文件

俄罗斯联邦的地方自治机关，根据《俄罗斯联邦宪法》第12条的规

[①] 参见《俄罗斯联邦宪法》第5条第2款。
[②] 参见《俄罗斯联邦宪法》第72条。
[③] 参见《俄罗斯联邦宪法》第72条。

定，不列入俄罗斯联邦的国家权力机关系统。按理，它们是无权制定规范性法律文件的。但是，根据《俄罗斯联邦宪法》第132条的规定，地方自治机关可以享有法律赋予的部分国家权力，其中包括制定地方规范性法律文件的权力，并可获得为行使这部分权力所需的物资和资金。这一规定意味着，在有法律规定的情况下，地方自治机关虽然不属于国家权力机关系统，但也可以进行地方立法活动。那么，它们在法律规定的范围内所制定和颁布的关于保护环境、合理利用和保护自然资源的规范性法律文件，无疑也是俄罗斯生态法的渊源。不过，地方自治机关在有法律规定的情况下所制定的规范性法律文件，也不得与联邦宪法和法律相抵触，否则无效。

地方自治机关的规范性法律文件，一般采用"决定"的形式。

以上七类规范性法律文件，即是现代俄罗斯生态法的渊源。有些俄罗斯联邦学者认为，俄罗斯联邦法院的某些判决和最高法院的司法解释以及某些"习惯"（ОЪЫЧАЙ）应被视为俄罗斯生态法的渊源。[①]

（二）俄罗斯生态法的历史沿革

俄罗斯联邦是世界上进行生态立法较早的国家。在11世纪俄国颁布的一些规范性法律文件中，就已经出现了关于自然客体保护方面的法律规范。俄罗斯联邦生态法的发展，从时间顺序上看，大体可以分为三个阶段：(1) 1917年以前；(2) 苏维埃政权时期；(3) 重新独立以后。

1. 1917年以前俄罗斯生态法的发展

这个时期，俄罗斯虽然已经具有了不少用于保护自然客体，调整自然保护关系的法律规范，但它们都是夹杂在或散见于其他规范性法律文件之中，没有一部专门为保护自然客体或自然环境而制定的法律或法令。这显然不能适合20世纪初期俄罗斯保护自然客体和保护环境的客观需要。于是，1915—1916年，在俄罗斯自然保护活动的先驱者、俄罗斯科学院院士伊·普·博罗金的主持下，俄罗斯开始着手起草俄罗斯历史上的第一部自然保护法草案。该部法律曾定名为《俄罗斯自然保护法》，并且，起草者们已将草案完成。然而，由于多种原因，该草案最终未被通过。一年以后，俄国十月社会主义革命爆发。沙俄时期俄罗斯的生态立法活动宣告

[①] [俄] 姆·姆·布林丘克：《生态法》，俄文版，第106页和第128—130页，莫斯科，ЮРИСТЬ出版社，1999。

结束。

2. 苏维埃时期俄罗斯生态法的发展

(1) 基本情况

苏维埃时期俄罗斯的生态立法，是从 1917 年俄罗斯苏维埃政权刚刚诞生时开始产生的。在列宁的直接领导和亲自参与下，俄罗斯苏维埃政权刚一建立，就制定和通过了一批旨在保护土地、地下资源、森林、自然保护区、疗养区和自然遗产的法律文件。十月社会主义革命胜利的第二天，即 1917 年 11 月 8 日（旧历为 10 月 26 日），俄罗斯苏维埃政权颁布了《土地法令》。《土地法令》乃是俄罗斯在苏维埃时期制定和颁布的第一部关于利用和保护自然资源的规范性法律文件。它首先废除了土地、地下资源、水和森林的私有制，宣布其为俄罗斯苏维埃国家全民所有的财产，受到苏维埃国家的法律保护。这样，由于土地、地下资源、森林和水的国有化，就为俄罗斯的自然资源保护立法提供了坚实的法律基础。《土地法令》颁布以后，俄罗斯苏维埃政权（俄罗斯联邦人民委员会和全俄中央执行委员会）又陆续制定和颁布了一系列关于保护环境和自然资源利用方面的法律和法令。

这些法律和法令的制定在俄罗斯苏维埃政权的生态立法中起到了先驱者的作用，为俄罗斯生态法的发展奠定了基础。

俄罗斯在 20 世纪 20 年代的生态立法，主要侧重于单个自然资源，如土地、地下资源、森林和野生动物等的利用和保护。俄罗斯在 20 世纪 20 年代制定的有关自然资源利用和自然环境保护的规范性法律文件中，绝大部分是关于单个自然资源或自然客体的利用和保护的。其中只有一部法令，即《关于住宅卫生保护的法令》涉及人周围环境的保护。这与俄罗斯苏维埃政权所处的特殊历史时期有关。因为，俄国十月社会主义革命胜利以后，对于新生的俄罗斯苏维埃政权来说，最重要的工作是要首先废除自然资源的私有制，建立自然资源的公有制。用法律手段将苏维埃国家对一切自然资源的排他所有权从法律上固定下来，而不是系统地进行生态立法。因而，在俄罗斯苏维埃政权建立初期所颁布的有关自然资源利用、保护和环境保护的法律和法令中，关于单个自然资源利用和保护的法律与法令占了绝大多数。

1922 年 12 月 30 日，俄罗斯苏维埃联邦社会主义共和国正式加入苏维埃社会主义共和国联盟，即苏联。加入苏联以后的俄罗斯在生态立法方面显然放慢了速度。20世纪20年代后期至50年代末期（其间经历了第二次世界大战），俄罗斯生态法没有什么明显的发展和变化。这一时期俄罗斯联邦颁布的关于保护环境、合理利用和保护自然资源方面的法律文件主要有：

·《关于改善俄罗斯联邦城市绿化的措施的决议》（1947）；

·《关于莫斯科—伏尔加运河的卫生保护和关于禁止猎麋的决议》（1949）；

·《关于保护北极地带动物的措施的决议》（1956）等。

20世纪50年代后期，是苏联全面开展共产主义建设的时期。由于大规模地开发、利用自然资源以及工业生产的迅速发展，苏联国家的环境问题日渐突出，并引起了苏联共产党和苏联政府的注意。苏联共产党和苏联政府号召各加盟共和国根据各共和国的情况，加强自然保护立法。在这一历史背景之下，各加盟共和国在20世纪50年代末60世纪初相继制定和颁布了各自的"自然保护法"。

俄罗斯联邦于1960年10月27日颁布了《俄罗斯苏维埃联邦社会主义共和国自然保护法》[①]。这是一部专门的综合性的自然保护法，也是俄罗斯联邦有史以来颁布的第一部关于自然环境保护的专门的综合性法律。该法共计22条。它明确地规定了受俄罗斯国家法律保护的自然客体的范围；规定了对土地、地下资源、水、森林、其他野生植物、居民区林木、典型景观及稀有名胜自然客体、国家自然保护区和禁区、疗养区、森林公园保护带、市郊绿化带、野生动物等的保护原则；规定了自然资源的统计方法、利用计划以及对自然保护的监督管理和宣传教育。

制定专门的综合性的自然保护法，是俄罗斯联邦在20世纪60年代初采取的一种新的生态立法形式。俄罗斯联邦在20世纪60年代初采用这种新的生态立法形式的目的在于：（1）弥补此前俄罗斯联邦在自然环境保护立法方面之不足；（2）综合规定一整套旨在保护、合理利用和增殖自然资源的措施，以纠正俄罗斯联邦在自然保护工作方面存在的严重缺点。应当说，俄罗斯联邦在20世纪60年代初采用这种新的生态立法形式的出发点是十分正确的。它看到了用综合性的专门法律调整生态社会关系的生态立法发展趋势，并顺应了这一趋势发展的需要。不过，俄罗斯联邦在

---

① 参见《俄罗斯苏维埃联邦社会主义共和国最高苏维埃公报》，1960（40），586号。

1960年制定的这部综合性的专门法律，在俄罗斯联邦自然保护的实践中并没有收到预期的效果。其主要原因在于该法的规定过于原则。它既未规定具体的行之有效的自然保护措施，又未规定具体的监督管理制度和保证这些措施和制度得以执行的保障机制，甚至未规定违法行为人应当承担的法律责任及相应的制裁措施。整部法律就像一篇"宣言"。从现代法学研究的角度来看，它是俄罗斯在自然环境保护方面的一部"政策法"，虽有制定之必要，但并不能满足20世纪60年代初俄罗斯环境保护工作的具体需要。

苏联时期，俄罗斯作为苏联的一个加盟共和国所颁布的关于保护环境、合理利用和保护自然资源的主要法律和其他规范性法律文件，除了《俄罗斯苏维埃联邦社会主义共和国自然保护法》，绝大部分都是在20世纪70年代初至80年代末制定的。因为，1957—1963年，苏联的15个加盟共和国先后制定和颁布了各加盟共和国的"自然保护法"[①]。这种状况对全苏的生态立法客观上起到了一个促进或推动的作用。因此，从20世纪60年代后期开始，苏联加快了生态立法的步伐。1968—1988年的20年间，苏联最高苏维埃、苏联最高苏维埃主席团、苏联部长会议、苏共中央联合苏联部长会议制定和颁布了大量的关于保护环境及合理利用和保护自然资源的重要法律和法规。

这些全苏性法律、法规的颁布，不仅为各加盟共和国的生态立法提供了立法依据，而且推动了各加盟共和国，其中包括俄罗斯联邦生态立法的发展。

由于全苏生态立法工作的加强，俄罗斯联邦的生态立法在这一时期也获得了较快的发展。俄罗斯联邦重新独立以前在环境保护方面比较重要的几部关于保护环境、合理利用和保护自然资源的法律，都是在这一时期颁布的。这些法律的制定和颁布实施使俄罗斯的生态立法逐步趋于完善。

（2）简要分析

苏维埃时期俄罗斯生态法的发展大致可以分为三个阶段：

第一个阶段是指从1917年俄罗斯苏维埃政权的建立到1922年俄罗斯加入苏联之前的5年间。在这一阶段，俄罗斯联邦集中颁布了一批关于自

[①] 爱沙尼亚——1957年；亚美尼亚和格鲁吉亚——1958年；摩尔多瓦、乌兹别克、立陶宛、阿塞拜疆、拉脱维亚和塔吉克——1959年；俄罗斯和乌克兰——1960年；白俄罗斯——1961年；哈萨克和吉尔吉斯——1962年；土库曼——1963年。

然资源的利用、保护以及环境保护方面的法律、法令，将苏维埃政权领导下的俄罗斯的自然保护工作迅速纳入法制的轨道。为日后俄罗斯联邦生态法的发展打下了良好的基础。

第二个阶段是指20世纪60年代初期。在这一阶段，俄罗斯联邦制定和颁布了俄罗斯联邦生态立法史上的第一部专门用于调整自然保护关系的综合性法律——《俄罗斯苏维埃联邦社会主义共和国自然保护法》。这是一部关于自然保护的综合性法律。它对俄罗斯联邦各种主要自然资源的利用、保护和环境保护作了较为全面的规定。在当时俄罗斯联邦所有关于自然保护的法律、法规中处于"基本法"的地位。该法的制定不仅为俄罗斯联邦的生态立法找到了一种新的立法形式，同时也推动了俄罗斯联邦生态法的进一步发展。

第三个阶段是指1968—1982年的14年间。这是俄罗斯联邦生态法发展的关键时期。在这一阶段，俄罗斯联邦关于自然保护的几部重要法律相继出台。这使俄罗斯联邦的生态法律体系得以基本形成。

客观地说，俄罗斯联邦生态法在苏维埃时期得到了很大的发展。不过，在这种大发展的背后，也存在着多方面的不足：

①立法发展不平衡

自然资源利用和保护方面的立法与环境保护立法发展不平衡。重自然资源的利用和保护立法，轻环境保护立法。

②"从属于法律的规范性文件"起主导作用

苏维埃政权时期，无论是在苏联的生态法渊源体系中，还是在俄罗斯联邦的生态法渊源体系中，占绝大多数的规范性法律文件并非法律，而是政府，其中包括苏共中央联合苏联政府或俄共中央联合俄罗斯联邦政府颁布的决定、决议或指示，以及政府各有关主管部门的规定、规则等"从属于法律的规范性文件"。它们在调整因利用、保护自然资源和保护环境而产生的社会关系中起了主导的作用。[①]

③"复制"苏联的立法

苏维埃政权时期，俄罗斯联邦作为苏联的一个加盟共和国，在生态法的发展方面受到苏联生态法发展的极大影响。它通常只能根据全苏的有关"立法纲要"制定本加盟共和国的法律。而且，这种根据全苏

[①] [俄] 姆·姆·布林丘克：《生态法》，俄文版，第81页，莫斯科，ЮРИСТЬ出版社，1999。

"立法纲要"的有关规定所进行的立法活动，往往只是对"立法纲要"所作的一种"地方复制"，并不能真正适合本加盟共和国自然保护的客观需要。

另外，在苏维埃时期的生态立法中，缺乏保障机制，即在已有的生态立法中缺乏保障生态法律规范得以实现的应有的有效机制，以致生态法在实践中不能得到有效的执行。

（三）俄罗斯重新独立后生态法的发展

1991年12月25日，由于苏联解体，俄罗斯苏维埃联邦社会主义共和国重新获得了独立主权国家的地位。独立后的俄罗斯联邦迅速加快了国家法制建设的步伐。各项立法工作全面铺开。在这种大的社会历史背景之下，俄罗斯的生态法也获得了新的发展。具体来说，主要体现在以下三个方面：

1. 制定和颁布了一大批专门性联邦法律

俄罗斯联邦在短时期以内迅速制定和颁布了一大批关于保护环境、合理利用和保护自然资源的专门性联邦法律。这些法律主要有：

·《俄罗斯苏维埃联邦社会主义共和国自然环境保护法》[1]（1991.12.19）；

·《俄罗斯联邦环境保护法》（2002.1.10）[2]

·《俄罗斯联邦土地法典》[3]（2001.10.25）；

·《俄罗斯联邦居民健康保护立法纲要》[4]（1993.7.22）；

·《俄罗斯联邦地下水资源法》[5]（1992.2.21）；

·《俄罗斯联邦森林立法纲要》[6]（1993.3.6）；

---

[1] 参见《俄罗斯联邦最高苏维埃和俄罗斯联邦人民代表大会公报》（以下简称《俄最高苏维埃和人民代表大会公报》），1992（10），457号。俄最高苏维埃于1992年2月21日和1993年6月2日两次对该法作了修改。参见《俄最高苏维埃和人民代表大会公报》，1992（10），459号和1993（29），1111号。

[2] 参见《俄罗斯联邦新法律汇编》（俄文版），莫斯科"斯拉夫书屋"2004年版。

[3] 参见《俄罗斯联邦法典大全》（俄文版），西伯利亚出版社、新西伯利亚联合出版（2004）。

[4] 参见《俄最高苏维埃和人民代表大会公报》，1993（33），1318号。

[5] 参见《俄最高苏维埃和人民代表大会公报》，1992（16），834号。1995年2月8日经俄国家杜马修改。参见《俄罗斯联邦法律汇编》，1995（10），823号。

[6] 参见《俄最高苏维埃和人民代表大会公报》，1993（15），523号。

- 《联邦外层空间活动法》①（1993.8.20）；
- 《联邦自然医疗资源、医疗保健地和疗养区法》②（1995.2.23）；
- 《联邦特殊保护的自然区域法》③（1995.2.15）；
- 《联邦动物界法》④（1995.3.22）；
- 《俄罗斯联邦水法典》⑤（1995.10.18）；
- 《联邦生态鉴定法》⑥（1995.7.19）；
- 《联邦原子能利用法》⑦（1995.11.21）；
- 《联邦居民辐射安全法》⑧（1995.12.5）；
- 《俄罗斯联邦大气法典》（1997.3.19）⑨
- 《联邦遗传工程活动国家调整法》⑩（1996.7.5）；
- 《俄罗斯联邦森林法典》⑪（1997.1.22）；
- 《联邦生产废弃物和消费废弃物法》⑫（1998.6.24）；
- 《联邦关于安全使用杀虫剂和农用化学制品法》（1997.6.24）等。

此外，俄罗斯联邦总统和俄罗斯联邦政府也分别以联邦总统命令、指令和联邦政府决定、指示的形式颁布了许多关于保护环境、合理利用和保护自然资源的规范性法律文件。例如，俄罗斯联邦总统以命令的形式颁布的《俄罗斯联邦关于保护环境和保障可持续发展国家战略基本条例》⑬（1994.2.4）、《俄罗斯联邦可持续发展的基本构想》⑭（1996.4.1）以及俄罗斯联邦政府《关于建立统一的国家生态监测系统的决定》⑮

---

① 参见《联邦法律》第 5563-1 号。1996 年 11 月 29 日作了修改。参见《联邦法律》，1996，147 号。
② 参见《俄罗斯联邦法律汇编》，1995（9），713 号。
③ 参见《俄罗斯联邦法律汇编》，1995（12），1024 号。
④ 参见《俄罗斯联邦法律汇编》，1995（17），1462 号。
⑤ 参见《俄罗斯联邦法律汇编》，1995（47），4471 号。
⑥ 参见《俄罗斯联邦法律汇编》，1995（48），4556 号。
⑦ 参见《俄罗斯联邦法律汇编》，1995（48），4552 号。
⑧ 参见《俄罗斯联邦法律汇编》，1996（3），28 号。
⑨ 参见《俄罗斯联邦法典大全》（俄文版），西伯利亚大学出版社、新西伯利亚联合出版（2004）。
⑩ 参见《俄罗斯联邦法律汇编》，1996（28），3348 号。
⑪ 参见《俄罗斯联邦法律汇编》，1997（5），610 号。
⑫ 参见《联邦法律》，1998，89 号。
⑬ 参见《俄罗斯联邦总统和政府文件汇编》，1994（6），436 号。
⑭ 参见《俄罗斯联邦法律汇编》，1996（15），1572 号。
⑮ 参见《俄罗斯联邦总统和政府文件汇编》，1993（48），4661 号。

（1993.11.24）、《国家生态鉴定条例》①（1993.9.22）、《国家生态鉴定程序条例》②（1996.6.11）等。

在上述这些联邦法律和其他形式的规范性法律文件当中，《俄罗斯苏维埃联邦社会主义共和国自然环境保护法》和《俄罗斯联邦环境保护法》是最重要的两部法律。前者是俄罗斯联邦重新获得独立主权国家地位以后颁布的第一部专门的综合性生态法律，也是俄罗斯联邦生态立法史上的第二部专门的综合性生态法律。它由俄罗斯联邦最高苏维埃于1991年12月19日通过并颁布实施。此时离苏联正式宣布解体和俄罗斯联邦重新独立只有6天。③

应当说，《俄罗斯苏维埃联邦社会主义共和国自然环境保护法》是一部制定得比较成功的自然保护方面的基本法律。从其基本内容可以看出，它在许多方面借鉴了西方国家环境立法的成功经验，规则明确，措施具体，粗细得当。较之1960年10月27日颁布的《俄罗斯苏维埃联邦社会主义共和国自然保护法》有了长足的进步。1960年的《自然保护法》仅仅只有22个条文，并且多为"宣言性"或"口号性"条款。而1991年的《俄罗斯苏维埃联邦社会主义共和国自然环境保护法》在内容上多达94条，在基本规范的布局上，则严格按照"权利—义务—机制—实施（实现）—保障—责任"的结构进行安排，科学合理，易于实施。

后者是2002年俄罗斯联邦在前者的基础上制定的，是俄罗斯联邦生态立法史上的第三部专门的综合性生态法律。条文设计上虽然比前者减少了10个条文，仅有84条，便内容的安排上则更加科学。

2. 加强了保护环境、防治污染方面的立法

现阶段俄罗斯联邦生态法发展的第二个方面是，加强了保护环境、防治环境污染方面的立法。逐步改变了过去那种重自然资源利用和保护立法，轻环境保护立法的现象。

苏联时期，由于苏维埃政权对自然环境保护问题的片面认识，苏联和俄罗斯联邦一直不太重视环境保护及污染防治方面的立法工作。致使苏联和俄罗斯联邦在保护环境、防治污染和其他公害方面所产生的许多社会关系长期得不到调整，环境污染日益严重，并在20世纪80年代后期集中地

---

① 参见《俄罗斯联邦总统和政府文件汇编》，1993（39），3621号。
② 参见《俄罗斯联邦法律汇编》，1996（40），4648号。
③ 苏联于1991年12月25日正式解体。同日，俄罗斯联邦重新获得独立。

凸显出来。因此，俄罗斯联邦独立以后，加强了保护环境和防治污染方面的立法。先后制定和颁布了：

- 《俄罗斯联邦大气法典》；
- 《俄罗斯联邦居民卫生防疫安全法》；
- 《城市建设纲要》；
- 《俄罗斯联邦居民健康保护立法纲要》；
- 《联邦生态鉴定法》；
- 《联邦原子能利用法》；
- 《联邦居民辐射安全法》；
- 《联邦遗传工程活动国家调整法》；
- 《联邦生产废弃物和消费废弃物法》；
- 《联邦关于安全使用杀虫剂和农用化学制品法》；
- 《关于对具有潜在危险的化学和生物物质实行国家登记的决定》；
- 《向自然环境排放污染物质的生态标准》；
- 《自然资源利用限额及废弃物置放限额的制定和批准办法》等。

此外，还陆续制定和颁布了：

- 《有害物质最高容许浓度标准》；
- 《有害物质最大容许排放量标准》；
- 《噪声、振动、磁场和其他有害物理影响最高容许程度标准》；
- 《放射影响的最高容许程度标准》；
- 《农用化学制品最大容许使用量标准》；
- 《食品中化学物质最大容许残留量标准》；
- 《自然环境最大容许负荷标准》；
- 《卫生防护区标准》等环境标准，大大加强了对环境保护关系的法律调整。

3. 逐步实现了其他部门立法的生态化

俄罗斯联邦生态法发展的另一个显著标志是，其他法律部门立法的逐步生态化。保护环境、保持或恢复自然环境良好的质的状态、合理利用和保护自然资源是一个规模宏大的系统工程。在这项"工程活动"中所产生的各种生态社会关系，仅仅依靠生态法一个部门的调整是远远不够的。它必须依靠包括经济法律、民事法律、行政法律、刑事法律在内的其他法律部门的共同调整，才能取得最佳的调整效果，真正达到保护环境、合理利用和保护自然资源之目的。因此，俄罗斯联邦十分注意各法律部门在部门立法方面的生态化。

所谓部门立法的生态化，即是指各部门法在立法的过程中，必须考虑俄罗斯联邦国家关于保护环境、防治环境污染、合理利用和保护自然资源的生态要求，注意对生态社会关系的配合调整。

（四）俄罗斯的生态法律体系和生态立法体系

1. 法律体系和立法体系的基本含义

法律体系和立法体系是两个不同的概念。法律体系通常是指由法律规范构成的体系。法律规范是法律体系的基本组成"细胞"或基本构成单位，法律体系是法律规范按一定的组合原则形成的相对完整的统一体。

立法体系是指由规范性法律文件，而非法律规范构成的体系。规范性法律文件是立法体系的基本组成"细胞"或基本构成单位，立法体系则是规范性法律文件按一定的结构方式所形成的体系。

法律体系与立法体系的基本区别是，它们分别由不同的组成"细胞"或基本"单元"构成。法律体系和立法体系之间的相互关系是内容与形式的关系。法律体系是立法体系的内容，立法体系是法律体系的表现和客观化形式。任何一个独立的法律部门都有这两种体系，生态法亦如此。

2. 俄罗斯生态法律体系

俄罗斯生态法律体系是指由俄罗斯联邦调整生态社会关系的所有法律规范组成的相互联系、相互补充、内部和谐一致的完整系统。

俄罗斯生态法体系主要由宪法和宪法性法律的有关规范、以专门的规范性法律文件表现出来的生态法律规范和其他部门法中的生态法律规范组成：

（1）宪法和宪法性法律的有关规范

宪法和宪法性法律的有关规范，具体是指俄罗斯联邦宪法及其他宪法性法律中有关环境保护、自然资源的利用和保护方面的法律规范。如《俄罗斯联邦宪法》第1条、第7条、第9条、第36条、第41—42条、第71—72条和《关于划分俄罗斯联邦国家权力机关与组成俄罗斯联邦的共和国权力机关之间的管辖对象和权限范围的条约》《关于划分俄罗斯联邦国家权力机关与俄罗斯联邦边疆区、州、莫斯科市和圣彼得堡市权力机关之间的管辖对象和权限范围的条约》，以及《关于划分俄罗斯联邦国家权力机关与俄罗斯联邦自治州、自治专区权力机关之间的管辖对象和权限范围的条约》中的有关生态法律规范。

俄罗斯联邦宪法是俄罗斯联邦国家的根本大法，是俄罗斯联邦其他规范性法律文件制定的基础和依据。而俄罗斯联邦的其他宪法性法律，虽然并非宪法，但它们却起着宪法的作用，同样也是俄罗斯联邦其他立法的基础和依据。因此，俄罗斯联邦宪法和其他宪法性法律中有关环境保护、自然资源的利用和保护方面的法律规范，不仅是俄罗斯联邦生态立法的基础和依据，而且这些法律规范本身即是俄罗斯联邦生态法体系不可缺少的重要的基础性组成部分。

（2）以专门的规范性法律文件表现出来的生态法律规范

专门的规范性法律文件具体是指俄罗斯联邦国家杜马、俄罗斯联邦总统、俄罗斯联邦国家执行权力机关、俄罗斯联邦各主体的立法权力机关、执行权力机关、主体元首以及地方自治机关制定和颁布的专门用于调整生态社会关系的规范性法律文件。这些专门的规范性法律文件中的法律规范是俄罗斯联邦生态法体系的主要组成部分，是构成俄罗斯生态法体系的主干。它们在调整俄罗斯联邦的生态社会关系方面起着主力军的作用。

俄罗斯联邦专门的环境保护和自然资源的利用及保护方面的法律、法规主要有：

- 《俄罗斯联邦环境保护法》；
- 《俄罗斯联邦生态鉴定法》；
- 《俄罗斯联邦大陆架法》；
- 《俄罗斯联邦自然医疗资源、医疗保健地和疗养地法》；
- 《俄罗斯联邦特殊保护的自然区域法》；
- 《俄罗斯联邦核能利用法》；
- 《俄罗斯联邦居民辐射安全法》；
- 《俄罗斯联邦遗传工程活动国家调整法》；
- 《俄罗斯联邦关于安全使用杀虫剂和农用化学制品法》；
- 《俄罗斯联邦生产废弃物和消费废弃物法》；
- 《俄罗斯联邦大气法典》；
- 《俄罗斯联邦土地法典》；
- 《俄罗斯联邦矿产资源法》；
- 《俄罗斯联邦动物界法》；

- 《俄罗斯联邦水法典》；
- 《俄罗斯联邦森林法典》；
- 《关于俄罗斯联邦受特殊保护的自然区域的命令》；
- 《关于俄罗斯联邦环境保护和可持续发展的国家战略的命令》；
- 《关于俄罗斯联邦可持续发展的构想》；
- 《关于对核安全和辐射安全实施国家监督的指令》；
- 《关于批准向环境排放污染物质的生态标准、利用自然资源的限额和处置废弃物的限额及其制定办法的决定》；
- 《关于联邦生态基金和地方生态基金的决定》；
- 《关于提高水文气象信息和环境污染方面的资料在国民经济中的利用效率的决定》；
- 《国家生态鉴定条例》；
- 《关于俄罗斯联邦红皮书的决定》；
- 《俄罗斯联邦国家环境保护委员会条例》；
- 《关于评价和赔偿因事故造成的环境损害的暂行办法》；
- 《俄罗斯联邦环境影响评价条例》等。

上述专门的生态法律、法规中的法律规范，按其作用的不同大体可以分为七类规范：

第一类，综合性的环境保护法律规范。

第二类，防治污染和其他公害的法律规范，其中具体包括防治大气污染的法律规范、防治噪声污染的法律规范、防治水污染的法律规范、防治放射性污染的法律规范、关于废弃物处置的法律规范、关于有毒物质管理的法律规范、关于核能利用管理的法律规范等。

第三类，自然资源利用和保护方面的法律规范，其中具体包括土地利用和保护的法律规范、森林利用和保护的法律规范、水利用和保护的法律规范、地下资源利用和保护的法律规范、大气利用和保护的法律规范、动物界利用和保护的法律规范、除森林以外的其他植物的利用和保护的法律规范等。

第四类，保护天然生态系统方面的法律规范，其中包括保护天然生态系统的法律规范和保护臭氧层的法律规范。

第五类，关于受特殊保护的自然客体的法律规范，其中包括利用和保护国家自然禁区的法律规范、利用和保护自然保护区的法律规范、利用和保护国家公园的法律规范、利用和保护自然公园的法律规范、利用和保护自然遗迹的法律规范、利用和保护树木公园及植物园的法律规范、利用和保护医疗保健地及疗养区的法律规范、利用和保护濒临灭绝的稀有动植物及其生长和栖息地的法律规范。

第六类，利用和保护其他保护对象的法律规范，其中包括利用和保护微生物的法律规范以及利用和保护遗传基因的法律规范。

第七类，生态标准，其中包括有害物质最高容许浓度标准，有害物质最大容许排放量标准，噪声、振动、磁场和其他有害物理影响最高容许程度标准，放射性影响最高容许程度标准，农用化学制品最大容许使用量标准，食品中化学物质最大容许残留量标准等。

（3）其他部门法中的生态法律规范

环境保护及自然资源的利用和保护是一项涉及范围十分广泛的活动。由此而产生的生态社会关系也非常复杂，涉及生产、流通、生活等众多领域。由生态社会关系的这一特点所决定，生态社会关系不仅需要生态法这一法律部门的集中调整和专门调整，而且需要诸如民法、刑法、行政法、经济法、诉讼法等有关法律部门的配合调整。因此，在民法、刑法、行政法等部门法中也存在大量用于调整生态社会关系的法律规范。这些法律规范既是它们所属的那个部门法体系的组成部分，同时也是生态法体系的组成部分。

3. 俄罗斯生态立法体系

俄罗斯生态立法体系是指由俄罗斯联邦保护环境及合理利用和保护自然资源的规范性法律文件构成的具有等级联系的有机统一体。换言之，就是指俄罗斯联邦保护环境及合理利用和保护自然资源的规范性法律文件体系，具体由以下几类规范性法律文件组成：

第一类是以俄罗斯联邦关于保护环境、合理利用和保护自然资源的联邦法律的形式表现出来的规范性法律文件。具体是指由俄罗斯联邦国家杜马通过的有关法律，如《俄罗斯联邦环境保护法》《俄罗斯联邦生态鉴定法》《俄罗斯联邦森林法典》等。法律是构成俄罗斯联邦生态立法体系的最基本和最重要的规范性法律文件。它们主要规定俄罗斯联邦和联邦各主体在调整环境保护及合理利用和保护自然资源关系方面的权限、俄罗斯联邦公民的生态权利和义务、俄罗斯联邦环境保护和自然利用的基本原则、俄罗斯联邦的环境管理体制、俄罗斯联邦环境保护和自然利用的基本法律制度、俄罗斯联邦环境保护和自然利用的经济刺激机制、违反俄罗斯联邦生态立法的法律责任等基本问题。

第二类是以俄罗斯联邦总统关于保护环境、合理利用和保护自然资源的命令和指令的形式表现出来的规范性法律文件。例如，俄罗斯联邦总统《关于俄罗斯联邦环境保护和可持续发展的国家战略的命令》《关于俄罗斯联邦受特殊保护的自然区域的命令》等。

俄罗斯联邦总统的规范性命令和指令，根据《俄罗斯联邦宪法》的有关规定，是一种具有法律效力的规范性法律文件。俄罗斯联邦总统关于保护环境、合理利用和保护自然资源的命令和指令，无疑是俄罗斯生态立法体系不可或缺的组成部分。

第三类是以俄罗斯联邦政府关于保护环境、合理利用和保护自然资源的决定和指示的形式表现出来的规范性法律文件。例如，《关于批准向环境排放污染物质的生态标准、利用自然资源的限额和处置废弃物的限额及其制定办法的决定》《关于联邦生态基金和地方生态基金的决定》《俄罗斯联邦国家环境保护委员会条例》等。

根据《俄罗斯联邦宪法》的有关规定，俄罗斯联邦政府可以根据和为了执行俄罗斯联邦宪法、联邦法律及俄罗斯联邦总统的规范性命令而颁布决定或指示。这些决定和指示也是具有法律效力的规范性法律文件，只不过其法律效力低于联邦法律和俄罗斯联邦总统的命令和指令。但这并不影响它成为俄罗斯生态立法体系的一个组成部分。

俄罗斯联邦政府颁布的关于保护环境、合理利用和保护自然资源的决定和指示，具体起以下几个方面的作用：

一是将俄罗斯联邦宪法、联邦法律和俄罗斯联邦总统命令和指令中的有关规定具体化。

二是根据俄罗斯联邦宪法、联邦法律和俄罗斯联邦总统命令和指令的有关规定，在其权限范围内规定新的环境保护和自然资源利用规则。

三是规定国家管理机关、企业和组织在保护环境、合理利用和保护自然资源方面的权限范围。

四是制定关于保护环境和自然资源利用的具体管理措施。

第四类是以俄罗斯联邦各部、委、主管部门关于保护环境、合理利用和保护自然资源的命令和细则的形式表现出来的规范性法律文件。其中，主要是指被专门授权的国家环境保护管理机关颁布的命令和细则。例如，

《俄罗斯联邦环境影响评价条例》《经济活动和其他活动的生态论证细则》等。

各部、委、主管部门在其权限范围内颁布的命令和细则,具有人人必须遵守的性质,属于"从属于法律的规范性法律文件"的范畴。其特点在于,在规定的权限范围内,严格地遵照联邦法律、联邦总统的命令、指令和联邦政府的决定和指示的规定,将联邦政府的有关决定和指示具体化、细致化,使其更加便于操作。

第五类是以联邦各主体关于保护环境、合理利用和保护自然资源的法律、决议、决定、命令、指示等形式表现出来的规范性法律文件。具体是指联邦各主体的代表权力机关、主体元首和执行权力机关颁布的关于保护环境和自然资源利用方面的法律、命令、决定和指示。

根据《俄罗斯联邦宪法》第5条、第72条和第76条的规定,俄罗斯联邦各主体享有广泛的生态立法权。它们在其管辖权限和与联邦共同享有的管辖权限范围内制定和颁布的关于保护环境、合理利用和保护自然资源的规范性法律文件,同样是俄罗斯生态立法体系的组成部分。

第六类是以地方自治机关关于保护环境、合理利用和保护自然资源的决定、指示、办法等形式表现出来的规范性法律文件。

俄罗斯联邦的地方自治机关,本不属于俄罗斯联邦的国家权力机关系统。但它们可以拥有法律赋予的部分国家权力,其中包括立法权。[①] 在有法律规定的情况下,它们为了管理地方事务,可以制定和颁布仅适用于本地方的规范性法律文件,其中包括关于保护环境、合理利用和保护自然资源的规范性法律文件。这部分规范性法律文件,自然也是俄罗斯生态立法体系构成的一个"细胞"。

以上六类规范性法律文件紧密联系,形成一个有机的完整系统:联邦法律—联邦总统的命令或指令—联邦政府的决定或指示—联邦政府各部、委、主管部门的命令或细则—联邦各主体的代表机关、主体元首及执行权力机关的规范性法律文件—地方自治机关在法律赋予的权限范围内制定的规范性法律文件。其中,各类规范性法律文件之间具有一定的联系性,例如,联邦总统的命令和指令必须与联邦法律的有关规定相一致,并且不得与之抵触;联邦政府的决定或指示,根据联邦法律及联邦总统的命令、指

---

① 参见《俄罗斯联邦宪法》第12条和第132条。

令，并为执行这些法律、命令和指令的有关规定而制定，是联邦法律和联邦总统命令、指令的具体化；联邦各部、委、主管部门的命令和细则则根据联邦法律、联邦总统的命令、指令和联邦政府的决定、指示制定，是联邦政府决定和指示的具体化和细致化；联邦各主体的法律和其他规范性法律文件根据联邦法律和联邦其他规范性法律文件的规定制定，并且不得与之抵触；① 地方自治机关的规范性法律文件根据联邦或联邦主体的授权而制定，并且不得与联邦和联邦主体的规范性法律文件的规定相抵触。

这样，上述六类规范性法律文件就在纵向和横向的关系上发生了一种有机的等级联系：效力等级低的规范性法律文件根据效力等级高的规范性法律文件制定；地方的规范性法律文件根据中央的规范性法律文件制定。这种等级联系使它们形成一个相对完整的体系，一个有机的统一整体。

以上只是从规范性法律文件的等级结构形成上对俄罗斯生态立法体系所作的分析。如果从规范性法律文件所包含的内容方面进行分析，则可发现，俄罗斯生态立法体系中包括三类规范性法律文件：（1）综合性的规范性法律文件；（2）利用和保护自然资源的规范性法律文件；（3）防治环境污染和其他公害的规范性法律文件。

三 俄罗斯公民及其他社会组织的生态权利和义务

（一）人的生态权利的概念和种类

1. 人的生态权利的概念

俄罗斯联邦生态法学界普遍认为，个人的生态权利问题是俄罗斯联邦现代生态法的核心问题。《俄罗斯联邦宪法》第 2 条明确规定："人和公民的权利与自由具有至高无上的价值。承认、遵循和捍卫人和公民的权利与自由是国家的义务。"第 18 条强调指出："人和公民的权利和自由是直接有效的。它们规定着法律的意图、内容和适用，决定着立法权、执行权和地方自治的活动，并受到司法保护。"《俄罗斯联邦宪法》的这两条规定意味着，确认人和公民的生态权利既是俄罗斯联邦宪法的要求，也是俄

---

① 根据《俄罗斯联邦宪法》第 76 条第 6 款的规定，联邦各主体在联邦排他管辖和联邦与联邦主体共同管辖范围之外制定的法律或其他规范性法律文件与联邦法律相抵触时，联邦主体的规范性法律文件有效。

罗斯联邦生态立法本身的需要。因为，人和公民的生态权利在俄罗斯联邦是直接有效的。它们不仅决定着俄罗斯联邦生态立法的意图和内容，而且直接涉及生态法律的适用。因此，人和公民的生态权利问题自然也就成了俄罗斯联邦现代生态法的核心问题。

人和公民的生态权利，作为人的基本权利之一，是人为了自身的生存和发展而自然拥有的。因此，人和公民的生态权利原则上不受俄罗斯联邦国家法律的限制。俄罗斯联邦国家的立法仅仅只能在为捍卫宪法制度的基本原则，为保护他人的健康、权利和合法利益，保卫国防和国家安全的必要限度以内，或者在国家实行紧急状态的情况下，有条件地、部分地限制人和公民的生态权利。

2. 人的生态权利的基本分类

在俄罗斯联邦，人和公民的生态权利，根据俄罗斯联邦法律调整程度的不同可以分为"人和公民的基本生态权利"与"人和公民的其他生态权利"两类。

"人和公民的基本生态权利"通常又被称为宪法性生态权利和基础性生态权利。因为这些生态权利都是在《俄罗斯联邦宪法》和俄罗斯联邦参加签署的有关国际条约以及普遍公认的国际法原则和准则中被固定下来的权利。《俄罗斯联邦宪法》第 15 条规定："普遍公认的国际法原则和准则以及俄罗斯联邦签署的国际条约是俄罗斯联邦法律体系的组成部分。"

在俄罗斯联邦，属于宪法性生态权利的"人和公民的生态权利"主要体现为：

- 享受良好环境的权利；[1]
- 获得关于环境状况的可靠信息的权利；[2]
- 要求赔偿因生态破坏所导致的公民健康损害和财产损失的权利；[3]
- 土地和其他自然资源的私人所有权。[4]

除了以上四项主要权利之外，与人和公民的基本生态权利直接有关的宪法性权利还有"每个人都享有生存的权利"[5] "在符合安全和卫

---

[1] 参见《俄罗斯联邦宪法》第 42 条。
[2] 参见《俄罗斯联邦宪法》第 42 条。
[3] 参见《俄罗斯联邦宪法》第 42 条。
[4] 参见《俄罗斯联邦宪法》第 9 条和第 36 条。
[5] 参见《俄罗斯联邦宪法》第 20 条。

要求的条件下从事劳动的权利"① "享受健康保护和医疗帮助的权利"② "用一切合法的方式自由地收集、获取、转达、制造和传播信息的权利"③ 等。

"人和公民的其他生态权利",是指在俄罗斯联邦和俄罗斯联邦各主体的法律和其他规范性法律文件中规定的人和公民在自然资源利用和环境保护方面的权利。

规定人和公民的其他生态权利的联邦法律主要有《俄罗斯联邦环境保护法》《俄罗斯联邦居民卫生防疫安全法》《俄罗斯联邦土地法典》《俄罗斯联邦居民辐射安全法》《俄罗斯联邦大气法典》《俄罗斯联邦保护公民健康立法纲要》《俄罗斯联邦矿产资源法》《俄罗斯联邦水法典》《俄罗斯联邦森林法典》《俄罗斯联邦动物界法》《俄罗斯联邦社团法》等。

将人和公民的生态权利分为"人和公民的基本生态权利"与"人和公民的其他生态权利",并不意味着后者在法律上不重要。这只不过是从关于人和公民的生态权利的法律规范的载体形式上所作的简单分类。"人和公民的其他生态权利"同样是人和公民的生态权利。它们同样受到俄罗斯联邦国家法律的保护。

俄罗斯联邦学者认为,无论是从人、社会和国家生态利益的重要性出发,还是从人的生态权利的发展水平出发,人和公民的生态权利都应当作为一个独立的权利类型。

(二) 俄罗斯公民的生态权利和生态义务

1. 俄罗斯联邦环境保护法与俄罗斯公民的生态权利和义务

承认公民的生态权利并对其进行立法调整,是俄罗斯联邦生态立法发展的显著标志之一。苏联解体之前,关于俄罗斯联邦公民的生态权利和义务问题,在苏联和俄罗斯联邦的立法中少有明确的规定。苏联解体以后,情况发生了显著的变化,人和公民的生态权利问题受到了俄罗斯联邦的高度重视。

俄罗斯联邦众多的联邦法律中,率先对俄罗斯联邦公民的生态权利和

---

① 参见《俄罗斯联邦宪法》第37条。
② 参见《俄罗斯联邦宪法》第41条。
③ 参见《俄罗斯联邦宪法》第29条。

义务作出明确规定的是 1991 年 12 月 19 日颁布的《俄罗斯苏维埃联邦社会主义共和国自然环境保护法》。该法第 11 条规定："每个公民享有保护其健康不受因经济活动和其他活动所引起的自然环境的不良影响以及事故、意外灾难和自然灾害的不良影响的权利。"这一权利的具体保障是：

·国家拟定自然环境质量计划和规定自然环境质量标准，采取有效措施改善自然环境质量，预防和消除事故、意外灾难和自然灾害对自然环境产生的不良影响；

·对公民实行社会和国家保险，建立国家和社会储备基金以及其他的救济基金，组织对居民的医疗服务；

·向每个人提供在对生命和健康有益的自然环境条件下生活的真实条件；

·按司法程序或者行政程序赔偿因环境污染和生态破坏而对公民的健康和财产所造成的损害；

·国家监督自然环境状况，执行自然保护立法的规定，追究违反保障居民生态安全要求的有过错的人的责任。

上述第 11 条的规定，是俄罗斯联邦独立以后在立法上对俄罗斯联邦公民生态权利的首次明确确认。为了确实保证这一权利的实现，该法第 12 条进一步明确规定，俄罗斯联邦公民有权：

·成立自然环境保护社会团体，建立自然环境保护方面的基金会和其他的社会组织，加入这些团体和基金会；

·参加自然环境保护方面的会议、群众集会、纠察队、游行、示威、请愿和全民公决，发表自己的意见，就自然环境保护问题进行书面请愿、控告和发表声明，并要求对请愿书、控告和声明进行审理；

·要求有关国家机关提供关于自然环境状况和自然环境保护措施等方面定期的和真实可靠的全部信息；

·按照行政程序或者司法程序要求撤销关于生态上有害的工程项目的布局、设计、新建、改建和投入使用方面的决定，限制、中止和终止对自然环境和人体健康产生不良影响的企业和其他工程项目的活动；

·提出关于追究有过错的法人和公民的责任问题，向法院提起关于生态违法行为对公民的健康和财产造成损害的赔偿诉讼。

俄罗斯联邦公民在享有上述生态权利的同时，也承担相应的义务。这些义务主要包括：

- 参加自然环境保护方面的活动；
- 遵守自然环境保护立法的要求和法律规定的自然环境质量标准；
- 以自己的亲身劳动保护和增加自然财富；
- 经常地提高自己关于自然方面的知识水平和生态文明程度；
- 促进对后代人生态意识的培养。

除《俄罗斯苏维埃联邦社会主义共和国自然环境保护法》以外，在俄罗斯联邦独立前后，较早对俄罗斯联邦公民在自然环境保护方面的权利和义务作出有关规定的联邦法律还有《俄罗斯苏维埃联邦社会主义共和国居民卫生防疫安全法》《俄罗斯苏维埃联邦社会主义共和国土地法典》《俄罗斯联邦矿产资源法》和《俄罗斯联邦公民健康保护立法纲要》等。

2. 宪法与俄罗斯公民的生态权利和义务

1993年12月12日，俄罗斯联邦重新独立以后的第一部宪法——《俄罗斯联邦宪法》经全民公决获得通过。该宪法第一次将俄罗斯联邦公民的生态权利在宪法中加以确认和固定，从而使俄罗斯联邦公民的生态权利获得了宪法性权利的法律地位。

（1）宪法确认的公民的生态权利

《俄罗斯联邦宪法》确认的公民的生态权利主要有四项：
- 享受良好环境的权利；
- 获得关于环境状况的可靠信息的权利；
- 要求赔偿因生态破坏所导致的公民健康损害和财产损失的权利；
- 土地和其他自然资源的所有权。

在这四项生态权利中，"享受良好环境的权利"是最重要的一项权利。这是一项基本的和自然的人权。它与人的生存权一样，是自然赋予的，是人从一出生就自然取得的。因为，人要生存就必须有良好的适合生存的自然环境。人只有在良好的自然环境条件下才能生存。同时，人的生存权也只有在具备良好自然环境条件的情况下才能得到完全的实现。

显然，承认人和公民拥有"享受良好环境的权利"是俄罗斯联邦公民基本人权保护的客观需要。不过，关于这项权利的内容，目前在俄罗斯联邦生态法学界还在深入地讨论。因为，关于良好环境的基本含义，立法上并未作出具体解释。

（2）宪法规定的公民的生态义务

《俄罗斯联邦宪法》在确认和规定俄罗斯联邦公民的生态权利的同

时，对俄罗斯联邦公民的生态义务也作了相应的规定。该宪法第58条明确宣布："每个人都有义务保护自然及周围的环境，珍惜自然财富。"

《俄罗斯联邦宪法》对俄罗斯联邦公民生态权利和义务的规定，是对俄罗斯联邦公民生态权利和义务的集中概括。它具有指导性和纲领性。因此，在《俄罗斯联邦宪法》颁布以后，许多关于保护自然环境、合理利用和保护自然资源方面的联邦法律，如《俄罗斯联邦水法典》《俄罗斯联邦动物界法》《俄罗斯联邦居民辐射安全法》《俄罗斯联邦森林法典》等，在宪法确认的公民生态权利和义务的基础上，从各自的角度出发，对俄罗斯联邦公民的生态权利和义务作了相应的规定，从而使俄罗斯联邦公民的生态权利和义务得以具体化和系统化。

3. 俄罗斯联邦环境保护法与俄罗斯公民的生态权利和义务

2002年1月10日，俄罗斯颁布了新的《俄罗斯联邦环境保护法》。该法第11条明确宣布，俄罗斯联邦的每一个公民都有享受良好环境的权利，有保护环境免受经济活动和其他活动以及自然的和人为的紧急状况所导致的不良影响的权利，有获得可靠的环境状况信息和得到环境损害赔偿的权利。

具体而言，公民享有以下权利：

· 成立从事环境保护活动的社会团体及其他非商业性组织；

· 向俄罗斯联邦国家权力机关、俄罗斯联邦各主体国家权力机关、地方自治机关、其他组织和公职人员提出请求，以获得有关其居住地环境状况及其保护措施的及时、充分和可靠的信息；

· 参加就环境保护问题举行的会议、集会、示威、游行、纠察、征集在请愿书上签名、公决和其他不违反俄罗斯联邦法律的活动；

· 提出进行社会生态鉴定的建议，并按照规定程序参加鉴定活动；

· 协助俄罗斯联邦国家权力机关、俄罗斯联邦各主体国家权力机关和地方自治机关处理环境保护问题；

· 就环境保护和环境不良影响问题，向俄罗斯联邦国家权力机关、俄罗斯联邦各主体国家权力机关、地方自治机关和其他组织提出申诉、申请或建议，并得到及时的有根据的答复；

· 向法院提起环境损害赔偿诉讼；

· 行使法律规定的其他权利。

同时，公民负有下列义务：

· 保护自然和环境；
· 善待自然，珍惜自然财富；
· 遵守法律的其他规定。①

(三) 环保社团和非商业组织的权利和义务

根据《俄罗斯联邦环境保护法》第12条的规定，俄罗斯联邦从事环境保护活动的社会团体和非商业性社会组织，有权从事下列活动：

(1) 按照规定的程序制定、宣传和实施环境保护规划，维护公民在环境保护方面的权利及合法权益，吸引公民在自愿的基础上开展环境保护活动；

(2) 利用自有的和收取的资金，开展及推广保护环境、增殖自然资源和保障生态安全的活动；

(3) 协助俄罗斯联邦国家机关、俄罗斯联邦各主体国家权力机关和地方自治机关解决环境保护问题；

(4) 依法组织并参加就环境保护问题举行的会议、集会、示威、游行、纠察、公决、征集在请愿书上签名，以及有关环境保护方案问题提出意见或建议；

(5) 向俄罗斯联邦国家机关、俄罗斯联邦各主体国家权力机关、地方自治机关、其他组织和公职人员申请获取有关环境状况、环境保护措施，以及对环境和公民的生命、健康及财产构成威胁的经济活动及其他活动的情况和事实的及时、充分、可信的信息；

(6) 依规定程序参与其实施可能会对环境和公民的生命、健康和财产产生不良影响的经济活动和其他活动的决策；

(7) 就有关环境保护和不良的环境影响等问题，向俄罗斯联邦国家权力机关、俄罗斯联邦各联邦主体的国家权力机关、地方自治机关及其他组织，提起申诉、申请、诉讼和建议，并得到及时的和有根据的答复；

(8) 按照规定之程序，对那些其经济活动和其他活动可能对环境造成损害，对公民的生命和健康造成威胁的项目、规划组织召开听证会；

(9) 依法定程序组织和实施社会生态鉴定；

(10) 推荐代表参加国家生态鉴定活动；

---

① 参见中国—东盟环境保护合作中心、中国—上海合作组织环境保护合作中心编《俄罗斯重要环保法律法规》，外文出版社2018年版，第27—28页。

(11) 向俄罗斯联邦国家权力机关、俄罗斯联邦各联邦主体的国家权力机关、地方自治机关、法院提出请求，要求取消对那些其经济活动和其他活动可能对环境产生不良影响的项目的设计、布局、新建、改建、运行等作出的决定；限制、中止和禁止对环境产生不良影响的经济活动和其他活动；

(12) 行使法律赋予的其他权利。

关于俄罗斯联邦环保社团和非商业性组织的义务，《俄罗斯联邦环境保护法》第12条也作了规定，但远不如对权利的规定那样具体，相对笼统，即"社会团体和非商业性组织在环境保护领域开展活动时，必须遵守环境保护的要求"。

(四) 俄罗斯联邦公民及社会组织生态权利的保护

1. 俄罗斯联邦公民生态权利的保护

根据《俄罗斯联邦宪法》第2条和第80条的规定，承认、遵循和捍卫人和公民的生态权利既是俄罗斯联邦国家的义务，也是俄罗斯联邦总统的义务。俄罗斯联邦总统作为国家元首，是俄罗斯联邦宪法、人和公民的权利与自由的保证人。因此他负有保障和保护俄罗斯联邦公民生态权利的义务。然而，从俄罗斯联邦目前的立法情况来看，无论是在《俄罗斯联邦宪法》中，还是在其他的联邦法律文件中，均没有关于俄罗斯联邦总统作为人和公民的权利与自由的保证人如何具体行使其保证权利方面的有关规定。换言之，关于俄罗斯联邦总统对公民生态权利的保护，目前在俄罗斯联邦实际上还缺乏相应的运作机制。不过，《俄罗斯联邦宪法》却对俄罗斯联邦公民生态权利的保护作了明确的规定。具体的保护措施主要有：

· 在法律没有特别规定的情况下，俄罗斯联邦的国家权力机关、地方自治机关以及公职人员应当保证每个人都有可能了解直接涉及其本人生态权利的文件和其他材料。[1]

· 国家对隐匿威胁人之生命、健康的事实和情况的公职人员依法追究责任。[2]

· 俄罗斯联邦公民的生态权利原则上不受俄罗斯联邦国家立法的限

---

[1] 参见《俄罗斯联邦宪法》第24条第2款。
[2] 参见《俄罗斯联邦宪法》第41条第3款。

制。国家立法仅仅只能在为捍卫宪法制度的基本原则，为保护他人的健康、权利和合法利益以及保卫国防和国家安全的必要限度以内，或者在国家实行紧急状态的情况之下，有条件地、部分地限制公民的生态权利。①

·每个人都有权运用法律所不禁止的一切方法维护自己的生态权利。②

·国家对每个人的生态权利提供司法保护。每个人有权对俄罗斯联邦国家机关、地方自治机关、社会团体和公职人员的决定和行为（或不作为）向法院提起诉讼。③

·每个人在其生态权利受到侵犯，并在俄罗斯联邦国内现有的法律保护手段已经用尽的情况下，有权依据俄罗斯联邦参加签署的国际条约向保护人权和自由的国际机构提起诉讼，寻求保护。④

·国家保障每个人有权获得高水平的法律帮助。⑤

此外，《俄罗斯联邦环境保护法》和其他关于自然环境保护、自然资源的利用和保护方面的联邦法律，对俄罗斯联邦公民生态权利的保护也作了一些相应的规定。

从俄罗斯联邦现行立法规定的对人和公民生态权利保护的措施来看，俄罗斯联邦对公民生态权利的保护所采取的方法主要有两种：

一是公民自我保护。例如，公民有权运用法律所不禁止的一切方法维护自己的生态权利；有权成立自然环境保护方面的社会团体，参加关于自然环境保护的群众集会、游行示威、请愿和全民公决；对国家机关、地方自治机关、社会团体和公职人员违宪的、侵犯公民生态权利的决定和行为以及这些机关和人员的不作为向法院提起诉讼等。

二是国家保护。例如，规定国家立法不得因宪法规定以外的原因限制公民的生态权利；在法律无特别规定的情况下，国家权力机关、地方自治机关以及公职人员应当保证每一个公民都有可能了解直接涉及其生态权利的文件和其他材料；追究侵犯公民生态权利的人的法律责任等。《俄罗斯联邦环境保护法》第13条明确规定，联邦及联邦各主体国家权力机关、地方自治机关及其负责人有义务协助公民生态权利的实现；在对其经济活

---

① 参见《俄罗斯联邦宪法》第55条第3款。
② 参见《俄罗斯联邦宪法》第45条第2款。
③ 参见《俄罗斯联邦宪法》第46条第1款和第2款。
④ 参加《俄罗斯联邦宪法》第46条第3款。
⑤ 参见《俄罗斯联邦宪法》第48条第1款。

动和其他活动有可能损害环境的项目布局作出决定时，必须考虑居民的意见或公决的结果。

2. 俄罗斯联邦环保社团和非商业组织生态权利的保护

《俄罗斯联邦环境保护法》第13条规定，联邦及联邦各主体国家权力机关、地方自治机关及其负责人有义务协助社会团体和非商业组织生态权利的实现；对于妨碍社会团体和非商业组织实现其依法享有的生态权利的责任人，依法追究其责任。

四　俄罗斯的生态法律责任

（一）生态法律责任的概念和基本特征

1. 生态法律责任的概念

违反生态保护立法的法律责任，在俄罗斯联邦被称为生态法律责任[1]或生态违法的法律责任[2]。

从俄罗斯联邦的整个法律责任制度来看，生态法律责任是俄罗斯联邦法律责任制度的一个组成部分。它是从一般法律责任引申或派生出来的。因此，它具有一般法律责任所具有的全部主要特点。

应当指出的是，只要对生态违法行为人适用生态法律责任，总是意味着生态违法行为人要承受某种对其自由的限制，或对其声誉与尊严的社会评价的降低，或导致其财产上的减少。也就是说，生态法律责任是一种惩罚。它对于生态违法行为人来说是一项新的法律义务，他必须履行这项义务。而这项义务在其实施生态违法行为之前是不存在的。它是生态违法行为人因自己的生态违法行为而导致的附加的消极后果。

2. 生态法律责任的基本特征

生态法律责任本身具有以下几个方面的基本特征：

（1）生态法律责任是为保证生态立法规定的各种要求得到普遍遵守和执行的国家强制形式。生态法律责任虽然是强迫行为人遵守生态要求的

---

[1] ［俄］布·弗·叶罗费耶夫：《生态法》，俄文版，第310页，莫斯科，НОВЫЙ ЮРИСТ出版社，1998。

[2] ［俄］姆·姆·布林丘克：《生态法》，俄文版，第475页，莫斯科，ЮРИСТЬ出版社，1999；［俄］斯·阿·博戈柳博夫：《生态法》，俄文版，第208页，莫斯科，НОРМА出版社，2000。

国家强制手段，但不是唯一的手段，生态法中能起到这种强制手段作用的还有国家生态鉴定、生态许可、生态监督等方法。①

（2）生态法律责任是国家与生态违法行为人之间形成的一种法律关系。

（3）生态法律责任是一种法律制度。生态法律责任是一种综合性的法律制度。它由许多法律部门，如民法、土地法、森林法、水法、动物界的保护和利用法、劳动法、行政法和刑法等部门法规范组成，具有明显的综合性。这是生态法律责任区别于一般法律责任的显著特点。

（二）生态法律责任的职能和基本任务

生态法律责任的基本职能决定了生态法律责任以下五个方面的具体任务：

·维护生态法制，保护生态保护领域里的社会关系；

·惩罚生态违法行为人；

·使受害人的损失，其中包括精神损害得到赔偿；

·预防生态违法行为人实施新的违法行为（部分预防）和预防其他公民实施生态违法行为（总体预防）；

·引导和教育公民尊重或遵守生态保护的法律和法规，增强生态法律意识。

（三）生态法律责任的根据和基本种类

1. 生态法律责任的根据

生态法律责任的根据，是指生态法律责任主体承担生态法律责任和国家追究其生态法律责任的根据。

生态法律责任的根据就是生态违法行为，或者说，生态违法行为即是国家追究行为人生态法律责任的客观根据。

所谓违法行为，通常是指不履行法定义务的行为或违反法律规定的行为。生态违法行为的构成必须具备四个要件：

（1）从客观方面来说，生态违法行为应当是违反生态利用和自然环境保护方面的法律法规的行为。

---

① ［俄］姆·姆·布林丘克：《生态法》，俄文版，第475页，莫斯科，ЮРИСТЬ出版社，1999。

(2) 生态违法行为必须有被其侵犯的客体,即被法律所保护的社会关系或社会秩序。

(3) 生态违法行为人在主观上须有过错。

(4) 生态违法行为的主体必须是具有责任能力的人或依法设置的法人。

2. 生态法律责任的基本种类

生态违法行为,根据其性质和对社会危害程度的不同,可以划分为不同的类型。俄罗斯联邦法学界通常将生态违法行为划分为以下四种类型:

· 生态行政违法行为;

· 生态纪律违法行为;

· 生态刑事违法行为;

· 生态民事违法行为。

这四类生态违法行为又可以归纳为违法行为和犯罪两类。违法行为包括生态行政违法行为、生态纪律违法行为和生态民事违法行为等三类。它们导致行为主体承担相应的纪律法律责任、行政法律责任和民事法律责任。而犯罪则仅指生态刑事违法行为。它导致行为主体承担刑事法律责任。

对自然环境或人体健康造成了实际损失的生态违法行为人或生态犯罪行为人,在因其生态违法行为或生态犯罪行为承担纪律、行政和刑事法律责任的同时,还必须承担相应的民事法律责任,赔偿其对自然环境或人体健康造成的损害。

根据《俄罗斯联邦环境保护法》第75条的规定,俄罗斯联邦的生态法律责任具体分为纪律责任、行政责任、刑事责任和财产责任四种。[①]

(1) 纪律责任

纪律责任是俄罗斯联邦特有的一种法律责任,是一种仅适用于违反劳动纪律的人的法律责任形式。

具体而言,它是指轻微违反环境保护法律、法规的违法行为人应当承担的一种法律后果。行为人的生态违法行为,从性质上看,属于轻微的行政违法行为,尚不够追究刑事责任。

《俄罗斯联邦环境保护法》并未对可能导致承担纪律责任的违法行为

---

① 参见马骧聪译《俄罗斯联邦环境保护法和土地法典》,中国法制出版社2003年版,第40页。

作出具体规定，也未规定对应当承担纪律责任的生态违法行为人所应采取的纪律制裁措施。

根据《俄罗斯联邦劳动法典》的有关规定，对生态违法行为人的纪律责任制裁措施主要有四种：批评、警告、严重警告和开除。除这四种制裁措施外，俄罗斯联邦及联邦主体的其他有关法律、法规规定，对生态违法行为人，还可采取将其调至低工资收入岗位、低职位工作岗位，剥夺职衔或称号等措施。但是，无论采取何种制裁措施，根据俄罗斯联邦有关立法的规定，对每一种纪律违法行为只能采用一种制裁措施。另外，在生态违法行为人接受纪律制裁的规定期限内（通常为一年，从行为人受到纪律制裁之日算起），不得对其适用奖励措施。

纪律责任的基本特征如下：

①责任主体范围特定，责任主体只能是公职人员及企业、机关或组织的工作人员，其他自然人和法人不属于纪律责任的责任主体范围。

②生态违法行为的范围特定，只适用于公职人员和企业、机关或组织的工作人员在履行劳动义务过程中实施生态违法行为的情况。因为，遵守生态规则属于他们工作的职责范围。

③处罚机关特定，由生态违法行为人所在单位或者单位的领导予以追究。

④根据《俄罗斯联邦劳动法典》的相关规定，纪律责任可以用"社会责任"替代。具体而言，即是将应当承担纪律责任的生态违法行为人交由有关社会组织批评或进行其他方式的社会谴责。

（2）行政责任

生态违法的行政责任，是指违反生态行政法律规范的违法行为人应当承担的一种法律后果。

行政责任的基本特征为：

①它是因生态违法行为人违反生态行政法律规范的行为所引起的一种法律责任。

②它只能由俄罗斯联邦生态法律、法规和其他规范性法律文件明文规定的具体的生态行政违法行为所引起。

③它的承担主体既可以是自然人，也可以是法人。

④它的适用由被专门授权的国家机关或其公职人员在其职权范围内决定，具有超部门的性质。

⑤对责任承担者只能采用法律规定的行政制裁措施。

⑥追究行为人的行政责任并不能自动免除其应当承担的其他法律责任。

生态违法的行政责任的承担方式主要有：

①罚款。

②没收实施生态违法行为的工具。

③剥夺从事某些专门活动的权利。

除上述三种主要形式以外，还有对生态违法行为人给予警告、没收从事非法活动的产品、劳动改造①和行政拘留等责任形式。

（3）刑事责任

刑事责任是俄罗斯联邦生态法律责任中最为严厉的法律责任形式，它是指生态违法行为人因实施生态犯罪行为而应当承担的必须受到刑事制裁的法律责任。

根据《俄罗斯联邦刑法典》的规定，俄罗斯联邦对生态犯罪规定的刑罚种类有主刑和从刑两种。其中，主刑为七种，即强制性工作、劳动改造、限制自由、拘役、一定期限的剥夺自由、罚金和剥夺担任一定职务或从事某种活动的权利。从刑为两种，即罚金和剥夺担任一定的职务或从事某种活动的权利。

根据《俄罗斯联邦刑法典》第45条第2款的规定，罚金和剥夺担任一定职务或从事某种活动的权利既可作为主刑适用，也可作为从刑适用。并且，《俄罗斯联邦刑法典》分则有关条款在对生态犯罪规定具体刑罚时，将"罚金"和"剥夺担任一定职务或从事某种活动的权利"分别作为主刑或从刑加以了规定。

（4）财产责任

生态损害的财产责任是指民事主体违反法律规定的生态要求，对自然环境或他人的健康、财产造成损害应当承担的民事法律后果。

生态损害的财产责任较之其他种类的生态法律责任，最大特点在于，它可以在生态违法行为人被依法追究生态违法的纪律责任、行政责任或刑事责任的同时被追究。

---

① 按《俄罗斯联邦行政行为法典》的规定，劳动改造是一种比行政拘留轻的行政法律责任形式，最少15日，最多不超过两个月。劳动改造在违法行为人所在单位进行，扣除其20%的工资作为国家收入。

在俄罗斯联邦，生态损害的财产责任的构成，与一般民事责任的构成一样，需要具备四个方面的要件，即有生态损害事实的存在、行为人客观上实施了生态违法行为、行为人的行为与生态损害结果之间具有因果关系、行为人主观上有过错。这四个要件必须同时具备，缺一不可。

①生态损害赔偿的原则

根据《俄罗斯联邦环境保护法》第 77 条的规定，生态损害赔偿实行全部赔偿的原则。其中：

法人和自然人因污染环境、耗竭、损坏、毁灭、不合理利用自然资源，致使自然生态系统、自然综合体发生退化或遭到破坏，以及其他违反环境保护法律法规的行为给环境造成损害的，必须依法全部赔偿。

由经济活动和其他活动的主体造成的环境损害，其中包括其活动方案获得了国家生态鉴定的肯定性结论的活动和取用自然环境要素的活动，由订货人和（或）经济活动及其他活动的主体赔偿。

由经济活动和其他活动的主体造成的环境损害，依据按规定程序批准的环境损害赔偿数额计算表和方法予以赔偿。没有相应计算表和方法的，根据用于恢复被破坏的环境状况的实际费用并考虑受到的损失（包括失去的应得利益）予以赔偿。①

计算表是俄罗斯联邦国家规定的专门用于计算生态违法行为人对自然客体所造成损失的对应计算表。该表对多种自然客体标出了专门的价格，用于指导对自然客体所造成损失的计算。它与一般商品的定价不同，带有惩罚的性质。它由三个部分组成，其一，被非法毁灭、毁坏或损坏的自然资源作为特殊商品所具有的经济价值；其二，对被破坏了的自然环境状况或自然资源进行恢复或再生所耗费的费用；其三，针对生态违法行为给予的一定程度的以金钱计算的处罚。不同的自然资源具有不同的价格。例如，一条鲑鳟鱼的专门价格是俄罗斯联邦人均最低月劳动报酬的 10 倍，而一头海象的专门价格是俄罗斯联邦人均最低月劳动报酬的 400 倍。若当年俄罗斯联邦人均最低月劳动报酬为 1200 卢布，那么，赔偿一头非法捕捞的海象的价格即为 1200 卢布×400＝480000 卢布，以此类推。

---

① 参见马骧聪译《俄罗斯联邦环境保护法和土地法典》，中国法制出版社 2003 年版，第 40 页。

专门计算方法是指事先规定的用于计算生态违法行为对水体、森林、土壤等自然客体造成污染、破坏所导致的损失的计算方法。专门计算方法也带有惩罚的性质。

②生态损害赔偿的程序

根据《俄罗斯联邦环境保护法》第78条的规定，生态损害赔偿的程序为：

对违反环境保护法律法规造成的环境损害的赔偿，自愿进行或者根据法院或仲裁法院的判决进行。

因违反环境保护法律法规所造成的环境损害的赔偿数额，依据用于恢复被破坏的环境状况的实际费用并考虑受到的损失（包括失去的应得利益），以及复垦和其他恢复工程的方案予以确定。在没有这些项目的情况下，依据实施国家环境保护管理的执行权力机关批准的环境损害数额计算表和方法予以确定。

根据法院或仲裁法院的判决，因违反环境保护法律法规所造成的环境损害，可以通过责成被告按恢复工程方案并以自己的资金恢复被其破坏了的自然环境的办法予以补救。

关于因违反环境保护法律法规而造成的环境损害的诉讼，可以在20年的期限内提起。①

③关于对公民健康损害和财产损失的赔偿

根据《俄罗斯联邦环境保护法》第79条的规定，因违反环境保护法律法规而对公民健康造成损害、财产造成损失的赔偿，实行下列原则：

由法人和自然人的经济活动和其他活动的不良影响而对公民造成健康损害和财产损失的，应当全部赔偿。赔偿范围和金额，根据相关立法确定。②

依据俄罗斯联邦相关民事立法的规定，在认定对公民健康的损害程度和赔偿数额时必须考虑到受害人劳动能力的丧失程度、用于医疗和恢复健康所必需的费用、看护受害人所需的费用、其他因健康损害而导致的财产损失，其中包括错过的职业机会（丧失从事某种职业的条件或能力等）、

---

① 参见马骧聪译《俄罗斯联邦环境保护法和土地法典》，中国法制出版社2003年版，第41页。

② 参见马骧聪译《俄罗斯联邦环境保护法和土地法典》，中国法制出版社2003年版，第41页。

因健康损害而必须变更住所地或改变生活方式或改换职业所产生的费用、因健康损害而导致的不能生育或承担生育有先天性生理缺陷的孩子的风险、因健康损害而带来的精神损害等。

对公民健康损害的赔偿，由加害人支付。但是，在不能查明具体加害人的情况下，国家从"国家生态基金"中支出。

在认定对公民财产造成的损失时则应当考虑到：与损坏建筑物、住房、生产场所、设备和其他财产以及降低其价值有关的全部直接损失和因降低土壤肥力、污染水体等造成减产而致使受害人丧失的可得利益（间接损失）。

第十三章 南非环境法

一 新南非环境法律体系的全面构建

1993年12月22日,"临时宪法草案"在南非国民议会中通过,加之不分种族大选和过渡时期行政委员会议案等活动,南非开始走上了种族平等、民主自由的新道路。1994年,非国大、国民党和因卡塔自由党组成的民族团结政府内阁正式成立,曼德拉出任南非首位黑人总统,1996年南非共和国《宪法》的颁布,这个长期饱受种族歧视和殖民压迫的非洲大国走上了民主、独立、人权与自由的道路,在1996年新宪法的政治框架下,新南非就此诞生。"南非历史上遗留下来的法律与制度被彻底地抛弃,与之相应的是用新宪法统领、构筑起一套完全与历史上的法律制度相异的法律体系。"[1] 新南非对环境资源保护法律制度进行了改革。不同的立法背景和指导思想,让新、旧南非的环境资源法制呈现差异。旧有殖民压迫和种族歧视的规定被完全废除,在实践中被证明有效且不违反宪法的旧环境资源保护法律被修改后部分沿用,加之新编纂的环境法律。由此,在种族平等、公平利用自然资源和可持续发展的新理论下,新的生态环境保护与自然资源利用法律制度全面构建,南非形成了以宪法环境权为核心,以环境基本法为指导,以大气、水资源、矿产等单行环境法规为补充的环境资源立法体系。国际气候变化框架协议下,南非积极参与国际环境组织、履行国际环境公约义务,不断推出南非环境白皮书和绿皮书等环境政策宣言,以此完善国内的环境资源立法。

第一,以宪法环境权为统领。在南非的环境立法、环境执法与环境司

---

[1] 参见李天相《〈南非宪法〉环境权条款理论和实践问题评析》,硕士学位论文,吉林大学,2015年,第4页。

法领域中，最为核心的是 1996 年南非共和国《宪法》第 24 条所正式确立的宪法环境权条款。它确定了南非环境法律秩序的主旋律，规定"每个人都享有健康、幸福的环境并公平地获取资源"。随后，1998 年《国家环境管理法》颁布，它补充了 1989 年颁布的《环境保护法》，在法律位阶上，是仅次于宪法的环境基本法，也是宪法环境权的具体化。[①] 在这套不同于旧南非的环境法律体系中：首先，确定了更为详细的"环境"概念并对"环境法"的调整范围进行了扩充。根据 1998 年颁布的《国家环境管理法》，它将"环境"定义扩充为人类生存的内部环境，由如下内容组成：（1）地球上的土地、水和大气；（2）微生物、植物和有生命的动物；（3）任意部分或是本条前两款组合形成的部分，以及它们之间的相互关系；（4）前述内容中能够影响人类健康与福祉的有关物理、化学、审美和文化遗产等的属性条件。[②] 因此，按照新的环境基本法对"环境"的拓展，南非环境法的调整范围将包含三个"有区别却相互关联的领域"，即土地利用与开发规划；资源保护与利用；废物管理与污染控制。[③] 可见，在新时期环境运动与环境观念的变革与影响下，"环境法"的概念得到了扩展和完善，并且融合了之前的多项相关概念内涵。

第二，环境资源立法渊源多样。新南非环境法包含种类繁多、层次分明的法律渊源。一是宪法成为整个南非法律体系以及环境立法框架的核心，其第二章权利法案明确了公民环境权，宪法为环境法的实施提供了最高位阶的法律基础。二是制定法存在于国家立法和省级立法与地方章程中，一些环境法律内容从其中派生出来。三是普通法是来源于相关法律中各式各样的普通法规则，如在南非有关环境侵害的法律中，规定了"使用自己的财产不能损害他人的财产"（sic utere tuo ut alienum non laedas）原则。四是习惯法是南非法律传统和历史的积淀，民约习俗的功

[①] 需要指出的是，在 1998 年《国家环境管理法》颁布之前，南非主要的环境立法就是 1989 年《环境保护法》，但是随着 1998 年《国家环境管理法》作为南非官方公认的环境基本法以后，1989 年《环境保护法》的内容大量被新法所取代。截至 2009 年年底，《环境保护法》已经修改了 16 次，在一共由 46 个条款组成的法律中，目前仅存第 25、第 30、第 34、第 40 和第 42 条未被修改并依然具有法律效力，其余的 41 个条款均被后来的环境基本法或环境单行法规所修改或替代。所以，南非的环境基本法不再是 1989 年的《环境保护法》，而是 1998 年颁布的《国家环境管理法》及其在特殊领域中（大气、水、废弃物、生物多样性和保护区）的立法。

[②] Section 1 of the National Environmental Management Act, the Act 107 of 1998.

[③] Jan Glazewski, Environmental Law in South Africa (2nd ed), Durban: LexisNexis Butterworths, 2005, p. 9.

能依然在酋长部落发挥着重要效力，在某种程度上成为环境法的法律渊源。五是国际法是南非环境法律渊源的重要补充，20世纪90年代末期，南非通过了一系列有关环境的国际公约和协议，成为南非环境法的补充渊源。

第三，吸收国际通行的环保原则。在新南非，"环境保护"关注于自然资源的保护以及环境污染的控制，并通过称为"环境管理"的程序来实现这些目标。所以，环境法律规范涉及环境管理。影响南非环境法律规范形成的新兴国际规范与环境理论概念主要有：可持续发展；代际公平；环境正义；环境权；公共信托主义；预防原则；污染者负担原则；地方管理；共同但有区别的责任原则；等等。在"趋向生物中心（或生命中心）和趋向人类中心（或以人为中心）"这两个国际通行的环境保护法律理念中，南非选择了人类中心主义。从宪法和普通法的相关环境规范来看，它们信奉人类中心主义哲学观，形成了环境权的基本规定。如《国家环境管理法》第2条第（2）款规定："环境管理必须将人民和他们的需要置于关注的前沿，同时平等地服务于他们的身体、心理、发展、文化与社会利益。"

二　南非的环境立法体系

新南非成立以来，南非的环境立法体系出现了全新的变化，在陆续废除或修改殖民时期不平等的环境法律之后，新的环境资源立法在1996年以后接连颁布。同时，一些特定领域的环境单行法规以及国际公约协议依旧有效，它们成为新南非环境法律体系的必要补充。在这些新旧规定组成的法律框架下，一套全新的、多位阶的、多角度的环境立法体系逐渐形成。从南非环境法律位阶来看，宪法位阶的环境法（Constitutional Environmental Protections）[①] 是基石，赋予公民环境权利和国家保障公民环境

[①] "宪法位阶的环境法"，该翻译来自原文 "Breathing Life into Fundamental Principles: Implementing Constitutional Environmental Protections in Africa"。其中，我国学者张一粟老师将"Constitutional Environmental Protections"译作"宪法位阶的环境法"。笔者认为，宪法位阶的环境法至少包含三个方面：其一，宪法环境权条款；其二，宪法中直接涉及环境与资源问题的条款；其三，宪法中间接涉及环境与资源的条款，需要通过其他相关内容进行推论得出。从南非宪法位阶的环境法来看，它主要由两种性质的权利组成：其一，环境实体性权利，即环境权与生存权；其二，环境程序性权利，即知情权、参与权、结社权、诉权。

权的义务；环境基本法及其特殊领域立法是基础，用更加详细的综合管理规定，对宪法环境权进行具体适用；不同领域的单行环境法规是主要支撑，也是环境治理和资源保护在不同环境管理部门中的法律依据；国家环境白皮书与绿皮书则是环境立法与管理的指南针；南非签订参与的国际条约以及区域性多边协议是环境保护跨国合作与国际责任的重要体现。

(一) 宪法位阶的环境法：赋予环境立法执行力的根源

"南非宪法规定环境活动不得影响人类健康与幸福，在宪法中赋予公民环境权，并以基本权利的方式促使国家履行环境保护的责任。"[①]《宪法》第二章"权利法案"第 24 条规定："每一个人皆有享受无害于其健康与幸福的环境的权利，为了现世及后代子孙的利益，使环境受到保护的权利，通过合理地立法和其他措施：预防和防止生态退化；促进保育；在促进经济和社会合理发展的同时，确保生态上的可持续发展和自然资源利用。"创设作为宪法基本权利的环境权，要求国家履行保护环境特别是保护公民环境权的宪法责任。

1. 环境权利人皆有之

根据《宪法》第 24 条 "环境" 第 (a) 项规定：每一位南非公民都拥有生活在"无害于"（not harmful to）其健康和幸福的环境中的权利。即，公民享有的环境权利必须无害于"健康"和"幸福"。

第一个层面，每个人都有权享有无害于其"健康"（health）的环境。任何不恰当的污染排放或破坏环境行为都会因有害居民健康而被判违宪，从而遭到制止和处罚。在贫富差距明显的南非，该规定要求国家一律平等地保障公民生活在无害于健康的环境中的权利，在环境正义的理论下，给予弱者更多的保障和关心。

第二个层面，每个人都有权享有无害于其"幸福"（well-being）的环境，每个人都可以对那些有害幸福的环境行为进行制止或追责，这也为环保 NGO 和环保主义者提供了环境公益诉讼的宪法依据。"幸福"意味着"环境不仅具有工具价值，除此之外，环境还有另一方面，那就是环

[①] T. Winstanley, *Entrenching Environmental Protection in the New Constitution*, *South African Journal of Environment Law and Policy*, Vol. 16, No. 2 (1995), p. 87.

境的内在价值值得被保护"①。例如，在"高变投资公司诉开普农产品公司"② 一案中，高等法院间接地认可了环境对人们有一种固有的价值，它来源于环境的完整性与美学特性，以及由此带给公民的一种"幸福"的法定利益。这种"幸福"本身体现出一种有关环境的本质追求，公民应当秉承可持续发展与道德正义来负责任地开发利用自然，这才是环境整体性理念的体现。

综上，按照道德与法律的转化关系，《宪法》第24条第（a）项无害于"健康"或"幸福"的规定是南非宪法位阶的环境法律底线，也是每一位公民所享有的环境权利，而其后第24条第（b）项所规定的改善生态环境、提高环境质量、预防污染与生态退化则是政府的具体目标，是国家保护生态与资源的环境义务。

2. 环境义务必须遵守

根据《宪法》第24条"环境"第（b）项内容，"每一个人皆有权：为了现世及后代子孙的利益，使环境受到保护的权利，通过合理地立法和其他措施——

（ⅰ）预防和防止生态退化；

（ⅱ）促进保育（conservation）；以及

（ⅲ）在促进经济和社会合理发展的同时，确保生态上的可持续发展和自然资源利用。"

其一，权利的主体是每一个人。公民的宪法权利要求国家积极保护环境，每一个人都是环境保护权利和环境义务的承担者，促使他们积极参与改善和保护环境的国家政策。其二，今世后代的利益是环境权的缘由。这是"环境信托"理论的延续，也是《南非国家一般环境政策宣言》序言"每一代人都有义务为后代人利益作为自然环境和文化遗产的信托人"的体现。其三，合理地立法和其他措施是权利的实现方式。这要求立法、执法和司法机关都要参与宪法环境权的实施，国家必须为环境的保护和改善作出形式上与实质上的双重努力。综上，多部门可以在宪法环境权这一最高位阶的环境法律基础上，积极协商、开展合作，共同实现南非环境的保

---

① Jan Glazewski, Environmental Law in South Africa (2nd ed), Durban: Lexis Nexis Butterworths, 2005, p. 77.

② Hichange Investments (Pty) v. Cape Produce Company (Pty) Ltd. tla Pelts Products and Others [2004] 2 SA 393 E.

护，维护每个人的环境权。

3. 环境权的实现要求

《宪法》第 24 条"环境"第（b）项下的 3 个内容规定了实现环境权的三项要求：

其一，"预防污染和生态退化"。这是当代环境立法新理念，"预防在先"的原则要求。其二，"促进保育"（promote conservation），树立了"兼顾环境保护与资源利用"的双重任务。其三，"在促进经济和社会合理发展的同时，确保生态上的可持续发展和自然资源利用"。关注到南非社会经济发展与环境资源保护的矛盾主线，坚持用自然资源合理利用与可持续发展作为调整这对矛盾关系。对此，按照"通过合理立法与其他措施"实现具体目标的要求，1994 年以来，南非已根据在 1993 年"临时宪法"中首次写入的宪法环境权条款，制定了大量的成文环境法律，这些立法体现了国家履行宪法规定的环境保护立法的责任。[①]

4. 宪法中有关环境保护的其他规定

南非《宪法》第 24 条环境权条款是南非环境法律体系的基础，也是国家环境保护制度的基石。以环境权条款为核心，宪法中还有一些与环境保护直接或间接相关的条款，它们是环境执法与司法的宪法依据，共同构成了南非特色的"宪法"。

第一，避免环境法律适用冲突。南非的政治体制赋予各省级和地方较大的权力，《宪法》第 43 条规定共和国议会行使国家立法权，省立法机关（省议会）行使省级立法权，市议会行使地方层级的立法权。为避免国家与省、地方出现环境法律适用冲突、促进中央与地方的环境执法衔接，宪法第 146 条第（2）款第（c）项第（vi）目规定，在环境保护领域，国家法律高于省和地方立法。这些国家立法主要有《国家环境管理法》《国家环境管理：生物多样性法》等。

第二，环境保护是地方政府的执政目标。南非《宪法》对地方政府的工作目标作出详尽规划，第 152 条第（1）款要求地方政府必须在财政和行政能力内，努力实现"促进安全及健康的环境"等目标。在国家和地方层面积极履行环境保护责任，让环境权走出宣示性权利的束缚，具备可操作性。

[①] Jan Glazewski, Environmental Law in South Africa (2nd ed), Durban: LexisNexis Butterworths 2005, p. 80.

第三，环境权是人权保障的重要内容。为配合废除种族隔离、保障黑人权利，新南非建立了"南非人权委员会"，并要求国家机关提供公民权利的实施报告。根据《宪法》第 184 条，每一年相关国家机关都必须向南非人权委员会提供"权利法案"中列举权利的实施状况证明材料，其中，环境权的保障便是其中之一。对南非而言，"在当前较为典型的人道主义和自由主义学说下，环境权成为人权的原则与目标之一，它将把与生俱来且不能被剥夺的环境利益与社会经济权利一并纳入其中"[①]。公民环境权被提升至人权保护的高度。

除了《宪法》中有关环境保护的直接规定，还有一些条款中也隐含有相关环境问题、环境权执行与环境信息取得等间接内容，可以通过法律推论，将《宪法》第 25 条、第 32 条、第 38 条等条款作为解决南非的土地资源问题、环境信息公开和环境诉讼的宪法依据。例如，《宪法》第 25 条规定了土地资源及其平等使权。要求国家积极从事有关自然资源和土地问题的改革活动，救济那些因种族歧视的法律而遭受土地、自然资源等权利破坏的个人与社群，保护公民公平合理地利用南非的土地资源，确保他们的环境权利。又如，《宪法》第 32 条赋予公民获取国家环境信息的权利。为实现或保障公民基本权利，可以合法获取国家或他人持有的信息，国家还应当制定法律确保公民的信息取得权，这与《国家环境管理法》中的环境信息取得权实现了有效衔接。最后，《宪法》第 38 条赋予环境权以可诉性。为避免大多数国家以宣示性条款将环境权入宪而造成执行力不强的缺陷，南非宪法确立了完善的权利执行与诉讼保障机制，使得作为公民基本权利的环境权具有可诉性。这是南非环境权作为一种实体性权利和一种程序性权利的重要体现，它让环境权具备执行力和可诉性，公民因环境权遭受侵害均可提请保障权益的宪法诉讼。同时，该规定还放宽了诉讼主体资格限制，公益团体等均可参与其中。

综上，南非宪法位阶的环境法具有重要意义，它赋予每一个南非公民无害于健康与幸福的环境基本权利，将公民环境权提升至人权高度，它要求国家履行环境保护职责，用宪法条款的形式宣示了预防污染、促进保育和可持续发展等科学理论，也为环境信息取得、环境权益诉讼等制度的构建奠定了宪法基本法的根基，成为南非环境法律体系的基础，也是国家制

[①] A Du Plessis, Fulfillment of South Africa's Constitution Environmental Right in the Local Government Sphere, Nijmegen: Wolf Legal Publishers, 2009, p. 15.

定环境保护政策的基石。

(二) 环境基本法：环境综合管理的法律准则

根据《宪法》第24条第（b）项"通过合理地立法和其他措施……"保障环境权，《国家环境管理法》①（NEMA）便是"合理立法"，体现在，该法所确定的环境综合管理原则是实现"其他措施"保护环境权的依据。该法与《宪法》第38条权利执行和诉讼保障相互衔接，既是南非环境综合管理的依据，又是宪法位阶的环境法的具体化，在环境知情权、参与权、环境公益诉讼等方面对南非宪法位阶的环境法进行了具体化的法律制度设计。基于它由最高立法机关国民议会审议和颁布，所以它是新南非的环境基本法之一，在法律位阶上仅次于宪法，高于其余单行法，作为承上启下的环境法典，该法力图加强各级政府之间的环境协助与管理，设置了一些颇具特色的环境法律制度。历史上，南非曾在1989年制定过《环境保护法》（Environment Conservation Act，ECA），作为当时通行于全国的环境法规，该法曾经在新南非建立之前的环境法律体系中具有较高地位，但是由于种族歧视偏见和当时的国内环境，1989年《环境保护法》在新南非建立之后于实践中遇到了法律位阶较低，国家与省级、地方适用冲突等缺陷困扰。所以，该法中大量的条款被废除或是被新的《国家环境管理法》所取代。最终，1998年《国家环境管理法》正式实施以后，它成为南非第一部环境保护的综合性法律。

1. 环境事务参与权

NEMA第2条第（4）款明确了弱势群体以及妇女儿童均有权参与环境管理并获得保护，促进了权益相关方和受环境影响者参与国家环境治理活动的积极性。首先，将公众参与权写入环境基本法。为消除历史上种族歧视性环境法律的影响，立法机关基于正义与公平，对劣势群体履行更多的环境保护责任，以保障公民环境权，履行在经济社会发展中注重生态环境保护与资源可持续性利用的宪法规定。② 其次，让容易受到环境损害者和弱势群体参与环境治理。促使所有与环境管理相关的利益群体能够参与其中，为了实现公平、有效的环境管理，所有人有机会获得相关的能力和

---

① National Environmental Management Act 107 of 1998.
② See David A. McDonald, Environmental Justice in South Africa, Athens: Ohio University Press, 2002.

技术支持。再次，以公开透明的方式作出环境决策，按照法律规定将环境信息公开，以此促进公众参与环境保护。最后，注重妇女与青少年在环境管理与开发中的重要作用，还要求政府在可能影响环境的决策制定过程中确保公众获得适当且充分的参与机会。综上，NEMA第2条第（4）款构筑起了南非公民的环境保护参与机制，只有在环境信息公开、公众参与的配合作用下，公民环境侵权的救济与诉权才能实现。

2. 环境权益诉讼权

NEMA第32条是环境基本法对《宪法》第38条"权利执行"的具体化规定。第一，任何个人和团体都可以对违反《国家环境管理法》规定的行为寻求适当救济，包括违反了第一章中环境保护基本原则，或者违反关于环境保护与自然资源利用的其他规定。第二，适当放宽环境诉讼主体资格，让几乎所有环境问题的权利请求人均可提起诉讼，五种权利请求人为："为了个人或者团体自身的利益；为了或者代表由于实际原因而不能启动该程序的个人的利益；为了或者代表其利益受到影响的一个团体或者阶层的利益；为了公共利益；为了环境保护利益。"第三，落实诉讼费用保障。法院认为提请诉讼的个人或团体不能证实起诉行为违反或可能违反环境法规，但他们的起诉行为是出于公共利益或环境保护，并旨在以其他合理可行的方式获得救济。那么，法院可以裁定起诉人或者团体不用支付诉讼费用。该规定为公民个人或社会团体基于环保公益而提起的权利救济诉讼提供了支持，以避免败诉风险带来的高额诉讼费用。第四，详细规定判定标准作为保护措施，以避免潜在的滥诉。[①] 第五，NEMA第33条还设置了环境公益诉讼，规定"任何人都可以以公共利益和环境保护的利益提请诉讼"。

3. 在新领域的拓展

随着社会经济的发展，新的环境问题日益突出。对此，南非最高立法机关国民议会着力修改环境基本法，解决新出现的环境问题。按照2013年修正后的环境基本法规定，"特殊环境管理法"（specific environmental management Acts）有：1989年《环境保护法》、1998年《国家水法》、2003年《国家环境管理：保护区法》、2004年《国家环境管理：生物多样性法》、2004年《国家环境管理：空气质量法》、2008年《国家环境管

[①] T Murombo; H. Valentine, *Slapp Suits: An Emerging Obstacle to Public Interest Environmental Litigation in South Africa*, South African Journal on Human Rights, Vol. 27 (2011), pp. 82-106.

理：废弃物法》[1]、2008年《国家环境管理：海岸带综合管理》[2]和1999年《世界遗产保护法》[3]，同时还包含依据上述法律而颁布的相关附属立法与法规。

第一，国家环境管理法在保护区管理领域的新拓展，2003年颁布了《国家环境管理：保护区法》[4]，规定了对国家典型生态物种多样性的保护、对生态繁衍区域的保育，以及对自然景观和海洋景观的保护，建立了国家保护区的登记与管理制度、合作管理和公众参与等制度。此外，该法还设置了"就地保护"与"移地保护"等有关保护区建设的特色法律原则。

第二，按照1998年《国家环境管理法》的规定，通过国家权力保护物种生态系统、生物资源的永续性使用、公平公正的分享来自生物资源的利益。于是，南非在2004年颁布了《国家环境管理：生物多样性法》[5]并在此基础上建立了南非国家生物多样性机构（South African National Biodiversity Institute，SANBI）。该法明确规定了国家是生物多样性的托管人，在生物多样性综合管理框架、生态系统和物种的保护、控制消除外来物种，以及生物资源开发的获取与惠益分享等方面进行了制度设计。同时，在"风险预防原则"与"事前知情同意"等理念下，构建了许可证制度、生物开发信托基金、惠益分享等制度。此外，该法还对转基因生物和外来物种的进出口进行规制。"作为生物多样性保护的基本法，兼具了综合性和专门性，从而使得更为细致的生物多样性立法有所依循。"[6]

第三，向大气中排放的温室气体和其他破坏臭氧层的物质对地区和全球环境都会产生有害影响，让公民生活在"健康"与"无害"的环境中的权利受到影响。据此，国家为了积极履行"合理立法与有效措施"保障公民环境权，于2004年颁布了旨在防治大气污染的《国家环境管理：空气质量法》[7]，要求行政机关开展综合管理，有效控制空气质量、降低

---

[1] National Environmental Management：Waste Act 59 of 2008.
[2] National Environmental Management：Integrated Coastal Management Act 24 of 2008.
[3] World Heritage Convention Act 49 of 1999.
[4] National Environmental Management：Protected Areas Act 57 of 2003
[5] National Environmental Management：Biodiversity Act 10 of 2004.
[6] 吉海英：《南非生物多样性保护的法律与实践》，《中共济南市委党校学报》2007年第1期。
[7] National Environmental Management：Air Quality Act 39 of 2004.

因空气质量而造成的环境污染,建立了国家空气质量咨询委员会,规定了政府监测、管理、控制空气质量的国家标准,明确了详细的空气质量测量方式与评价结果。①

(三) 环境保护单行法规

除了宪法位阶的环境法与环境基本法,新南非的环境法律体系中还存在许多具体环境问题的单行法规,它们是《宪法》第24条第(2)款要求的采取立法与其他措施保护公民环境权的体现。同时,历史上那些在具体环境领域产生过重要影响的法律被改造后加以继承。这些殖民法令中的不平等规则和种族歧视偏见被废除,但其中那些技术性规定在不违背新宪法的前提下得以继续适用。例如,1989年《环境保护法》经大面积修改后,留下了部分不违反新宪法精神的环保技术性条款,它们可以与《国家环境管理法》相互配合适用。此外,这种旧法修改后继续沿用的情况还出现在农业资源、海洋污染等领域。

1. 自然资源保护立法

南非的自然资源保护立法由森林保护、水保护、农业保护、动物保护、渔业与土地保护组成。国家旨在通过必要的政策和立法的方式来保护与管理生物物种、自然资源、生物多样性和生态系统,进而保护环境与资源的永续性利用。历史上,南非的环境资源保护法律可以追溯至17世纪殖民当局在开普殖民地颁布的制定法,这些法令试图确保殖民种植园、土地和林木免遭毁坏。在1910年南非联邦成立以后,四个联邦省份的自然保护法令可以在省级范围内发生效力。时至今日,南非的环境资源保护法律主要由国家立法与省级立法组成,在内容上主要涉及森林、水、农业、动物、渔业和土地等。②

在森林资源保护上,"合作政府"(Co-operative Government)要求大量的政府机构参与建立并确保主要的森林与林地管理目标,这些机构包括水务与森林部、环境事务与旅游部、农业部以及贸易与工业部。在国家范围内,一些国家的自然森林和林地被国家公园所保护。在省级范围中,各

---

① 然而,在全球气候变化时代焦点下,除《国家环境管理:空气质量法》中的附带条款外,南非仍未出现有关气候变化的专门条款,这个缺陷应当在随后立法中得到重视并解决。

② Morné van der Linde (Edited), Compendium of South African Environmental Legislation, Pretoria: Pretoria University Law Press, 2006, p.175.

种省级政府部门均发挥着各不相同却异常重要的作用。1998年议会通过了《国家森林法》①，旨在改革那些已经过时的森林与林业法律②。对此，1998年《国家森林法》规定了一些对森林资源保护有决定性影响的原则，积极促进可持续性森林管理与开发活动，履行有关森林与林业的政策。③

在水资源保护上，新的水资源管理方式和立法出现，政府在1997年和1998年分别颁布了《水服务法》和《国家水法》。其中，前者专门处理基本水供给、环境卫生等权利，制定国家税的标准与规范等。后者则是南非国家水资源管理与保护的主要法律，确保今生后世人类对水的需求利用，还设立"水法庭"（Water Court）解决水权争议。

在动物资源保护上，规定动物和野生动物主要的功能区一并由国家和省级进行立法保护。这些野生动物以及动物保护的部分省级和国家法律法规有：1962年《动物保护法》④、1991年《偷盗猎物法》⑤、1983年《农业害虫法》⑥、1973年《海鸟与海豹保护法》⑦、2003年《国家环境管理：保护区法》、2004年《国家环境管理：生物多样性法》。例如，2002年《动物健康法》⑧规范了动物进出口，建立动物健康体系。1993年修改的《动物保护法》设置了禁止虐待动物的规定，要求屠宰动物需要具备资质，动物肉类必须冷冻后出售。同时，南非也是许多有关动物与野生动物保护国际条约的签署成员国之一。

在土地资源保护上，20世纪90年代，政府制定了大量与土地改革有关的重要政策文件，其中最重要的是1997年《南非土地环境政策白皮书》，其吸收了大量的宪法与制定法条款。1994年《土地权恢复法》⑨设置了一系列土地原则与框架，涉及环境问题与土地占有改革。土地改革是未来南非发展的本质，有效的土地改革政策必须整合既有立法框架，用以

---

① Natioal Forest Act 84 of 1998.
② 例如，1992年《国家森林管理法》就是那些已过时的森林与林业法律，其相关内容在新制定的1998年《国家森林法》中得到了修改。
③ Morné van der Linde（Edited），Compendium of South African Environmental Legislation, Pretoria: Pretoria University Law Press, 2006, pp. 175-176.
④ The Animals Protection Act 71 of 1962.
⑤ The Game Theft Act 105 of 1991.
⑥ The Agricultural Pests Act 36 of 1983.
⑦ The Sea Birds and Seals Protection Act 10 of 1973.
⑧ Animal Health Act 7 of 2002.
⑨ The Restitution of Land Rights Act 22 of 1994.

处理土地及其改革问题。① 另外，南非环境法律发展史上，规定了土地资源保护与利用制度的法律还有《补充环境保护法》②，该法扩展了1989年《环境保护法》中适用于国家保护区的规定。《环境法律合理化法》③ 的颁布则试图通过法律修改和扩展的方式，让那些由环境事务与旅游部参与制定的国家立法更加合理化。部分条款继续沿用的《湖区开发法》④ 规定在湖区开发委员会的控制下，建立湖区土地资源保护管理制度。

在矿产资源保护上，为加强矿产和矿业资源的可持续发展，2002年《矿产与石油资源开发法》⑤ 颁布，其取代了1991年《矿业法》⑥ 等各类相关法律。该法规定国家能源矿业部（DME）是南非矿产资源的主管部门（现已改为矿产资源和能源部），环境事务部（DEA）是南非矿业环境问题的管理部门（现已改为环境、森林及渔业部）。为了消除矿产和石油行业一切形式的歧视性做法，2002年《矿产与石油资源开发法》保证了国家矿产和石油资源的公平取得。该法进一步强调建立一个富有国际竞争力的、高效的行政管理制度。另外，鉴于南非有超过50万的矿业雇工在恶劣的环境下工作，为此1996年《矿业健康与安全法》要求矿业工人的工作环境不至危害其身体健康和安全。⑦ 此外，出于保护土地资源及其生态系统，在2015年《土地法》改革中，农村发展与土地改革部（DRDLR）要求逐步禁止外国人购买南非的土地。

2. 环境污染防治立法

宪法确立了健康环境的权利，作为回应，政府设置了保护环境的宪法义务，即"通过合理地立法和其他方式保护环境"。在1996年《宪法》颁布之前，普通法的原则被应用于确保污染综合控制（IPC）。将普遍的环境和特殊的生态系统功能作为一个综合整体，是污染综合控制理念的基础。污染综合控制（IPC）要求所有形式的污染和对它的控制都应当服从这些统一且一致的原则。当前，按照自然环境因子，南非的污染防治法律

---

① Morné van der Linde (Edited), Compendium of South African Environmental Legislation, Pretoria: Pretoria University Law Press, 2006, p. 378.
② Environment Conservation Act Extension Act.
③ Environment Laws Rationalisation Act.
④ Lake Areas Development Act 39 of 1975.
⑤ Mineral and Petroleum Resources Development Act 28 of 2002.
⑥ Minerals Act 50 of 1991.
⑦ Division of Policy Development and Law UNEP, Compendium of Summaries of Judicial Decisions in Environment-Related Cases, United Nations Environment Programme, 2005, p. 331.

可以被分为三个主要类别，即空气、土地和水。除了普通法和制定法之外，大量的部门法律（包括《刑法》《侵权法》《毗邻法》）也必须应用防治污染的法律原则。

在土地污染防治上，因南非有接近90%的废物都直接在土地上进行处置，政府积极立法确保土地环境免遭污染。于是，一系列涉及土地污染防治的法律颁布，如《有害物质法》控制了那些有可能导致人类健康受损甚至死亡的废弃物质，并且禁止和控制进口、供应、销售、使用、转运、应用和处理这些物品，禁止随意丢弃有害的废弃物，要求以科学合理的方式进行填埋和管理。同时，1998年《国家环境管理法》也为南非的土地污染管理和防治提供了基本法依据。殖民当局还曾于1947年颁布了《化肥、农场饲料、农药与贮存药剂法》[1]，而1983年颁布的《农业资源保护法》[2] 规定了南非共和国利用自然农业资源的规则，还积极促进土壤、植被等的保护，为了保护土地环境，该法还着力于抑制杂草，清除外来植物物种，以保护土地生态环境。

在大气污染防治上，1965年《大气污染防治法》[3] 是新南非成立之前处理大气污染的主要法律，后在《国家环境管理法》于特殊领域的立法拓展中，被2004年《国家环境管理：空气质量法》所取代。关于大气污染立法的进步，来源于新南非1996年《宪法》和第二章"权利法案"中对环境权的确认，以及对公民基本权利的救济保护。正是在这些环境权的保障措施下，空气质量保护才得以成为国家环境基本法在特殊领域的新延伸，立法和执法都得到进一步加强。此外，在宪法最高法层面，省级和地方政府也被赋予了更多的大气污染治理职能。1996年《宪法》的规定，确保了省级部门在治理空气污染方面必须得到更多国家协助，因为，依照《宪法》"附表4"（Schedule 4 of Constitution）的内容，该法认为空气污染是国家和各省共同面临的问题，二者对其均拥有立法权和管辖权。

在水污染防治上，旧南非《水法》的规则随着1998年《国家水法》的颁布而得到了调整，水的质量成为水资源保护立法中的重要考量。1998年《国家水法》[4] 第36条的制定，表明南非政府采取防止污染的措施，

---

[1] The Fertilizers, Farm Feeds, Agricultural Remedies and Stocks Remedies Act of 1947.
[2] Conservation of Agricultural Resources Act 43 of 1983.
[3] Atmospheric Pollution Act 45 of 1965.
[4] National Water Act 36 of 1998.

致力于保障公民的宪法基本权利。《国家水法》包括调控水质量和水污染控制问题的条款。此外，南非其他有关水的法律与政策还包括：1997年《水服务法》①；1989年《环境保护法》；1998年《国家环境管理法》以及《南非水质量指导方针》②。近年来，南非还创造了一个复杂的立法系统，以此保护、管理水资源，对水资源展开可持续利用。

（四）国家环境政策：环境保护立法的政策指引

作为联结宪法位阶的环境法、环境基本法和单行法的重要媒介，南非政府还定期颁布国家环境政策，以白皮书和绿皮书的形式向全社会发布国家环境管理的政策方略，对具体问题进行纲领性规定。

1. 国家环境发展白皮书

白皮书一般由政府或官方机构制定发布，是阐明具体问题、执行管理政策的规范报告，它可以在任何组织机构和社会团体中适用，也可以成为一种包含有国家政治方针策略的官方政治性宣示与声明材料。南非环境白皮书通常由环境事务与旅游部③负责颁布。从新南非成立至今，南非颁布了数十部有关环境发展与保护的白皮书，它们是立法的政策指南，对环境立法产生重要影响的白皮书主要有：《南非环境白皮书》《南非环境管理政策白皮书》《污染与废物综合管理白皮书》《海洋环境管理白皮书》《国家应对气候变化白皮书》《南非矿产和采矿政策白皮书》④《海洋渔业政策白皮书》⑤和《海岸带建设管理白皮书》等。

其一，《南非环境白皮书》中有关南非森林资源与生态保护的内容，就在1995年3月召开的"南非国家森林政策"会议上被提升至立法高度，成为《国家森林法》的立法指引。其二，经过四年的意见征求和协商，1997年《南非环境管理政策白皮书》⑥提出了国家环境管理计划与框架设计，这些内容成为《国家环境管理法》的重要来源。其三，2000

---

① Water Services Act 108 of 1997.
② South African Water Quality Guidelines.
③ 2013年后被拆分为环境事务部和旅游部颁布，各司其职。在2019年5月后，南非进行了国家机构改革，环境事务部又改为了环境、森林及渔业部（Department of Environment, Forestry and Fisheries）。
④ White Paper: A Minerals and Mining Policy for South Africa.
⑤ White Paper on Marine Fisheries Policy (5 May 1997).
⑥ White Paper on Environmental Management Policy (28 July 1997).

年 3 月颁布的《污染与废物综合管理白皮书》① 为预防污染、减少废弃物、管理与修复等问题作出指导规划，确定了污染和废弃物的概念、南非相关污染的现象与原因、三大污染与废弃物管理原则等，为《国家环境管理：废弃物法》的制定提供了技术支持。其四，1997 年 7 月颁布的《生物多样性保护与可持续利用白皮书》② 强调了南非生物多样性保护的六大目标，为《国家环境管理：生物多样性法》奠定了立法基础

此外，为进一步促使未来五年南非海洋管理目标的实现，南非政府于 2014 年 5 月颁布了《海洋环境管理白皮书》③，它确定了南非海洋管理的六个目标，要求南非实行良好的海洋环境管理，维持与提升海洋生态系统的活力，保护生物多样性、防止栖息地退化，未来在提升海洋管辖的竞争力与效力的同时研究与发展出具有创新性和责任性的利用方式，参与和巩固与海洋环境有关的地区性和全球性论坛，促进南非海洋资源的可持续利用与海洋环境的保护。而 2011 年 10 月颁布的《国家应对气候变化白皮书》④，表明了南非有效应对气候变化以及发展低碳经济的决心，确立了南非应对气候变化的基本原则和两大目标。

2. 国家环境管理绿皮书

绿皮书则大多是以研究报告的形式，对具体问题进行考察后得出的乐观前景报告。近年来，新南非颁布了许多国家环境管理绿皮书，绿皮书关注了当时最紧迫的环境问题，具有鲜明的时代性，是促使南非针对紧迫环境问题展开立法的重要文件。较重要的环境管理绿皮书主要有：《南非环境政策绿皮书》《海岸政策绿皮书》《国家海洋环境管理绿皮书：综合意见》和《国家应对气候变化绿皮书草案》等。

1996 年 10 月颁布《南非环境政策绿皮书》⑤，作为新南非形成后的首部环境绿皮书，它确定了可持续发展的核心目标，介绍了环境政策的必要性，以及环境政策的主要议题、基本原则、具体目标等。1998 年 9 月颁布《海岸政策绿皮书》⑥ 将南非的国家海岸线认定为生态系统中不可分割的部分，提出对海岸生态的完整性保护以及海岸环境保护的预防性措施，

---

① White Paper on Integrated Pollution and Waste Management (17 March 2000).
② White Paper on Conservation and Sustainable Use of Biodiversity (28 July 1997).
③ White paper on National Environmental Management of the Ocean (29 May 2014).
④ National Climate Change Response White Paper (12 October 2011).
⑤ Green Paper on an Environmental Policy for South Africa (1 October 1996).
⑥ Green Paper on Coastline Policy (September 1998).

确立了海岸管理与生态环境保护的重要原则，要求用最佳的方式发展海岸经济。2010年11月颁布《国家应对气候变化绿皮书草案》①，提出应对全球气候变化的两大目标：为全球实现温室气体减排做出应有的贡献，努力消除对气候系统有威胁的人为影响；有效改变和管理对气候有影响的不可避免的潜在威胁，着力恢复生态环境，建立可持续的南非社会经济，提高突发事件应对能力。同时，引入国际公约中的环境保护法律原则，以此构建南非应对气候变化的战略部署、协调机制、具体职责、监管与评估。最后，2012年10月颁布的《国家海洋环境管理绿皮书：综合意见》②介绍了南非的海洋环境现状，提出了海洋环境信息、海洋环境知识、海洋环境管理和海洋环境完整四个主要目标。

（五）国际公约与协议：转化为国内立法发挥效力

1. 国际环境法在南非国内法上的转化方式

南非通过将国际环境公约和保护原则转化为国内法和国内环境政策的形式，实现国内外环境保护合作。在非洲积极参与应对全球气候变化的背景下，南非国内环境法与国际环境法已形成互相依赖的关系，环境法在南非法律体系中涉及国内法和国际法两个层面。国际环境法由国际公约（或协定）、在实践中被普遍视为法律的国际环境保护习惯、被文明国家所承认的环境保护法律普遍原则以及司法裁决和最具资格的国际法学家的著作等组成。按照南非宪法规定，上述所有国际法均适用于南非环境法，也是其组成部分。国际环境法对南非环境法产生重要影响主要基于三种转化方式："一是通过结合的方式将国际条约条款写入议会法案；二是通过囊括国际条约作为法律制定的方式；三是在一个特殊法案的授权下，通过行政机关将其在《政府公报》上公布，并赋予行政机关将国际协议转化为国内法律执行的权力。"通过《宪法》第十四章和《国家环境管理法》第六章，国际环境法将对南非环境立法产生重要影响。

《宪法》第39条和第十四章第一节"国际法"中规定了国际法在南非的转化与适用。一方面，《宪法》第39条规定，在解释权利法案时，法院、审查庭应当考虑国际法，据此，国际法与国际公约成为解释与适用

---

① National Climate Change Response Green Paper 2010: Draft (25 November 2010).
② Green Paper on the National Environmental Management of the Ocean: For general comment (30 October 2012).

公民环境权条款时的有效依据。另一方面，第 231—233 条还分别规定了国际协定的国内法效力，"当国际协定被国家立法制定为法律时就成为共和国的法律……共和国受到在本宪法生效时拘束共和国的国际协定的拘束"；国际习惯法的效力，"国际习惯法是共和国的法律，除非其与宪法或议会法律不符"；国际法的适用，"当解释法律时，每一法院应当采纳与国际法相符的合理的立法解释，而非其他与国际法不符的解释"。这些是南非政府通过签署国际条约进而将其转化为国内法适用的法律程序。

2. 南非参与的重要国际多边环境协议与公约

南非是应对全球气候变化的发起国与重要参与国之一，20 世纪开始便积极参与环境保护国际条约和区域性协议，履行环境保护义务，南非是国际捕鲸委员会的发起国、1991 年《保护野生迁徙动物公约》波恩条约的缔约国、2016 年《濒危野生动植物种国际贸易公约》（CITES）大会的承办国。早在 19 世纪 40 年代，南非就开始参加自然资源与环境保护的国际性协议。对于多边环境协议，南非采取将这些国际环境法转化为国内立法的方式，继受全球通行的环境资源保护原则和精神。这些国际性环境协议主要包括联合国的环境协议和其他南非参与的环境条约。与大多数非洲国家一样，南非也加入了《生物多样性公约》《京都议定书》《维也纳公约》《联合国防治沙漠化公约》《野生动物濒危物种国际贸易公约》《巴塞尔公约》等重要国际性公约。据南非环境立法纲要统计，目前，南非已参与国际多边环境协议和其他公约共 30 余种，除上述外，具有代表性的还有《捕鲸的国际保护协定》[①]《湿地公约》[②]《防止船舶污染国际公约》[③]《保护迁徙野生动物物种公约》[④]《联合国气候变化框架公约》[⑤]《防止倾倒废物和其他物质污染海洋的公约》[⑥] 等。此外，南非还是国际自然和自然资源保护协会的发起国之一，协会每年出版红皮书专门介绍自然和生物种群受威胁程度。

---

① The International Convention for the Regulation of Whaling (1946).

② The Ramsar Convention on Wetlands of International Importance especially as Waterfowl Habitat (1972).

③ the International Convention for the Prevention of Pollution From Ships (1973).

④ the Convention on the Conservation of Migratory Species of Wild Animals (1979).

⑤ UN Framework Convention on Climate Changes (1992).

⑥ Convention on the Prevention of Marine Pollution by Dumping of Wastes and Other Matter (1972) (the London Convention) and the 1996 Protocol.

3. 南非参与的重要区域性多边环境协议

在自然资源保护方面，1968年9月15日，《非洲保护自然和自然资源公约》在阿尔及利亚获得通过，该公约提出对非洲的动植物资源、水资源、土壤资源等自然资源进行全面保护；在生态环境保护方面，1989年6月16日，第一届非洲环境大会在坎帕拉召开，以会议宣言的形式提出了非洲的环境保护与可持续发展原则。自此，在非洲自然环境与生态资源保护频繁交流的基础上，非洲的区域性多边环境协议与公约日益增多。例如，1989年关于土壤和森林保护的第4个《洛美协定》以及关于非洲有害物质越境转移的《巴马科公约》等。其中，南非签署的区域性多边环境协议主要有两种形式，第一种是以非洲大陆为整体，以非洲联盟和非洲人权宪章为主要形式而存在的非洲多边环境协议，主要有1981年《非洲人类与民族权利宪章》[①]、1991年《设立非洲经济共同体公约》[②]、2000年《非洲联盟基本法》[③]。第二种是以南部非洲次区域为范围的多边环境保护协议，以南部非洲发展共同体为主要机构进而形成的区域性环境保护协议，主要有1992年《建立南部非洲共同体的温得和克条约》[④]、1995年《南部非洲发展共同体水道共享系统协议》[⑤]、1996年《南部非洲发展共同体能源协议》[⑥]、1997年《南部非洲发展共同体矿产协议》[⑦]、1999年《南部非洲发展共同体野生动物保护与执法协议》[⑧]、2001年《南部非洲发展共同体渔业协议》[⑨]、2002年《南部非洲发展共同体森林协议》[⑩]。

综上，"这些条约是非洲国家开展环境合作的法律基础，通过信息交换制度、技术和财政援助制度、协商机制等共同应对环境问题。目前，几乎所有的非洲国家都加入了《华盛顿条约》《生物多样性条约》《沙漠化条约》等重要的国际条约。对于《气候变化框架公约》《京都议定书》，

[①] African Charter on Human and Peoples' Rights (1981).
[②] Treaty Establishing the African Economic Community (1991).
[③] Constitutive Act of the African Union (2000).
[④] SADC Treaty (1992).
[⑤] SADC Protocol on Shared Watercourse Systems (1995).
[⑥] SADC Protocol on Emerge (1996).
[⑦] SADC Protocol on Mining (1997).
[⑧] SADC Protocol on Wildlife Conservation and Law Enforcement in the Southern African Development Community (1999).
[⑨] SADC Protocol on Fisheries (2001).
[⑩] SADC Protocol on forestry (2002).

有些国家将这些国际法律文件转化为国内法予以施行"①。这个过程就是国际环境多边公约和区域性多边协议在南非的影响过程,将国际环境法的原则与精神转化为国内立法和政策,这就是国际环境公约与协议在南非的影响方式。在此过程中,南非通过签署与认可国际公约的形式,将国际公约转化为国内立法,《宪法》第 24 条环境权的规定是促使公约在国内实施、为环境保护主义者提供法律支持的重要依据。同时,当南非出现与公约配套的国内立法缺失时,南非宪法环境权条款则是国际多边协议的精神体现,通过公民基本权利的行使、保障与救济,南非政府和民间团体都可以通过宪法权利的诉讼机制来保障公民环境权益、维护南非的生态自然环境。②

(六) 南非环境立法体系的具体特征

1. 宪法环境权是环境立法体系的核心

宪法是一国最高位阶的法律,也是立法的主要渊源。而以宪法条款作为环境法律体系的核心,是南非的主要特色。完善的宪法环境权条款成为环境基本法、环境部门法的重要基础。一方面,《宪法》第 24 条第(a)项规定了每一位公民享有无害于健康与幸福的环境权,开启了南非宪法位阶的环境法律规定,第 32 条规定公民可以获取政府掌握的有关环境的信息、第 38 条规定公民基本权利的保障让环境权具备可诉性和可救济性。另一方面,《宪法》第 24 条第(b)项规定国家具有保护环境的义务。对此宪法位阶的环境法继续规定了第 146 条"国家环境保护立法优于省级立法"、第 152 条"地方政府有确保安全、健康的环境的责任"、第 184 条"环境权的实施是人权保护的重要方面,必须向人权委员会提交逐年报告"。

以宪法环境权条款为核心,配合相关的条款规定,它们共同组成了南非宪法位阶的环境法。在宪法最高权威的立法渊源下,作为南非环境基本法之一的《国家环境管理法》是宪法环境权条款及宪法位阶的环境法的具体化。它细化了宪法环境权条款的内容,进一步细化了环境事务参与权

---

① 范纯:《非洲环境保护法律机制研究》,《西亚非洲》2008 年第 4 期。
② See Carl Bruch, Wole Coker and Chirs VanArsdale, Breathing Life into Fundamental Principles: Implementing Constitutional Environmental Protections in Africa, Institute and Governance Program, Washington D. C.: World Resources Institute, 2001, p. 11.

和环境权益诉讼权等具体规定；它还按照宪法位阶的环境法所赋予的责任，以"环境综合管理"理念，建构了涉及环境保护与管理的国家行政机构；明确了国家环境管理的基本原则、确定了国家环境管理机构的具体职责，以及环境保护与管理的内容。它对环境诉讼主体资格、环境权益救济的具体途径等作出了规定，是宪法环境权条款在环境基本法上的应用与反馈。此外，不论是环境基本法在特殊领域的拓展立法，还是环境保护单行法规，它们均以宪法环境权为立法渊源，在序言或具体规定上，均写明"为确保公民享有无害于其健康与幸福的环境"的字样，体现出"通过合理地立法和其他措施"保护环境的要求，表达出这些法律是对宪法环境权的发展。

2. 环境立法层次分明并相互衔接合作

新南非的环境法律体系具有层次分明、内容完整、相互协助的特征，分明的横向立法层次是环境法律得以全面实施的有力保障。宪法环境权条款和宪法位阶的环境法是立法的最高渊源，在宪法的宏观框架下，《国家环境管理法》将其核心原则作出具体化的条款设计，并且以最高立法机关国民议会颁布的方式，使之成为仅次于宪法的环境基本法。在全球气候变化的框架下，一些突出紧迫的环境问题成为环境基本法关注的焦点，于是议会不断制定新的特殊领域环境基本法以满足环境保护的国际趋势。随后，以国家环境管理机关为指导，各领域的环境单行法规逐步出台，内容涉及自然资源保护和环境污染防控等，成为南非环境事务部开展国家环境综合管理的法律依据。

清晰的纵向立法层次则是环境法律得以在不同范围中逐级执行的有力保障。按照宪法与环境基本法，虽然南非秉承着民主化改革以来的"合作政府"原则①，国家、省级、地方并无绝对的等级划分与领导关系，而

---

① 关于"合作政府"原则的表述，在南非宪法和环境基本法中体现得尤为明显。其中，在1996年南非共和国《宪法》第三章中将"合作政府"表述为 Co-operative Government，在1998年环境基本法中也专门规定了"合作政府的程序"，并将"合作政府"表述为 Co-operative Governance。因此，笔者认为"合作政府"原则在南非来源于民主化进程中通过"真相与和解委员会"和"团结政府"而逐步发展形成的一种政治妥协开明、民主协商合作的理念，最终以"合作政府"的形式继续发展。例如，在"合作政府"精神下，南非的国家、省级和地方主要以配合协作为根本特征，并且用特殊的"范围"（sphere）一词来概况它们之间的关系，这是新南非国家的特色，也是新南非对旧制度与不平等的一种"决裂""反叛"。这种"合作政府"精神在新南非《国家环境管理法》所提倡的环境综合管理中有着鲜明展现，并体现出一种国家环境管理的协调、协商与合作理念，与国际环境管理的经验与趋势交相呼应。

是作为不同"范围"（sphere）的国家机关履行不同的环境立法与管理职能。因此，南非的环境立法在国家、省级和地方调整着各自范围内的具体环境管理职能，并且相互配合、互相影响。首先，《宪法》附表4和附表5规定了分属国家和省级的环境立法事项；其次，环境基本法附表1和附表2也分别列举了国家和省级环境立法与行政执法的具体内容；再次，地方议会也在相关法律的规定下获得了部分地方环境保护的立法职能；最后，《宪法》和环境基本法则对不同范围的环境立法与法律适用冲突问题进行了规定，以促使环境综合管理能够在"合作政府"的原则下有效衔接。

在宪法、环境基本法和单行环境法规之外，南非还定期颁布国家环境政策关注热点问题，成为环境立法的风向标；而南非签订的国际性和区域性的公约协议则是被宪法承认的国际环境法的内容，它们在《宪法》第十四章的规定下，可以被国内立法所转化，进而变为南非的国内环境法而产生法律效力。可见，层次分明、相互促进的环境立法体系是南非环境法律完善的重要表现。

3. 国际环境法通过国内立法转化适用

新南非以一个民主开放、政治协商的形象被世界所尊重，促使南非得以广泛地参与跨国环境保护和国际合作，积极履行其保护环境的国际义务。所以，新南非的环境法律体系关注了国内法和国际法两个层次。那些南非缔结的国际公约或区域环境资源保护协定、在实践中被普遍视为法律的国际环境保护习惯等都是南非新宪法所认可的国际法。而国际环境习惯、原则、学术著作被转化为国内法，则是将其作为宪法法院解释"权利法案"时的重要依据，被写入司法解释，形成具有极高效力的宪法解释并影响着南非其后的立法与司法活动。同时，南非也是应对全球气候变化的发起国与重要参与国之一，从20世纪开始，南非就积极参与环境保护国际条约和区域性协议，这些被南非新宪法认定为国际法的内容，已经逐渐被转化为南非的国内立法，进而产生了更广泛的法律效力。

4. 国家环境政策与环境立法相互结合

作为环境法律体系的重要组成部分，南非的国家环境政策关注了最新的环境问题，通过定期颁布环境发展白皮书和绿皮书的方式向全社会公布国家环境管理的政策与方略，指引立法机关制定出新的环境法律。按照性质划分，官方机构或政府机关制定发布的阐明具体环境问题、执行环境管理政策的规范报告称为"环境白皮书"，它可以在任何组织机构与社会团体中适用，也可以成为国家环境方针政策的官方宣示与声明，对环境立法具有指引作用；而对具体问题进行考察后得出的研究报告则称为"绿皮书"。例如，在1998年《国家环境管理法》颁布之前，南非官方就已经通过了为期四年的征求意见与协商，颁布了1997年《南非环境管理政策白皮书》，从而明确了国家环境管理框架，为环境基本法的制定实施作出了提前规划。这种情形还体现在1994年政府发布的《南非矿产和采矿政策白皮书》，后成为2002年《矿产与石油资源开发法》的重要指引。又如，1998年颁布的《海岸政策绿皮书》与同年颁布的《国家环境管理法》相互配合、保持原则阐述一致，提出在不确定情况下应当采取海岸环境保护的预防性措施。

综上，南非的国家环境政策对环境法律体系的形成具有重要的影响，环境白皮书大多关注环境热点问题，经过国家的调查研究，往往形成一定的结论，这些结论能够成为相关领域环境立法的重要支撑；环境绿皮书则关注于紧迫的环境问题，往往与相关法律相互配，让环境法律实施更加明确、更具指引性。

三 南非的环境执法体系

基于南非合作政府的特性，南非建立从国家到省级，再到市政和地方的综合执法体系，1998年《国家环境管理法》则分别对不同范围内的环境执法机构进行了差异化的职能设置，在2003年环境基本法修改之后，修正案创设了南非环境执法专员制度，履行环境执法和监督的重要职能，随后，在2009年修改后，于第1条第（5）款再次新增了环境执法公正的规定，[①] 要求环境执法行为或决议必须符合《促进行政公正法》[②] 的原则。因此，两部法律共同确立了合作决策、可持续发展和环境管理最佳实践、一体化管理、以社区为基础的环境决策、预防以及"污染者付费"等执法原则。同时，南非严格区分了环境管理计划和环境实施计划，在各领域设置了单一的环境许可制度，2010年新颁布了《环境影响评估条

---

① National Environmental Management Amendment Act, the Act 62 of 2008.
② Promotion of Administrative Justice Act 3 of 2000.

例》，采取了项目清单制度，对需要进行评估的项目类型进行了列举。整个南非的环境执法体系以宪法和环境基本法为核心，展现出协商合作的鲜明特色。

（一）南非环境执法的机构与职能

1. 南非合作政府的建立与宗旨

南非全国划分为9个省，278个地方政府，包括8个大都市、44个地区委员会和226个地方委员会。[①] 南非《宪法》第三章专门规定了"合作政府"（Co-operative Government），这种规定是对过去种族歧视和白人政府的彻底改变。《宪法》第40条规定："南非共和国政府由国家、省及地方三个范围的政府组成，三者既相互区分又相互依赖关联……"[②] 该条特别强调政府间的合作，为南非环境执法机构之间的联合执法奠定了宪法基础。南非环境污染与破坏涉及面广泛时，环境管理部门的联合行动为南非执法提供了支持，有力打击了破坏南非环境的违法行径。

但由于南非政府的三级政府设置，南非宪法对于各级政府的立法范围不同。国家层面的立法机关有权就五个有关环境事务的领域进行立法，具体包括"国家公园；国家植物花园；海产资源；淡水资源；矿产资源"。在省级立法机关中，涉及如下13个领域的内容时，其与国家立法机关同时具有立法权，具体包括"原始森林；农业；灾害管理；文化事务；环境事务；健康服务；房地产；自然资源保护；污染控制；地区规划与发展；土壤维护；贸易；城乡发展"。当然，为进一步加强国家机关对于省级机关的立法控制，国家是可以干预省级立法的。根据《宪法》的相关内容，若出于"环境保护"的目的，国家立法在南非全境一致适用并且优于省级立法。通过设立环境保护的国家标准，以防止各省为吸引更多工业投资，而在省级立法中降低本省的环境标准、不顾公

[①] 李雪冬：《中国—南非人文交流运行机制现状、问题与对策建议》，载徐薇、刘鸿武主编《中国—南非人文交流发展报告（2018—2019）》，浙江大学出版社2020年版，第35—54页。

[②] 40. Government of the Republic. —

(1) In the Republic, government is constituted as national, provincial and local spheres of government which are distinctive, inter-dependent and interrelated.

(2) All spheres of government must observe and adhere to the principles in this Chapter and must conduct their activities within the parameters that the Chapter provides.

共环境利益的行为。

2. 国家环境管理机构与职能

环境、森林及渔业部（the Department of Environment, Forestry and Fisheries）是南非的环境主管机构，其主要职责是负责对全国环境进行统一监管。作为南非最高层级的环保执法机构，该部还设置了总干事职位，该部的职能旨在为环境管理，利用和保育，以及保护生态基础设施提供领导，以实现公民享有对自己的健康或幸福无害的环境权利、保护环境和造福今世后代为主要任务。它的职能包括开展有效地环境管理、进行法律授权与环保执法、管理海洋与海岸带、管控气候变化与空气质量、实施生物多样性保护、开展环境实施与保护计划、监管化学品和废弃物、设置气象局和国家公园以及生物多样性研究所等。环境、森林与渔业部的执法内容主要体现在各环境领域的检测与评估，以及环境管理、授权与联合执法上。在海洋与海岸带管理方面，处理有关环境治理与完整性的威胁，保护和管理可持续性的生态系统，加强对海洋海岸带的环境检测与评估；在气候变化与空气质量管理方面，监测、通报、管理和改善空气与大气质量，协调国际、国家以及省级地方应对气候变化的反应，将气候变化与空气质量对公民环境权的不利影响最小化；在化学品和废弃物管理方面，通过执法确保相关政策得到实施与执行，促进环境服务行业的发展；在生物多样性方面，有效保护和管理生物多样性和自然遗产，改善并促使公平公正分享由此带来的惠益；在环境保护管理方面，提供集中有效的合作管理，确保安全有力的工作格局，促进合作治理与地方政府支持，加强环境部门监测与评估；在授权与联合执法上，制定和实施有效的法律制度与许可或授权系统，以确保环境守法与执法，协调多部门开展跨部门综合执法并为其提供决策支持和监管体系。

部门内部除财务管理、内部审计、企业服务、渔业管理、林业管理外，还设有包括气候变化、空气质量和可持续发展，化学品和废物管理，监管合规和部门监控，生物多样性和保护，海洋和海岸，环境计划六大分支部门，对应了南非的环境管理专门法律及其主要职能。以南非宪法环境权为指引，六大分支部门依据不同管理事项，职能之间存在一定区别。以《国家环境管理：空气质量法》规定为例，在该领域，其主要职能包括确立国家、省和地方环境空气质量和排放标准，执行空气质量管理措施，执行与灰尘、噪声和难闻气味有关的管理措施，大气排放许可证的审查与颁发，监控跨境空气污染等。空气质量管理措施内部又细分列举大气排放的活动清单，批准并实施污染防治计划等。又如监管合规和部门监控分部门的一项职能就是编写国家环境合规和执法报告（NECER），目前在南非政府官网可查询的报告已更新至2019—2020年版。

除环境、森林及渔业部外，南非国家公园（South African National Parks）、南非国家生物多样性研究所（South African National Biodiversity Institute）、大圣卢西亚湿地公园管理局（Isimangaliso Wetland Park Authority）、农业、土地改革和农村发展部（the Department of Agriculture, Land Reform and Rural Development）、矿产资源和能源部（the Department of Mineral Resources and Energy）以及水利和公共卫生部（the Department Water and Sanitation）等国家级部门根据相关法律法规的授权也拥有某些方面的环境管理权。

3. 省级环境管理机构与职能

南非全国共有9个省，包括豪登省、林波波省、普马兰加省、夸祖鲁—纳塔尔省、东开普省、西开普省、北开普省、自由州省、西北省。环境、林业及渔业部在上述九个省级政府中设有省级办事处，对应进行环境问题的执法与监管。但是，南非各省管理环境事务的部门各不相同，夸祖鲁—纳塔尔省的农业、环境事务和农村发展部负责环境保护与管理环境事项，而在自由州省则是由经济发展、旅游和环境事务部负责环保相关的行政事项，经济发展、旅游和环境事务部在废物管理方面通过设立废物管理官员论坛加强所属市政府之间的协调与合作，并制定省级危险废物清单及省级综合废物管理计划（IWMP）；在空气质量方面设立了省级空气质量官员论坛并制定空气质量标准；在环境赋权方面为提升环境治理能力和开展环境教育与提升公众环境意识，开展省环境管理的竞赛，在重点城镇联合社区开展外展计划。[①]

4. 市政环境管理机构与职能

目前，南非设有278个地方政府，包括8个大都市（比勒陀利亚、约翰内斯堡、开普敦、德班、布隆方丹、伊丽莎白港等）、44个地区委员会和226个地方委员会。地方政府具有最接近社区的天然属性，对于发现环境问题和接受环境投诉也最容易。根据南非《宪法》第156条的

---

① 数据来源：http://www.edtea.fs.gov.za/。

规定，结合附表4B部分及附表5B部分所列的地方政府事项，国家或省立法赋予它的任何其他事项，进行行政管理。地方政府在遵守国家、省级与本级立法授权下开展环境执法活动。南非境内的地方政府多达284个，以自由州下属非孜勒达比市为例，主要负责环境管理的机构是社区、健康与环境服务部，该部门重点关注的核心职能包括：水质监测；食品安全和卫生监测和控制；废物管理；房屋控制（所有建筑环境）；传染病控制；矢量和控制；环境污染控制；处理死者；化学品安全；噪声控制。

（二）南非环境执法专员制度

1. 南非执法专员的设立

南非环境执法专员（Environmental Management Inspector，EMI）在媒体上也被称为绿蝎子（Green Scorpions）。环境管理专员不同于根据省级立法和地方细则任命的环境执法官员，只有环境执法专员有权执行《国家环境管理法》和其他特别环境管理法，并监测对这些法律的遵守情况。环境执法专员是南非环境执法机制的中坚力量，也是环境法律法规得以有效实施的有力保障。1998年《国家环境管理法》并未设置环境执法专员，直到2003年《国家环境管理法修正案》（2003年第46号法，2005年5月1日生效）才首次在第七章中创设了环境执法专员制度。此后，南非环境法执行不再是没牙的老虎，南非环境法为多部门执法力量建设，打造南非环境检查与执法的合规框架，设置环境执法专员为执法人员确定和辨析环境违法行为提供了立法依据。

《国家环境管理法》规定，有权任免环境执法专员的官员可决定是否为《国家环境管理法》、专门环境管理法或其中特定条款，而指定相关个人为环境执法专员。[①] 修正案第31B和31C条则对环境执法专员的任免作

---

① 31D. Mandates. —
(1) When designating a person as an environmental management inspector, the Minister, the Minister responsible for water affairs or MEC, as the case may be, must, subject to subsection (2), determine whether the person concerned is designated for the enforcement of—
 (a) this Act;
 (b) a specific environmental management Act;
 (c) specific provisions of this Act or a specific environmental management Act;
 (d) this Act and all specific environmental management Acts; or
 (e) any combination of those Acts or provisions of those Acts.

了详细规定。

  管理环境事务的部长可以将本部门或任何其他国家机关的工作人员指定为环境执法专员，并可随时撤销该指定，对其他国家机关工作人员的指定只能通过部长与相关国家机关达成的协议做出。① 同时，在九省中，省长指定的执行委员会委员（the Member of the Executive Council, MEC）可以将本省负责环境管理的部门、任何其他省级机关或者本省任何市政府的工作人员指定为环境执法专员，并可随时撤销该指定，且对其他省级机关、市政府的工作人员的指定只能通过管理环境事务的部长与相关省级机关或市政府达成的协议做出。②

  2003 年的修正案对于环境执法专员的职责作出明确规定，第 31 G 条指出，环境执法专员在其职责范围内监督并强制遵守环境法律法规，有权调查其合理怀疑的环境作为或不作为，此一行为的合理怀疑来自行为涉嫌违法、违反环境法律、违反授予环境许可的要求与条款。强调环境执法专员必须服从部长或者执行委员会委员发出的命令，按照规定的程序执行环境法律，必要时可以由一名翻译或者其他具有合理需要的人员协助执行，在手段选择上必须以尽量避免任何处所或事物造成损害、损失或恶化的方式行使其职权，这也是行政法上损害最小化原则要求的表现。

---

  ① 31B. Designation of environmental management inspectors by Minister. —
（1）The Minister may—
（a）designate as an environmental management inspector, any staff member of—
（i）the Department; or
（ii）any other organ of state; and
（b）at any time withdraw a designation made in terms of paragraph (a).
（2）A designation in terms of subsection (1) (a) (ii) may only be made by agreement between the Minister and the relevant organ of state.
  ② 31C. Designation of environmental management inspectors by MEC. —
（1）An MEC may—
（a）designate as an environmental management inspector, any staff member of—
（i）the department responsible for environmental management in the province;
（ii）any other provincial organ of state; or
（iii）any municipality in the province; and
（b）at any time withdraw a designation made in terms of paragraph (a).
（2）A designation in terms of subsection (1) (a) (ii) or (iii) may only be made by agreement between the relevant MEC and the relevant provincial organ of state or municipality.

2008年第44号修正案在31条内增设BA款①,将环境执法专员的任免权授予了负责水务的部长。此后负责水务的部长有权任命水务和林业部门或任何其他国家机关的工作人员为环境执法专员,并有权随时撤销该任命,且对其他国家机关工作人员的任命必须与相关国家机关协商做出。负责矿产资源的部长则是根据2014年第25号修正案授予任命矿产资源执法专员,并有权随时撤销该任命。

2. 南非执法专员的权限与等级

作为南非环境管理官员,环境执法专员以具备相应的执法权为基础开展法定的环境监管职责。《国家环境管理法》第七章的第31H、第31I、第31J、第31K、第31L、第34G等条对环境管理专员的权限作了明确规定。

环境执法专员拥有的一般性权力。环境执法专员可以对任何作出可合理怀疑行为的个人进行询问,并可对拒绝回答问题的个人发出书面通知要求其回答。并且环境执法专员可以调查或询问与该涉嫌违法行为有关的任何文件、书籍、记录或书面、电子信息,并可将其复制或抽取。同时,环境执法专员在进行相关调查或日常检查时可对任何人或事摄影或录像。此外,环境执法专员还拥有对土壤进行挖掘或钻孔的权力、采集样本的权力和移除任何违法放置的废弃物或其他物品的权力。

环境执法专员对物品有没收权力。环境执法专员在没收物品前可以要求物品的控制人将物品带到指定的地点,并可为没收车辆、船舶或航空器而移出其某个部件来使其不能移动。

环境执法专员对车辆、船舶和航空器等载具的搜查权力及相关权限如下:环境执法专员基于合理怀疑,无须权证即可进入、搜查、没收任何车辆、船舶、航空器、驮畜或任何其他运载工具,并且无须权证即可命令、强制车辆或船舶的驾驶员停止或航空器的飞行员着陆。此外,环

---

① 31BA. Designation of environmental management inspectors by Minister responsible for water affairs. —

(1) The Minister responsible for water affairs may—

(a) designate as an environmental management inspector, any staff member of—

(i) the Department of Water Affairs and Forestry; or

(ii) any other organ of state; and

(b) at any time withdraw a designation made in terms of paragraph (a).

(2) A designation in terms of subsection (1) (a) (ii) may only be made by agreement between the Minister responsible for water affairs and the relevant organ of state.

境执法专员在获得国家或省级警察长官的书面授权后可以建立路障和检查岗。

环境执法专员有进行例行检查的权力。环境执法专员可在任何合理的时间进行例行检查。环境执法专员在向地方法官书面申请权证后,可以进入和检查任何住宅房屋。如果房屋控制人同意其进入、检查且其合理地相信需要的权证会被授予时,环境执法专员无须权证即可进入和检查该住宅房屋。

环境执法专员有发布遵守通知的权力。环境执法专员在合理地怀疑某人没有遵守法律、许可证、授权书或其他文件的条款时,可以按照规定的格式和程序向其发出遵守通知。同时,环境执法专员还有权处以认罪罚金,其可以向触犯特定环境犯罪的人发出处以认罪罚金的书面通知,而使其免于被法院定罪。

1998 年《国家环境管理法》在规定了环境执法专员权限的同时,也对权力的授予做了限制。赋予环境管理专员的权力须是实现其设立目的所必需的。为了使环境管理专员的职能与其拥有的执法权限相一致,《关于环境管理专员的资格标准、培训、识别标志及其使用的规定》(2006 年第 494 号法)根据不同授权范围将环境管理专员划分为 1—5 级,不同级别的环境执法专员被授予了不同权力,见表 13-1。

表 13-1　　　　　　　　不同级别环境执法专员的权限

5 级环境执法专员	4 级环境执法专员	3 级环境执法专员	2 级环境执法专员	1 级环境执法专员
可行使《国家环境管理法》第 31H、第 31I (3)、第 31J 条规定的权力	可行使《国家环境管理法》授予的除第 31H (1) (b)、第 31H (5)、第 31I (3)、第 31J、第 31L、第 34G (2) 条以外的所有权利	可行使《国家环境管理法》授予的除第 31H (5)、第 31L 条以外的所有权力	可行使《国家环境管理法》授予的除第 31L 条以外的所有权力	可行使《国家环境管理法》授予环境管理专员的所有权力

3. 南非环境执法专员现状

首先,关于南非环境执法专员的组成。根据最新国家环境合规和执法报告(NECER)2019—2020 财年的数据统计结果,南非现有环境执法专员 3661 名,其中国家及省级环境执法专员共 3240 名,其中数量最多的是 1315 名南非国家公园执法专员。与 2017—2018 财年统计数据相比,共增加 600 名国家及省级环境执法专员,而同一数据下,地方(市级)环执法专员仅增加 88 名。① 由此可见，环境执法专员的授予虽然不断上升，但一定程度上存在比例失衡。

其次，关于南非环境执法专员的工作。从移交给南非警察局的刑事案件数量来看有所上升（仅增加 10 起），变化不大，但实际上由环境执法专员逮捕的人数却有所下降，2019—2020 财年共逮捕 787 人②，最终定罪数量上升的同时认罪认罚适用也有所上升。由此可见，在南非因环境问题陷入刑事案件的人可能的确存在犯罪行为，为降低刑罚处罚而选择认罪认罚以获得从宽处理。同时，环境执法专员发出的行政执法通知数量明显上升，达 1401 次。表现良好的是，在环境合规检查中不符合遵守的情况下降明显，这既是环境开发中人员自觉维护的结果，但同样离不开环境执法专员的督促作用。2019—2020 财年环境执法专员进行的主动合规检查和被动合规检查均有所增加，分别达到 4595 次和 1898 次，③ 主动合规检查作为环境执法专员展开执法活动的主要途径，是依法积极维护国家环境安全的表现。

（三）南非环境执法的主要制度

1. 环境管理计划与环境实施计划

从《国家环境管理法》规定的执法内容来看：首先，本法的目的在于"通过建立对环境产生影响的决策行为准则，为环境的综合治理提供支持。国家机关执行环境综合治理以及调解环境功能的职能，并且提供与上述职能相关的事项"。其次，该法第三章规定了"合作政府的程序"（Procedures for Co-operative Governance），通过附表内容规定了国家和省级应当起草的环境实施计划，这些内容反映了国家如何有效地保护环境。所有的省以及只有那些在《国家环境管理法》附表 1 和附表 2 中列举的政府部门，才能履行环境的实施计划与管理计划。其中，附表 1 列举了国家机关履行"可能影响环境"的职能，对这些内容都必须制订环境实施计划；附表 2 中列举了国家机关履行"包括了环境管理"的职能，而对

---

① Regulatory Compliance and Sector Monitoring of Environment, Forestry and Fisheries, National Environmental Compliance and Enforcement Report 2019-2020, 2020, p. 3.

② Regulatory Compliance and Sector Monitoring of Environment, Forestry and Fisheries, National Environmental Compliance and Enforcement Report 2019-2020, 2020, p. 4.

③ Regulatory Compliance and Sector Monitoring of Environment, Forestry and Fisheries, National Environmental Compliance and Enforcement Report 2019-2020, 2020, p. 5.

这些内容则必须制订环境管理计划。但上述规定的困惑在于，这些条款均引用了"可能影响环境的行政职能"，因而，这意味着这些规定只能参考附表1中列举的环境问题，这些举措广泛地"包括了环境管理"的职能，但这些又是附表2中所列举的内容。由此，出现了环境执法过程中的法律适用冲突，履行环境管理计划与环境实施计划的过程中极易出现职能重合。

2. 环境许可制度

南非没有一个综合的许可制度，管理污染和环境问题的总体立法是1998年《国家环境管理法》，公司必须根据《国家环境管理法》第24条获得所列活动的环境授权，该法是对开展涉及环境活动需要授予许可的总体性规定，但在涉及大气污染、海岸保护、生物多样性等专门环境法律规定须经专门性许可授权。在部长与各省执行委员会委员确定了可能造成空气质量污染的活动清单后，在活动清单中列举的相关人都必须申请并获得大气排放许可证（AEL），未经许可进行所列活动的行为构成犯罪。此外，《国家水法》规定企业申请用水许可证，要先综合考察水利用率和公共利益等影响，进而颁发有效期不超过40年的用水许可证，且每五年复查一次；《大气排放许可证》则规定了大气排放许可证制度并确立了许可证与年度报告检查制度。

3. 环境影响评价制度

南非的环境影响评价制度完备、程序复杂。2010年新《环境影响评价条例》和需要进行评估的项目清单正式生效。条例明确了环保授权申请人、环境评估师、环境主管部门的职责和公众参与等相关程序，以保证环境主管部门获得必要信息，实现公众有效参与，有效控制项目在存续周期内对环境的影响。据此，南非的环评标准较高、相应的处罚较为严厉，在南非投资矿业、开展工程承包的中资企业必须高度关注。在向环评师支付环评委托费，并向主管机关缴纳环保授权申请费后，企业进入了环评标准的审查阶段。一般情况下，企业申报环评有三大标准："其一，提交环评基本评估报告（BSR），对可能产生环境不利影响的相关活动开展针对性调查；其二，提交标准规定的活动范围和环评报告（EIR），环评主管机关对环境产生高污染潜在影响的社会活动采取针对性调查；其三，若环评申报活动在标准指定的范围内发生，那么该环评申报仅需环评主管机关通过基本评估程序即可，并依据个案的不同时效性来处理。"① 据此，南非的环评程序实际包括两个阶段：一是数据分析，即环评师考察企业资产和项目性质，确定潜在的环境责任问题；二是现场调查，对项目所在区域的环境问题展开实际检测和取样，并深入进行相关的技术性考察。因此，投资者需要了解的南非环评具体规定有：

第一，环评机构。新的《环境影响评价条例》列举了一般项目和具有潜在重大环境影响的项目两类清单，确定南非环境事务部（现改为"环境、森林与渔业部"）是环境影响评价的主管机关。第二，环评申请。环评申请人必须委托有资质且独立的环境影响评价师进行项目建设的环保授权申请，并向其提供所有必要信息（即使这些信息对申请人不利）。基于企业的环境信息，环评师可向环境主管机关提出环评申请、起草环评报告、履行对公众信息披露义务、考虑和采纳公众意见，而主管机关一般会在30日内决定是否予以环保授权。第三，环保授权。环境影响评价报告是环境主管机关授予环保授权（Environmental Authorization）的重要依据，它由基本评价报告（Basic Assessment）和环境影响评价报告（Environment Impact Assessment，EIA）两类组成。其中，"基本评估报告"适用于满足简易程序的一般项目清单。在基本评估报告、公众评议记录等文件齐备的情况下，环境主管机构一般在30日内决定是否赋予环保授权。"对环境具有潜在重大影响清单中的项目，或在南非环境主管机关难以依据'基本评价报告'做出环保授权的情况下，申请人必须向环境主管机关提交更加详细的'环境影响评价报告'，全面评估对环境的影响程度或是项目的替代方案，并提出缓解措施等，有时甚至还需要另请专家提出专题研究报告。"② 第四，受理时长。在收到"环境影响评价报告"等文件后，环境主管机关须在60日内决定该报告是否符合条件、是否需要修改或经外部专家审议，待报告符合要求条件或获得专家肯定的评议意见后，环境主管机关须在45日内决定是否予以环保授权。相应地，在环境主管机关作出给予环保授权的肯定或否定决定后，申请人或其他相关人可以在收到通知后的10日内做出是否提请行政复议的决定，并在随后的

---

① "一带一路"沿线国家法律风险防范指引系列丛书编委会：《"一带一路"沿线国家法律风险防范指引（南非）》，经济科学出版社2017年版，第187页。

② 朱小姣、张小虎：《南非矿业的环境法律规制与风险分析》，《非洲研究》2018年第2期。

30日内提出正式申请。第五，环评费用。申请环保授权可能涉及的费用包括：对环境评估师的委托费、环境主管部门环保授权申请费、外部专家审议费、更改授权申请费、豁免申请费、行政复议费等。① 第六，罚则。清单中列举的项目活动和环保主管部门确定的其他活动，须获得环保授权（Environmental Authorization）方能启动。违者将被处以500万兰特以下罚款或十年以下监禁，或二者并处，已进行的项目须停止并恢复原状。② 第七，工程承包活动中的环评。在某些情形下，申请建筑许可须附环境影响评估报告。环境评估必须由土地所有人聘请专业环保顾问执行。环境评估费用约占总投资的5%。现行法令并没有规定何时需要作环境评估，评估报告一般都是依照主管机关的要求而执行。

（四）南非环境执法体系的主要特征

1. 以宪法为核心多部法律共同构成执法体系的基础

南非环境行政执法的法律基础牢固，相关制度规定较为详细，形成了以宪法为核心的，多部法律共同组成的环境行政执法体系。在《宪法》层面上，第33条"公正的行政行为"是包括环境执法在内的南非行政执法行为的最高位阶法律渊源。该条款规定了每个人均有要求合法、合理以及程序公正的行政行为的权利，对于国家行政行为对个人权利造成不当影响的情况，每个人均有权要求获得相关书面解释。而国家也应当制定法律，实现积极履行让行政行为合理、合法和程序公正的义务。

随后，环境基本法与部门法均以此为核心，对具体规定进行细化。在行政部门法层面，2002年颁布的《促进行政公正法》（Promotion of Administrative Justice Act 3 of 2000）在宪法原则的指导下，进一步明确了南非的行政执法、行政管理者和行政决议，以及行政行为造成权益侵害的补救措施等。它通过对宪法精神具体化的方式，让其成为环境行政执法的重要依据。

在环境基本法层面，《国家环境管理法》结合了宪法原则与行政部门法的规定，将其在环境执法领域进行了拓展运用。该法第三章"合作

---

① 商务部国际贸易经济合作研究院、中国驻南非大使馆经济商务处、商务部对外投资和经济合作司编：《对外投资合作国别（地区）指南：南非》，2020年，第78—79页。
② 商务部国际贸易经济合作研究院、中国驻南非大使馆经济商务处、商务部对外投资和经济合作司编：《对外投资合作国别（地区）指南：南非》，2020年，第78页。

政府的程序"（Procedures for Co-operative Governance）详细规定了在环境综合执法的理念下，各部门相互协调合作，国家和省级地方配合立法与执法，再用附表1和附表2的列举方式，规定了不同范围的机构所应当采取的不同环境实施与环境管理计划。南非以宪法、行政法、环境基本法相互结合规定的方式，对环境行政执法活动的原则、权限、内容、机构分工设置以及法律责任等问题作出了具体规定，它们共同成为新南非环境行政执法体系的法律基础。因此，这样一套来源于宪法并通过多部法律相互配合补充的立法方式，让南非的环境行政执法体系具备了充分的法律依据。

2. 环境实施计划以及管理计划是执法的具体内容

按照既有法律规定，环境实施计划与环境管理计划是南非环境行政执法活动的两大具体内容。环境实施计划关注于国家特定机关行使行政行为可能造成环境影响的活动，它侧重于一般政策与职能在实现环境管理职能时的方式。环境实施计划为促进环境管理的政府合作提供了重要的法律依据，它调整了政府在环境决策过程中的计划、程序和方案，该法第13条规定了南非每一个环境实施计划必须包含的具体内容："其一，说明对可能造成重要环境影响的政策、规划和项目；其二，说明有关国家部门或省级部门将会确保可能造成重要环境影响的政策、规划和项目的方法，这些途径也符合该法第2条设立的环境管理原则，以实现那些由环境事务部长或其他部长依据《宪法》第146条第（2）款第（b）项（i）目设立的任何国家形式和标准，旨在实现、促进和保护环境。其三，说明相关国家与省级机构为确保其职能以执行并确保相关法律条款的具体方式。其四，促进目标规划的实现以履行该法第5章规定的环境综合管理程序和规则。"同时，环境事务部门必须制定执法规则并在提交委员会协商，从而实现本条款规定的环境实施规划目标。

环境管理计划则关注各自部门列举出的涉及环境管理的职能，它侧重于确保其他机构遵守部门环境管理责任的政策和机制。环境管理计划被定义为"环境管理工具，确保国家合理避免不当施工带来的不利影响，维持环境保护计划的运行，防止其被终止，提高计划的正面效应"。因此，作为一项重要的工具，环境管理计划用以确保环境影响评价过程中明确定义的管理活动，在各阶段中保障计划的实现。按照该法第14条"环境管理计划的内容"，每一个南非环境管理计划必须包括如下7

个内容:"一个有关环境部门的职能执行说明;一个环境的形式与标准说明,包括相关部门设置或适用的以《宪法》第 146 条第(2)款第(b)项(i)目为依据设立的形式和标准;说明国家机关和个人履行相关部门制定的政策而设计的政策、规划和项目;说明国家机关和个人优先履行相关部门的政策;说明国家机关和个人优先履行相关部门政策的范围;促进履行按照第五章环境综合管理而设置的程序和规定的目标计划建议。"

3. 环境管理活动体现出协调、协商、合作的精神

在民主化改革的背景下,1996 年南非共和国《宪法》确认了南非的合作政府原则(Co-operative Government),并由此建立以非国大为核心的合作政府。从南非政府的权力划分来看,国家、省级和地方政府不存在上下级的领导关系,反之,宪法用"范围"(sphere)一词来表述它们之间的协商与合作精神。体现在作为环境基本法的《国家环境管理法》中,"合作政府"原则要求行政机关在开展环境综合执法的进程中,协调互补、达成协定、相互合作,并且用法律条款列举的方式区分出国家、省级、地方范围内的环境执法的具体内容,确保它们在各自的管辖范围内履行相应的环境行政执法和管理职能。

涉及国家范围的合作执法。总统授予内阁及各部部长实施发展国家立法和政策,统一行使法律规定的行政职能。对此,环境事务与旅游部成为国家范围中实施环境行政行为和管理职能的机关。同时依据合作政府原则,农业、矿产能源、水利事务等部门都是国家环境执法体系的重要联系机构。而且,有关"国家公园、国家植物花园、海产资源、淡水资源、矿产资源"这五项内容的管理也必须由国家立法机关制定,并由国家范围的环境行政机构执行环境保护与管理职能。

按照《宪法》附表 4 列举的内容,当前南非的九个省份均有在本省内开展立法、执法和环境管理活动的权力。同时,当省级立法执法与环境管理同地方政府的相关内容发生冲突时,《宪法》规定由省级行政执法机关采取适当措施解决争议。同理,当国家与省级发生环境管理法律的适用冲突时,则交由国家行政机关处理争议。

南非共有 284 个地方政府,得益于地处社区附近的位置,使得地方政府在促进行政执法和环境管理过程中起着重要的作用。南非的环境管理与行政执法活动在合作政府的理念下分工明确,体现出协定、协商和合作的

现代环境管理原则。通过宪法相关规定层层赋权，以有效管理南非全国的环境问题。虽然在实践过程中偶有发生权力重叠与立法、适法冲突问题，但在"合作政府"与"环境综合管理"原则的要求下，上述争议还是能够得以化解，体现出立法机关与行政机关在环境执法和管理活动中良好的协商与合作精神。

4. 严格遵守法律原则是环境行政执法行为的前提

法律原则在南非的环境行政管理与执法活动中发挥着重要的作用，它们是构成行政行为的重要法律原则，并通过宪法、环境法、行政法等法律规定所表现出来。首先，行政行为的程序公正是环境执法活动的前提要求。因为宪法规定每一位南非公民都有权要求一个合法、合理、程序公正的行政行为，而且保障行政程序公正也是国家立法的重要职责之一。而且，环境基本法与行政部门法相互结合，要求任何环境行政行为或行政决议均必须按照《促进行政公正法》的规定，确保其程序的公正并不至侵害公民的基本权益。其次，行政执法过程中，公民可通过质询权利的手段，实现对行政机关的质询权，要求其对行政行为说明理由。从《促进行政公正法》第5条的规定可以推论，在环境执法或行政处罚中，被行政相对人有权要求作出行政处分的机关说明合理理由。对于环境行政决议和规划的制定缘由也应当向利益相关人作出阐述。再次，在环境保护语境下，合法预期是程序公正的具体体现。每一位当事人对环境行为均拥有一个合法的预期，当环境执法或行政决策影响到行政相对人的这种环境合法预期时，法律必须制定一个公正的程序，确保行政相对人能够合理地陈述其对于自身行为的合法预期，而法院也必须公平地考察每一位行政执法相对人的合法预期，因为它是公民表达实质利益、优势或特权的一种合理法律期待，也是环境执法与政策实施必须考虑的问题之一。最后，必要的权益救济是避免并弥补环境行政行为或决策给公民造成环境权益损害的重要手段。《促进行政公正法》第6条和第8条分别规定了对行政行为的司法审查以及司法审查后的补救程序。这些内容都是规范南非环境行政执法活动的重要依据，通过司法机关的审查和救济，制约行政机关的执法权力，让环境执法不至侵犯公民的合法权益，确保环境行政行为的公平与公正。可见，上述法律原则都是指导南非环境行政执法行为的理论依据。

四 南非的环境司法体系

在1996年《宪法》颁布以前，南非公民很难通过宪法与环境基本法来保障自己的环境权利。因为在法律依据、证据取得、因果关系等方面，传统诉讼模式在环境诉讼领域面临困难。特别是极高的诉讼费用和原告资格限定还阻碍着南非的环境公益诉讼，使其难以开展，公民和团体的环境利益受损得不到法律救济。在宪法环境权产生以及环境基本法修改之前，南非公民很难证明其环境权益的直接损害，亦很难获取证据与因果联系以及适当的法律依据。这种状况直至新宪法和环境基本法的颁布才得以解决。随后，南非正式建起了以环境公益诉讼为核心的环境司法体系，并且展现出鲜明的特色。

（一）基于宪法环境权的环境诉讼制度

1. 环境权诉讼的权利来源：第24条

基于宪法的环境诉讼，其基础和核心都来自《宪法》第二章"权利法案"第24条有关环境权的条款，该条款是一切环境权利及其救济和诉讼的宪法渊源。《宪法》第二章"权利法案"列举了十余种公民基本权利，其中既有传统的基本权利，也有新兴的社会经济权利。但第24条环境权条款较为特殊，它兼具了基本权利和社会经济权利的双重属性，这种特征让环境权具有复合性。[①] 根据第24条环境的规定，（a）款中每一个人均被赋予了生活在无害于其健康与幸福的环境中的权利，这是公民基本权利的基本规定，也是以侵犯公民宪法环境权为诉由的环境诉讼的基石。同时，（b）款中要求国家承担保护环境的宪法义务，而为了履行这种责任，南非国家必须采用合理地立法和其他措施来实现三个有关环境的具体要求。那么，为了保障和救济环境权，国家司法机关支持和保护环境诉讼也是重要的措施之一。因此，《宪法》第24条环境权是南非基于宪法的环境权诉讼的权利来源。

2. 环境权诉讼的法律依据：第38条

为了弥补其余国家以宣示性条款的方式将环境权写入宪法，以致流于

[①] See, Jan Glazewski, *Environment, Human Right and a New South African Constitution*, South African Journal on Human Rights, Vol.7, Issue.2 (1991), pp.167–184.

形式无权利行使与救济的缺陷，南非《宪法》第 38 条"权利的执行"构建起公民基本权利的执行与诉讼救济机制，这种规定让环境权具备了可诉性，是环境诉讼的直接法律依据。按照第 38 条的要求，倘若某人在"权利法案"中列举的基本权利受到了侵害或威胁，那么，符合本条款列举的人均有权向管辖法院提起诉讼，而法院则必须受理该诉讼请求并且采取适当的司法救济，包括权利的宣示。随后，第 38 条第（a）项至第（e）项列举了有权向法院提起诉讼的人，分别是"依自身利益行事的人；不能以自身名义行事的人的代理人；以一团体或一阶层的一员的名义或利益行事的人；依公共利益行事的人；依其成员利益行事的社团"[①]。列举的五种类型的环境权受侵害人可以成为原告，进而向管辖法院提出环境诉讼请求，拓宽了诉讼主体资格的法律要求，让南非公民能够利用司法途径切实保障健康、幸福的环境权，甚至也为因公共利益受损而提起的环境公益诉讼提供了宪法依据。《宪法》第 38 条有关权利执行的规定，让环境权不再局限于宪法宣示性条款的效力，而使之成为一种实体性权利，同时在权利行使与救济的要求下呈现一种程序性权利的特性，进而实现南非环境权的实体性与可诉性。

3. 环境权作为人权保护的重要内容：第 184 条

南非曾经遭受了严重的种族隔离偏见，国内的人权状况堪忧，黑人以及社会中下阶层的政治经济文化权利被白人统治者剥夺。1996 年新南非成立以后，南非走上了一条完全不同于过去的民主道路。"南非人权委员会"的建立及其定期收到的人权报告成为南非公民权利的保障机制。其中，环境权是"权利法案"中列举的十余项公民基本权利的一种，也是国家机关必须向"人权委员会"报告的内容之一。根据《宪法》第 9 章"支持宪政民主的国家机构"第 2 节第 184 条"南非人权委员会的功能"的规定，划定了南非人权委员会的主要职能与权力，并且要求国家机关向

---

① 38. Enforcement of rights

Anyone listed in this section has the right to approach a competent court, alleging that a right in the Bill of Rights has been infringed or threatened, and the court may grant appropriate relief, including a declaration of rights. The persons who may approach a court are-

(a) anyone acting in their own interest;

(b) anyone acting on behalf of another person who cannot act in their own name;

(c) anyone acting as a member of, or in the interest of, a group or class of persons;

(d) anyone acting in the public interest; and

(e) an association acting in the interest of its members.

人权委员会提交"权利法案"所列举的公民权利的实施情况报告。① 正是由于"人权委员会"对国家机关保护公民权利报告的要求，才让基于宪法环境权的诉讼成为南非司法机关必须认真执行的工作职责，也促使通过环境诉讼而保障环境权的方式升格为一种人权的保护，产生更高的现实效力。

（二）基于环境基本法的环境诉讼制度

1. 诉讼主体资格的规定：第32条第1款

《国家环境管理法》第7章"承诺与执行"（Compliance and Enforcement）第32条"环境法律执行的法律资格"（Legal standing to enforce environmental laws）第（1）款明确了作为公民基本权利的环境权的诉讼原告资格规定，让环境诉讼主体拥有充分的法律依据。

一方面，第32条第（1）款规定了违反环境基本法可以得到适当的司法救济，规定"任何个人和团体可以对违反本法规定的任何行为寻求适当的救济，包括违反了第一章规定的环境保护基本原则，或者违反关于环境保护与自然资源利用的其他规定"。

另一方面，第32条第（1）款第（a）至第（e）项列举了出于五种诉讼资格的具体法律情形，分别是："为了个人或者团体自身的利益；为

---

① 184. Functions of South African Human Rights Commission
(1) The South African Human Rights Commission must—
(a) promote respect for human rights and a culture of human rights;
(b) promote the protection, development and attainment of human rights; and
(c) monitor and assess the observance of human rights in the Republic.
(2) The South African Human Rights Commission has the powers, as regulated by national legislation, necessary to perform its functions, including the power—
(a) to investigate and to report on the observance of human rights;
(b) to take steps to secure appropriate redress where human rights have been violated;
(c) to carry out research; and
(d) to educate.
(3) Each year, the South African Human Rights Commission must require relevant organs of state to provide the Commission with information on the measures that they have taken towards the realisation of the rights in the Bill of Rights concerning housing, health care, food, water, social security, education and the environment.
(4) The South African Human Rights Commission has the additional powers and functions prescribed by national legislation.
[S. 184 amended by s. 4 of the Constitution Second Amendment Act of 1998.]

了或者代表由于实际原因而不能启动该程序的个人的利益;为了或者代表其利益受到影响的一个团体或者阶层的利益;为了公共利益;为了环境保护利益。"可见,《国家环境管理法》第32条第(1)款所列举的公民环境诉讼资格条件比《宪法》第38条要宽泛更多,这是由环境问题的特殊性决定的。适当放宽环境诉讼资格,让几乎所有与环境问题有关的权益请求人均被《国家环境管理法》赋予了法定起诉资格。

因此,相比《宪法》第38条赋予利益人、代理人、团体成员、公共利益和社团利益这五种权利人的权利救济资格,《国家环境管理法》第32条第(1)款则将环境权利救济资格放宽到环境保护利益、公共利益、某个阶层的利益等范围。该条款几乎将所有与环境问题有关的权利请求人都纳入了环境公益诉讼起诉资格范围,因而受到了南非环境公益团体和低收入者弱势群体的欢迎。综上,在《国家环境管理法》第32条框架下,放宽了诉讼请求人的资格限制,他们不需要再按照《宪法》第38条的规定,在证明其案件涉及环境权或宪法问题之后才能提请诉讼。①

---

① 32. Legal standing to enforce environmental laws

(1) Any person or group of persons may seek appropriate relief in respect of any breach or threatened breach of any provision of this Act, including a principle contained in Chapter 1, or any other statutory provision concerned with the protection of the environment or the use of natural resources-

(a) in that person's or group of person's own interest;

(b) in the interest of, or on behalf of, a person who is, for practical reasons, unable to institute such proceedings;

(c) in the interest of or on behalf of a group or class of persons whose interests are affected;

(d) in the public interest; and

(e) in the interest of protecting the environment.

(2) A court may decide not to award costs against a person who, or group of persons which, fails to secure the relief sought in respect of any breach or threatened breach of any provision including a principle of this Act or any other statutory provision concerned with the protection of the environment or the use of natural resources if the court is of the opinion that the person or group of persons acted reasonably out of a concern for the public interest or in the interest of protecting the environment and had made due efforts to use other means reasonably available for obtaining the relief sought.

(3) Where a person or group of persons secures the relief sought in respect of any breach or threatened breach of any provision of this Act or any other statutory provision concerned with the protection of the environment, a court may on application-

(a) award costs on an appropriate scale to any person or persons entitled to practise as advocate or attorney in the Republic who provided free legal assistance or representation to such person or group in the preparation for or conduct of the proceedings; and

(b) order that the party against whom the relief is granted pay to the person or group concerned any reasonable costs incurred by such person or group in the investigation of the matter and its preparation for the proceedings.

2. 个人提起环境行政诉讼的规定：第 28 条

《国家环境管理法》第 28 条"关注和修复环境损害的职责"（Duty of care and remediation of environmental damage）专门针对个人对环境保护行政机构提起的行政诉讼进行了规定，为无直接利害关系的公民或组织要求国家对环境违法者采取司法制裁提供了法律依据，也成为督促国家环境管理行政机构积极履行工作职责的重要力量。

首先，第 28 条第（1）款明确了公民个人的环境保护义务以及造成环境污染时应当采取的补救或修复措施。"任何造成、可能造成重大环境污染或破坏的人，应当采取合理措施阻止这些行为的发生、持续或复发。在这些行为符合法律规定或难以避免与消除时，应当尽力减少、修复这些污染或环境退化。"[1]

其次，第 4 款规定了环境机关及其首长的工作职责。"环境部长或各省环境首长对环境污染、退化负有监管责任，在环境污染与破坏发生后，应当责令行为人调查、评估和鉴定具体行为的影响并报告，在指定日期前采取具体的合理措施，并在合理日期内完成。"[2]

最后，在规定了个人的环境义务和环境管理机关及其首长的工作职责之后，《国家环境管理法》第 28 条第（12）款针对上述机关工作人员未能履行职责的后果作出了诉讼指控的规定："任何人都可以在向环境事务与旅游部长或者省级相关部门负责人发出通知的 30 日后，向管辖法院提

---

[1] 28. Duty of care and remediation of environmental damage

(1) Every person who causes, has caused or may cause significant pollution or degradation of the environment must take reasonable measures to prevent such pollution or degradation from occurring, continuing or recurring, or, in so far as such harm to the environment is authorised by law or cannot reasonably be avoided or stopped, to minimise and rectify such pollution or degradation of the environment.

[2] 28 Duty of care and remediation of environmental damage

(4) The Director-General or a provincial head of department may, after consultation with any other organ of state concerned and after having given adequate opportunity to affected persons to inform him or her of their relevant interests, direct any person who fails to take the measures required under subsection (1) to-

(a) investigate, evaluate and assess the impact of specific activities and report thereon;
(b) commence taking specific reasonable measures before a given date;
(c) diligently continue with those measures; and
(d) complete them before a specified reasonable date:

Provided that the Director-General or a provincial head of department may, if urgent action is necessary for the protection of the environment, issue such directive, and consult and give such opportunity to inform as soon thereafter as is reasonable.

出要求部长或省级部门负责人在此期间内采取本法第 28 条第（4）款的具体措施；倘若部长或省级部门负责人未书面通知第 28 条第（8）款列举的人，则他可依据本法第 32 条第（2）和第（3）款向法院提起诉讼。"① 该条款内容构成了南非公民个人向环境保护行政机构提出行政诉讼的基本法依据。

3. 个人提起环境刑事诉讼的规定：第 33 条

《国家环境管理法》允许公民个人提起环境刑事诉讼，任何人均可以公共利益和环境保护为由，针对环境违法行为提出环境刑事诉讼，法院也可以依据具体案情判决免除环境刑事诉讼中败诉的个人或组织的诉讼费用。按照《国家环境管理法》第 33 条"个人诉讼"（Private prosecution）的规定：

首先，第（1）款赋予公民个人提起环境刑事诉讼的权利。"任何个人为了公共利益或者环境保护，都可以对那些除了法律规定的责任之外而实施的环境违法行为提起刑事诉讼。"② 其中，这一类环境违法行为不包括"违反环境保护立法（国家立法、省级立法与市政章程）或依据该类型法律而颁布的规章、许可或授权所规定的义务的行为"（私人对"由法律规定的责任"主体的诉讼则在本法第 28 条中有详细规定）。

其次，第（2）款规定了公民个人提起环境刑事诉讼的三种具体途径。按照 1977 年《刑事诉讼法》第 9—17 条对机构或行为的起诉规定，可以通过三种途径进行诉讼："（a）通过在南非境内有权执业的律师或

---

① 28. Duty of care and remediation of environmental damage

(12) Any person may, after giving the Director-General or provincial head of department 30 days' notice, apply to a competent court for an order directing the Director-General or any provincial head of department to take any of the steps listed in subsection (4) if the Director-General or provincial head of department fails to inform such person in writing that he or she has directed a person contemplated in subsection (8) to take one of those steps, and the provisions of section 32 (2) and (3) shall apply to such proceedings with the necessary changes.

② 33. Private prosecution

(1) Any person may-

(a) in the public interest; or

(b) in the interest of the protection of the environment,

institute and conduct a prosecution in respect of any breach or threatened breach of any duty, other than a public duty resting on an organ of state, in any national or provincial legislation or municipal bylaw, or any regulation, licence, permission or authorisation issued in terms of such legislation, where that duty is concerned with the protection of the environment and the breach of that duty is an offence.

代理人；（b）向适合的公诉机关提出书面请求；（c）延续第二种途径，若公诉机关接到书面请求起 28 日内，书面告知不予公诉，则该个人可向法院提起诉讼。而且无须获得检察总长颁发的其他被拒绝的证明，亦无须缴纳保证金。同时，检察总长未经法院许可，也不得再提起诉讼。"①

最后，第（3）款和第（4）款规定了有关公民个人提起环境刑事诉讼的诉讼费用问题。"倘若被告被判决有罪，那么法院可以判决令其承担相应的诉讼费用，包括上诉的费用。反之，倘若原告败诉而法院又查明其不是出于公益或保护环境或者原告的起诉无理由、价值和根据，则可判决原告承担诉讼费用。"

（三）南非环境司法体系的主要特征

1. 司法保障公民知悉环境信息并参与环境决策

按照宪法与环境基本法，南非公民有权知悉有关环境的信息，同时公众可以针对环境决策进行广泛参与。一方面，《宪法》第 32 条规定每个人皆有权获取国家持有的信息，也有权为了实现或保障任何权利而取得他人持有的信息。这就为南非公民获取环境信息提供了宪法上的知情权保障。另一方面，环境基本法对不允许公开的情况进行了限定，从反面扩大了可以公开的信息范围，不允许公开的仅限于"公开的请求明显不合理或以过于笼统的方式表述；不利于保障公共秩序或国家安全；合理保护商业秘密的需要；信息公开将危及环境保护；

---

① 33. Private prosecution

（2）The provisions of sections 9 to 17 of the Criminal Procedure Act, 1977（Act 51 of 1977）applicable to a prosecution instituted and conducted under section 8 of that Act must apply to a prosecution instituted and conducted under subsection（1）: Provided that if-

（a）the person prosecuting privately does so through a person entitled to practise as an advocate or an attorney in the Republic;

（b）the person prosecuting privately has given written notice to the appropriate public prosecutor that he or she intends to do so; and

（c）the public prosecutor has not, within 28 days of receipt of such notice, stated in writing that he or she intends to prosecute the alleged offence,

（i）the person prosecuting privately shall not be required to produce a certificate issued by the Attorney-General stating that he or she has refused to prosecute the accused; and

（ii）the person prosecuting privately shall not be required to provide security for such action.

合理保护个人隐私"①。除了宪法和基本法之外，2000年《促进信息公开法》保障了《宪法》第32条规定的获取信息的宪法权利，进一步落实了宪法与环境基本法中有关信息公开的要求，对政府和企业的环境信息公开内容作出了具体化规定。

此外，《国家环境管理法》第4章"公平的决策制定与冲突管理"也有规定，倘若环境决策过程中未能满足公众参与的权利，亦可寻求相应的司法救济途径，这就为南非宪法赋予的公众参与原则在环境法律领域提供了操作的可能，也让公众参与环境决策的权利得到了诉讼救济的司法保障。

2. 建立了专门化的环境司法体制

早在2000年南非就形成了一套专门化的环境司法体制，而且在更早的时候还成立了"水法庭"，受理有关水污染的环境诉讼。最初考虑到西开普省丰富的鲍鱼等水产资源及其引发的偷捕违法行为，2003年3月6日，在南部沿海小城赫曼努斯市（Hermanus）成立南非第一家环境法庭，以保障当地沿海水产资源的可持续开发与利用。环境法庭的建立表明了南非利用专门化的环境司法体制打击针对海洋水产资源的环境犯罪行为，通过《国家环境管理法》确立了南非环境综合管理与部门协调框架，环境事务与旅游部、南非警方和环境法庭之间互相协调配合，有效制裁了破坏海洋资源和生态环境以及生物多样性的环境违法行为。首家环境法庭成立不久，上述机关通力合作，审理了19起相关案件，其中还有两起案件的犯罪分子经环境法庭审理后被判刑入狱。②最终，第一家环境法庭成立以来的一年中，它审理了74起相关的案件。随后，2004年第二家环境法院在东开普省的伊丽莎白港（Port Elizabeth）建立。虽然，从南非最早建立的环境法庭及其审理案件来看，第一批起诉的大多是偷猎鲍鱼以及在

---

① 31. Access to environmental information and protection of whistle-blowers

(c) a request for information contemplated in paragraph (a) can be refused only：

(i) if the request is manifestly unreasonable or formulated in too general a manner；

(ii) if the public order or national security would be negatively affected by the supply of the information; or

(iii) for the reasonable protection of commercially confidential information；

(iv) if the granting of information endangers or further endangers the protection of the environment；and (v) for the reasonable protection of personal privacy.

② 陈铭：《南非成立环保法庭加强保护鲍鱼等水产资源》，《水产养殖》2003年第3期。

海岸线进行非法开采活动的案件,①但南非司法机关希望未来能够借助环境法庭对破坏陆地生态环境的罪犯进行起诉和审判,进而用专门化的司法保障体系维护南非的生态环境与自然资源,加强生物多样性的保护。

可见,从机构级别来看,作为专门法院的"环境法院"大致类同于南非的"地区法院"(南非的审判机关按照级别划分自上而下分别有:宪法法院、最高上诉法院、高等法院、地方法院、治安法庭和酋长法庭),却较之拥有更加广泛的权力。这些环境法院能够以专门化的司法审判技能对涉及环境污染与资源保护的具体案件展开诉讼与救济。对于环境诉讼案件,环境法庭将发挥出更好、更专业的审判水平。据统计,"在南非设立专门的环境法庭之前,环境类违法案件只有约10%得到最终判处,而现在这一比例已经上升至70%"②。

实践中,南非虽然早在2003年就设立了专门的环境保护法庭,但是由于当前南非法律中缺少有关环境类特别法庭的程序法律规定,只能从《宪法》和《国家环境管理法》中的某些条款来推定环境法庭的设立与审判规则,最终,在南非沿海城市设立的环境法庭于2006年关闭。③ 然而,环境法庭的关闭并不意味着环境司法体系的瓦解,当前南非大多数环境问题都是交由高等法院、最高上诉法院和宪法法院进行审理和判决,而且根据既有法律,南非的司法机构依然受理公民个人和组织团体提起的环境诉讼案件,环境权作为宪法基本权利,还是得到了南非专门化司法体制的保障。

3. 形成了特殊的环境诉讼费用制度

有关环境诉讼费用的改革,始于1996年《宪法》颁布以后。在新南非成立之前,南非的诉讼法律规定诉讼成本通常由败诉方承担。加之诉讼主体资格取得困难,证据与因果联系也难以举证,所以在环境诉讼案件中,败诉方将会承担潜在的高额诉讼费用风险,这也是在旧南非发展环境

---

① 南非政府将鲍鱼列入《濒危野生动植物种国际贸易公约》,限制野生鲍鱼捕捞量与出口量。所以,在南非,无执照偷采野生鲍鱼属于犯罪行为,但是基于巨大的经济利益,南非鲍鱼偷猎与黑市交易等活动屡禁不止,但此举严重危及了南非的海洋生物资源,造成海洋生态危机。参见刘敏《全球化时代的饮食文化与海洋生态环境保护——以南非鲍鱼偷猎为例》,《绿叶》2015年第1期。

② 张宝:《南非的环境公益诉讼》,《世界环境》2010年1期。

③ 参见徐隽《金砖五国最高法院大法官对话环境司法保护 哪些他山之石可攻玉》,《人民日报》2015年4月1日第18版。

公益诉讼过程中受到的最主要障碍。但是，在1996年南非共和国《宪法》和1998年《国家环境管理法》颁布以后，有关诉讼费用的制度得到了改变，一系列规定让南非的环境公益诉讼活动不再受制于诉讼成本。首先，制定了免除诉讼费用的例外情形。《国家环境管理法》第32条第2款规定："倘若个人或组织未能在针对违反本法、可能违反本法或其他环境保护法律规定的诉讼中胜诉，但只要该人或组织是真正出于公共利益或环境利益，并且穷尽其他救济途径，那么，法院可以判决免除其应当缴纳的诉讼费用。"[1] 其次，制定了为原告提供相关费用的规定。法院根据上述条件可以依申请作出下列决定：（a）判决支付适当金额给予原告，以提供免费法律援助或者代理原告诉讼的、在南非境内有执业资格的律师或代理人；（b）判决败诉的被告支付原告因调查和诉讼而产生的合理费用。"[2] 再次，关于公民个人提起环境刑事诉讼中的费用问题。"倘若被告被判决有罪，那么法院可以判决令其承担相应的诉讼费用，包括上诉的费用"[3]。最后，对于原告败诉的诉讼费用问题亦有规定。"倘若原告败诉而法院又查明其不是出于公益或保护环境，或者原告的起诉无理由、价值和根据，则可判决原告承担诉讼费用。"[4]

南非的《国家环境管理法》通过有区别的诉讼费用规定鼓励公民针对环境问题提起环境诉讼，特别是环境公益诉讼，也有效预防了利用环境

---

[1] 32. Legal standing to enforce environmental laws

(2) A court may decide not to award costs against a person who, or group of persons which, fails to secure the relief sought in respect of any breach or threatened breach of any provision including a principle of this Act or any other statutory provision concerned with the protection of the environment or the use of natural resources if the court is of the opinion that the person or group of persons acted reasonably out of a concern for the public interest or in the interest of protecting the environment and had made due efforts to use other means reasonably available for obtaining the relief sought.

[2] 32. Legal standing to enforce environmental laws

[3] 33. Private prosecution

(3) The court may order a person convicted upon a private prosecution brought under subsection (1) to pay the costs and expenses of the prosecution, including the costs of any appeal against such conviction or any sentence.

[4] 33. Private prosecution

(4) The accused may be granted an order for costs against the person prosecuting privately, if the charge against the accused is dismissed or the accused is acquitted or a decision in favour of the accused is given on appeal and the court finds either:

(a) that the person instituting and conducting the private prosecution did not act out of a concern for the public interest or the protection of the environment; or

(b) that such prosecution was unfounded, trivial or vexatious.

污染问题而产生的滥诉与诬告,实现了二者之间的司法平衡。

4. 逐渐放宽环境公益诉讼主体资格限制

南非通过颁布一系列环境基本法律与环境单行法规,让原本受局限的环境公益诉讼主体资格变得宽泛,这是南非环境司法保障体系的又一个特征。《国家环境管理法》第 32 条所列举的五种具有起诉资格的情形,是对《宪法》38 条有关基本权利诉讼起诉资格的拓展与延伸。随后,第 33 条又在环境诉讼基础上确定了违反法律法规的环境公益诉讼规则与程序,规定了基于公共利益和环境保护利益的个人诉讼行为。在环境公益诉讼主体资格上采取宽泛的规定,几乎所有合理请求人都能够成为环境公益刑事诉讼的原告。

在环境公益诉讼的起诉资格问题上,南非作为典型的混合法系国家,具有一定的历史经验和启示。罗马法中对公民诉讼主体资格的较宽规定通过罗马—荷兰法影响了南非,但随后的英殖民活动给南非司法程序打上了浓重的英国普通法烙印,能否得到司法救济取决于原告是否有适格的诉讼资格,所以,起诉人必须证明自己遭受了事实损害,并且证明损害的具体特点性、损害威胁的现实紧迫性、损害事实与被告行为存在因果联系以及权利损害可以得到司法裁判的预防和救济等。然而,当《国家环境管理法》扩大了南非环境公益诉讼原告的"出庭资格"(locus standi)以后,南非的环境公益组织便可以不必论证其符合法定资格而提起环境公益诉讼。[1] 司法体系混合性使然,南非既可依据普通法提起诉讼,又可依据成文法提起诉讼,但南非的环境公益诉讼主要还是依据成文法《国家环境管理法》提起的,类似于美国的"公民诉讼"(环境公益诉讼的原型)源于普通法上的侵权之诉,后来规定在《清洁水法》《清洁空气法》之中。所以,南非《国家环境管理法》放宽的是类似于普通法侵权之诉的原告主体资格。

由于混合法系国家中存在的多种法律渊源,当事人可以选择依据普通法或习惯法进行诉讼活动。不同的法律传统规定也不相同,南非的制定法、普通法或习惯法在法定资格规则内容上各不相同,普通法和习惯法的相关规定甚至规定更加严格。因此,试图根据普通法或习惯法而提起环境

---

[1] Tumai Murombo, *Strengthening Locus Standi in Public Interest Environmental Mitigation: Has Leadership Moved from the United States to South Africa*, Law, Environment and Development Journal, Vol. 6 (2010), pp. 165-178.

诉讼的人还是应当证明其根据普通法的规定而具备了起诉资格。① 这也从另一个方面反映出,南非的环境公益诉讼制度及其诉讼主体资格的规定存在着内部差异性,虽然尚未形成一个统一、完整的规范,但这并未影响依据当前制定法展开环境司法诉讼活动的合理性与正当性。而且,从学者列举的南非环境诉讼案例发展进程来看,"普通法已经为环境权的实现做出了明显的改变,最突出的表现是公法领域中环境公益诉讼主体资格的放松"②。

---

① J. Klaaren, J. Dugard, J. Handmaker, *Public interest litigation in South Africa: special issue introduction*, South African Journal on Human Rights, Vol. 27, No. 1 (2011), pp. 1-7.

② 总结帕兹诉格林案 (Patz v. Greene & Co 1907 TS)、巴格诺尔诉殖民政府案 (Bagnall v. Colonial Government 1907 24 SC) 和达尔林普尔等诉殖民地财务总管案 (Dalrymple & Others v. Colonial Treasurer 1910TPD) 三个20世纪初的案件可以发现,在这三个案件中,南非法院从当时殖民宗主国的英国法中引入了普通法中的出庭资格规则,原告要与案件具特殊利益关系才可出庭。随后,从冯·毛奇诉科斯塔·阿尔洛萨有限公司案 [Von Moltke v. Costa Aerosa (Pty) Ltd. 1975 1 SA 255 (C)] 中法院以"必须证明损害必须针对其自身为由"驳回原告诉讼请求,再到健康与福利部长诉伍德卡波有限公司 [Minster of Health and Welfare v. Woodcarb (Pty) Ltd. and Another 1996 3 SA 155 (N)] 案中法院承认原告有权对南非的空气污染寻求民事救济。由此可见,南非普通法自20世纪以来法定资格规则一直是不断发展变化的。参见李天相《〈南非宪法〉环境权条款理论和实践问题评析》,硕士学位论文,吉林大学,2015年,第16—17页;Division of Policy Development and Law UNEP, Compendium of Summaries of Judicial Decisions in Environment-Related Cases, United Nations Environment Programme, 2005, pp. 20-28。

第十四章 英国环境法

一 普通法

英国有两种类型的环境法：普通法和成文法。普通法是非法典化的，主要存在于法官以往的先例判决中；成文法是立法机关制定的法律。

本章将首先介绍与环境有关的民事赔偿请求的普通法，然后介绍英国环境成文法相关内容，这些成文立法可适用于整个英国；也有部分适用于英格兰和威尔士的立法，但与苏格兰和北爱尔兰的立法并不相同；还有一些法律在英格兰、威尔士、苏格兰和北爱尔兰可分别适用。之所以会出现此类差异，是因为权力下放的缘由——自20世纪90年代末开始，英国中央政府将特定法定权力移交给苏格兰、威尔士和北爱尔兰。

本章随后将阐述欧盟环境法在英国的适用以及英国退出欧盟后的法律影响。

然后，将会在分析环境法原则基础上介绍英国各环境部门，其中，这些环境法原则与前述环境法一样在英国各区域之间也不一样。

最后，本章会描述不同领域的环境法：环境影响评价；环境许可；化学品立法；废物管理；空气质量；水质量；自然保护；环境损害修复；气候变化。

除了例外情况，人身和财产损害的诉讼请求都归属普通法管辖。普通法规定，任何人因疏忽或故意违反法律规定的义务而应承担民事责任。这种法律在英格兰、威尔士和北爱尔兰被称为侵权法。英格兰的侵权法被称为侵权行为。英格兰和威尔士的普通法规定相同，与北爱尔兰有些区别，与苏格兰则存在着较大差异。

根据英国普通法，对纯粹的经济损失（即请求权人未遭受人身或财产损害时的经济损失）提出环保请求是不可能的。因此，若一家商业捕鱼公司因为石油泄漏而无法捕鱼，它无法就石油泄漏时其本应捕获的鱼的损失而提出赔偿请求。鱼的损失并非属于财产损失，因为公司在捕获鱼之前并未获得鱼的所有权。因为按照英国普通法规定，只有遭受人身或财产损害时方可提出经济损失的请求。

普通法诉讼采取对可能性达到平衡的证明标准，即原告必须证明被告违法行为或不作为致使原告遭受损害的可能性达到51%。

（一）诉讼请求

普通法诉讼的类型有五种：私人妨害；公共妨害；赖兰兹诉弗莱彻规则；过失；非法侵入。

1. 私人妨害

私人妨害是指非法干涉他人对土地的使用或享有，或对土地的某些权利或与土地有关的权利。

私人妨害诉讼中，原告必须证明被告在实施妨害行为时能够预见到该行为所造成的损害后果。除此之外，原告必须拥有受妨害影响土地的排他使用权。[1] 因此，原告可以是土地的所有者或使用者，但不能是对土地无任何法律利益的土地所有者的子女。这一要求意味着人身损害赔偿不能在私人妨害诉讼中适用。

英国最高院在考文垂诉劳伦斯案[2]中重申，原告在妨害出现后获得或迁入受妨害影响的土地的，不能作为妨害诉讼的抗辩理由。但法院认为，如果原告在土地上建造房屋或改变其用途，若被告的活动造成妨害，即使合法或在原告土地使用变化前未造成妨害时，原告仍可作为抗辩理由。

被告持有土地使用的环境许可也不能构成对私人妨害诉讼的抗辩理由。上诉法院认为，在巴尔诉Biffa废物处理有限公司案[3]中，废物填埋场操作者的经营许可证并未允准其排放恶臭气体对居住在填埋场周边的居民造成妨害。

---

[1] *Hunter v. Canary Wharf* ［1997］A. C. 655, p. 692.
[2] *Coventry v. Lawrence* ［2014］UKSC 13, paragraphs 122-133.
[3] *Barr v. Biffa Waste Services Ltd.* ［2012］EWCA Civ 312, paragraph 46.

一个人需要对其持续造成的妨害或正在造成的妨害负责。在嘉娅诉壳牌国际贸易与航运公司案①中，上诉法院认定，在输油管道发生石油泄漏5—6小时后，石油被冲到了尼日利亚海岸边，而这并非一个所谓持续造成的妨害。针对石油对原告的鱼、土地、红树林、其他财产和神庙造成的损害，法院引用了妨害诉讼中持续造成妨害的典型案例内容，即一棵树的根基侵入邻居房屋地基造成的损害。在这种情况下，土地所有人需要对这种持续妨害负责，直到其砍伐或修建树木。②

2. 公共妨害

公共妨害是对某一类人便利舒适的生活或健康、生命或财产造成重大影响的违法行为或未履行法律义务。

公共妨害是一种刑事犯罪，也是一种民事责任。然而，过去20多年来，许多法定环境罪名的设立，已在很大程度上取消了妨害公共的环境犯罪行为。

为了证明公共妨害，原告必须证明他/她遭受的损害不是一般公众所遭受的损害。与私人妨害一样，原告必须证明被告能预见或合理地预见其行为所造成的损害。原告可以就公害造成的人身损害、财产损害和相关经济损失提出索赔。

苏格兰法律中不存在公共妨害规定。

3. 赖兰兹诉弗莱彻规则

赖兰兹诉弗莱彻规则③是妨害的一个子项，旨在强调控制土地者对其携带或积聚在土地上的物质泄漏后造成的后果应当承担责任，但土地的使用必须是"非自然"方式。赖兰兹诉弗莱彻案关涉一个水库的水淹没了原告的矿井。为被告建造水库的承建商注意到旧矿井，但错误地认为它们已被废弃。相反，这些矿井与原告的矿井相连，而因为水库蓄水导致水流入原告的矿井内。

与其他形式的妨害一样，原告必须与妨害影响的土地之间具有利益关系。与其他妨害行为一样，合理的可预见性是承担责任的先决条件。在剑桥水务公司诉东县皮革公司案中，当时的上议院（现在的英

---

① See *Jalla v. Shell International Trading and Shipping Company* [2021] EWCA Civ 63, paragraphs 31-87.

② See *Jalla v. Shell International Trading and Shipping Company* [2021] EWCA Civ 63, paragraph 54.

③ *Rylands v. Fletcher* (1868) L. R. 3 HL 330.

国最高法院）裁定，在制革厂等工业场所储存大量的有机氯是"一个典型的非自然方式使用案"。① 然而，根据赖兰兹诉弗莱彻案，因从前一个水井中抽取的水被有机氯污染，制革厂对水务公司建造新的取水井时所遭受的损害不承担赔偿责任。在1976年之前，皮革厂所泄漏的有机氯化物已经渗入地下水。法院的结论是1976年之前的皮革厂经营中，其无法合理预见水务公司因有机氯化物的泄漏而遭受的损害。②

同样，苏格兰法律中也不存在赖兰兹诉弗莱彻规则。

4. 过失

对他人负有谨慎注意义务的人违反了该义务，并且对他人造成可预见的损害后果，即为过失。

对因过失造成的人身损害、财产损害和相关经济损失，可以提出索赔请求。一个典型的过失案例是格林韦诉庄信万丰有限公司案，英国最高法院判决该公司因疏忽导致五名前员工接触到铂，这种接触致使员工出现过敏状况，其结果是他们无法继续在公司工作。公司要对员工的收入损失负责，因为公司造成了直接的人身伤害。③

5. 非法侵入

对土地的侵犯是对土地占有的不合理进行直接或即时干预。这种侵犯无须证明造成了损害，只需要证明土地占有者的占有权利受到了侵犯。然而，在这种情况下，法院只会判决一些象征性的损害赔偿。

在环境案件中，很少会就非法侵入提起诉讼，因为这需要直接或即时性地干预土地占有；多数环境案件主要涉及间接干扰，例如，迁移污染物如碳氢化合物或其他化学物质对地下水造成的污染。

一个例外情形是土地所有者对一家实施水力压裂（开采油气的水力压裂法）的公司提起诉讼。该公司拥有勘探和获取石油的许可证，在原告土地地面以下800—2900英尺的深度建造了水平井。英国最高法院认定，非法侵入仅判象征性损害赔偿责任，理由是土地所有者并没有在其土地上开采石油的许可证，而英国议会对这些地下石油才拥

---

① *Cambridge Water Company v. Eastern Counties Leather* [1994] 2 A.C. 264, 309.
② *Cambridge Water Company v. Eastern Counties Leather* [1994] 2 A.C. 264, 306-307.
③ *Greenway v. Johnson Matthey plc* [2018] UKSC 18, paragraphs 37-44.

有既得利益。①

(二) 归责原则

英国侵权法中关于环境侵权归责原则有过错责任原则、严格责任原则、因果关系原则、按份责任原则和连带责任原则。

1. 过错责任原则

如上所述，过失是一种基于过错的侵权行为，"过错"是指被告违反了对原告所负义务的错误行为或不作为。

过错也分为不同程度。在不那么严重的情况下，如果承包商允许大量灰尘进入建筑项目附近的居民家，导致其地毯和其他家具损坏，那么承包商存在疏忽大意。制造工厂的操作员在处理大量溶剂时因为过失致使溶剂进入含水层，那么其将对从该含水层取水的水务公司承担责任。

对原告而言，一般很难去证明历史性事件产生污染物的行为存在过错。例如，20世纪30年代，一个废料场在处理含有多氯联苯的变压器或含有铅酸的电池，这就不是简单的疏忽大意，因为它未按照现代变压器或电池的处理标准进行管理。

2. 严格责任原则

妨害、赖兰兹诉弗莱彻规则和非法侵入都属于严格责任。也就是说，被告应当对一个遭受损害的人承担责任，因为被告创造了一个条件或者允许这个条件持续进行，不管被告是否存在过失、故意伤害或即便知晓伤害已经发生。过错并非严格责任侵权的必要条件。

妨害有一个合理构成要件，根据这个要件，如果诉讼标的是因合理使用其财产所引起的，则这个人将不承担责任。严格责任并非绝对责任。原告必须证明侵权行为的所有要件。

3. 因果关系原则

在环境侵权诉讼中，经常难以确定的一个要件就是因果关系。原告必须证明被告行为与损害结果之间存在因果关系。

---

① *Bocardo SA v. Star Energy UK Onshore Ltd* [2010] UKSC 35, paragraphs 90-92. 为了阻止水力压裂法的反对者购买土地，水力压裂公司打算在这些土地上建造水平井作为"赎金土地"，英国议会随后颁布了一项立法，赋予开采石油许可证的持有人在"深层土地"（即"地表以下至少300米深的任何土地"）开采石油的权利，而无须获得土地所有者的许可。Infrastructure Act 2014, section 32; https://www.legislation.gov.uk/ukpga/2015/7/contents/enacted.

在因接触污染物而造成人身损害的诉讼中,通常需要三个要件。首先,原告必须证明造成损害的一种或多种物质。而满足这一证据的要求时可能包括毒理学和流行病学证据。

其次,原告必须证明被告的作为或不作为对申请人接触该物质负有一定责任。证明应包括被告的身份,物质来源、性质和浓度,以及受侵害人接触物质的途径。

上述证据经常被称为实际因果关系或事实原因,即证明原告的损害"要不是"因被告的作为或不作为就不会发生的证据。作为一个实际问题,原告还必须证明被告仍然存在并有足够的经济来源以支付原告所请求的损害赔偿。

最后,原告必须确定近因。这要求原告表明他/她的损害是在被告作为或不作为造成的合理损害风险范围内,从而使得被告对原告的伤害承担法律责任。

关于间皮瘤存在病因不同的情形,因为它的潜伏期可长达40年左右。如果一个人因雇主或其他人而接触到石棉,随后发展为间皮瘤,这里雇主及其他人因与造成这个人患病之间都存在联系,均应承担连带责任。[①] 这是因为在目前的医学科学状况下,如果有不止一个人暴露于间皮瘤,则不可能证明是哪一个人导致另一个人感染间皮瘤。

4. 按份责任原则

责任原则可以分为按份责任原则和连带责任原则。责任是两个或两个以上的被告(侵权行为人)各自实施了错误行为或不作为,应对原告造成了不同损害时承担的责任。例如,假设侵权人A在原告土地的角落倾倒了一桶危险废物,侵权人B在另一个角落倾倒了一桶危险废物,但废物没有混合。侵权人A和侵权人B对原告诉称的个人损害应承担按份责任。侵权人A不对侵权人B的造成的损害不承担责任,反之亦然。

5. 连带责任原则

两个或两个以上侵权人对原告的一次损害承担责任,即为连带责任。最有影响的案例是英国最高法院引用的萨默斯诉蒂斯案[②]。在该案中,原

---

① *Sienkiewicz* (*Administratrix of the Estate of Enid Costello Deceased*) *v. H Greif* (*UK*) *Limited* [2011] UKSC 10, paragraphs 107 – 112; see *Fairchild v Glenhaven Funeral Services Ltd.* [2002] UKHL 22; Compensation Act 2006, section 3; https://www.legislation.gov.uk/ukpga/2006/29/contents.

② *Summers v. Tice*, 33 Cal. 2d 80, 199 P. 2d 1 (1948).

告被两名猎人中的一名射出的子弹打伤。美国加利福尼亚州最高院认为，由于两个猎人在向原告射击时都存在疏忽大意的情形，举证责任从原告转移到被告。为了避免承担责任，每个被告都被要求证明他并未开枪伤害原告。然而两名被告都无法证明。因此，双方负有连带责任。如前所述，因疏忽使个人接触到石棉而导致其感染间皮瘤的人也须承担连带责任。

另一个连带责任的例子是，假设侵权人 A 在生产过程中产生了危险废物，并与侵权人 B 安排将有毒废物倾倒在农场。侵权人 B 随后将有毒废弃物倾倒在农民随后放牧的土地上，结果造成牛死亡。在这种情况下，农民遭受了一次无法分割的伤害：他的牛死了。因此，侵权人 A 和侵权人 B 对农民造成的损害承担连带责任。如果侵权人 B 消失或资不抵债，侵权人 A 应就其所遭受的全部损害向农民承担责任。

二 环境立法

英国的环境立法在中世纪之前就存在了。[①] 20 世纪 70 年代开始的现代环境立法始于 19 世纪 50 年代中期，当时主要的环境问题是空气和水污染对公众健康造成的威胁和部分对土地上的废物处置不当。

（一）权力下放

由于权力下放，英格兰、威尔士、苏格兰和北爱尔兰的环境立法经常不同。权力下放是一个持续的过程，始于《1998 年苏格兰法案》[②]、《1998 年威尔士政府法案》[③]（后几乎被《2006 年威尔士政府法案》所取代），[④] 以及《1998 年北爱尔兰法案》。[⑤] 随后的权力下放法案包括《2016 年苏格兰法案》[⑥] 和《2017 年威尔士法案》[⑦]。

在权力下放的情况下，每个被下放的地区都有独立的立法机构和行政

---

① See generally David Vogel, *National Styles of Regulation: Environmental Policy in Great Britain and the United States*, Ithaca, NY: Cornell University Press, 1986, pp.31-45.
② Scotland Land 1998; https://www.legislation.gov.uk/ukpga/1998/46/contents.
③ Government of Wales Act 1998; https://www.legislation.gov.uk/ukpga/1998/38/contents.
④ Government of Wales Act 2006; https://www.legislation.gov.uk/ukpga/2006/32/contents.
⑤ Northern Ireland Act 1998; https://www.legislation.gov.uk/ukpga/1998/47/contents.
⑥ Scotland Act 2016; https://www.legislation.gov.uk/ukpga/2016/11/contents/enacted.
⑦ Wales Act 2017; https://www.legislation.gov.uk/ukpga/2017/4/contents/enacted/data.htm.

机构。权力下放地区的立法机关是苏格兰议会、威尔士议会（Senedd）和北爱尔兰议会。行政机关是苏格兰政府、威尔士政府和北爱尔兰行政机关。

权力下放与联邦系统不同。英国议会享有主权，这意味着它可以修改权力下放法案和/或对未被下放的事项制定立法。

权力下放的事项有5种类型，它们是：
- 保留事项（例如，贸易、能源）；
- 例外事项（例如，国防、国际关系）；
- 下放事项（例如，环境、农业）；
- 混合管辖事项（例如，涉及能源和环境的排放权交易）；
- 其他事项。

只有英国议会可以就保留事项进行立法。但保留事项随后可移交给被权力下放的政府。英国议会仍然是英格兰的立法机构。例外事项不得转让，只有英国议会才能对它们立法。下放事务是移交给权力下放政府的事务。混合管辖事项，顾名思义，部分下放，部分保留。其他事项是那些权力下放立法没有说明其地位的事项。

每一个权力下放的政府都可以——并且确实能——就下放事项进行立法。

（二）环境立法的类型

英国有两种立法类型：基本立法（又称制定法）和二级立法（又称法定文件）。

政府行政部门提出大多数基本立法。立法提案（以法案的形式）在相关立法机构进行辩论，其中，立法机构中通常会有许多拟议的修正案。如果一项适用于英格兰的法案（包括在某些情况下适用于威尔士或整个英国）完成了在下议院和上议院的所有审议程序，则该法案将获得王室（国王或女王）批准并成为一项法律。与英国两院制议会不同，苏格兰议会、威尔士议会和北爱尔兰议会是一院制的，即每个议会只有一个议院。然而，就像英国议会一样，一项法案必须得到王室批准才能成为法律。

二级立法遵循不同的程序。相关政府部门就拟议的法定文件进行一次或多次公众咨询。法定文件一般以规章的形式列出，可作为公众咨询的一部分。法定文件的最终版本随后将提交给英国议会。苏格兰、威尔士和北爱尔兰也有类似的程序。

法定文件通过肯定决议或否定决议（大多数法定文件适用）而成为法律。根据适用于英格兰或整个英国的肯定决议程序，法定文件草案必须得到议会两院的批准。根据否定决议程序，法定文件草案将提交给下议院和上议院，时间通常为 40 个工作日。如果在此期间没有人反对，该法定文件将成为法律。类似的程序同样存在于苏格兰议会、威尔士议会和北爱尔兰议会，但如前所述，这几个议会均是一院制。

三 欧盟立法与英国脱欧

要了解英国目前的环境立法，就必须了解英国作为欧盟成员国期间对欧盟法律的适用情况和英国脱欧后的影响。

英国于 1973 年 1 月 1 日加入欧盟（即欧洲经济共同体）。因此，欧盟立法在英国有着悠久的历史。欧盟立法分为三种主要类型。（第一类）欧盟法规将自动转化为成员国的法律。自法规日期或在欧盟官方期刊公布 20 日后可以直接在欧盟成员国内适用。许多欧盟环境法规在英国得以生效，尤其是那些与化学品控制有关的法规。

（第二类）欧盟指令在成员国中的适用十分灵活，成员国可以选择将它们转换形式，前提是国家层面的立法至少与指令同样严格。在英国，多数指令都已经通过法规形式转化为国家法律。如果对转换立法的含义存在异议，成员国法院可以请求欧盟法院（CJEU）作出初步裁决。欧盟法院（CJEU）是欧盟立法的最终决定者，而非国家法院。

第三类是决定，主要是对收到决定的人具有一定约束力。欧盟决定的数量远低于欧盟法规和指令的数量。

在英国成为欧盟成员国期间，根据《1972 年欧洲共同体法案》第 2 (2) 节，英国将欧盟指令转化为国内法律。[①] 第 2 (2) 节规定，在英国，指令可以通过法规的形式（二级立法）成为法律，只要这些法规未超出正在转换的指令范围即可。由于《1972 年欧洲共同体法案》，到 2020 年 12 月 31 日，英国超过 90% 的环境法律都是欧盟法律，这是英国自 2020 年 12 月 31 日脱离欧盟后的一个过渡时期。

---

① European Communities Act 1972（repealed）；https：//www.legislation.gov.uk/ukpga/1972/68/contents.

《2018年欧盟（退出）法案》第1节废除了《1972年欧洲共同体法案》。① 此外，2018年法案创造了一个新的法律类型，称为"保留欧盟法"。保留的欧盟法主要有三类：

- 欧盟衍生法，即转换和执行欧盟指令的国家法律；
- 直接欧盟立法，即直接适用于英国的欧盟法规和决定；
- 国家法律通过《1972年欧洲共同体法案》规定的其他"权利、权力、责任、义务、限制、救济和程序"，包括欧盟条约下的权利。

2018年至2020年12月31日，英国政府颁布了600多项二级立法，对保留的欧盟法律进行了约8万多次修订。经修订后的立法于2020年12月31日生效。大多数法案修订都是技术性的，例如，删除对欧洲委员会和/或欧盟立法的引用部分；其他修订是实质性的。

此外，2018年的法案保留了欧盟法院裁决中的原则及英国法院和法庭判决中与三种保留的欧盟法相关的原则与决定。

包括欧盟法院判例法在内的所有保留的欧盟法律，均可以修改或以其他方式改变。因此，保留下来的欧盟法律开始发生变化，尽管速度缓慢。

英国修改保留的欧盟法律的自由并非没有限制。它受《英国与欧盟贸易与合作协定》第7.2条非回归条款的约束。②

第7.2.1条确认英国和欧盟有权制定各自认为适当的"环境保护标准"和"气候保护标准"政策与优先事项，并以符合各方国际承诺的方式通过或修改其法律和政策。

第7.2.2条规定如下：

"缔约方不得以影响缔约方之间贸易或投资的方式，将其环境保护标准或气候保护标准削弱或降低到过渡期结束时（即2020年12月31日）的水准以下，包括未能有效执行其环境法或气候保护标准"（重点补充）。

第7.1.1条将"环境保护标准"定义为：

"一方法律中规定的总体保护水平，其目的是保护环境，包括防止环

---

① European Union (Withdrawal) Act 2018, as amended; https://www.legislation.gov.uk/ukpga/2018/16/contents/enacted.

② Trade and Cooperation Agreement between the European Union and the European Atomic Energy Community, of the one part, and the United Kingdom of Great Britain and Northern Ireland, of the other part; https://assets.publishing.service.gov.uk/government/uploads/system/uploads/attachment_data/file/948119/EU-UK_Trade_and_Cooperation_Agreement_24.12.2020.pdf.

境变化对人的生命或健康造成危险，包括以下各方面：

（a）工业排放；

（b）空气排放和空气质量；

（c）自然和生物多样性保护；

（d）废物管理；

（e）保护和保存水环境；

（f）保护和保存海洋环境；

（g）预防、减少和消除因生产、使用、释放或处置化学物质而对人类健康或环境造成的风险；

（h）管理农业或食品生产对环境的影响，尤其是通过使用抗生素和去污剂。"

第7.1.3条将"气候保护标准"定义为：

"有关温室气体排放和清除以及逐步淘汰消耗臭氧物质的保护水平。关于温室气体，这意味着：

（a）对欧盟而言，2030年40%的经济增长目标，包括欧盟的碳定价体系；

（b）就英国而言，英国在2030年目标中的经济份额，包括英国的碳定价体系。"

《2020年欧盟（未来关系）法案》[①] 第33节规定，除有限的例外情况外，英国相关的国家当局可以修改法律，以符合《贸易与合作协议》。

四 环境主管部门及其权力

环境立法机构主要有三种：中央环境机构；执行和实施机构；以及监管机构。由于环境是属于权力下放事项，这三种类型存在于英国的每个地区。

（一）中央环境机构

英格兰的中央环境管理局是英国环境食品和乡村事务部（DEFRA）。

[①] European Union (Future Relationship) Act 2020；https://www.legislation.gov.uk/ukpga/2020/29/contents.

此外，商业、能源和工业战略部是能源、气候变化和其他各个领域的中央主管部门。

苏格兰、威尔士和北爱尔兰的中央环境机构分别是苏格兰、威尔士和北爱尔兰的各自部长。

(二) 执行环境法的机构

环境局负责执行与实施英格兰环境法。除了环境问题，它还负责洪水预警和防御事项。英格兰自然局负责自然保护。这两个组织都是由英国环境食品和乡村事务部（DEFRA）发起且非其组成部门的公共机构。地方（市政）当局负责当地空气污染控制、污染土地（污染较严重的场地除外）以及其他各种环境事项。林业委员会是负责林地的执行性非部门机构。

苏格兰环保局（SEPA）是苏格兰的主要环境监管机构。与英格兰不同，苏格兰环保局负责当地的空气污染控制和洪水预警。地方当局负责防洪、地方自然保护区和受污染土地（污染较严重的场地除外）。苏格兰自然局负责自然保护，包括指定国家保护区。苏格兰林业和土地局负责管理苏格兰的国家森林和土地。

威尔士自然资源机构（NRW）是威尔士环境管理机构，负责自然保护与林业。威尔士自然资源机构成立于2013年，由威尔士环境局、威尔士乡村委员会和威尔士林业委员会联合成立。威尔士自然资源机构是由威尔士政府发起的公共机构。

北爱尔兰环境管理局是北爱尔兰农业、环境和农村事务部（DAERA）的一个执行机构。自然保护和乡村委员会负责自然保护和农村地区，并就此类事宜向北爱尔兰农业、环境和农村事务部提供建议。地方当局（区议会）负责空气污染控制。北爱尔兰林业局是北爱尔兰农业、环境和农村事务部的一个执行机构。

每个地区的地方规划部门负责环境影响评估。

(三) 监管机构

英国脱欧后，各地相继成立监管机构，以取代欧盟委员会的位置，并成为欧盟环境立法的监管机构。

环境保护办公室（OEP）是英格兰和北爱尔兰的监管机构。该办公室作为英格兰的公共机构于 2021 年 11 月 17 日成立。[①] 在北爱尔兰于 2022 年 4 月成立。[②]

环境保护办公室（OEP）的职能有四个方面。第一，它负责审查各个政府在推进自然环境目标和指标改善过程的情况和进程。《2021 年环境法案》要求英国在空气质量、水、生物多样性、资源效率和废物减少等方面至少设定一个长期目标。[③] 第二，环境保护办公室（OEP）监督环境法的实施，并可能向相关政府报告其实施情况，政府必须在三个月内对报告作出回复，并在适用的情况下向英国议会或北爱尔兰议会予以提交。第三，环境保护办公室（OEP）可就环境法的任何拟议修改提出建议，例如，提议立法、提出未来环境立法建议的白皮书，以及请求各自政府就环境事项征求意见。第四，环境保护办公室（OEP）开展执行活动，以识别和应对相关政府或其他公共机构未遵守环境法的严重情形。执行活动包括开展调查，必要时启动法律程序。国务大臣可以向环境保护办公室（OEP）发布关于其执行政策准备和英格兰执行职能的指导，[④] 北爱尔兰议会也可发布关于北爱尔兰的指导意见。

苏格兰环境标准（ESS）作为一个独立机构于 2021 年 10 月 1 日成立，以确保苏格兰环境法的有效实施，并防止英国脱欧后可能产生的执法差异。[⑤] 苏格兰环境标准（ESS）的作用在于"审查、调查和确保公共机构遵守环境法的情况、环境法的有效性，以及环境法在苏格兰的实施与运用方式"[⑥]。苏格兰环境标准机构独立于苏格兰政府，并对苏格兰议会负责。[⑦]

环境保护评估员（威尔士）于 2021 年 3 月 1 日临时成立，由一个常

[①] Environment Act 2021, section 22; https://www.legislation.gov.uk/ukpga/2021/30/contents/enacted; see Office for Environmental Protection; https://www.theoep.org.uk/office-environmental-protection.

[②] Environment (2021 Act) (Commencement and Saving Provision) Order (Northern Ireland) 2022/54, article 2 (1); https://www.legislation.gov.uk/nisr/2022/54/contents/made.

[③] Environment Act 2021, section 1.

[④] Environment Act 2021, section 25.

[⑤] Environmental Standards Scotland; https://environmentalstandards.scot/.

[⑥] Environmental Standards Scotland, Welcome to Environmental Standards Scotland; https://environmentalstandards.scot/wp-content/uploads/2021/09/Introduction-to-Environmental-Standards-Scotland-leaflet-October-2021.pdf.

[⑦] Environmental Standards Scotland; https://environmentalstandards.scot/about-us/.

设机构予以跟进。① 评估员有权审查和调查环境法律与政策以及执行权。它独立于威尔士政府，并对威尔士议会负责。

五　环境法原则

自英国脱离欧盟以来，英国的每个政府都发布了环境原则。环境原则的目的是取代《欧盟运作条约》第191（2）条规定的原则，该条规定：

"欧盟的环境政策应以高度保护为目标，同时考虑到欧盟各地区的情况多样性。它应以风险预防原则和防止环境破坏采取防御措施的原则，优先从源头治理环境损害原则以及污染者付费原则为基础。"

（一）英格兰

《2021年环境法案》指示国务大臣根据该法案就英国的以下环境原则编制政策声明：

"（a）把环境保护纳入政策制定的原则，

（b）防止环境破坏的防御措施原则，

（c）与环境有关的风险预防原则，

（d）优先从源头上治理环境破坏的原则，

（e）污染者付费原则。"

国务大臣必须确信这些原则有助于改善环境保护和可持续发展。该政策声明旨在阐述"皇家大臣在制定政策时应如何解释和按比例应用环境原则"，在2022年4月之前尚未予以编制②。

当关于环境原则的政策声明草案编制完成后，将提交给英国议会，如果下议院和上议院均未反对该草案，则该草案将生效。③ 大臣们在制定政策时必须"适当考虑"该声明。④

---

① Welsh Government, Interim Environmental Protection Assessor for Wales: terms of reference; https://gov.wales/interim-environmental-protection-assessor-wales-terms-reference-html.
② Environment Act 2021, section 17（2）.
③ Environment Act 2021, section 18.
④ Environment Act 2021, section 19.

（二）苏格兰

英国退出《2021年欧盟（连续性）（苏格兰）法案》规定了以下环境原则：

"（a）把保护环境纳入政策制定的原则，

（b）与环境有关的风险预防原则，

（c）采取防止环境破坏的防御措施原则，

（d）优先从源头上治理环境损害的原则，

（e）污染者应该付费的原则。"[1]

法案规定，这些原则源自《欧洲联盟运作条约》第191（2）条规定的同等原则。它还指出，在编制与原则解释和应用相关的指导时，"苏格兰大臣们必须考虑到欧盟法院（CJEU）对这些同等原则的解释"[2]。大臣们在制定政策包括立法提案时，必须"适当考虑"环境原则。[3]

（三）威尔士

威尔士议会于2019年就环境原则展开了磋商。[4] 2020年11月19日，环境、能源和农村事务部就环境治理利益相关者工作组的原则和相关事项发表了书面声明。[5] 该工作组的报告指出，除其他事项外，威尔士立法应规定源头治理、污染者付费、防御原则和预防原则，并应支持制定威尔士负有雄心的"总体目标"，包括与其他政策和环境政策相结合的领域。工作组进一步建议，威尔士大臣有义务在制定政策和立法时适用这些原则，而不是发表关于原则的政策声明。[6] 声明指出，由于新冠病毒的存在，当

---

[1] UK Withdrawal from the European Union (Continuity) (Scotland) Act 2021, section 13; https://www.legislation.gov.uk/asp/2021/4/contents/enacted.

[2] UK Withdrawal from the European Union (Continuity) (Scotland) Act 2021, section 13; https://www.legislation.gov.uk/asp/2021/4/contents/enacted.

[3] UK Withdrawal from the European Union (Continuity) (Scotland) Act 2021, section 14; https://www.legislation.gov.uk/asp/2021/4/contents/enacted.

[4] Welsh Government, Environmental principles and governance in Wales post European Union exit; https://gov.wales/environmental-principles-and-governance-wales-post-european-union-exit.

[5] Welsh Government, Written Statement: Environmental Governance Stakeholder Task Group Report (19 November 2020); https://gov.wales/written-statement-environmental-governance-stakeholder-task-group-report.

[6] Welsh Government, Written Statement: Environmental Governance Stakeholder Task Group Report (19 November 2020), Recommendations 2 and 3.

时不可能出台有关原则和治理的立法。①

环境原则在 2022 年 4 月尚未发布。

(四) 北爱尔兰

北爱尔兰农业、环境和农村事务部于 2020 年 12 月 10 日至 2021 年 2 月 26 日举行了一次关于环境原则和治理的磋商。2021 年 7 月 30 日,其发布了回应概要。② 截至 2022 年 4 月,环境原则和治理的编制工作正在进行中。

六 环境法主要领域概述

本节探讨环境法的主要领域,包括英国的气候变化法。除了一些自然保护区法律、土地污染修复、水体污染和清除未经批准的固体废物的相关法律,以下讨论的领域都来自欧盟。由于英国脱欧,环境法的大部分领域都处于不断变化的状态,英国和权力下放的政府正在对其进行修改。

(一) 环境影响评价

英国的土地开发受空间规划控制,这是国家法律,而不是欧盟法律。工业、商业和住宅建筑以及基础设施建设和矿产开采都需要获得规划许可。

一些拟建项目还需要根据保留的欧盟法律进行环境影响评价,实施《环境影响评价指令》③ 和《战略环境评价指令》④ 的相关内容。执行

---

① Welsh Government, Written Statement: Environmental Governance Stakeholder Task Group Report (19 November 2020). Recommendation 1.

② Department of Agriculture, Environment and Rural Affairs, Environmental Plans, Principles and Governance for Northern Ireland–Synopsis of Responses; https://www.daera-ni.gov.uk/publications/environmental-plans-principles-and-governance-northern-ireland-synopsis-responses.

③ Directive 211/92/EU on the assessment of the effects of certain public and private projects on the environment (codification) [2012] OJ L26/1, as amended by Directive 2014/52/EU (consolidated version); https://ec.europa.eu/environment/eia/pdf/EIA_Directive_informal.pdf.

④ Directive 2001/42/EC on the assessment of the effects of certain plans and programmes on the environment [2001] OJ L197/30; https://eur-lex.europa.eu/legal-content/EN/TXT/?uri=CELEX:32001L0042.

《环境影响评价指令》[1] 的附表 1 中所列项目（其中包括铁路、高速公路和用于处置特定规模危险废物的设施）自然而然地需要进行环境影响评价。附表 2 中列出的项目（其中包括附表 1 未涵盖的较小项目，如城市发展项目和铁路）可能根据其持续时间、规模、位置和对土地的潜在影响，要求进行环境影响评价。

当适用环境影响评价法律时，开发商必须提交一份环境声明，包括其对项目规划许可的建议书。环境声明识别、描述和评估拟建项目对人类健康、生物多样性、土地、土壤、水、空气和气候、物质资产、文化遗产和景观产生的直接和间接重大影响。然后，公共程序根据上述影响筛选和确定项目范围，包括考虑替代方案和任何监控要求。

实施《战略环境评价指令》的立法与该指令本身一样，[2] 适用于战略计划和方案。战略环境评价适用于政策、计划和方案的早期阶段，而不是单个项目。

（二）环境许可

英国所实施的《工业排放指令》（IED）[3] 为保留的欧盟法律。该法律要求"装置"[即进行《工业排放指令》（IED）附件一所列的工业活动的固定设施]和指定的"移动工厂"必须获得运营许可证。所列活动

---

[1] The relevant regulations for England, Scotland, Wales and Northern Ireland are Town and Country Planning (Environmental Impact Assessment) Regulations 2017/571, as amended; https://www.legislation.gov.uk/uksi/2017/571/contents/made; Town and Country Planning (Environmental Impact Assessment) (Scotland) Regulations 2018/102; https://www.legislation.gov.uk/ssi/2017/102/contents/made; Town and Country Planning (Environmental Impact Assessment) (Wales) Regulations 2017/567, as amended; https://www.legislation.gov.uk/wsi/2017/567/contents/made; Planning (Environmental Impact Assessment) Regulations (Northern Ireland) 2017/83; https://www.legislation.gov.uk/nisr/2017/83.

[2] The relevant regulations for England, Scotland, Wales and Northern Ireland are Environmental Assessment of Plans and Programmes Regulations 2004/1633; https://www.legislation.gov.uk/uksi/2004/1633/contents/made; Environmental Assessment (Scotland) Act 2005; https://www.legislation.gov.uk/asp/2005/15/contents; Environmental Assessment of Plans and Programmes (Wales) Regulations 2004/1656; https://www.legislation.gov.uk/wsi/2004/1656/contents/made; Environmental Assessment of Plans and Programmes Regulations (Northern Ireland) 2004/280; https://www.legislation.gov.uk/nisr/2004/280/contents/made.

[3] Directive 2008/1/EC concerning integrated pollution prevention and control [2008] OJ L24/8, art 14 (b) (consolidated version); https://eur-lex.europa.eu/legal-content/EN/TXT/PDF/?uri=CELEX：32008L0001&from=EN.

包括能源、金属、矿产和化工行业、废物管理以及家禽和猪的集约养殖设施所开展的活动。适用于每个行业的技术标准由最佳可用技术参考文件（BREF）中规定的最佳可用技术（BAT）确定。其中，参考文件（BREF）描述了工业过程及其运行条件和污染物排放率。文件会定期更新以适应新技术。

在英格兰和威尔士[①]实施《工业排放指令》（IED）的法律规定，受《工业排放指令》（IED）约束的许可证持有人应采取以下措施：

·检查并描述操作该装置的措施，以免造成重大污染；

·采取必要措施防止事故发生并限制事故造成的后果，避免污染风险；

·采取最佳可用技术以防止、减少并尽可能消除排放物的污染；

·在适用的情况下，编制基准报告，以在获得许可证时评估相关物质对土壤和地下水的污染状况；

·在交回许可证时准备进一步的报告，如果发生了严重的土壤和/或地下水污染，则将装置使用的现场恢复到"令人满意的状态"，即许可证授予时的状态。

公众参与许可程序是必需的。环境许可证的授予、变更、转让或移交申请均登记在公共登记簿上。许可证申请人可以对拒绝授予许可证提出上诉。

环境许可法也适用于不受《工业排放指令》（IED）约束的设施的许可，包括排水许可、地下水使用授权、放射性物质使用许可、采矿废物处理许可和防洪许可。

实施的法规下许可证分类如下：A（1）、A（2）和B部分。A（1）和A（2）部分的设施比B部分的设施能造成更加严重的污染。它们包括垃圾填埋场、大型焚化炉和其他一些废物管理作业，并受到以下方面的监管：

·排放过程对空气、水体和土壤的污染；

---

① Environmental Permitting (England and Wales) Regulations 2016/1154; https://www.legislation.gov.uk/uksi/2016/1154/contents/made Equivalent legislation in Scotland and Northern Ireland is the Environmental Authorisations (Scotland) Regulations 2018/219; https://www.legislation.gov.uk/sdsi/2018/9780111039014/contents; Pollution Prevention and Control (Industrial Emissions) Regulations (Northern Ireland) 2013/160, as amended; https://www.legislation.gov.uk/nisr/2013/160/contents/made.

- 能源效率；
- 产生的噪声和振动；
- 原材料的使用；
- 事故预防；
- 最小化废物产生和/或废物利用；
- 在许可证未决期间对受污染的土地/土壤和地下水进行补救。

B部分中的设施仅针对其向空气的排放进行监管。

有两种类型的许可证：标准许可证和定制许可证。标准许可证具有标准的条件，适用于污染较小的活动。定制许可证适用于污染程度更高的活动，该许可证根据相关设施的情况制定相应标准。如果经营者向相关部门登记许可豁免，则一些污染程度低的活动可免于遵守相关法规。

相关部门定期审查设施，以确保经营者继续遵守许可证中的条件。如果受许可证约束的设施或区域内的活动发生变化，相关部门将更改许可。

相关部门可向许可证持有人发出各种类型的执行通知，包括暂停、禁止和撤销通知。如果许可证持有人不遵守通知，相关部门可采取措施，并要求许可证持有人补偿其造成的损失。

不遵守通知、在没有所需许可证的情况下运营受法律约束的设施、导致或明知而允许此类运营，或违反许可证的条件，均属刑事犯罪。未经许可或故意向地表或地下水排放污染物也构成刑事犯罪。

作为起诉的替代方案，相关部门可以同意经营者制定一项强制执行的承诺。[1] 在这种情况下，特定环境违法行为人会提出一系列措施，包括修复环境损害、培训污染预防人员、向环境慈善机构付款等。然后，由管理部门决定是否接受承诺或提起诉讼。

如果一家公司在该公司董事或高级职员或类似人员的同意或纵容下实施了犯罪，或者如果该犯罪可归因于该人员的疏忽，则该董事或高级职员也可能对该犯罪行为承担责任。

---

[1] Regulatory Enforcement and Sanctions Act 2008, as amended, section 50; https://www.legislation.gov.uk/ukpga/2008/13/contents; see, e.g., Environmental Civil Sanctions (England) Order 2010; https://www.legislation.gov.uk/ukdsi/2010/9780111492512/contents; Environment Agency's use of civil sanctions; https://www.gov.uk/government/publications/environment-agencys-use-of-civil-sanctions.

许可证部分或全部转让须通知相关部门,或根据许可证的类型,经相关部门批准,以确保受让人符合持有许可证的标准。当许可活动终止时,许可证将移交给管理部门,前提是管理部门批准移交符合规定标准。移交废物填埋场许可证适用于额外标准。

2021年1月,英国环境食品和乡村事务部(DEFRA)和权力下放的政府发起了关于开发新的最佳可用技术(BAT)过程的公众咨询。截至2022年4月,这类技术尚未开发完成。

(三) 化学物质

关于化学品注册、评估、授权和限制(REACH)的第1907/2006号法规(EC),① 作为一项保留的欧盟法律直接成为英国法律。

关于化学品注册、评估、授权和限制(REACH)的法规要求所有制造、进口或在欧盟单一市场投放可能对人类健康和环境产生不利影响的物质的企业,应向欧洲化学品管理局提供有关这些物质的数据。这些数据必须证明该物质可以被安全使用,以及向公众传达有关物质的风险管理措施。

关于化学品注册、评估、授权和限制(REACH)的法规的运作原则是"没有数据,就没有市场"。也就是说,除非已按照该法规标准进行了注册,否则不得在欧盟市场制造或投放物质、混合物和物品。该法规监管的化学品范围十分广泛,包括单个成分、清洁产品和油漆等混合物中的物质,以及衣服、家具、电器和汽车等物品中的物质。

关于化学品注册、评估、授权和限制(REACH)的法规的引入标志着政府主管部门从关注新化学品转向关注已上市化学品的信息和评估。关于化学品注册、评估、授权和限制(REACH)的法规还将证明化学品安全的责任从成员国政府转移到生产、进口和销售化学品的公司。

欧盟关于化学品注册、评估、授权和限制(REACH)法规的内容和应用将在英国发生变化,因为英国在离开欧盟时引入了一个单独的系

---

① Regulatory Enforcement and Sanctions Act 2008, as amended, section 50; https://www.legislation.gov.uk/ukpga/2008/13/contents; see, e.g., Environmental Civil Sanctions (England) Order 2010; https://www.legislation.gov.uk/ukdsi/2010/9780111492512/contents; Environment Agency's use of civil sanctions; https://www.gov.uk/government/publications/environment-agencys-use-of-civil-sanctions.

统。英国版的关于化学品注册、评估、授权和限制（REACH）的法规适用于英格兰、苏格兰和威尔士，由健康和安全执行机构实施和执行。[1] 健康与安全执行局推出了 2022—2024 年的滚动行动计划，以实施英国版关于化学品注册、评估、授权和限制（REACH）的法规，包括添加新物质。[2]

由北爱尔兰健康与安全执行局在北爱尔兰实施和执行的欧盟关于化学品注册、评估、授权和限制（REACH）的法规，仍应在《爱尔兰/北爱尔兰议定书》下继续适用。[3] 欧盟版的法规和英国版的法规各自独立实施，但都适用于在英格兰、苏格兰和威尔士制造并出口到欧盟的化学品。

（四）废物

在英国所实施的《废物框架指令》[4] 为保留的欧盟法律。该指令建立了从预防（最优先）到再利用、再循环、回收和处置（最末端）的废物处置框架结构，并制定了收集、运输和处理废物的相关要求。对危险废物有更加严格的控制。[5]

在英国，违反废物法规将构成刑事犯罪。其中，除非得到环境许可证授权，否则违法行为包括在土地上/内存放或故意造成或允许受控废物或

---

[1] REACH etc. (Amendment etc.) (EU Exit) Regulations 2019/758, as amended; https://www.legislation.gov.uk/ukdsi/2019/9780111178034.

[2] Health and Safety Executive, Rolling Action Plan (RAP) for UK REACH 2022-2024; https://www.hse.gov.uk/reach/reports/rap/rap2224.htm.

[3] 《北爱尔兰议定书》的目的是避免在爱尔兰岛上形成硬边界。根据脱欧协议，北爱尔兰应继续遵守与单一商品市场有关的欧盟法律。

[4] Directive 2008/98/EC on waste [2008] OJ L312/3, as amended; https://eur-lex.europa.eu/legal-content/EN/TXT/? uri＝CELEX%3A02008L0098-20180705 The implementing legislation for England and Wales, Scotland and Northern Ireland is the Waste (England and Wales) Regulations 2011/988, as amended; https://www.legislation.gov.uk/uksi/2011/988/contents/made; Waste (Scotland) Regulations 2012/148, as amended; https://www.legislation.gov.uk/ssi/2012/148/contents/made; Waste Regulations (Northern Ireland) 2019/240, as amended; https://www.legislation.gov.uk/nisr/2019/240/made.

[5] Hazardous Waste (England and Wales) Regulations 2005/894, as amended; https://www.legislation.gov.uk/uksi/2005/894/contents/made; Waste Management Licensing (Scotland) Regulations 2011/228, as amended; https://www.legislation.gov.uk/ssi/2011/228/contents/made; Hazardous Waste (Wales) Regulations 2005/1806, as amended; https://www.legislation.gov.uk/wsi/2005/1806/contents/made; Hazardous Waste Regulations (Northern Ireland) 2005/200, as amended; https://www.legislation.gov.uk/nisr/2005/300/contents/made.

采掘废物存放，以及以可能造成环境污染或损害人类健康的方式处理、保管或处置受控或提取废物的行为。① "受控废物"一词几乎包括任何类型的废物；采掘废物是指来自矿山和采石场的废物。

基于欧盟废物等级制度的许多其他废物立法被保留为欧盟法律，包括以下内容。

符合规定标准的包装生产商和进口商必须回收和再循环包装废物。② 该欧盟法律条款被保留执行。英国、苏格兰、威尔士和北爱尔兰政府于2019年开始改革保留的欧盟法律。他们还颁布了立法，通过对塑料运输袋收费来减少轻型塑料运输袋的消费。③

欧盟关于电器和电子废弃物（WEEE）④ 的立法旨在防止电器和电子废弃物的产生，该立法要求单独收集和处理这类废物，为其收集、回收和再循环设定目标，并禁止非法运输电器和电子废弃物（WEEE）。在英国实施的电器和电子废弃物（WEEE）指令为保留的欧盟法律。⑤ 相关立法控制电器和电子设备中特定危险物质和化学品（如铅、汞和镉）的含量，

---

① Environmental Protection Act 1990, as amended, section 33; https://www.legislation.gov.uk/ukpga/1990/43/contents.

② Directive 94/62/EC on packaging and packaging waste [1994] OJ L365/10 (consolidated version); https://eur-lex.europa.eu/legal-content/EN/TXT/? uri = CELEX% 3A01994L0062 - 20180704. The Directive is implemented in England, Scotland and Wales by the Producer Responsibility Obligations (Packaging Waste) Regulations 2007/871, as amended; https://www.legislation.gov.uk/uksi/2007/871/contents/made and the Packaging (Essential Requirements) Regulations 2015/1640; https://www.legislation.gov.uk/uksi/2015/1640/contents/made It is implemented in Northern Ireland by the Producer Responsibility Producer Responsibility Obligations (Packaging Waste) Regulations (Northern Ireland) 2007/198, as amended; http://extwprlegs1.fao.org/docs/pdf/uk82482.pdf.

③ Single Use Carrier Bags Charges (England) Order 2015/776; https://www.legislation.gov.uk/ukdsi/2015/9780111125397/pdfs/ukdsi_9780111125397_en.pdf; Single Use Carrier Bags Charge (Scotland) Regulations 2014/161, as amended; https://www.legislation.gov.uk/sdsi/2014/9780111023211; Single Use Carrier Bags Charge (Wales) Regulations 2010/2880, as amended; https://www.legislation.gov.uk/wsi/2010/2880/contents/made; Single Use Carrier Bags Charge Regulations (Northern Ireland 2013/4, as amended; https://www.legislation.gov.uk/nisr/2013/4/contents/made.

④ Directive 2012/19/EU on waste electrical and electronic equipment (WEEE) (recast) [2012] OJ L/38 (consolidated version); https://eur-lex.europa.eu/legal-content/EN/TXT/? uri = CELEX：02012L0019-20180704.

⑤ Waste Electrical and Electronic Equipment Regulations 2013/3113, as amended; https://www.legislation.gov.uk/uksi/2013/3113/contents/made.

以尽量减少其填埋处理。①

欧盟通过了一项关于欧盟境内和境外废物运输的法规，以实施《控制危险废物越境转移及其处置巴塞尔公约》② 和经济合作与发展组织的决定。③《废物运输条例》④ 作为保留下来的欧盟法律，该条例禁止运输特定类型的废物，并要求获得有关当局的事先书面同意，包括其他类型废物的输入国当局。

（五）空气质量

欧盟关于空气质量的立法主要对空气污染物［氮氧化物（包括二氧化氮）、颗粒物（PM10 和 PM2.5），二氧化硫、铅、苯、臭氧和一氧化碳］在环境空气中的浓度设定了具有法律约束力的限制。⑤ 在英国实施的法律⑥是保留的欧盟法律。

在 2021，欧盟法院（CJEU）裁定英国未能履行其在欧盟法律中的义

---

① Directive 2011/65/EU on the restriction of the use of certain hazardous substances in electrical and electronic equipment ［2011］ OJ L174/88 （consolidated version）；https：//eur-lex.europa.eu/legal-content/EN/TXT/? uri=CELEX%3A02011L0065-20211101 The Directive is implemented in England, Scotland and Wales by the Restriction of the Use of Certain Hazardous Substances in Electrical and Electronic Equipment Regulations 2012/3032, as amended；https：//www.legislation.gov.uk/uksi/2012/3032/contents/made Amendments to the above regulations following Brexit do not apply in Northern Ireland due to it remaining in the EU single market.

② Basel Convention on the control of transboundary movements of hazardous wastes and their disposal；http：//www.basel.int/TheConvention/Overview/TextoftheConvention/tabid/1275/Default.aspx.

③ Organisation for Economic Co-operation and Development （OECD） Decision on the Control of Transboundary Movements of Wastes Destined for Recovery Operations, as amended；https：//legalinstruments.oecd.org/en/instruments/OECD-LEGAL-0266.

④ Regulation （EC） No 1013/2006 on shipments of waste ［2006］ OJ L/190/1 （consolidated version）；https：//eur-lex.europa.eu/legal-content/EN/TXT/? uri=CELEX% 3A02006R1013-20210111；Transfrontier Shipment of Waste Regulations 2007/1711；https：//www.legislation.gov.uk/uksi/2007/1711/contents/made.

⑤ Directive 2008/50/EC on ambient air quality and cleaner air for Europe ［2008］ OJ L152/1 （consolidated version）；https：//eur-lex.europa.eu/legal-content/EN/TXT/? uri=CELEX% 3A02008L0050-20150918.

⑥ Air Quality Standards Regulations 2010/1001；https：//www.legislation.gov.uk/uksi/2010/1001/contents/made；Air Quality Standards （Scotland） Regulations 2010/204；https：//www.legislation.gov.uk/ssi/2010/204/contents/made；Air Quality Standards （Wales） Regulations 2010/1433；https：//www.legislation.gov.uk/wsi/2010/1433/contents/made；Air Quality Standards Regulations （Northern Ireland） 2010/188；https：//www.legislation.gov.uk/nisr/2010/188/contents/made.

务，2010—2017 年，英国 16 个地区的二氧化氮浓度超过了年限值。① 除其他事项外，《2021 年环境法案》授权国务大臣于 2022 年 10 月 31 日前在议会上制定关于 PM2.5 目标值的草案和另一个远期目标。

（六）水质

欧盟关于水资源的法律为欧盟内陆和沿海的水域②以及海洋水域③制定了复杂的管理方案。该欧盟立法也被保留了下来。

欧盟还通过了其他立法，专门制定地下水质量标准，并采取措施防止或限制污染物排放到地下水中。④ 欧盟进一步立法要求处理城市废水，以保护人类健康和环境免受包括牛奶加工和肉类工业在内的工业部门排放的不利影响。⑤

---

① *European Commission v. United Kingdom* Case C-664/18, ECLI：EU：C：2021：171；https：//curia. europa. eu/juris/liste. jsf? language=EN&num=C-664/18.

② Directive 2000/60/EC establishing a framework for Community action in the field of water policy [2000] OJ L327/1（consolidated version）；https：//eur-lex. europa. eu/legal-content/EN/TXT/? uri=CELEX：02000L0060-20141120 The Water Framework Directive is implemented in England and Wales, Scotland and Northern Ireland by the Water Environment（Water Framework Directive）（England and Wales）Regulations 2017/407, as amended；https：//www. legislation. gov. uk/uksi/2017/407/contents/made；Water Environment and Water Services（Scotland）Act 2003, as amended；https：//www. legislation. gov. uk/asp/2003/3/contents；Water Environment（Water Framework Directive）Regulations（Northern Ireland）2017/81, as amended；https：//www. legislation. gov. uk/nisr/2017/81/contents/made The Marine Strategy Framework Directive is implemented in the UK by the Marine Strategy Regulations 2010/1627, as amended；https：//www. legislation. gov. uk/uksi/2010/1627/contents/made.

③ Directive 2008/56/EC establishing a framework for Community action in the field of marine environmental policy [2008] OJ L164/19（consolidated version）；https：//eur-lex. europa. eu/legal-content/EN/TXT/? uri=CELEX%3A02008L0056-20170607.

④ Directive 2006/118/EC on the protection of groundwater against pollution and deterioration [2006] OJ L372/19（consolidated version）；https：//eur-lex. europa. eu/legal-content/EN/TXT/? uri=CELEX：02006L0118-20140711 Environmental permitting regulations regulate discharges of pollutants to groundwater [see section Ⅶ（B）above].

⑤ Council Directive 91/271/EEC concerning urban waste-water treatment [1991] OJ L135/40（consolidated version）；https：//eur-lex. europa. eu/legal-content/EN/TXT/? uri=CELEX：31991L0271 The Urban Wastewater Treatment Directive is implemented in England and Wales, Scotland and Northern Ireland by the Urban Waste Water Treatment（England and Wales）Regulations 1994/2841, as amended；https：//www. legislation. gov. uk/uksi/1994/2841/contents/made；Urban Waste Water Treatment（Scotland）Regulations 1994/2842, as amended；https：//www. legislation. gov. uk/uksi/1994/2842/contents/made；Urban Waste Water Treatment Regulations（Northern Ireland）2007/187；https：//www. legislation. gov. uk/nisr/2007/187/contents/made.

保留的欧盟法律旨在进一步控制水体免受硝酸盐污染。[1]

(七) 自然保护区

英国自然保护部门按照不同级别划定了保护区，包括国家公园、国家和地方自然保护区，以及具有重要自然景观的区域。最受保护的地区是具有特殊科学价值的地点（SSSIs）[在北爱尔兰被称为具有特殊科学价值的领域（ASSIs）]，以及英国作为欧盟成员国时根据《鸟类指令》[2] 和《栖息地指令》[3] 指定的地点。

此外，英国还加入了各种国际公约，包括《拉姆萨尔公约》[4] 和《波恩公约》[5]。英国的所有拉姆萨尔遗址都被指定为具有特殊科学价值的地点/具有特殊科学价值的领域，有时也被指定为其他名称，如国家遗址（从前的 Natura 2000 遗址；参见下文）。

1. 具有特殊科学价值的地点/领域（SSSIs/ASSIs）

具有特殊科学价值的地点/领域是因其植物群、动物群或地质或地理特征而受到保护的场所。"自然的英格兰"组织（Natural England）、威尔士自然资源机构（NRW）、苏格兰自然局（NatureScot）或北爱尔兰农业、环境和农村事务部（DAERA）（如适用）在当地报纸上公布拟议的地点

---

[1] Council Directive 91/676/EEC concerning the protection of waters against pollution caused by nitrates from agricultural sources [1991] OJ L375/1; https://eur-lex.europa.eu/legal-content/EN/TXT/? qid = 1561542776070&uri = CELEX：01991L0676 - 20081211 The Nitrates Directive is implemented in England, Wales, Scotland and Northern Ireland by the Nitrate Pollution Prevention Regulations 2015/668, as amended; https://www.legislation.gov.uk/uksi/2015/668/contents; Water Resources (Control of Agricultural Pollution) (Wales) Regulations 2021/77; https://www.legislation.gov.uk/wsi/2021/77/contents/made; Action Programme for Nitrate Vulnerable Zones (Scotland) Regulations 2008/298, as amended; https://www.legislation.gov.uk/ssi/2008/298/contents/made; Nutrient Action Programme Regulations (Northern Ireland) 2019/81; https://www.daera-ni.gov.uk/sites/default/files/publications/daera/NI% 20SR% 202019% 2081% 20 -% 20Nutrient% 20Action% 20Programme% 20Regulations% 20% 28Northern% 20Ireland% 29% 202019% 20 -% 20Registered% 20SR. PDF.

[2] Directive 2009/147/EC on the conservation of wild birds [2010] OJ L20/7 (codified version); https://eur-lex.europa.eu/legal-content/EN/TXT/? uri=CELEX：32009L0147.

[3] Council Directive 92/43/EEC on the conservation of natural habitats and of wild fauna and flora [1992] OJ L206/7; https://eur-lex.europa.eu/legal-content/EN/TXT/? uri = CELEX：01992L0043-20130701.

[4] Ramsar Convention on wetlands of international importance; https://www.ramsar.org/.

[5] Convention on the Conservation of Migratory Species of Wild Animals; https://www.cms.int/en/convention-text.

认定，并通知当地规划机构、场地内土地的所有者和占用者，以及国务大臣。除非有关部门在向国务大臣送达通知之日起九个月内撤回通告，否则该认定将生效。

相关机构可制定管理方案，以管理、保存、恢复或保护这些地点或领域。如果管理局这样做，它会就拟议的计划咨询场地的所有者和占有者。管理方案经管理局确认后生效。该计划可规定管理局向业主和占用人支付款项，以执行其中规定的措施。

如果有特殊科学价值的地点/领域（SSSIs/ASSIs）的所有人和占用人不愿意配合，管理局也可以要求他们按照管理计划实施工程。管理部门也可以自行开展工程，并向所有人和占用人寻求补偿。

若该地区的土地所有人或占用人未经相关部门同意而实施损害该地区的行为，或未遵守同意书中的条件，便构成刑事犯罪，除非所有人或占用人有合理的理由这样做。合理的辩解理由包括紧急措施和根据规划许可或管理协议执行的措施。

任何其他人在没有合理辩解的情况下故意或鲁莽地破坏指定区域内的任何动植物或地质地理特征，也属于刑事犯罪。除被定罪外，造成损害的人还可能被要求修复遭到损害的内容。无合理辩解且未遵守修复通知的行为属于刑事犯罪。[1]

英格兰有4100多个具有特殊科学价值的地点，涵盖了大约8%的土地面积；苏格兰有超过1400个具有特殊科学价值的地点（SSSIs），涵盖约12%的陆地面积；[2] 威尔士有超过1000个具有特殊科学价值的地点（SSSIs），涵盖了大约12%的土地面积；[3] 北爱尔兰大约有400个具有特殊科学价值的领域（ASSIs）。

---

[1] Wildlife and Countryside Act 1981, as amended, part II; https://www.legislation.gov.uk/ukpga/1981/69 (England and Wales); Nature Conservation (Scotland) Act 2004, as amended, part 2; https://www.legislation.gov.uk/asp/2004/6/contents; Environment (Northern Ireland) Order 2002/3153, part IV; https://www.legislation.gov.uk/nisi/2002/3153/contents.

[2] NatureScot, Sites of Special Scientific Interest (SSSIs); https://www.nature.scot/professional-advice/protected-areas-and-species/protected-areas/national-designations/sites-special-scientific-interest-sssis#:—:text=Scotland%20has%201%2C422%20SSSIs%2C%20covering,above%20mean%20low%20water%20springs.

[3] Natural Resources Wales, Types of protected areas of land and sea; https://naturalresources.wales/guidance-and-advice/environmental-topics/wildlife-and-biodiversity/protected-areas-of-land-and-seas/types-of-protected-areas-of-land-and-sea/?lang=en.

2. 国家保护站点网络

在英国作为欧盟成员国期间,它通过立法转换以执行《鸟类指令》[1]和《栖息地指令》[2]。《鸟类指令》保护经常出现的迁徙鸟类及其栖息地,特别是脆弱、稀有和濒危鸟类物种及其栖息地。受《鸟类指令》保护的场所称为特殊保护区(SPAs)。《栖息地指令》保护那些需要指定特殊保护区(SACs)自然栖息地类型,需要指定特殊保护区(SACs)的动物和植物物种的保护,以及需要严格保护的动植物物种利益共同体及其繁殖地和栖息处。

《鸟类指令》与《栖息地指令》所保护的特殊保护区(SPAa/SACs)共同构成了覆盖欧盟的 Natura 2000 网络。英国脱欧后,英国的 Natura 2000 网络被称为"国家保护站点网络"。

关于鸟类和栖息地指令的欧盟法律被保留了下来,在英国陆地、内陆水域[3]和海洋区域[4]予以执行。

有关当局为保护国家保护站点网络的站点而采取的详细措施与指令中的措施有些相似,但更为严格。与指令保护区(SSSIs/ASSIs)一样,有相关管理计划规定,相关当局可以向土地的所有者和占有者付款。相关部门还可制定一项特别自然保护令,规定当局认为可能会破坏或损害受保护地点的措施,具体取决于实施这些措施的情况和方式。管理局可发出停止通知,命令执行人员停止执行。任何人如无合理辩解理由而违反特别自然保护令进行任何行动,即属刑事罪行。

除被判犯有此类罪外,法院还可以下达强制执行,要求被告恢复受损的自然资源。无合理辩解而不遵守修复通知的行为属于刑事犯罪。

英国脱欧后,实施鸟类与栖息地指令的立法被修订为国家法律而非欧

---

[1] Directive 2012/18/EU on the control of major-accident hazards involving dangerous substances [2012] L197/1; https://eur-lex.europa.eu/legal-content/EN/TXT/?uri=CELEX:32012L0018.

[2] Council Directive 92/43/EEC on the conservation of natural habitats and of wild fauna and flora [1992] OJ L206/7; https://eur-lex.europa.eu/legal-content/EN/TXT/?uri=CELEX:01992L0043-20130701.

[3] Conservation of Habitats and Species Regulations 2017/1012, as amended, part II; https://www.legislation.gov.uk/uksi/2017/1012/contents/made These regulations apply to Scotland together with the Conservation (Natural Habitats, &) Regulations 1994/2716; https://www.legislation.gov.uk/uksi/1994/2716/contents/made.

[4] Conservation of Offshore Marine Habitats and Species Regulations 2017/1013, as amended, part 2; https://www.legislation.gov.uk/uksi/2017/1013/contents/made.

盟法律的条款。① 例如,"利益共同体物种"变成了"国家利益物种"。修订还包括,将通过跟踪鸟类和栖息地指令中的管理目标,为国家保护站点网络的管理制定目标,仅在英国的领土范围内将站点保持或恢复到有利的保护状态。

《2021年环境法案》引入了生物多样性作为英国空间规划的一个条件。生物多样性的增加将要求开发商在其开发的土地上恢复、创建或改善自然栖息地,以便将自然栖息地的面积或质量增加10%。② 该条件可以通过规划立法或保护公约下的义务来实现,即土地所有者与指定的"负责机构"(如保护慈善机构或政府机构)之间签订具有法律约束力的协议,为公众保护有关地点的自然或文化遗址特征。③

(八) 环境损害的修复

有几项法律规定了修复英国土地、水、保护区和动植物受损的责任,以及清除非法处置废物的责任。《环境损害条例》是保留的欧盟法律。本小节所述的其他立法是国家法律。其他立法主要规定恢复受保护场地的责任。

1. 污染土地管理制度

1995年的《环境法》引入了一项制度,对历史上受到污染并持续对人类健康和环境造成不可接受的风险的土地进行补救。该法在1990年《环境保护法》修订中加入了新的第ⅡA部分。④ 第ⅡA部分(也称为第2A部分)适用于英格兰、苏格兰和威尔士,一些规定因不同地区而异。北爱尔兰尚未颁布污染土地管理制度。

---

① Conservation of Habitats and Species (Amendment) (EU Exit) Regulations 2019/579, part 3 (amendments to the Conservation of Habitats and Species Regulations 2017), part 4 (amendments to the Conservation of Offshore Marine Habitats and Species Regulations 2017); https://www.legislation.gov.uk/uksi/2019/579/regulation/4/made # regulation-4-4; Conservation (Natural Habitats, etc.) (Amendment) (Northern Ireland) (EU Exit) Regulations 2019/582; https://www.legislation.gov.uk/ukdsi/2019/9780111176634/contents.

② Environment Act, part 6.

③ Environment Act, part 7.

④ Environmental Protection Act 1990, Part ⅡA Contaminated Land (sections 78A–78YC); https://www.legislation.gov.uk/ukpga/1990/43/contents.

第ⅡA部分附有二级立法（法定文件），主要规定了程序和相关事项。[1] 英格兰、苏格兰和威尔士[2]的法定指引明确规定了该管理制度的细节内容。该管理制度非常复杂。

第ⅡA部分的主要执行机构是地方当局。污染特别严重的区域（称为"特殊场所"）的执法机构是英国环境部（Environment Agency）、威尔士自然资源机构（NRW）和苏格兰环保局（SEPA）。若个体在不愿修复受污染的土地时，地方当局应该通过书面通知要求其修复所造成的损害。

该管理制度始于地方当局所制定的一项战略，该战略旨在检查他们所在地区的"污染土地"。随后当局对其所在区域开展检查，以确定其中的土地是否受到污染。"污染土地"一词的定义如下：

"在其所在地区的地方当局看来，由于土地内、土地上或土地下的物质，任何土地的状况如下：

（a）正在造成重大损害或可能造成重大损害；

（b）正在对管控水域造成重大污染，或存在造成此类污染的重大可能性。"[3]

"损害"一词的定义是"对生物体健康的损害或对其所属生态系统的其他干扰，就人类而言，包括对其财产的损害"[4]。"管控水域"一词的定义包括内陆地表水、地下水、沿海水域和领海。[5]

如果存在污染物的链路，它由污染物、污染路径和受体组成，那么土

---

[1] The regulations for England, Scotland and Wales are the Contaminated Land (England) Regulations 2006/1380, as amended; https://www.legislation.gov.uk/uksi/2006/1380/contents/made; Contaminated Land (Scotland) Regulations 2005/658, as amended; https://www.legislation.gov.uk/ssi/2005/658/contents/made; Contaminated Land (Wales) Regulations 2001/2197, as amended; https://www.legislation.gov.uk/wsi/2001/2197/contents/made.

[2] Department for Environment, Food & Rural Affairs, Environmental Protection Act 1990: Part 2A; Contaminated Land Statutory Guidance (April 2012) (statutory guidance for England); https://www.gov.uk/government/publications/contaminated-land-statutory-guidance; Scottish Government, Environmental Protection Act 1990-Part ⅡA Contaminated Land: statutory guidance (7 June 2006); https://www.gov.scot/publications/environmental-protection-act-1990-part-iia-contaminated-land-statutory-guidance/; Welsh Government Guidance Document; Contaminated Land Statutory Guidance-2012; https://gov.wales/sites/default/files/publications/2019-08/contaminated-land-statutory-guidance-2012.pdf.

[3] Part 2A, section 78A (2).

[4] Part 2A, section 78A (4).

[5] Water Resources Act 1991, as amended, section 104.

地就是被污染的土地。污染物是指有可能或正在对受体造成重大损害或可能对受体造成重大损害的物质，或对管控水域造成重大污染或可能对其造成重大污染的物质。[①] 受体被指定为人类健康、生态系统（包括自然保护区和其他保护区）、农作物形式的财产、国内种植的农产品、牲畜和其他拥有或驯养的动物，以及作为打猎和捕鱼权主体的野生动物。污染路径是污染物影响或可能影响受体的途径。

如果执行机构确定某一现场存在一个或多个污染物，则必须找到负责补救的法人或自然人。这类人分为两类，称为"合适的人"。A 类合适的人是指"导致或故意允许"污染物进入土地上或土地下的人员。如果执行机构在"合理调查"后无法找到 A 类合适的人，则 B 类合适的人有责任补救污染物链条。B 类合适的人是污染连接所在土地的所有人或占有人。[②] 如果既找不到 A 类人员，也找不到 B 类人员，则污染物链条是"孤立环节"，这将需要采取单独的程序，即要求执法机构为修复环境支付费用。

第ⅡA 部分的法定指引规定了优先考虑 A 类和 B 类合适的人免除责任的测试方法。部分人员被免除责任的条件是，免除责任后，必须至少有一名其他适当人员留在污染物链条的责任组中。即这些测试不能排除所有的合适的人。

A 类合适的人有六项排除测试，顺序如下。他们是：

1. 可被排除的活动；
2. 补救费用；
3. 销售信息；
4. 物质变化；
5. 逸出物质；
6. 引入路径或者受体。

按照法定指引中出现的顺序进行测试。因此，如果存在参加第二次至第六次测试的人员，则第一次测试中的合适的人将被排除在外。如果存在第三次至第六次测试中的人员，则第二次测试中的适当人员将被排除在外，以此类推。

法定指引规定，如果两个或两个以上合适的人就其在第ⅡA 部分下的

---

① Environmental Protection Act 1990, section 78A (9).
② Environmental Protection Act 1990, section 78F.

责任分配达成一致，则执行机构一般应执行该协议，除非这样做会增加另一合适的人应承担的费用份额，而这类人会从此类费用金额限制中受益。

由于上述关于责任协议的规定，在商业交易中，出售土地以及 21 年以上的租赁（排除测试也适用）已成为商业惯例，如果确定转让的土地是受污染的土地，交易各方便会按照合同在彼此之间分配第ⅡA 部分所规定的责任。

在这方面最常用的两种排除测试是测试二和测试三。

测试二排除了已向另一个人支付土地修复费用的人，前提是该费用足以支付修复所需费用，使土地不再是受污染的土地。如果土地售价降低，支付过土地补救措施的费用，同样适用于该测试。因此，土地销售或租赁合同中的语言通常会表明价格已经降低，并说明满足测试的其他标准。

测试三排除了造成或故意允许污染的卖方，即如果买方在销售生效前收到信息，该信息可合理地让买方知道土地上存在污染物，以及污染物存在的广泛含义。交易必须符合其他指定的标准。如果买方是大型商业组织或公共机构，且卖方允许买方自行调查土地状况，则此类许可通常被视为买方拥有土地状况相关信息的充分表现。

如果测试二或者三排除的买方不再存在，则责任归于卖方。

B 类合适人员的排除测试表明，存在污染物关联的土地占用人不承担土地所有者的责任。

法定指引还包括详细的测试方法，以在应用排除测试后，在仍属于责任组的人员之间分配责任。它还包括详细的测试，即在采取补救措施涉及一个以上的污染物联系时，应确定"合适的人"之间的责任。此外，它还包括执行当局在决定是否自行承担补救被污染土地的费用而非由"合适的人"时考虑的困难标准。

合适人员可以根据《土地污染条例》中列出的 19 个理由中的任何一个，向国务大臣针对补救通知提出上诉。

执行受污染土地制度仅导致了以下四起诉讼案件。

在英国循环设备公司诉肯特郡议会案[1]中，执法机构指控开发商故意允许其开发用于住房的土地成为污染土地，因为开发商知道污染物存在于土地里，并且一直在土地里。高等法院下令重审，因为下级法院的判决没

---

[1] *Circular Facilities（London）Ltd. v. Sevenoaks District Council*［2005］EWHC 865（Admin）.

有说明开发商知道土地下存在污染物。① 双方在重新庭审前解决了案件。

英国国家电网天然气有限公司与环境部的案件②涉及一处在20世纪60年代开发用于住房的天然气厂旧址的修复。环境部采用了困难标准，并自行修复污染，而不是要求房屋所有者进行修复。当污染发生时，拥有和运营天然气厂的天然气公司已不复存在，因为这家公司根据《1948年天然气法》与其他天然气公司一起被国有化。而该公司在依据《1986年天然气法》将国有董事会私有化后，环境部向国家电网天然气有限公司要求补偿其成本。当时的上议院认为，国家电网天然气有限公司不应承担责任，因为法律规定，私有化公司的责任仅包括私有化之前存在的责任。第ⅡA部分当时尚未被提出。

关于矿业有限公司与环境食品和乡村事务部（DEFRA）的国务大臣一案③涉及一家为住房而开发的前化工厂。在从现场渗流到公共饮用水取水井的地下水中发现污染物后，环境部向污染者的继任者（该矿业有限公司）和开发商克雷斯特·尼科尔森发出了补救通知。尽管克雷斯特·尼科尔森没有将污染物带到现场，但他已经拆除了现场的建筑物，并破坏了硬面层，让雨水将地下原有的污染物冲刷到地下水中。国务大臣确定，该矿业有限公司应承担85%的修复成本，而开发商应承担15%的修复成本。高等法院随后驳回了该矿业有限公司对国务大臣的决定进行司法审查的申请。

波伊斯郡议会与普莱斯和哈德威克案④涉及一个由布雷克诺克区议会运营的填埋场，该填埋场在《1994年地方政府（威尔士）法案》和1996年的一项行政令将其权利和责任转移给新成立的波伊斯郡议会时已不复存在。上诉法院裁定，根据第ⅡA部分的规定，波伊斯郡议会不承担补救前垃圾填埋场污染的责任，因为第ⅡA部分直到该郡成立五年后才生效。因此，波伊斯郡议会不需要承担在1996年权利转移后的相关责任。

2. 水污染

环境部和威尔士自然资源机构（NRW）可发出一项工程通知，要求

---

① 案件由裁判法院审理，上诉后来被转给了国务大臣。
② National Grid Gas plc v. Environment Agency [2007] UKHL 30.
③ R (on the application of Redland Minerals Ltd) v. Secretary of State for Environment, Food and Rural Affairs [2010] EWHC 913 (Admin).
④ Powys County Council v. Price and Hardwick [2017] EWCA Civ 1133.

造成任何"有毒或有害污染物质或任何废物"或使"可能进入任何管控水域",或"导致任何管控水域受到伤害或可能受到伤害"的人员出席。① 在通知送达之前,管理部门必须努力通过合理手段就通知中规定的工程或作业咨询当事人。随附条例②提供了有关工程通知送达的更多细节。

工程通知的接收人可以对其提出上诉。未遵守通知的情形构成刑事犯罪。此外,如果收到通知的人没有执行通知中规定的工程和作业操作,管理部门可以执行这些工程和作业,并对当事人提起成本回收诉讼。

此外,当任何"有毒或有害污染物质或任何废物"可能进入受控水域时,环境部和威尔士自然资源机构(NRW)可实施相应措施,以防止此类物质进入受控水域。他们还被授权基于以下目的的调查和执行工程与作业权限:

· 清除或处置任何"有毒或有害污染物质或任何 [已] 存在于或可能进入任何受控水域的废物";

· 补救或减轻因水体中存在此类物质而造成的任何污染;

· (在合理可行的范围内)将水域(包括依赖于水域水生环境的任何动植物)恢复到该物质出现在水域之前的状态。③

但是,仅在有必要"立即"采取此类措施的情况下,或在经过合理调查后得出该结论,且无人能对可能收到的工程通知的污染负责时,环境部和威尔士自然资源机构(NRW)才可以采取此类措施。

如果地表水或地下水在没有污染物的情况下同样遭受损害,他们也可以基于上述目的开展工程和作业。此外,当已经、正在或可能对影响地表水或地下水的任何水形态质量要素的状况产生不利影响时,他们可以调查

---

① Water Resources Act 1991, as amended, section 161A(1); https://www.legislation.gov.uk/ukpga/1991/57/contents.

② Anti-Pollution Works Regulations 1999/1006, as amended; https://www.legislation.gov.uk/uksi/1999/1006/contents/made The relevant regulations for Northern Ireland and Scotland are the Anti-Pollution Works Regulations (Northern Ireland) 2003/7, as amended; https://www.legislation.gov.uk/nisr/2003/7/contents/made; Water Environment (Controlled Activities) (Scotland) Regulations 2011/209, as amended; https://www.legislation.gov.uk/ssi/2011/209/contents/made.

③ Water Resources Act 1991, as amended, part Ⅶ.

并开展此类工程和作业。①

如果环境部或威尔士自然资源机构（NRW）执行上述任何工程，他们有权向造成或故意允许水污染或损害的人收回其合理成本。

3. 废物清理通知

环境部、威尔士自然资源机构（NRW）和苏格兰环保局（SEPA）可向非法存放受控废物的土地占用人送达废物清除通知。废物清除通知要求占用人将废物清除和/或采取特定措施消除或减轻其后果。不遵守废物清除通知属于刑事犯罪。如果通知接收人未能在通知规定的时间内执行规定的措施，管理部门可执行上述措施，并向通知的接收者请求赔偿。占用人可以对通知提出上诉，理由是通知未下达、故意导致或故意允许下达，或者通知存在重大缺陷。如果不存在占用人，管理部门无法在不产生不合理费用的情况下找到占用人，或者占用人未能遵守通知，管理部门可以向场地所有人发出通知，以执行上述措施。②

如无合理辩解而不遵守废物清除通知，即属刑事罪行。如果所有人或占用人未能遵守，管理部门可执行其中规定的措施，并向他们收取其造成的合理费用。③

环境部和威尔士自然资源机构（NRW）也可以向占用人发出通知，要求其清除最初根据环境许可法规合法存放或根据许可证合法存放的废物。此外，如果现场的废物存在严重污染环境或严重危害人类健康的风险，他们可发出通知，立即封锁该现场长达72小时，以防止更多的废物被带到现场（例如，如果现场废物超过豁免范围或现场没有许可证）。④ 进一步，他们可以向地方法院申请为期六个月的限制令，限制时间可能会因为事项延长。⑤ 他们也可以向法院申请报销因限制进入现场而产生的任何费用。⑥ 所有人或占用人可基于他们未在现场保存或处置废物，或没有故意导致或故意允许在现场保存或处置废物等理由，对限制通

---

① 水文形态质量要素是影响河流、湖泊等地表水体水文地貌（水流、水道宽度和深度、河床和河岸条件等）的要素。它们包括与水的生物和化学质量相互作用与影响的水体的物理特性。

② 经修订的《1990年环境保护法》第59条。英格兰、苏格兰和威尔士的第59条有不同的版本。如果废物的存放违反了《1990年环境保护法（经修订）》第33（1）条，或《环境许可（英格兰和威尔士）条例（2016/1154）》第12条，则该废物被视为非法存放。

③ Environment protection Act 1990, as ameneled, section 59ZB.

④ Environment Act 1995, as amended, section 109A.

⑤ Environment Act 1995, sections 109C–109F.

⑥ Environment Act 1995, section 109K.

知提出上诉。①

4. 环境损害条例

在英国实施《环境责任指令》(ELD)② 的立法是保留的欧盟法律。单行条例适用于英格兰和各权力下放的区域;③ 根据损害的类型,由不同机构在每个地区执行这些规定。④

条例规定,如果经营者的活动对土地(土地损害)、《水框架指令》和《海洋战略框架指令》保护下的水域(水损害),以及《鸟类指令》⑤ 和《栖息地指令》⑥ 保护下的物种和自然栖息地造成重大损害,则经营者应承担责任。英格兰、威尔士和北爱尔兰的法规也适用于这些受保护地区(SSSIs/ASSIs)。

如果对人类健康造成重大不利影响,必须对土地损害进行补救。⑦

如果对《水框架指令》中定义水域的"生态的、化学的或数量状态或生态潜力"或《海洋战略框架指令》中定义的海洋水域的"环境状态"

---

① Environment Act 1995, section 109L.

② Directive 2004/35/EC on environmental liability with regard to the prevention and remedying of environmental damage [2004] OJ L143/56 (consolidated version); https://eur-lex.europa.eu/legal-content/EN/TXT/PDF/? uri = CELEX: 02004L0035 - 20190626&qid = 1568193390794&from = EN.

③ Environmental Damage (Prevention and Remediation) (England) Regulations 2015/810, as amended; https://www.legislation.gov.uk/uksi/2015/810/regulation/18 The ELD is implemented in Scotland, Wales and Northern Ireland by the Environmental Liability (Scotland) Regulations 2009/266, as amended; https://www.legislation.gov.uk/ssi/2009/266/contents/made; the Environmental Damage (Prevention and Remediation) (Wales) Regulations 2009/995, as amended; https://www.legislation.gov.uk/wsi/2009/995/contents; and the Environmental Liability (Prevention and Remediation) Regulations (Northern Ireland) 2009/252, as amended; https://www.legislation.gov.uk/nisr/2009/252/contents/made.

④ The regulations are implemented in England, Scotland, Wales and Northern Ireland, respectively, by the Environment Agency, Natural England, local authorities and the Marine Management Organisation in England; SEPA, NatureScot and Marine Scotland; NRW, local authorities and the Marine Management Organisation; and the Northern Ireland Environment Agency.

⑤ Irective 2009/147/EC on the conservation of wild birds [2010] OJ L20/7 (codified version); https://eur-lex.europa.eu/legal-content/EN/TXT/? uri=CELEX: 32009L0147.

⑥ Council Directive 92/43/EEC on the conservation of natural habitats and of wild fauna and flora [1992] OJ L206/7 (consolidated version); https://eur-lex.europa.eu/legal-content/EN/TXT/? uri=CELEX: 01992L0043-20130701.

⑦ Council Directive 92/43/EEC on the conservation of natural habitats and of wild fauna and flora [1992] OJ L206/7 (consolidated version), article 2 (1) (c).

产生重大不利影响,则必须对水域损害进行补救。①

如果生物多样性的损害"对达到或维持[受《鸟类指令》和《栖息地指令》保护的]栖息地或物种的有利保护状态造成重大不利影响",则必须对其进行补救。②

如果这些受保护的地区(SSSIs/ASSIs)的损害对保护站点的完整性会造成不利影响,则必须对其进行补救。

根据实施条例附表所列活动的经营者,应严格负责以预防或补救所有三种类型的损害。如果经营者有过错或疏忽,从事附表中未列出的活动的经营者有责任预防或补救生物多样性损害。每项法规中都有一个清单,清单列出了各种欧盟法律下的活动,包括《工业排放指令》(IED)和废物相关法律。

必须对土地进行修复,使其不再对人类健康造成重大不利影响。三种修复措施适用于水和生物多样性损害。初级修复包括将水域或生物多样性修复至其基准状态的措施,即其受损前的状态。补充修复措施包括在无法完全恢复水域或生物多样性的情况下,提供类似水平的水域或生物多样性的措施以及其提供的生态服务。补偿性修复包括改善措施和其他措施,以补偿受损水域或生物多样性及其提供的生态服务从受损之时起至全面恢复期间的任何临时损失。

多种责任排除均可适用,包括扩散污染和恐怖主义。多种抗辩也可适用,包括遵守许可证,前提是经营者并非玩忽职守。

如果适格的非政府环境组织和公众人士认为已经发生了迫在眉睫的环境损害威胁或实际的环境损害,他们可以向相关部门提出意见。他们也可以对管理局采取行动或不采取行动的决定进行审查。

在英国,《环境责任指令》(ELD)下只有一个诉讼案件。上诉法院的结论是,这些条例不适用于包括威尔士一个湖泊在内的具有特殊科学价值的地点(SSSIs)所主张的水和生物多样性损害。③

---

① Council Directive 92/43/EEC on the conservation of natural habitats and of wild fauna and flora [1992] OJ L206/7 (consolidated version), article 2 (1) (b).

② Council Directive 92/43/EEC on the conservation of natural habitats and of wild fauna and flora [1992] OJ L206/7 (consolidated version), article 2 (1) (a).

③ *R* (*Seiont, Gwyrfai and Llyfni Anglers' Society*) *v. Natural Resources Wales* [2016] EWCA Civ 797.

(九) 气候变化

自2008年以来，英国颁布了国家气候变化立法。此外，欧盟为缓解和适应气候变化而通过的一系列气候变化的欧盟法律被保留了下来，但欧盟排放交易系统（EU ETS）除外。

1. 国家气候变化立法

《2008年气候变化法》设立了气候变化委员会，作为一个独立机构，就制定和满足碳预算向英国政府提供建议，为应对气候变化的影响做好准备，并向英国议会提交年度进展报告。

该法第1节规定，"国务大臣有责任确保英国当年的净碳账户至少比1990年的基准低80%"。2019年，80%的数字被修订为100%。

以下确定的碳预算表明温室气体（二氧化碳、甲烷、一氧化二氮、氢氟碳化合物、全氟化碳和六氟化硫）的排放量比1990年所减少的量：

① 2008—2012年：25%；
② 2013—2017年：31%；
③ 2018—2022年：37%；
④ 2023—2027年：51%；
⑤ 2028—2032年：57%。

第六期的碳预算，其中首次包括航空和船运的78%削减量，这是在2021年6月增加的。

《2008年气候变化法》还包括各种减少温室气体排放的举措，随后在《2011年能源法》中又提出了进一步的举措。这些举措包括鼓励安装太阳能电池板和使用可再生能源的措施。

2. 英国排放贸易制度

当英国加入欧盟时，它受到欧盟排放交易系统（EU ETS）的约束，该系统于2005年10月引入。[①] 该系统是一种总量管制和交易制度，其基础是排放一吨"二氧化碳当量"，即"一吨二氧化碳或附件二所列具有同等全球变暖潜力的任何其他温室气体"[②]。附件二所列温室气体与《2008

[①] Directive 2003/87/EC establishing a system for greenhouse gas emission allowance trading within the Union［2003］OJ L275/32（consolidated version）；https：//eur-lex.europa.eu/legal-content/EN/TXT/? uri=celex：02003L0087-20180408.

[②] Directive 2003/87/EC establishing a system for greenhouse gas emission allowance trading within the Union［2003］OJ L275/32（consolidated version），article 3（j）.

年气候变化法》所列温室气体相同。为了减少温室气体的排放量，每年都会降低排放限额。

英国引入欧盟排放交易系统（EU ETS）时，许多排放限额被免费分配给受该系统约束的行业内企业。这些免费分配方案将逐步被淘汰，以企业可以竞标排放限额的拍卖方式替代。

受欧盟排放交易系统（EU ETS）约束的设施经营者必须获得温室气体排放许可证才能排放二氧化碳当量。经营者必须在每个日历年的年底在其登记处保留至少相当于该年度实际温室气体排放量的配额数量。在下一年的4月30日之前，经营者必须上交等于上一公历年总排放量的配额数量。否则即属于违法。

英国排放交易计划（UK ETS）于2021年1月1日启动。与欧盟排放交易系统（EU ETS）一样，这是一个限额与交易系统，具有降低限额和通过拍卖提供补贴的功能。它还涵盖与欧盟排放交易系统（EU ETS）相同的行业。[①] 此外，与欧盟排放交易系统（EU ETS）一样，受英国排放交易计划（UK ETS）约束的企业必须在下一年的4月30日之前上交前一个公历年的限额。然而，英国排放交易计划（UK ETS）是一个独立于欧盟排放交易系统（EU ETS）的系统。截至2022年4月，它们之间没有任何联系。

排放交易是一个多方协作的问题。因此，有一个名为英国排放交易机构的单一实施和执行机构，由英国、苏格兰和威尔士政府以及北爱尔兰农业、环境和农村事务部（DAERA）组成。

---

① Greenhouse Gas Emissions Trading Scheme Order 2020/1265; https://www.legislation.gov.uk/uksi/2020/1265/contents/made Electricity generators in Northern Ireland remain in the EU ETS; industrial installations in Northern Ireland are subject to the UK ETS.

第十五章 美国环境法

一 美国环境法概述

(一) 美国环境法的起源

美国环境法源于公众对于环境保护认知的提高，是300多年来美国人民在开发北美大陆、建设国家经济的过程中的"人类与自然关系"的经验累积。

1. 对自然资源的破坏和保护

20世纪之前的200年，美国处于一个移民"开荒"的阶段，也是一个对林木、地表、野生动物等自然资源破坏的过程，此时自然被视为征服对象。到20世纪20年代，美国只有1/5的原始森林幸存。1852年，在西海岸的加利福尼亚州，人们发明了高压水流采金技术，这对地表土层的毁灭性灾难，造成河道堵塞、河床抬高，甚至导致部分城镇因决堤而淹没。直到1884年，加利福尼亚州法律才禁止高压水流采金技术。在中西部大平原，拓荒农民发现土壤不够肥沃之后，就会废弃并开发新的耕地，导致大面积土地失去植物覆盖而形成季节性的沙尘暴。北美野牛曾经遍布北美大陆，数量达几千万头，由于商业利益导致的滥捕，到1884年，北美大平原上的野牛几乎绝迹。

19世纪晚期，公众对于自然保护的态度开始发生改变，"自然保护主义"和"资源管理主义"开始兴起。这种对自然资源索取无度的破坏行为，到西奥多·罗斯福总统时代才开始得到制度上的规制。1907年，而罗斯福总统设置了一个专门研究河流、土壤和森林之间关系和水力开发、水运等问题的专门委员会。1908年，美国召开了历史上第一次关于资源保护的白宫会议。之后制定的制裁过度砍伐的管理条例，使国有林地面积由 0.38 亿英亩提高到 1.72 亿英亩。1913 年富兰克林·罗斯福当选总统后，对自然资源的恢复成为"罗斯福新政"的一部分。1933—1945 年组建的"平民自然保护兵团"（Civilian Conservation Corps）在被人为破坏的土地上种植了约 22.5 亿棵树，是美国历史上第一次大规模修复自然资源的行动。1933 年，美国国会通过了著名的《田纳西流域开发法》，设立了联邦田纳西流域管理局（TVA），对 10 万多平方千米的田纳西流域的治理起到了巨大的作用。

2. 美国对空气、水和固体废物污染的认识和治理

随着美国工业化的进程，在利润驱使下，人类活动对空气、水和土壤的污染愈来愈严重。20 世纪 40 年代，美国摆脱了经济危机和大萧条，进入持续发展时期。在空气污染方面，20 世纪前 50 年里，燃烧煤导致城市上空笼罩着烟尘；20 世纪 50 年代，石油和天然气取代煤作为燃料，城市烟尘污染得到改善，但光化学雾越来越严重；到 20 世纪 60 年代，美国的空气污染已经很严重，每年有 2 亿吨空气污染物排放到大气中去，主要包括颗粒物、二氧化硫、碳氢化合物、氮氧化合物和一氧化碳。在水污染方面，20 世纪 40 年代以来，河流、湖泊、海湾和地下水等水体受到严重污染，污染源主要来自工业和农业；工业企业排放的大量废水，农业每年产生的大量化肥和农药均流向地下水或地表水；城市废水未得到有效处理就排向河流湖泊。土壤方面，工农业产生的固体废物、废水和农药化肥，渐渐侵蚀了土壤，对人类健康产生极大威胁。直到 20 世纪前半叶，美国对污染问题尚未形成全国性的政治共识，应对污染问题的法律途径主要依赖普通法（Common Law）中的侵害理论（Trespass）和妨害理论（Nuisance），但其存在明显的缺陷。例如，只能用于污染的事后救济，受害者难以承担因果关系举证责任等。

（二）美国现代环境法的构建与完善

1. 美国现代环境法的构建

20 世纪 60 年代末以来，在经历了一系列环境污染事件后，美国社会环境保护运动蓬勃发展。1969 年，加利福尼亚州发生了著名的"圣芭芭拉海峡石油污染事件"，环境问题对人类生活的影响引发社会的高度关注。国会通过了《国家环境政策法》（NEPA），开启了环境保护的新时代。《国家环境政策法》明确宣布了国家环境政策，促进人类在与自然的

和谐中发展，并设立国家环境质量委员会协助总统处理环境事务。

美国现代联邦环境法在很大程度上缘于1970—1980年的立法"大暴发"。联邦环境法主要包括《国家环境政策法》《清洁空气法》《联邦水污染控制法》《固体废物处置法》《联邦杀虫剂、杀真菌剂、杀鼠剂法》《有毒物质控制法》《综合环境反应、赔偿和责任法》《海洋倾倒法》《安全饮用水法》《噪声控制法》等关于污染防治的立法，以及《海岸带管理法》《濒危物种法》《联邦土地政策法》《露天采矿控制法和回填法》《森林法》等关于保护自然资源的立法。所有这些法律都是在这一时期以其现代形式首次颁布的，虽然它们中的许多都有早期版本。但是，这些联邦环境法的早期版本倾向于不建立监管要求，而是使用联邦财政来鼓励各州开展自己的监管。因此，早期版本的实施效果并不明显。1970年，美国国会首次通过现代版本的《清洁空气法》，它是美国第一部真正的"命令—控制"环境法律。1970年《清洁空气法》建立了全国适用的监管要求，并以联邦制裁为后盾，包括民事制裁和刑事制裁。在很短的时间内，国会继续通过了第一个现代版本的《清洁水法》《海岸带管理法》《濒危物种法》《资源保护和恢复法》和《综合环境反应、赔偿和责任法》等。美国国会在20世纪70年代和80年代通过"重新授权"法案扩大了许多这类联邦环境法的范围。例如，正是通过这些修正案，国会在立法中增加了酸雨控制措施，事实证明这些措施非常成功。到20世纪90年代末，美国建立了完备的现代环境保护法律制度。但是，自1990年以来，国会制定联邦环境法基本处于立法僵局状态。尽管国会对其中一些立法进行了修补，例如，2002年针对1980年《综合环境反应赔偿和责任法》通过的《棕色地块修正案》。但总的来说，国会一直无法产生足够的政治共识来解决新的问题，气候变化就是最突出的例子。

表15-1是美国环境法时间表，简要概括了美国现代环境法的发展历程。

表 15-1　　　　　　　　美国环境法时间表[①]

1970年	1月1日，总统签署《国家环境政策法》（NEPA），开启了环境保护的新时代；国会颁布了《清洁空气法》（CAA）（1990年重大修正）

---

① Daniel A. Farber, Environmental Law in a Nutshell, West Academic Publishing, 10th edition, 2019, p. xxvii.

续表

年份	事件
1971 年	最高法院在 Citizens to Preserve Overton Park, Inc. v. Volpe 一案中,创建了对行政决定进行司法审查的现代框架
1972 年	国会颁布了《清洁水法》(CWA)(1987 年修订)。最高法院在 Sierra Club v. Morton 一案中,创造了司法现代常设主义(modern standing doctrine)
1976 年	国会颁布了《有毒物质控制法》(TSCA)和《资源保护和恢复法》(RCRA)(1984 年修订)
1978 年	最高法院对 TVA v. Hill 案("蜗牛达尔特案")作出判决
1980 年	最高法院对 Industrial Union Dept. v. American Petroleum Institute 案("苯案")作出判决,将定量风险评估纳入美国的监管。国会颁布了《综合环境反应、赔偿和责任法》(CERCLA)(也称为"超级基金法")
1981 年	里根总统签署第 12291 号总统令,开启了成本效益分析的时代
1984 年	最高法院对 Chevron, U.S.A. v. NRDC 一案作出判决,支持环保局的"泡沫"条例,并给予行政机构在解释法规方面更大的自由裁量权
1986 年	《综合环境响应,赔偿和责任法》(CERCLA)由《超级基金修正案和重新授权法》(SARA)修订
1990 年	国会在《清洁空气法》修正案中通过了二氧化硫的上限和交易计划
1991 年	第五巡回法院就 Corrosion Proof Fittings v. EPA 一案作出裁决,削弱了 TSCA 作为对有毒物质进行有意义的限制的效用
1992 年	最高法院在 Lucas v. South Carolina Coastal Council 案中加强了征用原则(takings doctrine)。最高法院在 Lucas v. Defenders of Wildlife 一案中削减了环境地位(environmental standing)
1995 年	最高法院在 Babbitt v. Sweet Home Chapter of Communities 一案中支持将《濒危物种法》(Endangered Species Act)应用于私人开发
2001 年	最高法院在 Whitman v. American Trucking 一案中认为,成本与根据《清洁空气法》制定空气质量标准无关。小布什总统推翻了监管二氧化碳的竞选承诺
2006 年	最高法院在 Rapanos v. United States 一案中,限制了联邦对湿地的管辖权
2007 年	政府间气候变化专门委员会(IPCC)和副总统戈尔分享了诺贝尔和平奖。最高法院在 Massachusetts v. EPA 一案中,发布关于气候变化的重大决定
2008 年	在 North Carolina v. EPA 一案中,华盛顿特区巡回法院驳回了清洁空气州际规则,该规则试图建立一个氮氧化物的上限和交易系统
2009 年	美国环保署根据《清洁空气法》发布"危害发现",确定温室气体对人类健康和福利构成风险
2013 年	华盛顿特区巡回法院支持 EPA 的危害调查结果,以及其对车辆排放的温室气体的规定
2015 年	环保局发布《清洁能源计划》,这是其限制发电厂碳排放的标志性努力。环保局和陆军工程兵团还发布了美国水域(WOTUS)规则,界定了联邦对河流和湿地的管辖权。这两项行动都立即陷入了诉讼之中
2017 年	特朗普成为总统,承诺废除奥巴马政府的主要举措,包括 WOTUS 和清洁能源计划
2019 年	特朗普政府废除关于 WOTUS、清洁能源计划和其他几个与气候变化有关的奥巴马政府关键举措的规则
2021 年	拜登政府(EPA 和陆军工程兵集团)11 月恢复被特朗普政府废止的 WOTUS,该法规定义了根据《清洁水法》有资格获得联邦保护的水道类型。拜登政府预计 2022 年将颁布自己的规则

2. 美国现代环境法的完善

大概是英美法系注重实用的判例法传统的缘故，美国法学家没有为环境法确定一个标准的定义。无论是在法学院使用的案例文献书（casebook）还是在其他法学著作中，都没有公认的标准定义，很多环境法著作也不涉及环境法的定义问题。从法律渊源的角度，美国环境法主要有联邦宪法、州宪法、联邦法规、州法规、地方法令、联邦与州的行政管理规章、法院对上述制定法的解释，以及普通法、美国国会批准的有关环境保护的国家条约。

美国的环境法课程内容正处于不断变化的状态。联邦环境法规和规章的数量和复杂性不断增加，但学术界已形成共识，行政法和成文法解释问题是环境法的重要组成部分，只是在环境法课程中应该在多大程度上解决这些问题存在分歧。《国家环境政策法》《清洁空气法》《清洁水法》《资源保护与恢复法》，以及自然资源保护相关法律是较为普遍的设置。美国环境法最近的一次实质性修改是在30年前，但环境法的相对稳定性并不能否认它是一个快速变化的法律领域，这些变化甚至是源于不同党派执政。例如，特朗普政府在2017年推行放松环境监管的政策，废除了《净水规则》中的"美国水域"（Waters of the United States，WOTUS），该法规定义了根据《清洁水法》有资格获得联邦保护的水道类型，该举措在美国社会引起了不小的争论。但是，拜登政府于2021年年底又恢复了"美国水域"。此外，联邦最高法院经常就重要的环境案件作出判决，也推动了环境法体系的不断更新。

（三）美国环境法的联邦主义特征

美国是一个联邦制国家，环境法体系包括联邦环境法和各州的环境法。美国现代环境法具有联邦主义特征，高度关注联邦行政机构和联邦司法机构在环境领域的运行。

1. 美国联邦环境法的地位提升

（1）美国早期环境法以州法为主

美国宪法以列举的形式规定了联邦的权力，州拥有大部分州内事务的权力。宪法第十修正案规定，宪法未授予合众国，也未禁止各州行使的权力，由各州各自保留，或由人民保留。美国宪法既没有"保护环境"条款，也没有"保护公众健康"条款。根据美国的宪政原则，联邦无权对美国宪法中没有规定、属于州管辖范围内的野生动物、森林，以及自然面貌等进行保护。罗斯福"新政"以来，随着"新联邦主义"的发展，联邦不再与各州进行传统意义上的权力划分，联邦在需要的情况下，可以通过对宪法的灵活解释，介入环境问题等传统上属于州的事务。1948年《水污染控制法》和1955年《空气污染控制法》，就是联邦开始通过法律技术和财政手段逐渐介入州环境治理的典型代表。但是，直到20世纪60年代，在环境法中，联邦并没有取得高于州的地位，控制污染的主要权力和责任在于州，而不是联邦。例如，1948年《水污染控制法》确立了联邦管理水污染的地位，但联邦并没有获得管理全国水污染的权力。因为"本法不得被视为对州所享有的与该州水含边界水域有关的任何权力或司法权的损害，或任何方式的影响"①。

(2) 美国现代环境法由联邦主导环境治理

20世纪70年代以来，由于以州法为主的环境法，已无法控制并治理日益严重的环境问题，人们认识到，联邦需要承担起保护全体美国人民福利的重担，通过联邦立法保护和治理全国范围内的环境。联邦决定将环境管理权通过法律的方式统一集中到联邦，各州只能在联邦立法及所制定标准的基础上进行立法，彻底改变了此前环境法以州法为主的做法。联邦取得了高于州的地位，对所有涉及环境问题的领域都作出了法律规定，开始全面保护环境。

2. 美国联邦环境法的宪法基础

美国联邦治理环境的权力，主要是基于宪法的"商业条款"（Commerce Clause）、第十条修正案和第十一修正案。

(1) 美国宪法中的"商业条款"

"商业条款"规定，国会可以管理"几个州之间的商业"②，几乎所有主要的联邦环境法规都是根据这一授权而制定的。法院阐明了国会根据商业条款可以监管的三个广泛领域。它可以监管：(1) 州际商业的渠道，指商业在州际进行的方式，包括公路、铁路、可航行水域和空域；(2) 州际商业的工具，指作为商业的一部分跨越州际线的货物；(3) 对州际商业有实质性影响的活动。第十修正案则限制了联邦对州的环境监管要求，所以大多数联邦环境法规并不要求各州采用联邦监管方案，而是规

---

① Pub. L. 660, Sec. 1 (b), 70 Stat. 498.
② Art. I, § 8, cl. 3.

定，如果各州不采取行动，联邦政府将进行监管。例如，根据《清洁水法》，水污染许可证由联邦政府颁发，除非一个州要求授权许可计划；各州必须采用"州执行计划"，但如果不这样做，制裁措施包括不提供某些联邦资金或由联邦政府采用执行计划。根据第十一修正案，联邦法院无权审理私人当事方对一个州的某些诉讼。最高法院已经宣布几项授权私人对州政府提起诉讼的联邦法规无效。

（2）美国宪法中对州环境立法的限制

美国宪法也具有限制各州通过某些环境法规的权力。根据"最高条款"（Supremacy Clause），联邦法律应是国家的最高法律，联邦法律优先于州法律。例如，《联邦杀虫剂、杀真菌剂和杀鼠剂法》优先于各州对联邦注册杀虫剂的监管权。然而，大多数主要的联邦环境法规都明确允许各州采用比联邦法律要求更严格的要求。

（3）美国法院对"休眠商业条款"的运用

最高法院认为，商业条款禁止各州采取歧视州外产品的做法，这被称为"休眠商业条款"。最高法院在根据休眠商业条款评估州法律的合宪性时采用了两级方法。首先，明显的歧视性法律（例如，明确区别对待州外产品的法律）实际上本身就违反了休眠商业条款。其次，表面上不歧视州外产品的州法，仍然可能因其对州际商业的间接影响而违反"休眠商业条款"。在这种情况下，法院将采用平衡测试，判断州际商业的负担与当地利益相比是否过度。例如，最高法院在费城诉新泽西案①中运用休眠商业条款，认为新泽西州不能明确禁止进口州外的废物在新泽西州处理。20世纪90年代的一系列"休眠商业条款"案件中，最高法院宣布其他各种间接歧视州外废物的州级限制无效。

二　美国环境法的理论基础

环境法的理论基础是指为环境法立法活动目标的实现提供基础、途径和保障的一系列价值观念，对于推进科学立法、实现法的价值、平衡权利与权力的关系都有着重要意义。美国环境法建立在普通法基础之上，即20世纪70年代之前，美国就已经存在的普通法中的侵权法理论基础。同

---

① 437 U.S. 617, 98 S. Ct. 2531, 57 L. Ed. 2d 475 (1978).

时，美国也特别注重从经济和伦理道德角度对环境法展开研究。

（一）美国环境法的普通法基础

历史上，普通法为美国控制环境污染提供了主要的法律机制。通过对从事侵害行为的当事人提起侵权诉讼，法律体系为被侵害人提供了阻止侵害行为的手段，并要求侵害方对被侵害人进行赔偿。今天，工业污染在很大程度上是通过环境法规和条例来控制的，但普通法上的侵权诉讼仍然对美国环境法起着重要的补充作用，被侵害人提起侵权诉讼依然是目前对人身伤害或财产损失进行经济赔偿的有效手段。

1. 普通法上侵权诉讼的诉讼事由

环境污染的受害者可以根据不同的理论对污染环境方追责。例如，一个化工厂向地下偷排有毒而未处理的废水，而周边的居民如果饮用了含有该有毒物质的水，就可以根据以下任何一种理论提出侵权诉讼，要求赔偿。

（1）妨害（Nuisance）。妨害分为私人妨害（Private Nuisance）和公共妨害（Public Nuisance）。私人妨害是指不合理地干扰他人土地的使用和享受的行为，其本质上是一种土地使用侵权行为，干扰了源于财产所有权的权利主张。如果被告的行为是过失或故意的，就可能存在妨害行为，其关键问题是该行为是否不合理地干扰了土地的使用。一般来说，任何对他人财产利益的实质性干扰都可能是一种妨害，法院应当平衡各种因素以确定被告的行为是否不当。公共妨害是一种普通法上的诉讼理由，一般由政府对其行为不当干扰了公众共同权利的人提起诉讼。因此，政府可以对污染地下水的当事人提出诉讼。与私人妨害一样，认定公共妨害也需要法院平衡被告行为的效用和行为造成的伤害程度。该理论的主要缺陷在于：除非私人当事方遭受的损害与一般公众遭受的损害不同，否则检察官一般不能提起基于公共妨害的刑事诉讼。

（2）非法侵入（Trespass）。非法侵入通常涉及对他人财产的实际侵犯。因此，在一些环境污染案件中，如果一方的行为导致污染物进入邻居的土地，就有可能出现这种情况。该理论在实践中的缺陷在于：不同法院在物理入侵的可见程度上可能会有不同处理，如同样的水或空气的化学污染是否会引起非法侵入，不同法院存在不同的处理结果。

（3）过失（Negligence）。环境污染可能会引起基于过失的诉讼。该理论的缺陷在于：过失诉讼要求原告证明被告的行为或不行为具有过失，或者不符合一些最低的行为标准。在某些情况下，法规或条例可以定义行为标准。

（4）严格责任（Strict Liability）。在某些情况下，普通法规定了当事人的侵权责任，而不考虑他们是否有疏忽或其他过错。有关环境污染或接触有毒物质的严格责任通常在两种情况下产生：极端危险的活动（Ultra-hazardous Activity）和产品责任（Products Liability）。普通法认为，当一方从事"极端危险"或"异常危险"的活动时，有可能承担严格责任。例如，在居民区经营危险废物填埋场，经营者应严格承担损害赔偿责任，因为他们从事的是极端危险或异常危险的活动。在这种情况下，可以不考虑被告在建造或操作垃圾填埋场时是否有过失，而追究被告责任。在产品责任案件中，产品的制造商或销售商要对使用产品所造成的损害承担严格责任。例如，产品中存在一些设计缺陷，或者在有毒物质侵权案件中，产品的制造商或销售商没有对使用产品的风险提出警告。

2. 普通法上侵权诉讼中的因果关系（Causation）。

所有的私人侵权诉讼都要求，原告证明被告的行为是造成某种侵害的原因。在涉及接触环境污染物的侵权诉讼中，很难证明其因果关系。要证明有毒物质造成身体伤害是非常困难的。例如，在暴露于有毒物质之中与癌症等疾病的发展之间通常有很长一段时间，在"潜伏期"内接触有毒物质的人可能没有形成任何明显的伤害。

3. 普通法上侵权诉讼中的救济（Remedies）

禁止令是一种公平的补救措施。传统上，法院在决定是否适合发布可能关闭正在进行的工业操作的禁止令时，会考虑各种因素，包括金钱损失的充分性。然而，在许多司法管辖区，原告如果证明侵权行为是持续的，就有权利获得禁止令。当禁止令的后果是关闭一个提供就业和其他经济利益的现有企业时，人们通常会质疑这种规则的经济效率和正当性。

4. 普通法上侵权诉讼中的程序性问题（Procedural Issues）

诉讼时效对当事人提起侵权诉讼的时间进行了限制。然而，对于许多有毒污染物来说，接触有毒污染物与发生疾病之间，可能存在一个很长的潜伏期。如果诉讼时效期从被告实施导致接触的行为时开始起算，那么潜在的原告可能在诉讼时效期过后才知道受到了侵害。在这种情况下，诉讼时效可能会对受侵害者的侵权诉讼造成障碍。在一些司法管辖区，诉讼时效从潜在原告发现或本应发现侵害时开始起算。而有些司法管辖区则采用了不同的规则，即诉讼时效从潜在原告发现足够的事实，提醒他们受到侵害或其他可能存在的诉讼理由时开始起算。

(二) 美国环境法的经济考量

美国是法律经济学（Law and Economics）的起源地。在美国环境法制定的过程中，经济学上的成本效益分析理论，是重要的考虑因素之一。

1. 美国环境法的成本效益分析

美国环境法的成本效益分析，是将环境监管的成本与环境监管所带来的效益进行比较，如果收益的价值超过了成本，那么该环境法就可以被视为具有经济效益。美国环境法进行成本效益分析时面临两个主要困难。首先，为了便于比较，成本效益分析理论要求所有的成本和所有的效益都以金钱衡量。但是，诸如生命、健康等事物的价值是无法用金钱衡量的。于是，经济学家使用了一些技术来为人的生命设定美元价值，或为减少死亡的风险设定美元价值。同时，在为环境价值，如美丽的风景或保护濒危物种确定美元价值方面也会存在困难。其次，成本效益分析要求将所有的未来成本和效益折算成现值，这也是件无法做到精确的事情。

2. 环境标准的合规成本

美国的环境监管者在制定环境标准时，高度重视环境标准给企业带来的合规成本。基于合规成本的考虑，如果这些技术性法规过于"昂贵"，则导致环境标准不那么可取。此外，制定基于技术的环境法规需要对技术和成本进行判断，虽然比较技术和成本困难重重，但与根据健康或环境影响设定限制相比，基于技术的标准争议较少。基于技术的标准只是要求对可实现的污染水平进行判断，不要求对可接受的污染水平进行判断。在制定基于技术的环境法规时，很少或根本没有考虑其对环境的影响，污染被控制在技术上和经济上可行的范围。为了达到环境目标，基于技术的环境法规所要求的实际控制水平可能过于严格或过于宽松。因此，基于技术的环境法规也存在"为控制污染而控制污染"的弊端。

3. 环境法的市场调控手段

使用市场力量来控制环境污染，也是环境监管者对经济学理论的运用。让污染型工厂在减少污染和缴纳高额环境污染税之间做出选择，工厂会做出最符合成本效益的决定。环境污染税还可以筹集资金，用于改善环境或执行制度。在某些情况下,政府可以通过向控制污染的企业提供经济补贴来鼓励污染控制。例如,多年来,联邦政府支付了相当比例的城市污水处理厂的建设费用,可以使用环境污染税来支付污水处理设备的费用。这种做法的困难是很难确定税收或费用的数额。理想的情况是,税额应设定在能够鼓励工业界将其污染减少到"可接受"的水平。如果税额太高,可能会鼓励设施减少污染,超过环境需要;如果税额太低,则不能提供足够的激励。

(三) 美国环境法的道德考量

1. 美国环境法中的成本忽略

基于道德考量,在某些情况下,国会和联邦环保局(EPA)制定法律法规时不需要也不应当考虑成本问题。当一项法律要设立一个旨在保护人类健康的标准时,不需要考虑成本。例如,联邦环保局根据《清洁空气法》制定国家环境空气质量标准时,就无须考虑成本。再如,自然具有独立于其对人类的经济利益之外的价值,环境法主要内容之一就是对自然环境进行保护。那么,为了给子孙后代提供更好的环境,当代人应该花多少成本进行环境控制?有关污染物对健康和环境影响的科学数据通常不充分,无法让监管者有科学的数据支撑来确定标准。即使有足够的数据,建立以环境质量为基础的法规,特别是以健康为基础的法规,监管者也很难对保护对象和保护程度做出价值判断。

2. 美国环境法中的环境正义

美国的环境保护还存在"环境正义"或"环境种族主义"议题,主要是指环境法对穷人或少数种族造成不成人口比例的不利影响。研究表明,美国的废物处理设施和其他对环境有害的行业,不成比例地分布在有大量非裔美国人的地区。根据美国宪法第十四修正案的平等保护条款,对过度影响少数种族的国家行为可以提出宪法挑战。然而,美国最高法院要求原告证明"故意歧视",以证明违反了该平等保护条款。1964 年《民权法案》第六章禁止在接受联邦资金时进行种族歧视。[①] 例如,第六章被用来请求联邦环保局确定接受联邦资金的州环境机构是否使用歧视性政策。

---

① 1964 年《民权法案》第六章(42 U. S. C. 2000d et seq.),禁止在任何接受联邦资金或其他联邦财政援助的计划或活动中基于种族、肤色或民族的歧视,参见 https://www.dol.gov/agencies/oasam/regulatory/statutes/title-vi-civil-rights-act-of-1964。

最高法院认为，第六章并没有创造一个允许私人当事人直接起诉资金接受者的私人诉讼理由。1994 年，克林顿总统发布了 12898 号行政命令，要求联邦机构考虑环境正义问题，但该命令本身没有建立私人诉讼权，也没有为联邦机构创设新的权力。

三　美国主要联邦环境法

（一）《国家环境政策法》（NAPA）

1969 年《国家环境政策法》（National Environmental Policy Act, NEPA）是美国第一部现代联邦环境法，在美国环境法发展史上具有里程碑意义。《国家环境政策法》最主要的特点不在于解决具体的环境污染或者环境破坏问题，而在于将所有与环境有关的联邦政府行为纳入法律的管制范围，在于将人类环境质量的期待利益在联邦政府层面上制度化。[①]《国家环境政策法》不包含"公民诉讼"条款，也没有明确授权对机构的遵守情况进行司法审查。但是，法院经常审查机构对《国家环境政策法》的遵守情况，司法审查对《国家环境政策法》的理解和执行的作用至关重要。

1. 规定国家环境政策和目标

《国家环境政策法》为联邦制定了环境政策和目标，该法第 101 条确定了某些与保护环境有关的广泛的国家政策。它宣布的国家环境政策是"联邦政府与各州和地方政府以及有关的公共和私人团体合作，运用包括财政和技术援助在内的一切切实可行的手段和措施，以旨在发展和促进普遍福利的方式，创造和保持人类与自然得以在建设性的和谐中生存的各项条件，实现当代美国人及其子孙后代对于社会、经济和其他方面的要求"[②]。与国家环境政策相适应，它规定了六项国家环境目标：一是国家能够"履行作为后代的环境受托管理人的责任"；二是国家能够"为全体美国人确保安全的、有益于健康的，多产的和具有美学的和文化美的环境"；三是国家能够"实现对环境的最大限度地有益利用并避免退化、对

[①] Linda A. Malone, William M. Tabb, Environmental law, Policy, and Practice, Thomson/West, p. 228.

[②] § 101, 42 U. S. C. § 4331.

健康和安全的威胁，或其他不受欢迎的或并非所求的后果"；四是国家能够"保存国家的历史、文化和自然遗产，并在一切可能的情况下保持一个支持个人选择的差异和多样化的环境"；五是国家能够"实现允许高生活标准和广泛共享生活舒适的人口与资源利用之间的平衡"；六是国家能够"提高可更新资源的质量并尽力做到最大限度地循环利用可枯竭资源"。①

2. 设立总统环境质量委员会

《国家环境政策法》设立了直接对总统负责的环境质量委员会（Council on Environmental Quality，CEQ），就环境问题向总统提出建议。② 在制定美国环境政策方面，环境质量委员会的作用通常有限，其主要有三个职能：第一，执行法规。环境质量委员会负责监督《国家环境政策法》的实施，其发布的法规指导其他联邦机构如何实施《国家环境政策法》。环境质量委员会颁布法规的权力一直不明确，但法院对环境质量委员会解释《国家环境政策法》给予了很大的尊重。第二，协调联邦机构之间的关系。美国联邦环保局（EPA）审查环境影响评估报告的权力载于《清洁空气法》第309条。③ 编写环境影响评估报告的联邦机构被要求向联邦环保局提交这些报告，而不是提交给环境质量委员会。环境质量委员会和联邦环保局都没有权力改变对方的决定，但如果环保局和其他联邦机构之间有争议，可将争议提交给环境质量委员会来解决。④ 第三，编制年度报告。环境质量委员会总结了美国的环境状况，定期发布一份对各国政界、工商界和学术界都极具参考价值的年度报告。

3. 规定环境影响评价制度

（1）环境影响评价制度的重大影响

环境影响评价制度，是为了实现《国家环境政策法》宣布的国家环境政策和目标所提供的强制手段。《国家环境政策法》不是一部实体性监管法规，没有对任何人提出污染控制要求，它主要是一个程序性的"信息"法规，要求联邦政府准备并公布关于政府可能采取的行动的环境影响和替代方案的信息。该法最重要的条款是第102（2）（C）条，要求联

---

① § 101, 42 U.S.C. § 4331 (b).
② § 101, 42 U.S.C. § 4331.
③ CAA § 309 (a), 42 U.S.C. § 7609 (a).
④ CAA § 309 (b), 42 U.S.C. § 7609 (b).

邦机构在提议采取"重大影响人类环境质量的联邦行动"时准备一份"详细声明"。这种详细的声明被称为环境影响报告（Environmental Impact Statements，EIS）。EIS 应该描述拟议的联邦行动，讨论拟议行动的环境影响，并考虑替代方案及其环境影响，为决策者、公众和国会提供关于联邦行动的环境后果的信息。环境影响评价制度要求所有美国联邦政府在行使对环境有重大影响的重大行政行为时必须进行环境影响评价，对美国联邦政府的政策性行为和其他行政行为产生了重大影响。环境影响评价制度迅速为世界各国所借鉴和效仿，成为现代环境法的基本制度之一，产生了世界性的影响力。

（2）环境影响评价的评价范围、评价对象

环境影响评价的评价范围，既包括拟议行动的环境影响，又包括替代方案的环境影响。环境影响评价的评价对象是联邦政府的行为，即"对人类环境质量有重大影响的立法和主要联邦行动建议"。[①] 可以分为两类：（1）任何有关立法的建议或报告。根据第 102 条第（1）项的规定，所有可能对人类环境质量有重大影响的政策和规定（regulations 或 rules），都属于环境影响评价的范围。（2）对人类环境有重大影响的其他联邦行动。这里的关键词有"人类环境""重大"和"联邦"。在准备环境影响评估之前，机构必须确定其提议的行动是否符合"对人类环境质量有重大影响"这一门槛要求：其一，只有当提案对自然环境产生影响时，才需要进行环境影响评估。如果影响纯粹是社会和经济方面的，则不需要进行环境影响评估。其二，对人类环境质量有"重大"影响。确定一项行动是否"主要"或"重大"的一般标准很少，通常涉及对特定行动的具体事实评估。一项建议的重要性涉及对提议行动可能产生的环境影响程度的评估，也可以基于一些较小但相关的行动的累积效应。一个本身没有重大影响的行动，如果它是一个更广泛的行动模式的一部分，而这些行动共同产生了重大影响，则可能需要进行环境影响评估。其三，只有"联邦"行动才需遵守环境影响评估的要求，纯粹的私人活动或州或地方政府的活动不受《国家环境政策法》的约束。如果有足够的联邦参与，私人方的活动也可能受到环境影响评估的要求。例如，如果私人方的活动需要联邦许可或其他联邦授权，整个私人项目可能需要在环境影响评估中进行审查。

[①] § 102 (2) (C), 42 U.S.C. § 4332 (2) (C).

许可证或授权的发放才是触发环境影响评估要求的联邦行动。在某些情况下，由联邦政府资助的活动可能成为联邦行动。如果联邦政府为某一特定项目提供了大部分资金，那么就《国家环境政策法》而言，该项目可能是"联邦"的。

(3) 环境影响评价的豁免

一些联邦机构的行动被豁免于环境影响评价，包括国会通过的具体法定豁免或"分类豁免"，适用于该机构确定不会触发编制环境影响评估要求的各类行动。如果该机构根据上述任何一种依据确定该行动可免于环境影响评估程序，那么它就不会采取进一步行动。联邦环保局的大多数行动都被豁免，其中一些豁免是法定的。例如，联邦环保局根据《清洁空气法》采取的所有行动都被豁免于环境影响评估的要求。这种豁免不是包含在《清洁空气法》中，而是包含在1974年的《能源供应和环境协调法》中。[①] 再如，联邦环保局根据《清洁水法》采取的行动，除向城市污水处理系统提供赠款和向新污染源发放NPDES许可证外，都免于环境影响评估程序。[②] 法院通常认为，如果联邦环保局准备了一份"功能等同"的环境影响评估报告，就不必为该行动准备环境影响评估报告。

(4) 环境影响评价的主要程序

如果一项拟议的行动没有得到豁免，提议的联邦机构就要确定它是否是一个"对人类环境质量有重大影响的主要联邦行动"。为了确定这一点，该机构通常会准备一份"环境评估"（Environmental Assessment, EA）。EA描述了该提案，讨论替代方案，以帮助该机构决定是否有必要进行全面的环境影响评估，EA可以看作EIS的精简版。如果该机构确定没有必要进行EIS，它将准备一份"无重大影响的结论"（Finding of No Significant Impact, FONSI）。FONSI可以是一份简短的文件，以EA为基础，解释该机构认为没有必要进行EIS的原因。如果在EA的基础上，该机构确定有必要进行EIS，它将发布一份"意向通知"（Notice of Intent and Scoping）来准备EIS。然后，该机构将通过一个"范围界定"的过程，确定EIS的范围和将被处理的重大问题。如果涉及一个以上的联邦机构，将由其中一个机构来牵头，领导和协调其他机构合作。

---

① 15 U.S.C. § 793 (c) (1).
② CWA § 511 (c) (1), 33 U.S.C. § 1371 (c) (1).

(5) 环境影响评价报告的公众评论

EIS 草案必须提供给公众评论。牵头的联邦机构有一定的自由裁量权，可以决定是否召开公众会议讨论 EIS 草案。此外，牵头的联邦机构必须征求合作机构，以及其他对该行动有管辖权的机构，或者是对所涉环境影响有特殊专长的机构的意见。对 EIS 草案的评论，构成该机构行动的行政记录的一部分。收到评论后，牵头的联邦机构将准备一份最终的 EIS。《国家环境政策法》要求该机构对评论作出回应，如果有必要，修改草案以反映其对评论的回应。虽然该机构可以这样做，但通常不需要重新提交修改后的 EIS 供公众评论。

(6) 环境影响评价报告的司法审查

根据《美国法典》第 28 编第 1331 条和第 5 编第 702 条，法院有权审查机构遵守《国家环境政策法》的情况。第 1331 条是对"联邦问题"管辖权的一般授予，授权联邦法院审查根据联邦法律产生的问题。《美国行政程序法》第 702 条授权对机构行为进行司法审查。在 Calvert Cliffs' Coordinating Committee, Inc. v. United States Atomic Energy Commission 一案[①]中，华盛顿特区的联邦巡回法院认为，法院在确保遵守《国家环境政策法》方面可以发挥重要作用，这一决定为根据《国家环境政策法》对机构行为进行积极的司法审查创造了条件。《美国行政程序法》规定了法院在判断大多数联邦行动时将适用的审查标准。几乎所有根据《国家环境政策法》审查的行动都被认为是非正式的机构决策，并根据《美国行政程序法》的"任意性和随意性"标准进行判断。法院将审查机构的行动，以确保完全遵守《国家环境政策法》。因此，法院将确定一个机构是否充分界定了 EIS 的范围，以及该机构是否在 EIS 中充分处理了替代方案。最终的机构行动通常要接受司法审查，以确定是否符合《国家环境政策法》。法院可以审查：(1) 不准备 EIS 的决定，包括审查 FONSI；(2) 最终 EIS 的准备是否符合《国家环境政策法》的程序性要求。

(7) 环境影响评价与州环境评估的关系

美国大多数州都模仿《国家环境政策法》的基本结构订立了类似的州法，要求在本州的机构采取行动前进行某种形式的环境评估，这些州法一般被称为"小国家环境政策法"或"州环境政策法"（States Environ-

---

① 449 F. 2d 1109 (D. C. Cir. 1971).

mental Policy Act，SEPA）。在许多情况下，州法院会根据对联邦《国家环境政策法》的解释来确定 SEPA 的内容。然而，SEPA 的内容可能在重要方面与《国家环境政策法》不同。例如，一些 SEPA 适用于私人和政府行为，或者规定比《国家环境政策法》更多的实质性权力。在确定 SEPA 的要求时，需要了解具体的州法。

（二）主要污染防治法

1.《清洁空气法》

《清洁空气法》是美国国会制定的主要的联邦空气质量法，旨在减少和控制全美的空气污染。通过与州政府合作，联邦环保局使用技术性和复杂的手段对美国国家空气质量进行监管。

（1）《清洁空气法》及其实施效果

从第二次工业革命到 20 世纪 60 年代，美国经历了越来越严重的空气污染。1948 年多诺拉烟雾事件后，各州开始通过一系列法律来减少空气污染，国会也开始讨论是否采取进一步的应对措施。1963 年《清洁空气法》是第一个允许美国联邦政府采取直接行动控制空气污染的联邦立法。它扩展了 1955 年的研究计划，鼓励州、地方和联邦合作采取行动减少空气污染。1970 年修正案对工业和移动污染源制定全面的联邦和州法规，联邦环保局负责该法执行，从而大大扩展了联邦任务。该法规定了国家环境空气质量标准（NAAQS）、新污染源性能标准（NSPS）和国家有害空气污染物排放标准（NESHAPs），并大大加强了联邦执法权力。1977 年修正案规定了联邦空气质量非达标区的概念以及排放权交易的内容。1990 年修正案增加了联邦政府的权力和责任，规定了对酸雨、固定污染源运行许可证和平流层臭氧保护等内容，确立了新的汽油配方要求。

《清洁空气法》产生了良好的实施效果。自 20 世纪 70 年代以来，美国汽车的挥发性有机物、一氧化碳、氮氧化物和铅的允许排放量减少了 90% 以上，尽管汽车每年行驶的总里程数增加了 400% 以上，但这些汽车污染物的全国排放量却减少了。[1] 自 20 世纪 80 年代以来，《清洁空气法》促使制造业 1990—2008 年的污染排放下降了 60%，地面臭氧减少了 1/4，

---

[1] Enviromental Protection：A Half Centwry of Progress，https：//www.epaalumni.org/hcp/air.pdf.

汞排放减少了 80%，自含铅汽油改为无铅汽油以来，大气铅污染减少了 90%。① 美国联邦环保局的最新研究表明，截至 2020 年，1990 年《清洁空气法》修正案对 1970 年和 1977 年的监管标准的更新，使美国每年多花费约 600 亿美元，但带来的收益为约 2 万亿美元（以货币化的健康和挽救的生命）。② 自然资源保护委员会（NRDC）2020 年的一项研究估计，《清洁空气法》每年可避免 37 万例过早死亡，减少 18.9 万例入院治疗，净经济效益高达 3.8 万亿美元，是该法成本的 32 倍。③

（2）《清洁空气法》的基本制度

《清洁空气法》规定了以下 11 项主要监管项目：

① 国家环境空气质量标准制度（National Ambient Air Quality Standards，NAAQS）

国家环境空气质量标准规定了室外空气中允许有多少地面臭氧、一氧化碳、颗粒物、铅、二氧化硫和二氧化氮。在 1965 年之前，没有制定环境空气质量标准的国家计划，而且在 1970 年之前，联邦政府没有制定这些标准的主要责任。1970 年 CAA 修正案要求环保局确定哪些空气污染物对公众健康和福利构成最大威胁，并颁布国家空气质量标准和空气质量标准。

② 国家有害空气污染物的排放标准制度（National Emissions Standards for Hazardous Air Pollutants，NESHAPs）

1971 年，联邦环保局被授权根据新出现的环境和健康科学不时地更新 NAAQS，如 1971 年颁布了关于硫氧化物、颗粒物、一氧化碳、光化学氧化剂、碳氢化合物和二氧化氮的法规（36 FR 22384）。1976 年加入铅的规定，1997 年增加了关于 PM2.5 的规定（62 FR 38652）。

③ 新污染源性能标准制度（New Source Performance Standards，NSPS）

新污染源性能标准是关于新建和改造的工业设施所需安装的设备的规则，以及确定一个设施是否为"新建"的规则。1977 年联邦环保局发布第一个新污染源性能标准法规，涉及蒸汽发生器、焚烧炉、水泥厂以及硝

---

① "The Clean Air Act", Cambridge, MA: Union of Concerned Scientists, February 1, 2012, https://www.ucsusa.org/resources/clean-air-act#.W5MPF5NKjow.

② EPA (2011). "The Benefits and Costs of the Clean Air Act from 1990 to 2020. Final Report." https://www.epa.gov/environmental-topics/air-topics.

③ https://www.nrdc.org/resources/clean-air-acts-benefits-map.

酸和硫酸厂（36 FR 24876）。至今，联邦环保局已经发布了几十个新污染源性能标准法规，这些要求促进了全行业对现有污染控制技术的采用。

④酸雨计划制度（Acid Rain Program，ARP）

酸雨计划是一项针对发电厂的排放交易计划，旨在控制导致酸雨的污染物。1990 年 CAA 修正案设立了一个新的标题来解决酸雨问题，特别是由化石燃料驱动的发电厂和其他工业来源的氮氧化物和二氧化硫排放。酸雨计划是美国第一个排放交易计划，设定了总排放量的上限，通过交易排放额度的方式减少排放。

⑤臭氧计划制度（Ozone Layer Protection）

臭氧计划是一个技术过渡计划，旨在逐步淘汰危害臭氧层的化学品的使用。与美国在《蒙特利尔议定书》中的承诺相一致，1990 年《清洁空气法》修正案增加的第六章规定了关于使用和生产危害地球平流层臭氧层的化学品的条例。

⑥汽车源头计划制度（Mobile Source Programs）

汽车源头计划是对汽车内燃机排放的污染物的规定。自 1965 年以来，国会已经授权对汽车发动机技术和减少尾气排放进行越来越严格的控制。今天，法律要求环保局对可能威胁公众健康的污染物制定并定期更新法规，这些污染物来自各种类型的机动车，它们采用技术来实现"可实现的最大限度地减排"，同时考虑到可用性、成本、能源和安全性。[①]

⑦燃料控制制度（Fuel Controls）

联邦环境保护局自 1967 年起对运输燃料的化学成分进行监管，并在 1970 年增加了保护公众健康的重要权力，从 1971 年开始消除美国汽油中的铅。

⑧州实施计划制度（State Implementation Plans，SIPs）

《清洁空气法》要求各个州制订州实施计划（SIP），作为制定污染控制标准和计划的联邦主义合作计划的一部分。《清洁空气法》没有建立一个单纯的国家计划，而是要求美国各州负责制定计划来实施该法案的要求，然后由环保局审查、修改和批准这些计划。[②] 1977 年《清洁空气法》修正案增加了对 NAAQS "未达标地区"的 SIP 要求。在这些地区，各州

---

① 42 U.S.C. § 7521.

② 参见美国政府出版局网站，https://www.govinfo.gov/content/pkg/FR-1971-08-14/pdf/FR-1971-08-14.pdf#page=1.

被要求采取计划达标。①

⑨固定污染源运营许可（Stationary Source Operating Permits）

1990年《清洁空气法》修正案授权了一项全国性的运营许可计划，有时也被称为"第五章计划"，涵盖了成千上万的大型工业和商业来源。它要求大型企业处理排放到空气中的污染物，测量其数量，并有一个控制和尽量减少这些污染物的计划，以及定期报告，把对设施的要求合并到了一份文件中。

⑩监测和执法制度

作为《清洁空气法》中最公开的一个方面，联邦环保局被授权监督该法的许多要求的遵守情况，寻求对违法行为的处罚，并迫使被监管实体遵守。

⑪温室气体排放（Greenhouse Gas "GHG" Emissions）监管制度

最高法院对马萨诸塞州诉联邦环保局一案作出裁决后，联邦环境保护局开始对温室气体排放进行监管，并为各种来源制定了具体法规。② 联邦环保局2010年和2012年发布汽车温室气体排放标准，旨在将目标车辆的排放量减少一半，到2025年将乘用车和轻型卡车的燃油经济性提高一倍，并为消费者节省超过40亿桶石油和1.7万亿美元。

2. 《清洁水法》（Clean Water Act）

《清洁水法》是美国管理水污染的主要联邦法律，其立法目的有：恢复和保持国家水域的化学、物理和生物完整性；明确各州在解决污染方面的责任，并为此向各州提供资金，以改善废水处理；以及保持湿地的完整性。《清洁水法》是美国最早和最有影响力的现代环境法之一。该法主要由联邦环保局与各州政府协调执行，其中涉及填埋或疏浚等规定，由美国陆军工程兵团执行。

（1）《清洁水法》的发展和实施效果

早在1899年的《河流和港口法案》中，美国就开始对水污染进行控制，《公共卫生服务法》（1912）、《石油污染法》（1924）也规定了特定类型的水污染防治。1948年，颁布了第一部《联邦水污染控制法》，1965

---

① 参见康奈尔大学法学院图书馆网站，https：//www.law.cornell.edu/uscode/text/42/chapter-85/subchapter-I.

② 参见联邦环保局网站，https：//www.epa.gov/sites/default/files/2015 - 12/documents/20101223factsheet.pdf.

年《水质法》要求各州发布州际水域的水质标准,并授权新成立的联邦水污染控制管理局在各州没有发布州际水域水质标准的情况下制定标准。1972年《联邦水污染控制法修正案》改写了1948年《联邦水污染控制法》,形成了《联邦水污染控制法》的现代形式。随后,国会通过1977年《清洁水法》和1987年《水质法》,对其进行了重大修改。

自从1972以来,美国的水污染水平急剧下降,《清洁水法》对环境保护做出了极其积极的贡献,但迫切需要改革以解决仍然存在的污染问题。[1] 例如,《清洁水法》在控制点源方面有效,但对非点源却没有效果,必须更新该法以解决目前的水质问题。一些研究估计,《清洁水法》的成本(联邦补助污水处理工程)高于收益,但承认有几种效益是无法衡量的。[2] 因此,对水污染控制计划的成本和效益的现有估计是不完整的,不能最终确定地表水质量的净效益。[3] 然而,到目前为止,美国社会还没有实现国会在1972年法案中提出的水质目标,超过一半的美国溪流和河流里程,大约70%的湖泊、池塘和水库,以及90%的调查的海洋和近海岸地区继续违反水质标准。[4] 主要水污染来源是农业、工业和社区(通常通过城市径流),其中一些污染源难以通过国家监管计划加以控制。在许多流域,营养物污染(过量的氮和磷)已成为主要的水污染问题。[5]

(2)《清洁水法》的治污策略和重要制度

①点源污染防治和非点源污染防治制度

《清洁水法》引入了国家污染物排放消除系统(National Pollutant Discharge Elimination System, NPDES),即监管污染点源的许可证制度,包括:工业设施(包括制造、采矿、航运活动、石油和天然气开采以及服务行业);市政府(特别是污水处理厂)和其他政府设施(如军事基地),以及一些农业设施,如动物饲养场。没有NPDES许可证,点源不得向地表水排放污染物。该系统由联邦环保局与各州环境机构合作管理。联邦环

---

[1] https://cpr-assets.s3.amazonaws.com/documents/CW_Blueprint_802.pdf.

[2] 《改革蓝图渐进改革中心》, David Keiser, Consequences of the Clean Water Act and the Demand for Water Quality. https://dr.lib.iastate.edu/entities/publication/ff589880-dc4d-40f1-a621-030d4fb2210a.

[3] David A. Keiser, Catherine L. Kling, and Joseph S. Shapiro, "The Low But Uncertain Measured Benefits of US Water Quality Policy", *Economic Sciences*, 2018 Oct. 8, https://www.ncbi.nlm.nih.gov/pmc/articles/PMC6431143/.

[4] 参见联邦环保局网站, https://ofmpub.epa.gov/waters10/attains_nation_cy.control.

[5] 参见联邦环保局网站, https://www.epa.gov/nutrientpollution/issue.

保局已经授权47个州直接向排放设施发放许可证。《清洁水法》也允许部落发放许可证,但没有部落得到联邦环境保护局的授权。在其余的州和地区,许可证由联邦环境保护局的区域办公室颁发。国会在1972年法案中免除了一些水污染源的点源定义,但没有明确其他一些污染源的地位。因此,这些污染源被认为是不受许可计划约束的非点源。1987年《清洁水法》修正案的水质规定涉及"非点源污染",即农业和城市地区的径流污染。事实证明,非点源污染是水污染问题的一个主要但棘手的部分。修正案增加了新的条款,要求各州查明如果不控制非点源污染物就无法达到水质标准的水体,并为这些水体制定管理方案,包括对各类污染源的"最佳管理措施"。

②污水处理工程建设补助金制度

为了帮助市政当局建设或扩大污水处理厂,即公共拥有的处理厂(Publicly Owned Treatment Works,POTW),《清洁水法》第二章规定了污水处理工程建设补助金制度。建设补助金计划资助新的污水处理厂和升级现有的污水处理厂以达到国家二级处理标准。1972年法案规定,联邦资金将支持项目成本的75%,州和地方资金提供剩余的25%。1981年,国会将联邦资助比例减少到55%。

③排放许可证制度(Discharge Permits)

根据1972年法案,联邦环保局开始为城市和工业污染源发布基于技术的标准,要求市政污水处理厂(POTW)达到二级处理标准。针对直接向地表水排放的工业设施类别,发布了污水排放指南(针对现有污染源)和新污染源性能标准(New Source Performance Standards,NSPS)。《清洁水法》第301条规定,除非有许可证,否则禁止向美国水域排污。截至2020年,已经公布了59个类别的污水处理指南和分类预处理标准法规,适用于大约40000个直接排放到国家水域的设施,129000个排放到POTW的设施,以及建筑工地。这些法规负责防止每年近7000亿磅的污染物排放。[①]

④POTW生物固体管理计划(POTW Biosolids Management Program)

"生物固体"这一术语被用来区分经过处理的、可被有益地回收利用的污水污泥。污水污泥的质量是根据第405(d)节控制的,其中对污泥

---

① 参见联邦环保局网站,https://www.epa.gov/eg/effluent-guidelines-plan.

中污染物的使用或处置方法进行了限制。1987年《水质法》创建了一个管理POTWs产生的生物固体（污泥）的计划。该法案指示联邦环境保护局制定污水污泥或生物固体的使用和处置指南。联邦环保局规定：（1）确定污水污泥的用途，包括处置；（2）明确在确定适用于每种用途或处置的措施和做法时应考虑的因素（包括公布成本信息）；以及（3）确定干扰每种用途或处置的污染物浓度。联邦环保局成立了一个机构内污泥工作组，协助制定全面的污泥法规，旨在做到以下几点：（1）对污水污泥管理进行多媒体检查，重点是POTWs产生的污水污泥；（2）制定有凝聚力的机构污水污泥管理政策，旨在指导该机构实施污水污泥监管和管理计划。

⑤公民诉讼制度

《清洁水法》第五章规定了任何美国公民都可以对任何被指控违反污水排放标准或限制（即NPDES许可证中的规定）的人提起公民诉讼，如果联邦环保局负责人未能履行《清洁水法》规定的任何非自由裁量的行为或职责，也可以对其提起公民诉讼。《清洁水法》包括一项雇员（"告密者"）保护条款。在美国，如果雇员认为他们被解雇或遭受与执行《清洁水法》有关的不利行动，可以向职业安全与健康管理局提出书面投诉。

⑥国家水污染控制循环基金制度（State Water Pollution Control Revolving Funds）

1987年《水质法》授权开展清洁水国家循环基金（Clean Water State Revolving Fund, CWSRF）计划，取代了1972年法案第二章中授权的市政建设拨款计划。在清洁水国家循环基金计划中，联邦向各州和波多黎各提供资金，作为其各自循环基金的资本，向地方政府提供财政援助（贷款或赠款），用于废水处理、非点源污染控制和河口保护。[①] 该基金以低于市场的利率向市政当局提供贷款。2017年，该项目在全国范围内的平均利率为1.4%，而市场平均利率为3.5%。2017年，CWSRF的援助总额为74亿美元，提供给全国1484个地方项目。[②]

---

① 参见联邦环保局网站，https://www.epa.gov/cwsrf/learn-about-clean-water-state-revolving-fund-cwsrf.

② 参见联邦环保局网站，https://www.epa.gov/cwsrf/clean-water-state-revolving-fund-cwsrf-reports.

⑦ "美国的水域"（Waters of the United States）概念争议

2015年5月，联邦环境保护局发布了一项关于"美国的水域"（Waters of the United States，WOTUS）定义和未来执法的新规则。13个州以此提起诉讼，国会根据《国会审查法》通过了一项联合决议，推翻了WOTUS规则，但奥巴马总统否决了该措施。2017年2月，特朗普总统签署文件，指示联邦环保局和陆军工程兵团审查与重写奥巴马政府的"清洁水规则"，澄清WOTUS的定义。这些机构被命令重新评估该规则，以促进经济增长和尽量减少监管的不确定性。特朗普政府于2019年10月22日正式废除了WOTUS规则，并于2020年4月21日公布了一项替代规则。2021年6月，拜登政府宣布，它将开始一个新的规则制定，以推翻2019/2020年的替代规则。

3. 《资源保护与恢复法》（Resource Conservation and Recovery Aat，RCRA）

《资源保护和恢复法》是美国管理固体废物和处置危险废物的主要联邦法律，为管理城市和工业废物以及地下储油罐危险废物的处理、储存和处置提供了执行标准。该法的实施由联邦环境保护局提出指导和要求，由各州采用、调整和执行。

（1）《资源保护和恢复法》的发展

1976年《资源保护和恢复法》作为1965年《固体废物处理法》的修正案得以通过，以解决国家面临的日益增长的城市和工业废物所带来的问题。该法案设定了国家目标，即"保护人类健康和自然环境免受废物处理的潜在危害；节约能源和自然资源；通过减少源头和回收利用，减少废物的产生量；确保以无害环境的方式管理废物。"《资源保护和恢复法》的修正案和相关立法主要有：

①1980年《固体废物处理修正案》

1980年，国会在《资源保护和恢复法》修正案中豁免了几种类型的废物，使其不被列为分编C下的危险废物。1980年《固体废物处理修正案》指定以下类别为"特殊废物"，不受更严格的许可要求的约束：电厂和其他行业产生的燃煤剩余物（CCR），包括粉煤灰、底灰、矿渣废物和烟气脱硫废物；矿石矿和矿物矿的采矿废物；水泥窑粉尘；钻井液、采出水和其他来自油井和气井的废物。1980年修正案之后的审查中，联邦环保局确定，大多数被豁免的废物类型将继续被归类为非危险废物。①

②1980 年《综合环境反应、赔偿和责任法》

1980 年《综合环境反应、赔偿和责任法》也被称为"超级基金法",通过确定法律责任以及清理活动的信托基金,解决被遗弃的危险废物场地的修复问题。《综合环境反应、赔偿和责任法》和《资源保护和恢复法》都有专门条款规定清理发生过污染的场地,但一般来说,前者适用于受污染的场地,后者的重点则是控制特定废物流的持续产生和管理。

③1984 年《危险和固体废物修正案》

1984 年,国会颁布了《危险和固体废物修正案》,扩大了《资源保护和恢复法》的范围,它涵盖了危险废物的小量产生者,建立了对危险废物焚化炉的要求,关闭了不合格的填埋场。

④1996 年《土地处理方案灵活性法案》

1996 年《土地处置计划灵活性法案》允许某些废物的土地处置程序有一些灵活性。例如,如果废物被送往工业废水处理设施、城市污水处理厂,或在"零排放"设施中处理,则不受土地处置限制的约束。

(2)《资源保护和恢复法》的重要制度安排

《资源保护和恢复法》有单独的章节来分类规定危险废物、非危险固体废物、地下储油罐、废油的处理,以及强制清理固体废物的公民诉讼制度。

①危险废物"从摇篮到坟墓"的要求——分编 C

分编 C 是《资源保护和恢复法》的重点之一,其中包含规范危险废物处置的法定条款,它指示联邦环保局建立对危险废物管理的控制,从其产生点到运输,以及处理、储存和/或处置。由于《资源保护和恢复法》要求对危险废物产生者(即产生危险废物的场所)、运输者以及处理、储存和处置设施(即最终处理/处置或回收危险废物的设施)的经营者提出了严格的记录和报告要求,整个监管框架被称为"从摇篮到坟墓"系统。

②非危险性的固体废物——分编 D

《资源保护和恢复法》的分编 D 有一个适用于非危险性固体废物的有限监管项目。联邦环保局颁布了定义"卫生填埋场"的标准,只有在

---

① Linda Luther, Background on and Implementation of the Bevill and Bentsen Exclusions in the Resource Conservation and Recovery Act: EPA Authorities to Regulate "Special Wastes", https://digital.library.unt.edu/ark:/67531/metadc227885/.

"卫生填埋场"中处置非危险性固体废物才是合法的。在不符合卫生填埋标准的设施中处理非危险废物属于被禁止的"露天倾倒"行为。D分编还将某些危险废物从C分编的规定中豁免出来，如来自家庭和有条件豁免的小数量发电机的危险废物。1980年，国会将包括石油和天然气勘探和生产废物（如钻屑、产水和钻井液）、发电厂和其他行业产生的煤炭燃烧残留物、采矿废物和水泥窑粉尘等工业废物指定为"特殊废物"，豁免于C分编。

③地下储油罐——分编I

《资源保护和恢复法》包含一个单独的项目，规定监管地下储罐（Underground Storage Tanks，UST）中的材料储存。该计划适用于在地下储罐中储存各种废物（除危险废物外）和产品（包括汽油）。地下储油罐计划要求，除其他事项外，地下储油罐的所有者和经营者应向政府登记他们的储油罐，升级他们的储油罐以满足最低技术要求，并在他们停止使用时适当关闭储油罐。此外，分编I包含了与清理泄漏的地下储罐污染有关的条款。随着1984年《危险和固体废物修正案》的颁布，地下储油罐的运营开始受到《资源保护和恢复法》监管计划的约束。当时，约有210万个储油罐受到联邦监管，环保局的计划导致大多数不合格储油罐的关闭和拆除。截至2009年，在223000个受联邦监管的地点，大约有600000个活跃的USTs。[①] 联邦地下储罐法规涵盖了储存石油或所列危险物质的储罐，并定义了允许的储罐类型。联邦环保局建立了一个油罐通知系统，跟踪地下储罐状态。地下储罐监管项目主要由州和美国地区机构管理。这些法规规定了以下标准：地下水监测；双层衬垫；泄漏检测、预防和纠正；溢出控制；溢出控制（针对石油产品）；限制无法处理的危险废物产品的土地处置。1986年超级基金修正案和《重新授权法案》（SARA）要求地下储罐的所有者和经营者确保在储罐需要维修时完成纠正措施，或在有必要保护人类健康和环境时进行拆除。修正案建立了一个信托基金，用于支付无法确定责任方的地下储罐泄漏点的清理费用。

④再生油——§3014

再生油即使不是危险废物，也要受到《资源保护和恢复法》的监

[①] EPA：Learn About Underground Storage Tanks（USTs），https://www.epa.gov/ust/learn-about-underground-storage-tanks-usts.

管。① 联邦环保局颁布了一套复杂的法规，适用于废油的回收，包括将废油作为燃料燃烧。这些法规对废油的产生者、运输者、销售者和回收者提出了要求。

⑤迫在眉睫的实质性危害——§7002（a）（1）（B）

根据《美国法典》第42卷7002（a）（1）（B）条的公民诉讼条款，公民可以起诉那些对固体或危险废物造成"紧迫和重大危害"的各种人。② 根据7002（a）（1）（B）条，只有禁令性救济，如强制清理废物的命令，才可以提起诉讼。

（三）主要生态与自然资源保护法

保护荒野和其他自然区域是环境法的另外一个重要目标，这个目标甚至早于保护公众免受有毒化学品侵害。《国家环境政策法》第101（b）节要求政府"履行每一代人作为后世环境受托人的责任"，"确保所有美国人拥有安全、健康、富有成效、美观和文化上令人愉悦的环境"，以及"保护我们国家遗产的重要……自然方面……"③《清洁水法》包含对湿地的保护的内容，《清洁空气法》包含与保护公园和荒野地区免受空气污染有关的具体条款。对未开发地区的土地开发或资源利用的直接限制、对公有土地上资源开发的限制、对沿海水域的保护，以及对濒危物种的保护，都属于"生态与自然资源保护"。在生态和自然资源保护过程中，存在环境和经济因素之间的关系，以及政府执法和私人财产所有者的权利的冲突问题。

1. 《濒危物种法》（*Endangered Species Act*，ESA）

《濒危物种法》源于20世纪70年代美国环境法的形成期，作为保护濒危和受威胁的动植物物种的主要联邦法规，为濒危物种给予特别有力的保护。

根据《濒危物种法》第4条，商务部部长和内政部部长根据现有的科学数据，分别确定任何陆地（包括淡水）物种和海洋物种是否濒临灭绝或受到威胁，并指定关键栖息地。④ 2013年，华盛顿特区巡回法院维持

---

① § 3014, 42 U.S.C. § 6935.
② § 7002（a）（1）（B）, 42 U.S.C. § 6872（a）（1）（B）.
③ 42 U.S.C.A. § 4331（b）.
④ 16 U.S.C.A. § 1533.

了北极熊因全球气候变化而面临灭绝威胁的结论。① 这是在气候变化破坏现有生态系统的情况下，一系列类似案件中第一个依据《濒危物种法》第9条做出的"关键栖息地指定"。② 该法对"获取"一词进行了界定。根据《濒危物种法》，"获取"是指：骚扰、伤害、追捕、猎杀、射杀、诱捕、捕获或收集，或试图从事任何此类行为。③ 至少，对"捕获"的禁止延伸到了故意杀害濒危物种的成员。在 Babbitt v. Sweet Home Chapter of Communities for a Great Oregon 一案④中，最高法院支持内政部颁布的"获取"的定义，包括导致濒危物种实际死亡的"重大栖息地改变或退化"。

根据《濒危物种法》第7条，联邦政府被禁止采取任何危害（jeopardizes）濒危物种继续存在或导致破坏关键栖息地的行动。⑤ 第7条还要求正在考虑采取可能危及濒危物种的行动的联邦机构与内政部进行协商。内政部可以对拟议的行动提出意见和建议，但不能否决该行动。除排除可能危及濒危物种存在的联邦行动外，联邦机构还必须遵守第9条中关于禁止"捕获"濒危物种个体的规定。然而，在不太可能危及该物种的继续生存，并且该机构已采取措施尽量减少对濒危物种的影响的情况下，且该行动是"偶然的"（incidental），《濒危物种法》第7（b）（4）条允许内政部长授权联邦机构采取可能"获取"（take）濒危物种的行动。⑥

在两种情况下，《濒危物种法》的相关条款将限制私人的行动：一是构成"获取"（take）的私人行为，二是意外捕获和生存环境保护计划。《濒危物种法》第9条禁止私人当事方"获取"濒危物种。"获取"不仅包括故意杀害或伤害濒危物种，还包括破坏或改变生存环境，导致濒危物种个体死亡。因此，在可能包含濒危物种的地区进行土地开发，就有可能违反《濒危物种法》的规定。另外，《濒危物种法》第10（a）条降低了第9条禁令对土地开发的影响。第10（a）条允许内政部部长授权私人当事方进行"附带"（incidental）捕猎，如果该当事方将捕猎的影响降到最

---

① In re Polar Bear Endangered Species Act Listing and Section 4 (d) Rule Litigation—MDL No. 1993, 709 F. 3d 1 (2013).
② ESA, § 9, 16 U. S. C. § 1538.
③ ESA, § 3 (19), 16 U. S. C. § 1532 (19).
④ 515 U. S. 687, 115 S. Ct. 2407, 132 L. Ed. 2d 597 (1995).
⑤ ESA, § 7 (a) (2), 16 U. S. C. § 1536 (a) (2).
⑥ ESA, § 7 (b) (4), 16 U. S. C. § 1536 (b) (4).

低，并且该行动不会"明显减少该物种在野外生存和恢复的可能性"。[1] 这也是联邦政府根据《濒危物种法》第 7（b）(4) 条授权"意外捕获"（incidental takes）的类似标准。意外捕获的授权通过由私人方面启动，并由内政部长批准的"生存环境保护计划"实施。

2. 根据《清洁水法》第 404 条对湿地的监管

湿地是生态系统的一个重要组成部分，野生动物在湿地上得到保护和繁衍，湿地还能起到净化水和限制洪水的作用。《清洁水法》第 404 条是保护破坏湿地的主要联邦条款。《清洁水法》第 404 条禁止在没有许可证的情况下向包括湿地在内的"可航行水域"排放"疏浚或填充"材料。例如，在开发商开始在湿地施工之前，可能需要获得第 404 条许可。许可证是由美国陆军工程兵团根据环保局制定的标准颁发的。

在管辖权方面，第 404 条规定，向"可航行水域"排放疏浚或填充材料必须获得许可，联邦环保局和陆军工程兵团将其定义为包括"湿地"。第 404 条中最有争议的方面之一，是如何确定湿地定义中包括的区域。在 United States v. Riverside Bayview Homes 一案[2]中，最高法院支持了政府对湿地的定义，该定义侧重于对湿地支持以生活在饱和土壤中为特征的各类植物的能力进行生物学评估。其中，该条款中提及的许可证由陆军工程兵团根据联邦环保局制定的标准颁发。许可证申请人可以申请适用于其活动的个人许可证。陆军工程兵团还发布了适用于各类活动的"一般许可证"。人们可以根据一般许可证获得授权，而不需要申请个人许可证。第 404 条要求评估是否有对湿地产生较少不利影响的"可行的替代方案"（practicable alternatives）。这可能涉及对申请人寻求第 404 条许可的项目目的的评估，以及申请人是否有替代的非湿地财产。作为许可的一个条件，申请者可能被要求减轻湿地的损失。缓解措施（mitigation）指申请人可以通过承诺建设或恢复替代湿地来证明破坏湿地的合理性，缓解要求也导致了"湿地银行"（wetlands banking）的出现，即创造或恢复湿地以补偿可能破坏湿地的未来发展活动。

3. 联邦土地政策和公共信托原则（Public Trust Doctrine）

美国联邦政府是美国最大的地主，拥有 1/3 的美国国土。联邦政府在管理公共土地时，需要平衡资源的经济发展和保护公共土地这两个相互竞

---

[1] ESA, § 10 (a), 16 U.S.C. § 1539 (a).
[2] 474 U.S. 121, 106 S. Ct. 455, 88 L. Ed. 2d 419 (1985).

争的目标。美国没有统一的土地管理法，但国会在历史上曾通过了一系列的土地管理相关的法律，这些法律影响着联邦土地的管理决策。1872年《联邦采矿法》给予在联邦土地上找到某些硬岩矿物（不适用于石油和天然气或煤炭）的人某些采矿权，但该法给予联邦政府限制开采这些矿物的权力很小。根据《矿产租赁法》和《外大陆架土地法》，联邦政府有更广泛的权力来管理被租赁用于石油和天然气开发的联邦土地。根据《联邦土地政策和管理法》，大多数联邦土地的管理是为了促进"多种用途"（multiple use）。同样，《多用途持续产出法》规定了国家森林的多用途决策。某些联邦土地的开发受到限制，如国家公园。国家公园管理局创建于1916年，负责管理国家公园。根据《荒野法》，联邦土地可以被指定为"荒野地区"，其开发受到限制。总统也有权力撤销联邦土地的开发，但1976年国会对总统撤销土地开发的权力施加了某些立法限制。

公共信托原则规定，某些土地，主要是水体和毗邻水体的淹没地或潮汐地，受联邦和州政府拥有的"公共信托"的约束。在 Illinois Central Railroad Co. v. Illinois 一案①中，美国最高法院宣布伊利诺伊州立法机构授予的淹没土地无效，其依据是公共信托原则禁止该州完全放弃其在该土地的利益。此外，公共信托理论被用来证明政府对海洋、湿地和海滨财产的监管是合理的，并限制私人土地所有者在政府限制使用受公共信托约束的财产时，可以要求第五修正案的管制。

4. 征收或征用

自然资源的开发和保护受到大量的联邦与州法律以及普通法原则规制。这些法律经常通过限制私人土地的开发而发挥作用。美国第五修正案的"征收条款"（takings clause）可能会限制这种政府监管——该修正案禁止在没有公正补偿的情况下将私人财产用于公共用途，即"征用条款"，它是对政府管制私人财产使用的权力的宪法限制的基础。

Pennsylvania Coal v. Mahon 一案②是确立"管制性征用"概念的开创性案例，在该案中，最高法院认为，根据第五修正案，即使政府没有获得所有权或实际侵犯财产，规范财产使用的法律也可能构成征用，但最高法院同时也指出：政府可以对私人土地的使用进行监管，但如果监管做得太过火，就会构成侵占。声称监管性征用的土地所有者通常认为，对其财产

---

① 146 U.S. 387, 13 S. Ct. 110, 36 L. Ed. 1018 (1892).
② 260 U.S. 393, 43 S. Ct. 158, 67 L. Ed. 322 (1922).

使用的限制使其价值大打折扣，以至于政府实际上已经征用了他们的土地。对"管制性征用"的补救措施，是对土地所有者的价值损失和/或管制的无效进行补偿。在 First English Evangelical Lutheran Church of Glendale v. Los Angeles County 一案①中，最高法院认为，一旦发现征用，必须对法规生效的时间进行补偿。因此，不仅是征用要求可能导致法规被取消，而且土地所有者将有权为法规生效期间发生的"临时征用"获得赔偿。

四 美国联邦环境法的执行

（一）美国联邦环境法的执行

环境法的执行，是指经法定主体按照法定程序对违法者采取的强迫其遵守环境法律并依法承担法律责任的法律行为过程。美国联邦环境法的执行中，行政机关和司法机关的影响是持续的。一方面，行政法和成文法的解释问题是美国环境法的重要组成部分，许多法规赋予行政机构执行和解释国会法律条款的权力。基于行政立法和解释所产生的法规往往具有很强的法律效力，人们可以因违反条例的规定而受到刑事起诉。另一方面，联邦法院经常会就重要的环境案件作出判决，从而也导致环境法体系不断更新。

（二）联邦行政机构在美国环境法执行中承担主要职责

1. 联邦环保局是执行环境法的重要主体

联邦环保局（Environmental Protection Agency, EPA）负责执行大多数主要联邦污染控制法。1970年，联邦环保局成立，此后国会通过的许多环境立法赋予了联邦环保局颁布法规、发放许可证和执法的具体责任。联邦环保局由总统任命的局长领导，其总部位于华盛顿特区，在全国各地设有区域办事处。华盛顿的联邦环保局总部负责颁布实施法规的条例，并对各州的联邦环境执法进行监督。区域办事处主要负责向个别污染源发放许可证和发起执法行动。但是，许多其他联邦行政机构也负有环境责任，主要包括陆军工程兵团、内政部、能源部、劳工部职业安全与健康管理

---

① 482 U.S. 304, 107 S. Ct. 2378, 96 L. Ed. 2d 250 (1987).

局，以及食品和药物管理局等。联邦行政法的大部分程序受《联邦行政程序法》的约束。《联邦行政程序法》规定了各机构必须遵循的程序，并确立了司法审查的程序。联邦环保局不是完全按照《联邦行政程序法》中规定的程序来执法，因为具体的环境法规可能会规定联邦环保局等联邦机构必须遵循的程序。

2. 联邦行政机构通过制定环境法规执行国会立法

联邦行政机构通常通过颁布法规来执行和界定国会制定的法律。当事人如果不遵守这些机构制定的法规，可能要承担民事和刑事责任。联邦环保局颁布的大多数法规都是通过"非正式规则制定"（informal rulemaking）或"通知和评论规则制定"（notice and comment rulemaking）过程发布。《联邦行政程序法》第 553 条规定了"非正式规则制定"的要求，包括：（1）公布拟议的规则；（2）为公众提供机会提交对提案的意见；（3）发布最终的法规；（4）为联邦行政机构准备为什么采用最终规则的解释，以及如何回应在公众评论期间收到的主要意见。[①] 联邦法规在《联邦公报》上公布，法规的文本讨论，即"序言"（preamble），通常包含对法规的解释。[②]

3. 联邦行政机构通过合规令和行政处罚执行环境法

在确定行为人有违反《清洁空气法》《清洁水法》或《资源保护和恢复法》的行为后，联邦政府有多种执法选项，如发布合规令（Compliance Order）或者进行行政处罚（Administrative Penalties）。国会在 1996 年通过法律，要求定期调整处罚范围以反映通货膨胀的影响。联邦环保局随即颁布条例，提高对违反《清洁空气法》《清洁水法》和《资源保护和恢复法》规定的最高处罚。

根据《清洁空气法》《清洁水法》和《资源保护和恢复法》，联邦环保局可以向受到违反法规要求指控的当事人发出合规令（Compliance Order）。[③] 联邦环保局通常会给行为人一个特定的时间来执行该合规令。另外，违反合规令的行为本身也是对法规的单独违反。收到合规令的当事人，可以向法院提请司法审查，以获得救济途径。在 Sackett

---

① 5 U.S.C. § 553 (b).

② 《联邦公报》（*Federal Register*）是一份日常出版物，包含联邦政府发布的拟议规则、最终规则和其他通知。

③ CAA, § 113 (a), 42 U.S.C. § 7413 (a); CWA, § 309 (a), 33 U.S.C. § 1319 (a); RCRA, § 3008 (a), 42 U.S.C. § 6928 (a).

v. Environmental Protection Agency 一案①中，最高法院认为，根据《清洁水法》发布的合规令是"最终机构行为"（final agency action），因此要接受司法审查。这意味着，收到合规令的各方可以立即到法院质疑合规令的合法性。《清洁空气法》《清洁水法》和《资源保护和恢复法》还设立了实施行政处罚的机制，赋予联邦环保局行政处罚的权力。② 当然，这种权力要受到司法审查的制约，即当事人对于联邦环保局的行政处罚，可以向法院提起诉讼。

在《清洁空气法》《清洁水法》和《资源保护和恢复法》相关条文的指引下，联邦环境保护局制定了"处罚政策"（penalty policies）。这些"处罚政策"指引着联邦公务员们做出的处罚计算（assessment）。一般来说，拟议的处罚是根据对违法行为的严重性（如违法行为造成的潜在环境危害）和当事人因避免或延迟遵守规定而获得的经济利益的评估来计算的。联邦环保局的政策是，任何处罚至少应要求违规者支付的金额大于违规者通过不遵守规定而节省的资金。当然，在某些情况下，拟定的行政处罚的金额也可以减少。例如，违法者主动实施一些法律没有要求的弥补环境损害的工程项目（Supplemental Environmental Project，SEP）。

4. 联邦行政机构通过裁决（Adjudication）执行环境法

联邦环保局制定的环境法规可能会影响到大量的人，它在环境执法时的行动也会受到质疑，如发放许可证或行政执法行动。这些具体行动通常被归类为"裁决"（Adjudication），并受制于与规则制定不同的程序。当法规要求"在记录上"（on the record）和"在有机会进行机构听证后"（after an opportunity for an agency hearing）进行裁决时，《联邦行政程序法》规定了开展听证的正式要求。③ 其他裁决则按照行政机构条例和正当程序条款的要求来管理。

（三）联邦法院为美国环境法的执行提供司法保障

1. 司法机构对环境行政行为的司法审查

受到联邦环保局处罚的当事人通常可以向法院寻求救济，也就是司法

---

① 132 S. Ct. 1367, 182 L. Ed. 2d 367 (2012).
② CAA, § 113 (d), 42 U.S.C. § 7413 (d); CWA, § 309 (g), 33 U.S.C. § 1319 (g); RCRA § 3008 (a) - (c), 42 U.S.C. 6928 (a) - (c).
③ 5 U.S.C. § § 554, 556, 557.

审查（Judicial Review）。在联邦法院获得司法审查，当事人必须确定联邦法院对该事项有管辖权。通常有三种来源的管辖权来审查联邦环保局的行动。首先，大多数的联邦环境法规直接规定了对可以提起针对具体行动的诉讼，通常是由联邦上诉法院（U. S. Court of Appeals）管辖。其次，大多数法规包含"公民诉讼"条款，允许公民在联邦环保局未能采取法规要求的非自由裁量的行动时起诉联邦环保局，通常这些诉讼在联邦地方法院（U. S. District Court）提起。最后，如果一项诉讼不受环境法规具体条款的司法审查，公民可以根据《美国法典》第 28 篇第 1331 条的"联邦问题"（federal question）条款要求管辖权，该条款赋予联邦地方法院对美国"宪法、法律或条约"下的争端的管辖权。

根据《联邦行政程序法》第 706 条，法院根据"任意性和随意性"（arbitrary and capricious）的审查标准来审查联邦机构发布的大多数法规。[①] 在 Chevron, U. S. A. v. NRDC 一案[②]中，最高法院认为，法院应尊重联邦行政机关对法律的解释，除非该解释与国会的意图相悖，或者不是合理解释。不是所有的人都可以寻求对机构行为的司法审查。根据"资格"（Standing）原则，除非人们在诉讼中有足够的利害关系或利益，否则不能提起诉讼。联邦诉讼中的资格在很大程度上是一种宪法要求，它产生于美国宪法第三条的"案件或争论"条款。在一系列案件中，最高法院指出，人们必须满足一些要素才能拥有诉讼资格。当事人必须确定他们是在其诉讼所依据的法规的"利益区"（zone of interest）内。这要求法院确定国会是否有意保护原告所主张的那类利益。在 Bennett v. Spear 一案[③]中，最高法院认为，在根据环境法规授权"任何人"提起的公民诉讼中，通常应该满足"利益区"的要求。

2. 公民诉讼（Citizen Suits）

《清洁空气法》《清洁水法》和《危险和固体废物修正案》的条文中都包含"公民诉讼"（Citizen Suits）条款，允许任何公民在联邦地区法院提起环境类诉讼。[④] 例如，根据《清洁水法》的相关规定，可以对违反"排放标准或限制"的行为提起公民诉讼（citizen suit），包括违反许可或

[①] 5 U. S. C. § 706.
[②] 467 U. S. 837, 104 S. Ct. 2778, 81 L. Ed. 2d 694 (1984).
[③] 520 U. S. 154, 117 S. Ct. 1154, 137 L. Ed. 2d 281 (1997).
[④] CAA, § 304 (a) (1), 42 U. S. C. § 7604 (a) (1); CWA, § 505 (a) (1), 33 U. S. C. § 1365 (a) (1); RCRA, § 7002 (a) (1) (A), 42 U. S. C. § 6972 (a) (1) (A).

无许可排放污染物。① 公民只能向联邦政府提出民事处罚或禁止令的请求。在适当的案件中，原告可以利用公民诉讼条款来确立联邦管辖权，并根据补充管辖权原则，就人身伤害或财产损害提出州侵权索赔。根据公民诉讼条款，由败诉方向"胜诉或基本胜诉"（prevailing or substantially prevailing）的当事人支付律师费。

最高法院越来越关注私人当事方是否有资格提起公民诉讼。在某些情况下，如果案件已经没有实际意义，联邦法院可能会失去诉讼开始时存在的管辖权。在公民诉讼中，如果被告已经停止了导致违法行为的行为，就可能出现这个问题。《清洁空气法》《清洁水法》和《资源保护和恢复法》都规定，如果政府在提起公民诉讼之前已经开始并"勤勉执行"（diligently prosecuting）一项执法行动，则不得提起公民诉讼。② 如果政府寻求行政处罚，公民诉讼也会被禁止。

---

① CWA，§ 505（f），33 U.S.C. § 1365（f）.
② CAA，§ 304（b），42 U.S.C. § 7604（b）；CWA，§ 505（b），33 U.S.C. § 1365（b）；RCRA，§ 7002（b）（1），42 U.S.C. § 6972（b）（1）.